新模式：走向共享共治的多元治理

中国发展动态（2015）

北京大学法治研究中心　编著

中信出版集团 · 北京

图书在版编目（CIP）数据

新模式：走向共享共治的多元治理 / 北京大学法治研究中心编著 . -- 北京：中信出版社，2018.4
（中国道路丛书）
ISBN 978-7-5086-8706-3

I. ① 新… II. ① 北… Ⅲ . ① 国家 – 行政管理 – 研究 – 中国 Ⅳ . ① D630.1

中国版本图书馆 CIP 数据核字（2018）第 044485 号

新模式：走向共享共治的多元治理

编　　著：北京大学法治研究中心
出版发行：中信出版集团股份有限公司
（北京市朝阳区惠新东街甲 4 号富盛大厦 2 座　邮编　100029）
承 印 者：北京鹏润伟业印刷有限公司

开　　本：787mm × 1092mm　1/16　　印　　张：20.5　　字　　数：290 千字
版　　次：2018 年 4 月第 1 版　　印　　次：2018 年 4 月第 1 次印刷
广告经营许可证：京朝工商广字第 8087 号
书　　号：ISBN 978–7–5086–8706–3
定　　价：66.00 元

服务热线：400-600-8099
投稿邮箱：author@citicpub.com

《中国道路丛书》学术委员会

《中国道路丛书》总序言

中华人民共和国成立60多年以来，中国一直在探索自己的发展道路。特别是在改革开放30多年的实践中，努力寻求既发挥市场活力，又充分发挥社会主义优势的发展道路。

改革开放推动了中国的崛起。怎样将中国的发展经验进行系统梳理，构建中国特色的社会主义发展理论体系，让世界理解中国的发展模式？怎样正确总结改革与转型中的经验和教训？怎样正确判断和应对当代世界的诸多问题和未来的挑战，实现中华民族的伟大复兴？这都是对中国理论界的重大挑战。

为此，我们关注并支持有关中国发展道路的学术中一些有价值的前瞻性研究，并邀集各领域的专家学者，深入研究中国发展与改革中的重大问题。我们将组织编辑和出版反映与中国道路研究有关的成果，用中国理论阐释中国实践的系列丛书。

《中国道路丛书》的定位是：致力于推动中国特色社会主义道路、制度、模式的研究和理论创新，以此凝聚社会共识，弘扬社会主义核心价值观，促进立足中国实践、通达历史与现实、具有全球视野的中国学派的形成；鼓励和支持跨学科的研究和交流，加大对中国学者原创性理论的推动和传播。

《中国道路丛书》的宗旨是：坚持实事求是，践行中国道路，发展中国学派。

始终如一地坚持实事求是的认识论和方法论。总结中国经验、探讨中国模式，应注重从中国现实而不是从教条出发。正确认识中国的国情，正确认识中国的发展方向，都离不开实事求是的认识论和方法论。一切从实际出发，以实践作为检验真理的标准，通过实践推动认识的发展，这是中国共产党的世纪奋斗历程中反复证明了的正确认识路线。违背它就会受挫失败，遵循它就能攻坚克难。

毛泽东、邓小平是中国道路的探索者和中国学派的开创者，他们的理论创新始终立足于中国的实际，同时因应世界的变化。理论是行动的指南，他们从来不生搬硬套经典理论，而是在中国建设和改革的实践中丰富和发展社会主义理论。我们要继承和发扬这种精神，摒弃无所作为的思想，拒绝照抄照搬的教条主义，只有实践才是真知的源头。《中国道路丛书》将更加注重理论的实践性品格，体现理论与实际紧密结合的鲜明特点。

坚定不移地践行中国道路，也就是在中国共产党领导下的中国特色社会主义道路。我们在经济高速增长的同时，也遇到了来自各方面的理论挑战，例如，将改革开放前后两个历史时期彼此割裂和截然对立的评价；再如，极力推行西方所谓“普世价值”和新自由主义经济理论等错误思潮。道路问题是大是大非问题，我们的改革目标和道路是高度一致的，因而，要始终坚持正确的改革方向。历史和现实都告诉我们，只有社会主义才能救中国，只有社会主义才能发展中国。在百年兴衰、大国博弈的历史背景下，中国从积贫积弱的状态中奋然崛起，成为世界上举足轻重的大国，成就斐然，道路独特。既不走封闭僵化的老路，也不走改旗易帜的邪路，一定要走中国特色的社会主义正路，这是我们唯一正确的选择。

推动社会科学各领域中国学派的建立，应该成为致力于中国道路探讨的有识之士的宏大追求。正确认识历史，正确认识现实，积极促进中国学者原创性理论的研究，那些对西方理论和价值观原教旨式的顶礼膜拜的学风，应当受到鄙夷。古今中外的所有优秀文明成果，我们都应该兼收并蓄，但绝不可泥古不化、泥洋不化，而要在中国道路的实践中融会贯通。以实践创新推动理论创新，以理论创新引导实践创新，从内容到形式，从理论架构到话语体系，一以贯之地奉行这种学术新风。我们相信，通过艰苦探索、努力创新得来的丰硕成果，将会在世界话语体系的竞争中造就立足本土的中国学派。

《中国道路丛书》具有跨学科及综合性强的特点，内容覆盖面较宽，开放性、系统性、包容性较强。其分为学术、智库、纪实专访、实务、译丛等类型，每种类型又涵盖不同类别，例如在学术类中就涵盖文学、历史学、哲学、经济学、政治学、社会学、法学、战略学、传播学等领域。

这是一项需要进行长期努力的理论基础建设工作，这又是一项极其艰巨的系统工程。基础理论建设严重滞后，学术界理论创新观念不足等现状是制约因素之一。然而，当下中国的舆论场，存在思想乱象、理论乱象、舆论乱象，流行着种种不利于社会主义现代化事业和安定团结的错误思潮，迫切需要正面发声。

经过60多年的社会主义道路奠基和30多年的改革开放，我们积累了丰富的实践经验，迫切需要形成中国本土的理论创新和中国话语体系创新，这是树立道路自信、制度自信、理论自信、文化自信，在国际上争取话语权所必须面对的挑战。我们将与了解中国国情，认同中国改革开放发展道路，有担当精神的中国学派，共同推动这项富有战略意义的出版工程。

中信集团在中国改革开放和现代化建设中曾经发挥了独特的作用，它不仅勇于承担大型国有企业经济责任和社会责任，同时也勇于承担政治责任。它不仅是改革开放的先行者，同时也是中国道路的践行者。中信将以历史担当的使命感，来持续推动中国道路出版工程。

2014 年 8 月，中信集团成立了中信改革发展研究基金会，构建平台，凝聚力量，致力于推动中国改革发展问题的研究，并携手中信出版社共同进行《中国道路丛书》的顶层设计。

《中国道路丛书》的学术委员会和编辑委员会，由多学科多领域的专家组成。我们将进行长期的、系统性的工作，努力使《中国道路丛书》成为中国理论创新的孵化器，中国学派的探讨与交流平台，研究问题、建言献策的智库，传播思想、凝聚人心的讲坛。

孔丹

2015年10月25日

新模式：走向共享共治的多元治理

中国发展动态（2015）

主　　编：张佳俊　张　强

编　　辑（按姓氏笔画排序）：

马　克　马纪元　马毅豪　王　悦　王沛嘉　叶闽莎

冯　彪　朱彩云　仲启群　庄慕平　刘建伟　苏秋纳

李　琳　李姝君　李晓青　杨煜超　佘倩影　张　强

张宁远　张佳俊　陈　铭　苗继宇　卓增华　罗　超

周轩宇　段相宇　姚　瑶　柴　璐　高婷婷　彭　博

鲁昊源　曾诗洋　谢沁菲　蔡　淼　缪若冰　穆晶璐

戴明明

《动态中国丛书》出版说明

党的十八大以来的5年，是中国发展进程中极不平凡的5年，这5年，中国的改革开放和社会主义建设取得历史性的成就。中国从毛泽东时代的“站起来”、邓小平时代的“富起来”开始进入习近平时代的“强起来”。如果说在过去一些年，国内外学者普遍关注“中国崛起”这个话题，并试图在理论上解释中国为什么会崛起，那么最近一些年他们更加关注中国崛起对世界意味着什么，一个强大的中国为世界贡献了什么，中国的复兴能不能为世界发展提供新的发展模式和发展道路，并为其他国家提供中国经验和中国智慧。

近代以来，中国由于遭受列强侵略，社会经济文化相对落后，中华民族一度处于被动挨打地位，中国一直在探索独立和复兴之路。直至一百年前十月革命一声炮响，给中国送来了马克思列宁主义，在马克思列宁主义同中国革命的结合过程中，中国共产党应运而生。中国共产党从成立的第一天起，就义无反顾地肩负起实现中华民族伟大复兴的历史使命，团结带领中国人民走出山河破碎、内忧外患、战争连绵的黑暗境地，并通过长期的革命和建设，建立起繁荣富强的社会主义新中国。

无论是中国革命道路，还是中国社会主义建设道路，中国在探索现代化道路的过程中始终保持着独立自主的政治品格，这构成毛泽东时代、邓小平时代和习近平时代在与时俱进中不断变化的内在连续性，由此走出了一条既具有鲜明中国特色、又深具辐射力的现代化道路。党的十九大报告明确指出，中国的探索“拓展了发展中国家走向现代化的途径，给世界上那些既希望加快发展又希望保持自身独立性的国家和民族提供了全新选择，为解决人类问题贡献了中国智慧和中国方案”。这就意味着，中国走出了一条具有普遍意义的现代化道路。而要理解这条现代化道路的意涵，就必须知道“中国在做什么”，理解“中国在想什么”。这就是我们编辑出版《动态中国丛书》的出发点。

北京大学法治研究中心以2012年中国进入新时代为开端，以智库报告的方式编辑《动态中国丛书》，该丛书包括：“中国发展动态”、“中国思想动态”、“中国法治动态”和“中国港澳动态”。“中国发展动态”着力展现中央推出的各项重大改革政策，包括国家发展战略、政治体制、行政管理、经济民生、文化思想等领域推出的各项改革措施和公共政策，地方政府有创新的改革措施也有所收录。“中国思想动态”旨在跟踪和记录公共知识界就国际重大事件、全球发展格局与走向的思考，就中国发展战略和发展道路以及政治、经济和社会文化领域的思考和辩论。“中国法治动态”旨在跟踪和记录中国在推动法治发展过程中，在立法、执法、司法等领域推出的重大改革举措，以及引发争议的重大案件和法律热点争论等。“中国港澳动态”旨在跟踪和记录中央治理港澳特区的有关政策和举措，港澳特区在政治、经济、司法、民生、文化思想领域的重大事件和发展变化。我们在每月分类整理的基础上形成年度综述报告。如果我们将这些年度综述报告串起来，就可以清晰地呈现习近平新时代中国特色社会主义道路是怎样一步一步走出来的，以及在这一历史进程中，中国在想什么，中国在做什么。

《动态中国丛书》基于对全年度重大事项的记录整理，不仅提供了丰富而生动的具体事项，而且展现出一幅易于把握的历史全景。作为智库报告，我们不是从主观学术立场出发来判断中国的发展走向并由此提供政策建议；相反，我们希望尽可能以一种客观、中立的立场来记载中国究竟在发生什么。因此，每年的年度报告更多是一种客观的综述而不是主观的理论构建，每个人都可以根据这些历史资料进行不同的解读。我们希望《动态中国丛书》成为学术界在研究和思考中国问题时备查的历史资料书。然而，任何历史记录总是会受到编者的关注点和信息搜集能力的限制。我们期待更多人尝试这样的工作，以不同的叙事线索，串起那些散落的珍珠。随着时间的推移，这些记录工作的意义也将与日俱增：当读者站在未来某一时点回顾中国发展历程，他们将能更清晰地看到中国道路是如何从过去某一时点延伸到他们的脚下，由此也能更好地理解当代中国那些看似平淡无奇的思考和实践，究竟是如何在世界历史进程中获得其普遍性的。

需要说明的是，《动态中国丛书》的编辑是一项集体合作的事业。由于相关资料来源的局限性，难免会遗漏一些重大主题。加之我们的专业水平有限，对相关主题的挑选与整理也难免有所偏差。同时，为保持历史脉络的连续性和真实性，书稿中对相关政策事件的表述与评论仍保留当时的分析判断。凡此种种缺点，希望读者见谅。

《动态中国丛书》的编辑和撰写得益于香港丽达集团、香港敏华控股有限公司的支持。同时，要感谢中信改革发展研究基金会理事长孔丹先生和中信出版社副总编辑季红女士，正是他们的重视与远见，使得本丛书以智库报告形式进入《中国道路丛书》。季红副总编辑认真通读了整个报告，从书名、体例到报告内容乃至编辑细节都提出了专业的修改意见，许多内容都是经过反复修改之后才确定下来。中信出版社罗卫平、谭惠芳等编辑做了大量的联系组织工作，没有她们的努力，这套丛书不会以这种方式与大家见面。

《动态中国丛书》编委会

2018 年 3 月

目　录

第一部分　**中国发展动态年度报告（2015）**

导　言 / 003

一、勾勒均衡共富的新图景 / 008

（一）“四个全面”战略思想登上历史舞台 / 009

（二）筑实新发展观与总体安全观 / 010

（三）年终“三会”充实中国发展蓝图 / 013

二、营造风清气正的政治生态 / 016

（一）规矩、纪律与制度：新开党规之治 / 017

（二）干部能上能下与优选优培：激发政坛活力 / 021

（三）大协商大统战大党建：凝聚政治合力 / 024

（四）司法改革与制度创新：落实责权关系 / 027

（五）军事战略调整与体制改革：全面提升战斗力 / 031

三、探索经济改革的转型突围 / 033

（一）宏观调控：从“稳增长”到“防风险守底线”/ 034

（二）培育动能：以创新驱动重塑经济格局 / 037

（三）放活体制：推进行政分权和市场化改革 / 041

（四）拓展空间：塑造对外开放与城乡发展新格局 / 048

（五）经济转向：公平共富的重提与供需改革的兴起 / 052

四、推进以民为本的多元社会治理 / 054

（一）陆海边疆治理：直面挑战、整合突破 / 055

（二）社会改革新起点：以民为本、凝聚民心 / 058

（三）意识形态领域：掌握领导权、强化一体整合 / 063

（四）升级网络治理：主权建构、开放合作 / 065

（五）开启绿色治理：全面改革、强化责任 / 067

五、全方位开展中国特色大国外交 / 071

（一）"一带一路一行"下的国际经济新秩序 / 072

（二）"命运共同体"与"全球治理观"引领中国新外交 / 075

（三）全球治理大外交凸显中国新角色 / 077

结　语 / 081

第二部分　中国发展动态月度报告（2015）

1 月　养老金并轨引领民生事业改革 / 085

中央政治局审定《国家安全战略纲要》/ 086

中国启动机关事业单位养老保险改革 / 088

中央深改组聚焦责任落实与纪检改革 / 090

中央着力巩固高校意识形态阵地 / 092

中央首次全面布局新型智库建设 / 094

"五年规划"引领贫困地区儿童发展 / 096

上海自贸区改革向全国扩围 / 097

2 月 治国理政新布局逐步成形 / 101
“四个全面”展现治国理政新布局 / 102
中国打造协商民主“6+1”体系 / 104
公安改革框架意见出台 / 107
中央一号文件持续聚焦农业现代化 / 108
国务院推动转移支付制度改革 / 110
62 个城市启动新型城镇化综合试点 / 112
3 月 世界秩序变革迎来中国时刻 / 115
中国筹建亚投行谋求国际金融新秩序 / 116
“一带一路”路线图全球发布 / 118
习近平首提“亚洲共同体”理念 / 120
中央改革新政促创新驱动战略落地 / 122
国务院出台“双创”新政 / 124
地方政府全面推行权力清单制度 / 126
4 月 官方提速行政改革保驾经济增长 / 129
中央部署经济“稳增长” / 130
电商新政促“互联网+”落地 / 133
国务院新设协调小组提速简政放权 / 135
“水十条”勾画铁腕治水新思路 / 138
国务院口岸布局凸显战略意图 / 140
国务院出台措施着力清除“红顶中介” / 143
四部委联发专文规范“资本下乡” / 145
5 月 中国制造开启创新升级新十年 / 149
新白皮书宣示中国新军事战略 / 150
中国版“再工业化”战略规划面世 / 153
中央三大措施加速社会整合 / 156

国务院力推政府与社会资本合作模式 / 158
城市公立医院改革破创收机制难题 / 160
高校启动新一轮创业教育改革 / 163
北京着力塑造首都核心功能 / 165
6 月 优秀县委书记带来政坛新风 / 169
中央大力表彰优秀县委书记 / 170
造岛工程构建南海新格局 / 173
治党新规助推反腐制度化 / 175
国家推进信息化治理进程 / 177
国务院出台“返乡创业”扶持政策 / 180
7 月 金融震荡考验中国经济治理 / 183
中央加紧制定“十三五”规划建议 / 184
政府出手救市　强化金融维稳 / 186
政府引入“大数据”提升治理水平 / 188
行业协会商会全面脱钩行政机关 / 190
协商民主推向城乡社区 / 193
互联网金融新政重建健康金融生态 / 195
北京加快推进行政副中心建设 / 197
8 月 宏观政策重心转向“防风险” / 201
中国确立海洋开发新格局 / 202
中央突出强调“防风险守底线” / 203
西藏座谈会释放治边稳藏新思路 / 206
环保新政聚焦党政干部追责制 / 210
全国公共资源交易平台迎来统一整合 / 212
国务院提速民族教育发展 / 215
养老金入市政策落定 / 218

农村“两权”抵押贷款政策出台 / 220

9 月　新一轮国企改革大幕拉开 / 223

新一轮国企改革大幕拉开 / 224

中央加强社会组织党建工作 / 226

国务院集中发力“促投资稳增长” / 229

中央强化新疆民族团结建设 / 231

国务院力推分级诊疗改革 / 233

中央布局科技体制市场化改革 / 236

国务院推进“三网融合” / 238

10 月　中国模式迈向共享共治新阶段 / 243

中国特色全球治理观初步成形 / 244

党纪新规翻开全面从严治党新篇章 / 248

“十三五”规划引领共富之路 / 250

供给侧改革新政初露端倪 / 252

中国政府首创“市场准入负面清单制” / 255

国务院启动新一轮价格改革 / 258

人民币跨境支付迈出实质步伐 / 260

中国全面放开“二孩”政策 / 262

11 月　历史性军改全面启程 / 267

军队历史性改革开辟强军之路 / 268

两岸领导人共创台海新局面 / 270

经济政策迎结构性调整 / 272

“全球治理”外交密集开展 / 275

新一轮农村改革顶层设计面世 / 278

中国发起扶贫脱困攻坚战 / 280

高等教育与基础教育新政出台 / 283

12 月　“规划之年”勾勒中国发展蓝图 / 287
年终“三会”勾勒中国发展蓝图 / 288
执政党强化党校姓党、聚焦主业 / 291
中国版全球互联网治理方案成形 / 293
居住证新规助推新型城镇化 / 295
中央与地方共推环保新举措 / 297
“国家标准化体系”新五年规划出台 / 301
中央提速财政金融体制改革 / 303

第一部分

中国发展动态年度报告

（2015）

导　言

2015年，中国有两个现象尤其引人注目：其一，以突如其来的“股灾”和意料之中的国内生产总值（GDP）增速“破七”为信号，中国经济承压下行，部分领域危机迹象初显，以至一些观察家纷纷担忧，未来若干年中国经济将继续探底，形势将更为严峻；其二，以两岸促成“习马会”和习近平访美、人民币获得国际储备货币地位为标志，中国在处理内政和全球事务上都迈出了历史性的一大步。美国前国务卿基辛格曾预言，“他们（中国人）早晚会采取行动，使中国得以作为中心角色参与将来国际规则的制定”。① 这一刻似已到来。

两个现象虽不足以覆盖全貌，却很能说明问题：这一年或许是2008年国际金融危机以来，中国和世界的一个重要拐点。就中国而言，随着新一轮改革实质性地推开，产经结构的失衡、官僚体系的固化、利益集团的形成与扩散等，一时间错综发酵，进而外化为经济、社会、司法以及公共舆论等领域的各类风险挑战。尽管国家发展的基本面未有质变，但在这个节骨眼上，如何调档转舵、加足马力进而化危为机，直接关系到中国“十三五”能否顺利

① ［美］亨利·基辛格．世界秩序［M］．胡利平，林华等译．北京：中信出版社，2015.

开局，也关系着“两个一百年”奋斗目标能否顺利实现。就世界而言，国际金融危机正从第一波的剧烈冲击转化为第二波的衍生冲击，正从欧美发达国家转移、扩散至发展中国家，尤其对崛起的新兴工业国造成巨大压力。“危机的发展有特定的拓展模式，在它完成自我延伸的逻辑之前，不可轻言经济复苏”①，今后全球经济还将面临漫长的去危机化过程。不仅如此，经济问题的影响还加速向政治、民族、宗教等领域渗透，欧洲难民危机、南海纷争、朝核阴云、恐怖主义威胁及背后的地缘性对抗等新旧问题交织，对全球治理提出更大挑战。但总的来看，世界正处于大发展大变革大调整的转型期，和平与发展仍是时代主题。以美国为核心的霸权主义和强权政治进一步松动，以中国等新兴经济体为引领的多边主义保持强劲，各国相互联系和依存日益加深，国际力量对比更趋平衡。在与世界各国共同应对挑战的过程中，中国不仅作为一支逐步崛起的重要力量获得更为显著的国际地位，而且作为世界文明多样性的倡导者，明确主张各国之间加强文明交流、文明互鉴、文明共存，共建世界文明家园。

从某种意义上说，危机提供了中国持续发展的动力。中国近代以后特别是当代以来的历次大转折和发展，都是在奋力应对危机的过程中实现的。同时，危机在客观上也起到凝聚群体共识、重塑共同价值的作用，其结果往往是打开新的局面、构建新的秩序，这一点也已得到了历史的证明。从这一角度审视2015年，面对近20年来最为错综复杂的国内外形势，中国一直处于居安思危的基本态势，在国家层面主要表现为两种努力：对内，执政者主动适应经济下行趋势，一面调整经济治理、完善政策体系；一面调整发展思路、提出系统化的新发展理念，意图开启治理新境界。对外，决策层直面全球性危机，继续强化全方位的战略主动，以争取全球经济治理权、建立国际政治

① 刘鹤．两次全球大危机的比较研究［M］．北京：中国经济出版社，2013.

经济新秩序为核心，提出中国版的世界秩序构想和全球治理理念，并密集开展全球治理型外交，进一步提升了中国对全球的影响力。

从政治发展进程看，中国不断提高党的执政能力和领导水平，坚定不移地全面从严治党。无论是以反腐治党、全面深化改革来提高国家治理能力，还是以竞合共商、外交创新来重塑国际规则体系，开创内外贯通的政经秩序是当前以及今后一段时间中国政治建构的重中之重。如果说2012年秩序构建的核心是完善并巩固权力交接规则，2013年是理顺党与群众、政府与市场的双维关系，2014年是厘定政治与行政、党的领导与依法治国的国家治理架构，三者共同促成了中国特色社会主义制度的成熟化、定型化；那么从2015年开始，秩序重构的触角已从制度范畴延伸到了政治理念范畴。“要实现制度体系的成熟和定型，其背后必然要有一套比较系统完整统一连贯的政治哲学。”① 党的十八大以来，中国共产党以巨大的政治勇气和强烈的政治担当，出台了一系列重大方针政策，推出了一系列重大举措，推进了一系列重大工作，解决了许多长期想解决而没有解决的难题，办成了许多过去想办而没有办成的大事，推动党和国家事业发生历史性变革。如何对这场变革进行理论总结和思想提炼，塑造与时俱进的政治理念，用于指导新的政治实践，成为中国政治建构的一个重要命题。

回溯中国共产党的历史，从建党、革命到建立中华人民共和国，其“最大领导力在于提供了超越性的理想与价值”②，从而使之在保持“先锋队”式自我主体性的同时，最大限度地凝聚了民心，由此成功走出一条国家独立、民族解放和人民民主的社会主义道路。如何在长期执政条件下，继续保持党在政治、经济、社会和思想文化领域的主导权，如何通过增进人民福祉、引

① 刘晨光．矛盾与均衡——十八届三中全会的改革哲学［J］．社会观察，2013（12）．

② 鄢一龙，白钢，章永乐，欧树军，何建宇．大道之行：中国共产党与中国社会主义［M］．北京：中国人民大学出版社，2015.

领民族复兴、坚守国家独立自主来巩固执政党自身的主体性和正当性，并提供相应的价值伦理支撑，成为中国共产党思考的基本命题。从这一角度看，中华人民共和国成立后第一个三十年具有价值一元化特征，革命的传统、阶级斗争的传统以及共产主义的理想信念，不仅支撑着执政党的自我认同，也构成国家与社会共识的全部基础，并贯穿于内外政策的始终。改革开放后的第二个三十年，价值日趋多元，从四项基本原则基础上的“不争论”“摸着石头过河”，到对外策略上的“韬光养晦”、不干涉主义，执政党在意识形态领域的主导空间有所缩小；与此同时，伴随着对外开放，外来思想大量涌入，政治思潮趋于活跃，社会共识不断稀释，对传统政治理念构成挑战。面对多元价值难题，中国共产党先后提出“三个代表”“科学发展观”“和谐社会”“和谐世界”等包容性理论，试图容纳各方利益诉求、求取内外价值平衡，但这些都未能完全弥合愈演愈烈的价值分歧和思想割据。

那么，中国共产党将在政治传统层面塑造怎样的价值理念？就使命而言，新理念既要契合中国实际，回应当前中国的主要问题，引领国家未来发展；又要对接国际大势，为当今世界的普遍性难题贡献解决方案，推动人类文明进步。这其中，作为中国和世界所共同面临的核心问题——发展与公平的矛盾，无疑有待引入新的理念和发展观。就特性而言，新理念不仅要有足够的包容性，从而最大限度地凝聚人心，而且要有可操作性，能够真正落地生根，解决实际问题。

回顾2015年，可以清晰地看到，中国共产党正逐步建立起一套以公平正义为核心的共享共治理念，并以之作为政治经济治理的根本取向。于内，2015年7月①的中央政治局会议首次将“实现好、维护好、发展好最广大人民根本利益”确立为“发展的根本目的”，并把“增进人民福祉、促进人的

① 为简便起见，全书中如未在具体的月份、日期前标注年份，都是指2015年。

全面发展”作为“发展的出发点和落脚点”；10 月的十八届五中全会提出“创新、协调、绿色、开放、共享”五大新理念，将“共享”作为压轴价值，并强调“做出更有效的制度安排，使全体人民在共建共享发展中有更多获得感”，按照“人人参与、人人尽力、人人享有”的要求，“实现全体人民共同迈入全面小康社会”；11 月的中央政治局集体学习会议重申“以人民为中心的发展思想是马克思主义政治经济学的根本立场”，要求今后“部署经济工作、制定经济政策、推动经济发展都要牢牢坚持这个根本立场”，这一理念在 12 月中央经济工作会上又被定为“中国特色社会主义政治经济学原则”。促进人的全面发展、实现公平共富是中国共产党的立党纲领和执政目标，但在数十年的市场化转型过程中，其首要地位被“效率优先”原则所取代，相关政策供给也一度滞后。此次这一目标被作为政治核心理念重新强调，表明公平、共享、共治、共富的发展逻辑正成为新的、更明确的执政导向。于外，一方面，继此前中央外事工作会议提出“构建以合作共赢为核心的新型国际关系”之后，经由 2015 年博鳌亚洲论坛、亚非领导人会议、周边外交工作座谈会、联合国系列峰会等重要会议，中国提出了一套系统的“人类命运共同体”理念；另一方面，10 月的中央政治局集体学习会议首次专题研究全球治理，强调“全球治理不能由一国主宰或大国垄断，而应共同参与”，首次提出“共商、共建、共享”的中国特色全球治理理念。人类命运共同体理念与中式全球治理观的形成，意味着中国开始向世界贡献公正、普惠、共建、共享等具有中国特色的价值理念。在理念变化的同时，相应的政策实践也全面展开：从政治领域的构建大党建大统战格局、进一步简政放权脱钩、打造协商民主体系、群团改革去“四化”①，到经济领域的供需两端结构改革、力推政府与

① 此处的“四化”是指群团组织中存在的机关化、行政化、贵族化、娱乐化倾向，系 2015 年党的群团工作会议上首次提出。

社会资本合作、鼓励大众创业万众创新、统筹城乡和区域协调发展，到社会领域的网络共治、养老保险并轨、公立医院改革、教育改革、扶贫攻坚、全面放开“二孩”政策以及残困人员救助，再到外交领域的签约成立亚投行、发布“一带一路”路线图、构建新型大国关系、密集开展亚非拉区域合作和全球治理型大外交，一种以共享共治为基调的升级版中国模式已初露雏形。

这一模式的最大特点，即政治话语体系和实践不是先后有别，而是同步建构；不是互相割裂，而是彼此呼应，二者在根本价值上始终具有统一性。这种统一性，建立在民本中心和多元开放的基础之上，强调国家意识形态由内而外的一致性，注重保持内外战略及政策的联通和对接，从而使中国特色社会主义制度在理论和实践上都更加完备、更加成熟，并以崭新的面貌走向世界。正是在这个意义上，构建以公平正义为核心的共享共治理念及其实践方式，既是中国共产党作为一个马克思主义政党对马克思主义思想的新发展，又是作为现代国家的执政党对人民根本利益、民族使命和文明传承的坚持和深化。

一、勾勒均衡共富的新图景

党的十八大以来，中央的施政方向主要在两大方面：一方面是行动上的，即集中力量开展反腐败，扭转政治生态，构建新的政治经济共同体，为下一步全面改革做物力储备；另一方面是思想上的，即汇聚意见共识，谋划新一轮顶层设计，为国家未来发展做智力准备。就 2015 年而言，除了延续过去几年的政治行动态势，其特殊意义是为中国今后战略发展做了规划并逐步定型。此一“定型”，表现为战略和规划两个层面：在战略层面，执政党总结归纳“四个全面”的战略思想，完成了阶段性的战略升级；同时，基于转换发展动力、构筑安全稳定环境的双重需要，决策层分别提出了新发展观和新安全观。在规划层面，执政党主导拟定了“十三五”规划建议稿，为未来 5 年乃至更长一段时间国家发展确立了行动纲领；与之接应，宏观经济治理、城市治理、农村治理三大基础领域的最新方案也相继出炉，从而与“十三五”规划合成较为完整的规划框架。

随着顶层设计的基本定型，新时期的施政方向也更加清晰：在执政理念上，突出强调“人民中心”的根本立场；在发展导向上，更为崇尚公平共富理念；在实现方式上，更加注重创新、全面与均衡。由此奠定了新一轮政治周期内制度供给和政策实践的逻辑主线。

（一）“四个全面”战略思想登上历史舞台

作为中国共产党的重要政治惯例，每一届中央领导集体都会在其执政前期，兼取既往政治传统和新阶段的国情、世势和民意，循序渐进地提出新的治国理政思想，并通过数轮自上而下的政治宣传、求同存异的理论锻造，最终形成一套相对完备的理论体系，以之引导和支撑后续的政治行动。同理，本届中央领导集体也极为注重理论创新，甫任之初即提出了“中国梦”思想以及政治、经济、文化、社会、生态建设“五位一体”总体布局等重要战略。在此基础上，“四个全面”战略布局思想呼之欲出。

2014 年末，习近平在江苏调研时首次将全面建成小康社会、全面深化改革、全面依法治国、全面从严治党一并提出，“四个全面”提法由此面世。3 个月后的省部级主要领导干部专题研讨班开班式上，习近平首次对“四个全面”的内在逻辑关系做出阐释，其后新华社、人民日报等媒体持续跟进权威性解读，最终形成了系统思想。其创新之处主要体现在两个方面：一是在表述上，在建成小康社会、深化改革、依法治国、从严治党等施政方略之前增加“全面”修辞，分别予以定义并提出行动路径，实现了对以往发展路线特别是党的十八届历次全会所作战略设计的结合，更显系统性、全局性；二是在逻辑上，尽管此前二十余年中国共产党先后提出了上述四个方略，但还没有形成统一的战略体系。而“四个全面”思想则理顺了四者关系并融为一体，简言之，全面建成小康社会是引领性的核心目标，全面深化改革、全面依法治国、全面从严治党分别是动力、制度、政治三个层面的战略对接手段和发力点，其中蕴含着国家与社会、政府与市场、政治与法治、治国与治党等诸方面二元关系的辩证与协调。

如果说“中国梦”的理论意义在于确立了新的民族复兴理想，“五位一体”总体布局旨在进一步完善施政领域，那么，“四个全面”战略思想则完整呈现出新一届中央领导集体治国理政的主体布局，未来理想目标的实现以及各领域的具体实践，都将因循这一主体来施展。而“理想—主体—领域”三重战略框架的搭建完成，也意味着下一步的施政重心将从战略制定转入全面推进战略实施的新阶段。

（二）筑实新发展观与总体安全观

20 世纪 80 年代至今的中国改革开放，始终伴随着发展与稳定的二元冲突和动态平衡。国家改革领导人基于对世界和平与发展两大主题的判断，基于对国家发展需求和内部矛盾的估计，把追求发展、保持稳定以及协调二者关系确立为改革的基础性课题。特别在改革渐入“深水区”之后，面对传统发展模式乏力、经济发展后劲有所减弱、国内外不安全不稳定因素陡然增加的新形势，党和国家将改革进一步聚焦到保持发展与公平的动态平衡、维护国家外部安全和内部稳定这两大核心问题上来，由此带来执政理念的显著变化。

对于发展问题，在延续以往发展理念的基础上，新一届中央领导集体提出了以创新驱动为牵引、以共享共富为方向的新发展观。经过近两年的调研、讨论、起草和修订，《中共中央关于制定国民经济和社会发展第十三个五年规划的建议》（以下简称《建议稿》）终于成稿，并于 10 月 29 日经党的十八届五中全会审议通过。《建议稿》首次提出了“创新、协调、绿色、开放、共享”五大发展新理念及相应的政策体系，总体上呈现出创新为先、均衡发展、共享共富三大思路特点。

第一，创新战略晋级优先国策，相较以往战略意义更得提升。此前，党的十八届三中全会设定了“实施创新驱动战略、加快建设创新型国家”的战略目标[①]；2015 年 1 月，中共中央办公厅、国务院办公厅印发《关于加强中国特色新型智库建设的意见》，明确提出打造定位明晰、特色鲜明、规模适度、布局合理的中国特色新型智库体系，为未来 5 年乃至更长时间内的举国创新行动提供智力支撑；3 月，《中共中央、国务院关于深化体制机制改革加快实施创新驱动发展战略的若干意见》正式印发，提出了以技术创新与制度创新“双轮驱动”为核心的落地方案。此次《建议稿》更进一步将创新置于五大发展新理念之首，强调要把创新摆在国家发展全局的核心位置、把发展基点放在创新上。因此，与“十二五”规划相比，创新驱动战略在文件结构中的位序由原先的第七篇提前至第二篇，篇幅也从科技、教育、人才 3 章扩展为科技引领、创业创新、体制改革、人才优先、培育动力 5 章，内涵更加丰富。可以说，面对传统发展模式的弊端和改革难度的加大，能否真正发挥改革创新的驱动作用，将决定“十三五”时期发展的成败。

第二，更加注重发展的整体性和均衡性。对于治理中国这样一个复杂多元的大国而言，统筹、协调、平衡尤为重要。自中国共产党诞生以来，“统筹论”贯穿其革命、建设和改革过程的始终。此次《建议稿》在以往科学发展观“五个统筹”[②] 的基础上，进一步完善了上述思路。如五大理念中的“协调”涵盖了区域、城乡、经济与社会、工业与农业、物质文明与精神文明、经济与国防、国家硬实力与软实力等各个层面的均衡发展要求，“绿色”注重人类发展与自然环境的均衡

① 2013 年 11 月，党的十八届三中全会公布的《中共中央关于全面深化改革若干重大问题的决定》提出了“加快建设创新型国家”的目标，并要求深化科技体制改革，建立健全鼓励原始创新、集成创新、引进消化吸收再创新的体制机制，建设国家创新体系。

② 五个统筹，即统筹城乡发展、统筹区域发展、统筹经济社会发展、统筹人与自然和谐发展、统筹国内发展和对外开放。

共生，“开放”旨在保持国内外两个市场、两种体系、两个大局的联通与平衡。

第三，从全面建成小康社会的总目标到具体的经济和社会政策，都直接凸显人民中心、全民共享、共同富裕的目标导向。如居民收入方面，《建议稿》不仅在总目标中明确“到2020年城乡居民收入翻倍”，同时提出多渠道增加居民收入，完善税收和收入分配制度，创造更多的财产性收入。扶贫方面，此前习近平调研时曾提出确保贫困人口到2020年如期脱贫，《建议稿》提出实施脱贫攻坚工程，以精准扶贫实现精准脱贫。人口与社会保障方面，《建议稿》释放了全面实施一对夫妇可生育两个孩子政策，实现1亿人城镇落户，建立更可持续的社会保障体系，全面实施城乡居民大病保险制度，建立覆盖城乡的基本医疗制度和现代医院管理制度，减免贫困学生高中学杂费等一系列政策红利。

对于安全稳定问题，党中央以往的思路是内部维稳与外部维和分而治之。如20世纪90年代中后期提出了以互信、互利、平等、协作为核心的“新安全观”，其着眼点在于应对外部安全问题以及国际安全领域新兴的非传统安全因素，但未与国内安全一并考虑，也未形成全方位的国家安全战略。随着高风险社会的来临，越来越多的安全问题呈现出内外勾连、复杂交错的态势，原有分散的安全治理体系已不能完全适应新的治理需要。于是决策层开始统筹思考安全问题，融合内外安全战略、整合安全领域各类资源，构建新的国家安全观念和实施体系。过去3年，党中央一方面设立了横跨党政军、统摄各类安全机构、由习近平亲任主席的中央国家安全委员会，从顶层优化新时期安全治理的权力配置；另一方面提出协同内外的“总体安全观”及“11种安全”①，明确了未来大安全、大治理的战略方向。在此基础上，2015年，党中央从三方面推动

① 总体安全观是指，既重视外部安全，又重视内部安全；既重视国土安全，又重视国民安全；既重视传统安全，又重视非传统安全；既重视发展问题，又重视安全问题；既重视自身安全，又重视共同安全。11种安全是指，政治安全、国土安全、军事安全、经济安全、文化安全、社会安全、科技安全、信息安全、生态安全、资源安全、核安全。

安全战略落地：一是战略思路重塑。1 月 23 日，中央政治局审议通过《国家安全战略纲要》，重申“党领导国家安全工作”的政治原则，在国家安全工作领导体制、国家安全意识教育、国家安全专业队伍等方面提出战略落地思路。二是安全队伍重塑。1 月，国家安全部副部长马建涉嫌严重违纪违法被调查，此后中央纪委原副书记陈文清出任国安部党委书记；5 月 19 日，习近平对国安干部提出“坚定纯洁、让党放心、甘于奉献、能拼善赢”的 16 字要求。随着系统反腐的深入和干部队伍的整顿，现有安全力量得到强化。三是法律制度重塑。继 2014 年全国人大常委会第十一次会议审议通过《反间谍法》、相应废止原《国家安全法》之后，7 月 1 日，新《国家安全法》经审议通过并正式颁布生效。该法对此前提出的“总体安全观”“11 种安全”等战略政策予以法律表达，对中共中央国家安全委员会的法律地位及其对国家安全工作的集中领导权予以合法性确认，并要求建立集一般制度、情报信息、风险预防、审查监管、危机管控于一体的国家安全制度体系。基于纲要、人员、制度三个方面的具体安排，大安全战略实施体系得到进一步巩固，从而为新一轮改革的顺利推开打下了安全基础。

（三）年终“三会”充实中国发展蓝图

在党的十八届五中全会总体布局的基础上，2015 年末中央经济工作会议、中央城市工作会议、中央农村工作会议相继召开并提出一系列新主张，进一步充实“十三五”规划蓝图，明确了未来一段时间中国发展的具体路径。

1. 经济工作会议：更新经济治理方法论，明确 2016 年结构性改革重点

自 1994 年以来，中央经济工作会议每年末召开一次，被视为判断来年中国经济走势和政策取向最权威的风向标。回顾自 2012 年新一届中央领导集体

上台以来历次经济工作会议，“坚持稳中求进工作总基调”这一主线4年未变、贯穿始终。但此次会议召开于“十三五”开局之际，更凸显承前启后、统筹内外的鲜明特点。会议在总结过去一年经济政策及效果的基础上，明确了2016年三大重点：一是提出经济发展重点的“十个转变”①，意味着政绩考核原则也将做出调整；二是正式将“供给侧结构性改革”列为经济治理方法，并首次提出供给侧改革的体系化方案，即综合运用宏观政策、产业政策、微观政策、改革政策、社会政策五大支柱体系，促进供需两侧平衡；三是布置2016年结构性改革五项具体任务，即去产能、去库存、去杠杆、降成本与补短板。前两者为方法论，后者是着力点，而“供给侧结构性改革”将统领2016年经济工作，并在实践中继续丰富其理论内涵。

2. 城市工作会议：确定以人为中心、尊重规律的城市发展新路

此次会议，是时隔37年后中央城市工作会议二度召开，且首次与规格最高的中央经济工作会议套开。会议针对如何加强城市化与经济社会内在联动、怎样破除“城市病”等问题，重申“以人民为中心”的城镇化理念，要求“走出一条中国特色城市发展道路”。在强调“尊重城市发展规律”的基础上，会议提出了通过“五个统筹”提高“五个特性”的整体思路。一是统筹空间、规模、产业三大结构，提高城市工作全局性；二是统筹规划、建设、管理三大环节，提高城市工作的系统性；三是统筹改革、科技、文化三大动

① “十个转变”是指，推动经济发展，更加注重提高发展质量和效益；稳定经济增长，更加注重供给侧结构性改革；实施宏观调控，更加注重引导市场行为和社会心理预期；调整产业结构，更加注重加减乘除并举；推进城镇化，更加注重以人为核心；促进区域发展，更加注重人口经济和资源环境空间均衡；保护生态环境，更加注重促进形成绿色生产方式和消费方式；保障改善民生，更加注重对特定人群特殊困难的精准帮扶；进行资源配置，更加注重使市场在资源配置中起决定性作用；扩大对外开放，更加注重推进高水平双向开放。

力，提高城市发展持续性；四是统筹生产、生活、生态三大布局，提高城市发展的宜居性；五是统筹政府、社会、市民三大主体，提高各方推动城市发展的积极性。紧随此会议之后，12 月 24 日，中共中央、国务院印发《关于深入推进城市执法体制改革改进城市管理工作的意见》，首次在中央层面对城市管理执法问题做出专门部署，提出“执法重心和力量向市县下移”“城市管理领域进行大部门制改革”等新主张，着意解决城市执法权责不一、编制混乱等弊病。随着中国城镇化率由改革开放之初的不足 20% 上升至接近 55%，中国城市发展正面临新的历史拐点。此次中央城市工作会议及城管体制改革意见着眼全局，从更高层级对未来 30 年城市建设和发展路径做出系统规划，意味着中国新型城镇化将步入更为均衡、协调的新阶段。

3. 农村工作会议：以结构性改革引领未来农村改革的新走向

会议讨论了《关于落实发展新理念加快农业现代化实现全面小康目标的若干意见（讨论稿)》，重申解决好“三农”问题仍是“十三五”时期全党工作重中之重，着重强调“着力加强农业供给侧结构性改革”，要求真正形成“结构合理、保障有力的农产品有效供给”。继 11 月初公布的《深化农村改革综合性实施方案》提出明晰产权、政经分开的改革思路之后，此次会议明确了未来农村土改需要主攻的三大方向：以农村土地征收、集体经营性建设用地入市、宅基地制度改革为重点，“三块地”改革试点将深入实施；以土地确权登记颁证工作为核心，农村土地承包经营制度改革将进一步细化；耕地保护和补偿制度也将迎来顶层设计。

作为擘画“十三五”开局之年的高规格会议，中央经济工作、城市工作、农村工作三大会议构建经纬、打通城乡、辐射未来。其中，经济工作会议提纲挈领，廓清未来经济走势，明确了宏观经济发展方向和治理体系的着力点。围绕经济会议主线，城市工作会议和农村工作会议各有侧重。前者聚焦解决城市化阶段性弊病，如何破解既涉及民生安危又关乎经济驱动的问题；后者则暗合结构转型要义，标示出未来农村土地改革将成为盘活存量、善用增量的重要突破口。

二、营造风清气正的政治生态

2015 年中国政治的发展走势，依然要放在党的十八大以后增强政治意识的背景中来理解。过去 3 年，新一届中央领导集体针对政治的核心命题，明确回答了中国举什么旗、走什么路的政治原则问题，并从制度上确立起党在政治上集权、政府在行政上放权的新型党政关系。其中，政治集权是加强党的领导、突出政治性的首要问题，其关键在于能否通过必要且适当的集权手段，重新强化执政党的政治权威。这里的政治集权，既有对权力本身的适度集中统一，也有对权力结构及制度安排的优化调整，还包括对构成权力的基础——制度、组织、干部、纪律、政法、军队等政治要素的全面集聚与有效整合。要言之，就是让错位、失范的要素重新复位、规范运作，使被弱化甚至虚化的要素恢复应有功能，从而克服政治权力被割据化、碎片化的弊端，形成良性、高效运转的政治生态。譬如，党的十八大以来整顿党风、严肃禁令、打击腐败，就是要恢复正常的政治秩序；而党的群众路线教育实践活动、简政放权、调整选人用人机制，则是要激发体制的内生动力和人民的发展热情，与中央集权构成上下互动关系。

基于此，2015 年中国政治的发展脉络就比较清晰了：一是“全面从严治党”，即延续近 3 年来从严管党、惩贪、治军的高压态势，从以禁令、打击为主的特殊斗争阶段，逐渐转入制度、体系构建与分类惩戒相结合的常态化阶段，意在进一步强化政治权威、促进政治运行的正常化和规范化；二是“改革创新”，即推出统战、群团、党外组织、协商民主等领域的改革新政，试图充分调动党内外、融合各阶层，在巩固、扩大党的领导的同时，营造多元共治的党群基础；三是对于纪检、人事、政法、军队等重点领域，则同时施以从严规管与创新改造，以建立适应新形势的国家治理体系。这些努力有利于调节各类政治要素，重塑各就其位、多元一体的政治新生态。

（一）规矩、纪律与制度：新开党规之治

凡改革者，不破不立，破而后立也。新一届政府上台以来，中央从政治领域切入，全面从严治党，以空前力度打击贪腐势力和政治山头，为进一步深化改革打开了新局面。旧的格局正在重整，新的格局便有待形成。伴随这一新旧格局的转换，执政党需要对政治治理体系做出适当调整。一方面，无论是从严治党还是反腐败斗争，都不能停留在运动式或个案化的整顿阶段，而要逐步转到可持续、常态化的治理轨道上来；另一方面，依规治党、以党规办事已成高层共识，而目前党内相关制度仍不健全，亟待在吸取治党实践成果后进一步完善。2015 年，从强调政治规矩、改革纪检体制到确立党组新规，党内治理朝着制度化和规范化的方向不断前进，渐成党规治理“新常态”。

1. 重申“政治规矩”，巩固立党传统

组织严密、纪律严明是中国共产党立党的重要原则，也被视为其核心竞争力之一。但长期以来，党内政治纪律和政治规矩受到不同程度的忽视和破坏，组织涣散、纪律松弛、不守规矩等问题日益突出，以致出现了团团伙伙、结党营私、拉帮结派等恶劣现象①，这在很大程度上削弱了党的执政能力。对

① 如在 2014 年 6 月中央纪委监察部网站推出的一项调查中，面对“你身边的‘组织涣散、纪律松弛’”现象，4 万多名参与的网友，有 74.1% 把票投给了“程度严重”选项。又如对于山西“塌方式腐败”，时任中央纪委书记王岐山直言“令人触目惊心”；湖南衡阳破坏选举案，409 人被给予党纪政纪处分；广东茂名窝案，涉嫌行贿买官人员 159 人，“山头主义”“团团伙伙”的危害之大可见一斑。见申孟哲，陈振凯，刘少华．中共的政治规矩是什么［N］．人民日报（海外版），2015－01－29.

此，新一届领导人上任伊始即突出强调规矩意识，并自2014年末以来，在强调严守政治纪律的基础上，正式提出了严守政治规矩。2015年，政治规矩成为党内政治话语体系的核心关键词。1月13日，习近平总书记在十八届中央纪委五次全会上首次总结了党内规矩，即“党章是全党必须遵循的总章程，也是总规矩；党的纪律是刚性约束，政治纪律更是全党在政治方向、政治立场、政治言论、政治行动方面必须遵守的刚性约束；国家法律是党员、干部必须遵守的规矩；党在长期实践中形成的优良传统和工作惯例也是重要的党内规矩”，并强调“在所有党的纪律和规矩中，第一位的是政治纪律和政治规矩”。① 在3天后召开的中央政治局常委会上，习近平总书记进一步提出“坚持党的领导，首先是要坚持党中央的集中统一领导，这是一条根本的政治规矩”。② 此后“政治规矩”一词被多次用于定性贪腐案件③，并从一个概念上升到制度层面，被写入党的规章制度。④ 从本质上理解，重申政治规矩意味着巩固党的政治传统，其目的就在于维护党中央权威和权力集中体制、重塑党组织的纪律性和约束力、净化党内政治生态。

2. 强调“党规办事”，改革纪检体制

第一，纪法分开成为反腐新思路。2015年10月18日，中共中央颁布新修订的《中国共产党廉洁自律准则》和《中国共产党纪律处分条例》（以下简称《处分条例》）。针对以往执纪与执法界线模糊的问题，《处分条

① 习近平在十八届中央纪委五次全会上发表重要讲话［OL］. 人民网，2015-01-14.

② 习近平主持中共中央政治局常务委员会会议［OL］. 人民网，2015-01-17.

③ 如2015年中组部下发“三严三实”教育要求，其中直接点到了5名落马高官，将其列为不守政治纪律和政治规矩的典型。

④ 如在《关于推进领导干部能上能下的若干规定（试行）》中，十种会被调整岗位干部情形的第一条，就是“不守政治纪律和政治规矩”；新修订的《中国共产党纪律处分条例》也对此做出明确规定。

例》贯穿“纪法各表，纪严于法”思路，将原先与相关法律重复的70多条规定全部删除，并在各方面均做出了严于法律的规定，既划清了党纪与国法的界线，也实现了两者之间的有效衔接；《处分条例》重新划分违纪类型，将党的纪律重新调整为政治、组织、廉洁、群众、工作和生活六大类型，与法律规定有明显区别。特别是新设政治纪律、群众纪律两大类型，颇具党纪特色；《处分条例》突出强调政治纪律和政治规矩，明确了违反政治纪律和政治规矩的类型，使党纪特色更加鲜明。依据《处分条例》，中央纪委2015年内给予10名中管干部党纪重处分，并对其做出了重大职务调整。

第二，将巡视实践成果固化为制度。2015年6月26日，中央政治局审议通过《中国共产党巡视工作条例（修订稿）》（以下简称《巡视条例》）。中国共产党自建党以来就将巡视作为党内监督的关键性制度，党的十八大以后更是将其作为反腐败斗争的重要途径。但先前的巡视多是临时性和专项性的，并未形成常态化机制，相关规定也较宽泛，对腐败现象不能形成长期震慑。此次《巡视条例》的修订充分吸收党的十八大后巡视实践成果，对监督内容、机构设置、工作职责、方式权限、纪律要求等做出明确规范。而且，《巡视条例》强调党的领导和分级负责原则，要求形成横向全覆盖、纵向全链接、全国一盘棋的整体态势，目的就是在强化反腐的同时，维护中央和上级党组织的权威。

第三，调整纪委书记提名制。党的十八大以来，中央明确了强化上级纪委对下级党委和纪委监督、完善纪委双重领导体制的改革思路。与此同时，省纪委书记调整频繁，对于“塌方式”腐败的省份，空降更是成为常态。在此背景下，纪委书记提名制被提上改革日程。继2014年《党的纪律检查体制改革实施方案》提出“纪委书记、副书记的提名和考察以上级纪委会同组织部门为主”之后，2015年1月30日，中央全面深化改革领导小组第九次会议审议通过《省（自治区、直辖市）纪委书记、副书记提名考察办法（试行）》、《中央纪委派驻纪检组组长、副组长提名考察办法（试行）》及《中管企业纪委书记、副书记提名考察办法（试行）》。三个办法对省市区、中央直属机关和部门、中管企业三个层面的纪委书记及副书记的提名考察作了具体规定，强调要拓宽选人用人渠道，明确纪委书记、副书记人选可从纪检系统外产生。

3. 首立党组新规，强化党建责任

党组是指中国共产党在中央和地方国家机关、人民团体、经济组织、文化组织、社会组织和其他组织领导机关中设立的领导机构。自1945年中共七大正式建立党组制度以来，迄今为止全国共有党组8.6万多个，涵盖从中央到县4个层级。但党组工作制度一直缺乏党内法规的规范，长期存在设立不统一、职责不明确、议事决策不规范等问题。5月29日，中央政治局审议通过《中国共产党党组工作条例（试行）》（以下简称《党组条例》）。针对一些党组抓业务和抓党建“一手硬、一手软”的问题，《党组条例》以加强党的领导和全面从严治党为原则，明确规定“党组应当认真履行党要管党、从严治党责任，加强对本单位党的建设的领导，落实党建工作责任制”；针对党组设立条件不够明确、范围不够统一、程序不够规范等情况，《党组条例》对党组设立作了规范，明确了设立条件、设立范围、设立审批主体、设立程序；针对决策不规范问题，《党组条例》明确和细化了党组决策程序，规定“党组做出重大决策，一般应当在调查研究基础上提出方案，充分听取各方面意见，进行风险评估和合法合规性审查，经过集体讨论决定”。《党组条例》的出台，一方面将党组工作纳入制度化、规范化的轨道，另一方面也为巩固和扩大党在各类机关和组织中的领导权打下了制度基础。

（二）干部能上能下与优选优培：激发政坛活力

2015年，中国政坛有两项创新尤其引人注意：一是领导干部“能上能下”制度化得以实质推进，二是时隔20年执政党再次选拔并重用优秀县委书记。这两件大事对改革干部体制具有重要意义，一定程度上反映了新一届中央领导集体治国理政的基本思路以及选人用人的新动向。与此同时，中央还在事业单位人事改革、党校改革、干部培训等方面出台新政，为干部培养创造有利条件。

1. 中央推动领导干部“能上能下”

在以往的反腐工作中，对那些违反党规党纪但尚未突破国法底线的干部缺乏有效惩处措施，使不少违纪干部存在侥幸心理，严重削弱了纪检工作的权威性。6月26日，中央政治局审议通过《关于推进领导干部能上能下的若干规定（试行）》，提出“推进干部能上能下，重点是解决能下问题”，为处理那些政治上不规矩、廉洁上不干净、工作上不作为、作风上不实在的干部提供了制度依据。其一，以健全完善制度为根本，即通过激励、奖惩、问责等一整套制度安排，保证能者上、庸者下、劣者汰。其二，明确提出对政治上不守规矩、廉洁上不干净、工作上不作为不担当或能力不够、作风上不实在的领导干部，要坚决调整，使“退出”和“降级”常态化；对忠诚、干净、敢于担当的干部，想干事、能干事、干成事的干部，要及时起用，增强干部队伍活力。其三，强调党委（党组）在选人用人上的主体责任。作为执政党首次就领导干部“能上能下”问题专门出台的制度规定，它是干部制度改革的重要步骤，有利于打破过去干部任用上重事前审查、轻事中事后监管的倾向，也对当前党风廉政建设和反腐败工作形成有力支撑，对解决为官不正、为官不为、为官乱为等问题具有重要意义。

2. 优秀县委书记成为政坛新风

6 月 30 日，中组部发布《关于表彰全国优秀县委书记的决定》，同日习近平会见了受表彰的 102 名全国优秀县委书记，并在讲话中要求县委书记做“政治的明白人、发展的开路人、群众的贴心人、班子的带头人”①。据不完全统计，到 2015 年底，已有 49 名优秀县委书记获得提拔重用，晋升厅局级岗位，其中部分直辖市、副省级城市受表彰的厅局级区（县）委书记已晋升副部级岗位。此次再选优秀县委书记，具有政治深意：一是加强中央对基层的管理，力图破除“政令不出中南海”之弊。二是积极应对县域治理的新常态。县委书记作为治国理政的“一线总指挥”，必须担起维护改革、发展、稳定大局的千钧重担。三是强化选人用人的新导向。前几年党中央在公开选拔、竞争上岗等方面投入很大精力，但选拔过程中出现了唯分取人、唯票取人的乱象，一定程度上影响了选人用人导向。然而，主政一方的经验对官员来说异常重要，能更加全面地锻炼、考核官员，这也是新一届中央领导集体选人用人的新动向。选拔并高调表彰优秀县委书记，就是要树立典型，突出中央对基层领导干部的重视和培养，激活基层政治生态。四是遏制基层腐败势头。党的十八大后的反腐高潮虽重在“打老虎”，但“小官巨腐”现象也层出不穷。县委书记作为基层领导干部的代表，有着率先垂范的重要责任。此次表彰，中央一方面为县委书记队伍正名，另一方面也是对基层腐败趋势的侧面敲打，意在强调县委书记必须在纪律和作风方面承担主体责任。所谓“心中有戒”“做班子的带头人”，本质是强调县委书记作为班子带头人，在纪律和作风方面必须发挥主体责任。

① 习近平．在会见全国优秀县委书记时的讲话［J］．求是，2015（17）．

3. 领导人员新规促事业单位去行政化、去官僚化

人事制度改革是事业单位改革的关键和难点，其中尤以领导人员体制改革为要。6 月，中共中央办公厅印发《事业单位领导人员管理暂行规定》（以下简称《管理规定》），就省级以上党政部门所属事业单位领导人员管理做出制度安排。其一，对接中央 2014 年印发的《党政领导干部选拔任用工作条例》，明确事业单位领导人员管理要遵循党管干部、德才兼备以德为先、注重实绩群众公认、分级分类管理、依法依规办事“五项原则”。其二，加大聘任制推行力度，提出“根据行业特点和岗位要求，可以采取组织选拔、竞争（聘）上岗、公开选拔（聘）等方式进行，也可以探索委托相关机构遴选等方式进行”。其中，委托相关机构遴选的选任方式，被认为是允许由第三方为事业单位选任领导人员，打破了以上级任用为主的惯例，开辟了一条任用事业单位领导人员的新路径。其三，针对部分事业单位长期任职现象普遍、干部交流不足、晋升渠道僵化、“圈子”文化盛行等问题，明确事业单位领导人员一般应当实行任期制，且“在同一岗位连续任职一般不超过十年”。总体来看，《管理规定》既从人事上强化了党对事业单位的领导，也有利于促进事业单位去行政化、去官僚化，进一步增强组织活力。

4. 强化党校姓党、优化干部培训

党校系统既是中国共产党专门教育、培训党员干部的主渠道，也是其核心智库之一，被视为其重要的政治优势。但近年来，党校工作缺乏重视、基层党校脆弱、理论教育和党性教育松弛、政治方向偏差等问题日益凸显，影响了党校政治功能的充分发挥。对此，11 月 23 日，中央政治局审议通过《关于加强和改进新形势下党校工作的意见》（以下简称《党校意见》）；12 月 11

日至12日，全国党校工作会议在北京召开，中央政治局七个常委全部出席，党校工作受到空前重视。其一，“党校姓党”被确立为党校办学的根本原则。党校姓党，即党校不仅要在思想、政治、行动上自觉同党中央保持高度一致，还要增强看齐意识，帮助受培训的领导干部“向党中央看齐”。其二，明确党校应聚焦主业，以“抓党的理论教育和党性教育”为教学重心。《党校意见》明确规定党的理论教育和党性教育两类课，在中央党校、省（自治区、直辖市）委党校、市（地）委党校教学安排中不低于总课时的70%。其三，建立和实行领导干部到党校讲课制度。2015 年，全国 31 个省区市党委书记、200 多家中央单位主要负责同志开展了带头讲党课活动。《党校意见》提出，坚持中央领导同志带头到中央党校讲课的做法，省、市、县党委领导班子成员每人每年至少到同级党校讲一次课。此次《党校意见》呼应了中共中央于 10 月修订印发的《干部教育培训工作条例》（以下简称《培训条例》）。《培训条例》将开展干部教育培训情况纳入政治考核，并要求进一步加强理想信念和党性教育，提出党校、行政学院、干部学院和社会主义学院应当坚持功能定位，突出办学特色。上述两份文件对于增强干部理想信念、凝聚政治合力具有重要意义。

（三）大协商大统战大党建：凝聚政治合力

2015 年，新一届中央领导集体结合政治体制改革，一手加快顶层设计、完善协商民主建设总体布局，一手积极吸纳新兴群体、着力构建大统战格局，在扩大党的领导的同时，充分调动党内外、融合各阶层，最大限度地凝聚共识、统摄群力。

1. 力推协商民主，打造“6 +1”体系

在以中央集中统一领导为主的政治框架下，协商民主作为融合多种渠道

和方式的制度化协商模式，不失为对政治民主的有益补充，因而被选为政治体制改革的重要领域。2月9日，中共中央印发《关于加强社会主义协商民主建设的意见》，清晰勾勒出中国特色社会主义协商民主的“6+1”体系，即政党协商、人大协商、政府协商、政协协商、人民团体协商、基层协商加上社会组织协商。由于各类协商渠道发育程度不同，具体实施过程中又分三类推进，一是重点加强政党协商、政府协商、政协协商，二是积极开展人大协商、人民团体协商、基层协商，三是逐步探索社会组织协商。作为落地举措，6月，中共中央办公厅印发《关于加强人民政协协商民主建设的实施意见》，明确政协协商内容和形式，要求提高协商能力；7月，中共中央办公厅、国务院办公厅印发《关于加强城乡社区协商的意见》，要求将协商制度运用到社区基层，营造多元参与的基层大协商格局；12月，中共中央办公厅又印发《关于加强政党协商的实施意见》，设定政党协商范围，并明确了会议、约谈、书面协商三种形式及相应程序。

2. 推动群团改革，突出基层与群众导向

2015年2月，中共中央印发《关于加强和改进党的群团工作的意见》(以下简称《意见》)。作为新时期群团工作的“纲领性文件”，《意见》系统阐述中国特色社会主义群团发展道路，突出强调各类各级群团组织要把“工作重心放在最广大普通群众身上，克服机关化、脱离群众现象”。7月6日，中央召开建党94年来首次群团工作会议，再次强调群团组织要勇于自我革新，特别是要重点解决脱离群众的问题。未来群团改革的方向，是进一步提升自身政治性、先进性和群众性，以强化基层工作为重点，改革机关机构设置、管理模式和运行机制，加快新领域新阶层组织建设，更多吸纳群众中的优秀人物，明显提高基层一线人员比例，确保把民众最广泛最紧密地团结在党的周围。

3. 吸纳新兴群体，完善大统战格局

5月18日，中央统战工作会议在京召开，同日《中国共产党统一战线工作条例（试行）》（以下简称《统战条例》）正式施行。作为党的十八大以来中央层面的首次统战工作会议，此次会议名称由“全国”升格为“中央”，意味着统战工作被提到新的高度，凸显出中央大统战思维。会议特别强调，未来要将留学人员、新媒体中的代表性人士、非公有制经济人士特别是年轻一代作为“重点团结对象”。作为统战工作首部党内法规，《统战条例》将“私营企业、外资企业的管理人员和技术人员”“中介组织从业人员”“自由职业人员”合并为“新的社会阶层人士”，并涵盖“新媒体从业人员”及未来可能出现的新群体。7月30日，中央决定设立“中央统一战线工作领导小组”，进一步加强党对统战工作的集中统一领导。与此同时，中央层面党外高学历干部纷纷担任要职，省级政府组成部门的行政主官中已有28名党外干部；各省层面统战部长纷纷由党委常委担任，基层统战部长也更多由有其他分工的党委常委兼任，呈现出党委副书记兼统战部长、统战部长与组织部长等其他党务部门一把手“一肩挑”、统战部长与政府副职交叉任职等三种模式。①

4. 扩大党组覆盖，整合社会组织

近30年来国内社会组织发展迅速，已经成为社会管理的重要参与主体。截至2014年底，中国共有社会组织60.6万个，吸纳社会各类人员就业682.3万人。由于社会组织量大面广，且党建工作薄弱，加强党建十分必要。继党中央新颁布的《党组条例》明确将“社会组织”列入设立党组范围，意图强化对非党组织的领导权之后，9月，中共中央办公厅发布《关于加强社会组

① 张弛．中共布局“大统战”［J］．凤凰周刊，2015（30）．

织党的建设工作的意见（试行）》，一方面，强调发挥党的政治核心作用，“推进社会组织党的组织和党的工作有效覆盖”，理顺管理体制和组织结构，使党组织成为社会组织发展的“领头雁”和“主心骨”；另一方面，肯定社会组织在功能作用上的自主地位，鼓励发挥社会组织在社会管理中的优势和长处，党组织要促进社会组织迸发活力，真正实现“业务脱钩，组织不脱管”。加强社会组织的党建工作，本质上是要巩固中国共产党在社会建设与治理中的领导地位，使得不同社会阶层和主体紧密团结在党中央周围，凝聚成休戚与共的有机整体。

5. 引领社区建设，整合农村基层

近年来，中国农村日益暴露出基层党组织弱化、基层民主失序、村庄空心化、“三留守”群体扩大等治理难题，其中基层党组织弱化成为基层治理的软肋。5 月末，中共中央办公厅、国务院办公厅印发《关于深入推进农村社区建设试点工作的指导意见》，明确提出将村党组织与村民自治结合起来，作为农村社区建设的根本手段，体现在两个层面：一是农村社区建设由村党组织领导、村民委员会牵头，以村民自治为根本途径和手段，动员村民参与，同时不改变村民自治机制，不增加农村基层管理层级。二是以基层党组织引领农村社区建设，进而带动农村自治组织、群众组织和经济社会服务组织建设。通过强化基层党组织在农村中的统合、引领作用，整合农村自治资源，改变广大农村“有政府、无组织”的状态。

（四）司法改革与制度创新：落实责权关系

在党的十八届四中全会定位党的领导与依法治国关系、肯定法治作为国家治理现代化基石的总体背景下，2015 年的法治发展，重点在于通过体制改革与创新，落实党的领导与依法治国的关系，以适应现代化治理的实际需要。

比如，党对司法工作的领导，不再是直接干预司法过程，而是在尊重司法规律的基础上，通过强化司法本身的权威和责任来改善社会治理。公安领域的改革，主要是针对警民关系紧张和公安系统权力过大的问题，在强化党对公安工作领导的同时，对其进行现代化、法治化的改进。而创新建立宪法宣誓制度，则是对依宪治国、依法治国的仪式化确认，有利于凝聚共识，进一步巩固宪制框架。

1. 司法改革着力构建权责统一的司法运行机制

权的层面，即以保障审判权为核心，维护司法的权威，确保法院在审判中严格依法办事，不受外界的不当干预，从而实现司法维护社会正义的功能。其一，通过设置最高法院巡回法庭、推行立案登记制、改革司法人事薪酬体制等，抵制司法的地方化趋势。1 月底，最高人民法院先后在广东和沈阳设立第一、第二巡回法庭，作为其派出机构，审理跨行政区域重大行政和民商事案件。巡回法庭的新设，一方面有利于避免地方法院受到地方行政机关干涉，另一方面也有利于实现审判工作重心下移、就地解决纠纷、方便当事人诉讼等目的。4 月 1 日，中央深改组第十一次会议审议通过《关于人民法院推行立案登记制改革的意见》，将立案审查制改为登记制，明确要求法院在接到当事人提交的民事、行政起诉状时，对符合法定条件的起诉，应当登记立案；对当场不能判定是否符合起诉条件的，应当接收起诉材料，并出具注明收到日期的书面凭证。这一改革对于解决立案难特别是行政诉讼立案难问题，进而加强对行政权的监督意义重大。9 月 15 日，中央深改组第十六次会议审议通过《法官、检察官单独职务序列改革试点方案》和《法官、检察官工资制度改革试点方案》。两个方案汲取了 2014 年部分省市的改革经验，明确省以下法院、检察院在人财物上由省直管，使得地方法院、检察院不受当地财政、人事的制约。其二，通过对领导干部干预司法行为进行追责，直接解决影响审判权独立行使的因素。3 月 18 日，中共中央办公厅、国务院办公厅印发《关于领导干部干预司法活动、插手具体案件处理的记录、通报和责任追究规定》，明确司法机关不得执行领导干部违反法定职责或法定程序、有碍司法公正的要求，对领导干部干预司法、插手案件的情况做到“全程留痕，有据可查”，并每季度向同级政法委和上级司法机关报告情况，必要时立即报告。这一制度的建立，对中国司法领域长期存在的“打招呼、批条子、递材料”等问题形成了一定的遏制，有利于保证审判独立。

责的层面，即以司法责任制为重点，对错案实行追责，做到权责统一。9 月 21 日，最高人民法院发布《关于完善人民法院司法责任制的若干意见》，提出从审判监督和审判管理出发完善对法院司法责任的追究，规定了“审理案件时有贪污受贿、徇私舞弊、枉法裁判行为的”等 7 种需要追究相关司法人员违法责任的情形，以及 8 种不得作为错案责任追究的情形；9 月 28 日，最高人民检察院发布《关于完善人民检察院司法责任制的若干意见》，明确了“谁办案谁负责，谁决定谁负责”的基本原则及应当问责的具体情形。两份文件试图在尊重司法规律的基础上，在保障司法权与加强对司法责任的监督之间维持平衡。但完善司法责任制，除了直接的规定外，仍需在制度上减少司法腐败的空间和机会。

2. 公安改革优化权力配置、提升法治化治理能力

中国长期实行“大公安”体制，公安系统职责面宽、权力过分集中，容易滋生地方保护主义、滥用公权、干预司法、违法涉黑等问题。与此同时，公安系统在思想观念、领导及管理体制、能力素质、警务保障等方面仍显不足，难以适应现代化治理的新要求，有必要进行全面改革。在此背景下，2014 年 12 月 30 日，中央深改组第八次会议首次提出“全面深化公安改革”。2015 年 2 月，中央审议通过《关于全面深化公安改革若干重大问题的框架意

见》及相关方案，聚焦三个改革方向：一是现代化，即完善现代警务运行机制，创新立体化社会治安防控体系，提高社会治安防控水平和治安治理能力。二是服务化，即改革公安行政管理体制，在与民众息息相关的职能领域，通过简政放权，提高管理效能和服务水平。三是法治化，即从执法办案、执法司法衔接、执法责任和人权保障四方面入手，提升执法质量和执法水平，缓解执法公信力不足的问题。从本质上看，此次公安改革的核心在于优化权力配置：对内而言，一方面是强化党对公安系统的领导权，确保公安系统听党指挥；另一方面是改变公安系统权力集中的现状，如彻底打破省级政法委书记兼公安厅长的模式，至 2015 年 6 月全国有 31 个省（区、市）的政法委书记均不再兼任公安厅长，以避免其权大难制。对外而言，则强调简政放权、规范用权，从而缓和警民之间的紧张关系，促进社会矛盾化解。

3. 中国建立宪法宣誓制度，强化宪法权威

2014 年 10 月，党的十八届四中全会审议通过《中共中央关于全面推进依法治国若干重大问题的决定》，明确提出建立宪法宣誓制度。在此背景下，2015 年 7 月 1 日，十二届全国人大常委会第十五次会议审议通过《全国人民代表大会常务委员会关于实行宪法宣誓制度的决定》，首次以统一立法的形式建立了宪法宣誓制度。相比其他国家，中国宪法宣誓制度覆盖的人员范围更广，包括各级人大及县级以上各级人大常委会选举或决定的国家工作人员，以及各级政府、法院、检察院任命的国家工作人员。誓词的内容具有鲜明的社会主义特色，强调忠于祖国、建设社会主义国家，而其中的忠于宪法，维护宪法权威，履行法定职责，接受人民监督等，最终都是为建设社会主义国家而必须遵守的义务，是方法而非目的。总体来看，以立法形式正式确立宪法宣誓制度，使其成为政治生活常态，有利于树立国家工作人员的宪法意识，进一步彰显宪法权威。未来还应完善宪法知识培训与考核、宣誓失信责任承

担等机制，以避免这一制度流于形式。

（五）军事战略调整与体制改革：全面提升战斗力

2015 年中国军队改革的主要亮点是：以调整军事战略和启动历史性军队改革为标志，中国军事变革步入重塑军队体系、全面提升战斗力的新阶段。

1. 发布军事战略白皮书，贯彻总体国家安全观，优化军事战略布局

5 月 26 日，国务院发布国防白皮书《中国的军事战略》（以下简称“白皮书”）。与以往发布的 8 部白皮书相比，2015 年的国防白皮书颇具前瞻性，反映出中国军事发展的新动向。第一，阐述了中国的国家战略目标和军队使命。中国的国家战略目标，就是实现在中国共产党成立一百年时全面建成小康社会、在新中国成立一百年时建成富强民主文明和谐的社会主义现代化国家的奋斗目标，就是实现中华民族伟大复兴的中国梦。中国梦是强国梦，对军队来说就是强军梦。强军才能卫国，强国必须强军。新的历史时期，中国军队以中国共产党在新形势下的强军目标为总纲，毫不动摇坚持党对军队绝对领导，始终把战斗力作为唯一的根本的标准，大力弘扬光荣传统和优良作风，建设一支听党指挥、能打胜仗、作风优良的人民军队。第二，阐明新形势下积极防御战略方针的主要内容。积极防御战略思想是中国共产党军事战略思想的基本点。白皮书提出实行新形势下积极防御军事战略方针，要调整军事斗争准备基点，将军事斗争准备基点放在打赢信息化局部战争上，要优化军事战略布局。第三，将太空安全、网络空间安全等新型安全领域纳入安全防范体系。白皮书指出，太空是国际战略竞争制高点、网络空间是经济社会发展新支柱和国家安全新领域，强调要应对太空、网络空间等新型安全领域威胁与挑战，维护共同安全。第四，调整海军发展战略，强调海上国家安

全。白皮书强调，海洋关系国家长治久安和可持续发展，必须突破重陆轻海的传统思维，高度重视经略海洋、维护海权。建设与国家安全和发展利益相适应的现代海上军事力量体系，维护国家主权和海洋权益，维护战略通道和海外利益安全，参与海洋国际合作，为建设海洋强国提供战略支撑。总体上看，此次军事战略的“亮剑”是对国家安全形势及军队使命之新变化的及时回应。同时，如此透明的白皮书也释放出中央军委新一届领导集体创新、务实的治军思路，体现了高度的政治自信和军事自信。

2. 启动历史性军队改革，落实强军梦

11 月 24 日至 26 日，中央军委改革工作会议在京举行。本次会议围绕“强军”战略目标，在领导管理体制、联合作战指挥体制、军兵种设置、战区调整划设等方面均提出了革命性的解决方案。纵观本次军改方案，其核心就在于全面提升军队战斗力，打造一支适应现代战争形态要求的新型军队。

第一，坚持党对军队的绝对领导，构建联合作战指挥体系，提升作战效率。新中国军队体制源自苏联，即军政军令合一，负责建军和管理事务的军政系统与负责作战指挥的军令系统高度合一，存在重复配置、资源区隔等问题。本次改革将作战指挥和军队管理分开，一方面，调整军委四总部体制为军委多部门制，建立“军委—军种—部队”的领导管理体系；另一方面，重新调整划设战区，组建联合作战指挥机构，建立“军委—战区—部队”的作战指挥体系。

第二，健全军兵种领导管理体制，调整部队结构。此前陆军一直未设领导机构，而由四总部代行陆军管理职能。本次改革新设陆军领导机构，在二炮部队基础上成立火箭军和战略支援部队，形成陆军、海军、空军、火箭军、战略支援部队五大军种的全新格局；同时提出改善军种比例，优化部队结构，打造适应现代化战争要求的精锐作战力量。

第三，超前布局军事技术，加强作战能力。高科技作战能力不足是中国军队的突出短板，而本次改革提出抢占未来军事竞争战略制高点，着力培育新的战斗力增长点的全新理念，特别强调国防科技发展的基础性、引领性和战略性作用。从思路上来看，也跳脱出以往由国家主导国防工业的传统思路，高度重视军民融合发展。在新华社关于这次中央军委改革工作会议4200字的报道中，“军民融合”一词共出现了6次，从侧面说明军民融合发展在本次改革中的重要性。对于60年未曾大改、30年未曾一战的中国人民解放军来说，这轮国防和军队改革推进力度之大、触及利益之深、影响范围之广前所未有，面临的困难必然也更多，矛盾之复杂必定超乎想象。这既反映出党中央对军队发展的高度重视和高瞻远瞩，也表明其在军队这一至关重要领域内彻底推进改革的巨大决心。

三、探索经济改革的转型突围

后金融危机时期，世界经济在缓慢复苏的同时逐渐步入新的变化周期：由于各国复苏进度不同，在金融、财政货币等政策上的步调也不一致，导致国际资本加快流动，国际金融市场动荡不定。纵观2015年各国经济，美国经济缓慢复苏，开始释放加息信号，海外美元资本开始回流；欧日经济筑底改善，继续维持量化宽松；新兴经济体衰退恶化，倒逼加码货币宽松，部分国家深陷通胀困境。总体来看，世界经济还将面临漫长的去危机化过程。

受此影响，中国经济一方面顶着国内周期性、结构性、体制性问题三重叠加的巨大压力，另一方面还面临来自美日等国的贸易合围，因而在阵痛之中趋于下行，某些领域甚至显现危机迹象。在此背景下，党中央立足经济新常态，突出强调保持战略定力，着力探索改革突围：方向把控上，从“稳增长”基调扩展至“防风险守底线”；风险应对上，及时出手救市，避免了因股市动荡引发系统性金融风险；结构调整上，一手调整、升级传统经济，稳定发展基本面，一手发掘、培育新兴经济，积蓄增长新动力；体制改革上，继续深化重点领域的市场化改革，并鼓励区域和地方先行先试，更加强调改革举措的有效落实。通过探索，经济改革逐渐明确了转型方向：价值导向从效率优先进一步转向公平共富，治理重点则从侧重需求转向供给侧发力、供需两端平衡互促。放眼未来，尽管经济触底回升尚需时日，但随着经济结构的调整和产业的转型升级，中国经济有望进入全新的发展周期。

（一）宏观调控：从“稳增长”到“防风险守底线”

鉴于2008年4万亿经济刺激计划带来的负面影响，本届政府为防止过分通胀及资产泡沫膨胀，明确不采取强刺激手段，并强调主动适应经济增长中高速的“新常态”，以转方式和调结构为抓手，持续推动简政放权，培育拉动消费，尽可能释放市场活力。但自2014年底以来，国内经济下行压力加大，从2015年一季度开始，GDP增速降至7%，创2009年以来新低；及至年末，再降至6.9%，创1990年来最低。从总体上看，经济仍在触底过程之中，企稳迹象微弱；加之金融市场剧烈震荡、企业债务规模庞大等因素影响，经济风险在增多。在此背景下，政府宏观调控“稳增长打头，防风险断后”的政策动向进一步明晰：一方面，为确保经济稳增长，政府通过加大投资杠杆，为经济注入“强心剂”；另一方面，积极应对企业债务、资本市场风险，突出强调“防风险守底线”。

1. 加码投资，力保经济“稳增长”

2015年4月30日，中央政治局额外召开了一次经济工作会议，提出要“高度重视经济下行压力”，要在政策综合平衡的基础上加码稳增长。会议部署的稳增长措施，涉及降税清费、重大基础设施项目投资、货币政策、扩大消费、房地产健康发展、创新驱动、国企改革、京津冀协同发展、领导干部工作方式转变9个领域，呈现出两大特点。其一，激发活力，在政府刺激与市场驱动之间寻求平衡。此次会议提出“增加公共支出，加大降税清费力度”，整体推进财税、金融、投融资体制改革，解决好重大基础设施项目、市政项目资金循环不畅问题。与上轮刺激计划不同的是，本轮政府主导投资的重点将放在助力市场主体发展，培育市场自身活力和增长驱动力方面，如区域一体化发展、“互联网+”信息产业、中小企业创新驱动等。其二，引虚入实，在金融资本市场与实体经济之间寻求平衡。从2014年11月至本次会议召开前，央行已三次降息、两次降准，力图缓解市场流动性紧张，降低企业融资成本，刺激经济增长。但流动性释放后往往流入股市和楼市，对实体经济的支撑效果难以显现。因此，会议提出，稳健的货币政策要把握好度，注意疏通货币政策向实体经济的传导渠道，使降息降准等货币政策释放的流动性真正进入实体经济。

此后，国务院密集出台促投资政策措施。2015年9月8日，财政部发布《财政支持稳增长的政策措施》，强调盘活资金存量、发展急需资金的重点领域；9月9日，国务院下发《关于调整和完善固定资产投资项目资本金制度的通知》，合理降低投资门槛拉动有效投资；同时，国家发改委加快批复重大基建项目，推进铁路、公路、城市轨道交通项目建设。10月13日，国家发改委提出第四季度要把“促投资稳增长”放在各项工作的首要位置，切实打好投资政策“组合拳”。总体来看，本轮投资计划以专项基金、精准投放、政社合作为重点。一是创新资金投放方式，主要以专项建设基金的形式进行，更大限度地调动银行、地方和项目单位的投资积极性。二是投资定向更加精准，从偏向重工业和房地产行业更多转向基建项目，瞄准薄弱环节，弥补经济短板。三是利用政府投资引导社会投资，鼓励和引导社会资本参与重大项目建设；降低企业发债门槛，扩大企业债券融资规模；加强政银企合作对接，强化投资项目资金保障。这些措施，有助于调动社会资本的积极性，也为其参与投资创造了便利。

2. 强化金融维稳，突出强调“防风险守底线”

2014 年下半年以来，在改革红利预期的强势推动下，大量流动资金涌入股市，并借助金融杠杆的放大作用，催生了 2015 年上半年的牛市行情，同时也埋下了巨大的风险隐患。从 6 月中旬开始，股市“快牛”势头戛然而止，短短 3 周内，上证指数从 5100 点上方跌破 3400 点。基于对股灾蔓延极有可能引发系统性金融风险的判断，政府及时发起救市行动，维护资本市场稳定。一是积极出台政策，为市场增加流动性。6 月 27 日，央行降息 0.25 个百分点，同时定向降准；7 月 1 日，证监会出台两融管理新规，由券商自主决定强制平仓线，不再设 6 个月的强制还款期；沪深交易所调降 A 股交易经手费、A 股交易过户费。7 月 4 日，国务院决定暂缓 IPO（首次公开募股），央行协助通过多种形式给予证金公司流动性支持，维护市场稳定；其后，中央汇金公司在二级市场进行增持，21 家证券公司出资不低于 1200 亿元成立平准基金，投资蓝筹股 ETF（交易所交易基金）。7 月 8 日，证监会、财政部、国资委要求上市公司 6 个月内不得减持，并鼓励增持、回购、员工持股。二是修改规则，限制做空。7 月 4 日，中金所对交易股指期货合约的部分账户限制开仓，部分券商暂停融券业务。7 月 6 日，中金所规定将中证 500 指数期货客户日内单方向开仓交易量限制为 1200 手。7 月 8 日起，中证 500 股指期货各合约的卖出持仓交易保证金，由当时合约价值的 10% 提高到 20%（套期保值持仓除外），7 月 9 日起更是提高至 30%。三是政府表态，提振信心。7 月 2 日，李克强公开表示要培育公开透明长期稳定健康发展的资本市场；证监会、央行、财政部等也多次发表维稳喊话，坚定市场信心。四是依法打击市场操纵、造谣传谣等行为。7 月 2 日至 5 日，证监会专项核查涉嫌市场操纵行为，集中部署三起案件，严打造谣传谣行为；中金所表态将依法严惩恶意做空、利用股指期货进行跨期现市场操纵等违法行为；7月9日，公安部副部长率队赴证监会调查恶意做空。经过政府一系列的救市措施，各大股指基本恢复稳定，股市危机初步得到缓解。但从中长期看，此次A股市场暴跌对经济产生的消极影响将持续存在。有鉴于此，8月28日，国务院召开专题会议，研究国际经济金融形势新变化对中国经济的影响和对策，要求继续推进金融体制改革，在增强金融服务实体经济能力的同时，维护金融市场稳定运行，培育公开透明、长期稳定健康发展的资本市场，加强和完善风险管理，确保守住不发生区域性系统性风险的底线。

（二）培育动能：以创新驱动重塑经济格局

在投资增速触底、消费和净出口一时难以改善的背景下，政府开始加快寻找新的增长动能。2015年，以创新驱动为引领，政府一手推动传统经济的调整、升级，稳定发展基本面；一手注重发掘、培育新兴经济，积蓄增长新动力，试图塑造新的经济格局。

1. 助推实业升级，出台中国版“再工业化”战略规划

金融危机以后，一度沉浸于“黄金时期”的中国制造业，开始面临发达国家蓄势占优、新兴经济体追赶比拼的双重挑战，其内部潜在问题也逐渐演变为制约自身发展的瓶颈。由此，本届政府以实体经济再造为破题之选，意欲兴起一场产业升级的国家行动。5月8日，中国版“再工业化”战略规划——《中国制造2025》正式印发。规划立足于全球产业竞争变局，落脚于中国经济调转升级，聚焦于解决国内制造业矛盾问题，对未来10年推动制造业重点提升和未来30年建成制造强国作了系统设计。与美德等国方案相比，《中国制造2025》针对国内制造业创新不足、基础薄弱、智能化程度较低等

问题，更强调提升创新能力和基础能力，以制造业的自动化和智能化升级为切入点，兼取“互联网+”优势和绿色理念，旨在实现信息化和工业化的深度融合。为此，规划设置了创新中心建设、智能制造、工业强基、绿色制造4项工程，圈定了10个重点领域①。一方面，试图通过重点领域、关键技术、核心技术、共性技术等“点”的突破，带动制造业全面提升；另一方面，则主动调整制造业内部结构、发展外围生产性服务业，同时推动中国制造“走出去”，尤其强调重塑中国制造品牌、提升跨国经营能力及深化国际产业合作。

改革标准体系及管理体制是《中国制造2025》的重点任务之一。继2015年3月国务院印发《深化标准化工作改革方案》之后，12月17日，国务院办公厅印发《国家标准化体系建设发展规划（2016—2020年)》，设定了“基本建成支撑国家治理体系和治理能力现代化的具有中国特色的标准化体系”总目标，提出实施农产品安全、消费品安全、节能减排、基本公共服务、新一代信息技术、智能制造和装备升级、新型城镇化、现代物流、中国标准“走出去”、标准化基础能力等十大标准化工程，为“十三五”标准化建设绘制了新蓝图。

2. 激发人的活力，推动大众创业、万众创新

面对经济下行压力，激发人的活力要素至关重要。为此，3月2日，国务院办公厅印发《关于发展众创空间推进大众创新创业的指导意见》，提出了构建众创空间、降低创新创业门槛、鼓励科技人员和大学生创业、建设中小企业公共服务平台、加强财政资金引导、发展天使投资群体、开展互联网股权

① 10个重点领域是指新一代信息技术产业、高档数控机床和机器人、航空航天装备、海洋工程装备及高技术船舶、先进轨道交通装备、节能与新能源汽车、电力装备、农机装备、新材料、生物医药及高性能医疗器械。

众筹融资试点、培育企业家精神和创客文化等诸多举措，自上而下发起创业总动员。作为接应，5 月4 日，国务院办公厅印发《关于深化高等学校创新创业教育改革的实施意见》，升格了以往的创新创业教育政策，与之前出台的《关于扶持小型微型企业健康发展的意见》、设立新兴产业创业投资基金、《关于进一步做好新形势下就业创业工作的意见》等政策共同构成了创业新政版图，被寄望于打通高等教育与就业、产业之间渠道，促进毕业生参与创业大潮。其中，探索建立需求导向的学科专业结构和创业导向的人才培养机制，鼓励社会资本设立大学生创业风险基金等举措，颇有新意；而实施弹性学制、放宽修业年限、允许保留学籍休学创业之提法，更显灵活。9 月23 日，国务院印发《关于加快构建大众创业万众创新支撑平台的指导意见》，首次系统提出发展众创、众包、众扶、众筹的“四众”支撑平台、打造创业创新新型格局的总体思路。总体来看，推出“双创”新政，一定程度上有利于打破社会基层和年轻人发展的客观障碍，进一步激发人力要素，促进人力资源优势转化为人力资本优势；同时也有利于促进资源重新配置，形成新的经济增长点。但大部分创业者的风险承担能力有限，创业风险不容忽视，未来还需长期扶持，并健全风险疏解机制。

3. 借力网络手段，步入“互联网 +”时代

“互联网 +”是把互联网创新成果与经济社会领域深度融合，推动技术进步、效率提升和组织变革，提升实体经济创新力和生产力，形成更广泛的以互联网为基础设施和创新要素的经济社会发展新形态。3 月，李克强在2015 年政府工作报告中首次提出“互联网 +”，并于两会上的记者会及国家工商总局座谈会上，两次强调借互联网促经济转型。此后，“互联网 +”行动提速展开：其一，明确以“互联网 +”升级传统产业、改造实体经济的思路。7 月1 日，国务院印发《关于积极推进“互联网 +”行动的指导意见》，提出创业

创新、协同制造、现代农业、智慧能源、普惠金融、益民服务、高效物流、电子商务、交通运输、生态建设、人工智能 11 个领域的“互联网 +”计划，鼓励传统产业结合“互联网 +”，加速形成“以开放、共享为特征的经济社会运行新模式”和“互联网 +”新经济形态。其二，推电商新政促“互联网 +”落地。电子商务作为互联网与实体经济融合的成功典型，是推动“互联网 +”落地的理想选择。4 月 1 日，国务院常务会议部署加快发展电子商务政策措施。新政旨在通过创新管理和服务，为电商发展清障搭台、创造良好外部环境。其中尤其突出电子商务与贸易流通、工业生产、金融服务等领域的产业联动，推进网络购物、网络化制造、跨境电子商务等新业态成长，以期推动线上与线下、网络与实体的协同互促。其三，制定互联网金融新规。近年来，互联网金融迅猛扩张，对经济起到重要助力作用，但问题频发、风险隐患较多，故明确监管责任，规范市场秩序实属必要。7 月 18 日，中国人民银行等十部委联合印发《关于促进互联网金融健康发展的指导意见》，贯穿促发展、防风险的总基调，明确对互联网金融的扶持政策，首次细分六类金融业态及相应的部门监管分工，并设立严格监管底线：网络支付要杜绝为 P2P（互联网金融点对点借贷平台）网贷提供资金存托管服务，谨防资金在体系外沉淀；严禁网贷平台的信用、资金中介功能，以防非法集资；股权众筹融资方不应超越小微企业范畴；网络基金销售不可违规承诺收益，防止期限错配和流动性风险。此后，保监会于 7 月 22 日印发《互联网保险业务监管暂行办法》，央行于 7 月 31 日公布《非银行支付机构网络支付业务管理办法》（征求意见稿）。随着各部门监管细则的陆续落地，互联网金融将迎来依法监管和自律管理新时代。

4. 优化科技体制，打通科技创新与经济发展通道

9 月 24 日，中共中央办公厅、国务院办公厅印发《深化科技体制改革实

施方案》，明确技术创新的市场导向，着力解决科技与经济结合不紧问题，其亮点有：一是建立企业为主导的产业技术发展联盟，允许单位科研人员留薪开展创新工作或创办企业。二是推进科研事业单位取消行政级别，推动院（所）长、高校研究人员聘任制改革，实行技术开发类科研机构企业化转制。三是完善科技成果使用、处置和收益管理制度，倡导重要贡献人员和团队转让收益比例从现行不低于20%提高至不低于50%，限制高等学校、科研院所新设企业，制定院所、高校技术入股形成的国有股转持豁免政策。四是研究降低侵权行为刑责门槛，探索实施惩罚性赔偿制度，建立跨区知识产权案件异地审理机制，将侵权行为纳入社会信用记录。五是加快垄断性企业改革，建立市场决定要素价格的机制。总体来看，改革的核心在于破除科技体制障碍，推动科技管理的现代化和科技创新的市场化，以期进一步释放科技的生产力价值。

（三）放活体制：推进行政分权和市场化改革

2015年的经济改革仍以放活体制为核心。从行政管理领域的简政、放权、脱钩、大数据治理，到财政体制领域的中期财政规划管理、转移支付改革，再到价格、能源、国企、公共资源交易等领域的改革重塑，以及突出强调“确保改革落实”，改革在广度和深度上都更胜以往，呈现全面推进之势。

1. 进一步简政放权

第一，推出地方政府权力清单制度。权力清单制度是本轮行政改革的关键步骤。2013年，中央要求梳理各级政府部门的行政职权，公布权责清单，明确责任主体和权力运行流程，浙江、广东、安徽等多个省市开始试行权力清单制度。此后党的十八届三中全会、四中全会都要求推行地方政府权力清单制度。2015年3月24日，中共中央办公厅、国务院办公厅联合印发《关于推行地方各级政府工作部门权力清单制度的指导意见》，要求地方各级政府依法全面梳理和清理调整现有行政职权，以清单形式在政府网站等载体上及时公布；为确保改革落地，要求省级政府于2015年底前、市县两级政府于2016年底前基本完成清单公布工作，对不按权力清单履行职权者，将依纪依法追责。

第二，清除“红顶中介”、规范行政审批。“红顶中介”是指部分与行政官员利害相关的行政审批中介服务机构，其借助相关行政授权，向被审批项目索取各种“服务费”，蚕食行政审批权红利。[①] 4月24日，国务院常务会议审议通过《关于清理规范国务院部门行政审批中介服务的通知》，提出清理“红顶中介”的重点举措：一是界定清理事项，提出除依法设定的中介服务以外，一律不再作为审批的受理条件，严禁将一项中介服务拆分为多个环节。二是破除中介服务垄断，提出取消中介机构现有法定许可外的其他资质资格审批，取消部门自行设定的中介机构执业限制条件。三是切断“红顶中介”与审批部门的利益关联，提出审批部门所属事业单位等不得开展与本部门审批事项相关的中介服务，政府工作人员不得在中介机构兼职。四是规范中介服务收费，提出中介服务原则上通过市场调节价格，最大限度缩小政府定价范围。

第三，行业协会商会全面脱钩行政机关。长期以来，行业协会受制于双重管理[②]，与行政机关形成了强烈的依附关系，进而衍生出协会商会不能代表企业利益，成为退休官员和机关富余人员安置和谋利机构，借用行政资源或

---

① 如审计署于2014年6月发布的一份审计报告显示，13个中央部门主管的35个社会组织和61个所属事业单位利用所在部门影响，采取违规收费、未经批准开展评比达标、有偿提供信息等方式取得收入近30亿元。见李晓磊．“红顶中介”背后的权力掮客［N］．民主与法制时报，2015－05－31.

② 所谓双重管理，是指除了有各级民政部门负责其登记、年审等事务外，还需要有一个行政机关作为其业务主管单位，对其日常行为实施监管。

垄断地位搞摊派及乱评比等问题。自2007年起，中央下发一系列意见方案，推动改变“政会不分、管办一体”的局面，但都没有达到预期效果。在此背景下，2015年7月初，中共中央办公厅、国务院办公厅印发《行业协会商会与行政机关脱钩总体方案》，提出彻底实现协会商会与原主办、主管、联系和挂靠的行政机关分离。如明确规定现任和不担任现职但未办理退（离）休手续的党政领导干部及在职工作人员，不得在行业协会商会兼职；领导干部退（离）休后3年内一般不得到行业协会商会兼职；对已在行业协会商会中任职、兼职的公务员，进行一次性清理。

第四，引入大数据提升治理水平。大数据思维和技术的出现，使更精准化、更标准化、更有针对性的社会治理成为可能。7月1日，国务院办公厅发布首份《关于运用大数据加强对市场主体服务和监管的若干意见》，响应简政放权精神，要求各级政府提高大数据运用能力，明确在2015年底前建立公民、法人和其他组织统一社会信用代码制度，并全面实行工商营业执照、组织机构代码证和税务登记证“三证合一”“一照一码”登记制度改革。一方面，运用大数据进行治理，有利于提供更符合个人需求的公共服务，使公共政策更具人性化；同时也能节约行政成本，提高执法效率；另一方面，大数据治理预示着公权力通过大数据全面向个人渗透，建立起更精细化的数据监控网络，也可能引发自由、隐私、安全等问题。

2. 财政体制改革迈出重要步伐

第一，实行中期财政规划管理，提高预算科学性和财政可持续性。2015年1月23日，国务院发布《关于实行中期财政规划管理的意见》，决定在全国实行中期财政规划管理，从而强化财政规划对年度预算的约束性，提高预算的前瞻性和科学性，促进财政的可持续发展。

第二，改革中央和地方转移支付制度。现行财政转移支付制度源自1994

年分税制改革，它曾对支持经济发展起到重要作用，但近年来，转移支付结构不够合理、均等化功能弱化、分配使用不够科学、管理漏洞多、运作不够透明等问题逐渐凸显。2 月2 日，国务院印发《关于改革和完善中央对地方转移支付制度的意见》，提出多项改革任务：一是逐步形成一般转移支付为主，一般转移支付和专项转移支付相结合的转移支付体制；二是完善一般转移支付制，建立稳定增长机制；三是从严控制专项转移支付，加强对专项资金分配使用的全程监控；四是逐步取消竞争性领域专项转移支付，探索市场化运作新模式；五是强化转移支付预算管理，主动向社会公众公开；六是划清中央基建投资专项和其他财政专项转移支付的边界；七是比照中央做法，完善省以下转移支付制度；八是加快转移支付立法和制度建设。此次改革突破了已往局限，注重构建合理的转移支付结构，有利于发挥中央与地方两个积极性，也有利于缩小地区差距，促进地区间均等化。

3. 中央启动新一轮价格改革和电力改革

改革开放以来，价格改革的步伐或急或缓。从 1985 年国家对农产品取消“征购”，到工业由价格双轨制转向企业股份制，到 1988 年价格“闯关”，再到 1992 年政府放开近 600 种价格管制，至 1997 年市场价格体制基本确立。但之前的价格改革主要集中在狭义领域，而未扩展到生产要素价格市场化的广义领域。2015 年 10 月 12 日，国务院办公厅印发《中共中央、国务院关于推进价格机制改革的若干意见》，正式启动新一轮价格改革。此次改革以农产品、能源、环境服务、交通运输、医疗服务、公用事业和公益性服务等领域为重点，提出到 2017 年，竞争性领域和环节价格基本放开，政府定价范围主要限定在重要公用事业和公益性服务、网络型自然垄断环节。20 世纪 80 年代“闯关”失败的教训表明，脱离市场单纯地搞价格改革是不可能成功的。着眼未来，价格改革必须与打破垄断、深化国企改革、实现市场主体多元化等改革联动推进，以真正实现价格在市场中以竞争的方式自发形成。

能源价格改革是价格改革的重头戏，电价改革又是重中之重。2015 年 3 月 15 日，《中共中央、国务院关于进一步深化电力体制改革的若干意见》正式印发，纲领性地提出“三放开、一独立、三加强”的电改方案，即有序放开输配以外的竞争性环节电价，有序向社会资本放开配售电业务，有序放开公益性和调节性以外的发用电计划；推进交易机构的相对独立；进一步加强政府监管、电力统筹规划、电力安全高效运行和可靠供应。11 月 30 日，国家发改委、能源局公布电力改革六项配套文件，明确市场准入、输配电价、交易机制三方面的改革路径。在售电侧，鼓励社会资本成立售电公司，打破电网企业单一购售电的局面，形成“多买方—多卖方”的市场竞争格局。在发电侧，改变电网企业运营模式，按照以“准许成本加合理收益”原则分电压等级核定的输配电价，收取输配电服务费，使电网企业专注于提高服务水平，回归社会公益性本位。此外，要建立中长期交易为主、现货交易为补充的电力交易机制。本轮改革让电力回归商品本质，有利于逐步打破垄断、促进公平竞争，推动整个电力行业运行效率的提升。

4. 新一轮国企改革大幕拉开

继整顿国企作风、深挖国企贪腐之后，2015 年，国企改革顶层设计正式形成。9 月 13 日，中共中央、国务院印发《关于深化国有企业改革的指导意见》，其后《关于在深化国有企业改革中坚持党的领导加强党的建设的若干意见》《关于国有企业发展混合所有制经济的意见》《关于推动国有文化企业把社会效益放在首位实现社会效益和经济效益相统一的指导意见》《关于加强和改进企业国有资产监督防止国有资产流失的意见》《关于国有企业功能界定与分类的指导意见》等一系列文件也相继下发，改革“1 + N”方案体系（1 个原则性文件和 N 个配套文件）初步成形。较之以往改革，本轮国企改革更具主动性、系统性和协调性，具有鲜明的政治性与更为解放的经济性，其核心在于：党的领导是首要，分类是基础，混改是关键。其一，党的领导是首要。本轮国企改革要解决的第一位问题，是重塑党对国企的控制权及改革指挥权，发挥党组织的政治核心和引领作用，实现党的领导与现代企业制度相结合，确保改革顺利推进，且防止国有资产流失。其二，分类是基础。本轮改革将国企分为商业类和公益类，商业类国企以增强国有经济活力、放大国有资本功能、实现国有资产保值增值为目标，公益类国企则以保障民生、服务社会、提供公共产品和服务为目标。其三，混改是关键。中国30多年的国企改革依次经历了20世纪80年代的放权让利、政企分开，20世纪90年代的股份制改革和2000年之后的监管体制改革等阶段，本次改革则以发展混合所有制、提升企业效率和竞争力为关键。此次混合所有制改革强调国企和民企的相互合作。一方面采取非禁即可入的“负面清单”方式，将必须坚持国有独资或绝对控股的重要行业和关键领域逐一列出；另一方面划设不同的股权合作模式，鼓励非公有资本投资主体和国有资本双向合作。此外，改革还特别强调健全混合所有制企业法人治理结构，以期解决“所有者虚位”问题。

5. 国务院整合公共资源交易平台①

近年来，重复建设、运行不规范不透明、平台干预交易主体自主权以及交易服务、管理和监督职责不清等，对公共资源交易平台发展形成掣肘。

---

① 公共资源交易平台是负责公共资源交易和提供咨询、服务的机构，也是公共资源统一进场交易的服务平台。交易的内容主要包括工程建设招投标、土地和矿业权交易、企业国有产权交易、政府采购、公立医院药品和医疗用品采购、司法机关罚没物品拍卖、国有的文艺品拍卖等。截至2014年底，全国县级以上各类公共资源交易市场有4000多个，主要包括单一行业型、行业综合型、公共资源综合型三种典型模式。见吴渊．统一公共资源交易平台渐行渐近［N］．中国经济导报，2015-09-02.

2015 年 8 月 14 日，国务院印发《整合建立统一的公共资源交易平台工作方案》，从交易规则、数据信息、专家资源等入手，旨在推进公共资源交易平台整合。其一，提出“1 +4”的制度框架。“1”即国家发改委牵头制定全国统一的公共资源交易平台的管理办法，“4”即由各主管部门分别制定工程建设项目招投标、土地使用权和矿产权出让、国有产权交易、政府采购 4 类全国统一的交易规则。其二，提出健全公共资源交易信息和信用信息公开共享制、构建市场信息共享数据库和验证互认机制、各级行政监管部门切实履行信息公开职能、公共资源交易平台应依托统一的社会信用代码等四方面举措，以避免公共资源交易中的腐败行为，实现交易阳光化操作。

6. 中央突出强调推动改革落实

近几年因反腐力度加大，各级官员在经济社会工作中趋于保守化，加之新一届政府力推简政放权，官员中普遍存在“不会干”“不敢干”的问题，“不作为”现象在地方政府尤其突出。对于这一现象，中央反复强调改革责任、确保改革措施得到落实。2015 年 1 月 30 日，中央深改组第九次会议聚焦改革落实，一方面强化党委（党组）主体责任，不仅要求各级党委及负责人亲自抓改革，而且将强化责任追究；另一方面则强调加强督办督察。2 月 10 日，中央财经领导小组第九次会议继续提出要求，少谈“抓紧”，多谈“抓实”，努力使各项改革举措落地生根，真正解决问题。4 月 30 日，中央政治局会议提出，新常态下开展经济工作要摆脱路径依赖，掌握认识发展趋势和准确分析经济形势、营造良好市场环境、发现和使用经济人才、保护产权和知识产权、维护社会公平正义等新的本领。会议提出的五大新本领，实际上是针对当前存在的“懒政”“怠政”，对各级官员提出新的要求，使其以新的精神状态适应和引领新常态，激发官员改革热情，提高市场活力。以往中央强调“不作为”比“乱作为”要好，但本次会议明确提出各级政府要“积极有为”，这实际上是防止官员走向“不作为”极端，实现政府治理的有所为、有所不为。

（四）拓展空间：塑造对外开放与城乡发展新格局

在培育增长新动能的同时，经济治理也注重拓展发展空间。2015 年，依靠自贸区改革和口岸体制改革，对外开放力度进一步加大，与此同时，城乡重点领域的改革方向也逐渐清晰。

1. 形成有利于开放的改革布局

第一，上海自贸区可复制改革经验获全国推广。设立上海自贸试验区是扩大对外开放的重要举措，上海自贸区自实施以来带动了新的社会投资，使上海经济发展动力得到了明显增强，具有明显的示范引领作用。1 月 29 日，国务院印发《关于推广中国（上海）自由贸易试验区可复制改革试点经验的通知》，列明上海自贸区可复制的 35 项改革经验（主要集中在外贸金融领域），要求除涉及法律修订、上海国际金融中心建设等事项外，能推广的要尽快推广，能在全国推广的要推向全国。

第二，改革口岸通关管理体制。目前，由于内陆与沿海之间缺乏信息互换与监管互认，内陆进出口货物时重复申报及查验的情况时有发生，通关效率亟待提高。2 月 3 日，国务院印发《落实“三互”推进大通关建设改革方案》，提出建立有效的跨部门、跨区域的内陆沿海沿边大通关协作机制，形成既符合中国国情又具有国际竞争力的管理体制机制，实现口岸管理相关部门信息互换、监管互认、执法互助。推进大通关改革，既有利于促进资源要素在国内市场的流动，激发内陆地区的开放活力，又将极大畅通国际物流大通道，提升贸易便利化水平。

第三，完善口岸战略布局。2015 年“一带一路”倡议与行动文件提出，西北、东北、西南及内陆等非传统开放地区要发挥区位优势，形成“中国各地方开放态势”。而长江经济带建设规划也提出，提升云南向东南亚开放的通道功能和门户作用、增强重庆和四川对“丝绸之路经济带”的战略支撑、在沿江沿边有条件的地方增设铁路和内河港口一类开放口岸。在此背景下，4 月 17 日，国务院印发《关于改进口岸工作支持外贸发展的若干意见》，调整了以往只注重沿海放开的口岸分配办法，将视野扩展到提升内陆、沿边地区开放程度，确立面向欧亚内陆开放的新战略，重点强调与“一带一路”和长江经济带战略相衔接，这无疑有利于进一步强化中国的外贸竞争优势。

2. 新型城镇化改革与大城市转型齐头并进

第一，启动新型城镇化综合试点。针对城镇化质量过低等问题，本届政府提出了新型城镇化战略规划，确定新型城镇化是以人为核心的城镇化，把农业转移人口市民化作为首要任务，通过深化改革破除阻碍城乡一体化发展的制度障碍，实现城乡统筹和可持续发展，最终实现“人的无差别发展”。2 月 4 日，国家发改委印发《国家新型城镇化综合试点方案》，确定在江苏、安徽两省和宁波等 62 个城市（镇）开展试点，要求建立农业转移人口市民化成本分担机制和多元化可持续的城镇化投融资机制，改革完善农村宅基地制度，探索建立行政管理创新和行政成本降低的新型管理模式。

第二，北京探索大城市转型之路。长期以来，首都功能大而全、高中低端产业杂陈、人口压力巨大，不仅制约着北京的可持续发展，也对其塑造新形象、走向国际化形成掣肘。在中央支持下，北京开始着力塑造首都核心功能。2014 年，习近平提出北京“四大核心功能”新定位，即主要作为全国的政治、文化、国际交往和科技创新中心。这一定位排除了北京作为全国经济中心的传统功能，增加了北京成为国际交往中心的新功能，意味着首都功能定位的重大转型。4 月 30 日，中央政治局审议通过《京津冀协同发展规划纲要》，明确京津冀协同发展战略的核心是有序疏解北京非首都功能。5 月 21

日，国务院正式批复《关于北京市服务业扩大开放综合试点总体方案》，划定科技服务、互联网服务、文教服务、金融服务、商旅服务和医疗服务六大领域，要求推动服务业向高科技开放、向社会资本开放、向国际开放，以此促进北京产业结构调整。与此同时，北京还加快推进行政副中心建设。7 月 11 日，北京市委通过《关于贯彻〈京津冀协同发展规划纲要〉的意见》，提出要聚焦通州，加快北京市行政副中心的规划建设。推动行政副中心建设，既有利于优化城市布局，缓解北京人口压力，也有利于发挥首都辐射作用，推动首都公共服务资源向周边延伸，带动区域平衡发展。

3. 农地流转新政引领农村改革

2015 年的“三农”发展，依然以改革为核心。2015 年中央一号文件强调加快农村集体产权制度、土地流转、集体资产股份权能等重点制度改革。从全年政策上看，农地流转改革推进最快，已初显成效。

第一，农地流转制度设计基本完成。继 2014 年 11 月中共中央办公厅、国务院办公厅发布《关于引导农村土地经营权有序流转发展农业适度规模经营的意见》之后，2015 年 1 月国务院办公厅印发《关于引导农村产权流转交易市场健康发展的意见》，两个文件对土地流转形式、土地集中路径、规模经营方式，都进行了新的设计。一是鼓励依法采取转包、出租、互换、转让及入股等方式流转承包地，按照全国统一安排稳步推进土地经营权抵押、担保试点，加快发展多种形式的土地经营权流转市场，合理确定土地经营规模，加强土地流转用途管制。二是对农地流转中的所有权、承包权和经营权进行三权分置，强调农村产权交易以农户承包土地经营权、集体林地经营权为主，不涉及集体土地所有权和家庭承包方式的集体土地承包权。三是坚守底线，强调土地经营权流转不得违背承包农户意愿，不得损害农民权益，不得改变土地用途，不得破坏农业综合生产能力和农业生态环境。

第二，政府对“资本下乡”进行政策引导和准入监管，防止改革走偏。近年来，“资本下乡”及其导致的耕地“非粮化”“非农化”等问题日益突出，在一定程度上偏离了改革初衷；而围绕“资本下乡”议题，所谓自由市场派、主流政策派和小农经济派争论激烈、多有分歧。对此，决策层开始调整改革基调，一方面延续近几次中央农村会议对引资兴农的鼓励态度，另一方面更加强调控制“资本下乡”过火势头，防止改革走偏。4 月 14 日，农业部、中央农办、国土资源部、国家工商总局联合下发《关于加强对工商资本租赁农地监管和风险防范的意见》，进一步划设“资本下乡”的政策空间和原则底线，从政策方向、准入机制、风险控制、监管机制、监管责任 5 个方面强化对“资本下乡”的审慎把关。文件反映了中央逐步修正改革路线的努力，从方向上看，未来国家将推动土地流转趋于集中在农户、家庭农场和专业合作组织手中，而对目前土地流转的过度公司化倾向加以必要限制。

第三，农村“两权”抵押贷款政策出台。探索推行农地承包经营权和农民住房财产权（以下简称“两权”）抵押贷款机制，是本轮土改的重要部分。8 月 24 日，国务院印发《关于开展农村承包土地的经营权和农民住房财产权抵押贷款试点的指导意见》，完善农地用益物权制度、充实农民财产权，其核心点有：一是强调依法有序开展，防止权利自授。根据文件，对农民住房财产权抵押贷款的抵押物处置，原则上应限制在法律法规和国务院规定的范围内，坚决防止“非农化”。对试点可能突破的法律条款，须提请全国人大常委会授权暂停执行。二是赋予“两权”抵押融资功能，保护农户承包权和基本住房权。一方面，推动金融机构结合创新农村金融产品和服务方式，引导中长期信贷投入，促进规模经营；另一方面，由央行、银监会及试点地区采用再贷款、差异化监管及贴息、发展担保公司、设立风险补偿基金等方式，缓释可能引发的社会风险。三是主张有条件试点，反对试点外地区一哄而上，损害农户权益，引发社会危机。

（五）经济转向：公平共富的重提与供需改革的兴起

改革开放近40年来，中国经济获得高速发展，同时也积累了一些矛盾，其中以两个矛盾最为典型：一是经济发展存在追求效率与追求公平的矛盾，随着经济社会发展的日益不平衡，以往“效率优先”的价值导向有待重新调整；二是原有先增长后治理、重规模轻结构、顾短期失长远的长期失衡，最终对发展形成掣肘。两个矛盾贯穿于近十年经济转型的全过程，并成为当前及今后一段时间经济治理的核心问题。2015年末，决策层开始从政治经济学层面重提“人民中心”“共同富裕”，并提出以“供给侧”为重点的结构性改革，意味着中央经济政策正迎来价值导向与治理思路的双重变革。

1. 价值导向调整：从效率优先到公平共富

11月23日，中共中央政治局就马克思主义政治经济学基本原理和方法论进行第二十八次集体学习。这是政治局建立并实行集体学习制度13年来，首次专题研究政治经济学，会议从理论和实践两方面阐述了党中央最新经济发展思路。经济理论上，要求将近3年形成的经济理论纳入政治经济学范畴，并充实其理论内涵。实践指引上，按照党的十八届五中全会定调，从发展原则、基本制度和政策方向三个层面重申经济治理框架，特别重申“以人民为中心”的发展思想和“创新、协调、绿色、开放、共享”五大新发展理念，强调要坚持把增进人民福祉、促进人的全面发展、朝着共同富裕方向稳步前进作为经济发展的出发点、落脚点和根本立场。实现社会发展公平公正，本是中国共产党在社会主义建设时期的基本目标；但在中国转向市场经济以后，其首要地位被效率优先原则所取代，相关政策也一度弱化。此次这一根本目标作为核心思想被重新提起，既是对前一阶段经济发展价值导向的重大调整，又对坚持社会主义基本制度具有深远意义。

2. 治理思路变革：从侧重需求到供需平衡

11 月 10 日，中央财经领导小组会议第十一次会议正式提出，在适度扩大总需求的同时，着力加强供给侧结构性改革。之后，习近平在二十国集团（G20）领导人峰会、亚太经合组织（APEC）等会议上宣布，中国将重视供给端和需求端协同发力。同期，国务院常务会议亦强调“培育形成新供给、新动力，扩大内需”。高层一系列集中表述，表明党中央经济治理思路正从以往侧重于需求管理，主要依靠投资、消费、出口“三驾马车”短期刺激经济增长的做法，转到补足供给侧短板、重视供需两端平衡的中长期结构性改革的新方向上来。事实上，2014 年以来，面对产能严重过剩、住房库存过量、地方债务压力增大、银行不良资产率上升等问题，中央在重视稳增长的基础上提出“经济新常态”理论，政策重心也转向调结构、促改革、防风险等方面，成为供给侧改革的前奏。此次正式提出供给侧改革思路，其核心是调整以往的需求单侧调控模式，注重从双侧入手调整结构，以期“平衡需求侧扩张与供给侧改革之间的关系”，建立供需匹配的新经济结构，具体体现在三个方面：一是形成新主体，即充分简政放权、转变政府职能，推动产权、财税金融、国企体制等领域改革，为充分发挥市场决定作用铺路清障；二是培育新动力，即通过全面改革、大众创业和万众创新形成经济新增长点，通过提高全要素生产率实现经济可持续发展；三是发展新产业，即顺应市场规律，及时淘汰过剩产能和僵尸企业，使资源要素从产能过剩行业中释放出来，加快发展新产业、新业态等。

要解决经济发展中的结构性难题，势必要在经济政策上做出相应的结构调整。回溯党的十八大以来的经济政策，从肯定市场在资源配置中起决定性作用、进一步理顺政府与市场关系，到分类推动区域协调发展、布局“一带一路”建设，再到构建“经济新常态”理论，其演变幅度远超以往，可谓经历了一轮结构调整。此次中央突出强调公平、共富、共享原则，并以供给侧改革作为技术性接应，也是本轮调整的延续。尽管一些意见对共同富裕原则持怀疑态度，或认为供给侧改革与以往结构调整思路并无二致，只是换了一种新提法；但可以肯定的是，中央在道和术两个层面明确中长期经济治理的方向和主要发力点，有利于自上而下统一共识，未来的政策创制和落地实施必将依此展开，进而有望开启新的治理境界。

四、推进以民为本的多元社会治理

多元是中国社会的基本面貌。从传统社会到现代社会，中国社会的结构发生了显著变化，但其多元特征延续至今。具体而言，传统社会的多元是内向型的，几千年文化传统的一元性以及熟人社会的基本特征，使得这种多元更多地表现为对传统社会稳定结构的补充和维持，而不是对社会的分化和瓦解。而现代社会的多元，由于从一开始就融合了不同的文明传统，因而总体上是外向型的：社会发展的多元化过程本身，就孕育了对传统的解构和对稳定秩序的持续冲击。对于中华文明的发展而言，这一点无疑具有革命性意义。

改革开放30多年来，经济的快速发展引发了经济结构的改变与调整，并加速推动了整个社会结构的深刻变化，中国社会步入了多元发展的快车道，利益诉求、民族、区域发展以及思想文化的多元化，已经成为社会的一种常态。这一变化符合中国社会从传统向现代发展的历史趋势，同时也为社会的转型与前进提供了动力，但也逐步消解着原先的一元化，催生出社会秩序重构的根本需求。尤其是近十年来，多元之下的社会日益呈现出分化、对立之势，群体事件、民族矛盾、宗教问题、边疆冲突、意识形态之争、网络问题、环境问题等时常爆发，并以颇为激烈的冲突形态进入人们的视野，对国家治理构成了重大挑战。对此，中国共产党着眼全局，对发展目标及治理方式进行调整改进，提出了“国家治理体系和治理能力现代化”的战略思路，以推动国家治理的全面变革。这场变革的核心，就在于立足多民族国家实际、尊重现代多元社会规律，通过适度的整合，改变社会长期分化的状态，形成一体引领、多元共治的治理新格局，以支撑国家的整体性发展。

因此，2015 年的国家治理，主题依然是扭转分化、促进整合。其中，应对挑战、整合陆海边疆治理格局，进一步夯实了国家治理的空间基础；密集出台普惠性的民生改革新政，使得社会治理成为实现发展成果为民共享的有效途径，有利于凝聚民心；加强对意识形态的引领，调和思想领域的过度分歧，维护一体多元的价值体系；提出网络主权观和开放合作理念，对虚拟社会的治理上升到新的政治高度；改革环境保护体制，推动了生态治理从战略走向实践，有利于缓解因环境议题之争所引发的民意。从总体上看，尽管各个治理领域的问题各异，具体对策也大不相同，但民本、共享、共治等思想已融入施政理念的内核。

（一）陆海边疆治理：直面挑战、整合突破

面对边疆新问题和新挑战，国家在稳定局势的基础上，从升级两岸关系、经济融合港澳、稳藏治疆反恐、发展民族教育、经略海洋开发等多方面加强了边疆整合，并在某些领域取得突破。

1. 政经手段并用，应对台港澳局势变化

台湾方面，随着岛内政治选举启幕，“台独”势力进一步抬头。对此，中央一面从人员往来和经济合作入手，宣布将对台湾同胞来往大陆免予签注，并高调表态欢迎台湾当局以适当名义参与亚投行；一面立足政治大局，促成“习马会”。11 月 7 日，中共中央总书记、国家主席习近平与国民党主席、台湾当局领导人马英九在新加坡会面。这是中华人民共和国成立以后，两岸领

导人首次直接会面，颇具历史意义。会面达成多项政治共识：一是重申“九二共识”、维持和平现状，对历史负责；二是秉承“搁置争议，对等尊严”的态度赤诚相见，对民族负责；三是坚持务实态度，重申加强交流合作，重视细节落实，对未来负责。“习马会”的举行，开创了两岸领导人直接会晤制度之先河，也为两岸和平发展关系定下了基调。

香港方面，近两年香港政治内耗不断，随着反对派因路线分歧进一步走向分化、激进本土组织势力乘势做大，中央和特区政府面临更多管治阻力，而香港也陷入政治化的旋涡之中。对此，中央基于“占中”事件影响，及时调整对港政策方向，在保持“一国两制”承诺不变的情况下，通过建立特区行政长官按日向中央汇报工作等政治安排，进一步强化特区行政长官及香港特区政府的政治权威，以解决过度自治造成的“政府缺位”问题；同时，中央通过表态启动“深港通”试点、将港澳台纳入“一带一路”建设、促成内地与香港基金互认安排机制等举措，帮助香港扭转经济低迷状况，力图重建香港社会稳定的经济基础。澳门方面，近年来澳门深受赌收连续下跌的困扰，经济持续下行；同时，议员双重效忠等新问题开始浮现。对此，中央不仅首次邀请全体澳门特别行政区立法会议员访京，向议员提出国家意识、大局观念、防止外力干预、提升市民监督政府空间“四点希望”，而且首次明确澳门习惯性水域管理范围，为澳门依法有效管理相关区域、促进经济适度多元发展和长期繁荣稳定创造了新条件。

2. 发展、维稳、教育并举，巩固民族团结局面

一是释放治边稳藏新思路。8 月 24 日，中央第六次西藏工作座谈会在京举行。会议系统总结了六大治藏方略，首次提出“治国必治边、治边先稳藏”的战略思路，提炼出“依法治藏、富民兴藏、长期建藏、凝聚人心、夯实基础”的“二十字方针”，明确了西藏工作的着力点，即“放到维护祖国统一、

加强民族团结上来”。与前5次西藏工作会议相比，本次会议反映了中央治藏思路的显著变化：会议突出强调西藏在政治层面的战略意义，但没有再提经济“跨越式发展”，习近平在会上强调“不能算小账，要算大账”，要“夯实基础”，更加关注民心向背和长治久安①。二是双管齐下统筹新疆发展。中央层面，10月1日，新疆维吾尔自治区成立60周年大会隆重举行，会议进一步明确新疆一切工作“都要紧紧围绕社会稳定和长治久安来谋划来推进”。地方层面，针对恐怖主义和宗教极端主义的渗透，新疆一手保持严打暴力恐怖主义的高压态势，一手把去极端化作为当前最突出、最紧迫的工作。1月16日，《乌鲁木齐市公共场所禁止穿戴蒙面罩袍的规定》正式公布，乌鲁木齐成为国内首个立规禁止穿戴蒙面罩袍的城市。规定明确了禁止穿戴蒙面罩袍的公共场所范围，并将对违规者处罚追责。此举被认为是通过法治方式推进去极端化、引导宗教与社会主义相适应的体现。三是出台民族教育新政。8月，国务院印发《关于加快发展民族教育的决定》。此前政策中，发展民族教育的目标基本上是加强民族团结、保持民族地区社会稳定、维护国家统一。文件不仅将“打牢各族师生中华民族共同体思想基础”作为基本原则之一，还专章表述其价值内涵，标志着民族教育价值培育目标的升级，已初步形成了一个包括社会主义核心价值观、民族团结教育、各族交流交融、民族文化交融创新在内的价值体系。作为接应，10月22日，国家民委、教育部决定共建中央民族大学、中南民族大学、西南民族大学、西北民族大学、北方民族大学、大连民族大学6所高校，以期进一步提升民族高校人才培养质量和办学水平。

3. 造岛工程、海洋开发塑造海疆新格局

在南海问题上，近年来中央对“搁置争议、共同开发”的八字方针较少

① 习近平．加快西藏全面建成小康社会步伐［OL］．新华网，2015－08－24.

提及，而多采用“坚持维护南海和平稳定、坚持谈判协商解决南海问题”等外交措辞。随着综合国力的大幅提升，中国更加积极主动地捍卫国家主权和领土完整，而加速“填海造岛”就是有力措施之一。从2014年初开始，中国加速了南沙岛礁建设工程，截至2015年6月底已完成美济礁、渚碧礁、永暑礁三大陆域吹填工程。与此同时，中国海洋整体开发也在加速开展。8月20日，国务院印发《全国海洋主体功能区规划》，聚焦实现海洋治理体系现代化，明确了发展与保护并重的新型海洋开发之路，确立了“一带九区多点”海洋开发格局、“一带一链多点”海洋生态安全格局、以传统渔场和海水养殖区为主的海洋水产品保障格局、储近用远的海洋油气资源开发格局四大布局，使海洋开发成为国家战略进取的基石。

（二）社会改革新起点：以民为本、凝聚民心

随着人本主义、多元主义、共富理念上升为核心施政理念，中国已步入史无前例的社会改革时代。2015年是社会改革的新起点，其中以养老、医疗、教育、人口、扶贫帮困、公共安全等领域的政策红利最为显著。此外，中央力推政府与社会资本合作模式，试图借力社会资本，加快发展公共服务领域。

1. 养老金并轨、入市两大改革正式启动

积极应对人口老龄化，构建养老、敬老、孝老的政策体系和社会环境，加快养老保险制度改革步伐。1月3日，国务院印发《关于机关事业单位工作人员养老保险制度改革的决定》，涉及总数近4000万的“体制内人员”养老保险改革正式启动。本次改革在全国范围内同步实施养老金“并轨”，今后机关与事业单位改革将同步实行社会统筹与个人账户相结合的基本养老保险制度，并改革基本养老金计发办法，进一步完善配套制度。总的来看，改革有利于形成合理用人机制，在逐步化解同类人员待遇差距拉大的矛盾的同时，

全面体现按劳动贡献的分配原则，彰显公平导向。8 月 23 日，国务院公布《基本养老保险基金投资管理办法》，争议多年的养老金入市政策终于尘埃落定。《办法》确立“促进保值增值、严格管控风险”原则，将保险基金投资限定在境内投资、重大工程和重大项目建设、国有重点企业改制上市三大领域，并从经营资格把关、经营者追责、限定投资比例、落实优惠政策、布控监督网络五方面建立安全防护网。

2. 国务院细化公立医院和分级诊疗改革举措

针对目前基层与公立医院药品集中采购中招标与采购脱节、部分药品价格虚高不下、药品回扣商业贿赂案件频发等问题，2 月 9 日，国务院办公厅印发《关于完善公立医院药品集中采购工作的指导意见》，提出实行药品分类采购、改进药款结算方式、加强药品配送管理、规范采购平台建设、强化综合监督管理五项举措，旨在健全以基本药物制度为基础的药品供应保障体系，破除以药补医机制。5 月 6 日，国务院办公厅发布《关于城市公立医院综合改革试点的指导意见》，明确“政府办医”的改革方向，提出打破“以药补医”的错误模式、调整改革公立医院收入机制。一方面，扭转公立医院逐利性目标，取消药品加成，并建立相应补偿机制；另一方面，完善医院人事薪酬制度，确保医生收入水平。9 月初，国务院办公厅印发《关于推进分级诊疗制度建设的指导意见》，对优化诊疗体系和秩序做出相应的政策安排：明确民众自愿原则，着手改进基层医疗服务体验，通过合理拉开不同级别医疗机构起付线和支付比例差距，降低患者成本；构建医疗机构分工协作机制，重点是制定和落实入、出院标准和双向转诊原则。

3. 国务院推出高等教育与基础教育新政

教育强国是中华民族伟大复兴的基础工程。近年来，中国教育事业取得质的飞跃，但仍存在着诸多问题。高等教育方面，国内高校和国外一流高校相比，存在顶尖研究成果缺乏、论文引用率低等问题。10 月 24 日，国务院印发《统筹推进世界一流大学和一流学科建设总体方案》，明确“中国特色，世界一流”的核心要求，提出引导高校加快一流大学和一流学科建设，实现高等教育内涵式发展；突出绩效导向，资金重点向办学水平高、特色鲜明的学校倾斜，在公平竞争中体现扶优、扶强、扶特。以一流大学和学科为目标的高等教育改革，对于中国实现从高等教育大国到高等教育强国的跨越具有重要意义。基础教育方面，发展不平衡问题仍然突出，东西部、城乡之间的教育投入差距明显，义务教育经费保障机制还不完善。11 月 28 日，国务院印发《关于进一步完善城乡义务教育经费保障机制的通知》，提出“三个统一、两个巩固”的政策思路，即统一城乡义务教育“两免一补”（免学费、免书费、困难生补助生活费）政策、统一制定城乡义务教育学校公用经费基准定额、对城乡义务教育实行统一的分项目按比例分担机制，并巩固完善农村校舍安保机制、巩固落实城乡义务教育教师工资政策。新政对于城乡义务教育发展一体化、推动农业转移人口市民化具有重要意义，有利于进一步促进教育公平、提升教育质量。

4. 人口政策迎历史性变革

其一，中国全面放开“二孩”政策应对人口问题。10 月，党的十八届五中全会明确提出全面实施一对夫妇可生育两个孩子的政策，这是继党的十八届三中全会要求研究制定渐进式延迟退休年龄政策、决定启动实施“单独二孩”政策后，中央为应对人口问题做出的又一重要战略决策。此次政策调整，目的是扭转当前人口结构严重失衡以及传统家庭伦理衰落的趋势，延续中国人口红利。尽管政策调整将在一段时期内促进生育率提高，但并不具有可持续性；未来还须从重建家庭伦理观念着手，让扶老育幼的功能回归家庭，从根本上提高人口生育意愿。其二，居住证制度助推新型城镇化。11 月 26 日，《居住证暂行条例》正式公布，并于 2016 年 1 月 1 日起正式施行。目前，全国 31 个省区市都已出台居住证制度。此次《条例》在明确居住证的性质和申领条件的基础上，确立了为居住证持有人提供的基本公共服务和便利，如义务教育、基本公共就业服务等 9 项基本公共服务和办理出入境证件、机动车登记等 7 项便利；并通过梯度赋权机制要求各地逐步扩大向居住证持有人提供公共服务和便利的范围、提高服务标准；还明确了持证人申请登记居住地常住户口的衔接通道及各类城市确定落户条件的标准。随着历时 30 年的“暂住证”彻底退出历史舞台、“居住证”走上前台，中国新型城镇化也将进入新的发展阶段。

5. 中央确立精准扶贫、脱贫攻坚总方略

11 月 23 日，中央政治局审议通过《关于打赢脱贫攻坚战的决定》（以下简称《决定》），随后召开的中央扶贫开发工作会议发起“十三五”时期脱贫攻坚总动员。从《决定》到会议，都集中突出“精准扶贫”理念，提出要动员全社会力量，坚持精准扶贫、精准脱贫，试图矫正过去 30 多年中国农村扶贫战略的粗放扶贫方式。“精准扶贫”由习近平总书记于 2013 年首次提出，随后逐步成为贫困治理工作的指导性思想，其基本逻辑是聚焦“扶谁的贫”“谁去扶贫”“用什么去扶贫”“如何去扶贫”4 个问题，从提高精准度着手转变扶贫开发方式。

事实上，在上升为国家级扶贫理念之前，“精准扶贫”已有诸多政策实践。1 月 15 日，国务院专门针对集中连片特殊困难地区的 4000 万儿童，印发《国家贫困地区儿童发展规划（2014—2020 年）》，提出“到 2020 年集中连片特困地区儿童发展整体水平基本达到全国平均水平”的总体目标。1 月 20 日，《国务院关于加快推进残疾人小康进程的意见》正式出台，专门聚焦于 1230

万农村未脱贫残疾人和260万城镇生活困难残疾人，就健全残疾人权益保障制度、促进残疾人就业、完善残疾人基本公共服务体系等方面提出政策要求。在此基础上，9月22日，国务院又印发《关于全面建立困难残疾人生活补贴和重度残疾人护理补贴制度的意见》，明确了补贴对象、标准、形式，要求自2016年1月1日起全面实施残疾人两项补贴制度。促进贫困地区儿童发展是切断贫困代际传递的根本途径，而帮助残疾人实现小康，更是实现真正意义上的全面小康的必然要求。如能有效落实上述三项政策，将有利于提升精准扶贫效率，弥补全面小康的“少数人”短板，进一步实现社会公平。

6. 健全公共安全体系

统筹发展和安全，是国家治理的一项重要原则。2015年，全国共发生37起重特大事故，平均约10天就有一起。特别是上海外滩跨年踩踏事件、6月“东方之星”号客轮翻沉事件、8月天津港特大爆炸事故、9月广西柳城连环爆炸案、12月深圳滑坡事故等重大事件接连发生，凸显公共安全在国家治理中的迫切性。5月29日，中央政治局就健全公共安全体系举行第二十三次集体学习，要求各级党委和政府承担起“促一方发展、保一方平安”的政治责任，以创新社会治安综合治理、确保农产品质量安全、提高抵御自然灾害的综合防范能力、全面落实安全生产、加快建立食品药品安全治理体系等为重点，以基层一线为主战场，加快构建公共安全体系，动员全社会力量维护公共安全。

7. 国务院力推公共服务领域政府与社会资本合作模式

政府与社会资本合作（PPP模式）于20世纪90年代引入中国，先后经历起初活跃、亚洲金融危机后进入低谷、2003年开始复苏、2008年4万亿刺激计划出台后一度遇冷、2010年地方债问题暴露后又被重新重视的过程，其发展可谓“一波三折”。5 月22 日，国务院办公厅转发《关于在公共服务领域推广政府和社会资本合作模式指导意见》，提出改革公共服务供给机制，培育统一规范、公开透明、竞争有序、监管有力的 PPP 市场，着力化解地方政府债务风险，新建项目逐步增加 PPP 模式比例。过去由政府建设运营的公共基础设施普遍低效，推广 PPP 模式既可充分利用私企的技术、管理优势，提升公共服务质量，也可减少政府干预，厘清政府和市场边界，加快政府职能转变。

（三）意识形态领域：掌握领导权、强化一体整合

党的十八大以来，党中央着力纠正意识形态领导权逐渐弱化、舆论领域乱象丛生的现状。意识形态决定文化发展的前进方向，因而有必要建设具有强大凝聚力和引导力的社会主义意识形态，坚持正确的舆论导向，使人民在理想信念、价值理念、道德观念上紧紧团结在一起。党的十八大以后，从强化高校宣传思想工作、纠偏历史虚无主义、引导文艺发展等入手，中央试图对意识形态领域的分歧状态进行整合，加强对意识形态工作的领导。

1. 着力巩固高校意识形态阵地

近年来，随着西方思想大量涌入、部分境外势力相机渗透，高校意识形态分化加剧。1 月19 日，中共中央办公厅、国务院办公厅印发《关于进一步加强和改进新形势下高校宣传思想工作的意见》（以下简称《意见》），将高校意识形态阵地建设定位为“战略工程、固本工程、铸魂工程”，要求高校党委把意识形态工作摆在首位，牢牢掌握宣传思想工作的领导权和话语权，推动中国特色社会主义理论体系进教材、进课堂、进头脑，不断壮大高校主流思想舆论。文件发布后，各大高校积极响应，但其中的“坚决抵制传播西方错误观点的教材进入大学”等主张，也引发了一些争议。为推动《意见》落地，

9 月，教育部印发《高等学校思想政治理论课建设标准》，规定高校党政负责人每学期至少讲授 1 次政治理论课。10 月，中宣部、教育部联合印发《普通高校思想政治理论课建设体系创新计划》，提出建设一批高水平马克思主义学院，使之成为办好高校政治理论课的坚强战斗堡垒。高校既是实行思想领导的前沿阵地，也是意识形态竞逐的“兵家必争之地”，未来这一领域的竞争仍将异常激烈，需要党中央做出更为系统长远的谋划。

2. 纠偏历史虚无主义思潮

2015 年，网络上发生多起戏谑英雄、恶搞历史的公共事件，一股历史虚无主义思潮迅速兴起，试图瓦解中国共产党的意识形态主导权。4 月 6 日，央视某主持人酒桌唱评《智取威虎山》的视频在网上流出，其中对毛泽东和解放军战士使用了羞辱性词汇，引发舆论大哗。4 月 17 日，某凉茶企业在新浪微博上进行营销互动，调侃邱少云烈士“爬在火中一动不动”是“烤肉”，引发网友强烈不满。而到 5 月，由于反对某期刊侮辱狼牙山五壮士，相关学者遭遇该期刊主编起诉侵犯名誉权，这场官司被网友称为“历史虚无主义利用法律反攻倒算”。与此同时，抗日战争 70 周年话题引发激烈讨论，其中质疑中国共产党在抗战中的领导地位、质疑抗战意义的言论甚嚣尘上。上述现象反映出当下中国社会弥漫着历史虚无主义思潮。对此，为维护意识形态主导权、巩固党的执政地位，一些主流媒体纷纷发文抨击历史虚无主义思潮，捍卫意识形态领域的正确舆论导向。如军报指出，对于打着“反思”的幌子“任性”而为，肆意歪曲历史的言论和思想，必须引起高度警惕。①

---

① 洪文军．不容历史虚无主义网上“任性”［N］．解放军报，2015－04－29.

3. 中央制定文艺繁荣发展纲领

继2014年文艺工作座谈会之后，10月19日，《中共中央关于繁荣发展社会主义文艺的意见》正式公布，成为当前和今后一段时期指导文艺工作的纲领性文件。文件立足“以人民为中心”的主要思想，力倡文艺深入生活、扎根人民、下沉基层，重点扶持基础性原创和个性化创造，支持网络文艺发展。为防止文艺成为市场的奴隶，文件提出要将票房等量化指标与专家评价和群众认可统一起来，同时要细化激励机制，一方面注重引导文艺工作者有正确的义利观，完善有利于文艺繁荣发展的酬劳奖励办法；另一方面把文艺纳入经济社会发展规划，从管理上杜绝“见利忘义”和“唯利是图”。

（四）升级网络治理：主权建构、开放合作

随着“互联网成为舆论斗争的主战场”，本届中央政府对网络治理的重视程度前所未有。如2014年全国宣传工作会就强调把网上舆论工作作为宣传思想工作的重中之重。经过3年探索，从网络强国论、网络安全与信息化一体两翼论、网络空间清朗论到依法治网观、构建国际互联网治理体系倡议，中国的网络治理理念及政策体系初步成形。2015年，中国的网民规模达到6.88亿、互联网普及率超过50%，在成为网络大国的同时，也迎来网络治理的主权时代。

1.“网络主权观”首获立法确认

随着互联网的普及，国家疆域已扩展至陆地、海洋、空间、太空、网络空间五维格局，网络空间主权论由此产生。尽管国际社会对网络主权概念仍有争议，但各国均对本国网络严加保护，防止受到外部干涉。中国政府也较早认识到网络的主权属性，2010年《中国互联网状况》白皮书指出，中国的互联网主权应受到尊重和维护；2014年7月，习近平在巴西国会演讲时提出，

互联网技术再发展也不能侵犯他国的信息主权。① 在此基础上，2015 年新《国家安全法》首次提出“网络空间主权”概念，其中第 25 条中专门规定：防范、制止和依法惩治网络攻击、网络入侵、网络窃密、散布违法有害信息等网络违法犯罪行为，维护国家网络空间主权、安全和发展利益。提出“网络空间主权”概念，是国家安全法的一大创新，为中国加强网络空间治理、建设网络安全保障体系、捍卫主权和安全提供了法律基础。

2. 中国版全球互联网治理方案成形

自 2014 年起，中国开始积极阐述对互联网全球治理体系变革的看法。2015 年 12 月 16 日，第二届世界互联网大会在浙江乌镇召开，习近平在主旨演讲中系统阐述了互联网全球治理体系变革的主张，成为构建网络空间命运共同体的“中国方案”。其要点可归结为“一二三四五”主张：一个目标，即推动互联网全球治理体系变革；两大支点，即“共同构建和平、安全、开放、合作的网络空间”与“建立多边、民主、透明的全球互联网治理体系”；三大战略，即中国的网络强国战略、国家大数据战略、“互联网 +”行动战略；四项原则，即尊重网络主权，维护和平安全，促进开放合作，构建良好秩序；五点主张，即加快全球网络基础设施建设，打造网上文化交流共享平台，推动网络经济创新发展，保障网络安全有序发展，构建公平正义的互联网治理体系。总体上看，中国方案的核心就在于反对国际互联网领域的霸权主义，促进互联网空间的互联互通、共享共治。

3. 全面整治网络乱象

2015 年，中国对网络乱象的治理主要从推进实名制和网络身份证、发起

---

① 习近平在巴西国会的演讲 [OL]. 新华网，2015 - 07 - 17.

专项整治、建立网络巡查机制等方面展开。首先，针对网络账号乱象，进一步推广实名制。3月1日起，《互联网用户账号名称管理规定》正式施行，其中明确“后台实名、前台自愿”的账号管理原则，尊重用户选择个性化名称的权利，重点解决前台名称乱象问题。为保护网络隐私与安全，6月，公安部建成“公安部公民网络身份识别系统”，开始向公民签发公民网络电子身份标识“eID”[①]。其次，对网络突出问题开展专项整治。针对违规违法账号问题，1月，国家网信办依法关闭133个传播歪曲党史、国史信息的公众账号；3月，中央重点新闻网站处置违规账号7000余个。针对网络敲诈和有偿删帖问题，1月21日，国家网信办等四部委联合启动“网络敲诈和有偿删帖”专项整治工作，其中一项重点就是严查“内鬼”、清理门户，整肃网管队伍。针对网络色情问题，3月，全国扫黄打非办开展“扫黄打非·净网2015”专项行动，先后挂牌督办59起涉网络淫秽色情重点案件。针对暴恐势力在网上散布暴恐音视频问题，6月20日，国家网信办联合公安部启动铲除网上暴恐音视频专项行动。针对网络谣言问题，公安部开展专项整治行动，截至8月底，已查处涉嫌编造传播谣言人员197人、责成相关网站关停账号165个。最后，建立网警常态化公开巡查执法机制。6月1日起，首批50个省市公安机关统一标识为“网警巡查执法”的微博、微信和百度贴吧账号集中上线，开展网上公开巡查执法，网警从幕后走向前台。

（五）开启绿色治理：全面改革、强化责任

2015年是中国生态文明建设从宏观战略走向改革实践的开局之年，也是

① “网络身份证”（eID）是以密码技术为基础、智能芯片为载体的新型身份识别系统，eID与居民身份证形成一一对应关系，加密方式高度安全。持有eID的用户不再需要在不同网站分别提交个人信息、注册账号，只凭刷卡即可直接与公安部系统联网，并在不泄露身份信息的前提下在线远程识别身份。

环保领域的“政策年”。从印发《关于加快推进生态文明建设的意见》《生态文明体制改革总体方案》等顶层设计文件，到制定《国家突发环境事件应急预案》（修订版）、《环境保护督察方案（试行）》、《生态环境监测网络建设方案》、《党政领导干部生态环境损害责任追究办法（试行）》、《水污染防治行动计划》、《京津冀协同发展生态保护规划》等专项落实文件，再到开展生态环境损害赔偿制度改革、领导干部自然资源资产离任审计等试点，一套全新、全面的绿色治理体系已初步形成，为中国系统解决生态问题奠定了制度基础。

1. 打造绿色治理的顶层设计

党的十八大将环保的重要性提上了一个新高度。生态文明建设作为一个薄弱环节，被纳入中国特色社会主义“五位一体”总体布局中。在此背景下，3月24日，中央政治局审议通过《关于加快推进生态文明建设的意见》，继“新四化”——新型工业化、城镇化、信息化、农业现代化之后，首次提出与之并列的“绿色化”，并将其定性为“政治任务”。新政要求，政治、经济、社会、文化建设的各方面和全过程，都要贯穿生态文明。这意味着，环保不再是某些政府部门的专项职责，而成为所有政府部门的共同责任。新政明确了未来生态文明建设的原则、目标和重点任务，其核心在于制度构建，强调“用制度保护环境”。作为承接，9月，中共中央、国务院印发《生态文明体制改革总体方案》，其最大特点在于问题导向，即针对生态领域八个主要问题[1]，

---

① 《生态文明体制改革总体方案》总结了八大突出问题：一是自然资源所有者不到位、所有权边界模糊，二是因无序开发、过度开发、分散开发导致的优质耕地和生态空间占用过多、生态破坏、环境污染，三是空间性规划重叠冲突、部门职责交叉重复、地方规划朝令夕改，四是资源使用浪费严重、利用效率不高，五是自然资源及其产品价格偏低、生产开发成本低于社会成本、保护生态得不到合理回报，六是污染防治能力弱、监管职能交叉、权责不一致、违法成本过低，七是市场主体和市场体系发育滞后、社会参与度不高，八是发展绩效评价不全面、责任落实不到位、损害责任追究缺失。

提出构建自然资源资产产权、国土空间开发保护、空间规划体系、资源总量管理和全面节约、资源有偿使用和生态补偿、环境治理体系、环境治理和生态保护市场体系、生态文明绩效评价考核和责任追究八个方面制度，形成制度体系，推进国家生态治理体系和治理能力现代化。

2. 建立党政领导干部环保追责制

近年来，中央以强化环保责任追究为重点，推动地方开展改革试点，取得突破性进展。[①] 党的十八届三中全会提出对领导干部实行自然资源资产离任审计，建立生态环境损害责任终身追究制。2013 年《关于改进地方党政领导班子和领导干部政绩考核工作的通知》、2014 年《关于加强环境监管执法的通知》以及 2015 年《关于加快推进生态文明建设的意见》，均从不同角度出发，要求在环保领域建立党政领导干部的责任终身追究制。在此背景下，8 月，中共中央办公厅、国务院办公厅印发《党政领导干部生态环境损害责任追究办法（试行）》（以下简称《追责办法》）。这是中央层面制定和实施的第一部生态环境损害责任追究法规。《追责办法》共十九条规定，涵盖追责对象和范围、损害责任追究原则、4 种领导干部类型下的 25 种追责情形、损害责任追究主要方式和责任追究结果运用等内容，其核心思路在于首次确立“党政同责”与“终身追责”，即推动各级党委环保责任“由虚到实”，并将已调离、提拔或退休的领导干部也列为追责对象，从而实现追责对象全覆盖。此外，《追责办法》还提出“对在生态环境和资源方面造成严重破坏负有责任的干部，不得提拔使用或转任重要职务”，这是迄今为止此领域的最严规定。

---

① 如 2005 年 5 月，中组部要求杭州、嘉兴、临安等 10 个县（市、区）进入考核试点，把环境质量的恶化问题与官员的“帽子”和“权力”挂钩。

3. 启动生态损害赔偿制度改革试点

现行生态环境治理模式主要以司法追责、行政监管及市场化调节为主要手段，重在惩处追责，但对于历年因环境污染、生态破坏导致的生态环境损害未能进行及时、有效的修复。12 月 3 日，中共中央办公厅、国务院办公厅印发《生态环境损害赔偿制度改革试点方案》，探索建立生态环境损害的修复和赔偿制度。此次改革以保护环境资源的使用价值和生态价值为重点，试图转变当前环境损害赔偿法律体系侧重规制环境污染导致的人身、财产损害赔偿的倾向，意在通过建立评估管理与技术体系，奠定追责和惩处的基础前提，专项解决生态环境损害修复等一系列终端问题。

4. 京津冀生态规划引领地方环境治理行动

近年来，京津冀等重点连片区域的环境污染问题日益严重，资源环境与发展之间的矛盾十分尖锐。12 月底，国家发改委、环保部发布《京津冀协同发展生态保护规划》（以下简称《规划》），划定了京津冀区域生态保护红线，倒逼经济结构转型升级。一方面，通过量化指标，规定京津冀不同行政区在资源消耗、环境质量和生态保护上的刚性要求，对地方政府形成强有力的目标约束；另一方面，将大气、水污染防治和生态建设作为重中之重。一是明确过剩和落后产能的硬性压减指标，统一了整个京津冀地区六大行业的特别排放限值；二是改变以往分块治理模式，统筹开展京津冀地区水污染“全防全控”；三是建设“区域一体化的生态环境监测、信息、应急”三统一体系。《规划》的出台，有利于打破环境治理各自为政的局面，对跨区域环境治理起到重要的示范引领作用。

五、全方位开展中国特色大国外交

世界正处于大发展大变革大调整时期。后冷战时代以来，以“9·11”事件及反恐战争、全球金融危机、美国重返亚太等为标志，世界格局进入由单极化向深度多极化演变的过渡阶段。一方面，以美国为核心的霸权结构开始松动，中国等新兴发展中国家正在崛起，原有体系的领导者与后发崛起者之间竞争激烈且互为制衡①，推动形成全球治理新体系和国际秩序新格局；另一方面，世界多极化、经济全球化及恐怖主义、气候变化、粮食安全、网络安全等问题的全球扩散，使世界面临的不确定性和不稳定性增强。现行全球治理体系在权力分配、利益协调、话语代表、规则制定等方面显失公正合理②，亟待调整变革。党的十八大以后，中国的对外战略也发生重大改变，逐渐形成全方位、多层次、立体化的中国特色大国外交新格局。在思想层面，从战略上的大外交与总体安全观，到理念上的命运共同体、正确义利观、合作共赢新型国际关系，再到策略上的“真实亲诚”对非方针、“亲诚惠容”周边外交原则及构建新型大国关系设想，外交顶层设计凸显全球视野和主动进取意识；在实践层面，无论是密集开展五大洲全方位外交、巩固提升对外关系，还是主导推出“一带一路”、金砖国家开发银行、亚洲基础设施投资银行、亚太自由贸易区（FTAAP）等重磅手笔，系列对外行动都直指重构国际政经秩

---

① 如美国主导的跨太平洋伙伴关系协定（TPP）和跨大西洋贸易与投资伙伴关系协定（TTIP），意欲将中国排除在世界主要贸易体系之外，而中国则推动形成区域全面经济伙伴关系协定（RCEP），加快亚太自由贸易区建设，并以设立金砖国家开发银行、亚洲基础设施投资银行等新金融机构来抗衡由欧美日主导的国际金融秩序。

② 朱立群，富里奥·塞鲁蒂．全球治理：挑战与趋势［M］．北京：社会科学文献出版社，2014.

序。新一轮外交布局及国际形象重塑，为中国参与全球治理提供了现实基础和空间。

2015 年，全球依然处于金融危机以来的恢复期，并出现两大新趋势：第一，危机所带来的冲击效应进一步从发达国家转移、扩散至发展中国家，对崛起的新兴工业国家造成巨大压力。其中，以美国主导签订的将中国排除在外的跨太平洋伙伴关系协定（TPP）为典型，贸易保护主义和投资保护主义有所抬头；而美国一意决定加息，对新兴市场国家更是雪上加霜，甚至引发了这些国家经济崩溃的“多米诺骨牌”效应，进而导致其国内的社会动荡。第二，世界经济问题加速向政治、民族、宗教等领域渗透，欧洲难民危机、南海纷争、朝核阴云、恐怖主义威胁及背后的地缘性对抗等新旧问题交织，对全球治理提出更大挑战。面对上述复杂形势，中国高举和平发展、合作共赢的旗帜，恪守维护世界和平、促进共同发展的外交政策宗旨，推动建设相互尊重、公平正义、合作共赢的新型国际关系。一是在经济上强调寻求共同利益，主张共同发展和繁荣，加强经济外交的作用力，既为国内发展拓展空间，也试图推动形成国际贸易和金融新格局；二是在文化上强调包容互鉴，共生共存，主张“各美其美，美美与共”；三是在政治上强调相互尊重、平等相待，在大国关系、区域争端、全球治理三个层面贡献中国智慧，赢得世界的信任和尊重。在共治共享大原则的引领下，从经济到政治再到文化，中国新型外交策略更趋成熟，内外两个大局也在战略互动之中实现更深程度的融通与结合。

（一）“一带一路一行”下的国际经济新秩序

长期以来，中国对外经济活动在形式上以双边经贸为主、多边合作为辅，在内容上以大规模商品出口为主、小规模分散型资本投资为辅，但从未在国家层面系统提出并实施过跨国跨洲、辐射全球的战略发展计划，也未主动构建适应于对外战略需要的国际金融平台。党的十八大以后，面对美国在亚太地区的合围政策，中国先是推出横跨欧亚大陆及海上的“一带一路”构想，其后又牵头筹建“亚洲基础设施投资银行”，以此展开新的外部经济布局。2015 年，两大行动均取得实质性进展，不仅为普遍低迷的世界经济注入活力，也对既有国际政治经济秩序产生新的影响。

1.“一带一路”路线图成形

3 月28 日，中国对外发布《推动共建丝绸之路经济带和21 世纪海上丝绸之路的愿景与行动》（以下简称“路线图”），全面阐述了“一带一路”的内涵、布局与方向。在战略框架的设定上，如何有效整合东亚经济圈、中间腹地国家和西欧经济圈三大区域的经济发展，是“一带一路”建设能否成功的关键。路线图将畅通陆路、海洋交通通道作为起点，提出以重大合作项目推进通道建设，以沿线中心城市为支撑，以重点经贸产业园区为合作平台，推动新亚欧大陆桥、中蒙俄、中国—中亚—西亚、中国—中南半岛经济合作走廊，海上运输大通道，中巴、孟中印缅经济走廊合作等重大项目。在合作重点上，路线图明确政策沟通、设施联通、贸易畅通、资金融通、民心相通的“五通”并行思路，强调政治、经济、文化、社会的全方位互动。受此带动，中国制造和资本“走出去”步伐明显加快。截至2015 年底，中国与“一带一路”沿线相关国家贸易额约占进出口总额的四分之一，已投资建设50 多个境外经贸合作区，承包工程项目超过3000 个；中国企业直接投资“一带一路”沿线国家49 个，投资额同比增长18. 2%。随着“一带一路”倡议的深度实施，国内改革和产业调整也将获得更大的伸展空间，在中国产品和资本输出的过程中，人民币国际化战略也得以间接实施。更重要的是，中国借此打开了西进亚欧大陆的战略出口，这对于应对在东向亚太地区备受美日压制的局面具有重要的战略平衡作用。

2. 亚投行组建成功

推行“一带一路”倡议需要强大的金融支撑。继丝路基金、金砖国家开发银行先后成立开业之后，亚洲基础设施投资银行（以下简称“亚投行”）也应运而生。早在2013年10月，中国即提出筹建亚投行的倡议。一年之后，首批22个意向创始成员国代表签署备忘录，明确亚投行将作为“政府间性质的亚洲区域多边开发机构”，总部设在北京，中国将成为最大股东。进入2015年，亚投行筹建进度明显加快，包括俄、英、法、德、韩、澳等国在内共计57个国家申请成为意向创始成员国，并最终签署《亚洲基础设施投资银行协定》。12月25日，亚投行正式宣告成立。毋庸置疑，人民币在亚投行的资本构成中将占有较大份额，便于直接对亚洲基础设施建设进行贷款和投资。这将扩大人民币跨境存款规模，增加离岸人民币供应，加快培育离岸人民币市场，形成一个以实体经济为后盾，支持人民币走出去，又以人民币走出去为杠杆拉动需求的良性循环。① 回看“二战”以来的国际金融体系，其领导权始终由欧美日发达国家所垄断。随着后发工业国家特别是亚洲新兴经济体的崛起，各国在基建领域资金需求旺盛，而传统国际金融体系却无法有效满足。因此，中国政府此次牵头成立亚投行，既有带动国内过剩产能输出、开拓外部空间的现实需要，也有担负国际责任、为世界提供公共产品的战略考量，表明了以中国为代表的新兴经济体正从被动型的国际金融参与者，转向主动型的全球政治经济秩序的参与者。在此意义上，亚投行的成立，虽不至于彻底改变现有国际金融秩序，但势必有助于改善国际金融体系的运作模式和供需结构，进而推动新秩序的生成。

---

① 王军．设立亚投行的七个理由［N］．中国证券报，2013－10－09.

（二）“命运共同体”与“全球治理观”引领中国新外交

发展软实力是中国成为世界强国、参与全球治理的必经之路。而发展软实力的前提，是形成“一种超越本国之上、表达出时代精神的普遍性价值追求”①，以此凝聚国际共识，构建新的世界秩序。为了配合对外战略的历史性转型，从“人类命运共同体”到中国特色全球治理理念，新一届中央领导集体为全球治理提出了一种崭新的体系框架。

1. 打造“人类命运共同体”的全球理念

在现代国际关系中，“共同体”的提法早已存在。中国最早提出“命运共同体”概念，是在党的十八大报告中。2013 年 3 月，习近平访问莫斯科，第一次公开阐明“人类社会是个命运共同体”思想；同年 4 月召开的博鳌亚洲论坛 2013 年年会上，习近平再次强调“应该牢固树立命运共同体意识”。2015 年 3 月，习近平在博鳌亚洲论坛 2015 年年会开幕式上发表题为《迈向命运共同体，开创亚洲新未来》的主旨演讲，强调了迈向命运共同体的紧迫性和重要性，倡导“通过迈向亚洲命运共同体，推动建设人类命运共同体”。②此后，经由亚非领导人会议、周边外交工作座谈会、联合国系列峰会等重要会议，中国形成了一套系统的“人类命运共同体”理念，即“倡导建立平等相待、互商互谅的伙伴关系，营造公道正义、共建共享的安全格局，谋求开放创新、包容互惠的发展前景，促进和而不同、兼收并蓄的文明交流，构筑尊崇自然、绿色发展的生态体系”。“人类命运共同体”概念体现了新一届领导人对当前及未来国际形势的总体把握和战略思考。有别于以往从矛盾斗争

---

① 施展. 世界领导性国家的历史经验［J］. 文化纵横，2013（3）.

② 习近平在博鳌亚洲论坛 2015 年年会上的主旨演讲［OL］. 新华网，2015－03－29.

的视角看待国际关系，这一提法着眼于全球化时代人类社会的融合性和整体性，强调中国与外部世界在发展道路、进取方向上的互联共通，其目的就在于确立道义制高点，最大限度地争取赢得国际共识，为构建国际新秩序提供价值支撑。

2. 构建中国特色的全球治理观

随着国家参与多边外交和治理实践的日益增多，全球治理在中国作为一项倡议被逐步纳入政府政策体系，2012 年被明确写入党的十八大报告，上升为纲领性战略。此后两年，新一届领导人围绕全球治理问题，对外频繁表姿态、求共识、做铺垫，2015 年以来更是接连多次集中阐述。10 月 12 日，中央政治局就全球治理格局和全球治理体制举行第 27 次集体学习，首次专题研究全球治理，并首次提出“共商、共建、共享”的全球治理理念。同月下旬，党的十八届五中全会通过“十三五”规划建议稿，首次专节阐述“积极参与全球经济治理，提高在全球经济治理中的制度性话语权”。可以说，最高决策层已初步形成一整套全球治理思路，从战略定位、目标原则到实施路径，都具有鲜明的中国特色。主要体现在：

第一，立足一个判断，提升两个定位。一个判断，即新兴国家已革命性地改变了国际力量对比，且有强烈意愿推动国际秩序趋向公正合理，“全球治理体制变革正处在历史转折点上”。基于此，中国不仅要提升全球治理在国家对外战略中的定位，还要顺势提高自身在全球治理中的战略定位，要作为“全球发展的贡献者”和“国际秩序的维护者”，贡献全球治理的中国方案。

第二，统筹内外大局，明确双重目的。“两个大局论”是中国一贯的战略基点，具体到全球治理问题上，中国倡导国际关系民主化、法治化特别是公正化、合理化，争取与自身国力、责任相匹配的国际地位与治理权；同时，延长战略机遇期，保护自身国内外政治经济利益，维护和平稳定的外部环境。

第三，守住两条原则，共建共商共享。即全球治理不能由一国主宰或大国垄断，而应共同参与；全球治理改革应以“二战”以来联合国体系为基础，关键是推动由美国单一主导体系，向由共建共享、权利平等、规则平等的多元开放普惠体系转变。

第四，重点争取两权，分层分类实施。一是实现全球治理重要领域及议题全覆盖，以争取话语权和规则制定权为核心，重点改革国际经济金融领域、新兴领域等方面规则，提供更多公共产品。二是分层治理，周边、区域和全球三个层面相结合。从周边治理起步，进而完善区域治理，同时深度参与联合国、亚太经合组织、二十国集团等多边机制。三是分类合作，既力争与美欧大国消除战略互疑、保持竞合，又最大限度地联合新兴国家，引领发展中国家维护共同利益。

总体上看，中国倡导“人类命运共同体”、积极参与全球治理，是对世界格局变化的主动回应，深含统筹内外、实现执政价值一体化升级的根本意图。着眼今后一个时期，要实现国际秩序和全球治理的“新均衡”，中国势必要全面准备从实力、规则到文化价值理念的世界级博弈。目前这一博弈已在实力和规则层面展开，接下来将是深层的文化价值理念较量。中国的全球治理观只是一个框架性开端，未来不仅需要更成体系的治理议题和政治话语，还要注意调和与各国在全球治理上的价值观念冲突；不仅要提炼传统外交智慧，也要批判性地总结欧美的外交智慧，形成具有全球视野的外交哲学，作为治理世界能力的必要预备。①

（三）全球治理大外交凸显中国新角色

随着外交理念的成熟，中国外交活动主要围绕大国关系、战后秩序和全

---

① 张文木．论正在崛起的中国及其治理世界能力的预备——在清华大学新闻与传播学院的讲座．李彬，杨芳，尹丽娟．清华新闻传播学前沿讲座录［M］．北京：清华大学出版社，2006.

球治理三个层面展开。首先，访问欧美各国，构建新型大国关系格局。2015年9月，习近平访问美国，双方再度确认了构建中美新型大国关系共识，达成50项重要共识和成果；11月，习近平访英，开启中英关系“黄金时代”，为构建新兴大国与传统大国合作关系树立标杆。全年中国同欧洲21国开展高层往来，中欧合作呈现“东西南北均衡拓展、全面开花的良好势头”。其次，深化与俄罗斯的全面战略协作伙伴关系，共同维护战后国际体系。面对近年来部分国际势力对“二战”后国际秩序的挑战，中俄两国最高领导人相互出席对方“二战”胜利纪念活动，形成秩序维护合力；在9月举行的中国人民抗日战争暨世界反法西斯战争胜利70周年纪念活动上，近60个国家和国际地区组织的领导人及代表参加，与中国一起表明共同维护战后国际体系的决心。最后，积极参与全球治理，推动全球治理变革。如果说构建大国关系稳定了战略基点，维护战后秩序巩固了政治基础，那么真正标志着中国开始走上世界性大国之路的是积极参与全球治理。2015年堪称中国特色全球治理型外交的全面推进之年，无论在全球平台、领域治理还是区域治理上，都取得了阶段性进展。

第一，更好发挥负责任大国的作用，贡献解决世界发展问题的中国方案。9月，习近平主席出席联合国成立70周年系列峰会，宣布设立中国—联合国和平与发展基金和南南合作援助基金、加入联合国维和待命机制并组建8000人维和待命部队、免除对最不发达国家债务等一系列重大举措，凸显“共建共享”的核心理念。11月14日至16日，习近平出席G20领导人第十次峰会，期间与金砖国家领导人举行非正式会晤。此次中方直指世界经济治理机制和架构缺陷，提出了包括加强协调形成合力、改革创新增强潜力、构建开放型世界经济、落实可持续发展议程等建议在内的“中国方案”，意在稳定发达国家预期，同时联合新兴市场国家进一步变革现行治理体系。这在金砖国家领导人非正式会晤上得到充分印证。会晤中习近平强调，金砖国家要在逆境中巩固“真金不怕火炼”的伙伴关系，特别是在二十国集团平台上相互支持和呼应，“进一步推动二十国集团从危机应对机制向长效治理机制转变”。[①] 通过主动提出方案、合纵新兴国家，中国作为“全球发展贡献者”和“国际秩序维护者”，为深度参与和改善全球治理做出贡献。

第二，专攻领域治理[②]，分类表达政策主张和利益诉求，逐步争取代表性、话语权和规则制定权。气候治理方面，11 月 29 日至 30 日，习近平出席气候变化巴黎大会并发表重要演讲，提出气候治理应摒弃“零和博弈”思维，倡导构建合作共赢、公平合理的气候变化治理机制。[③] 金融治理方面，11 月 30 日，国际货币基金组织（IMF）宣布人民币加入特别提款权（SDR），赋予其国际储备货币地位。这是继 10 月 8 日人民币跨境支付系统（一期）成功上线运行后，人民币国际化进程取得的又一新突破。尽管人民币能否成为实质国际储备货币仍有待实践考验，但这一进展具有重要象征意义，既反映了中国在国际金融体系中的影响力再获提升，也意味着中国将承担更大国际政治和经济责任。网络治理方面，12 月 16 日，习近平在第二届世界互联网大会上提出了推进互联网全球治理体系变革的中国主张。总体来看，目前气候治理仍处于西方所设定的“碳政治”规则框架下，国际金融治理则由欧美所主导，国际互联网领域的霸权主义依然盛行。因而中国现阶段的目标是提升在领域治理中的代表性地位，在现有体系中争取更大分量的话语权和规则制定权，为未来推动规则体系实质变革、开创全球治理新格局做好准备。

第三，升级区域关系，以区域稳定、经济开放、战略对接为核心。亚太方面，主题是“开放”。11 月 17 日至 19 日，习近平出席 APEC 工商领导人峰会和第二十三次领导人非正式会议。习近平在两次会议上的讲话都以经济开

---

① 习近平在金砖国家领导人非正式会晤上的讲话［OL］. 新华网，2015－11－16.

② 领域治理源于中国领导人在 2004 年首次提出的“领域外交”，即参与金融危机、能源安全、贸易自由、恐怖主义、气候变化等领域全球性问题的多边合作和全球治理。

③ 习近平在气候变化巴黎大会开幕式上的讲话［OL］. 新华网，2015－12－01.

放为主线，但前者着眼当前，针对美国想通过跨太平洋伙伴关系协定在亚太自贸区外另起炉灶的趋势，呼吁亚太各国坚持开放政策、避免碎片化做法；后者则立足长远，强调深化伙伴关系、完善中长期合作架构，这是2014年所提“亚太梦”区域构想的延伸。东亚及东南亚方面，主题依然是争端解决和经济合作。11月1日、21日、22日，李克强先后出席第六次中日韩领导人会议、第十八次中国—东盟（10+1）领导人会议及第十届东亚峰会。前一会议中方意在缓和地区政治紧张关系、提速三国自贸区建设；后两次会议则意在维护当前南海秩序，推动各国与“一带一路”建设对接，促使东亚成为世界经济的“稳定增长极”。欧洲方面，主题是资本和产能合作。11月24日，李克强出席由中国主场举办的第四次中国—中东欧国家领导人会晤，提出了未来5年以基建、产能、投资为核心，对接“一带一路”倡议的“1+6”合作框架①。非洲方面，主题是关系升级和未来规划。12月5日，习近平与南非总统共同主持中非合作论坛峰会。此次会议以四个“不会改变”② 定调中非关系未来发展规划，将中非关系提升为“全面战略合作伙伴关系”，提出未来3年中非“十大合作计划”③。总体上看，本阶段的区域外交，重点在于维护

① “1+6”合作框架，是指一个目标和六大重点。一个目标，就是制定未来五年合作规划，不断构建开放包容、互利共赢的新型伙伴关系；六大重点，一是落实合作推进路线图，二是对接“一带一路”倡议与中东欧国家发展战略、开展基础设施建设合作，三是打造产能合作新样板，四是不断创新投融资合作方式，五是促进贸易投资双增长，六是扩大人文交流的广度深度。

② 四个“不会改变”，即任凭国际格局调整演变，中非平等互信、相互支持的兄弟情谊不会改变；任凭经济形势起伏跌宕，中非合作共赢、共同发展的根本宗旨不会改变；任凭时代社会发展变迁，中非相互理解、共同进步的协作精神不会改变；任凭出现各种威胁挑战，中非风雨同舟、患难与共的坚定意志不会改变。见杜尚泽等. 习近平同南非总统祖马共同主持中非合作论坛约翰内斯堡峰会全体会［N］. 人民日报，2015-12-06.

③ “十大合作计划”包括中非工业化合作计划、中非农业现代化合作计划、中非基础设施合作计划、中非金融合作计划、中非绿色发展合作计划、中非贸易和投资便利化合作计划、中非减贫惠民合作计划、中非公共卫生合作计划、中非人文合作计划、中非和平与安全合作计划。

区域稳定、重申开放战略和政策、实现战略对接，这既是中国输出资本和产能、开拓发展新空间的现实需要，也是落实命运共同体和共建共商共享理念、深植外交根基、扩大国际朋友圈的必然选择。

结　语

21 世纪以来，二次分配问题成为世界性难题。纵览东西，无论是业已成熟的发达国家，还是发展中的新兴工业国，均未找到最好的解决办法。譬如，“二战”后西方国家逐渐形成的福利国家模式，在一定程度上缩小了贫富差距，确保了社会的稳定发展；但随着经济条件、资源分布、人口结构等因素的变化，社会福利开支过大、财政负担加重、公共债务增加、食利阶层做大等问题不断凸显，对福利国家构成严峻挑战。尽管这些国家试图通过社会福利政策消除社会不平等，但问题并未根本解决。[①] 而在后发工业国家，经济的高速增长尚未兑现为社会的公平发展，在解决二次分配问题上，各国还普遍处于初始阶段。这其中有少数国家（如委内瑞拉）效仿西方福利模式，试图凭借资源优势维持高福利的社会政策，但大都面临难以为继甚至出现经济崩溃的困境。

在过去数十年间，中国走出了一条政治现代化和经济高增长的新路，成就了举世瞩目的“中国模式”。这一模式的成功主要体现在政治和经济层面，在社会公平层面，中国和其他国家一样，也面临着二次分配难题；特别在从初级富裕向中等富裕迈进的过程中，能否妥善解决公平问题，至关重要。之

① 李义天，薛晓源，陈家刚．民主、全球化与历史的未来——弗朗西斯·福山教授访谈录［J］．马克思主义与现实，2011（2）．

于中国自身，如果这一问题得以解决，就不会再有任何力量能阻挡其发展。①之于世界，中国因其内部问题的多元性和复杂性而颇具示范意义。如果中国能探索出一条合情合理的公正道路，将有助于创造出一种对于世界各国人民而言更具普遍性的制度，进而为人类文明做出更大贡献。

正是在这一点上，中国模式作为一种文明演进模式，承载了新的探索方向。如果说中国改革开放后这30多年的发展，核心任务是尽可能快速地实现经济增长和综合国力提升，以至相对放缓了社会公平的脚步；那么当前以及未来较长时间的发展，核心任务就是如何在保持经济中高速、有效益增长的基础上，尽可能全面地实现社会的可持续、公平发展。换句话说，中国模式不仅要作为一种发展模式（1.0版）而存在，还应成为一种公平模式，一种将发展与公平真正统一起来，以经济可持续增长为基础的公平共富模式（2.0版）。

从趋势上看，实现中国模式的创新升级，大有希望。中国经济增长的车轮依然行进有力，随着经济结构转型渐入佳境，未来经济依然可能实现可持续的中高速增长。同时，随着共治共享理念的提出，中国的发展价值导向和制度体系正在为新模式的构建做出相应的调整和变革。在此引领之下，未来政治、经济与社会发展有望进一步趋向协同与平衡，国家发展与人民幸福将在更深程度上融为一体。而在共商、共建、共享的互动之中，民本主义的中国与多元主义的世界也将深度联结，携手共创人类文明的新未来。这一切都取决于我们能否对中国文明、中国制度、中国道路及其过去、现在与未来保持足够的信心，并为之付出不懈的努力。

---

① 乔良．西方能量正枯竭，希望在中国［N］．环球时报，2016－03－11.

第二部分

中国发展动态月度报告

（2015）

1月　养老金并轨引领民生事业改革

中央政治局审定《国家安全战略纲要》
中国启动机关事业单位养老保险改革
中央深改组聚焦责任落实与纪检改革
中央着力巩固高校意识形态阵地
中央首次全面布局新型智库建设
“五年规划”引领贫困地区儿童发展
上海自贸区改革向全国扩围

中央政治局审定《国家安全战略纲要》

2015 年 1 月 23 日，中共中央政治局召开会议，审议通过《国家安全战略纲要》（以下简称《纲要》）。会议强调，当前国际形势风云变幻，国内改革进入攻坚期和深水区，各种安全风险挑战前所未有，制定和实施《纲要》符合有效维护国家安全的迫切需要。

1. 从“新安全观”到“总体安全观”

国家安全问题是中国宏观战略的重要组成部分，不同时期的国家安全观念引导着国家安全的建设与发展。20 世纪 90 年代中期，党中央开始探索、倡导“新安全观”，核心为“互信、互利、平等、协作”，突出了在对外安全和国际安全领域具有新意的非传统安全观，相对而言，国内安全的视角有所欠缺，没有形成系统、全面的国家安全观。鉴于当前中国“国家安全内涵和外延比历史上任何时候都更为丰富”，2014 年 4 月 15 日，习近平在中央国家安全委员会第一次会议上，首次提出了“总体安全观”。其后，党的十八届四中全会提出“贯彻落实总体国家安全观[①]，加快国家安全法治建设，推进公共安

① 坚持总体国家安全观，即以人民安全为宗旨，以政治安全为根本，以经济安全为基础，以军事、文化、社会安全为保障，以促进国际安全为依托，走出一条中国特色国家安全道路。

全法治化，构建国家安全法律制度体系”。国内安全视角的补充和重视是中国国家安全观升级的一个重要体现，将引领新阶段安全战略的具体实施。

2. 强调党对国家安全工作的绝对领导

此次会议提出，必须毫不动摇坚持中国共产党对国家安全工作的绝对领导，坚持集中统一、高效权威的国家安全工作领导体制。党的十八大以来，中国共产党对国家安全工作的重视逐渐凸显，十八届三中全会提出设立国家安全委员会，习近平担任主席，负责涉及国家安全的工作。2014 年 1 月 24 日的中央政治局会议指出，中央国家安全委员会作为中共中央关于国家安全工作的决策和议事协调机构，向中央政治局、中央政治局常务委员会负责，统筹协调国家安全的重大事项和重要工作。今后，中央国家安全委员会作为全国安全事务领导中心的作用将进一步巩固。《纲要》的另一重点是提出了“努力打造一支高素质的国家安全专业队伍”的目标。所谓高素质，核心在于政治忠诚和业务精干。在集中统一、高效权威的领导体制下，国家安全工作人员的素质能力直接关系到国家安全体制的具体构建和工作实施。

3. 国家安全体制有待逐步规范化

《纲要》的通过，是国家安全顶层设计的重要一步，为具体制度的构建做了铺垫，下一步的重点将是体制的逐步规范化，以下两个方面需要重点明晰。一方面，明确国家安全委员会的法律地位。党的十八届三中全会中提出设立国家安全委员会，之后中央政治局会议中改称“中央国家安全委员会”，向中央政治局、中央政治局常委负责，机构的党内性质凸显。长远来看，国家安全管理体系需要建立在坚实的法律基础之上。《纲要》通过后，“新安全法”呼之欲出，以对中央国家安全委员会的法律地位做出回应，为其指导国家安全工作提供法律支撑，规范权力运作。另一方面，规范国家安全体系的权责机制。权责机制是一系列有关国家安全职权、责任的规则和程序的有机结合。在国家安全权力体系划分中，对不同层级、不同部门以及每个职位的职权和相应责任加以厘清，整合国家安全资源，建立权责一致的制度是国家安全体制规范化的一个重要层面。

（文/谢沁菲）

中国启动机关事业单位养老保险改革

2015 年 1 月 3 日，国务院印发《关于机关事业单位工作人员养老保险制度改革的决定》（以下简称《决定》），提出建立更加公平、可持续的养老保险制度。本次改革在全国范围内同步实施养老金“并轨”，机关与事业单位改革并行，范围涉及所有按公务员法管理的单位、参照公务员法管理的机关、事业单位及其编制内人员，意味着总数近 4000 万的体制内人员养老保险制度改革正式启动。

1. 养老保险制度改革凸显社会与个人相结合

作为全面深化改革背景下的重要举措，此次养老保险制度改革亮点颇多。其一，实行社会统筹与个人账户相结合的基本养老保险制度。根据《决定》，单位缴费的比例为本单位工资总额的 20%，个人缴费的比例为本人缴费工资的 8%，个人账户免征利息税，储存额不得提前支取，只用于工作人员养老。参保人员未能领够 139 个月即死亡的，账户余额可以依法继承。其二，改革基本养老金计发办法。《决定》实施后参加工作、个人缴费年限累计满 15 年的，退休后按月发给基本养老金；《决定》实施前参加工作、实施后退休且缴费年限累计满15年的，发给基础养老金的个人账户养老金的基础上，再依据视同缴费年限长短发给过渡性养老金；《决定》实施后达到退休年龄、个人缴费年限累计不满15年的，比照《实施〈中华人民共和国社会保险法〉若干规定》执行；《决定》实施前已经退休的，继续按照国家规定的原待遇标准发放养老金，同时执行基本养老金调整办法。其三，建立完善相关制度，加强政策落实与监督管理。为促进养老保险制度顺利改革，建立基本养老金正常调整机制、职业年金制度、确保养老金发放的筹资机制，加强基金管理和监督，做好养老保险关系转移接续工作，逐步实行社会化管理服务。

2. 形成合理用人机制、彰显公平导向

《决定》释放了一系列政策信号，成为城乡养老保障体系建设的里程碑。其一，有利于形成合理流动的用人机制。通过建立统筹互济、社会化管理的养老保险制度，能够分散单位的退休费用负担，为人才的合理流动、养老金的发放落实提供制度保证；其二，逐步化解同类人员待遇差距拉大的矛盾。过去机关事业单位工作人员不缴费而享受较高水平的退休费颇受争议，而此次改革提出机关事业单位与企业实行相同的养老保险基本制度模式和政策，能够弥合同类人员待遇的差距，实现真正意义上的公平；其三，增强激励性，全面体现劳动贡献。区别于以往，现行的退休费计发办法为按缴费水平、缴费年限确定基本养老金待遇，多缴多得、长缴长得，使退休费能够全面体现劳动贡献，增强对员工的激励作用。

3. 完善养老保险制度任重道远

《决定》形成了养老保险的制度框架，而诸多事项还尚未到位，需要进一步完善配套制度。诸如记账利率、统筹层次、计发月数、职业年金基金管理等事项尚未得到根本解决，个人账户的完善和精算平衡原则落实仍任重道远。

值得一提的是，为配合此次养老保险制度改革，国务院办公厅转发三个实施方案以完善工资制度，涉及公务员基本工资的调整、事业单位工作人员基本工资的调整、机关事业单位离退休人员待遇的调整三个领域。

（文/蔡森）

中央深改组聚焦责任落实与纪检改革

2015 年 1 月 30 日，习近平主持召开中央全面深化改革领导小组第九次会议并发表重要讲话。此前几次会议在财税体制改革、户籍制度改革、国企改革、央企薪酬改革、农业现代化与农村土地改革、自贸区经验推广等关键领域作了改革安排。但随着改革的深入，中央的改革措施在地方面临落实阻力。与此同时，反腐工作虽成效明显，但多地“塌方式”腐败也暴露出现行纪委体制存在诸多弊端，推动纪检体制改革势在必行。因此，能否守住既有改革成果，进一步打破改革阻力，为改革营造风清气正的环境，至关重要。

1. 明确责任强化督察，确保改革措施落实

随着改革进入攻坚阶段，难度和阻力不断加大，如何解决“政令不出中南海”的施政顽疾，保证中央确定的改革措施在地方得以有效落实，是改革面临的重要难题。为此，本次会议一方面强调党委（党组）的主体责任，要求党委（党组）书记作为第一责任人，既要亲自抓部署、抓方案、抓协调，又要亲自抓改革方案督办督察，一级抓一级，层层传导责任。此举与反腐败领域加强党委（党组）主体问责如出一辙，意味着改革举措难以及时落实将追究各级党委及书记的主体责任。另一方面强调加强各级督办督察，力争打通改革推进的“最后一公里”。从中央层面来看，下一步或将借鉴中央纪委巡

视组和国务院督导组的督导模式，组建中央改革督导组，加强对地方及重点领域改革落实情况的督导。

2. 调整纪委书记提名，深化纪检体制改革

党的十八大以来，近三分之一的省份调整了省纪委书记，其中多人在纪检系统外有任职经历，对于“塌方式”腐败的省份，空降更是成为常态。2014年3月，中央纪委表示将制定省级纪委书记、副书记提名考察具体办法。2014年6月通过的《党的纪律检查体制改革实施方案》提出，“纪委书记、副书记的提名和考察以上级纪委会同组织部门为主”。在2015年1月召开的十八届中央纪委第五次全会上，习近平要求深化纪检体制改革，王岐山表示相关办法将在2015年制定实施。在此背景下，深改组第九次会议审议通过了《省（自治区、直辖市）纪委书记、副书记提名考察办法（试行）》《中央纪委派驻纪检组组长、副组长提名考察办法（试行）》《中管企业纪委书记、副书记提名考察办法（试行）》，重新调整了涵盖省（自治区、直辖市）、中央直属机关和部门、中管企业三个层面纪委书记及副书记的提名考察办法，强调拓宽选人用人渠道，纪委书记、副书记人选可从纪检系统外产生。此次改革的主要目的在于加强上级纪委对下级党委和纪委的监督，推动纪委双重领导体制落地。尽管现有文件未涉及市、县两级，但随着改革的深入，这两级的纪检体制也将迎来根本变革，从而保证改革与反腐在基层真正落到实处。

3. 中央意在以改革助反腐、以反腐促改革

改革是一个破而后立的过程，腐败问题严重影响改革共识的形成和改革进程的推进。不通过改革破除利益藩篱和固有格局，则难以触动和削弱既得利益团体，反腐就是一句空话；反之，不通过反腐清除害群之马，改革也将

面临重重阻力。本次会议聚焦改革与反腐，一方面强调明确任务落实责任，确保各项改革措施落实，稳固既有阶段性改革成果，亦为瞄准国企改革、生态文明建设、科技改革等领域的2015年改革路线图做好铺垫和清障；另一方面强调深化纪检体制改革，将纪委双重领导体制落到实处，推动建设一支素质过硬的纪检干部队伍。本次会议将二者更加紧密的联系起来，中央"以改革助反腐，以反腐促改革"的策略逐渐明晰。

（文/马纪元）

中央着力巩固高校意识形态阵地

2015年1月19日，中共中央办公厅、国务院办公厅印发《关于进一步加强和改进新形势下高校宣传思想工作的意见》（以下简称《意见》）。《意见》明确提出了加强和改进高校宣传工作的指导思想、基本原则、主要任务及工作方式，要求推动中国特色社会主义理论体系进教材进课堂进头脑，大力提高高校教师队伍思想政治素质，不断壮大高校主流思想舆论，着力加强高校宣传思想阵地管理。

1. 巩固高校意识形态阵地势所必然

近年来，国内各种社会矛盾和问题相互叠加、集中呈现，民众思想活动的独立性、选择性、多变性、差异性明显增强，部分社会突出矛盾在高校不同程度地凸显出来。复杂多变的国际国内舆论生态环境对高校宣传思想工作带来了极大挑战。意识形态工作是中国共产党极端重要的工作，而做好高校宣传思想工作、巩固高校意识形态阵地，更被视为"一项战略工程、固本工程、铸魂工程"，对于巩固全党全国人民团结奋斗的共同思想基础，具有重要而深远的意义。《意见》准确客观地判断了高校宣传思想领域面临的形势，并具体阐述了一系列合理可行的工作方法。

2.《意见》引发一定社会争议

面对意识形态领域的复杂形势，《意见》的印发十分必要，但却受到一些误解和追问。一些媒体将“坚决抵制传播西方错误观点的教材进入大学”误读为“决不让西方价值观教材进课堂”，有的学者进而追问西方价值与东方价值的区别，并迅速在网络上传播开来。这一方面充分说明了当前高校宣传思想工作面临的新形势，即人们思想活动的独立性、选择性、多变性、差异性明显增强，互联网的发展进一步扩大并增强了这一趋势；另一方面，也充分显示出当前形势下加强和改进高校宣传思想工作的必要性和紧迫性。由于西方长期的文化渗透，大众习惯于西方话语体系，认为西方国家制度和价值观更优，而对我国的主流意识形态持怀疑态度。这种非黑即白的两分法背后，实际上是中国模式话语权的缺失和主流意识形态建设的滞后，是对中国道路、中国理论、中国制度、中国文化的不自信。

任何国家和政党都会重视意识形态的塑造，在新形势下贯彻落实《意见》，要求高校宣传思想工作者树立战略思维，把握当前意识形态斗争和不同思想文化碰撞的新常态以及互联网舆论发展的趋势，采取具体有效的措施，调动学校、社会和家庭各方面的力量形成合力，善于以法治方式处理意识形态中出现的问题，真正推进中国特色社会主义法治理论进教材进课堂进头脑。根本而言，是要积极总结中国发展成功经验背后的中国模式，构建中国模式的话语体系。中国的发展成就举世瞩目，中国模式也正在被世界逐渐认同，只有构建中国模式的话语体系，人们才可能会理解并认同中国模式背后的意识形态。

（文/刘建伟）

中央首次全面布局新型智库建设

2015年1月20日，中共中央办公厅、国务院办公厅印发《关于加强中国特色新型智库建设的意见》（以下简称《意见》），这是中共中央文件中首次提出“智库”概念并就发展中国特色智库做出顶层设计。

1. 大国崛起中的智库建设

随着中国综合国力和国际地位的上升，构建与之匹配的软实力也被提上日程。而拥有一批高水平、成规模的智库，不仅是提升软实力的关键，更是世界强国的标配。由于长期缺乏必要的重视和投入，当前中国智库建设的整体水平偏低，既缺乏整体建设规划以及成熟的决策咨询参与制度，也鲜有影响力大、国际知名的高质量智库、领军人物和研究成果，以致跟不上、不适应国家的整体发展节奏。

对此，党的十八大报告首次提出“发挥思想库作用”，此后智库建设开始得到中央力推。2013年4月，习近平首提“建设中国特色新型智库”的目标，同年，在党的十八届三中全会上这一目标被再次提出；2014年3月，习近平访德时提到希望双方加大智库交往；同年7月，习近平强调经济形势专家座谈会是落实加强中国特色新型智库建设的重要体现。决策层的高度重视，为智库建设开启了全面发展的新阶段。

2. 构建中国特色新型智库体系

针对此前智库建设普遍不受重视等问题，此次《意见》将建设中国特色智库上升到关系党和国家事业发展全局的战略高度，并做出系统规划。首先，提出了总体目标，即到2020年，形成定位明晰、特色鲜明、规模适度、布局合理的中国特色新型智库体系；其次，明确了发展格局，即确立了社科院和党校行政学院智库、高校智库、科技创新和企业智库、社会智库分类发展，实施高端智库建设计划，增强中央机关政策研究机构决策服务能力的基本格局。《意见》特别提出，要整合现有优质资源，重点建设 50 ~ 100 个国家亟需、特色鲜明、制度创新、引领发展的专业化高端智库。最后，完善咨询机制，包括建立和完善重大决策意见征集、政策评估、政府购买决策咨询服务等制度。其中，《意见》提出，凡属智库提供的咨询报告、政策方案、规划设计、调研数据等，均可纳入政府采购范围和政府购买服务指导性目录，并要建立按需购买、以事定费、公开择优、合同管理的购买机制。这与时下兴起的政府购买公共服务思路一脉相承。

3. 打造世界一流智库

《意见》发布后不久，恰逢美国宾夕法尼亚大学“智库与公民社会项目”发布《全球智库报告 2014》。根据报告，目前全球共有 6681 家智库，其中美国 1830 家，中国 429 家，英国 287 家，是世界智库数量最大的三大国家。尽管数量不少，但中国仅有中国社会科学院、中国国际问题研究院、国务院发展研究中心、中国现代国际关系研究院、上海国际问题研究院、北京大学国际战略研究院、中国人民大学重阳金融研究院 7 家智库入围“全球智库 150 强”，绝大多数智库还处于较低水平。因此，智库体系建设固然重要，但就现阶段而言，集中优势力量打造一批高水平、可示范的智库，加快形成一流梯队，无论对服务当前需要，还是对引领全局以适应未来竞争，都具有更为突出的意义。

（文/张佳俊、彭博）

“五年规划”引领贫困地区儿童发展

2015 年 1 月 15 日，国务院办公厅印发《国家贫困地区儿童发展规划（2014—2020 年）》（以下简称《规划》），专门就集中连片特殊困难地区 4000 万儿童的成长发展问题，明确了 5 方面共 22 项政策，提出到 2020 年，集中连片特困地区儿童发展整体水平基本达到全国平均水平。

1. 规划背景：儿童发展不平衡问题突出

当前，中国儿童事业发展不平衡，特别是集中连片特殊困难地区的 4000 万儿童，在健康和教育等方面的发展水平明显低于全国平均水平。同时，儿童健康水平不平衡，儿童营养状况存在明显的城乡差异和地区差异。有关数据表明，农村地区儿童低体重率和生长迟缓率约为城市地区的 3 ~ 4 倍，而贫困地区农村又为一般农村的 2 倍。《规划》的出台，是我国反贫困的重要措施。促进贫困地区儿童发展，能有效减少贫困代际传递，有利于促进社会公平。

2. 五大任务：构建儿童发展全方位保障体系

《规划》明确，要按照儿童优先、全程保障的总体要求，聚焦健康和教育两个核心领域，兼顾儿童福利和安全，实施好五方面任务。一是新生儿出生健康方面，重点做好出生缺陷综合防治、孕产妇营养补充、孕产妇和新生儿健康管理等工作。实施国家免费孕前优生健康检查项目，逐步开展相关的免费筛查、诊断试点项目，建立危重孕产妇和新生儿急救绿色通道及网络。二是儿童营养改善方面，推进 0 ~ 6 个月婴儿纯母乳喂养、扩大婴幼儿营养改善试点范围、完善义务教育学生营养补助政策等营养干预措施。三是儿童卫生医疗保健方面，实施儿童健康检查、疾病预防控制、医疗保障、卫生服务、身心健康等方面的发展任务。四是儿童教育保障方面，明确开展婴幼儿早期保教、加快发展学前教育、办好农村义务教育、推进农村学校信息化建设、保障学生安全成长等政策措施，主要解决特殊困难地区的教育薄弱环节。五是特殊困难儿童教育和关爱方面，加强对留守儿童、孤残儿童、流浪儿童等特殊困难儿童的福利保障、特殊教育和救助保护。推进儿童福利院或社会福利机构儿童部、残疾人康复和托养设施建设。落实好为孤儿、艾滋病病毒感染儿童发放基本生活费的政策。

此外，《规划》提出要创新儿童公共服务的提供方式，即鼓励采取政府向社会力量购买服务的方式实施儿童发展项目，对适合市场化方式提供的事项，可交由具备条件、信誉良好的群团组织、社会组织和企业等承担，并和社会公益项目有机结合，扩大公共服务供给。

（文/穆晶璐）

上海自贸区改革向全国扩围

2015年1月29日，国务院印发《关于推广中国（上海）自由贸易试验区可复制改革试点经验的通知》（以下简称《通知》），部署在全国范围内，推广上海自由贸易试验区（简称“上海自贸区”）可复制的改革经验。

1. 经验推广旨在为进一步改革探路

设立上海自贸区，是中央为全面深化改革而做出的重大决策。自挂牌成立以来，上海自贸区立足国家战略、围绕制度创新，推出诸多改革创新举措，带动了新的社会投资，使上海地区的经济发展内生动力得到明显增强。基于此，《通知》明确要求，对上海自贸区可复制改革经验，原则上除涉及法律修订、上海国际金融中心建设事项外，能在其他地区推广的要尽快推广，能在全国推广的要推广到全国。

2. 改革经验集中于外贸金融领域

所谓“可复制经验”，是指在充分定点实验的基础上，获得的可以被其他地方直接借鉴采纳的相关经验。具体而言，与十几年前入世开放重在商品贸易不同，上海自贸区建设着重于开放服务贸易，服务性行业成为改革重点。在国内各类服务业中，国有资产比重最大、受保护力度最强的金融领域，成为改革的重中之重。

《通知》提及，上海自贸区成立一年多来，在建立以负面清单管理为核心的外商投资管理制度、以贸易便利化为重点的贸易监管制度、以资本项目可兑换和金融服务业开放为目标的金融创新制度、以政府职能转变为核心的事中事后监管制度等方面，形成了一批可复制、可推广的改革创新成果。《通知》明确列举出将在全国范围内推广的可复制改革经验共计35项，其中包括投资管理、金融、贸易便利化、服务业开放和事中事后监管等5大领域29项改革事项，可见其核心经验主要集中在外贸金融领域。

3. 多项配套措施助力经验推广落实

为确保自贸区改革经验推广落地，国务院还一同印发了《国务院有关部门负责复制推广的改革事项任务分工表》和《各省（区、市）人民政府借鉴推广的改革事项任务表》。根据文件要求，工商总局、税务总局、质检总局、人民银行、外汇局、商务部、文化部、海关总署和各行业监管部门等单位分领了29项具体改革任务，其中28项任务均被要求在2015年6月30日前完成。同时，国务院还对地方政府改革试点经验推广做出要求。在方案制定上，

《通知》要求各省级政府和国务院各有关部门要制订具体可操作的工作方案，并最终上报国务院。在任务和时间安排上，企业设立实行“单一窗口”、社会信用体系及企业年度报告公示等5项任务都要在2~3年内完成。同时，《通知》要求，各省要因地制宜、聚焦重点，确保改革试点经验落地生根，并将改革过程中遇到的重大问题及时上报国务院。

习近平曾以“种苗圃”和“栽盆景”的比喻来阐述建设上海自贸区的意义，即自贸区的设立不是盆景，不是政府的自留地，而应当是苗圃，是全国改革的试验田。尤其是在当前改革向纵深推进的过程中，我们更加没有成例可循，“摸着石头过河”仍应是改革的基本方法论之一。上海自贸区的经验推广，将为在全国范围内深化改革和扩大开放提供新的途径和动力。

（文/段相宇）

2月　治国理政新布局逐步成形

“四个全面”展现治国理政新布局

中国打造协商民主“6+1”体系

公安改革框架意见出台

中央一号文件持续聚焦农业现代化

国务院推动转移支付制度改革

62个城市启动新型城镇化综合试点

“四个全面”展现治国理政新布局

2015年2月2日，省部级主要领导干部学习贯彻十八届四中全会精神全面推进依法治国专题研讨班在中央党校开班，习近平在开班仪式上的讲话首次集中论述了“四个全面”战略布局的逻辑关系，宣示了新一届中央领导集体治国理政的全新布局。

1.“四个全面”战略布局的三重新意

“四个全面”并非新一届中央领导集体的首创，而是有一个逐步提出、日益明确的过程。“四个全面”之新表现在三个方面：从形式上看，在这些施政方略前加上“全面”，既是对以往方向、路线的一脉相承，表明新一届中央领导集体没有另起炉灶、否定过去，同时也覆盖更广，提升了力度、深度和广度；从内容上看，第一次将全面建成小康社会定位为“实现中华民族伟大复兴中国梦的关键一步”，将全面深化改革的总目标确定为“完善和发展中国特色社会主义制度、推进国家治理体系和治理能力现代化”，将全面推进依法治国论述为全面深化改革的“姊妹篇”，形成“鸟之两翼、车之双轮”。同时为全面从严治党指明路径，要求“增强从严治党的系统性、预见性、创造性、实效性”；从关系上看，“四个全面”中各个方面的战略内涵虽然早已提出，但此前中央并未对其相互之间的逻辑关系进行系统阐述，此次会议上习近平对“四个全面”内在关系的深刻阐述可以说是中国共产党的又一次重大理论创新。

2. “四个全面”的逻辑与内涵

习近平在开班仪式讲话中指出，“四个全面”战略布局是党的十八大以来，党中央从坚持和发展中国特色社会主义全局出发提出并形成的。[①] 其中，全面建成小康社会是战略目标，全面深化改革、全面依法治国、全面从严治党是三大战略举措。

其一，全面建成小康社会是战略目标。其核心在“全面”，即覆盖全面，不让一个人掉队，且要实现物质生活小康基础上的民主、科教、文化、司法、人权、环境等全方位小康。其落点在“建成”，党的十五届五中全会首次提出全面建设小康社会，党的十八大将“建设”改为“建成”，无疑是向包括全体中国人民在内的世界人民许下了庄严承诺。其二，全面深化改革是强大动力。近年来，国内改革已进入深水区，面对盘根错节的既得利益集团，不触动根基的小打小闹已经谈不上是改革了。着眼未来，直面深层次问题、下决心推动实质性改革才是唯一出路。其三，全面推进依法治国是制度保障。“依法治国”自党的十五大提出之后，一直被定性为治理国家的基本方略，但法治进程并不尽人意。2014 年 10 月，党的十八届四中全会审议通过《中共中央关于全面推进依法治国若干重大问题的决定》，将法治定位为“国家治理体系和治理能力的重要依托”，寄望于从法治上为解决各类问题提供制度化方案。其四，全面从严治党是政治保证。近年来官僚阶层腐败严重，执政党面临严重的精神懈怠危险、能力不足危险、脱离群众危险、消极腐败危险，全面从

---

① 习近平首次集中阐述“四个全面”宣示治国理政全新布局［OL］. 人民网，2015 - 02 - 03.

严治党既是解决眼下问题的利器，更是应对执政风险和挑战、保证正确道路方向的基石。

3. “四个全面”引领发展新周期

每一届新的中央领导集体都会对当前面临的历史形势和任务做出判断，并进行理论创新，从而统一认识、指导实践。党的十八大之后，中国进入新一轮的政治周期，需要新的政治路线和方向。在“中国梦”提纲挈领的召唤下，“四个全面”形成完整体系，突出了新形势下中国共产党治国理政的总体框架、关键环节、重点领域和主攻方向，既与改革开放以来的治国方略一脉相承，又对当前在政府与市场、国家与社会、政治权力与资本权力等方面的改革失误进行了整体上的纠偏，同时为推动改革开放和社会主义现代化建设迈上新台阶、开创新局面，提供了顶层设计和战略导引。

（文/马纪元）

中国打造协商民主“6＋1”体系

2015年2月9日，中共中央印发《关于加强社会主义协商民主建设的意见》（以下简称《意见》），这是继《中共中央关于全面推进依法治国若干重大问题的决定》的另一重大政治改革细则。《意见》明确了社会主义协商民主的本质和内涵，阐述了协商民主建设的基本原则和渠道程序，并对各类协商渠道建设作了全面安排，为协商民主建设指明了方向。

1. 协商民主是深化政治改革的重要内容

改革开放30多年来，经济体制改革取得了重大突破，相应地，政治体制改革被逐步提上议程，但“从哪里改”“怎么改”等问题一直未明确。《意见》将协商民主定位为“深化政治体制改革的重要内容”，不仅显示了党中央对协商民主所寄予的厚望，更表明将从协商民主入手，开启政治体制改革。

将协商民主作为深化政治体制改革的重要内容，有现实的合理性。一方面，从《意见》阐述的协商民主的发展历程来看，社会主义协商民主源自党领导人民进行革命、建设、改革的长期实践。党的十八大和十八届三中全会根据我国社会主义民主政治建设的经验和规律，做出健全社会主义协商民主制度、推进协商民主广泛多层制度化发展的战略部署。协商民主在中国具有深厚的文化基础、理论基础、实践基础、制度基础。另一方面，与选举民主的无主导者、对抗性竞争相比，协商民主过程在某种程度上类似于一种积极纳谏行为，对权力拥有者而言，既能了解更多的具体情况，又不会失去对事物进程的控制权。坚持“党的领导”是中国式协商民主的关键。这也与近年来党中央推进民主政治时“有序参与”的基本原则相一致。在目前以加强中央统一集中领导为主的政治形势下，协商民主这种加强多种渠道和方式的制度化协商方式，不失为一种现实的有益补充方式，毕竟“多商量总比少商量好”。

2. “6＋1 体系”重构社会主义协商民主

加强社会主义协商民主，归根结底，就是要按照党的十八届三中全会提出的，形成一整套规范化、程序化的协商民主制度，构建程序合理、环节完整的协商民主体系。《意见》把十八届三中全会提出的构想变成了一个经过努力可以实现的系统工程。《意见》清晰、明了地勾勒出了中国特色社会主义协商民主是一个“6＋1”的体系。所谓“6”，就是政党协商、人大协商、政府协商、政协协商、人民团体协商和基层协商。所谓“1”，就是在上述已有基础的六大协商制度外，还要探索开展社会组织协商。这七大协商制度，在

《意见》中被称为七大“协商渠道”。所谓“协商渠道”，就是人民群众可以通过多种多样的民主通道，享受知情权、参与权、表达权、监督权，参与民主协商。通过发挥各“协商渠道”的优势，做好衔接配合，不断健全和完善社会主义协商民主制度。由于这七大协商渠道发育程度各不一样，《意见》还做出了分类安排：一要继续重点加强政党协商、政府协商、政协协商；二要积极开展人大协商、人民团体协商、基层协商；三要逐步探索社会组织协商。

3. 协商民主建设的两个理论创新

《意见》在继承中国共产党协商民主理论的基础上，进一步作了理论创新。一是明确提出了“人大协商”。《意见》指出“各级人大要在重大决策之前根据需要进行充分协商，更好汇聚民智、听取民意”，并对如何开展协商提出了具体要求。这无疑会推动人大在协商民主制度建设方面更加规范，推动人大代表不断提高代表议案建议质量，也有助于消除社会误解：认为人大是国家权力机关，不存在协商的问题，协商是政协的事情。二是进一步明确了人民政协作为专门协商机构的地位和作用。在党的十八大报告和十八届三中全会决定中，人民政协被界定为建设社会主义协商民主的重要渠道。习近平《在庆祝中国人民政治协商会议成立65周年大会上的讲话》中，首次提出人民政协是“专门协商机构”。《意见》正式将其写入中央文件，提出“充分发挥人民政协作为协商民主重要渠道和专门协商机构的作用”。在协商民主的七大协商渠道中，人民政协作为协商民主的重要渠道担负着“专门协商机构”的重任，这一定位充分显示了中国共产党对人民政协协商民主的高度重视和期待。

（文/杨煜超）

公安改革框架意见出台

近年来，我国公安工作和队伍建设出现一系列问题，集中表现在思想理念滞后、能力素质差距、体制机制制约、警务保障不足等方面。这些问题长期困扰着公安工作的发展，以致难以适应现代社会治理的基本需求。党的十八届三中全会提出了“推进国家治理体系和治理能力现代化”的改革目标，作为实现这一目标的重要步骤，公安改革刻不容缓。2 月 15 日，中央审议通过《关于全面深化公安改革若干重大问题的框架意见》（以下简称《意见》）和相关改革方案。

本次公安改革着眼于完善与推进国家治理体系和治理能力现代化，要求建设中国特色社会主义法治体系相适应的现代警务运行机制和执法权力运行机制，建立符合公安机关性质任务的公安机关管理体制，建立体现人民警察职业特点、有别于其他公务员的人民警察管理制度。

1. 改革聚焦能力、服务和法治化水平的三重提升

此次公安改革共有 7 个主要任务、100 多项改革措施，主要聚焦三个方面：其一，完善现代警务运行机制，提高社会治安防控水平和治安治理能力。通过改革，建立以情报信息为主导、动态勤务为依托、警务合作为支撑、专业规范为特征的现代警务运行机制，创新立体化社会治安防控体系，推进社会征信体系建设，从而提升防控犯罪的能力。其二，推进公安行政管理改革，提高管理效能和服务水平。公安行政管理工作与民众的生产生活息息相关。未来将按照简政放权要求，在行政审批、户籍制度、人口服务管理和边防出入境、消防监督、交通管理等方面采取切实改革举措，提高效率和服务水平。其三，建设法治公安，确保严格规范公正文明执法，提高公安执法水平和公

信力。法治公安建设是推进依法治国过程中的重要组成部分。此次改革从完善执法办案制度、执法司法衔接机制、执法责任制和人权保障制度四个方面着手，意在提升执法质量和执法水平，缓解公安机关执法公信力不足的突出问题。

2. 公安机关性质决定了改革的双重倾向

《公安机关组织管理条例》第2条规定："公安机关是人民民主专政的重要工具，人民警察是武装性质的国家治安行政力量和刑事司法力量。"这表明公安机关的性质包括阶级属性和组织属性两方面。阶级属性上，公安机关作为人民民主专政的重要工具，必须在党的绝对领导之下，统一行使专政职能。2015年1月，中央政治局审议通过《国家安全战略纲要》，明确提出坚持集中统一、高效权威的国家安全工作领导体制。这意味着公安系统改革倾向于领导权的进一步集中。组织属性上，公安机关是武装性质的治安行政和刑事执法机关。就治安行政管理职能而言，此次改革强调了放权和去部门利益化，就刑事执法职能而言，改革突出公安工作的法治化和规范化，在证据规则、责任机制、监督制约等方面探索制度创新，以规范权力的运作。中国实行"大公安"体制，公安职责涵盖面广、工作压力巨大。通过对公安工作性质的梳理，明确深化改革侧重方向，合理配置有限资源，对于激发公安队伍活力、建设平安中国和法治中国具有重要意义。

（文/谢沁菲）

中央一号文件持续聚焦农业现代化

2015年2月1日，中共中央、国务院印发《关于加大改革创新力度加快农业现代化建设的若干意见》（以下简称《意见》），从转变农业发展方式、加大惠农政策力度、推进新农村建设、深化农村改革以及加强法治建设等五方面对农业现代化建设做出部署。这是中央一号文件连续12年聚焦“三农”问题，凸显出“三农”问题在全面深化改革关键之年、推进依法治国开局之年的重要地位。

1. 农业现代化建设仍面临诸多挑战

“三农”问题始终是全面建设小康社会的根本问题，农业稳定发展、农民利益得到保障、新农村建设稳步推进是整个经济社会转型的支撑与前提。从中国现代化进程来看，工业化已进入中后期，城镇化已进入快速发展阶段，信息化与工业化和城镇化加快融合，而农业现代化依然是中国现代化的一个短板。具体来说：第一，农业面临可持续发展难题。2009年以来国内粮食增产幅度逐年减小，在高基数上继续增产难度越来越大。第二，农民增收前景不容乐观。当前经济形势放缓对农民打工收入增加带来压力，同时农业生产成本上升与大宗农产品价格低迷进一步缩窄了农民种田收入的增长空间。第三，农村经济建设与精神文明建设有待提高。当前农村基础设施依然薄弱，基本公共服务水平低下，老龄化、空心化等现象严重，特别是精神文明建设长期滞后。第四，体制僵化阻挡改革步伐。农村土地、资金等生产要素流转长期受到限制，产权归属不明导致发展惰性，影响资源配置的效率。第五，法治建设极为薄弱。非法征用土地、毁坏耕地、破坏自然与生态环境、农产品质量与食品安全问题等仍屡见不鲜。

2. 一号文件聚焦农业深耕建设

《意见》从农业发展、农民增收、农村建设、体制改革与法治建设等五个方面做出全面部署：其一，突出强调可持续发展，建设现代农业。调整农业发展方式，促进注重数量质量效益并重、提高竞争力、农业科技创新的集约发展，走产出高效、产品安全、资源节约、环境友好的现代农业发展之路。其二，力促农民富裕，缩小城乡收入差距。充分挖掘农业内部增收潜力，开发农村二、三产业增收空间，拓宽农村外部增收渠道，加大政策助农增收力度，努力保持城乡居民收入差距持续缩小势头。其三，推进新农村建设，打造美丽家园。提出2015年解决无电人口用电问题的目标，加快农村基础设施建设，推进城乡基本公共服务均等化，促进物质文明与精神文明全面提升。其四，以改革促发展、添动力。加快农村集体产权制度改革、土地流转改革、集体资产股份权能改革等，构建新型农业经营结构，充分调动农村生产要素的积极性。其五，以法治作保障，服务依法治国全局。加快完善农业农村法律体系，保证重大改革于法有据，维护农民的合法权益。在20世纪80年代农村改革如火如荼的大背景下，1982年至1986年中央一号文件连续5年以“三农”为主题。2004年，针对全国农民人均纯收入连续增长缓慢、城乡发展严重失衡的情况，中央一号文件时隔18年重新锁定“三农”问题，迄今已连续12年。“三农”问题关系国计民生，始终是中央经济工作的重中之重。必须牢牢坚持这一原则，灵活把握不同时代背景下的具体要求，以促进我国经济社会的持续、协调发展。

（文/王沛嘉）

国务院推动转移支付制度改革

2015年2月2日，国务院印发《关于改革和完善中央对地方转移支付制度的意见》（以下简称《意见》），针对中央和地方转移支付制度存在的问题和不足，从总体目标、基本原则、主要措施三方面对转移支付制度的改革和完善进行了阐释。

1. 现行制度亟待改革完善

现行财政转移支付制度，是从1994年分税制财税体制确立以来逐步形成的，中央财政集中的财力对中西部地区的转移支付规模不断扩大，有力促进了地区间基本公共服务的均等化，在保障改善民生、支持经济社会持续健康发展等方面具有积极意义。然而，现行中央对地方转移支付制度存在的问题和不足也日益凸显：一方面，从制度层面上看，事权与支出责任划分不清晰，转移支付项目种类多、目标多元，导致转移支付结构不够合理、均等化功能弱化，分配使用不够科学；另一方面，从操作层面上，某些项目行政审批色彩较重，地方配套压力较大，导致财政统筹能力较弱，管理漏洞较多、信息不够公开透明。因此，有必要对转移支付制度进行深化改革与完善。

2. 九条措施全面规范转移支付

遵循加强顶层设计、合理划分事权、清理整合规范、市场调节为主、规范资金管理5条基本原则，《意见》提出了改革和完善转移支付制度的9条具体措施。

其一，优化转移支付结构，逐步形成一般转移支付为主体，一般转移支付和专项转移支付相结合的转移支付体制；其二，完善一般转移支付制度，建立稳定增长机制，加强管理；其三，从严控制专项转移支付，通过清理整合建立健全定期评估和退出机制，规范专项资金管理办法，加强对专项资金分配使用的全过程监控；其四，规范专项转移支付分配和使用，加强对专项资金分配使用的全过程监控；其五，逐步取消竞争性领域专项转移支付，取消“小、散、乱”的专项，探索市场化运作新模式；其六，强化转移支付预算管理，及时下达预算，主动向社会公众公开，做好绩效考评；其七，调整优化中央基建投资专项，划清中央基建投资专项和其他财政专项转移支付的边界；其八，完善省以下转移支付制度，对比中央做法，省以下各级政府改革完善转移支付制度；其九，加快转移支付立法和制度建设，推动条例、法规建设，按照《意见》对相关文件中的转移支付规定进行修改与完善。九项规定的出台，涉及面广、政策性强、利益调整大，对于改革和完善中央对地方转移支付制度、促进财税体制改革具有积极意义。

《意见》的出台影响深远，从短期看，政策处于实验期，对增加地方政府可支配财力的幅度有限，但对专项资金的规范和取消地方配套资金的措施，有利于缓解地方政府在配套资金方面的压力。从长期看，相关规定将有利于增加地方的可支配财力，提高财政支出效率，发挥地方政府因地制宜的区域优势，缓解地方政府的财政收支矛盾，降低地方政府新增融资和再融资的债务压力。如果改革得以切实落地，将有利于发挥中央与地方两个积极性，促进经济社会持续健康发展，使改革成果惠及人民。

（文/蔡淼）

62个城市启动新型城镇化综合试点

2015年2月4日，国家发改委印发《国家新型城镇化综合试点方案》（以下简称《方案》），确定在江苏、安徽两省和宁波等62个城市（镇）开展试点。《方案》显示，此次试点于2014年底前启动，到2017年试点任务取得阶段性成果，形成可复制、可推广经验；2018—2020年，逐步在全国范围内推广试点成功经验。

1. 中国城镇化仍在路上

工业化创造供给，城镇化创造需求。城镇化能够从基础设施建设和扩大消费市场两方面消解过度工业化带来的过剩产能，在促进经济发展、提高生产效率、增加居民收入方面发挥着重要作用。改革开放以来，中国城镇化率从1978年的18.9%，增长到2011年的51.27%，城镇人口首次超过农村人口。但是，相对于发达国家普遍80%以上的城市化率和90%左右的非农人口比例，我国城市化水平仍有较大提高空间，中国城镇化建设仍然在路上。

2. 新型城镇化重在“以人为本”

中国城镇化虽然发展迅猛，但仍有隐患，主要问题在于城镇化质量过低。首先，市民化程度很低。尽管从统计数字上看，城镇人口已过半，但其中2.6亿进城务工人员的待遇与城镇原住民相差很大，并未成为真正的城镇居民。其次，城市建设缺乏特色，千篇一律。许多地方从城市经营到建设，从城市定位到产业选择，基本都是跟风模仿。最重要的是，中国长期以来一直保持粗放的城市发展方式，城镇化更多体现为由政府主导、以拆迁改造为标志的土地城市化，城市面积不断扩张，但公共服务和城镇居民待遇未能保持同步发展。这种粗放型城镇化发展模式必然不可持续。

基于此，新一届政府提出新型城镇化的战略规划，确定新型城镇化是以人为核心的城镇化，要把农业转移人口市民化作为首要任务，通过深化改革破除阻碍城乡一体化发展的制度障碍。也就是说，新型城镇化不再是简单的城市人口比例增加和规模扩张，而是强调在产业支撑、人居环境、社会保障、生活方式等方面实现由“乡”到“城”的转变，实现城乡统筹和可持续发展，最终实现“人的无差别发展”。国家发改委此次印发的《方案》，正是对该任务的进一步推进和细化。

3. 试点方案体现综合性与实效性

2015年，新型城镇化建设将随着各方面改革的不断推进而取得新的进展，但城镇化不是盲目扩大城市规模，而是涉及经济发展和城镇建设，以及空间布局、区域协调和配套制度建设等诸多复杂问题。《方案》提出了五大任务：建立农业转移人口市民化成本分担机制；建立多元化可持续的城镇化投融资机制；改革完善农村宅基地制度；探索建立行政管理创新和行政成本降低的新型管理模式；综合推进体制机制改革创新。这些任务涵盖城市化成本、政府运作效率、城市化附属问题等多项内容，体现了政府循序渐进、综合推动的意图和决心。

中国曾经实现了持续数十年的超高速经济增长，然而，当下中国经济已经出现拐点，人口、资源等红利也走到尽头。党的十八大报告提出的“新四化”为未来经济社会发展提供了新方向和新思路，新型城镇化即处于其中核心位置。此次新型城镇化综合试点的开展，正是时下最需要的破题之举。当然，城镇化进程必须同步关注农村发展，防止城市对农村过度挤压。这就需要政府优化城市布局，推动大中小城市和小城镇协调发展；改变以城市为主的公共服务模式，促进城乡要素平等交换和公共资源均衡配置；同时加快户籍、农村土地、社保等一系列配套制度改革，在统筹城乡关系中走出一条新型城镇化发展之路。

（文/段相宇）

3月　世界秩序变革迎来中国时刻

中国筹建亚投行谋求国际金融新秩序

“一带一路”路线图全球发布

习近平首提“亚洲共同体”理念

中央改革新政促创新驱动战略落地

国务院出台“双创”新政

地方政府全面推行权力清单制度

中国筹建亚投行谋求国际金融新秩序

2015年3月31日，亚洲基础设施投资银行（以下简称“亚投行”）创始成员国申请截止期满。截至4月15日，包括俄罗斯、英国、法国、德国、韩国、巴西、印度和澳大利亚等国在内，共计57个国家申请成为亚投行意向创始成员国。筹建中的亚投行将成为由中国主导，并建立在多边合作机制上的政府间开发机构。西方社会对此的关切主要集中在世界金融新秩序的形成和制度构建的博弈。

1. 多边开发，多国共建亚投行

根据《筹建亚投行备忘录》，亚投行是一个政府间性质的亚洲区域多边开发机构，重点支持铁路、公路、桥梁、港口、机场和通信等基础设施建设，总部设在北京，成员遍及五大洲，法定资本1000亿美元。中国初始认缴资本目标为500亿美元左右，占总投资额的50%，为最大股东。作为一家新生的多边开发银行，亚投行是国际金融领域的一项重大创新。早在2013年10月，习近平就曾倡议筹建亚洲基础设施投资银行，以促进本地区互联互通建设和经济一体化进程，向包括东盟国家在内的本地区发展中国家基础设施建设提供资金支持。多国纷纷表示，加入亚投行对其国内企业意味着新的商机，亚投行将为地区乃至世界带来共赢的巨大利益点。

2. 大国责任，为世界提供更多全球公共产品

中国政府此次牵头筹建亚投行，是基于对国内现有形势的通盘考虑。以目前政府财政吃紧的情况，中央和地方建设“一带一路”的投资热情能否落地，取决于能否有效扩充“钱袋子”。对于海外投资项目，未来将有大量资金来自亚投行以及丝路基金。亚投行法定资本1000亿美元，丝路基金的初始投资金额亦达到400亿美元，两家机构一旦成立，将通过债券发行等资本市场工具，撬动的资金量级必以万亿美元计算。毋庸置疑，人民币在亚投行的资本构成中将占有较大份额，以便于中国直接对亚洲基础设施建设进行贷款和投资，这将增加人民币跨境存款的规模，增加离岸人民币的供应，加快培育离岸人民币市场的发展，形成一个以实体经济为后盾，支持人民币走出去，又以人民币走出去为杠杆拉动需求的良性循环。

实际上，亚投行以及“一带一路”倡议都是中国担负国际责任的体现。中国愿意在国际事务中以开放胸襟务实合作，有意愿也有能力为世界提供更多的全球公共产品。习近平在博鳌亚洲论坛2015年年会上表示，中国作为大国意味着对地区和世界的和平与发展具有更大责任，而不是对地区和国际事务的更大垄断。①

3. 主动参与，构建全球化新制度

亚投行的成立，有助于国际金融新秩序的形成和改善，但不会改变世界银行、国际货币基金组织、亚洲开发银行等国际金融机构的运作模式。中国作为这些国际金融组织的成员，同样会继续在组织内部发挥应有的作用。与

① 习近平在博鳌亚洲论坛2015年年会上的主旨演讲［OL］. 新华网，2015－03－29.

此同时，亚投行的成立，与传统国际金融秩序不能满足亚洲地区基础设施建设资金需求有着密切关系。

可以预见，亚投行的成立，注定会引起西方发达国家和发展中国家巨大的关注。一方面，部分发达国家试图通过加入亚投行更多地参与亚洲的发展；另一方面，它是中国对以美国为首的全球金融秩序的挑战与创新，也是挑战现有美元货币体系的重要举措。亚投行的建立将成为中国在新常态下从被动型全球化参与者，转变为主动型全球化制度构建者的重大举措。

（文/柴璐）

“一带一路”路线图全球发布

2015 年 3 月 28 日，国家发改委、外交部、商务部联合发布《推动共建丝绸之路经济带和 21 世纪海上丝绸之路的愿景与行动》（以下简称“文件”），从时代背景、共建原则、框架思路、合作重点、合作机制等方面全面阐述了“一带一路”的内涵、布局与方向。

1. 战略框架：畅通海陆通道，落实重大项目

“一带一路”贯穿亚欧非大陆，一头是活跃的东亚经济圈，一头是发达的欧洲经济圈，中间广大腹地国家经济发展潜力巨大。如何有效整合三大区域的经济发展，是“一带一路”建设能否成功的关键。“一带一路”建设将畅通陆路、海洋交通通道作为起点，以重大合作项目推进通道建设，并通过重大项目进一步整合政治、经济、文化资源。其中，“丝绸之路经济带”由三条国际大通道组成，这三条通道分别为“中国经中亚、俄罗斯至欧洲（波罗的海）；中国经中亚、西亚至波斯湾、地中海；中国至东南亚、南亚、印度洋”。

“21 世纪海上丝绸之路”则包括两条路线，即“从中国沿海港口过南海到印度洋，延伸至欧洲；从中国沿海港口过南海到南太平洋”。文件提到中国将以沿线中心城市为支撑，以重点经贸产业园区为合作平台，推动以下重大合作项目：新亚欧大陆桥、中蒙俄、中国—中亚—西亚、中国—中南半岛经济合作走廊；通畅安全高效的海上运输大通道；中巴、孟中印缅经济走廊合作。

2. 合作重点：“五通”并行，政治经济文化社会全方位互动

文件围绕政策沟通、设施联通、贸易畅通、资金融通、民心相通 5 个方面，描绘了一个政治经济文化社会全方位互动体系。政治方面，要努力加强政策沟通。文件提议，沿线各国可以就经济发展战略和对策进行充分交流对接，共同协商制定推进区域合作的规划和措施，共同为务实合作及大型项目实施提供政策支持。经济方面，争取做到设施联通、贸易畅通和资金融通。基础设施互联互通是“一带一路”建设的优先领域。文件指出，在尊重相关国家主权和安全关切的基础上，沿线国家宜加强基础设施建设规划、技术标准体系的对接，共同推进国际骨干通道建设，逐步形成连接亚洲各次区域以及亚欧非之间的基础设施网络。投资贸易合作是“一带一路”建设的重点内容。文件倡议，各国宜着力研究解决投资贸易便利化问题，消除投资和贸易壁垒，积极同沿线国家和地区共同商建自由贸易区。资金融通是“一带一路”建设的重要支撑。文件提议，各国应深化金融合作，推进亚洲货币稳定体系、投融资体系和信用体系建设。文化、社会方面，强调“民心相通”是“一带一路”建设的社会根基。文件建议，扩大相互间留学生规模，开展合作办学，中国每年向沿线国家提供 1 万个政府奖学金名额；加强旅游合作，扩大旅游规模，联合打造具有丝绸之路特色的国际精品旅游线路和旅游产品，提高沿线各国游客签证便利化水平；提高合作处理突发公共卫生事件的能力，以及加强科技合作和民间组织交流合作等。

3. 战略意义：深化国内改革与影响国际格局

“一带一路”不是一个工程项目，而是中国应对21世纪挑战的宏大战略部署，具有深刻的战略意义。对内而言，“一带一路”是进一步深化改革的重要举措。通过陆上、海上的进一步开放，为国内改革引入压力，带来动力。对外而言，借助“一带一路”，以贸易加深跨国经贸联系，以投资输出过剩产能和资本，并在这两个过程中嫁接人民币国际化战略，使我国在日益多极化的全球经济政治格局中发挥更主动的作用。“一带一路”路线图的意义，就在于为这一战略部署做出宏观安排，既明确了从中央到地方在“一带一路”建设中的角色分工，也有利于争取沿线国家的支持。

（文/杨煜超）

习近平首提“亚洲共同体”理念

2015年3月28日上午，国家主席习近平出席博鳌亚洲论坛2015年年会开幕式，并发表题为《迈向命运共同体，开创亚洲新未来》的主旨演讲。习近平在演讲中强调了迈向命运共同体的紧迫性和重要性，阐明了建设命运共同体的基本理念，明确了中国在缔造新亚洲、构建世界新格局中的作用和担当。

1. 迈向命运共同体，要做到四个“必须坚持”

习近平的演讲着重倡导“共同营造对亚洲、对世界都更为有利的地区秩序，通过迈向亚洲命运共同体，推动建设人类命运共同体”。为此要做到“四个必须坚持”：其一，必须坚持各国相互尊重、平等相待。各国有平等参与地区和国际事务的权利，要尊重各国自主选择的社会制度和发展道路，客观理性看待别国发展壮大和政策理念，努力求同存异、聚同化异。要共同维护亚洲来之不易的和平稳定局面和良好发展势头，反对干涉别国内政，反对为一己之私搞乱地区形势。其二，必须坚持合作共赢、共同发展。各国要摒弃零和游戏、你输我赢的旧思维，树立双赢、共赢的新理念，并加强宏观经济政策协调，防范不同经济体经济政策变动可能带来的负面外溢效应，维护开放型世界经济体制。其三，必须坚持实现共同、综合、合作、可持续的安全。各国要摒弃冷战思维，创新安全理念，努力走出一条共建、共享、共赢的亚洲安全之路；要通过对话合作促进各国和本地区安全，以合作谋和平、以合作促安全，坚持以和平方式解决争端，反对动辄使用武力或以武力相威胁。其四，必须坚持不同文明兼容并蓄、交流互鉴。各国要促进不同文明不同发展模式交流对话，在竞争比较中取长补短，在交流互鉴中共同发展。

2. “三个不会动摇”，体现大国担当

在演讲中，习近平重申了三个“不会动摇”，即“在前进的道路上，中国坚持和平发展，决心不会动摇；坚持共同发展，理念不会动摇；坚持亚太合作发展，政策不会动摇”，[①] 体现了中国勇于承担大国责任的决心与魄力。关于和平发展，中国将毫不动摇地坚持独立自主的和平外交政策，坚持走和平发展道路，坚持互利共赢的开放战略，秉持正确义利观，推动建立以合作共赢为核心的新型国际关系，始终做维护世界和平、促进共同发展的坚定力量。关于共同发展，中国将继续给包括亚洲国家在内的世界各国提供更多市场、增长、投资、合作机遇。中国将坚持对外开放的基本国策，同各国一起，共同驱动亚洲发展的列车。关于亚太合作发展，中国坚持与邻为善、以邻为伴，坚持睦邻、安邻、富邻，秉持亲诚惠容的理念，不断深化同周边国家的互利

① 习近平在博鳌亚洲论坛2015年年会上的主旨演讲［OL］．新华网，2015－03－29.

合作和互联互通，努力使自身发展更好惠及周边国家。

3. “一带一路”，顺应地区和全球合作潮流

习近平在演讲中还详细阐述了“一带一路”的构想，澄清了一些错误的、片面的理解。“一带一路”是共商、共享、共建，不是封闭的而是开放包容的，不是一家独奏，而是沿线国家的“合唱”。“一带一路”不是空洞的口号，而是看得见摸得着的实际举措。“一带一路”不是代替现有的地区合作机制和倡议，而是要在已有的基础上，推动沿线国家实现发展战略的互相对接，优势互补。

（文/穆晶璐）

中央改革新政促创新驱动战略落地

2015年3月23日，中共中央、国务院发布《关于深化体制机制改革加快实施创新驱动发展战略的若干意见》（以下简称《意见》）。这是党的十八届三中全会后围绕实施创新驱动发展战略做出的顶层性、系统性的重大部署，凸显中央对创新驱动发展工作的高度重视。

1. 创新驱动升级为国家核心战略

2013年11月，党的十八届三中全会发布的《中共中央关于全面深化改革若干重大问题的决定》提出了“加快建设创新型国家”的目标，并要求深化科技体制改革，建立健全鼓励原始创新、集成创新、引进消化吸收再创新的体制机制，建设国家创新体系。2015年3月5日，国务院总理李克强在政府工作报告中提到，要整合筹措更多资金为产业创新加油助力，要以体制创新

推动科技创新，要维护创新人才的权益，注重企业在技术创新中的主体地位，以优化科技资源配置提高创新效率。3 月 11 日，国务院办公厅印发《关于发展众创空间推进大众创新创业的指导意见》，部署推进大众创业、万众创新工作，从构建众创空间、降低创新创业门槛等 8 个方面为创业创新制定了优惠政策。在这些背景下，作为中国经济社会发展引擎的创新驱动战略，迫切需要一份全面、系统的指导意见。

2. 搭建创新体系实现“双轮驱动”

《意见》提出，到 2020 年基本形成适应创新驱动发展要求的制度环境和政策法律体系，为进入创新型国家行列提供有力保障，其核心要义在于“双轮驱动”，即同步推进科技创新和体制机制创新，统筹推进科技体制改革和经济社会领域改革，统筹推进科技、管理、品牌、组织、商业模式创新，统筹推进军民融合创新，统筹推进引进来与走出去合作创新，从而实现生产力和生产关系的同步调整，技术创新与制度创新的相互促进。为此，《意见》在市场环境、科技管理、金融支持、创新人才等方面提出改革要求。市场环境方面，提出发挥市场竞争激励创新的根本性作用，营造公平、开放、透明的市场环境，强化竞争政策和产业政策对创新的引导，促进优胜劣汰，增强市场主体创新动力；科技管理方面，提出改革基础研究领域科研计划管理方式，尊重科学规律，建立包容和支持“非共识”创新项目的制度；金融支持方面，提出要壮大创业投资规模，强化资本市场对技术创新的支持，拓宽技术创新的间接融资渠道；创新人才方面，提出分类改革研究生培养模式，建立健全科研人才双向流动机制，探索建立技术移民制度等高含金量的改革举措等。重点领域重点突破，更有利于以点带面，将创新体制改革系统推进。

3. 力促政府和市场“双向互动”

《意见》有机地处理了市场和政府在加快实施创新驱动发展战略过程中的作用。一方面，《意见》强调市场的决定性作用，明确提出要发挥市场对技术研发方向、路线选择和各类创新资源配置的导向作用，调整创新决策和组织模式，这是促进企业真正成为技术创新决策、研发投入、科研组织和成果转化之主体的关键。另一方面，《意见》提出实行严格的知识产权保护制度，打破制约创新的行业垄断和市场分割，改进产业准入制度等，通过政府积极作用营造公平竞争的环境，逐步拆除制约创新的门槛，同时也体现了从管理型政府到服务型政府的职能转变。

（文/陈铭）

国务院出台“双创”新政

2015 年 3 月 2 日，国务院办公厅印发《关于发展众创空间推进大众创新创业的指导意见》（以下简称《意见》），要求加快发展众创空间等新型创业服务平台，营造良好的创新创业生态环境，激发亿万群众创造活力，打造经济发展新引擎，并对大众创业、万众创新工作做出总体的部署。

1. 大众创新创业是新时代的必然选择

在新的时代背景下，大众创新创业势在必行。首先，新技术革命为大众创新创业提供了便捷工具。互联网、大数据等新技术的出现让创意加速转化为现实产品。其次，科技创新和体制改革为大众创新创业提供了条件保障。我国移动通信、宽带网络等方面的创新能力和产业规模居于世界前列，这使得以互联网为核心的创新创业应运而生并迅速崛起。再次，高素质人才为大众创新创业提供了智慧源泉。以当代大学生为主的青年具备扎实的科学基础、网络技术与开放视野，成为创新创业的主流群体。最后，改革开放为大众创新创业提供了宽松包容的政策环境。商事制度改革、第三方支付、P2P 金融等改革措施创造了政策支撑条件；尊重个性、鼓励创新、宽容失败的社会文化氛围让创新创业成为一种价值导向、生活方式和时代气息。因此，主动适应和引领经济发展的新常态，大众创业、万众创新成为新的时代选择。

2. 推进大众创业创新重在落实 8 项任务

《意见》的目标是营造良好的创新创业环境，激发亿万群众创造活力，打造经济发展新引擎，重点在于落实 8 项举措。其一，加快构建一批低成本、便利化、全要素、开放式的众创空间。其二，深化商事制度改革，降低创新创业门槛，为创业企业工商注册提供便利。其三，鼓励科技人员和大学生创业，加快推进中央级事业单位科技成果使用、处置和收益管理改革试点，完善科技人员创业股权激励机制，推进实施大学生创业引领计划。其四，支持创新创业公共服务。支持中小企业公共服务平台和服务机构建设，加强电子商务基础建设。其五，发挥财政资金杠杆作用，通过市场机制引导社会资金投入，培育发展天使投资群体，支持初创期科技型中小企业发展。其六，完善创业投融资机制，开展互联网股权众筹融资试点，鼓励银行业金融机构为科技型中小企业提供金融服务。其七，丰富创新创业活动，办好中国创新创业大赛等赛事和创业培训活动，鼓励大企业建立服务大众创业的开放创新平台。其八，营造创新创业文化氛围，积极倡导敢为人先、宽容失败的创新文化，树立崇尚创新、创业致富的价值导向，大力培育企业家精神和创客文化。

3. 大众创业创新引领经济新常态

近几年，大众创业创新在全社会范围内被广泛认同，对经济推动具有重大贡献，大众创业、万众创新意义深远。第一，能够创造新的经济增长点，促进以市场为导向的创业生态建设，充分激发和释放新的消费潜力，扩大消费需求，增加投资需求，促进经济长足发展。第二，创新产业组织的新方式、互联网等技术的普及，使得个体能够在产业资源中居于支配地位，智能化的生产方式和交互式的用户体验，使得创业者不断提升自我竞争力。第三，有利于促进社会纵向流动，以促进社会主义公平。中国固有的收入分配制度、城乡二元结构等问题制约着社会底层和年轻人的发展，推进大众创新创业能够打破机制体制障碍，促进社会资源和社会财富的自由分配，有利于促进社会公平正义，早日实现共同富裕。

（文/蔡淼）

地方政府全面推行权力清单制度

2015 年 3 月 24 日，中共中央办公厅、国务院办公厅联合印发《关于推行地方各级政府工作部门权力清单制度的指导意见》（以下简称《意见》）。早在 2013 年，中央在部署新一轮地方政府职能转变和机构改革时，就要求梳理各级政府部门的行政职权，公布权责清单，规范行政裁量权，明确责任主体和权力运行流程。党的十八届三中全会、四中全会都提出推行地方政府权力清单制度。自 2013 年以来，浙江、广东、安徽等多省市也已开始试行公布权力清单。此次《意见》发布，将推动地方各级政府加快公布权力清单的步伐，使简政放权改革落实到地方，推行至全国，真正惠及广大群众。

1. 权力清单先从地方政府推行

所谓“权力清单”，就是对政府每个职能部门、每个岗位的职责与权力边界做出界定，并向全社会公布，让民众知晓政府权力的内容和边界，并依此对政府活动进行监督。地方政府部门直接面对人民群众，承担着大量的治理职能，是地方行政职权的主要实施机关，实施地方政府权力清单制度能够让简政放权更深入、更有效。经过多年努力，我国各级政府治理能力不断提升，但地方政府的工作理念、管理内容、运行方式等仍存在着落后方面，特别是政府及其部门对自身职权的“家底”并不十分清楚，不同层级政府、政府与部门以及部门之间的职责权限不够明确。推行地方政府权力清单制度，将行政权力的具体项目、法定依据、行使主体、运行流程和相应的责任以清单的形式列出来向社会公布，既有利于理清政府职权，使之更好行使权力、履行职责；也有助于政府明晰责任，接受社会监督，保障行政权依法规范运行。

2. 《意见》内容详细保障可操作性

《意见》指出，公布权力清单，首先要全面梳理和调整现有的行政职权。各省（自治区、直辖市）政府可参照行政许可、行政处罚、行政强制、行政征收、行政给付、行政检查、行政确认、行政奖励、行政裁决和其他类别这10种分类方式，结合本地实际梳理职权。其次，中央还明确列出权力清单基本任务的落实时间表，要求省级政府2015年底前、市县两级政府2016年底前要基本完成政府工作部门、依法承担行政职能的事业单位权力清单的公布工作。乡镇政府推行权力清单制度工作由各省（自治区、直辖市）结合实际研究确定。最后，对于如何强化权力监督和问责，《意见》明确要求地方各级政府工作部门要严格按照权力清单行使职权，推进行政职权网上运行，加大公开透明力度。对不按权力清单履行职权的单位和人员，依纪依法追究责任。

通而观之，《意见》结构完整，内容详细，不仅明确了法律依据、权力主体、权力运行和对应责任四方面内容，也明确了公布清单的清权、确权、晒权、制权四个工作程序，具有很强的操作性。

3. 下一步须考虑如何将权力清单制度落到实处

《意见》的发布以及梳理、编制、公布权力清单只是万里长征的第一步，今后更应当考虑的是如何将定好的制度严格落实、认真执行。推行权力清单制度，要切实防止只把权力清单贴在墙上、挂在网上、写在纸上的敷衍现象，更要杜绝为所欲为，甚至践踏制度、破坏制度的渎职行为。只有进一步完善制度设计，使其科学化严密化，同时加强日常监督检查和考核评价，纠正和查处不作为、乱作为、任性作为等问题，才能真正使地方政府权力清单制度发挥其应有作用。

（文/段相宇）

4月　官方提速行政改革保驾经济增长

中央部署经济“稳增长”

电商新政促“互联网+”落地

国务院新设协调小组提速简政放权

“水十条”勾画铁腕治水新思路

国务院口岸布局凸显战略意图

国务院出台措施着力清除“红顶中介”

四部委联发专文规范“资本下乡”

中央部署经济“稳增长”

2015年4月30日，中共中央政治局召开会议，分析研究当前经济形势和经济工作。按惯例，政治局一般在7月和12月各召开一次全体会议，分别研究总结上半年和全年经济形势，制定下半年和来年工作计划。从2014年开始，面对严峻的经济形势，中共中央政治局在4月底额外召开一次经济工作会议，在分析一季度经济形势的基础上把握全年经济政策方向。此次会议在强调要政策综合平衡的基础上，部署9大领域稳增长措施，意味着宏观调控“稳增长打头，防风险断后”的政策取向进一步明晰。

1. 应对触底：在综合平衡中加码稳增长

从2015年一季度数据来看，全国GDP增速放缓至7%，创2009年国际金融危机以来新低，超半数省份GDP增速放缓，部分省份工业生产增速呈现负增长。进入二季度，经济企稳迹象微弱，据国家统计局公布数据显示，4月制造业PMI为50.1%，同上月持平；而非制造业PMI则回落0.3个百分点至53.4%。可见工业生产增速放缓势头难以扭转，投资和消费增速鲜有改善，经济整体形势仍处于触底过程中。

本届政府上台以来，即使面对较大的经济下行压力也未使用强刺激手段，而是强调主动适应经济增长中高速的“新常态”，以“转方式”和“调结构”为抓手，培育市场自身活力，稳定经济增长。本次会议提出要“高度重视经济下行压力”，要“保持稳增长、促改革、调结构、惠民生、防风险综合平衡”，继续保持了与之前政策的连贯性，宏观调控“稳增长打头，防风险断后”的政策取向进一步明晰。会议部署的“稳增长”措施涉及降税清费、重大基础设施项目投资、货币政策、扩大消费、房地产健康发展、创新驱动、国企改革、京津冀协同发展、领导干部工作方式转变等9个领域，力求在政府投资与市场消费之间、金融驱动与实体经济之间、政府简政放权与积极有为之间寻求平衡。

2. 激发活力：在政府刺激与市场驱动之间寻求平衡

当年为抵御全球金融危机，政府出台4万亿投资计划刺激经济增长，虽然保持了经济稳定增长，却导致了通货膨胀、经济结构畸形、房地产过热、地方债务危机等多方面问题，很多“后遗症”至今尚未化解。本届政府上台后，为了防止通胀与资产泡沫的产生，始终在控制投资规模、紧缩银根，明确提出不再出台大规模政府投资计划，同时简政放权，培育消费，试图释放市场活力。但面对当前经济下行的巨大压力，政府不得不再次使用投资杠杆。此次会议提出要“增加公共支出，加大降税清费力度”，要认真选择好投资项目，做到有市场，有长期回报；要整体推进财税、金融、投融资体制改革，解决好重大基础设施项目、市政项目资金循环不畅问题。但与上轮刺激计划不同的是，本轮政府主导投资的重点将放在助力市场主体发展，培育市场自身活力和增长驱动力方面，如区域一体化发展、“互联网+”信息产业、中小企业创新驱动等。这表明，政府更加注重投资刺激的中长期效果，在政府刺激和市场驱动之间寻求平衡，力求借政府投资培育市场活力，实现经济的可持续增长。

值得一提的是，区域协同发展成为本轮政府投资的一大重点领域。2015年中央陆续提出了“京津冀一体化”“长江经济带”“一带一路”等重大战略构想，并将其提升至前所未有的高度，其意图就在于精准引导基建投资，通过提升区域的互联互通基础设施建设水平，助力区域经济发展，培育新的经济增长动力。

3. 引虚入实：金融资本要为实体经济服务

目前，GDP 增速不断减缓，CPI（居民消费价格指数）、PPI（生产价格指数）屡创新低，通货紧缩现象已经初现端倪。面对这样的态势，央行通过降息降准，力图缓解市场流动性紧张，降低企业融资成本，刺激经济增长。但从以往的经验来看，由于我国金融资本市场发育尚不完善，流动性释放的后果往往可能导致股市、楼市火热，而实体经济仍然缺乏有效支撑，降息降准效果难以显现。因此会议提出，稳健的货币政策要把握好度，注意疏通货币政策向实体经济的传导渠道，使降息降准等货币政策释放的流动性真正进入实体经济。这表明，货币宽松周期尚未结束，第一阶段主要解决了银行间利率过高问题，下一阶段的主要目标是解决实体领域利率过高问题，切实解决企业融资难、融资贵问题。通过疏通虚拟经济到实体经济领域的管道，规范引导资金更多流向实体领域的经营和创新，避免出现过去资本市场泡沫化和实体领域流动性紧张问题，实现金融资本为实体经济服务的宗旨。

4. 改变作风：从不作为向积极有为政府转型

近两年高强度的反腐使得各级党政干部处于不稳定的政治状态中，加剧了经济工作的保守化，加之新一届政府大力推行简政放权，导致领导干部普遍存在“不会干”“不敢干”的问题，“不作为”现象在地方政府较为普遍。因此，会议提出新常态下各级领导干部开展经济工作要摆脱传统的路径依赖，掌握认识发展趋势和准确分析经济形势、营造良好市场环境、发现和使用经济人才、保护产权和知识产权、维护社会公平正义等新的本领。会议提出的五大新本领，实际上是针对当前存在的“懒政”“怠政”对各级政府官员提出的新要求，使其以新的精神状态直面改革，提高市场活力。本次会议明确提出各级政府要“积极有为”，这实际上是防止腐败治理和简政放权导致官员施政走向“不作为”极端，实现政府治理的“有所为有所不为”，寻求简政放权与积极有为之间的平衡。

总的来看，此次会议对当前经济形势做出了“总体健康、符合预期”的评价，指明了“外部需求收缩，内部多种矛盾聚合，经济运行走势分化，下行压力仍然较大”的问题，明确了“预调微调”而非“强刺激”的调控思路。从会议部署的几个方面措施来看，中央的宏观调控思路正在出现转变。即从“总供给收缩”转向“总需求扩张”，而总需求扩张的主要思路是中央货币宽松与地方基建托底相结合。另外，此次会议对各级地方政府和领导干部提出了新的、较为具体的经济工作要求。

（文/马克）

电商新政促“互联网+”落地

2015年4月1日，国务院总理李克强主持召开2015年第十次国务院常务会议，部署加快发展电子商务政策措施。

1. 电商新政是“互联网+”行动计划的重要组成部分

“互联网+”由李克强在2015年3月政府工作报告中首次提出，所谓“互联网+”是指利用信息通信技术及互联网平台改造传统产业，由此改善经济结构、优化增长方式。同月15、20日，李克强在总理记者会及国家工商总局座谈会上，两次强调借互联网促经济转型创新。这与2010年9月出台的《国务院关于加快培育和发展战略性新兴产业的决定》一脉相承，延续了培育新兴信息技术产业的总布局，且更进一步在国家战略上重新定位并重点规划。

过去10年，我国电子商务发展突飞猛进，不仅极大地刺激了消费需求、直接拉动经济增长，而且带动了物流业、制造业等传统产业转型，孕育了自主创新基因，掀起了大众创业、万众创新的社会新潮。对于新一届政府而言，电子商务作为互联网与实体经济融合的成功典型，已成为推动“互联网+”行动落地、促使经济转型取得实质突破的理想选择。

2. 新政为电商发展清障搭台、创造良好外部环境

第一，监管松绑，人、财、事三管齐下。将网络从业人员纳入社会保险，给予同等就业创业扶持；按规定建立适应电子商务发展的多元化投融资机制，引导创业投资基金加大对电子商务初创企业的支持，放开外商投资电子商务业务外方持股比例限制；简政放权，放宽电子商务市场主体经营场所登记条件。第二，产业联动，促虚拟经济与实体经济协同融合。推动电子商务与贸易流通、工业生产、金融服务等相关领域联动发展，创新和拓展面向“三农”的服务，推进网络购物、网络化制造和经营管理、跨境电子商务等新业态成长，建设促进居民消费的电子商务平台，支持实体店与电商、线上与线下协同发展。第三，放管结合，创造公平的外部发展环境。加强法规标准和信用体系建设，营造公平竞争的环境和舞台，提升电子商务产品质量，完善网上交易投诉和维权机制，打击网络盗窃、诈骗等违法行为，保护知识产权和网络交易安全。

3. 决策层面临从“积极推动、审慎规制”转向“创制规则”的政策考题

一方面，就当前而言，我国经济面临下行压力，势必继续依靠电商等互联网经济形式引入活水、助力发展；着眼长远，互联网产业发展水平事关经济结构调整、发展后劲积蓄及国家参与新一轮国际竞争，故而决策层在发展“互联网+”上高举高打，对电商经济更是坚定支持、积极推动。另一方面，以往电商长期处于制度缺位、监管松弛的自发无序状态，由此滋生了规避监管、网络犯罪、网络安全等问题，亦对其自身发展和市场环境产生负面影响。因此，决策层也强调在遵循行业规律的基础上增强监管能力，在鼓励、引导和规范之间保持政策平衡，对其实施审慎规制。相比“积极推动、审慎规制”的当前策略，同样紧迫甚至更为重要的是制定规则。未来，面对“互联网+”新需求以及互联网经济“自发秩序”对现行制度和法律的冲击，政府如何超越各方利益博弈，制定规则，显然更具有挑战性。

（文/佘倩影）

国务院新设协调小组提速简政放权

2015年4月21日，国务院下发《关于成立国务院推进职能转变协调小组的通知》（以下简称《通知》），决定将国务院机构职能转变协调小组（以下简称“协调小组”）改为国务院推进职能转变协调小组（以下简称“新协调小组”），作为国务院议事协调机构。这标志着本届政府的简政放权工作提速加码。

1. 职能转变：经济转型倒逼行政改革

改革开放后，国家先后6次推动全国性行政管理体制变革，强化职能转变。纵观历次改革，其突出特点有二：一是精简机构和人员，理顺部门之间、中央与地方之间的权责关系，从而提高行政效率；二是重新界定政府与市场的关系，通过简政放权，不断激发市场活力，带动经济和社会发展。就本次改革而言，其本质就是一场经济转型对行政体制的倒逼性改革。一方面，国内经济目前正处于关键的转型期，增速换挡、结构调整、政策消化“三期叠加”，经济发展亟需新的增长点；另一方面，当前政府与市场的职责仍界定不清，政府对经济活动干预过多、束缚太紧，制约经济发展活力。因此，本届政府上台伊始就将职能转变、简政放权作为带动经济转型升级的“先手棋”。

2. “新协调小组”：扩权、下沉与升格

国务院自2013年起大力推进简政放权，以中央机构编制委员会办公室（简称中央编办）为主成立“协调小组”，并将行政审批制度作为改革抓手。在这一过程中，“协调小组”的推进力度逐渐不足，亟待引入新的政策支持。此次成立的“新协调小组”，较之以往具有三大特点。从广度上看，职责范围由行政审批改革扩展到全面改革。“新协调小组”下设行政审批改革组、投资审批改革组、职业资格改革组、收费清理改革组、商事制度改革组、教科文卫体改革组6个专题组，职责范围涵盖了当前主要行政领域。从深度上看，突出强调地方政府推进工作。《通知》要求地方各级政府参照建立推进机制，结合本地区实际强力推动，做好“接、放、管”，力破“中梗阻”，打通“最后一公里”，确保各项改革措施落地生效。从高度上看，机构地位和成员规格均显著提升。此前职能转变由中央编办牵头，而“新协调小组”由常务副总理张高丽任组长，成员包括国务院副总理、国务委员、副秘书长和中编办主

任，下设各组负责人均为相关部委部长或副部长。

3. 政策前景："新协调小组"的四重压力

2013—2014年，国务院共取消和下放行政审批716项，提前兑现"任期内削减1700多项审批权三分之一"的承诺，可以说取得了优异的"卷面成绩"。但从实效上看，当前职能转变依然压力重重。一是相关法律体系缺位。在中国，只有省级（以上）单位有权设立行政许可，而直接面对普通大众的地市、县、乡只能下发"红头文件"。因此，国务院下放的诸多权力都滞留在省一级，若进一步下放则只能诉诸修法，否则于法无据，而修法的工作量可谓浩大。二是有关体制和制度不配套。取消职能必然要求精简机构和人员，加强职能需要增设机构、扩充人员、增加投入，职能下放则需要对现行财政收支制度进行调整。而现有体制在下放事权的同时，尚难完全做到相关配套资源的同步下移。三是纵向、横向联动不足。如地区之间，有的省取消了，有的省仍需审批；上下级之间，地市想放权，省里仍要管，省里要放权，地市不愿接。四是放权过程不实。有的审批"明放暗不放"，名义上取消，换个名目又出现；有的转移第三方，但第三方背后还是政府支配，滋生"二政府""红顶中介"。

历次行政体制改革的经验表明，职能转变从来不是行政体制的主动调整，而是经济形势的压力所迫。中国行政体制改革研究会秘书长王满传认为，转变政府职能是行政体制改革的核心，而行政体制改革贯穿全面深化改革的整个过程，与经济、社会、文化等体制改革密切相关。换句话说，全面深化改革能否成功，很大程度上取决于职能转变能为经济转型腾挪多少发展空间。从这个意义上看，"新协调小组"的成立不仅意义空前，而且任重道远。

（文/仲启群）

“水十条”勾画铁腕治水新思路

2015年4月2日，国务院正式印发由环保部所属中国环境规划院牵头编制的《水污染防治行动计划》（以下简称“水十条”）。防治大气污染、水污染及土壤污染，被视为环境保护“三大战役”。继2013年“大气十条”之后，“水十条”响应新环保法要求，在环保理念和治理手段上推陈出新，强调两手抓好保护“好水”和治理“坏水”，力求取得治水新成效。

1. “水十条”的战略意义及待解问题

水污染问题自古以来就是中国国家治理的主要任务之一。新中国成立以来，中央一直高度重视治水工作，并较早部署防治水污染问题。20世纪50年代，国家就开始对水污染防治专门立法。2008年，新修订的《水污染防治法》正式实施。2011年，中央一改历年一号文件定题“三农”政策的传统，发布《关于加快水利改革发展的决定》，重新定位水利战略，其中提出“确立水功能区限制纳污红线，严格控制排污总量”。2012年，党的十八大报告专章布局生态文明建设，再次要求强化水污染防治、完善最严格的水资源管理制度。此次“水十条”的出台，无疑是承前启后、推动战略落实的重要一步。

当前，水污染日益严重的趋势尚未得到根本遏制。水污染物排放总量远超现有环境容量，地下水污染呈蔓延之势，而水环境管理仍有诸多不足。从农村到城市，污染问题已成为影响水环境的最突出因素。仅2014年环保部调度处理上报的98起重大及敏感突发环境事件中，就有60起涉及水污染。部分省垃圾河、黑臭河约占河流总长度的10%以上，有些城市黑臭水体甚至占到河流总数的57%。民众对水污染特别是饮用水安全风险、城市水体黑臭等问题反映最为强烈。

2. “保障饮用水安全”与“整治黑臭水体”两头齐抓

针对民众关切问题，“水十条”提出了具体工作目标，即到2020年，地级及以上城市集中式饮用水水源水质达到或优于Ⅲ类比例总体高于93%，地级及以上城市建成区黑臭水体均控制在10%以内；到2030年，前一指标提升到95%左右，后者则须达到总体消除的水平。

文件明确了“抓两头促中间”的整体思路。一头抓好饮用水水源地等水质比较好的水体水质保障，保证水质不下降、不退化；另一头抓好影响群众多、公众关注度高的黑臭水体整治，力求大幅减少甚至彻底消灭。通过两方面努力，最终带动中间一般水体的污染防治。在保障饮用水安全方面，一是严格管理饮用水源保护区，清拆其内的排污口和违法建筑，完善备用水源和应急水源的建设；二是定期调查评估集中式地下水型饮用水水源补给区等区域环境状况，对垃圾填埋场等特殊区域进行必要的防渗处理；三是分阶段公开水源地、供水厂及用户水龙头水质等饮水安全状况。在治理城镇黑臭水体方面，主要遵循“截污优先、治理为本、开源增流、生态恢复、系统治理”的技术路径，一手解决建成区污水直排等瓶颈问题，制定实施“一河一策”；一手将水环境保护作为城市发展的刚性约束，创新工程运营维护模式。此外，为加强治理效果，文件还提出在全国范围内开展城市水环境状况排名，要求地方定期向社会公布治污进程。

3. 实效与严法兼顾并重

较之以往政策，“水十条”的目标制定更加贴合民众的感受，而用常规治理措施不可能实现。从效果上看，文件不再停留在减排量、排放标准等旧手段上，而直接将河流等水体的改善程度作为考核标准，体现了向以环境质量为核心、关注民众幸福感的环保新思路转型。另外，为使民众体验水环境的积极变化，文件进一步明确了攻坚重点，做到大小兼顾、知难而进。除了关注大江大河的污染防治，还主动将难度最大的城镇黑臭水体整治纳入工作目标。从手段上看，文件将每条、每款、每项都落实到具体牵头或参与部门，并明确了具体时间、地点和指标，做到可考核、可追责、可量化；更重要的是，要求地方政府实行清单管理，向社会公开治理范围、阶段性措施以及工作成效。

另一方面，“水十条”以落实质量改善责任为主线，对重大问题采取强硬态度，力求通过严厉措施倒逼改善机制，确保目标实现。尽管加强政府问责、鼓励全民参与的提法早已有之，但此次中央进一步强调了“督政”的重要性。从围绕民生关切确定防治目标到强调治污信息公开，“水十条”大有兴起“环保人民战争”之势。

（文/姚瑶）

国务院口岸布局凸显战略意图

2015 年 4 月 17 日，国务院印发《关于改进口岸工作支持外贸发展的若干意见》（以下简称《意见》）。《意见》立足于完善口岸布局、落实“一带一路”建设、发展长江经济带等战略意图，对扩大内陆、沿边及沿海地区开放作了专门规划。

1. 传统口岸布局亟待优化

当前国内口岸布局及发展情况与本届政府关于“实现新一轮更高水平对外开放”的目标要求不符，主要体现在两方面：一是口岸开放程度不协调。

目前全国绝大部分口岸集中在沿海、沿江地区，经国务院批准设立的293个口岸中，只有29个位于内陆地区，广大中西部地区对于口岸开放的要求十分迫切。二是口岸开放面临法律概念障碍。根据国务院有关法规的规定，口岸是指人员、货物和交通运输工具直接进出境的港口、机场、车站、跨境通道等。“一带一路”建设开展以来，重庆、西安、武汉、成都等内陆地区陆续开通了发往欧洲的货运班列，但受“直接进出境”要求所限，对这些区域只能采取设立临时口岸的办法来实现对外开放。

优化口岸布局，不仅是新常态下形成外贸竞争新优势的必要条件，也是配合中国国际战略和区域战略的现实需要。2015年发布的“一带一路”愿景与行动文件强调，国内各地区要实行更加积极主动的开放战略，除沿海和港澳台外，西北、东北、西南及内陆等非传统开放地区都要发挥各自的区位优势，形成“中国各地方开放态势”。而长江经济带建设规划也提出，要发挥长三角对沿江开放的引领作用、提升云南向东南亚开放的通道功能和门户作用、增强重庆和四川对“丝绸之路经济带”的战略支撑、在沿江沿边有条件的地方增设铁路和内河港口一类开放口岸。

2. 重点支持两大战略沿线地区口岸开放

内陆、沿边的开放是推进“一带一路”建设、长江经济带战略落地的关键和难点。内陆的开放路线是以丝绸之路为依托，从南、北、中三条线打造第二亚欧大陆桥国际经济走廊及国际能源大通道，形成横贯东中西的对外经济走廊；沿边的开放则以建设经济开发区、边民互市贸易区、出口产品加工区等先行先试区为主，加大边境经济技术合作区建设力度，形成以点带面的格局。

《意见》从内陆、沿边、沿海三个区域分别提出支持措施及促进贸易便利化的创新机制，并重点强调与“一带一路”建设和长江经济带战略相衔接。

从宏观规划看，在扩大内陆地区口岸对外开放方面，要完善“一带一路”所涉及的内陆地区口岸支点布局，支持内陆航空口岸增开国际客货运航线、航班，发展内陆与沿海、沿边的多式联运；在加快沿边地区口岸开放步伐方面，对于涉及“丝绸之路经济带”重要开放门户和跨境通道，要在口岸设计和开放上给予支持；在提升沿海地区口岸开放水平方面，要推进“21世纪海上丝绸之路”建设所涉港口对外开放，支持上海、广东、天津、福建等自贸试验区范围内港口、机场的开放和建设。从具体举措看，首先鼓励推动口岸改革项目，如“单一窗口”建设、“一站式作业”、一体化通关等，优先在“一带一路”、长江经济带沿线地区率先开展；同时加大对战略沿线地区口岸建设资金的投入力度，并在云南、广西等重点口岸边民通道推行“一口岸、多通道”的管理新模式，方便人员和货物通行。通过以上措施，提高企业申报效率，节约报关成本，将极大降低货物、资金、人员等要素跨境流通和跨区域流动的成本和时间，有效释放全国特别是内陆地区对外贸易和国际物流的活力。

3. 承前启后落实战略部署

中国虽在过去两年里连续保持了货物贸易第一大国的地位，但是外贸的传统竞争优势以及成本优势正在逐渐削弱。《意见》调整了以往只注重沿海放开的口岸分配办法，将视野扩展到提升内陆、沿边地区的开放程度，确立面向欧亚内陆开放的新战略，无疑有利于进一步强化中国的外贸竞争优势。同时，《意见》也为正在制定中的口岸“十三五”规划做了铺垫。值得关注的是，为配合未来的口岸布局，“十三五”规划拟对口岸定义做出相应调整，取消其直接进出境的限制，将为既不沿海也不沿边的内陆地区实现口岸开放并享受口岸政策创造条件。

（文/姚瑶）

国务院出台措施着力清除“红顶中介”

2015 年 4 月 24 日，国务院常务会议审议通过《关于清理规范国务院部门行政审批中介服务的通知》（以下简称《通知》），部署清理规范国务院部门行政审批中介服务。

1. “红顶中介”蚕食改革红利

“红顶中介”，是指部分与行政部门利害相关的行政审批中介服务机构，其通过形形色色的手续、关卡、资质、认证，向被审批项目索取各种服务费，蚕食行政审批权红利。“红顶中介”主要有三类：一是由政府转型过来具有审批权的组织，它们过去就是政府部门，后来变成了协会；二是捆绑在政府主管部门的协会，主管部门有一部分职能隐藏或者直接委派给这类协会；三是一些政府主管部门领导退休后，在商协会任职。“红顶中介”主要有如下危害性：一方面，企业办理相关业务的经济负担没有实质性减轻，政府为企业减负添力的改革目标受阻，甚至还可能增加企业其他“包袱”，例如在不得不“被中介”的情况下涉嫌行贿。另一方面，企业与政府通过“红顶中介”互动的过程，无疑会给企业带来错误的导向，长此以往，企业可能滋生“走偏门”的思维。

2. 六项措施清理规范行政审批中介服务

国务院此次审议通过的《通知》提出了清理规范的具体措施和要求，主要有 6 项内容。第一，界定清理中介服务事项。针对中介服务事项多、耗时长、设定不规范的问题，提出除依法设定的外一律不再作为审批的受理条件，严禁将一项中介服务拆分为多个环节等。第二，破除中介服务垄断。针对部分中介服务垄断性强、市场竞争不充分的问题，提出取消中介机构现有法定许可外的其他资质资格审批，取消部门自行设定的中介机构执业限制条件等。第三，切断中介服务利益关联。针对一些中介机构特别是“红顶中介”与审批部门利益输送问题，提出审批部门所属事业单位等不得开展与本部门审批事项相关的中介服务，政府工作人员不得在中介机构兼职任职等。第四，规范中介服务收费。针对中介服务价格高、收费乱的问题，提出中介服务原则上通过市场调节价格，最大限度缩小政府定价范围等。第五，实行中介服务清单管理。为推进中介服务规范化和法制化管理，加强社会监督，杜绝私设滥设行为，提出对清理规范的中介服务事项实行清单管理，各部门向社会公开中介服务信息等。第六，加强中介服务监管。针对中介服务市场监管不力问题，明确行业主管部门的责任，建立信用体系和考核评价机制等。

3. 将简政放权落到实处

除了规定清理规范行政审批中介服务措施以外，《通知》还规定了一系列措施保障政策实施。第一，加强组织领导。国务院要求各部门加强组织领导，将清理规范工作与取消下放行政审批事项、分类推进事业单位改革、推进行业协会商会与行政机关脱钩、建设社会信用体系等工作结合起来，制定本部门、本系统清理规范的具体工作方案，统筹安排，认真实施。第二，明确任务分工。要求各审批部门负责本部门、本系统清理规范工作，对本部门、本系统行政审批涉及的中介服务事项进行全面梳理，提出清理规范的意见，于2015年5月底前送国务院审改办。第三，严格监督检查。要求各审批部门要建立健全申请人对中介服务评价反馈机制，向社会公布举报投诉电话、电子邮箱等，主动接受社会监督。

清理规范“红顶中介”既是简政放权的一个内容，也是保证简政放权落到实处的保障，是推进政府法治化和增强政府服务性的重要措施。清理规范需要配套和推进才能继续完善，并进一步释放简政放权红利。一是重视行政审批部门财政保障；二是地方政府清理规范任务更为艰巨；三是加快法规立改废，为简政放权提供法治保障；四是加强监管执法，维护中介服务市场秩序。

（文/张强）

四部委联发专文规范“资本下乡”

2015 年 4 月 14 日，农业部、中央农办、国土资源部、国家工商总局联合下发《关于加强对工商资本租赁农地监管和风险防范的意见》（以下简称《意见》），就规范工商业者投资租赁农户承包耕地事项提出具体要求，进一步区划“资本下乡”的政策空间和原则底线。

1.《意见》集中回应了长期存在的实践难题和理论之争

近年来，伴随农村土地经营权流转改革逐步扩围，“资本下乡”问题引发高度关注。实践中，工商资本加速扩张，耕地“非粮化”“非农化”趋势日显；中央原本希望通过外部资本帮助解决小农分散经营、农地抛荒等难题，后者却基于成本和收益计算，大多借机与基层行政力量联合“跑马圈地”、改变农地用途，分享“少数人的盛宴”而损害农民利益，明显偏离改革初衷。理论上，围绕“资本下乡”是否可行、应否坚持、能否促进农业现代化、会否导致农资矛盾激化等议题，所谓自由市场派、主流政策派和小农经济派争论激烈、多有分歧。针对这些问题，决策层开始调整改革基调，一方面延续近几次中央农村工作会议对引资兴农的鼓励态度，另一方面更加强调控制“资本下乡”过火势头，防止改革走偏。从 2012 年以来的 34 县土地流转管理服务试点，到2014年中央《关于引导农村土地经营权有序流转发展农业适度规模经营的意见》和2015年中央一号文件，再到此次出台的《意见》，均表明高层正试图平衡原有政策，并决意进行纠偏。

2.《意见》重申基本原则，对规范“资本下乡”做出全面布局

《意见》首先强调地方必须“原原本本”执行中央政策，既要确保四个“不能”，即农地流转不能搞大跃进、不能搞强迫命令、不能搞行政瞎指挥、资本租赁农地不能改变农业用途；也要坚守“三不”底线，即土地公有性质不改变、耕地红线不突破、农民利益不受损。进而要求从五方面强化对“资本下乡”的审慎把关。

一是把好“方向关”。工商资本进军农村要符合政策方向，不是搞“非粮化”“非农化”，而是发展适合企业化经营的现代种养业；不是排斥农民、代替农民，而是与农户形成利益联结，实现互利共赢。二是把好“入口关”。总量控制上，要求结合实际对资本租赁农地设置租期和面积上限；备案管理上，要求以县乡两级为主建立分级备案制；准入门槛上，要求探索建立资格审查和项目审核制。三是把好“风控关”。即以保障农户合法权益为核心，形成以公开市场交易为前提、签订规范合同为基础、纠纷依法解决为支撑、风险保障基金为兜底的风险防范体系。四是把好“过程关”。强调事中事后监管，通过停发补贴、停止享受扶持政策、失信企业公示、限期整改、依法追责等手段强化用途管制，惩戒撂荒耕地、违反产业规划、擅自改变农业用途、严重破坏或污染耕地等行为。五是把好“责任关”。《意见》确立了农业、国土、工商三部门分工合作及其他有关部门配合的职责体系，并要求建立部门责任追究制。

自20世纪80—90年代东南沿海先发地区通过社区型股份合作社试验集体土地资本化以来，土地股份合作制经过20余年发展，已成为中国集体土地

制度创新的典型模式。但由于多年来土地流转改革的思路未曾理清、政策前后不一，土地股份合作制在实践中面临着尴尬困境。对此，新一届中央领导集体修正了原有的农业产业化思维，在理念上完成了从提倡农地“集约、规模经营”到“适度规模”再到“经营规模适度”的转变，并对农民自主经营模式给予优先扶持，力图扭转大资本左右农地经营的局面。同时，决策层明确了坚持集体所有权、稳定农户承包权、搞活土地经营权的三权分置方式，开始做实集体所有权，意味着今后国家将推动土地流转趋于集中在农户、家庭农场和专业合作组织手中，而对目前土地流转的过度公司化倾向加以限制，由此土地流转改革有望迎来新模式。

（文/张佳俊）

5月　中国制造开启创新升级新十年

新白皮书宣示中国新军事战略

中国版“再工业化”战略规划面世

中央三大措施加速社会整合

国务院力推政府与社会资本合作模式

城市公立医院改革破创收机制难题

高校启动新一轮创业教育改革

北京着力塑造首都核心功能

新白皮书宣示中国新军事战略

2015年5月26日，国务院发布国防白皮书《中国的军事战略》（以下简称“白皮书”）。白皮书在对当前国家安全形势做出判断的同时，明确了新时期中国军队的使命和战略任务，阐述了积极防御的战略思想和方针，公布了各军兵种和武警部队发展战略以及重大安全领域力量发展要求，并对推进军事斗争准备和军事安全合作做了详细介绍。

1. 白皮书是应对战略格局调整的必然产物

自1998年以来，中国共发布了9部国防白皮书，基本保持两至三年一版的频率。从风格上看，前8部国防白皮书多侧重于一段时期内军队发展情况的总结和回顾，提供的信息较为片段化，未能全面展示国家安全观和军事战略。本次白皮书则更具前瞻性，全面反映了中国的军事战略部署。从本质上看，白皮书是应对当前世界和区域战略格局深层调整的必然产物。第一，国际形势深刻演变，国际力量对比、全球治理体系、亚太地缘战略和国际经济、科技、军事竞争格局正发生历史性变化。第二，国家安全和社会稳定面临着“台独”、暴恐、“颜色革命”等多方面挑战，国家利益不断拓展，海外利益安全问题逐渐凸显。第三，世界新军事革命深入发展，给中国的军事技术发展带来新挑战、提出新要求。因此，对中国而言，当前外部环境总体有利，但依然面临复杂多变的安全威胁和外部挑战，处于“大有可为的重要战略机遇期”。此时发布白皮书，不仅从战略层面宣示了中国的军事安全政策，公布了中国军事战略在新时期的创新发展，而且积极回应了国内外关切，就外界对中国军队发展建设动向的误解、误读和所谓“中国威胁论”的蓄意炒作进行了正面的回应和必要的回击。

2. 白皮书崭露中国军事发展新动向

白皮书全文不足9000字，在历次国防白皮书中篇幅最短，却体现了中国军事战略理论和实践的最新成果，涵盖了军队建设和军事斗争准备的各个方面，可谓短小精悍、以短见长。

第一，阐述中国的军事战略和军队使命。中国的国家战略目标，就是实现在中国共产党成立一百年时全面建成小康社会、在新中国成立一百年时建成富强民主文明和谐的社会主义现代化国家的奋斗目标，就是实现中华民族伟大复兴的中国梦。中国梦是强国梦，对军队来说就是强军梦。强军才能卫国，强国必须强军。新的历史时期，中国军队以中国共产党在新形势下的强军目标为总纲，毫不动摇坚持党对军队绝对领导，始终把战斗力作为唯一的根本的标准，大力弘扬光荣传统和优良作风，建设一支听党指挥、能打胜仗、作风优良的人民军队。

第二，阐明新形势下积极防御战略方针的主要内容。积极防御战略思想是中国共产党军事战略思想的基本点。白皮书重新定义该方针，将军事斗争准备基点由“打赢信息化条件下的局部战争”调整为“打赢信息化局部战争”，要求创新基本作战思想，优化军事战略布局；要把握信息化战争特点和本质，加快适应战争形态向信息化战争演变的新军事革命趋势。

第三，将太空安全、网络空间安全等新型安全领域纳入国家安全防范体系。白皮书全面列举了我国面临着美国重返亚太、海陆领土争端、地区三股势力的外部安全威胁以及“台独”“藏独”“颜色革命”等内部威胁和非传统安全威胁，指出太空是国际战略竞争制高点，网络空间是经济社会发展新支柱和国家安全新领域，强调要应对太空、网络空间等新型安全领域威胁，维护共同安全，进一步拓展了“国家安全”的内涵和外延。

第四，调整海军发展战略，强调海上国家安全。以往中国在军事上一直重陆轻海。随着党的十八大首次将“建设海洋强国”升格为国家战略，“维护国家海洋权益”已被新一届中央领导集体多次强调。白皮书强调，海洋关系国家长治久安和可持续发展，必须突破重陆轻海的传统思维，高度重视经略海洋、维护海权。建设与国家安全和发展利益相适应的现代海上军事力量体系，维护国家主权和海洋权益，维护战略通道和海外利益安全，参与海洋国际合作，为建设海洋强国提供战略支撑。

3. 新军事战略是中国国家战略的延伸

军事服从政治，军事战略服从国家战略。任何时期军事战略的发展都与国家政治的发展需求紧密相连。此次白皮书体现的中国军队的新战略和新动向，与党的十八大以来党中央深入宣传“中国梦”、启动全面深化改革、成立中央国家安全委员会等战略动作息息相关，与习近平于2014年提出的“总体国家安全观”更是一脉相承。当前，除了保卫党的领导和社会主义政权、为改革发展保驾护航，中国军队还要应对多领域、多形式的安全威胁以及承担发展中大国所应肩负的国际责任，其职责和使命比以往任何时期都要艰巨和复杂。此次军事战略的“亮剑”，其本质就是在军事战略上回应国家安全形势及军队使命的新变化。同时，如此透明的白皮书也释放出中央军委新一届领导班子创新、务实的治军思路，体现了高度的政治自信和军事自信。

（文/仲启群、马纪元）

中国版“再工业化”战略规划面世

5月8日，国务院正式印发《中国制造2025》。继欧、美、日等发达国家竞相公布本国“再工业化”计划之后，中国版“再工业化”战略规划也如期而至。规划立足于全球产业竞争变局，落脚于中国经济转型升级，聚焦于解决国内制造业矛盾问题，对未来10年推动制造业重点提升和未来30年建成制造强国作了系统设计。

1. 实业再造：转型发展的破题之选和关键步骤

对于中国经济转型怎么转、国内制造业由大变强怎么变，往届政府已有先期探索。国际金融危机以后，一度沉浸于“黄金时期”的中国制造业，开始面临发达国家蓄势占优、新兴经济体追赶比拼的双重挑战，其内部潜在问题也逐渐演变为制约自身发展的瓶颈。对此，从国家层面的“走中国特色自主创新道路、建设创新型国家”，到区域层面的“腾笼换鸟”、产业转移，中央逐渐明确了战略走向，但一直缺乏系统成套的操作方案。党的十八大以来，中央以“四个全面”为主轴，对内实施创新驱动战略、打造经济升级版，连续打出简政放权、动员大众创业、提振股市、力挺“互联网+”等一整套政策组合拳；对外主动参与国际新秩序构建，提出“一带一路”倡议、新设亚投行、加强国际装备制造和产能合作等战略性举措。这一系列重大动作能否真正做实，基础在制造业，突破口也在制造业。由此，本届政府愈益坚定“国家强大要靠实体经济”的理念，以实业再造为破题之选，在前期实践和智库研究的基础上推出《中国制造2025》①，意欲兴起一场产业升级的国家行动。

① 2013年初，中国工程院会同工业和信息化部、国家质检总局共同组织开展了“制造强国战略研究”重大咨询项目，由中国工程院院长周济和原副院长朱高峰担任组长，组织50多位院士和100多位专家共同参与研究工作。见陆琦．“中国制造2025”：百余院士专家成果［N］．中国科学报，2015-04-14.

2. 三维布局：通往制造强国之路的逻辑、时间和空间

《中国制造2025》全文分为发展形势和环境、战略方针和目标、战略任务和重点、战略支撑与保障四个章节，共计两万余字，主要从三个维度搭建未来制造强国建设的基本格局。

规划布局上，凸显强化两种能力、切入“两化”升级、实现“两化”融合的核心思路。实现新一代信息技术与制造技术融合，是各国“再工业化”计划的主线，中国也不例外。但与美德等国的方案相比，《中国制造2025》针对国内制造业创新不足、“四基”① 薄弱、智能化程度较低等突出问题，更强调提升创新能力和工业基础能力，以制造业的自动化和智能化升级为切入点，兼取“互联网+”优势和绿色发展理念，最终实现信息化和工业化的深度融合。为此，规划相应设置创新中心建设、智能制造、工业强基、绿色制造4项工程。

时间布局上，设定未来30年“三步走”战略目标。即用第一个10年迈入世界制造强国行列，在全球产业分工和价值链中的地位明显提升；用第二个10年达到制造强国阵营中等水平，全面实现工业化；最终在中华人民共和国成立100年时跻身制造强国前列，形成创新引领能力和明显竞争优势，建成全球领先的技术体系和产业体系。

空间布局上，明确由内而外、以点带面、统筹并进的行动路径。一是在调整制造业内部结构、发展外围生产性服务业的同时，推动中国制造“走出去”。其中尤其强调重塑中国制造的品牌形象、提升跨国经营能力和国际竞争力及深化国际产业合作。二是由重点领域、关键技术等“点”的突破，带动制造业全面提升。为此，规划圈定10个重点领域，提出建设高端装备创新工

---

① “四基”是指核心基础零部件（元器件）、先进基础工艺、关键基础材料和产业技术基础。

程，并把掌握关键、核心及共性技术放在首要位置。三是由副国级以上官员领衔成立制造强国建设领导小组，统筹改革、政策、人才等资源为制造业发展保驾护航。

3. 发展之辩：从改造器物、制度到改造思想

有关“中国制造向何处去”的问题之争由来已久。《中国制造2025》的发布再次引发热议，各类策论随之涌现。鉴于制造业技术革新及体制机制改革的方案已然成形，讨论的核心也从器物、制度层面转向思想观念层面，认为政府、企业、个人都应破除思想障碍，培育有利于制造业发展的社会文化根基。中国纺织进出口商会副会长尹国新、经济学家姚树洁等人指出，政府和企业发展制造业应排除急功近利思想。和灵投资管理有限公司董事长卞华舵认为，根深蒂固的“学而优则仕”思想是建设制造强国亟须打破的藩篱。两院院士路甬祥提出，应培育质量第一、用户至上、创新引领、诚信合作的中国特色创新设计文化。《湖南日报》《中国青年报》《新疆日报》等媒体则呼吁，制造强国需要工匠精神。

随着我国对外经济活动逐步从商品输出转向资本输出，中国正从以建设“中国特色社会主义”为主的阶段，进入建设“中国特色社会主义”和开创“具有中国特色的全球化”同步进行的新阶段。眼下面临的这场全球制造业竞赛，实际上是国际政治经济秩序重构与新一轮规则竞争的外化，是中国争取主动权、进而影响全球化方向所必须打赢的攻坚战。战略先导、技术为王。而今制造业总体战略已定，接下来更重要的是尽快掌握新一代核心技术。只有牢牢掌握核心技术，才能成为国际新竞赛的主导者和新规则的重要制定者。

（文/张佳俊、周轩宇）

中央三大措施加速社会整合

21 世纪以来，随着城乡二元结构逐步解体、社会阶层明显分化、意识形态日益多元，中国已从表层的市场改革阶段进入深层的社会转型变革阶段。经济、政治、文化、社会、生态等各领域问题的复杂化和交错化，对中国共产党的执政能力提出更高要求。为此，新一届中央领导集体一手巩固党的领导，开启全面从严治党时代；一手坚定推行法治，将全面依法治国、推进国家治理现代化列入核心政纲，试图最大限度地凝聚共识、统摄群力，为新一轮改革铺路清障。5 月，党中央连出三项措施，进一步扩大党的治理空间、加速社会元素整合。

1. 吸纳新兴群体，完善统战范围

2015 年 5 月 18 日，《中国共产党统一战线工作条例（试行）》（以下简称《统战条例》）正式施行。对于中国共产党而言，统一战线工作一直被视为凝聚人心、汇聚力量的政治优势，是夺取革命、建设和改革事业胜利的重要法宝。不同历史时期统一战线面临的任务不同，工作范围和对象也必然会有相应调整。现阶段，统一战线内部关系日益复杂，成员流动性加大、社会身份经常变化，统一战线向海外和基层进一步延伸，与其他领域的交叉重叠有所加深，统战工作呈现出社会化趋势。作为统战工作的第一部党内法规，《统战条例》从制度上回应了这一趋势。首先，将“致力于中华民族伟大复兴”补入统一战线性质，使其完善为“全体社会主义劳动者、社会主义事业建设者、拥护社会主义爱国者、拥护祖国统一和致力于中华民族伟大复兴爱国者的联盟”；其次，将“私营企业、外资企业的管理人员和技术人员”“中介组织从业人员”“自由职业人员”合并为“新的社会阶层人士”，并涵盖“新媒体从

业人员”及未来可能出现的新群体。《统战条例》对党外社会各阶层尤其是新群体的吸纳、整合，有利于促进新时期统战对象的政治认同与身份认同，为中国共产党打开统战新局面奠定了制度基础。

2. 扩大党组覆盖面，整合社会组织

5 月29 日，中共中央政治局审议通过《中国共产党党组工作条例（试行）》（以下简称《党组条例》）。依据《党组条例》，党组是党在中央和地方国家机关、人民团体、经济组织、文化组织、社会组织和其他组织领导机关中设立的领导机构，在本单位发挥领导核心作用。与党章中对党组的规定相比，这一规定体现了两个新特点：一是明确将“社会组织”列入设立党组的范围；二是将此前的“可以设立”改为“设立”，言下之意，即“应当设立”和“必须设立”。这意味着未来将普遍设立党组，以覆盖原有治理未及的一些领域。随着党组覆盖面的扩大，中国共产党的领导地位将得到加强，对各领域组织化力量的整合将更为有力，从而进一步发挥“总揽全局、协调各方”的领导核心作用。

3. 引领社区建设，整合农村基层

5 月底，中共中央办公厅、国务院办公厅联合印发《关于深入推进农村社区建设试点工作的指导意见》（以下简称《农村社区意见》），就创新农村基层治理、提升农村公共服务水平、促进城乡一体化等方面提出要求。近年来，中国农村发生深刻变化，不断暴露出组织弱化、民主失序、村庄空心化、“三留守”群体扩大等治理难题，其中组织弱化成为基层治理“最要命的地方”。[①] 对

---

① 欧树军等．大道之行：中国共产党与中国社会主义［M］．北京：中国人民大学出版社，2015.

此，《农村社区意见》明确提出将村党组织与村民自治结合起来，作为农村社区建设的根本手段，体现在两个层面：一是农村社区建设由村党组织领导、村民委员会牵头，以村民自治为根本途径和手段，动员村民参与，同时不改变村民自治机制，不增加农村基层管理层级。二是以基层党组织引领农村社区建设，进而带动农村自治组织、群众组织和经济社会服务组织建设。强化基层党组织在农村中的统合、引领作用，对于整合农村自治资源、改变广大农村“表面有政府、实际无组织”的状态，具有重要意义。

党的十八大以后，面对日益严峻的深化改革局面，社会整合成为中国共产党施政的又一大着力点。借助强大的政治优势与组织优势，执政党逐步形成了“组织嵌入”与“资源下沉”的双重工作机制：对社会新兴群体和非党组织，采取更为紧密的组织嵌入方式，即将新兴力量纳入统战视野、将社会组织摄入党组范畴；对农村基层，则在激活基层党组织的同时，推动公共服务均等化，进一步整合农村社区。相比执政党内部自上而下强力反腐、严肃党纪的纵向整合，此次整合侧重于横向强化，重心在党外。随着相关制度的出台及落地，这一纵横两线、全面覆盖的治理格局将得进一步确立，成为执政党实现政治抱负的新舞台。

（文/杨煜超）

国务院力推政府与社会资本合作模式

2015 年 5 月 22 日，国务院办公厅转发财政部、国家发展改革委、中国人民银行《关于在公共服务领域推广政府和社会资本合作模式指导意见》（以下简称《意见》）的通知。《意见》在延续中央前期一系列推动政府与社会资本合作（PPP 模式）政策的基础上，就 PPP 项目实施管理、价格调整、财政补贴、项目监管、法律体系、政策保障等方面提出了更为实质性的内容。

1. PPP 模式成为撬动经济稳增长、降风险的有力杠杆

PPP 模式即政府采取竞争性方式优选具有投资、运营管理能力的社会资本，双方按照平等协商原则订立合同，明确责权利关系，由社会资本提供公共服务，政府依据公共服务绩效评价结果向社会资本支付相应对价，保证社会资本获得合理收益。这种模式最早源于 1992 年英国的公共基建领域，后逐步扩展到智利、巴西、葡萄牙、意大利等国，并于 20 世纪 90 年代末被引入中国。

当前中央政府力推 PPP 模式，主要基于三方面考虑：一是促进经济稳定健康增长的需要。面对经济下行压力，中央意识到必须重启投资杠杆特别是基础设施投资杠杆，以实现稳增长目标。但如果采用以往政府主导的大规模投资刺激方式，易引发通胀和资产泡沫，而 PPP 模式通过引导资本存量进入基建投资领域，可兼顾经济发展的速度与质量。二是完善财政投入和管理方式的需要。当前“一带一路”、京津冀协同发展、长江经济带、新型城镇化等宏观战略均需大量基建投资，吸引社会资本参与不仅有利于实现投资渠道多元化、减轻政府投资支出压力，也促使政府投资规模和收益风险更加公开透明，从而有效控制政府债务规模、防范债务风险。三是提升公共服务水平的需要。过去由政府建设运营的公共基础设施普遍效率较低，推广 PPP 模式既可充分利用私营企业的技术、管理优势，改进提升公共服务质量，也可减少政府干预，厘清政府和市场边界，加快推进政府职能转变。

2. 两部委主导形成 PPP 模式政策链条

当前 PPP 模式的政策制定工作主要由国家发改委和财政部牵头。一方面，2014 年 12 月，国家发改委发布《关于开展政府和社会资本合作的指导意见》和《政府和社会资本合作项目通用合同指南》，要求各地发改委建立 PPP 项目

库，并从2015年1月起按月报送PPP项目进展情况。另一方面，财政部专设政府与社会资本合作中心，同期出台《政府和社会资本合作模式操作指南（试行）》和《财政部关于政府和社会资本合作示范项目实施有关问题的通知》，并公布一大批PPP示范项目。此次《意见》的出台，不仅旨在统一中央各部委关于推行PPP模式的意见，更是在中央政府层面对PPP模式的推广应用提供了有力的政策支持和保障。

3. 审慎推进PPP模式

目前，各地政府正积极申报项目，社会资本也跃跃欲试，PPP模式推广热潮已初步显现。业界对PPP模式的推广应用也颇具信心，普遍认为如果PPP模式得到真正的推进和落实，就能够切实有效的缓解地方政府各级财政部门的支出压力，提高财政资金的使用效率，降低地方政府债务负担。但同时也有人士表示出一定的担忧：目前PPP模式的遴选机制透明度不够，易滋生暗箱操作等腐败问题；地方政府将PPP模式变相为融资工具，利用其“拆东墙补西墙”，违背其初衷；为求政绩盲目上马PPP项目，缺乏前期评估测算将导致项目后期运营困难，反而给政府和企业造成巨大负担，损害公共利益。总之，PPP模式既非救命稻草，也非灵丹妙药，它是比较符合我国当前基建投资现状的一种投融资手段，唯以科学严谨的作风和对公众负责的态度去推进落实，才能真正发挥其优势。

（文/马克）

城市公立医院改革破创收机制难题

2015年5月6日，国务院办公厅发布《关于城市公立医院改革试点的指导意见》（以下简称《意见》）。《意见》明确“政府办医”的改革方向，提出打破“以药补医”怪圈、重塑公立医院收入机制。

1. 定方向：扭转公立医院过度市场化趋势

公立医院改革是我国医疗改革的重中之重，而城市公立医院由于医疗服务责任大、人才培养任务重、面临医患纠纷多，则成为改革的主战场。20 世纪 90 年代，市场机制被引入医疗领域，公立医院改革先后经历扩大医院经营自主权、实现医生收入与工作量挂钩、逐步放开医疗市场三大阶段。为解决自负盈亏问题，公立医院普遍以“创收”为目标，原有公益性逐渐削弱，以致在其常年收入来源中，药品收入占比高达四成，而财政补贴却不到一成。市场供需关系长期左右公立医疗发展，不仅加剧了城乡之间、城市内部的医疗资源分配失衡，同时导致医疗费用高涨，低收入群体面临疾病造成的巨大经济风险，甚至因病致贫。

为此，2009 年新医改方案确定了恢复公立医院公益性的总体方向，但受到相关利益集团的反复牵制。① 其中较为严重的问题是，医改在实施过程中被异化为改变公立医院所有制，进而被社会办医、混合所有制问题所劫持。而 2010 年启动的城市公立医院改革仍处于试点阶段，往往是“头痛医头、脚痛医脚”，缺乏整体统一设计，影响了改革进程。

2. 破难题：破除“以药补医”创收机制

明确“政府办医”原则，打破公立医院逐利性目标，是《意见》的主要

① 著名学者王绍光指出，2009 年新医改是向 1950 年全国第一次卫生大会确定的四个医疗方针的回归：第一是为工农兵服务，第二是预防为主，第三是中西医结合，第四是医疗卫生与群众运动相结合。见王绍光．医疗改革的方向最重要［EB/OL］．中国乡村发现网，http：//www.zgxcfx.com/Article/10267.html.

亮点。为此，《意见》专门针对医院创收问题，要求破除以药补医机制。一方面，取消药品加成，从公立医院补偿渠道中剔除药品加成收入，保留服务收费和政府补助；另一方面，通过调整医疗服务价格、加大政府投入、降低医院运行成本等方式，建立科学合理的补偿机制。

《意见》还提出完善医院人事薪酬制度，确保医生收入水平。以药补医，集中表现为医生为了达创收指标或拿药企回扣，利用信息不对称开大处方、多用药、用贵药。要全面制止这种行为，除了切断医生与药品的利益勾连外，还必须使医生收入有较高保障。与医疗服务价格调整相接应，《意见》要求薪酬水平要体现医务人员的技术劳动价值，考核应侧重于工作量、服务质量、行为规范、技术能力、医德医风和患者满意度等方面。

3. 存风险：公益性定义模糊，后续措施落实堪忧

首先，未明确界定“政府办医”内涵，公益性导向未能一以贯之。《意见》一方面强调政府兜底责任，另一方面又提出完善公立医院法人治理结构，落实医院的人事管理、内部分配、运营管理等自主权，实为典型的管办分离、政事分开思路。但按照公益性要求，公立医院作为非营利性机构不同于企业，如果将内部治理与外部监管分开，恰恰失去了体制优势；且公立医院法人治理结构代表公共利益，其存在是为了加强政府监管，而非扩大医院自主权。医改回归公益性，其实质是收权和整合，而非放权。

其次，取消药品加成后，政府投入难以保证，破除创收机制难度大。以往医改进程曲折，很大程度上是由于政府财政投入不足。在当前经济增速趋缓、政府财政收入减少的背景下，政府能否保证财政补贴到位，直接关系改革成败。如果补贴资金不足，医院迫于经济压力仍会趋向创收。

最后，《意见》拟采用药品集中招标采购、药房托管等方式，作为对取消药品加成措施的补充，但这些方式本身问题繁多，恐难确保“医药分开”。目

前，相关政府部门对于药品集中招标采购中是否准许“二次议价”行为，存在较大分歧。[①] 而关于药房托管的争议更大。有分析指出，药房托管掩盖了“以药补医”，医院仍可通过房租、管理费、质量保证金等名义，向托管方收费获利。

（文/姚瑶、蔡森）

高校启动新一轮创业教育改革

2015年5月4日，国务院办公厅印发《关于深化高等学校创新创业教育改革的实施意见》（以下简称《意见》）。继教育部启动部分高校转型职业教育试点之后，本届政府延续高教政策的就业导向，出台任内首份以“创新创业”为主题的5年教改方案，拉开了新一轮高校创业教育改革序幕。

1.《意见》旨在支撑经济转型升级战略深度实施

党的十八大以后特别是近两年来，面对经济下行压力，中央锚定“创新驱动”“制造强国”等经济转型升级重大战略，一面不断释放改革红利，一面自上而下发起创业总动员，力推“创业新政”。此次《意见》与近半年内密集出台的《关于扶持小型微型企业健康发展的意见》、“设立新兴产业创业投资基金”、《关于发展众创空间推进大众创新创业的指导意见》、《关于进一步做好新形势下就业创业工作的意见》、《中国制造2025》等政策共同构成了新政版图，希望进一步打通高等教育与就业、产业之间渠道，促进毕业生创业

---

① 2010年原卫生部明文规定禁止“二次议价”，而2013年国家发改委明确表态支持“二次议价”。诸如此类的部门矛盾还涉及改革主导权、医保管理归属等。

就业，为经济转型升级提供人才支撑。

2.《意见》提升创新创业教育政策

与过去5年创业教育政策主要集中于部门层面相比，此次《意见》定位于“深化改革”并由国务院办公厅直接印发，其意义和重要性明显升格，内容上也更具系统性和突破性。

一是正式提出发展创新创业教育的原则和目标。《意见》以提质量、补短板、聚合力为原则，要求搭建全员参与、社会支持的创新创业环境，于2017年形成“具有中国特色的创新创业教育理念”，至2020年建立“全课堂教学、自主学习、结合实践、指导帮扶、文化引领融为一体的高校创新创业教育体系”。二是围绕培养标准、培养机制、课程体系、教学考核、创业实践、学籍管理、教师能力、创业指导、资金政策等方面设定框架，留出改革的创制空间。其中，探索建立需求导向的学科专业结构和创业就业导向的人才培养类型结构调整新机制，举办创新创业教育实验班，建设创新创业教育课程群并向全体学生开设创业类课程，建立创新创业学分积累与转换制，建立创新创业教育专职教师到行业企业挂职锻炼制，形成全国万名优秀创新创业导师人才库，鼓励社会资本设立大学生创业风险基金等举措，颇有新意；而实施弹性学制，放宽修业年限，允许学生保留学籍休学创业之提法，更显大胆。三是强调改革过程监督和主体责任，首次将创新创业教育纳入考核评估。《意见》要求各地成立创新创业教育专家指导委员会，各高校落实主体责任、成立由校长为首的创新创业教育工作领导小组，并要求把创新创业教育质量作为考核高校领导班子的重要指标，纳入高校教育教学评估指标体系和学科评估指标体系。

（文/佘倩影、李晓青）

北京着力塑造首都核心功能

2015年5月21日，国务院正式批复《关于北京市服务业扩大开放综合试点总体方案》（以下简称《方案》），以此接应京津冀一体化总体战略，促进北京产业结构调整，塑造北京的首都核心功能。

1. 新旧“四个中心”：首都功能定位的重大转型

中华人民共和国成立以后，北京一直是全国政治、经济、文化、科技中心。由于集聚了大量优质资源，20世纪90年代以来，北京人口规模不断扩大，如今已远超其承载能力[①]。首都功能大而全、高中低端产业杂陈、人口压力巨大，不仅制约着北京的可持续发展，也对其塑造新形象、走向国际化形成掣肘。合理疏解和转移北京的“非首都核心功能”，必要且紧迫。

2014年，习近平提出北京“四大核心功能”新定位，明确其未来主要作为全国的政治、文化、国际交往和科技创新中心。这一重新定位排除了北京作为全国经济中心的传统功能，增加了北京作为国际交往中心的新功能，意味着首都功能定位的重大转型。5月，国务院出台《京津冀协同发展规划纲要》，要求调整京津冀三地经济结构和空间结构，将高能耗、低效能、污染严重的产业和部分低附加值的第三产业转移到京外，并借此分散在京人口。此次《方案》被批复，预示着北京将通过服务业的扩大开放，被推向新的首都功能阶段。

---

① 2004年北京市政府依据北京的承载力制订了《北京城市总体规划（2004—2020年）》，提出在2020年需要将北京人口限制在1800万以下。从目前人口发展态势看，这一目标显然很难实现，意味着北京将继续面临人口过量带来的就业、交通、环境、福利、公共服务、社会管理等多方面压力。

2. 服务业“三个开放”：全面强化首都核心功能

《方案》划定科技服务、互联网服务、文教服务、金融服务、商旅服务和医疗服务六大领域，推动“三个开放”，着力构建五大支撑体系。

第一，推进服务业向高科技开放。首先，将中关村建设成为具有全球影响力的科技创新中心，支持中关村建设互联网金融创新中心；其次，大力发展互联网和信息技术，促进科技服务业、电子商务和现代物流。第二，促进服务业向社会资本开放。《方案》提出，推进商务服务领域对社会资本开放，支持社会资本以出资新建、参与改制、托管、公办民营等多种形式进入医疗服务业，在文化教育领域拓宽资本运营渠道，发展文化市场多元服务模式。第三，推动服务业向国际开放。服务业向国际开放包含两层含义：既面向世界提供高端服务，又积极全方位吸引外资。

与此相应，《方案》提出五项配套支撑措施：一是优化社会信用环境，健全社会信用体系；二是改革市场监管模式，制定与北京城市战略定位和人口资源环境承载力相适应的扩大开放清单；三是创新高端人才聚集机制，为外籍高端人才在京创业和工作提供便利；四是加大金融保障力度；五是提高通关便利水平。

3. 首都功能转变的“服务化”意义与问题

通过上述举措，北京有望以服务业为突破口，实现首都核心功能的转变，然而其中存在的问题也不可忽视。

一方面，服务业扩大开放对疏解北京压力，实现新功能定位意义重大。北京社科院副院长赵弘认为，服务业扩大开放可以治理“大城市病”，因为这些高端服务业具有占空间小、人才密集、附加值高等特征，有利于优化产业机构、提升竞争力，控制污染和减少能耗。同时，发展高端服务业还能辐射北京周边地区，成为周边发展的引擎和动力。从京津冀协同发展的角度来看，北京服务业扩大开放的辐射效应会覆盖整个京津冀地区，形成服务业发展高地的北京将更有能力向外输出更多、更优质的服务业资源。

另一方面，各方也对其中存在的隐患提出疑问。首先是如何处理政府与市场关系的问题。重新定位和塑造首都核心功能是一项“政治使命”，但根本症结还要落到经济问题上。商务部研究院国际市场部副主任白明指出，塑造首都功能既要靠政府的力量推动，也要发挥市场在资源配置中的决定性作用。其次，服务业扩大开放很难独立运作。对外经贸大学国际经济研究院院长桑百川认为，服务业的扩大开放要与经济体制改革相结合，关键是要形成有效竞争的市场结构，推动管理水平和创新能力的提升。最后，首都功能转型过程应注意速度与效果的平衡。中国社科院世界经济与政治研究所所长助理宋泓认为，服务业开放要渐进式开放，不能为了开放而开放，最终目的还是促进国内经济发展。开放的程度和进程要与国内服务业竞争水平、改进速度相配套，通过开放提升整个服务业的竞争力。

（文/张强、穆晶璐）

6月 优秀县委书记带来政坛新风

中央大力表彰优秀县委书记

造岛工程构建南海新格局

治党新规助推反腐制度化

国家推进信息化治理进程

国务院出台“返乡创业”扶持政策

中央大力表彰优秀县委书记

2015年6月30日，中组部发布《关于表彰全国优秀县委书记的决定》。同日，习近平会见了受到表彰的102名全国优秀县委书记，并在讲话中要求县委书记做“政治的明白人、发展的开路人、群众的贴心人、班子的带头人”。这是党中央时隔20年后再次评选和表彰全国优秀县委书记，一定程度上反映出新一届中央领导集体治国理政的基本思路与新动向。

1. 县委书记的“千钧担”

自古以来，县就是国家治理的关键环节。在中国现行的治理架构中，县级地方政府更是地位重要。第一，县发挥着承上启下的“纽结”作用。较之省市，县直接接触治理一线；较之乡镇，县具备完整的公共管理职能。俗话说“上面千条线，下面一根针”，中央政策的落实，基层民情的上传，都离不开县这个结点。第二，县级政权“麻雀虽小，五脏俱全”。除国防和外交外，县的治理范围极为广阔，对国家各项事务均有统摄，涵盖人民生活的方方面面。第三，正是由于县的重要性和工作的全面性，县委书记往往被赋予极大的权力。现实中，县委书记往往一言九鼎，其权力“一竿子插到底”，是名副其实的一把手，县委书记的好坏和强弱对县域治理有着重要影响。近年来，随着社会和经济转型，县域治理的难度越来越大，稍有不慎就对全局产生不可估量的影响。近年来层出不穷的群体性事件，大多发生在县这一级。同时，对县委书记的监督约束机制缺位，导致县委书记群体沦为腐败“重灾区”，社会形象不佳，严重影响了干部队伍的作风建设。可以说，此次中央再选优秀县委书记与上述形势密切相关。

2. 再选优秀县委书记深藏政治深意

2015 年以来，中央对县委书记群体给予了足够重视。习近平在 1 月 12 日接见了中央党校县委书记研修班学员，提出“心中有党、心中有责、心中有民、心中有戒”的要求。① 此次接见全国优秀县委书记，再次要求做“政治的明白人、发展的开路人、群众的贴心人、班子的带头人”。前后两次重要讲话一脉相承，其背后的政治深意值得关注。

第一，加强中央对基层的领导和管理，防止政策异化。当前改革阻力重重，从中央到地方的层级滞碍一定程度上影响了中央意图的贯彻落实。因此必须一竿子插到底，加强对基层领导干部的管理和领导，打破“政令不出中南海”的怪相。所谓“心中有党”“做政治的明白人”，就是要求县委书记在政治上头脑清醒，立场坚定，坚决贯彻中央意图，决不允许拉帮结派、欺上瞒下。第二，积极应对县域治理的新常态。当前，中国经济发展、社会民生、政治维稳、环境保护等领域矛盾不断，这些矛盾又集中汇总到县一级。县委书记作为党治国理政的“一线总指挥”，必须提高执政能力和治理水平，做到“心中有责”“做发展的领路人”。担起维护改革、发展、稳定大局的千钧重担。第三，强化选人用人的新导向。前几年党中央在公开选拔、竞争上岗等方面投入很大精力，但选拔过程中出现了唯分取人、唯票取人的怪相，一定

① 心中有党 心中有民 心中有责 心中有戒［OL］. 新华网，2015－01－13.

程度上影响了选人用人导向。然而，主政一方的经验对领导干部来说异常重要，能更加全面地锻炼干部、考核干部。这也是新一届领导班子选人用人的新动向。此次选拔优秀县委书记，其深意就在于表彰先进，树立典型，突出高层对基层干部的重视和培养。第四，借机敲打基层的腐败势头。党的十八大以后，反腐高潮虽重在“打老虎”，但在反腐的过程中，“小官巨腐”的现象却层出不穷，有的甚至是触目惊心，“拍苍蝇”也显得刻不容缓。县委书记作为直接面对基层群众的领导干部，有着率先垂范的重要责任。此次表彰，一方面是为县委书记队伍正名，另一方面其实也是对基层腐败趋势的侧面敲打。所谓“心中有戒”“做班子的带头人”，本质上是强调县委书记作为班子带头人，在纪律和作风方面必须发挥主体责任。

3. “一线总指挥”的培养策略

“郡县治、天下安”。此次中央再次评选优秀县委书记，与20年前相比，显然更富有治党治国的时代要求和深层考虑。但就目前的政治现实而言，打造县委书记队伍还需重视四点。一是做实县委书记轮训。中央党校在党的十六大时就开设了县委书记研修班，但除了十六大当年安排在中央党校外，其他研修班都重回地方党校，中央党校只负责新晋县委书记的短期培训。而当前轮训若要取得实效，就必须将党校轮训常态化，把2017年轮训全国县委书记的目标做实。二是加强选任工作的导向。要注重从基层锻炼和选拔人才，真正将优秀的干部充实到县委书记队伍中，将优秀的县委书记提拔到合适的岗位上，激发基层干部干事创业的积极性，形成良好的用人之风。三是资源、政策继续向基层倾斜。县委书记想干事、干成事都离不开各方面的资源支持，如果正确渠道拿不到政策支持，只能诉诸其他途径，极易引发腐败。所以从中央到省市都应加大对基层的资源、政策倾斜力度，为县委书记干事创业营造良好的外部环境。四是既要监督也要放权。中央曾在多地试点从人事、重大项目、财政等方面加强对县委书记的监督，虽取得一定的成效，但也导致一些县委书记权责失衡，束缚过多，难有作为。因此，当下要发挥好县委书记的“开路人”作用，既要加强监督约束、合理节制，也要大胆放权，强化责任，建立起一套行之有效的管理、监督机制，使县委书记真正成为“班长”而不是“家长”。

（文/仲启群、马纪元）

造岛工程构建南海新格局

2015 年 6 月 30 日，外交部发言人华春莹在例行记者会上表示，中国在南沙群岛部分驻守岛礁上的建设已于近日完成陆域吹填工程，下阶段将开展满足相关功能的设施建设。这使近年来备受关注的中国南沙岛礁建设话题再度成为国际舆论的焦点。

1. 从“搁置争议、共同开发”到“填海造岛”

南海问题经历了一个从无到有、由小到大的发展过程。20 世纪 70 年代后，随着南海地区油气资源的发现与开发、国际海洋法律制度的确立与发展，周边国家纷纷开始对南沙岛礁和海域提出权利主张，先后侵占中国 40 多个岛礁并进行军事驻守，南海逐步由“平静之海”变为“争议之海”。为了给刚刚结束十年国内动乱、转向经济建设的中国争取一个安全稳定的周边环境，1978 年，邓小平率先提出“搁置争议、共同开发”的战略构想，并将其应用于推动中日友好、解决中日钓鱼岛问题之上。此后，邓小平多次阐述并完善了这一思想，而该构想也成为和平解决中国与周边国家之间领土、领海争端的重要指导原则。经过 30 余年的韬光养晦，中国面临的国内外形势发生了重大变化。在南海问题上，近年来，中央政府对“搁置争议、共同开发”的八字方针很少提及，多采用“坚持维护南海和平稳定、坚持谈判协商解决南海问题”等外交措辞。政策因时而变，随着中国综合国力的大幅提升，更加积极主动地捍卫国家利益乃是必然，而加速“填海造岛”就是有力措施之一。

2. 南沙岛礁建设工程概况

2014年初，中国开始加速推进南沙岛礁建设工程。该工程分为两个阶段：第一阶段为陆域吹填；第二阶段为功能设施建设。陆域吹填是填海造陆的一种手段。截至2015年6月底，中国已经完成美济礁、渚碧礁、永暑礁三大陆域吹填工程。在陆域吹填工程完工后，中国将在这些岛礁上开展满足相关功能的设施建设。外交部相关发言人指出，岛礁建设除满足必要的军事防卫需求外，更多是为海上搜救、防灾减灾等各类民事需求服务。

3. 构建主权与利益新格局

中国提速填海造岛的主要目的有二：一是强化南沙力量，捍卫国家领土。越南、菲律宾等国不但非法侵占中国南沙岛礁，而且长期以来在其侵占的岛礁上大兴土木，不仅修建机场等固定设施，甚至部署导弹等进攻性武器。作为南海的主权者，中国若仅仅在口头上对这些侵犯主权的活动表示严重关切和坚决反对，实非上策，需要采取果决和实干的方式捍卫南海主权。二是控制航运要道，保护海上贸易。南海是国际贸易和海上运输的生命线，尤其是其西南侧的马六甲海峡，战略地位极为重要。填海所造之岛必将修建必要的军事设施，部署一定规模的军事力量，此乃保护中国海上运输和国际贸易最为直接有效的途径。

随着扩建岛礁上功能设施的建设和完善，一方面，中国应争取把这些岛礁打造成繁荣南海航运、促进区域经济发展和抗御灾害的支点，在保护经济利益的同时兑现“更好地履行国际责任和义务”的承诺，从而有效维持南海的和平稳定；另一方面，对于美国或周边国家将来可能采取的更为激进的干扰行动，中国应多做预案，予以及时回应和反制。只要中国和平利用扩建的岛礁，南沙岛礁的建设非但不会激化南海局势，反而可能开启建设性思维，提供打破局势恶性循环的契机。

（文/张强、张宁远）

治党新规助推反腐制度化

2015 年 6 月 26 日，中共中央政治局全体会议审议通过《中国共产党巡视工作条例（修订稿）》（以下简称《条例》）和《关于推进领导干部能上能下的若干规定（试行）》（以下简称《规定》）。同日下午，政治局就加强反腐倡廉法规制度建设进行第二十四次集体学习。一天之内，中央最高领导层在党建和反腐制度建设上连出重拳，总结当前反腐工作的总体形势，强化党内监督审查机制和事后追责机制，表明中央在反腐制度化方面再进一步。

1. 法制反腐：全面从严治党的迫切要求

全面从严治党是 2014 年后执政党确立的四大战略任务之一，是对党史上强调的党内生活、党建工程等一系列工作的全面升级。作为执政党，中国共产党在不断壮大的过程中既有巨大的政治优势，也面临着严峻挑战，其中最为紧要的就是党风廉政建设和反腐败斗争。对执政党来说，在全面深化改革的关键阶段，党风廉政建设和反腐败斗争对于事业的成功异常重要，是关系党和国家生死存亡的重大政治问题。目前，反腐败斗争虽已取得阶段性成果，但形势依然严峻，突出表现在：一方面，“腐败活动减少了但并没有绝迹”，有些人在高压态势下仍然不收敛不收手，甚至变本加厉，反腐仍然没有取得压倒性的胜利；另一方面，也是最为重要的一面，就是党内有关制度建设还很不健全，缺乏一套完善的预防、侦查和处理制度。正因为如此，习近平在集体学习时强调，“法规制度带有根本性、全局性、稳定性、长期性”，“铲除不良作风和腐败现象滋生蔓延的土壤，根本上要靠法规制度”。①

2. 双拳出击：巡视“固化”与干部“进出”

党的十八大以来，执政党先后修改了不少党内法规，试图“扎紧制度的篱笆”，将“权力锁在笼子里”。而此次政治局会议通过的两份文件较之以往显然更具标志性意义。

第一，《条例》将巡视工作中的实践成果固化为制度。中国共产党自建党以来就将巡视作为党内监督的战略性制度安排，党的十八大后更是将其作为党风廉政建设和反腐败斗争的重要手段。但先前的巡视并非一种常态化机制，更多地体现为一种临时性和专项性工作，相关规定也较为宽泛，对腐败现象不能形成长期震慑。而此次《条例》的修订则充分吸收了十八大后巡视工作实践的创新成果，注重解决巡视工作面临的新情况新问题，进一步明确巡视工作定位，深化巡视监督内容，对机构设置、工作职责、方式权限、纪律要求等做出明确规范。而且，《条例》坚持党的领导和分级负责原则，强调上下联动，形成横向全覆盖、纵向全链接、全国一盘棋的战略态势，目的就是在强化反腐的同时又维护中央和上级党组织的权威。

第二，《规定》从制度上为反腐解决了干部“能上不能下”的难题。全面从严治党，关键是从严管好用好领导干部。在以往的反腐工作中，对那些违反党规党纪但尚未突破国法底线的干部缺乏有效惩处措施，使不少违纪干

① 习近平. 加强反腐倡廉法规制度建设 让法规制度的力量充分释放［OL］. 新华网，2015-06-27.

部存在侥幸心理，严重削弱了纪检工作的权威性。此次《规定》着力推进干部能上能下，重点是解决能下的问题，为处理那些政治上不规矩、廉洁上不干净、工作上不作为、作风上不实在的干部提供了制度依据，使“退出”和“降级”形成常态化。这“一下一上”，既打破了过去干部任用上重事前审查、轻事中事后监管的传统，也有效支撑了新形势下的党风廉政建设和反腐败工作。

3. “按党规办事”：反腐败的新思路

当前，“党内问题国法办”是普遍的做法。但国法只能兜底，并不能从源头上遏止违纪违法行为。这就要求在党内建立起“早期预警系统”，党法党规必须挺在国法的前面，而且要比国法更加严格。党的十八大以来，执政党显著提高了法治在治国理政中的地位，强调全面依法治国。就治党而言，强调党内组织纪律和政治规矩，特别重视党内的法规制度建设。不仅集中清理、废止、宣布失效或修改了一批不合时宜的党内法规文件，同时也根据需要建立健全新的法规制度，严抓贯彻执行，为党风廉政建设和反腐败斗争提供了强有力的制度保障。从这个意义上看，执政党正在逐步推进“依规治党”，而按党规办事将成为未来一段时间反腐败工作的重要内容。

（文/仲启群、朱彩云）

国家推进信息化治理进程

2015 年 6 月 4 日，国务院常务会议决定实施法人和其他组织统一社会信用代码制度，在注册登记时一次性免费发放统一代码和登记证（照）。6 月 9 日，根据公安部第三研究所获悉的消息，中国已建立“公安部公民网络身份识别系统”，并已通过国家密码管理局的安全审查，开始向公民签发公民网络电子身份标识“eID”。这表明，官方正通过信息技术打破行政藩篱，实现简政放权目的的同时，努力提高信息网络安全。

1. 改革旨在破解信息时代治理难题

根据中国互联网络信息中心（CNNIC）发布的《第35次中国互联网络发展状况统计报告》，截至2014年12月，中国网民规模已达6.49亿，互联网普及率为47.9%，已成为全球第一网民大国。然而，网民数量的庞大及信息技术快步发展的同时也给国家的治理带来了挑战。一方面，在信息化背景下，传统的行政服务和监管方式由于过于冗繁和低效，难以适应现代复杂多样的社会环境和有效回应民众需求，无法广泛开展精准管理，因而整体行政效率仍偏低。另一方面，以往对网络空间中的各种虚拟实体和角色缺乏有效管理，由此带来包括网民隐私泄露、黑客偷盗、商业欺诈和虚假信息等问题，进而对电子交易、公民财产安全及社会安定造成了巨大的危害。

党的十八届三中全会提出了推进国家治理体系和治理能力现代化的目标，而信息化治理作为国家现代化治理体系的重要一环，也始终为中央所重视与推进。以中央网络安全与信息化领导小组成立为标志，中国信息化建设进入新的历史阶段。此次统一社会信用代码制度与网络身份识别系统的建立，既是回应上述信息时代两大治理难题的具体举措，也是深入推进国家信息化治理进程的体现。

2. 社会信用代码有助提升政府服务与监管水平

所谓统一社会信用代码制度，是指为每个法人和其他组织发放一个唯一的、终身不变的主题标识代码，并以其为载体采集、查询、共享、比对各类主体信用信息。长期以来，我国机构代码不统一，多头赋码、多码并存，缺乏有效协调管理和信息共享机制，多数代码仅应用于本部门内部管理，一些部门信息数据相互割裂封闭，存在“信息孤岛”问题，影响了部门间信息共享和协同监管，增加了社会成本，降低了行政效能。

此次推出的法人和其他组织统一社会信用代码制度，是政府简政放权的一项重要改革措施，也是进行信息化治理的重要抓手，不仅有利于企业快速注册，减轻社会负担，打破“信息孤岛”障碍，促进信息共享交换，提高政府对市场主体的公共服务水平；同时也有利于降低社会管理成本，完善社会治理体系，实现对市场的有效监管。

3. 网络身份识别系统力保网络隐私与安全

“网络身份证”（eID）是以密码技术为基础、智能芯片为载体的新型身份识别系统，eID 与居民身份证形成一一对应关系，加密方式高度安全。持有 eID 的用户不再需要在不同网站分别提交个人信息、注册账号，只凭刷卡即可直接与公安部系统联网，并在不泄露身份信息的前提下在线远程识别身份。这种“一次签发、各处使用”的安全和便捷的服务体系，使得用户在不同网络应用机构中被分配出不同的身份代码，既保护了个人身份信息，又能最大限度地防止个人在云端的行为数据被汇聚、分析和追踪。此举为加强网络社会治理，实现网络空间中政府公共服务、民生事务服务、商业电子服务提供了基础，对于保护公民网络隐私乃至国家网络安全都具有重要的现实意义。

习近平在中央网络安全和信息化领导小组第一次会议上曾提出“网络安全和信息化是一体之两翼、驱动之双轮”的论断。由此观之，信息资源的有效利用与保证信息网络安全是国家信息化治理的一体两面，两者必须兼顾而不可偏废。本次相关制度的出台可以看出，政府已逐渐注重以信息手段提高公共管理与社会服务效率，推进简政放权的同时加强网络的安全。

（文/段相宇）

国务院出台“返乡创业”扶持政策

2015 年 6 月 17 日，国务院办公厅印发《关于支持农民工等人员返乡创业的意见》（以下简称《意见》）。作为“创业新政”的重要部分，《意见》顺应近年来部分农民工等群体返乡创业趋势，从产业发展、基建投入、创业服务、财金优惠等方面提出了扶持政策。

1. “返乡创业”是农民工有序回流与就近城镇化的重要出路

如何促成农村与城市间人口的有序流动及合理分布，始终是中国城市化进程中的关键问题。20 世纪末至 21 世纪初，随着经济高速增长，农村劳动力大量流入城市，在迅速提升城市化水平的同时，也伴生着“大城市病”、城乡差距扩大、农村治理难题、农民工难以市民化等问题。2008 年金融危机以后，由于进出口大幅下滑、沿海企业大批破产，两千余万失业农民工一度回流返乡，其中一些人开始探索创业。面对上述问题及变化，中央明确提出推进以人为核心的新型城镇化，着重解决“三个 1 亿人问题”，引导约 1 亿人在中西部地区就近城镇化。就近城镇化有赖于技术、资本或者产业的进入，从而引导农民就业乃至主动创业。此次《意见》旨在以返乡农民工为主体，通过改善创业环境，促进劳动力和其他生产要素的集中再分配，推动实现就近城镇化。

2. 全面优化返乡创业环境，强化财税金融支撑

《意见》明确政策方向和五种返乡创业渠道。引导农民工顺应中西部产业转移趋势，再创业、再发展输入地产业；借鉴发达地区管理方式，迎合输出地消费、生产结构升级需求；挖掘本地特色产品，对接输出地与输入地市场；

融合发展一、二、三产业，打造区域特色优势产业集群；支持新型农业经营主体回乡创业，打造特色品牌。

《意见》提出健全基础设施和创业服务体系。一是加强基层服务平台和互联网创业线上线下基础设施建设；二是依托存量资源整合发展农民工返乡创业园；三是强化农民工等人员创业培训；四是完善农民工等人员创业公共服务；五是改善返乡创业市场中介服务；六是引导返乡创业与万众创新相对接。其中，互联网创业和万众创新是当前农民工创业的新特点。

《意见》要求在行政审批、融资及税收等方面提供更多便利。除以往常见的定向减税和普遍降费政策、财政资金的杠杆引导政策以外，《意见》一改以往商事登记制度、主体经营范围等限制，降低返乡创业门槛；提出在农村探索试点债券、股权等直接融资方式，完善创业信用机制，扩大抵押物范围；同时完善返乡创业园支持政策，给予创业园建设投资补助、贷款贴息支持，帮助完善水电、交通、通信等基础设施。为推动《意见》持续落实，此次还同时印发《鼓励农民工等人员返乡创业三年行动计划纲要》，明确了 7 项行动计划及实施路径和责任单位。

3. 返乡创业已达一定规模，创业风险不可小觑

目前，国内约有 200 万人投身返乡创业，由此带动的就业人数已达千万。但由于以往缺乏配套政策及环境，逾七成农民工创业困难、收效甚微。[①] 加之农民工所选择创业项目大多规模小、效益低、技术水平不高、品种单一且缺乏竞争力，易受市场波动影响，潜在风险大。《意见》为农民工的生存和发展问题作了具体制度设计，有利于破解农民市民化难题；但在中小城镇吸纳能力不足的情况下，不宜大跃进、运动式引导农民工返乡创业，否则容易引发

---

① 黄振华．我国农民工返乡创业调查报告［J］．调研世界，2011（8）．

大范围风险问题，进而导致农民失业、无收入甚至破产。因而在鼓励农民工返乡创业的过程中，必须视情况分步推广、稳妥实施，并确保相关保护扶持政策落到实处。

（文/佘倩影　李晓青）

7月　金融震荡考验中国经济治理

中央加紧制定“十三五”规划建议

政府出手救市　强化金融维稳

政府引入“大数据”提升治理水平

行业协会商会全面脱钩行政机关

协商民主推向城乡社区

互联网金融新政重建健康金融生态

北京加快推进行政副中心建设

中央加紧制定“十三五”规划建议

2015年7月20日，中共中央政治局会议决定于同年10月在京召开党的十八届五中全会，研究关于制定“十三五”规划的建议。在中国经济呈现新常态的关键节点上，“十三五”规划因如何部署全面建成小康社会的决定性5年而备受关注。

1.“十三五”规划：意义空前的新规划

五年规划是中国共产党长期以来治国理政的总指引，自1953年以来，已编制了12个五年规划。[①] 此次“十三五”规划较之以往，更具历史意义：一方面，这是新一届中央领导集体组织编制的首个五年规划；另一方面，这也是实现第一个百年奋斗目标[②]前的最后一个规划。在中国经济的新常态下，亟需一个高瞻远瞩又切实可行的发展规划来提振士气和信心。因此，“十三五”规划的编制工作也具有不寻常的特点。一是启动早。在2013年底召开的中央

① 五年规划原称“五年计划”，2006年起，改为“五年规划”。1963—1965年，受“大跃进”等影响，“五年计划”一度中断，1966年重新编制。

② “第一个百年奋斗目标”是指在中国共产党成立100年时（2021年）全面建成小康社会。

经济工作上，习近平总书记就强调“要着手启动‘十三五’规划前期准备工作”。[①] 2014 年 4 月 17 日，国家发改委组织召开“十三五”规划编制工作会议，全面启动规划编制工作；二是规格高。一般规划编制由总理统筹协调，党内最高领导人亲自主抓并不常见，而此次习近平总书记亲自挂帅，并成立中央部委、地方核心决策部门和各领域专家学者共同组建的高规格编制团队；三是调研密。自 5 月起连续 3 个月，习近平总书记先后在浙江、贵州、吉林进行了三次调研，分别与华东、西南、东北等 18 个省区市党政主要负责人座谈，听取关于“十三五”规划的建议，而党的十八大后类似规格与形式的座谈会屈指可数。

2. 总基调：战略定力与聚焦改革

在前期调研过程中，习近平总书记对当前经济形势做了大量论述，其中不少观点多次提及，为“十三五”规划作了总体定调，其核心要点有三：一是保持战略定力。世界经济环境在一段时期内依然比较复杂，机遇、挑战并存，但时和势总体对我国有利，重要战略机遇期仍然存在，关键要保持战略定力；二是适应新常态。在基本面向好的情况下，必须适应、把握、引领以方式转变、结构调整、增速换挡为特征的新常态，这是当前和今后一个时期经济发展的大逻辑；三是聚焦改革。所谓战略定力就是坚定不移地推进改革，“改革是制胜法宝”。就总体框架而言，此次“十三五”规划的改动可谓大刀阔斧。以往的规划基本是发展方式、三大产业、社会民生乃至国防外交的大合集，治国理政的各领域全部包括，突出“大而全”。而“十三五”规划的总体框架直接聚焦在经济增长、发展方式、产业结构、扶贫开发等 10 个方面，简单清晰，重点突出，具有时代特色。

---

① 习近平在中央经济工作会议上发表重要讲话［OL］. 新华网，2013 - 12 - 13.

3. 新动向：第一个百年奋斗目标的内在要求

从公开的总体框架来看，“十三五”规划实现了一系列新突破，有四大战略变化值得关注：其一，保增长依然是第一要务。这与“十二五”规划中“转方式”居首有了根本区别，也是习近平总书记本轮调研首站定于浙江，与东部沿海发达地区7省市负责人座谈，并将主题明确为“抓好经济社会发展”的原因所在。其二，创新驱动位次提升。本次规划中，促进创新被放在第四位，较之以往明显提升。从习近平三次调研考察来看，每次也必谈创新，足见政府创新的重视。其三，区域发展格局逐步明确。一方面，东部将获更大改革话语权，有望成为新一轮改革开放的试验田，再次引领全国发展；另一方面，东北再振兴。作为重工业基地，东北在“十三五”规划中将获取较大的政策支持。其四，扶贫助农将是重中之重。此次规划中，农业现代化和扶贫攻坚双双在列，“农业现代化”更是单独提出，并在总书记的3次调研中均被提及，重要性显而易见。

（文/仲启群、马纪元）

政府出手救市　强化金融维稳

自2015年6月中旬开始，A股市场上半年的“快牛”势头戛然而止，指数连续多日暴跌。短短3周多时间，上证指数从5100点上方跌破3400点，跌幅超过三分之一。在此背景下，中国证监会、中国人民银行等相关部门频出救市举措，积极组织护盘，并根据市场情况不断调整政策手段和力度。经过政府一系列的救市措施后股市危机才初步得到缓解。

1. 政府救市是防范金融危机的重要手段

2015 年以来，国内实体经济下行趋势较为明显，政府着力在实体经济的各个方面实施去杠杆化政策。与整体经济的下行趋势相背，证券市场在“沪港通”“混合所有制”“一带一路”等政策的催生下，吸收了大量的流动资金，借助金融杠杆的放大作用，创造了 2015 年上半年的中国牛市。当市场持续下跌时，依靠大量杠杆推动的证券指数如延续之前的暴跌势头，势必使得大量融资配资盘被强制平仓，进而导致市场恐慌及资金出逃，股市面临崩盘的风险。作为国家金融体系的重要一环，股市崩盘将引发系统性金融危机，其影响会超出金融领域，对中国整体经济走势带来负面冲击。从国际上看，当危机来袭时，政府选择“救市”以缓解金融危机造成的影响也是国际通例。本次政府救市，正是缓解股市危机、提振实体经济、防范系统性金融风险的必要手段。

2. 本轮救市过程体现政府维稳股市决心

本次股市暴跌，其诱因主要有前期上涨过快，高杠杆融资强平，市场恐慌蔓延，部分期指遭遇做空等。在危机展开过程中，政府根据不同原因推出多层次救市政策，涵盖四个方面：其一，积极出台政策为市场增加流动性。6 月 27 日，央行降息 0.25 个百分点，同时定向降准；7 月 1 日，证监会出台两融管理新规，由券商自主决定强制平仓线，不再设 6 个月的强制还款期；沪深交易所调降 A 股交易经手费、A 股交易过户费。7 月 4 日，国务院决定 IPO 暂缓，央行将协助通过多种形式给予证金公司流动性支持，维护市场稳定；之后，中央汇金公司在二级市场进行增持，21 家证券公司出资不低于 1200 亿元成立平准基金，投资蓝筹股 ETF。7 月 8 日，证监会、财政部、国资委要求上市公司6 个月内不得减持，并鼓励增持、回购、员工持股。其二，修改规则限制做空。7 月4 日，中金所对交易股指期货合约的部分账户限制开仓，部分券商暂停融券业务。7 月6 日，中金所规定将中证500 指数期货客户日内单方向开仓交易量限制为1200 手。7 月8 日起，中证500 股指期货各合约的卖出持仓交易保证金，由目前合约价值的10% 提高到20% （套期保值持仓除外），7 月9 日起更进一步提高至30% 。其三，政府表态提振信心。7 月2 日，李克强总理公开表示要培育公开透明长期稳定健康发展的资本市场；证监会、央行、财政部等部门也多次发表维稳表态喊话，坚定市场信心。其四，依法打击市场操纵、造谣传谣等行为。7 月2 日至5 日，证监会对涉嫌市场操纵行为进行专项核查，集中部署三起案件严打造谣传谣行为；中金所表态将依法严惩恶意做空、利用股指期货进行跨期现市场操纵等违法行为；7 月9 日，公安部副部长率队赴证监会调查恶意做空。本轮政府救市是一场全面、呈体系的救市行动，政府维护证券市场稳定的决心非常坚定。

最后，恶意做空的法律依据，尚待立法或司法解释。作为救市举措之一，证监会联手公安部宣布打击“恶意做空”，并解释“跨市场和跨期现市场操纵就属恶意做空”。

在救市告一段落之后，则更要尽快研究制定行政救市政策退出措施及机制，做好善后工作。同时要对当前中国股市发展战略、政策、市场规则及监管方式进行全面检讨及反思，以此来加速推进中国证券市场市场化改革的进程。

（文/缪若冰、段相宇）

政府引入“大数据”提升治理水平

2015 年7 月1 日，国务院办公厅发布《关于运用大数据加强对市场主体服务和监管的若干意见》（以下简称《意见》），要求政府提高大数据运用能力，增强政府服务和监管的有效性和针对性。这是中国首份由政府发布的通过大数据提升政府治理水平的文件。

1. 公共治理：进入数据治理时代

数据在公共政策制定、选择和绩效评估过程中发挥作用并不鲜见。以社会服务政策为例，民政部自1990年起每年发布《民政事业发展统计报告》（2010年后称《社会服务发展统计报告》）。这些报告既是对当年政府提供社会服务效果的数据总结，也对下一年公共政策的制定具有参考价值。从运用统计数据的治理到运用大数据的治理，不仅意味着数据更详细和精确，而且可能预示着新的治理手段的诞生。

2. 大数据：迈向更精准化的治理

此次《意见》要求将运用大数据作为提高政府治理能力的重要手段，不断提高政府服务和监管的针对性、有效性。内容包括运用大数据提高为市场主体服务的水平、加强和改进市场监管以及提升运用大数据能力的相关配套措施。服务方面，《意见》要求运用大数据创新政府服务理念和服务方式、提高注册登记和行政审批效率、建立守信激励机制、加强统计监测和数据加工服务、引导专业机构和行业组织运用大数据完善服务和运用大数据评估政府服务绩效。简政放权、提升政府办事效率是本届政府上台后力推的一项政策，《意见》延续这一主张，要求在2015年底前建立公民、法人和其他组织统一社会信用代码制度，全面实行工商营业执照、组织机构代码证和税务登记证“三证合一”、“一照一码”登记制度改革。监管方面，《意见》提出将运用大数据建立健全事中事后监管机制、信用承诺制度、失信联合惩戒机制、产品信息溯源制度，加强对电子商务领域的市场监管，推动形成全社会共同参与监管的环境和机制。这意味着通过共享大数据信息平台，市场主体的信用状况、经营状况将被全景式展现在政府监管部门面前。这种方式可节约政府监管成本，提升监管有效性。

3. 未来治理：大数据的优势和隐忧

从原来利用统计数据的治理到目前提出运用大数据的治理手段，一方面可以使治理更加精准有效，节约社会成本；另一方面也反映出两种不同的治理思路。相对于原来统计数据针对社会总体状况的治理方式，运用大数据的治理方式完全可能以个人为治理目标，大数据的治理可能越过整体人口而直接作用于个人。比例、概率等指标的作用相对弱化，并被个人或组织的全景式数据信息所替代。这种方式可能提供更符合个人需求的服务，使公共政策更具人性化，在社会监方面也可能更有效果，节约行政成本，提高执法效率。但硬币总有两面，大数据的治理方式可能存在危机。这种新的治理手段预示着公权力通过大数据全面向个人渗透，建立起更精细化的数据监控网络，从而使自由、隐私等问题再次凸显。

（文/冯彪）

行业协会商会全面脱钩行政机关

2015 年 7 月初，中共中央办公厅、国务院办公厅印发《行业协会商会与行政机关脱钩总体方案》（以下简称《方案》）。《方案》是继 4 月中央着力清除“红顶中介”之后，整顿社会组织的又一重大举措，旨在全面切断行业协会商会与行政机关之间的利益关联。

1. 双重管理体制导致协会商会定位不清

协会商会本应着重服务社会行业，但因脱胎于行政机关，承袭政府化的运作模式，所以长期以来被视为“二政府”“红顶中介”而饱受诟病。根据《社会团体登记管理条例》的规定，行业协会等社会组织受双重管理，即除了有各级民政部门负责其登记、年审等事务外，还需要有一个行政机关作为其业务主管单位，对其日常行为实施监管。这使得协会商会与行政机关形成了强烈的依附关系，人事、资产、财务等内部运作都受到主管单位管束，缺乏自主权，由此造成协会商会职能定位不清。过度受制于行政机关主要导致两方面的问题：首先，协会商会难以真正代表更多企业的利益，通过有品质的服务形成行业影响力。其次，很多政府部门把行业协会当成安置退休官员和机关富余人员、谋取利益的地方，一些协会商会则借用行政资源、依靠代行政府职能或凭借垄断地位摊派会费，乱评比、表彰，加重企业负担。

2. 全面脱钩重在摆脱对行政资源的依赖

协会商会与行政脱钩早已进入国家治理的日程。自 2007 年起，中央下发了一系列意见方案①，推动改变“政会不分、管办一体”的局面，但都没有从根本上实现“去行政化”的目标。究其原因，一方面，行政机关基于管理上的便利性，以及扩展职权范围的内在倾向，不愿放弃对行业协会的直接控制和干预；另一方面，在行政机关的长期管控下，行业协会习惯了依赖行政

---

① 2007 年 5 月国务院办公厅下发的《关于加快推进行业协会商会改革和发展的若干意见》提出：“行业协会要严格依照法律法规和章程独立自主地开展活动，切实解决行政化倾向严重以及依赖政府等问题。”2013 年 3 月出台的《国务院机构改革和职能转变方案》要求：“逐步推进行业协会商会与行政机关脱钩，强化行业自律，使其真正成为提供服务、反映诉求、规范行业的主体。”《中共中央关于全面深化改革若干重大问题的决定》指出：“限期实现行业协会商会与行政机关真正脱钩。”

资源从企业获利，而不专注于发展业务，争取行业认可。《方案》提出要从机构、职能、人员管理、资产财务、党建、外事等方面，彻底实现协会商会与原主办、主管、联系和挂靠的行政机关分离。其中，改革人员管理是协会商会摆脱对行政资源依赖的关键。党政领导干部担任协会商会领导的做法，固然给协会商会带来了发展机遇，但也强化了它们对行政机关的身份依附，并阻碍了人才结构的健全完善。

3. 协会商会未来发展存在诸多制度障碍

《方案》明确了“社会化、市场化”的改革方向，但从制度环境看，主导脱钩的政府尚未在法律法规、政策措施以及管理体制上做好充足准备。首先，国内迄今为止没有一部针对行业协会商会的相关法律，依法自治缺乏最基本的条件。《行业协会商会法》至今仍处于起草阶段，协会商会的职能、权责未能得到法律统一确认。尤其是行业协会与商会组织分立的局面一直存在。目前大量的商会组织没有法人资格，导致其在对外活动中常常受到无端的猜疑和质询。行业商会的法定登记注册问题亟待立法解决。其次，行政机关还需进一步加强对行业协会商会职能的重视和利用。一方面，行政机关常常排斥协会商会对行业整体问题和困难的反映；另一方面，眼下协会商会没有相应的能力和水平来承接行政机关试图转移、让渡和委托的职能。如何在政策上培育、支持协会商会提高自身素质，是全面脱钩必须直面的重要问题。最后，对协会商会征税以及资产定性缺少一致的标准和合理的解决方案。从征税方面来看，有的税务机关对行业协会商会按企业征税，有的则按事业单位征税，还有的在不同时期、不同形势下，一味追求征税最大化。从资产方面来看，协会商会自我资产的划归在政策上尚未明确，始终存在违背“不能侵占国有资产”这条规则的风险。

（文/姚瑶、蔡淼）

协商民主推向城乡社区

2015年7月22日，中共中央办公厅、国务院办公厅印发《关于加强城乡社区协商的意见》（以下简称《意见》）。协商民主制度是中国的基本政治制度之一，但是长期以来，公众或学者多在政党协商、参政议政的话语下讨论协商民主。本次《意见》则要求将协商民主运用到城乡社区基层。

1. 弱化居（村）委会一元治理结构

以往解决基层问题的主体是居委会或村委会。但是随着基层利益主体日益多元、利益诉求更加多样，它们的应对能力日渐捉襟见肘。实践中，存在着基层群众参与不积极、居（村）委会的代表性受到质疑、自治组织领导贪腐严重和脱离群众等现象。近年来，新的基层利益主体不断兴起，如社区社会组织、业主委员会、农村集体经济组织、农民合作组织、物业服务企业等。很显然，居（村）委会作为单一的自治主体难以有效协调这些利益主体的要求。而且，这些组织的出现，更多是基于基层群众的利益需求，相较而言，它们比居（村）委会更能代表部分群众的要求。因此，单靠民主选举，成立居（村）委会的基层民主自治模式将不能满足利益多元化的基层格局的要求，迫切需要创新形式，使广大的利益主体真正参与到自治过程中。

2. 营造多元参与的社区协商格局

《意见》着眼于构建大协商格局，具体体现在：协商主体方面，《意见》将基层政府及其派出机关、村（社区）党组织、村（居）民委员会、村（居）务监督委员会、村（居）民小组、驻村（社区）单位、社区社会组织、业主委员会、农村集体经济组织、农民合作组织、物业服务企业和当地户籍居民、非户籍居民代表以及其他利益相关方都作为协商主体。协商事务方面，包括当地居民切身利益的公共事务、公益事业；当地居民反映强烈、迫切要求解决的实际困难问题和矛盾纠纷；党和政府的方针政策、重点工作部署在城乡社区的落实；法律法规和政策明确要求协商的事项；以及各类协商主体提出协商需求的事项。协商方式和程序方面，《意见》明确党的领导以及居（村）委会的组织作用，对于通过协商无法解决或存在较大争议的问题或事项，明确应提交村（居）民会议或村（居）民代表会议决定。跨村（社区）协商的协商程序，由乡镇、街道党委（党工委）研究确定。这种程序设计的目的是防止议而不决的情况，也表明作为正式组织的党委或村（居）民会议有最终的决策拍板权。

3. 协商或为基层民主新出路

近些年西方社会科学界兴起的行为经济学研究表明，人在讨论协商过程中容易出现群体极化的现象。特别是具有相同利益诉求、相同兴趣偏好的一群人，在讨论的过程中会使他们的观点更加极端。如果不同的意见不能有效交换、沟通，群体极化和个人偏见就会加深社会裂痕。因此，在美国，凯斯·桑斯坦等学者也重视协商民主的作用，也就是各种意见观点间的充分协商讨论，尊重不同观点，避免走极端。可以说，协商最重要的一点就是充分尊重不同意见，并将其纳入到协商讨论过程中。最好的结果就是协商出的方案能够满足大多数人的长远的利益要求。如果协商中不能做到这一点，反而是将利益、偏好和观点一致或相似的群体集合起来，形成的结论不但不符合大多数人的利益诉求，反而可能因为群体极化效应的存在，使整体利益、长远利益遭受更大的损失。

（文/冯彪）

互联网金融新政重建健康金融生态

2015年7月18日，中国人民银行等十部委联合印发《关于促进互联网金融健康发展的指导意见》（以下简称《意见》）。作为大众创业、万众创新和金融改革的重要试验场，互联网金融的深度发展亟需政策供给和规范监管。《意见》贯穿鼓励发展、防控风险的总基调，明确扶持政策，首次细分各部门监管职责，并提出制度构建要求，力图推动互联网金融进入规范发展新阶段。

1. 互联网金融迅猛扩张但问题频发、隐患较多

以2013年互联网基金兴起为始，其后P2P、众筹等互联网金融形式不断推陈出新，进而全面影响资本流通各环节，并渗透至生活各领域。资金存量盘活、利率市场化、普惠金融、金融市场对内开放等金融改革进程因此得到实质性推进。通过互联网金融平台，产业链金融、股权融资等对接中小微、“三农”企业资金需求，激活创新创业资金融通市场，服务传统金融薄弱环节，引领新的经济增长点，进一步助推大众创业、万众创新。

但由于长期缺门槛、缺规则、缺监管，互联网金融虽有爆发式增长，却面临潜在风险。互联网巨额杠杆配资在很大程度上引发了国内股市剧烈动荡，更暴露出互联网金融野蛮生长可能造成系统性金融风险。互联网金融并未改变金融经营风险，亦未改变金融风险的隐蔽性、传染性、广泛性和突发性，规范制定其发展底线实属必要。

2. 鼓励金融创新、分类分工监管、完善规制体系

2014年全国两会期间，国务院总理李克强已提出“促进互联网金融健康发展”，此次《意见》从政策支持、监管职责划分、制度构建等方面作了具体

承接和部署。

其一，肯定互联网金融地位，强调落实全面扶持政策。《意见》鼓励创新互联网金融平台、产品和服务，支持互联网行业与传统金融机构实现优势互补，支持社会资本、境内资本市场、银行业等提供丰富融资渠道，要求相关政府部门落实简政放权和财税优惠，推动建立良性的互联网金融生态和产业链。其二，细分金融业态，明确监管分工。《意见》提出“依法监管、适度监管、分类监管、协同监管、创新监管”原则，将互联网金融细分为六类业态。其中，互联网支付、互联网信托和互联网消费金融由央行负责监管，网络借贷由银监会监管，股权众筹融资、互联网基金销售由证监会监管，互联网保险由保监会监管。三是设立监管底线，要求完善相关制度。《意见》提出，互联网支付要杜绝为 P2P 网贷提供资金存托管服务，谨防资金在体系外沉淀；网贷平台定位于信息中介，严禁信用、资金中介功能，以防非法集资；股权众筹融资方不应超越小微企业范畴；互联网基金销售不可违规承诺收益，防止期限错配和流动性风险。《意见》还要求尽快完善互联网金融网站登记备案、信息披露、风险提示和合格投资者制度、消费者权益保护、反洗钱和金融犯罪、行业自律等制度，营造良好发展环境。

3. 政府监管须适度，不宜过分压缩行业发展空间

继《意见》之后，保监会于 7 月 22 日印发《互联网保险业务监管暂行办法》，央行于 7 月 31 日公布《非银行支付机构网络支付业务管理办法》（征求意见稿），各部门监管细则也将陆续落地。就前者而言，相比 2011 年互联网保险业务监管办法（试行）和 2014 年暂行办法征求意见稿，此次监管层取消 1000 万元注册资本等准入门槛限制，向互联网保险公司开放车险、高现金值人身险等经营范围，允许保险机构在第三方支付机构开设保费收入专用账户，被视为延续了《意见》的市场化精神，将使互联网保险行业迎来井喷。

而央行的征求意见稿则颇受争议。一些批评者指出，对 P2P 网贷平台实行强制性银行资金存管政策，无异于设置准入制度，增加网贷平台运营成本，压缩第三方支付利润空间，或引发行业兼并。而对支付限额的限制，也切断了第三方支付与互联网基金、保险等的业务联系，牌照估值严重贬损。此外，实名认证虽以消费者权益保护为目的，但与国内征信现状不符，不利于普惠金融展开。《意见》的精神是开放与风控并举，后续部门监管细则应坚持这一初衷，不宜过分设置行业壁垒，压缩互联网金融发展空间。

（文/佘倩影、李晓青）

北京加快推进行政副中心建设

2015 年 7 月 11 日，北京市委十一届七次全会表决通过了《关于贯彻〈京津冀协同发展规划纲要〉的意见》（以下简称《意见》）。其中提出要聚焦通州，深化方案论证，加快市行政副中心的规划建设，要在 2017 年取得明显成效。至此，有关北京市行政副中心的传闻尘埃落定。

1. 贯彻国家重大战略，医治北京“大城市病”

2005 年国务院批复《北京城市总体规划（2004—2020 年）》（以下简称《规划》），提出构建“两轴—两带—多中心”的城市空间结构，规划建设 11 个新城，并将通州列为 3 个重点新城之一。然而，正如北京市社科院副院长赵弘所说，“多中心等于没有中心”。其一，该规划中“新城”与“老城”的概念属于时间范畴，新城应有的资源引导作用未得到重视；其二，新城数量过多且不加区分，这使得发展点多面广，资源不集中，重点不突出，无法凝聚社会共识和社会资源。因此，十年来，包括通州在内的新城至今仍远远落后于北京市中心城区，未能有效缓解北京在资源环境上承受的巨大压力。首都所患的“大城市病”日趋恶化，水资源紧缺、大气污染严重、人口拥挤、交通拥堵等问题不断加剧。

《意见》决定将通州建成行政副中心，其主要原因有三。首先，这是落实《京津冀协同发展规划纲要》的需要。该《纲要》旨在通过推动京津冀协同发展，有序疏解北京非首都功能。由非市场因素决定的政府公共部门属于“非首都功能”，是疏解的政要对象。其次，历史和现实的因素使通州脱颖而出。从1993的“卫星城”到2012年的“城市副中心”，再到2015年的“行政副中心”，通州的定位逐步提高，其基础设施建设已经相对比较完善。最后，从国际上大都市的发展情况看，建设城市副中心都不失为治疗“大城市病”的良方，能够直接疏解中心城区人口和功能，并且带动区域发展。

2. 减量提质、优化升级，建设宜居宜业新通州

根据意见和相关部门解释，本次建城工程必须遵循四大原则。其一，立足于服务主城区，疏解北京人口、环境等压力。到2020年，主城六个区（西城、东城、朝阳、海淀、丰台、石景山）常住人口下降15个百分点左右，从而缓解主城区人口、资源、环境压力。其二，不搞“造城运动”，减量提质，综合布局。一方面，基于行政副中心的新定位，重点发展高端产业，调整一批人口聚集的产业园，推动仓储物流基地、批发市场、农村商贸市场等地段产业形态的退出升级。另一方面，引导行政副中心周边小城镇合理布局，防止出现新的城乡接合部或“城中村”。其三，重视基础设施建设，推进通州交通的网络化、开放化和人性化。加强轨道交通的建设，使快轨、快速路、地铁立体成网，半小时可达中心城；构建区域统筹的开放交通，实现与机场、周边新城、周边河北区域的便捷联系。其四，丢掉“睡城”名号，建宜居宜业新城。此前通州被称为“睡城”。对此，北京市规划委副主任王飞指出，将

通过建设综合服务中心，建设宜居宜业的通州，让市民们就业、居住和生活都在通州。同时需要大力发展以第二道绿化隔离地区为主体的郊野公园环、以北京周边地区为重点的环首都公园环，实现城市组团之间的有效生态隔离。

3. 疏解北京非首都功能，推动京津冀协同发展

推动行政副中心建设主要有两大意义：第一，优化调整城市布局，缓解北京人口压力。通过将劳动密集型的企业迁入通州，将智力创新型的企业留在北京，北京市区空间资源的利用将得到优化。第二、发挥首都辐射作用，带动区域平衡发展。首都聚集着大量的优质资源，这些资源不仅是北京的，更是全国的。随着北京市政府及其所属机关、事业单位陆续迁往通州，与民生密切相关的教育、医疗等公共服务资源也将在通州聚集起来。这有助于发挥北京辐射带动的作用，推动首都的科技、产业、文化等公共服务资源延伸到周边地区，实现优势互补、良性互动。

（文/张强、张宁远）

8月　宏观政策重心转向“防风险”

中国确立海洋开发新格局

中央突出强调“防风险守底线”

西藏座谈会释放治边稳藏新思路

环保新政聚焦党政干部追责制

全国公共资源交易平台迎来统一整合

国务院提速民族教育发展

养老金入市政策落定

农村“两权”抵押贷款政策出台

中国确立海洋开发新格局

2015 年 8 月 20 日，国务院印发《全国海洋主体功能区规划》（以下简称《规划》），对进一步优化海洋空间开发格局、提高海洋资源开发能力、保护海洋生态环境做出了具体部署。《规划》的出台，对于中国发展海洋经济，实施海洋强国战略具有重要推动作用。

1. 海洋治理体系现代化：确立海洋开发四大格局

21 世纪以来，中国对海洋发展愈发重视。2012 年国家海洋局制定《全国海洋功能区划（2011—2020 年）》，对未来十年的海洋开发利用和环境保护做出全面部署和具体安排。2011 年至 2013 年，国务院相继批复了环渤海、长三角、珠三角、海峡西岸、环北部湾和海南六大海洋经济区。海洋经济已经成为拉动中国经济增长的重要引擎。在此基础上，党的十八大提出了“海洋强国”战略。

此次制定《规划》，旨在做好战略设计，进一步细化海洋功能分区，划分海洋开发与保护的梯度次序，形成全国一盘棋，沿海各地统筹发展的局面。根据《规划》，海洋主体功能区分为产业与城镇建设、农渔业生产和生态环境服务三类，在空间格局上将海洋空间划分为优化、重点、限制、禁止四类开发区域，力求到 2020 年实现主体功能区布局基本形成，海洋空间利用格局清晰合理的总体目标。

2. 发展与保护并重：走新型海洋发展之路

《规划》坚持点上开发、面上保护，形成“一带九区多点”海洋开发格局，“一带一链多点”海洋生态安全格局，以传统渔场和海水养殖区为主的海洋水产品保障格局，储近用远的海洋油气资源开发格局。首先，明确经济活动区域，优化海洋产业结构。《规划》将渤海湾、长江口及其两翼、珠江口及其两翼、北部湾、海南岛附近等海域列为优化开发区域，要求推动海洋产业技术改造，发展现代海洋服务业。其次，划分资源开发次序，实现资源储用相结合。《规划》要求形成储近用远的海洋油气资源开发格局，同时保护传统渔业资源，改善渔业资源结构，推广健康的海洋养殖模式。再次，增加海洋保护区面积，加强海洋环境保护。《规划》要求海洋保护区占管辖海域面积比重增加到5%，修复与整治沿海岸线受损的生态环境。对生态环境压力较大的海域，要求控制开发强度、严格控制陆源污染物排放。最后，提升海洋防灾减灾能力。《规划》明确规定要进一步增强海洋灾害预警预报和防灾减灾的能力。

当前，中国推进海洋战略挑战与机遇并存。一方面，周边海域形势复杂，既有地区国家之间的海洋领土争端，也有域外大国的插手干涉，太平洋并不太平。再加上中国海洋开发起步较晚，海上实力还不够强大，要成为海洋强国仍面临很多困难。另一方面，国家已经开始重视海洋开发在我国经济社会发展中的重要地位，为此制定了一系列的战略与政策。此次《规划》的实施，将有助于拓展海洋发展的战略空间。

（文/朱彩云）

中央突出强调“防风险守底线”

2015年8月28日，李克强总理主持召开国务院专题会，研究国际经济金融形势新变化对我国经济的影响和对策，“守住不发生区域性系统性风险底线”再次被提及。此后中央各部委更是接力出重拳，守底线稳增长。

1. 经济发展承压、风险性因素增多

2015 年 8 月，美元加息预期导致国际大宗商品价格暴跌和黄金价格震荡，同时改变了全球资本流动格局，新兴经济体都已经发生明显的资本流出，中国也不例外，外汇储备与人民币汇率波动显著；与此同时，随着改革的进行，国内深层次矛盾逐步显现，市场需求总体依然不振，工业生产和价格持续低迷，资金向实体传导不畅，财政收入增长和稳岗就业面临压力等，部分领域的困难和风险甚至在加大，防控风险无疑成为重中之重。其实，近年来“稳增长、调结构”被官方反复强调，“防风险守底线”更是在多种场合以不同表述方式出现。本届政府更警惕风险、坚守底线，试图通过稳增长、调结构、促改革之间的良性互动实现中国经济的行稳致远。具体而言，坚守积极的财政政策稳健的货币政策、坚持扩大内需培育新动能、坚定经济结构优化转型，共同构成政策底线。

2. 以适度的财政、货币政策稳定经济走势

2015 年货币政策和财政政策在控风险、稳增长方面主要表现为：其一，落实积极的财政政策，优化财政支出结构，推进“营改增”试点，清理涉企收费措施，灵活运用货币政策工具、促进社会融资规模与货币信贷合理增长。其二，促进资本向实体的传导，鼓励地方设立创投基金，探索试点为企业创新提供股权和债权相结合的融资服务，将中小高新技术企业转增股本、股权奖励分期缴纳个人所得税试点推广至全国；其三，加快培育公开透明、长期稳定健康发展的资本市场，同时完善防范金融风险相关的制度和法律，出台区域性股权市场监督管理试行办法和股权众筹融资试点管理办法，加强对影子银行、

民间借贷的监控，建立防范风险跨领域、跨市场、跨机构传染的工作机制等。

3. 以扩大内需、普惠民生培育市场新动能

促投资方面，着眼于民生工程，注重政策间的统筹协调，盘活存量突出重点。具体而言，推进7大类重大投资工程承包建设，重点促进有效投资，加强棚户区和城乡危房改造及配套基础设施、农村电网、智能电网建设，加快宽带网络等新一代信息基础设施建设，多渠道增加地下综合管廊、地下空间开发、海绵城市等建设投入；同时在政策上加以协调配合，指导地方PPP项目落地，对接国家重大工程。扩消费方面，进一步释放居民消费升级需求，并结合消费税改革。具体而言，落实完善鼓励举办教育、文化、旅游健身、养老医疗等机构的政策，支持重点旅游线路建设自驾车营地，大力发展乡村旅游，继续降低电信资费，加快符合条件的电信、广电企业业务双向进入，增设口岸进境免税店，完善化妆品等消费税政策。

4. 以创新驱动、生态文明促进经济结构调整

一是出台深化体制机制改革加快实施创新驱动发展战略若干意见，发挥市场对创新资源配置的导向作用。二是推出“互联网+”战略，使得现代信息技术与传统产业加快融合。三是建立“双创”扶持政策体系，颁布实施大力支持大众创业万众创新若干政策措施的意见。四是推出“中国制造2025”计划，启动智能创造、绿色制造、高端装备等一大批重点工程。五是摒弃粗放式增长模式，注重生态文明建设，建立生态补偿机制，发展绿色经济。

中央突出强调“防风险守底线”无疑释放出了积极信号，得到了国内外舆论的普遍关注。美国CNN称，中国经济总体发展稳健，中国政府也有足够应对措施；德国《法兰克福汇报》认为，中国增速下行并不是大麻烦，因为中国结构转型仍在稳步推进。国务院发展研究中心原副主任刘世锦也表示，

中国经济由高速转变到中高速的过程中，只要守住底线，不出大风险，就是很大的成功。总体来看，中央一系列举措的效果，仍有待市场的长期检验。

（文/马克、周轩宇）

西藏座谈会释放治边稳藏新思路

2015年8月24日至25日，中央第六次西藏工作座谈会在京召开。本次座谈会较之以往首次冠以“中央”二字，显示会议升格。习近平出席会议并发表重要讲话，首次提出并系统总结了中央治藏方略，明确了新时期西藏工作的重要原则，释放出党中央对西藏工作的重视以及治边稳藏的新思路。

1. 西藏是中国战略要地

长期以来，西藏都是中国极为重视的战略要地。就目前而言，这种战略意义主要体现在三个方面。第一，从地缘政治的角度看，西藏地处西南边陲，北临新疆、青海，东接四川、云南，并与缅甸、印度、尼泊尔等国接壤，是西南边防的一道得天独厚的天然屏障。第二，从自然资源的角度来看，西藏矿产资源丰富，多项能源储备位于全国第一，由于地势高耸，众多河流发源于此，素有“中华水塔”之称。第三，从民族发展角度来看，西藏是民族自治地区，民族关系复杂敏感，做好西藏工作，对于促进民族团结、维护国家统一意义重大，能有效对抗国际反华势力和分裂势力。

因此，和平解放西藏后，中央一直将其作为经略边疆的首要重地。特别是20世纪80年代后，先后召开了5次西藏工作座谈会，研究西藏发展与稳定问题。此次召开中央第六次西藏工作座谈会，较之以往还有三重显著背景：一是适逢西藏自治区成立五十周年；二是处于“十二五”结束、“十三五”

开局的政策机遇期；三是新一届政府上台以来首次召开西藏工作会议。上述三种因素叠加，决定了本次座谈会的分量。

2. 治藏方略与原则

从相关报道来看，本次座谈会在内容上有一些重大变化。具体体现在以下几方面：

第一，首次提出并系统总结了六大治藏方略。[①] 总体来看，这六大方略与60年来中央对西藏的战略指导思想一致，其新变化主要体现在：一是首次提出了"治藏方略"的概念以及"治国必治边、治边先稳藏"的战略思路。后一句话虽然习近平主席在2013年参加十二届人大一次会议西藏代表团审议时说过，但在西藏工作座谈会上提出尚属首次。二是突出了党的权威和作用。在以往强调"对伟大祖国、中华民族、中华文化、中国特色社会主义的认同"的基础上，增加了对"中国共产党"的认同这一表述。

第二，系统提炼了西藏工作的基本原则。本次座谈会强调治藏工作要坚持"依法治藏、富民兴藏、长期建藏、凝聚人心、夯实基础"的重要原则，这在以往历次会议上没有出现过。这"二十字方针"中，核心是"富民兴藏"与"凝聚人心"。在本次座谈会上，习近平总书记强调要牢牢把握改善民生、凝聚人心这个出发点和落脚点。[②] 中国藏学研究中心研究员杜永彬认为，

---

① 六大治藏方略是：必须坚持中国共产党领导，坚持社会主义制度，坚持民族区域自治制度；必须坚持治国必治边、治边先稳藏的战略思想，坚持依法治藏、富民兴藏、长期建藏、凝聚人心、夯实基础的重要原则；必须牢牢把握西藏社会的主要矛盾和特殊矛盾，把改善民生、凝聚人心作为经济社会发展的出发点和落脚点，坚持对达赖集团斗争的方针政策不动摇；必须全面正确贯彻党的民族政策和宗教政策，加强民族团结，不断增进各族群众对伟大祖国、中华民族、中华文化、中国共产党、中国特色社会主义的认同；必须把中央关心、全国支援同西藏各族干部群众艰苦奋斗紧密结合起来，在统筹国内国际两个大局中做好西藏工作；必须加强各级党组织和干部人才队伍建设，巩固党在西藏的执政基础。

② 习近平．加快西藏全面建成小康社会步伐［OL］．新华网，2015－08－24.

这两点讲的就是民生工程与民心工程并重，就是要做好藏区的物质和精神两方面工作，通俗来讲就是“管好肚子”和“管好脑子”，使藏区各族干部和群众心往一处想，劲往一处使。

第三，明确提出了西藏工作的着眼点和着力点。以往历次会议都没有明确提出西藏工作的着眼点和着力点这个说法，而本次会议上，习近平总书记一再强调西藏工作在党和国家工作大局中的特殊重要性，并明确指出“西藏工作的着眼点和着力点必须放到维护祖国统一、加强民族团结上来”。① 这就意味着下一阶段西藏工作回归到治边稳藏的思路中，以有效保持社会局势的持续稳定、长期稳定、全面稳定等政治工作为主要抓手。

3. 从“援藏”到“稳藏”：三十余年治藏模式的变迁

回顾1980年至今的6次西藏工作会议，不难发现党中央治藏思路发生了较为显著的变化。从模式上看，这种变化呈现出三个不同的阶段性特征。第一阶段为第一次会议至第三次会议。这一时期以援建为主题，重点是中央及其他省区对西藏建设的支援，经历了以“中央投资、藏民建设”“全国性援建”“对口帮扶”三个阶段。第二阶段为第四次会议至第五次会议。这一时期以发展和稳定为主题，从某种程度上更加重视经济建设这个中心，对民族地区的经济发展着墨颇多。第四次会议提出的“发展经济、稳定局势”及第五次会议提出的“推进跨越式发展和长治久安”等思路最具代表性。第三阶段以本次会议为开端，其特征表现在将西藏工作放到祖国统一、民族团结的层面上来考虑，突出强调西藏在政治层面的战略意义。从全局来看，西藏在中国经济版图上的分量，远没有其在国家统一层面上的分量来的重要。从近年来的经验看，经济发展与民心所向并非是一种简单的正相关的关系，过度强

① 习近平．加快西藏全面建成小康社会步伐［OL］．新华网，2015－08－24.

调以经济建设为中心，不仅对于整体 GDP 意义不大，反而容易淡化西藏工作的根本目的。这次会议上没有再提经济“跨越式发展”，习近平在本次会上也讲到，“不能算小账，要算大账”，要“夯实基础”，而这个基础显然不仅仅是经济基础，更多的是一种民心向背和长治久安。

延伸阅读：6 次西藏工作座谈会的主要内容

时间	会议主题	主要内容
1980 年	第一次西藏工作座谈会——确立了中央的援助和特殊政策	形成《西藏工作座谈会纪要》，明确了西藏自治区的中心任务和奋斗目标，提出西藏工作的“八项方针”
1984 年	第二次西藏工作座谈会——标志着全国性援藏工程的开始	形成《西藏工作座谈会纪要》，确定了 43 项援藏工程，决定由北京、江苏等 9 省市和水电部、农牧渔业部等有关部门帮助建设 43 个当时迫切需要的中小型工程项目
1994 年	第三次西藏工作座谈会——正式提出“对口援藏”决策	明确发展和稳定是西藏工作的两件大事，形成《中共中央、国务院关于加快西藏发展、维护社会稳定的意见》，提出“对口援藏”政策
2001 年	第四次西藏工作座谈会——新世纪之初继续贯彻援藏政策	抓住实施西部大开发战略机遇，提出促进西藏经济从加快发展到跨越式发展，促进西藏社会局势从基本稳定到长治久安
2010 年	第五次西藏工作座谈会——对四省藏区发展做出全面部署	把民生改善、社会事业发展、生态环境保护、基础设施建设作为主攻方向，对加快四川、云南、甘肃、青海省藏区经济社会发展做出全面部署，确保四省藏区到 2020 年实现全面建设小康社会目标
2015 年	第六次西藏工作座谈会——明确提出“治藏方略”	明确提出以“六个必须”为主要内容的治藏方略，首次提出“依法治藏、富民兴藏、长期建藏、凝聚人心、夯实基础”的重要原则，将“维护祖国统一、加强民族团结”作为西藏工作的着眼点和着力点

（文/仲启群）

环保新政聚焦党政干部追责制

2015年8月17日，中央组织部对外发布了由中共中央办公厅、国务院办公厅印发的《党政领导干部生态环境损害责任追究办法（试行）》（以下简称《办法》）。这是中共中央、国务院制定和实施的第一部生态环境损害责任追究法规。《办法》体现了中央加强责任追究、防患于未然的政策思路，以及规范官员行为、落实环保责任的治理决心。

1. 新政导向：打破追责阻力

党的十八大将环保的重要性提上了一个新高度。生态文明建设作为一个薄弱环节，被纳入中国特色社会主义“五位一体”总体布局中。2015年3月中央政治局会议提出与“新四化”相并列的“绿色化”，被认为是落实生态文明的具体道路。[①] 新政要求，政治、经济、社会、文化建设，都要贯穿生态文明。这意味着，环保不再是某些政府部门的专项职责，而是所有政府部门的共同责任。

在顶层设计的引导下，近年来环保力度不断加大，但在追究责任时遇到重重阻力。究其原因，一是部分地方政府领导重经济、轻生态，用“环境”换“政绩”；二是部门之间责任不清、互相推诿；三是对直接违法的当事人追究力度较大，而对领导干部的责任追究不严。

强化环保责任追究的举措推进了10年，近3年才取得突破性进展。关键是，要在道德感召和工作号召等软约束的基础上，设立硬性的制度屏障。根据这一思路，党的十八届三中全会提出“对领导干部实行自然资源资产离任

① 2015年3月24日中央政治局会议，继党的十八大提出的“新四化”概念——“新型工业化、城镇化、信息化、农业现代化”，首次提出“绿色化”，并将其定性为“政治任务”。

审计”“建立生态环境损害责任终身追究制”。2013 年中组部《关于改进地方党政领导班子和领导干部政绩考核工作的通知》、2014 年国务院办公厅《发布关于加强环境监管执法的通知》以及 2015 年中共中央、国务院《关于加快推进生态文明建设的意见》，均从不同的角度出发，进一步强调要在环保领域建立党政领导干部的责任终身追究制。

2. 关键措施：“党政同责”与“终身追责”

酝酿已久的追责制度最终以《办法》的形式呈现，其最大特点是追责对象全覆盖。为明晰环保责任，《办法》将党委和政府领导成员、现任和离任的领导干部都纳入了追责对象范围。

首先，将党委和政府领导成员一并列为追责对象，表明“党政同责”概念正式被引入环保领域。① 国内现行的环保相关法律和文件在责任追究上，都存在笼统且责任主体中党委缺失的情况。在现行体制下，党委作为“一把手”，在环保决策中起着举足轻重的作用。仅仅问责政府领导，实为避重就轻。《办法》首次从国家层面上规定在环保领域中使用“党政同责”概念，旨在实现各级党委环保责任的“由虚到实”。其次，将已调离、提拔或退休的领导干部也列为追责对象，表明“终身追责”机制在环保领域确立。环保问题具有滞后性，多数危害都是在错误决策多年后才出现。确立“终身追责”机制有助于促使领导干部树立执政的长远利益观，加倍重视环保问题，抛开侥幸心态、慎重用权。《办法》还明确追责结果将影响干部任用。在很多地方，干部升迁调任的主要依据是经济发展和城市建设等方面的绩效。而《办

① “党政同责”概念最早在食品领域、计划生育和安全生产领域使用，且是地方规定。如典型的“三鹿事件”中，石家庄市委书记被免。见金煜．深改组：干部损害生态环境终身追责［N］．新京报，2015－07－02.

法》要求“对在生态环境和资源方面造成严重破坏负有责任的干部不得提拔使用或转任重要职务”，足以说明中央对环保问题的重视。

3. 落实困难：三大问题有待细化

从执行的角度考虑，《办法》只是一个框架性、原则性的法规，为确保其能够落到实处，至少需要将以下问题进一步细化：第一，生态环境损害评估尚未确定执行主体与参照依据。就执行主体而言，由同级政府部门进行评估的做法效果较差，而由独立第三方进行评估的做法虽然更为可取，但我国目前缺乏这样专门的评估机构。就参照依据而言，评估须以相对完善的审计制度为基础，而环保离任审计制度还在探索当中，没有成熟的、可以借鉴的模式。第二，让下级建议处理上级的追责启动程序，在实践中难操作。下级有无勇气建议纪检监察机关或者组织（人事）部门对上级追责，这个问题值得考量。有学者建议，应由上级机关对下级党政领导的上任和离任进行环保审计，发现问题后由上级部门来追责。第三，现在亟需一些示范案例，形成真正的威慑效果和倒逼机制。通过警诫使规定得到遵从，政策才更具延续和稳定性。《办法》的完善也需要进一步的实践经验积累。有建议指出，可以选择目前环保中的一些突出问题、大案和要案，开展不同层次、不同对象、不同类型的生态环境损害责任追究。

（文/姚瑶）

全国公共资源交易平台迎来统一整合

2015 年 8 月 14 日，国务院印发《整合建立统一的公共资源交易平台工作方案》（以下简称《方案》），以完善原有公共资源交易平台体系，升级信息公开和加强阳光反腐，促进政府职能的合理转变。

1. 公共资源交易平台频现漏洞

公共资源交易平台是负责公共资源交易和提供咨询、服务的机构，也是公共资源统一进场交易的服务平台。交易的内容主要包括工程建设招投标、土地和矿业权交易、企业国有产权交易、政府采购、公立医院药品和医疗用品采购、司法机关罚没物品拍卖、国有的文艺品拍卖等。在中国建立公共资源交易平台已有20多年历史。截至2014年底，全国县级以上各类公共资源交易市场4000多个，其中，集中统一的市场1200多个。但在公共资源交易市场的建设和运行过程中，也暴露出不少问题，主要是重复建设，资源不共享；运行不规范，公开性不够；干预交易主体自主权，加重企业负担；以及交易服务、管理和监督职责不清，监管缺位、越位、错位等，上述问题亟须通过体制机制创新加以解决。

2. 三类平台共进，仍显捉襟见肘

目前，国内各地根据自身实际需要，探索出了单一行业型、行业综合型、公共资源综合型三种典型模式的公共资源交易平台。单一行业型主要单一为某一类项目提供服务，如国务院有关部门、中央直属单位、中央管理企业主导或推动建立的各类公共资源交易的专业平台。这种模式一般专属为某个单位或企业服务，由于封闭运行，交易的各个环节容易产生漏洞。行业综合型模式主要是针对京、津、沪、渝、深等交易量特别巨大的特大城市。这些城市如果对公共资源进行集中交易，所需建设场所、设施、人员等需求过于庞大，势必造成交易边际递减。为提高交易效率，这些城市选择采用行业综合型模式，分别按行业建立了工程建设、政府采购、土地、产权等行业综合平台。公共资源综合型模式则以公共资源交易中心为代表，其做法是将各个行

政主管部门监管的工程交易、政府采购、土地交易、产权交易中的3类或4类交易项目纳入地方政府成立的统一市场集中交易。公共资源综合型模式在一些交易体量较小的城市取得了良好效果，但在一些城市的实践中，机械地将工作模式和流程各异的交易平台合并在一起，而忽视了内部流程的规范整合，导致了“平台统一、职能各异、流程分散、分工不利”等问题。

3. 对症下药，统一整合公共资源交易平台

基于上述问题，《方案》从交易规则、数据信息、专家资源等软件入手，以电子信息手段为支撑，以制度机制建设为保障，着力推进公共资源交易平台体系的整合。

《方案》首先要求公共资源交易平台要有统一的制度规则。一方面，由国家发改委牵头制定全国统一的公共资源交易平台的管理办法；另一方面，由各主管部门分别制定工程建设项目招投标、土地使用权和矿产权出让、国有产权交易、政府采购这四类全国统一的交易规则。

为避免公共资源交易中的腐败行来、实现交易阳光化操作，《方案》提出了4个方面的措施。一是建立健全公共资源交易信息和信用信息公开共享制度。各级公共资源交易平台应加大信息公开力度，依法公开交易公告、资格审查、成交信息、履约信息以及有关变更信息等。二是加快建立市场信息共享数据库和验证互认机制。对于市场主体通过公共资源交易平台电子公共服务系统实现登记注册共享的信息，相应行政辖区内有关行政监督部门和其他公共资源交易平台不得要求企业重复登记、备案和验证，逐步推进全国范围内共享互认。三是各级行政监管部门要履行好信息公开职能，公开有关公共资源交易项目审核、市场主体和中介机构资质资格、行政处罚等监管信息。四是公共资源交易平台应依托统一的社会信用代码，建立公共资源交易市场主体信用信息库，并将相关信息纳入国家统一的信用信息平台，实现市场主

体信用信息交换共享。

最后，《方案》列出了目标时间表。2016 年 6 月底前，地方各级政府基本完成公共资源交易平台整合工作。2017 年 6 月底前，在全国范围内形成规则统一、公开透明、服务高效、监督规范的公共资源交易平台体系，基本实现公共资源交易全过程电子化。在此基础上，逐步推动其他公共资源进入统一平台进行交易，实现公共资源交易平台从依托有形场所向以电子化平台为主转变。

（文/冯彪）

国务院提速民族教育发展

2015 年 8 月中旬，国务院发布《关于加快发展民族教育的决定》（以下简称《决定》），《决定》从全面提升民族地区教育质量与打牢中华民族共同体思想基础两方面出发，对新形势下实现民族教育新发展、新跨越提出了新的要求。

1. 新时期民族教育的转型：从“有学上”到“上好学”

党中央历来重视民族地区的教育发展。新中国成立至今，中央先后召开 6 次全国民族教育工作会议，与时俱进促进民族教育发展。截至 2014 年，全国 705 个民族自治地方县级行政区划全部实现了“两基”目标①，所有民族自治地方县级行政区划适龄儿童全部享受免费义务教育，这在世界教育史上都堪称空前壮举。然而，中国教育资源空间分布仍然差异悬殊，民族教育依然面临着教育水平不高的问题。从“有学上”“能上学”到“上好学”，促使教育从机会公平向质量公平过渡，需要对民族教育政策做出相应的调整和完善。

① “两基”目标是指基本实施九年义务教育和基本扫除青壮年文盲。

首先，全面提升各级各类民族教育办学水平。民族教育是个系统工程，提升办学水平需要整体推进。《决定》结合各级各类教育的特点与当前发展状况，对学前教育、义务教育、普通高中教育、中等职业教育、高等教育、继续教育、特殊教育等做出了详细的发展规划。其次，切实提高少数民族人才培养质量。《决定》对从招生到就业的整个人才培养环节提出具体要求。在招生方面，要求改革考试招生制度，逐步探索建立基于统一高考和高中学业水平考试成绩、参考综合素质评价的公平、多元的录取机制；在人才培养方面，要求有序扩大人才培养规模，培养一批政治素质高、学术造诣深、具有国际影响力和话语权的少数民族优秀人才；在就业方面，要求加强普通高校、职业院校毕业生就业创业指导，引导学生到基层就业、到企业就业、自主创业。最后，完善教师队伍建设长效机制。为进一步解决艰苦边远地区教师队伍“下不去、留不住、教不好”的困惑，《决定》从教师培养制度、培训机制、奖励政策等方面做出了部署。

2. 从民族团结到中华民族共同体认同

《决定》的发布，也标志着民族教育价值培育目标的提升。在之前的系列文件表述中，发展民族教育的价值目标多见于加强民族团结、保持民族地区社会稳定、维护国家统一等。此次《决定》不仅将“打牢中华民族共同体思想基础”作为基本原则之一，还专章表述了“打牢各族师生中华民族共同体思想基础”的价值内涵，标志着民族教育价值培育目标与时俱进，已初步形成了一个包括社会主义核心价值观、民族团结教育、各族交流交融、民族文化交融创新在内的价值体系。

在这一价值体系中，培育和践行社会主义核心价值观是统领其他价值的主线，也是进行民族教育的“红线”。其具体涵盖了中国特色社会主义与中国梦的宣传教育，法治教育与公民意识教育，马克思主义宗教观、党的宗教工作方针政策和有关宗教法律法规教育，心理健康教育，核心在于对民族师生进行中华文明、中华文化、中华民族、中国特色社会主义的认同教育。而民族团结教育、各族交流交融、民族文化交融创新则都可以视为对社会主义核心价值观的补充。

3. 社会主义价值与民族融合发展传统的二重变奏

我国社会主义的国家性质决定了新中国的民族教育必须坚持社会主义价值取向。从第一次全国民族教育工作会议开始，在教育目标上，便提倡提高少数民族文化水平，促进民族地区发展；在资源投入上，一直坚持中央政府对教育资源的宏观调控，并提倡地方协同中央办好民族教育；在发展方式上，充分尊重各民族的不同特点，做到因地制宜、因时制宜、因族制宜；在价值培育上，始终坚持社会主义价值观/意识形态教育；在教育规划上，除“文革”造成的空档期，始终按照教育规划稳步推行。基于我国多民族融合发展的传统，新中国的民族教育坚持了民族团结这一基本价值取向，确保了民族教育不至于缺乏文明根基而落入价值中空，并且为各时期不同意识形态造成的冲击提供了一定的缓冲。

社会主义因素与中华文明因素共同塑造了中国的民族教育格局，而不同时期两大因素的内部成分又因社会形势而产生不同变奏。这些变奏中最为强烈的，当属教育平等由机会公平转变为质量公平，以及我国多民族融合发展过程中从民族团结到对整个中华文明认同的变奏。之前几次民族教育工作会议都将公平获得教育机会作为民族教育的发展目标；将民族团结、国家统一作为其价值追求。而《决定》的根本不同在于，着力推进实质的教育平等，着力打造超越民族团结的中华民族共同体这一价值体系。《决定》拉开了新时代民族教育的序幕，而其日后的发展，或将带来更华丽的变奏。

（文/杨煜超）

养老金入市政策落定

2015年8月23日，国务院公布《基本养老保险基金投资管理办法》（以下简称《办法》），自此争议多年的养老金入市政策终于尘埃落定。

1. 养老金入市的必要性与可能性

养老金入市在2012年3月召开的两会上成为热门话题，此后关于养老金入市的讨论延续不断。但是由于养老基金关系到民众切身利益，也是一个国家稳定的重要保障，政府对养老金入市一直抱着谨慎态度。然而，由于人口老龄化加剧、通货膨胀率居高不下和养老金“并轨制”改革留下了巨大资金缺口，近年来中国养老金保值增值面临巨大压力。同时，养老金入市也具有一定可行性。目前国内已有全国社会保障基金和企业年金基金等开始投资运作，且取得了较为理想的长期投资收益。2001年至2014年末，全国社会保障基金年均投资收益率8.36%，2007年至2014年末，企业年金基金年均投资收益率7.87%，均大幅超过同期年均通货膨胀率。目前，中国市场经济已经基本建立，资本市场也逐步完善，政府具备较强的掌控市场风险的能力，能够最大限度地降低养老金入市后面临的风险，实现保值增值。

2. 多元投资促进保值增值，严格管控减少投资风险

《办法》以促进保值增值、严格管控风险为原则，将养老保险基金投资限定在三大领域，以实现良好的投资组合，确保基金保值增值。一是限于境内投资；二是可以通过适当方式参与投资国家重大工程和重大项目；三是可以对国有重点企业改制、上市进行股权投资，但范围限定为中央企业及其一级子公司，以及地方国有的具有核心竞争力的行业龙头企业。

为了确保养老金投资的安全性，《办法》从经营资格把关、经营者追责、限定投资比例，落实优惠政策、布控监督网络五方面建立安全防护网。第一，严格把关养老金经营机构的资格和履行合同情况，一旦发现问题，及时严厉查处。第二，对受托机构及其管理人员利用养老金从事违法、犯罪行为的给予严厉追责。第三，严格限定投资比例，其中，投资银行和国债等稳定性较强的领域比例不得低于养老金资产净产值5%；投资股票、股票基金、混合基金、股票型养老金产品的比例，合计不得高于30%；投资国家重大项目和重点企业股权的比例，合计不得高于20%。第四，对养老金投资项目进行政策和财政支持，创造优越的政策环境。第五，严格执行经营资格授权、重大事项报告、监督检查三大制度，形成严密的监督网络。出于安全考虑，《办法》规定基本养老保险金投资机构和受托机构分别按管理费的20%和年度收益的1%提取风险准备金，进一步保障资金安全。

3. 安全、救市、并轨成本承担之辩

尽管养老基金入市势在必行，而且通过《办法》有望构建严密的安全网，但是针对该政策，仍然有一些争议。第一，市场经济是风险经济，资本市场尤其难以控制，即使建立了多方的保障措施，也难以保障养老基金的保值增值。第二，该政策出台于股市跌宕之际，支持养老基金入市的理由之一正是稳定股市，然而按照30%的限额，投入股市的养老金总额约为6000亿元，这对于拥有数十万亿资产的股市来讲，意义并不大。第三，目前机关事业单位和企业养老政策已经并轨，国家将不再以财政补贴的形式支持机关事业单位养老基金，这意味着将由作为养老金主要组成部分的企业及其员工负担整个国民养老事业，养老金必须稳定增值，才能弥补这个差额。由双轨制到并轨制虽然有利于实现养老金缴纳的统一和公平，然而政府财政的撤出在一定程度上会加大企业和个人的缴费压力，实际上提高了市场主体对改革成

本的承担。

（文/张强）

农村“两权”抵押贷款政策出台

2015 年 8 月 24 日，国务院印发《关于开展农村承包土地的经营权和农民住房财产权抵押贷款试点的指导意见》（以下简称《意见》）。探索推行农地承包经营权和农民住房财产权（以下简称“两权”）抵押贷款机制，是本轮土改的重要部分，也是发展现代农业的必要手段。

1. 土地改革亟待破题，政策规范不可或缺

当前，化解土地制度上的城乡二元结构弊病，逐渐放宽农地流动性门槛，充实农民财产权，让农民分享现代化进程果实，是本轮土改的根本指向。同时，发展以多种形式适度规模经营为核心的农业现代化体系，是中国农业发展的根本出路。要适应规模化经营，势必需要放宽农地流动性门槛，完善农村金融服务，引入中长期资本。对此，党的十八届三中全会强调“建立城乡统一的建设用地市场”“鼓励承包经营权在公开市场流转”。此后，中央密集出台的《关于农村土地征收、集体经营性建设用地入市和宅基地制度改革试点工作的意见》、《农村土地征收、集体经营性建设用地入市和宅基地制度改革试点实施细则》和 33 个试点实施方案无不强调“赋予农民对承包地占有、使用、收益、流转及承包经营权抵押、担保权能”。《意见》接应上述政策主旨，为盘活农地承包经营权和农民住房财产权提供了具体方案。

2. 依法有序行权还能，有条件试点防控风险

《意见》明确“依法有序、自主自愿、稳妥推进、风险可控”四项原则，

强调试点工作授权运行、坚守风险底线和有条件开展。

其一，依法有序开展，防止权利自授。《意见》明令试点要遵守《土地管理法》、《城市房地产管理法》等有关法律法规和政策要求。对农民住房财产权抵押贷款的抵押物处置，原则上应限制在相关法律法规和国务院规定的范围内，坚决防止“非农化”。对试点可能突破的相关法律条款，须提请全国人大常委会授权暂停执行。其二，赋予“两权”抵押融资功能，保护农户承包权和基本住房权。一方面，盘活农民土地用益物权的财产属性，推动金融机构结合“两权”全能属性创新农村金融产品和服务方式，引导中长期信贷投入，促进规模经营。另一方面，央行、银监会及试点地区应采用再贷款、差异化监管及贴息、发展担保公司、设立风险补偿基金等方式，缓释抵押物处置可能引发的社会风险。其三，有条件试点，反对一哄而上。开展试点工作，应满足“两权”确权登记颁证率高、农村产权流转交易市场健全，农户土地流转意愿较强、农业适度规模经营良好，农村信用环境较好、配套政策健全三个条件，坚决反对试点以外地区一哄而上，损害农户权益，引发社会危机。

3. 抵押物处置仍是难题，自由化交易需要控制

《意见》出台后，有媒体认为，试点仍强调农民住房财产权只能依法在本村范围流转，抵押物流动性受到限制，抵押物处置成难题，改革效果有限。农户土地承包经营权抵押贷款亦因农业行业特殊性，须以其他抵押物为支撑，不适合“三农”企业特点。

对此，有人指出，由于目前农户普遍缺少统一社会保障，现阶段允许抵押物自由处置、完全放开农地市场尚缺乏条件，土地自由化交易进程仍需控制。华中科技大学中国乡村治理研究中心主任贺雪峰、中国人民大学可持续发展高等研究院院长温铁军等学者强调，农民住房、宅基地和土地承包经营权具有重要的农户基本社会保障性质。而《关于加快转变农业发展方式的意

见》已明确，“在农村改革试验区稳妥开展农户承包地有偿退出试点，引导有稳定非农就业收入、长期在城镇居住生活的农户自愿退出土地承包经营权。”可见彻底解决抵押物处置问题，或完全放开农村土地市场，须以农户存在非农就业收入、长期在城镇居住生活等替代性保障为前提。正如武汉大学教授华生所言，如果土地私有和自由交易的改革超前于城市化进程与户籍制度改革，会造成失地农民进退两难的困境，从而加剧城市化转型期的结构摩擦与社会失衡。

（文/佘倩影、李晓青）

9月　新一轮国企改革大幕拉开

新一轮国企改革大幕拉开

中央加强社会组织党建工作

国务院集中发力“促投资稳增长”

中央强化新疆民族团结建设

国务院力推分级诊疗改革

中央布局科技体制市场化改革

国务院推进“三网融合”

新一轮国企改革大幕拉开

2015年9月，中共中央和国务院密集发布国有企业改革意见。9月13日，被视为本轮改革最顶层设计的《中共中央、国务院关于深化国有企业改革的指导意见》（以下简称《指导意见》）公布后，又相继下发了《关于在深化国有企业改革中坚持党的领导加强党的建设的若干意见》（以下简称《党建意见》）和《国务院关于国有企业发展混合所有制经济的意见》（以下简称《混改意见》）。本轮国企改革方案将采取“1+N”的形式，即1个原则性文件和N个配套文件。与以往改革相比，本轮国企改革更具主动性、系统性和协调性。其中，将国企分为商业类和公益类，并采取不同的改革方式以及在国有企业中发展混合所有制经济则被认为是本轮改革的重点。

1. 分类：本轮国企改革的基础

长期以来，国企功能定位不清，一直面临营利性使命与公共政策性使命的诉求冲突，定位不清则职责不明，职责不明则无法对国企经营绩效进行客观考核。因此，分类是本轮国企改革的基础。

《指导意见》根据不同的战略定位、发展目标和实际作用，将国企分为商业类和公益类，并将分类改革、定责、考核。对于商业类国企，要按市场化运作，以增强国有经济活力、放大国有资本功能、实现国有资产保值增值为目标。公益类国企则以保障民生、服务社会、提供公共产品和服务为目标。在考核上，商业类国企将以经营业绩、国资保值增值为准，并接受市场的优胜劣汰。公益类国企则重点考核成本控制、产品质量、营运效率和保障能力。

在国有企业中发展混合所有制经济同样以分类为前提。《混改意见》明确，在商业类国企混改中，细分出竞争性行业的国企及主业处于重要行业和关键领域的国企。对于前者要求积极引入其他国有资本或各类非国有资本实现股权多元化；后者则要求保持国有资本控股地位，支持非国有资本参股。并且，此次《混改意见》采取非禁即可入的“负面清单”的方式，将必须坚持国有独资或绝对控股的重要行业和关键领域逐一列出。

此外，《混改意见》也要求在体制机制方面鼓励各类资本参与，非公有资本、集体资本、外资资本都可以通过各种形式参与混合所有制经济。《混改意见》还提出，将进一步简政放权，最大限度取消涉及企业依法自主经营的行政许可审批事项，为混改营造良好环境。

2. 混改：本轮国企改革的关键

30 多年的中国国企改革，依次经历了 20 世纪 80 年代的放权让利、政企分开，90 年代的股份制改革和 2000 年之后的监管体制改革。在国企中发展混合所有制经济，是本轮国企改革的关键环节。

本轮混合所有制的改革并不是“私有化”的方案，而是强调国企和民企的相互合作。非公有资本投资主体可通过出资入股、收购股权、认购可转债、股权置换等方式参与国企混改，国有资本也可以多种方式入股非国有企业。但是从文件的表述上看，也不排除一些属于市场竞争性领域的国企被私有化的可能。例如，除明令必须国有独资或控股的企业外，其他行业都可以由非国有资本控股，而且《指导意见》还特别提及将“清理退出一批国有企业”。

同时，改革还要求建立权责明确的现代公司治理结构，并要求规范企业股东（大）会、董事会、经理层、监事会和党组织的权责关系。

3. 混改中还需关注的几个问题

在国有企业中发展混合所有制经济被视为是市场化方向的改革，但文件也体现出综合平衡的特征。突出表现就是，在《混改意见》公布之前，官方先行通过了《党建意见》和《关于加强和改进企业国有资产监督防止国有资产流失的意见》。

其一，如何在国企中使党的领导和现代企业制度相结合成为一个值得关注的问题。对此，《党建意见》提出，国有资本绝对控股、相对控股或者具有实际控制力的混合所有制企业，党组织发挥政治核心作用；其他混合所有制企业，比照非公有制企业开展党建工作，党组织在职工群众中发挥政治核心作用，在企业发展中发挥政治引领作用。其二，对于防止国有资产流失问题，《混改意见》提出的解决方式是严格规范操作流程和审批程序，公开披露信息，防止利益输送和关联交易。概括起来，本轮改革就是以分类为基础，推动以混合所有制为核心的市场化改革。一方面继续保持自然垄断领域和关键核心领域国有企业的优势，另一方面将竞争性、商业性的领域推向市场。在这一过程中，党组织掌握政治方向，通过市场提升竞争能力，并且保持国有资产不流失。

（文/冯彪）

中央加强社会组织党建工作

2015 年 9 月，中共中央办公厅发布《关于加强社会组织党的建设工作的意见（试行）》（以下简称《意见》）。《意见》突出问题导向，从协调推进“四个全面”战略布局的高度，围绕社会组织党建工作从功能定位、管理机制、工作覆盖、队伍建设、作用发挥、组织领导等方面，对新形势下加强社会组织党的建设工作做出部署。

1. 弥补短板：加强社会组织党建工作的背景

加强社会组织党建工作，是执政党依据社会组织发展中出现的新情况、新问题提出的重大政策举措，对于促进社会组织健康发展，引导社会组织在参与社会管理中形成合力具有重要意义。

其一，社会组织面大量广，加强党建十分必要。根据民政部发布的《2014 年社会服务发展统计公报》数据，截至 2014 年底，全国共有社会组织 60.6 万个，吸纳社会各类人员就业 682.3 万人，接收各类社会捐赠 524.9 亿元。这表明我国社会组织发展迅速，已经成为社会管理的重要领域和参与主体。但另一方面，2014 年全国共查处社会组织违法违规案件 4246 起，其中取缔非法社会组织 46 个，行政处罚 4200 起。社会组织“量大”的背后还存在“质优”的隐患，如何促进社会组织健康发展已成为党和政府面临的重要课题。

其二，社会组织党建工作薄弱，“木桶效应”显现。党的十八大提出，中央对社会组织党建工作高度重视，要加大社会组织党建工作力度。目前，有些社会组织的党建工作比较薄弱，党组织的缺失成为社会组织进一步发展的制约因素。国务院《社会团体登记管理条例》是 1998 年修订的，中组部 2000 年也曾印发《关于加强社会团体党的建设工作的意见》，但内容已远不能适应形势的需要，加强社会团体党建工作缺乏“细规则”和“硬约束”。《意见》的出台，就是要补齐社会组织党建工作的短板，充分发挥党在社会组织健康发展中的引领作用。

2. 两翼齐飞：社会组织党建工作的新特点

一方面，《意见》通过加强党组织建设，发挥党的政治核心作用，使党组织成为社会组织发展的“领头雁”和“主心骨”。另一方面，《意见》还强调社会组织在功能作用上的自主地位，发挥社会组织在社会管理中的优势和长处。

其一，从推动“建党”到加强“党建”。建党与党建，两字的顺序不一样，背后的内涵也相差千里。中组部《党的建设工作意见（2000）》，重在解决社会团体和组织中党建工作的“有无”问题；而此次出台的《意见》，则着眼于加强党组织的政治核心与政治引领作用，后者的政策目标显然要比前者更进一步。《意见》强调，社会组织党组织的首要功能就是要保证政治方向，使社会组织宣传和执行党的路线方针政策。同时还要团结凝聚群众、推动事业发展、建设先进文化、服务人才成长、加强自身建设，推进党的组织和工作在社会组织中的形成有效覆盖。

其二，理顺党组织的管理体制和组织结构。加强社会组织的党建工作，要坚持分级负责、条块结合、区域兜底，建立健全管理体制和工作机制。《意见》要求县级以上地方党委要依托党委组织部门和民政部门建立社会组织党建工作机构，党委组织部门对同级社会组织党建工作机构进行指导，上级党建工作机构指导下级机构。确立了自上而下、上下联动、双重指导的组织结构和管理体制，有效避免了“多头管”“无人管”和“空对空”“两张皮”的情况。

其三，注重发挥社会组织的功能自主性。《意见》指出，党组织的活动必须突出社会组织的特点，发挥社会组织及其从业人员专业特长，积极开展专业化志愿服务。加强党组织建设，是要让社会组织长一颗“红心”，更好地引导和支持它们有序参与社会治理、提供公共服务、承担社会责任。因此，社会组织的管理要跳出“一乱就收，一收就死”的怪圈，党组织要促进社会组织迸发活力，尊重其在社会功能上的自主性，真正实现“业务脱钩，组织不脱管”。

3. 发挥党在“人民社会”构建中的主体地位

加强社会组织党的建设，本质上就是巩固中国共产党在社会构建与治理中的领导地位。中国需要建设的是一个充分尊重人民主体性的“人民社会”①，将以劳动大众为主体的不同阶层紧密团结在中国共产党的周围，并通过党对各个社会主体的领导，凝聚成休戚与共的有机整体。让党走入社会组织，也是推进国家治理能力和治理体系现代化的重要组成部分。社会组织在“四个全面”战略布局中承担着社会建设、党的工作和群众工作等方面的重要任务。加强社会组织的党建工作，能够为社会组织的健康发展和作用发挥提供有力的支撑。

（文/朱彩云）

国务院集中发力“促投资稳增长”

为扩大有效合理投资、保持经济平稳运行，国务院密集出台促投资、稳增长政策措施。2015 年 9 月 9 日，国务院下发《关于调整和完善固定资产投资项目资本金制度的通知》，以降低投资门槛拉动有效投资；9 月 14 日，国家发改委首批通过发行债券筹集资金设立的专项建设基金已投放到位，第二批随之投放。截至 2015 年 9 月 24 日，国家发改委已批复 19 个项目，投资金额

① 胡鞍钢．人民社会为何优于公民社会［N］．人民日报（海外版），2013－07－19.

近3200亿元。10月13日，国家发改委召开系统投资工作会议，对近期促投资稳增长进行再部署、再动员，明确提出第四季度要把“促投资稳增长”放在各项工作的首要位置，切实打好投资政策“组合拳”。

1. 扩大合理有效投资成为“稳增长”的必然选择

2015年是全面完成“十二五”的收官之年，是奠定“十三五”良好开局的关键之年。按照国家统计局的数据，前三季度，固定资产投资（不含农户）增长10.3%，同比回落5.8个百分点，比一季度、上半年分别下降了3.2、1.1个百分点。总体上看，宏观经济运行保持在合理区间，但投资下行压力仍不小。在经济下行阶段，资本预期收益率较低，市场信心明显不足，即便增加市场流动性、降低资金成本，也未必能提高投资景气程度，反而会加重泡沫化。在此情况下，由政府增加预算投资，加快推进一系列促投资稳增长政策措施，扩大合理有效投资就成为“稳增长”的必然选择。

2. 本轮投资计划以专项基金、精准投放、政社合作为重点

为应对2008年国际金融危机带来的经济下行的巨大压力，中央政府曾出台4万亿投资计划刺激经济增长，这虽然保持了经济的稳定增长，却导致了通货膨胀、经济结构畸形、房地产过热、地方债务危机等多方面问题，很多“后遗症”至今尚未化解。而本轮的投资“组合拳”规模之大、速度之快也难免让人产生联想。

但相比“4万亿”投资计划，此轮投资计划呈现了以下三个新特点：一是创新资金投放方式。本轮投资计划主要以专项建设基金的形式进行。专项建设基金，即由国家发改委通过国家开发银行和农业发展银行，向邮政储蓄银行定向发行长期专项建设债券，以此撬动邮政储蓄的大规模资金进入投资领域，并充分发挥国开行和农发行在项目组织方面的经验优势，通过给建设

项目直接注入资本金的方式，支持重点领域、项目的建设。这种方式有效避免了原来增加公共预算投资的方式所带来的一系列问题，更大程度上调动了银行、地方和项目单位的投资积极性。二是投资定向更加精准。在本轮投资计划中，专项建设基金的投放对象主要是那些“看得准、有回报、不新增过剩产能”的重点领域，以及重点基础设施建设领域。投放的主要目标是“补短板、调结构、增加公共产品供给”，加大对“三农”、保障性安居工程、重大基础设施、生态环保和社会事业发展的投入。可见，本轮投资计划将重点从偏向重工业和房地产行业更多转向基建项目，瞄准薄弱环节，弥补经济短板，力求增强经济发展后劲。三是利用政府投资引导撬动社会投资。在加大政府投资力度的同时，大力推行政府和社会资本合作，鼓励和引导社会资本参与重大项目建设；降低企业发债门槛，扩大企业债券融资规模；加强政银企合作对接，强化投资项目资金保障。这些措施，有助于调动社会资本积极性，也为其参与投资创造了便利。

（文/马克、李姝君）

中央强化新疆民族团结建设

2015 年 9 月 24 日，国务院新闻办公室发布《新疆各民族平等团结发展的历史见证》白皮书（以下简称“白皮书”）。白皮书回顾了新疆维吾尔自治区成立 60 年以来的变化和成就，表明中国将坚定不移地实施民族区域自治制度。

1. 白皮书为民族区域自治制度正名

从 2003 年起至今，中国政府共发布了 4 部有关新疆的白皮书，每一部白皮书均有其独特的历史背景和政治意图，本次也不例外。自 2009 年乌鲁木齐

“7·5”事件发生以来，“4·30”“5·22”“7·28”等一系列暴恐事件接连不断地在新疆出现。国内外，尤其是党内出现了不少对民族区域自治制度的质疑、批评，甚至反对的声音。有人认为该制度是照搬“苏联模式”，会导致分裂；也有人认为，民族区域自治制度“没必要再搞了，自治区可以同其他省市实行一样的体制”。针对这些“有害言论”，习近平在2014年10月召开的中央民族工作会议上指出“照搬论”“取消论”等都是错误的，“取消民族区域自治制度这种说法可以休矣”。①

因此，在新疆维吾尔自治区成立60周年前夕发布白皮书，中央不仅是为了总结60年来新疆的发展与进步，更是以此为契机，通过展示新疆维吾尔自治区成立以来巨大的发展变化，反驳否定民族区域自治制度的言论，从而为民族区域自治制度正名；同时也表明中国将在新疆以及其他民族自治地方继续实施民族区域自治制度的决心。在此意义上，白皮书名为关于新疆的“历史见证”，实为我国坚定不移地贯彻民族区域自治制度的一份宣言书。

2. 民族区域自治制度的合理性

民族区域自治制度的合理性主要在于以下几点：首先，民族区域自治制度是中国共产党根据中国国情做出的选择。中国在历史上一直都是统一的多民族国家，建立民族区域自治有利于在尊重各民族历史发展、分布格局的基础上，促进民族地区的经济、社会发展。而苏联解体的历史教训，更让党中央意识到慎重处理民族问题尤其是民族自治问题的重要意义。其次，民族区域自治制度的确立是为了兑现对少数民族的政治承诺。中国共产党一贯以民族平等和团结作为处理民族问题的总原则，在革命和社会主义建设过程中，

① 闵言平．取消民族区域自治制度这种说法可以休矣［OL］．国家民委政府网．2014－12－05.

逐渐形成了一套较为成熟的民族区域自治制度。这一制度既确保了国家的统一，又弥合了少数民族在旧社会所受到的心理创伤，亦兑现了革命时期对各少数民族自治的政治承诺。最后，通过展现民族自治地区取得的辉煌成就，论证民族区域自治制度的合理性与生命力。

3. 坚持和完善民族区域自治制度

在多民族国家中，国家结构形式问题关系到政局稳定乃至生死存亡。苏联的解体，南斯拉夫、捷克斯洛伐克等东欧国家的分崩离析，固然有多方面原因，但不能否认的是，当年这些国家处理民族问题时在国家结构形式上留下了隐患是一个重要原因。而民族区域自治制度，以及其背后的政党强力整合，降低了国家分裂的风险，实现了各民族的平等团结，确保了中华人民共和国成立以来国家的长期统一。

不过，任何一项制度都会在实践中不断演化，而政治决策的墨守成规则只会导致制度与现实脱节。客观来说，一方面，要坚持民族区域自治制度；另一方面，也要总结经验教训，不断完善民族区域自治制度。毕竟，那些骇人听闻、触目惊心的暴恐事件同白皮书中描绘的翻天覆地的巨大成就一样，均为当下中国民族自治地方的现实图景，都不应被忽视。

（文/张宁远、杨煜超）

国务院力推分级诊疗改革

2015 年 9 月初，国务院办公厅印发《关于推进分级诊疗制度建设的指导意见》（以下简称《意见》），明确了优化诊疗体系和秩序的政策安排。《意见》的出台是对新医改思路的进一步细化。

1. 问题症结：未落实医疗机构功能定位

中国当前的诊疗问题，不再是简单的“看病难、看病贵”，而是看病过多地集中在大医院，导致医疗成本提高，城市二级医院和基层医疗机构的资源却被闲置。合理的诊疗体系，应该是将占据总需求相当大比例的常见病、多发病拦截在基层医院进行诊疗。这就是以“大病不出县”为目标的分级诊疗模式。实现“大病不出县”，是三级医疗服务体系落实功能定位的重要体现，既有助于大医院缓解诊疗压力，将更多精力放在疑难重症诊治上，也有利于提升医疗服务体系整体绩效，控制医药费用。

之前分级诊疗的试行成效不大，原因是没有从实质上落实医疗机构的功能定位。一方面，在病种结构上，大医院与其他医院之间没有形成明显的差异；另一方面，在服务价格、医保报销上，政策约束患者选择医疗机构级别的力度还不够。所以，大医院持续吸纳着相当部分的普通患者。而改变这种局面的困难在于：首先，大医院缺乏分流患者的动力。在现行的医院补偿机制下，门诊依然是大医院重要且稳定的收入来源。其次，民众养成了去大医院看病的习惯。大医院垄断了优质的医疗资源，导致民众不惜成本地要挤进大医院。

2. 政策实质：引导利益主体合理行为

分级诊疗制度的内涵可概括为“基层首诊、双向转诊、急慢分治、上下联动”。① 其实质是引导利益主体合理行为：一是常见病、多发病患者自觉到

① 分级诊疗的具体安排为：城市三级医院主要提供急危重症和疑难复杂疾病的诊疗服务；城市二级医院主要接收三级医院转诊的急性病恢复期患者、术后恢复期患者及危重症稳定期患者；县级医院主要提供县域内常见病、多发病诊疗，急危重症患者抢救和疑难复杂疾病向上转诊服务；基层医疗卫生机构和康复医院、护理院等为诊断明确、病情稳定的慢性病患者、康复期患者、老年病患者、晚期肿瘤患者等提供治疗、康复和护理服务。

基层医疗机构首诊；二是大医院主动做出向下转诊的决定。前者涉及的是基层医疗服务水平，后者则涉及大医院的创收机制。

民众方面，《意见》提出了遵循民众自愿原则的要求。这意味着，分级诊疗能否真正实现，取决于民众是否具有服从政策安排的意愿。为了能够让民众从分级诊疗中体会到便捷和益处，《意见》主要从两点着手改进基层医疗服务体验，包括加强基层医疗机构的服务能力建设、强化基层全科医生等人才培养，以及通过合理拉开不同级别医疗机构起付线和支付比例差距，降低患者成本。

医院方面，《意见》提出了构建医疗机构分工协作机制，重点提及要制定和落实入、出院标准和双向转诊原则。为了解决大医院不愿将符合条件的患者向下转诊的问题，《意见》要求从财政投入、医疗服务价格、费用控制等方面采取激励约束措施，促使大医院扭转过度依赖服务量的惯性，主动转诊普通患者。

3. 条件短板：基层医疗机构人才、保障不足

全科医生的匮乏，以及连续性诊疗难以保障，是分级诊疗制度最大的短板。究其原因是基层资源不足产生的恶性循环。要改变现状，还须经历人才培养和机构能力提升的长时间攻坚阶段。如果短板得不到弥补，强推分级诊疗会适得其反，耽误患者就诊。

首先，基层医疗机构服务水平低，最直接的表现就是全科医生数量严重不足，高水平全科医生严重短缺。政府从 2011 年开始对建立全科医生制度做全方位的顶层设计，① 但因服务于基层医疗，目前全科医生数量仍然占比极小

① 2011 年至今，国务院及国家卫生计生委等部门先后印发了《关于建立全科医生制度的指导意见》《以全科医生为重点的基层医疗卫生队伍建设的规划》《关于开展农村订单定向医学生免费培养工作的实施意见》等一系列重要文件。

且增长缓慢。全科医生承担着重要的首诊责任，却长期以来得不到相应的重视和待遇，导致已有人才的流失和后继培养的断绝。[①] 其次，基层医疗的设备不足、药品种类有限、福利不完善等服务质量保障问题，影响了向下转诊的连续性。

组建医疗联合体、对口支援等扶持方式，会强化大医院对患者的吸引力，无法解决长远问题。只有突破基层医疗的人才和保障瓶颈，引导资源下沉，才能从根本上改变基层医疗的尴尬地位，让民众能够安心在基层就诊，充分发挥基层医疗健康“守门人”的作用。

（文/姚瑶）

中央布局科技体制市场化改革

2015 年 9 月 24 日，中共中央办公厅、国务院办公厅印发《深化科技体制改革实施方案》（以下简称《方案》）。《方案》围绕“推动以科技创新为核心的全面创新、推进科技治理体系和治理能力的现代化”这一主线，提出建立技术创新市场导向机制、构建高效科研体系和人才培养激励机制、促进科技成果转化等举措，意欲打通科技创新与经济社会发展通道，助推中国发展驱动力的根本转换。

1. 改革要破除体制障碍，对接经济转型和产业升级

早在党的十六大时，中央即提出“增强自主创新能力、建设创新型国家”的战略决策，其后颁布《国家中长期科学和技术发展规划纲要（2006—2020

---

① 《意见》提出要加强基层医疗卫生人才队伍建设，努力使城乡每万名居民拥有 2 到 3 名合格全科医生，并设计与全科医生工作特点相适应的配套制度。

年）》（以下简称《纲要》），并陆续下发一系列科技体制改革意见，掀起了第一波科技改革和自主创新浪潮。[①] 当时的改革明确了战略方向，在一定程度上激发了体制内外的创新活力；但科技管理体制各自为政、企业技术创新主体地位不明确、人才激励机制落后等一系列问题，未能得到有效解决。当前，面临发达国家先进技术和发展中国家低成本竞争的双重挤压，增强自主创新能力，变要素驱动为创新驱动，进而加快经济结构转型和产业升级，已迫在眉睫。在此背景下，本次《方案》较《纲要》更进一步，突出强调推动科技治理能力和治理体系的现代化，加强政府行为监管，激发市场主体活力，使市场调节在科技资源配置中起决定性作用。

2. 改革坚持市场导向，促进科技与经济融合

《方案》明确“激发创新、问题导向、整体推进、开放协同”4 项原则，从技术创新市场导向、科研体系、科技成果转化和营造良好创新生态等 10 个方面入手，提出 32 项改革举措和 143 项政策试点要求。

技术创新市场导向方面，着力解决科技与经济结合不紧问题。《方案》明确企业和企业家在创新决策中的重要作用，促进建立企业为主导、产学研合作的产业技术发展联盟，允许单位科研人员留薪开展创新工作或创办企业。科研体系方面，深化科研院所分类改革和高等学校科研体制机制改革，增强知识创造和供给。《方案》推进科研事业单位取消行政级别，推动院（所）长、高校研究人员聘任制改革，实行技术开发类科研机构企业化转制，开展高校自主设立科研岗位试点。促进科技成果转化方面，完善科技成果使用、处置和收益管理制度，加大对成果转化的激励力度，通过成果转化创造财富。

---

① 党的十八大以后国务院陆续下发《关于深化科技体制改革加快国家创新体系建设的意见》《关于深化体制机制改革加快实施创新驱动发展战略的若干意见》等。

《方案》倡导重要贡献人员和团队转让收益比例从现行不低于20%提高至不低于50%，限制高等学校、科研院所新设企业，强化科技成果对外扩散，制定院所、高校技术入股形成的国有股转持豁免政策。科技创新生态方面，强化知识产权保护，改进产业准入制度，加快垄断性企业改革，建立市场决定要素价格机制。《方案》推动研究降低侵权行为刑责门槛，探索实施惩罚性赔偿制度，建立跨区知识产权案件异地审理机制，将侵权行为纳入社会信用记录。

3. 改革应尊重科技创新规律，避免落入“追赶陷阱”

一方面，《方案》重点推进科技创新与转化，实现成果商业化，立足各维度应对结构转型和稳定增长需求。但科技创新有其自身规律，科技发展并非仅仅依赖于创新要素简单组合，如果延续以往局部性、跟随性、模仿性思维，改革创新很可能落入“追赶陷阱”，出现低质低效、重复投资局面。

另一方面，《方案》偏重技术性研究，如提出“加快部分普通本科高等学校向应用技术型高等学校转型，培养技术人才”，而较大程度地弱化基础研究地位。此外，《方案》提出改善国内生产总值核算方法，完善地方领导干部政绩考核办法，将创新驱动发展成效纳入考核范围。这一做法固然有利于增强改革力度，但会否引发地域之间、党政官员之间恶性竞争，以至激进上马科技项目、转向“大跃进”式发展，依然有待观察。

（文/李晓青、佘倩影）

国务院推进“三网融合”

2015年9月，国务院办公厅印发《三网融合推广方案》（以下简称《方案》)。《方案》明确指出，三网融合[①]试点阶段各项任务已基本完成。下一步，将在总结试点经验的基础上，加快推进三网融合，推动信息网络基础设施的互联互通和资源共享，将广电、电信业务双向进入扩大到全国范围，并开展实质性的工作。

1. 三网融合是顺应信息技术发展趋势的需要

自20世纪90年代以来，国际上多个国家和地区相继解除电信和广电业务市场准入限制，并开放互联网业务市场。各国政府也积极调整监管模式，一方面加大政策扶持力度，另一方面扩大相关市场的开放程度，以引导各类市场主体积极参与并推进三网融合的发展。

三网融合本质上是顺应信息技术融合发展趋势的举措，是国民经济和社会信息化的迫切要求。三网融合不仅有利于推动信息技术创新及应用，带动相关产业发展，实现经济增长方式的转变并形成新的经济增长点；也有利于我国更好地参与全球信息技术竞争，抢占未来信息技术制高点，确保国家网络信息安全。

早在2010年，中央就将推动三网融合工作正式纳入日程，并制定了推进三网融合的"总体方案"和"试点方案"。根据中央的部署，我国三网融合工作分为试点阶段和推广阶段，其中试点阶段以推进广电业和电信业双向阶段性进入为重点，选择有条件的地区开展试点。推广阶段是在总结试点经验的基础上，以全面推进三网融合为重点。截至目前，我国已基本具备在全国范围内推广三网融合的技术条件、网络基础和市场空间，国务院适时发布

---

① 三网融合是指电信网、广播电视网、互联网在向宽带通信网、数字电视网、下一代互联网演进过程中，三大网络通过技术改造，其技术功能趋于一致，业务范围趋于相同，网络互联互通、资源共享，能为用户提供语音、数据和广播电视等多种服务。

《方案》，也标志着我国三网融合工作正式进入推广阶段。

2.《方案》确立了三网融合的完整内容体系

《方案》是在三网融合总体方案基础上，全面总结试点经验，综合考虑当前经济社会发展实际情况所制定，其主要内容有：明确六项工作目标。一是将广电、电信业务双向进入扩大到全国范围，并实质性开展工作；二是网络承载和技术创新能力进一步提升；三是融合业务和网络产业加快发展；四是科学有效的监管体制机制基本建立；五是安全保障能力显著提高；六是信息消费快速增长。提出四项主要任务。一是在全国范围推动广电、电信业务双向进入。二是加快宽带网络建设改造和统筹规划。三是强化网络信息安全和文化安全监管。四是切实推动相关产业发展。确立四项保障措施。一是建立健全法律法规，为电信、广电业务双向进入提供法律保障。二是落实相关扶持政策，为全面推进三网融合营造有利政策环境。三是提高信息网络基础设施建设保障水平，为加强基础网络能力提供必要支持。四是完善安全保障体系，为做好安全管理工作夯实能力基础。

3. 建立新型监管体制是三网融合政策落地关键

长期以来，我国广电业和电信业在市场运营和管理体制上有较大差异，行业之间存在进入壁垒。具体而言，广电业是政府公共部门，属事业单位编制，基本为公益性质，市场化程度较低；电信业则由三大运营商构成，属企业单位，以盈利为目标，采取完全市场化的商业运作模式，市场化程度较高。二者经营性质迥异，难以合为一体。此外，三网分由新闻出版广电总局和工信部监管，两大部门在行使监管权时互为独立体系，也分别拥有不同环节的准入许可管理权限，行政壁垒问题突出，这些问题一度给三网融合进程造成较大阻碍。

三网融合是信息技术进一步发展的需要，也是中国实现“互联网+”战略的具体体现，而要解决多年来形成的部门分割与业务分割的障碍，实现三网融合政策的落实落地，关键就在于建立新型监管体制，打破行政监管不协调的壁垒。具体而言，政府不仅要继续去除妨碍行业融合的行政障碍，还应建立跨部门的协调机制，统筹各种资源，打开融合局面；另一方面则应尊重市场地位，鼓励企业探索恰当的商业模式和盈利模式，创造条件促进产业融合，提升行业运营效率和服务水平，用市场的力量倒逼改革。总之，只有在市场和行政监管两个层面进行着力，才能保障三网融合进程的行稳致远。

（文/段相宇）

10月　中国模式迈向共享共治新阶段

中国特色全球治理观初步成形

党纪新规翻开全面从严治党新篇章

“十三五”规划引领共富之路

供给侧改革新政初露端倪

中国政府首创“市场准入负面清单制”

国务院启动新一轮价格改革

人民币跨境支付迈出实质步伐

中国全面放开“二孩”政策

中国特色全球治理观初步成形

2015 年 10 月 12 日，中共中央政治局就全球治理格局和全球治理体制举行第 27 次集体学习。这是中央政治局集体学习制度成立 13 年来，首次专题研究全球治理，并首提“共商、共建、共享”的全球治理理念；也是继 2013 年周边外交工作座谈会、2014 年中央外事工作会后，最高领导层再次宣示升级对外总体战略。同月下旬，党的十八届五中全会通过“十三五”规划建议稿，其中首次专节阐述“积极参与全球经济治理，提高在全球经济治理中的制度性话语权”。至此，经过近三年战略铺垫和实践打底，中国特色全球治理观初步成形。

1. 竞逐多极化：中国布局新一轮对外战略转型

中国特色全球治理观的形成，源于世界格局变化与中国战略转型。后冷战时代以来，以“9·11”事件及反恐战争、全球金融危机、美国重返亚太等为标志，世界格局进入由单极化向深度多极化演变的过渡阶段。一方面，以美国为核心的单极化结构开始松动，以中国等新兴经济体为引领的多极化趋势走强，原有体系领导者与后发崛起者之间竞争激烈且互为制衡；另一方面，基于经济全球化渗透以及金融风险、恐怖主义、气候变化、粮食安全、网络安全等问题的突显，多元共治、全球治理成为国际常态。但现行全球治理体系在权力分配、利益协调、话语代表、规则制定等方面显失公正合理，面临严重的“集体行动困境”，亟待调整变革。

在此背景下，中国对外战略取向经历了从中华人民共和国成立后第一个三十年的局部积极作为，到第二个三十年的韬光养晦，再到近年来强调有所作为的历史性转变。其一，从战略上的大外交与总体安全观，到理念上的命运共同体、正确义利观、合作共赢新型国际关系，再到策略上的“真实亲诚”对非方针、“亲诚惠容”周边外交原则及构建新型大国关系设想，顶层设计凸显全球视野和主动进取意识；其二，无论是密集开展五大洲全方位外交、巩固提升对外关系，还是主导推出“一带一路”、金砖银行、亚投行、亚太自贸区等重磅手笔，系列对外行动都直指重构国际政治经济秩序。新一轮外交布局及国际形象重塑，为中国深度参与全球治理提供了现实基础和空间。

2. 塑造新秩序：全球治理的中国方案

全球治理在中国，始于学者引进研究；随着国家参与多边外交和治理实践日益增多，其作为一项倡议被逐步纳入中央政策体系，但直至2012年才被明确写入党的十八大报告，上升为纲领性战略。此后两年，新一届领导人就全球治理问题，对外频繁表姿态、求共识、做铺垫，2015年以来更是接连多次集中阐述，最终形成了集战略定位、目标原则、实施路径于一体的中国特色全球治理框架。

立足一个判断，提升两个定位。一个判断，即新兴国家革命性地改变了国际力量对比，且有强烈意愿推动国际体系趋向公正合理，因而“全球治理体制变革正处在历史转折点上”。基于此，中国应顺势提高自身在全球治理中的战略分量，要作为“全球发展的贡献者”和“国际秩序的维护者”，贡献全球治理的中国方案特别是代表发展中国家利益的方案。同时也应提升全球治理在中国对外战略中的分量，即四个“事关”：事关应对全球挑战，事关参与制定国际规则，事关争夺发展制高点，事关增强在长远制度安排中的地位和作用。明确两个定位，就是要补齐中国在全球治理中重视不够、参与不足、地位不高、话语不力、影响不大的结构性短板。

统筹内外大局，明确双重目的。“两个大局论”是中国一贯的战略基点①，当前表现为：执政党对内以反腐改革重塑权力结构，对外以合作共治重塑规则体系，意在构建内外一体的新秩序。具体到全球治理问题上，即内治与外治相贯通，全球治理现代化服务于国内治理现代化。因此，中国特色全球治理之直接目的，就是要推动全球治理民主化、法治化特别是公正化、合理化，就是要在提升发展中国家代表性和话语权的过程中，获得与中国自身国力、责任相匹配的国际地位与治理权；根本目的则是延长战略机遇期、维护自身国际政治和海外经济利益，为实现“两个一百年”奋斗目标和民族复兴提供和平稳定的外部环境。

守住两条原则，共建共商共享。其一，全球治理不能由一国主宰或大国垄断，而应共同参与。要把新兴力量纳入全球治理体系、发挥应有作用，由各国共商改革治理结构、平等参与规则制定。其二，全球治理体系改革应在维护“二战”胜利后形成的以联合国为核心的全球治理体系基础上进行创新完善，而非推倒重来或另起炉灶。关键是推动由美国单一主导体系，向由各国共建共享，注重权利平等、机会平等、规则平等的多元开放普惠体系转变。

重点争取两权，分层分类实施。一是实现全球治理重要领域及议题全覆

① 2013年10月24—25日，习近平在周边外交工作座谈会上阐述新“两个大局”：国内大局就是“两个一百年”奋斗目标，实现中华民族伟大复兴的中国梦；国际大局就是为改革发展稳定争取良好外部条件，维护国家主权、安全、发展利益，维护世界和平稳定、促进共同发展。见钱彤．习近平在周边外交工作座谈会上发表重要讲话强调：为我国发展争取良好周边环境［N］．人民日报，2013-10-26.

盖，以争取话语权和规则制定权为核心，重点改革国际经济金融领域、新兴领域等方面规则，提供更多公共产品。二是分层治理，周边、区域和全球三个层面相结合。从周边治理起步，进而完善区域治理，同时深度参与联合国、亚太经合组织、二十国集团等多边机制。三是分类合作，既力争与美欧大国消除战略互疑、保持竞合，又最大限度地联合新兴国家，引领发展中国家维护共同利益。

3. 未来大方向：为价值竞争和理念较量做准备

总体来看，中国共产党运筹全球治理，是对世界格局变化的主动回应，深含统筹内外、实现执政价值一体化升级的根本意图。对此，各方评价呈现明显分野。国际层面，既有诸如中国将挑战现行国际秩序、“有意将此前以美国为主的全球治理结构加以调整使其更向中国倾斜”的质疑和忧虑，也有对中国参与全球治理的肯定，认为解决全球性问题不能没有中国，西方必须克服对中国的战略不信任，以开放态度接受中国创新全球治理机制并与其开展合作。国内层面，肯定参与全球治理将带来新机遇，但也强调防范可能潜在的风险，认为新兴国家崛起之初都要遭受不止一次的强国围剿，中国应避免国内意识形态之争对全球治理的负面影响，避免中国特色全球治理沦为“撒钱扶贫”，而应尽快形成成熟的全球治理理论，加快从地区性大国转向世界性大国。

着眼今后一个时期，要实现国际秩序和全球治理的“新均衡”，中国势必要全面准备从实力、规则到价值理念的世界级博弈。目前这一博弈已在实力和规则层面展开，下一步将是深层的价值理念竞争和文化观念较量。中国特色全球治理观只是一个框架性开端，未来不仅需要更成体系的治理议题和政治话语体系，还要注意应对与欧美大国在全球治理上的价值观念冲突。正如北京航空航天大学研究员张文木所指，中国要在提炼传统智慧的基础上，批判性地总结盎格鲁－撒克逊民族治理世界的实力逻辑和力量均势理论，形成具有全球视野的对外战略和安全战略，作为治理世界的必要预备。

（文/张佳俊、周轩宇、叶闽莎）

党纪新规翻开全面从严治党新篇章

2015 年 10 月 18 日，中共中央颁布新修订的《中国共产党廉洁自律准则》（以下简称《准则》）和《中国共产党纪律处分条例》（以下简称《条例》）。两项法规在体系和内容上均有重大调整，吸纳了不少党的十八大以来的组织、制度创新成果，显示出执政党全面从严治党的极大决心。

1. 两规新修是全面从严治党的现实要求

党的十八大以来，党中央将全面从严治党上升到前所未有的高度，视为“四个全面”战略布局的关键，此次大幅修订两大法规从根本上讲正是全面从严治党的需要。具体来说，修订原因有三：一是原有规定已不适合新形势发展。诸多违反党章、损害党章权威的违纪行为一直缺乏必要和严肃的追责机制，大量新的违纪行为未纳入追责、处分范围；二是原有规定的党纪特色不鲜明，纪法不分现象突出。如原《准则》罗列了大量与廉洁主题无关的内容，原《条例》更是近半数条款与刑法等国家法律重复，这与依法治国、依规治党的要求明显不符；三是党的十八大以来从严治党的实践成果亟须制度化。如政治纪律、政治规矩以及落实八项规定精神、反对“四风”等经验和成果都需要及时转化为纪律条文，为执纪问责提供法规依据。

2. 新规实现了党纪与国法的分离与强化

本次《准则》和《条例》的修改，既包括政治规矩、生活作风等具体制度的修订，也涉及党纪体例方面的重大调整，修改条文之多、范围之大可以说是史无前例，集中反映了党中央全面从严治党的思路和决心。其中，特别值得注意的新动向如下：

第一，“纪法各表，纪严于法”。纪委办案长期给公众一种凌驾于法律之上的印象，执纪与执法的界线非常模糊。王岐山在10月10日举行的部分省区市纪委书记座谈会上表示，“党纪”和“国法”不是一个概念，不能混同，党纪要严于国法，要把纪律和规矩挺在法律前面。此次新《条例》严格区分了法律与纪律的界限，将原先与法律重复的70多条规定全部删除。修订后的《条例》在各方面均做出了严于法律的规定。这样既划清了党纪与国法的界线，也实现了两者之间的有效衔接。

第二，重新划分违纪类型。原《条例》将违纪行为分为10类，其中相当部分与法律重复，如贪污贿赂、妨害社会管理秩序等表述。而新《条例》按照纪法分开的原则，将党纪重新调整为政治、组织、廉洁、群众、工作和生活六大类型，清晰简练，与法律规定有明显区别。特别是新设政治纪律、群众纪律两大类型，极具党纪特色，可以说是近年来党内法规修改最具创新性的成果。

第三，突出强调政治纪律。王岐山表示，此次条例修改的重要目的之一就是把严肃政治纪律和政治规矩突出出来，使党纪特色更加鲜明。中央纪委副书记张军也表示，政治纪律是最重要、最根本的纪律，是打头、管总的纪律，违反其他5类纪律，都会影响执政基础，关系人心向背，说到底都是破坏政治纪律。因此，新《条例》结合党的十八大以来的反腐实践，进一步明确了违反政治纪律和政治规矩的相关表述和类型。

3. 法制化与常态化是从严治党的未来趋势

“打铁还需自身硬”。党的十八大以来，党中央高度重视治党工作，强调全面从严治党，在党风廉政建设和反腐败斗争方面做出一系列重大部署。从反“四风”建设到落实中央八项规定精神，从群众路线教育实践活动到“三严三实”，乃至此次两大法规的修订，本质上都是全面从严治党思路的体现。但本次两规修订在延续上述脉络的同时，也体现出党中央治党工作思路向法制化、规范化的重大转变。这种转变从理论上看，是依法治国理念在党务工作上的体现，从现实来看，则是大规模反腐对程序、规范以及制度稳定性的实际需要。可以说，这一以问题为导向的制度化治党思路相当务实，为防止反腐“一阵风”“走过场”，推动全面从严治党常态化奠定了制度基础。

（文/仲启群、马毅豪）

“十三五”规划引领共富之路

2015年10月29日，党的十八届五中全会在北京闭幕，会议审议通过了《中共中央关于制定国民经济和社会发展第十三个五年规划的建议》（以下简称《建议》）。“十三五”时期是我国全面建成小康社会最为关键的5年，“第一个百年”奋斗目标的决胜阶段。《建议》从宏观战略高度描绘了未来5年的蓝图。

“十二五”时期，中国发展成绩显著，经济总量稳居世界第二位，人均国内生产总值增至7800美元左右，第三产业增加值占GDP比重超过第二产业，基本建立了公共服务体系等，改革在诸多领域都取得了新的突破。与此同时，国内经济增速放缓，经济发展进入“新常态”，过去30多年高速增长积累的矛盾和风险逐步凸显，具体表现为过度依赖刺激政策、产业结构不合理、贫富差距拉大、区域发展不平衡、人口优势逐渐减弱、资源环境代价高等方面。从外部环境来看，国际形势日趋复杂多变，全球经济仍处于缓慢复苏阶段。

1. “十三五”的新目标与新理念

《建议》的核心内容之一就是提出了全面建成小康社会新的目标要求，适应把握新常态，提出要“保持经济中高速增长”，也就是说从国内生产总值翻一番看，2016年至2020年经济年均增长底线是6.5%以上。同时“十三五”规划将更加注重公平、关注社会民生，确立了“人民生活水平和质量普遍提高、国民素质和社会文明程度显著提高、生态环境质量总体改善”的新目标。确立新目标的同时，另一创新在于首次提出“创新、协调、绿色、开放、共享”五大发展理念。五大理念表明了党中央谋划未来发展路径和方式的新思路和新理解。党的十八届五中全会强调，《建议》以我国经济社会发展为主轴，同时也是一个通篇贯穿改革精神的文件，包含着大量改革部署，是改革和发展的“双重奏”。

2. “十三五”的新战略与新政策

第一，问题导向，对症下药。一是针对目前经济发展的瓶颈，提出加快实施自由贸易区战略，发挥市场在资源配置中的决定性作用，坚持统筹考虑和综合运用国内国际两个市场、两种资源，推进共建“一带一路”和国家对外战略紧密衔接，建立面向全球的高标准自由贸易区网络。二是针对我国产业结构不合理、产能过剩等问题，提出实施《中国制造2025》，实施“互联网+”行动计划、国家大数据战略，积极发展现代服务业，大力发展工业设计、融资租赁、科技咨询等新兴服务业，推动产业结构优化升级。三是推进金融体制改革，一方面针对投融资难的问题，提出要发展普惠金融，为小微企业、农户以及贫困人群提供更好的金融服务。另外还要促进人民币国际化，实行负面清单管理制度，扩大金融业双向放开，实现人民币可兑换，推动人民币加入特别提款权。四是针对日益突出的资源和环境问题，《建议》将生态文明建设单列一章，强调应遵循绿色发展理念，实现发展与保护的内在统一，走绿色、低碳的发展道路。提出建立企业排放许可制，强化约束性指标管理，实行能源和水资源消耗、建设用地等总量和强度双控行动等措施。

第二，普惠民生，实现共享。在《建议》中可以发现，新的5年战略部署更加贴近百姓，利于民生，真正将改革发展成果惠及全民。一是在居民收入方面，不仅在总目标中提出“到2020年城乡居民收入翻倍”的要求，同时指出要多渠道增加居民收入，完善税收制度和收入分配制度，强化知识、技能等要素在收入分配中的作用，积极创造更多的财产性收入等。二是在扶贫方面，《建议》指出要实施脱贫攻坚工程，实施精准扶贫、精准脱贫，因人因地施策，提高扶贫实效。三是在百姓关注的社会保障方面，指出建立更可持续的社会保障、全面实施城乡居民大病保险制度，尤其针对百姓的“看病难、看病贵”，医患矛盾突出等问题，指出应深化医药卫生体制改革，实行医疗、医保、医药联动，建立覆盖城乡的基本医疗卫生制度和现代医院管理制度。四是在其他领域中的相关政策措施，如实现1亿人城镇落户，全面实施一对夫妇可生育两个孩子，减免贫困学生高中学杂费等，都能让老百姓切实感受到政策的红利。

（文/冯彪、李琳）

供给侧改革新政初露端倪

2015年三季度以来，国务院及各部委密集出台经济政策，持续加码稳增长目标，进一步推动结构性改革。本阶段出台的经济刺激措施，一方面体现“扩投资、促改革、重创新”的一贯思路，另一方面改革重点向供给侧管理倾斜，预示着中央调控思路有所转向。

1. 经济增速回落，触底企稳尚未完成

2015 年 10 月 19 日，国家统计局公布数据显示，2015 年前三季度国内生产总值 487774 亿元，同比增长 6.9%，这是自 2009 年二季度以来 GDP 增速首次破七。经济增速不及预期，受制于国际经济整体环境与国内经济下行因素的双重影响。国际层面，日欧等主要经济体经济增长放缓、美国加息预期强化导致世界贸易形势恶化，中国出口出现下降，第三季度对 GDP 增速转为负贡献。国内层面，三重因素叠加致经济下行压力持续加大：传统产业集中去产能、去库存带来工业下行“阵痛”；汽车、电子等部分前期增长较快的行业生产进入市场容量收缩调整期；房地产开发投资增速回落，直接拉低固定资产投资与工业增加值增速。总体而言，尽管增速有所回落，但经济运行仍处于合理区间；当前及今后一段时间，改革仍面临出口、制造业投资等传统“三驾马车”下行阻力，产业、需求、分配结构调整的多重目标使得短期经济效应滞后，经济增速触底过程或将持续。

2. 政策四管齐下，加码稳增长目标

货币政策方面，保持信贷总量适度增长，向市场提供充裕流动性。2015 年三季度，央行灵活运用多种货币政策工具，改革存款准备金考核制度，下调金融机构基准利率和存款准备金率，扩大信贷资产质押再贷款试点范围，着力保持货币信贷及社会融资规模合理增长。财政政策方面，推进稳增长措施、支持有效投资。9 月 8 日，财政部发布《财政支持稳增长的政策措施》，强调盘活资金存量、发展急需资金的重点领域，推广 PPP 模式，激活民间资本，规范地方政府债务管理，加大地方存量债务置换力度、增加资产抵押贷款额度、加快专项建设债券下达。投资领域，多项产业政策陆续出台，重大基建项目加快上马。下半年，国务院密集发布关于新能源汽车、电动汽车充

电设施建设、农村宽带电信服务、农村电子商务、快递业发展以及海绵城市建设、棚户区改造方面的规划文件，下调部分行业固定资产投资项目资本金比率。同时，国家发改委加快批复重大基建项目，推进铁路、公路、城市轨道交通项目建设。消费、出口领域，稳步推进城乡社会保障统筹，调降住房公积金个人住房贷款购房最低首付款比例，加强进口商品信贷支持，清理和规范进出口环节收费等。

3. “扩需求 + 调供给”双轮驱动，供给侧改革端倪初露

当前国内经济改革中，需求管理面临传统工业产能过剩、产需不匹配的问题，供给管理面临高端服务业、新兴产业、中西部和农村地区基础设施供给严重不足的压力。针对需求管理，主张通过政府性投资拉动总需求；针对供给管理，则强调要新增劳动力和资本等生产要素的供给和有效利用。

本阶段的经济调控手段，除通过财政政策与货币政策着力优化需求结构、释放新需求潜力外，亦突出强调从供给端入手，对发展快递业、节能与新能源汽车、电动车充电设施、农村地区基础设施等提供密集政策扶植，具有鲜明的“扩需求 + 调供给”双轮驱动特点，并有向供给端倾斜之势。10 月 10 日，中央财经领导小组办公室主任刘鹤在广东调研时强调，要更加重视供给侧调整，加快淘汰僵尸企业，有效化解过剩产能，提升产业核心竞争力，不断提高全要素生产率。这预示了未来供给制度改革的主要思路，即进一步消除阻碍市场调节的制度因素，将资源要素从产能过剩行业中释放出来，为新兴产业和服务业发展输送更多资源，通过新供给创造新需求，强化中国经济长期稳定发展的新动力。

（文/佘倩影、李晓青、庄慕平）

中国政府首创“市场准入负面清单制”

2015年10月19日，国务院对外发布《关于实行市场准入负面清单制度的意见》（以下简称《意见》），提出自2018年起正式实行全国统一的市场准入负面清单制度。《意见》总结此前自贸区探索经验，明确建立负面清单制度的主要任务和试点方案，被视为进一步厘清政府与市场关系、推进深度市场化的首创之举。

1. 负面清单是“放管结合型”市场化改革的阶段性成果

受计划经济体制影响，中国长期实行较为严格的投资经营目录管理制度，以审批作为市场主体的准入条件。这不仅阻碍了市场资源有效配置，也给政府干预经济留下较大的自由裁量空间，集中表现在：由于行业发展速度较快，而审批目录不能实时更新，使造成大量未纳入管理目录的经营领域无法确定可否进入，既影响社会投资积极性，也制约新业态发展。变革市场准入制度日益成为改革焦点之一。

新一届政府上台以来，简政放权、放管结合上升为行政改革的核心思路。特别在党的十八届三中全会重新定位政府与市场关系、使市场在资源配置中起决定性作用和更好发挥政府作用，简政放权力度不断加码。2015年以来，国务院一手削减“正面清单”，已3次成批取消及调整审批类事项、1次集中清理规范审批类中介服务事项①，一手谋划“负面清单”，将建立负面清单制

---

① 取消和调整行政审批类事项方面，2015年2月24日印发《国务院关于取消和调整一批行政审批项目等事项的决定》，5月10日印发《国务院关于取消非行政许可审批事项的决定》，7月20日印发《国务院关于取消一批职业资格许可和认定事项的决定》，10月11日印发《国务院关于第一批取消62项中央指定地方实施行政审批事项的决定》；清理规范行政审批中介服务事项方面，4月27日发布《国务院办公厅关于清理规范国务院部门行政审批中介服务的通知》，并于10月11日印发《国务院关于第一批清理规范89项国务院部门行政审批中介服务事项的决定》。

度提上日程。与此同时，中央将自贸区试点作为深化改革的“挖掘机”，自2013年开始在上海自贸区试验外商投资负面清单制，即政府通过列出禁止或限制投资的项目清单，来实现市场主体在清单之外的自由活动①。此后，沪、津、闽、粤四大自贸区全面实施这一制度，为锚定改革走向、扩大改革范围积累了经验、铺垫了基础。此次正式建立市场准入负面清单制度，总结集成前期改革实践的阶段性成果，将是推动改革的强大力量。

2.《意见》体现类型化、衔接性、程序性和体系化四大特点

《意见》就负面清单制度的适用条件、制定程序、制度衔接、保障措施及子制度建设等方面做出实质性规定，要点集中于四个方面：

第一，实行类型化设置。一方面，负面清单制度包括市场准入负面清单和外商投资负面清单两部分，前者是对境内外投资者的一致性管理措施，后者则针对外商投资准入的特别管理措施。另一方面，市场准入负面清单包括禁止准入和限制准入两类，并以此划分出三种准入领域。对禁止准入事项，市场主体不得进入，行政机关不予审批、核准及办理有关手续；对限制准入类的，由市场主体提出申请，行政机关依法依规做出是否准入决定；上述两类以外的行业、领域、业务，各类市场主体都可依法平等进入。另外，区域性负面清单也将被列入，清单将覆盖从中央到地方，以实现一单尽列。

第二，重视制度衔接。主要是与现行的行政审批事项清单、产业结构调整指导目录、政府核准的投资项目目录及法律法规和国务院决定设定的市场准入管理事项做好衔接。

---

① 国家发展改革委经济体制综合改革司相关负责人解释，负面清单是对外投资协定谈判中产生的一个概念，2013年第五轮中美战略与经济对话期间，中美双方同意以准入前国民待遇加负面清单的方式开展投资协定的实质性谈判。

第三，明确清单制定权及程序。权限上，市场准入负面清单由国务院统一制定发布，地方政府如需调整，须报国务院批准；未经国务院授权，不得自行发布清单及擅自增减负面清单条目。程序上，既要对市场准入措施进行合法性审查与合理性、可行性、可控性评估，也要健全公众参与、专家论证和政府决定相结合的决策机制。

第四，形成“一揽子”制度体系。保障层面，主要是建立健全与负面清单制度相适应的准入机制、审批体制、监管机制、社会信用体系和激励惩戒机制、信息公示制度和信息共享制度及法律法规体系等 6 项机制；配套层面，主要是新建与其相适应的投资、商事登记、外商投资管理等 3 项制度。

3. 负面清单凸显新一届政府探索经济治理能力现代化的努力

实行市场准入负面清单制度、赋予市场主体更多主动权，对于当前深化改革具有重大意义。不仅有利于释放体制改革红利，为实体经济发展创造更为宽松的发展空间，进而增强经济发展活力；也有利于划清政府职责边界，加快政府职能转变。但此次意见出台仅是宏观架构的搭建，具体实施工作仍面临大量困难。特别是目前监管机制、征信体制、激励惩戒机制、信息公开机制等方面尚不完善，部分法律法规不再适应甚至存在冲突，制度落地仍需要做实大量探索性、基础性工作。

作为负面清单的法理基础，“法不禁止即自由”原则源于西方社会契约理论，是现代法治化治理的重要原则。实施负面清单制度，意味着中央在施政理念上更为开放，在推动经济治理能力现代化上既注重本土实践又大胆吸纳国外先进经验，这为下一步其他领域的治理体制改革留下了范本。

（文/马克、曾诗洋）

国务院启动新一轮价格改革

2015 年 10 月 12 日，国务院办公厅发布《中共中央国务院关于推进价格机制改革的若干意见》（以下简称《意见》），标志着新一轮价格改革启动。此次价格改革是全面深化改革的关键性战役，将会进一步开放市场，为经济发展注入新动力。

1. 历史沿革孕育时代抉择

当前，中国经济下行压力依然很大，为寻找经济发展的新动力，需要转变经济发展方式，调整经济结构，创新发展理念。价格改革是释放市场活力进而深化改革的重要举措。《意见》开篇即指出，价格机制是市场机制的核心，市场决定价格是市场在资源配置中起决定性作用的关键。

改革开放以来，我国价格改革的步伐或急或缓。20 世纪 80 年代，中央在确立改革计划体制，发展商品经济的目标后，为价格改革打开了大门。1985 年农业停止征购计划，工业由价格双轨制转向企业股份制。但之后政府在银行改革上出现政策失误，导致物价飞涨、通货膨胀率飙升，改革和经济发展陷入停滞。这种情形下，1988 年进行价格“闯关”，但由于对改革“闯关”的条件和当时已抬头的通货膨胀形势认识不足，对群众能否承受较高的物价上涨情况研究不够，导致闯关失败。[①] 1992 年，政府重新编订价格目录，减少了政府定价种类，放开了近 600 种价格的控制，绝大部分生产资料由双轨制变为单轨制。到 1997 年，无论是社会商品零售总额，还是工业生产资料销售总额和农副产品收购总额，市场调节价的比重均已超过 80%，市场价格体

---

① 张卓元．中国价格改革三十年：成效、历程与展望［J］．红旗文稿，2008（12）．

制已基本确立。但之前的价格改革还主要集中在狭义领域，需要进一步扩展到包括生产要素价格市场化的广义领域。

进入21世纪，转变生产发展方式，建设资源节约型社会与创新性社会，需要完善社会主义市场经济，运用价格机制优化资源配置，为经济发展注入新动力。因此，此次价格改革符合中国社会发展新阶段的特点以及现实的需求，是全面深化改革的重要体现，与之前的改革相比特色鲜明。

2. 系统化的价格改革蓝图

第一，改革覆盖六大重点领域。《意见》明确将推进农产品、能源、环境服务、交通运输、医疗服务、公用事业和公益性服务六大重点领域价格改革；并提出到2017年，竞争性领域和环节价格基本放开，政府定价范围主要限定在重要公用事业和公益性服务、网络型自然垄断环节。这表明政府改革的决心很大，价格改革形势已经到了势在必行的阶段。

第二，实施政府负面清单制度。《意见》坚持了“凡是能由市场形成价格的都交给市场，政府不进行不当干预”的基本原则。健全政府定价制度，主要是要为保留的3%的定价制定清单化的管理制度，现经国务院批准已颁布中央定价目录，并且已经有30个省完成了地方定价目录的修订。同时，划分政府与市场的职责，完善包括公众参与、合法性审查和专家论证制度等成本监审规则，规范政府行为，加强市场价格监管，实现政府“不该管的不管，该管的管好”。

3. 联动国企改制，审慎保障民生

中国的改革实践表明，社会现实充满复杂性和不平衡性，价格改革绝不会一马平川，因此要在改革中挖掘影响价格体系变化的深层次因素，全面改，彻底改，一改到底。20世纪80年代“闯关”失败的教训表明脱离市场单纯

地搞价格改革是不可能成功的。价格改革必须和国企混合所有制改革相联动，实现价格在市场中以竞争方式自发形成。目前很多上游产业的市场开放程度还不够，导致价格不能充分地体现市场需求，那么，逐步消减这些行业的政府垄断、深化国企改革、实现市场主体多元化便成为价格改革的题中应有之义。此外，推进涉及民生的价格政策要充分考虑社会承受能力，并落实和完善社会救助、保障标准与物价上涨挂钩的联动机制，完善社会救助制度特别是对特困人群的救助措施。政府要发挥好宏观调控职能，开展前瞻性研究和应对，对改革的影响进行科学评估，合理运用法律手段、经济手段和必要的行政手段，形成政策合力，努力保持价格总水平处于合理区间。

（文/朱彩云、苏秋纳）

人民币跨境支付迈出实质步伐

2015 年 10 月 8 日，人民币跨境支付系统（Cross-border Interbank Payment System，简称 CIPS）（一期）正式上线运行。CIPS 整合了银行的境外支付业务，提高了人民币跨境结算效率，标志着人民币国际化又迈出新的步伐。

1. 业务规模逐年扩大，新型支付系统迫在眉睫

随着我国在国际贸易与投资领域参与范围不断扩大，跨境人民币业务规模逐年增加，这对我国金融基础设施提出了新的要求。2012 年 4 月 12 日，央行首次提出组织建设 CIPS，以满足全球各主要时区人民币业务发展的需要，提高跨境支付结算效率。

CIPS 上线以前，我国清算系统的核心是大额支付系统，这一系统存在一定问题。首先，缺乏境内和跨境支付之间防火墙等隔离措施，对来自境外的

网络攻击风险缺乏必要防范，存在金融数据安全问题；其次，系统只按照国内 8 小时工作时间运行，伴随着人民币在国际市场业务规模的扩大，这一时间限制的问题越来越突出；最后，大额支付系统主要为满足国内银行间支付清算的需要，因此与境内外币支付系统、证券清算系统等未联通，难以实现人民币和外汇同步清算及人民币证券对付结算，易造成信用风险。此次 CIPS 上线，旨在解决上述问题。

2. 模式与功能全面优化，支付效率大幅提高

首先，模式优化。CIPS 上线以前，人民币跨境支付主要采取清算行模式和代理行模式。清算行模式，指境外企业在中资行境外分行开设人民币账户，港澳清算行直接接入大额支付系统，其他清算行通过其总行接入大额支付系统，所有清算行以大额支付系统为依托完成跨境及离岸人民币清算服务。其实质是加入清算组织，存在清算制度限制，对于支付要求、工作日休息日等缺乏选择权限。代理行模式，指中资行委托外资行作为其海外代理行，境外企业在中资企业委托行开设人民币账户，境内代理行直接接入大额支付系统，境外参加行可在境内代理行开立人民币同业往来账户进行人民币跨境和离岸资金清算。其实质是银行自己寻找其他具有结算功能的境外银行，开展一对一模式的合作，因此代理行的业务范围较小，只能开展局部的清算支付。此次上线的 CIPS 采取实时全额结算方式①，有效地弥补了前两种模式的不足，还可将支付业务纳入央行管理监控，实施我国政府自身监管要求，有效预防非法洗钱等活动。

其次，功能优化。CIPS 支持跨境货物贸易和服务贸易结算、跨境直接投

---

①　全额结算方式，是指支付系统对各金融结构的转账业务进行一一对应结算，且支付指令在营业日系统运行期间可以随时发送随时处理，实现资金转账指令处理和资金结算同步、持续进行。

资、跨境融资和跨境个人汇款等业务，相较于之前的支付系统，其功能得到明显优化，主要表现在：第一，各直接参与者一点接入，集中清算业务，缩短清算路径，提高清算效率，不需留存大量外汇，以降低外汇风险。第二，采用通用报文标准，为中文输入提供便利，更有利于人民币业务的自动处理，降低手工录入风险，提高清算效率；第三，运行时间覆盖亚、欧、非、大洋洲等人民币业务主要时区，有效解决了原有结算模式下亚洲时区以外的银行或客户清算时间不便的问题。

3. 前景看好，政策仍需整合

CIPS 的前景，根本上取决于人民币在国际贸易、国际投资中作为支付货币使用的范围和深度，二者往往是正相关的。鉴于目前人民币业务规模不断扩大的实际情况，可以预期 CIPS 的前景良好。当然，新制度对原有制度的整合，可能存在的新旧模式冲突，以及政策的稳定性也是影响 CIPS 发展的潜在因素，必须予以重视。

未来，规划中的 CIPS 二期将采用更为节约流动性的混合结算方式，以提高人民币跨境和离岸资金的清算、结算效率，使 CIPS 真正成为人民币跨境结算的核心系统，为我国国际贸易与国际投资的发展提供更加稳定可靠的平台，为实现人民币国际化战略提供强有力的设施保障。

（文/缪若冰、王悦）

中国全面放开“二孩”政策

党的十八届五中全会公报提出：“全面实施一对夫妇可生育两个孩子政策。”这是继党的十八届三中全会要求研究制定渐进式延迟退休年龄政策、决定启动实施“单独二孩”政策后，中央为应对人口问题做出的又一重要战略决策。此次人口政策调整，目的是扭转当前人口结构严重失衡以及传统家庭伦理衰落的客观形势，其效力将取决于社会大众的主观生育意愿能否得到提高。

1. 形势严峻：人口结构失衡与家庭规模缩减

20 世纪 80 年代抽紧计划生育政策，推行“只生一孩”，致使我国人口形势发生了根本变化。中华人民共和国成立以来的人口出生率，经历了总体上的自发高增长到不断走低的过程。新增人口的减少，不仅影响了整体人口结构，加深了老龄化危机，而且造成家庭规模缩减，弱化了家庭代际间的传统互哺功能和传承功能。①

严重的人口问题引发了一系列连锁反应。一是劳动年龄人口减少②导致劳动力供应不足，拉动经济高速增长的“人口红利”正在逐渐消失，制约了未来的国际竞争力；二是老龄化程度加深，政府将因家庭转嫁养老负担而承担巨大的财政供给压力；三是独生子女家庭面临诸多问题，如子女教育、空巢家庭、失独风险等，影响了社会的和谐安定。

2. 调整受阻：当前人口结构与生育理念阻碍政策推行

人口问题的重要性，不仅体现在其波及范围广，更在于人口生产具有很

① 2000 年“五普”（第五次全国人口普查）时家庭规模平均为 3.44 人，2010 年“六普”时家庭规模平均为 3.09 人，且 3 人以上家庭比例普遍下降。而家庭平均代际数由 2000 年的 1.98 下降到 2010 年的 1.85。见周长洪．中国家庭结构变化的几个特征及其思考——基于“五普”和“六普”数据的比较［J］．南京人口管理干部学院学报，2013（29）．

② 据统计，从 2010 年开始中国劳动年龄人口（15—64 岁）连续 3 年以每年数百万的幅度净减少。现存劳动年龄人口内部也出现老化，《全国农民工监测调查报告》显示，2014 年 50 岁以上高龄农民工人数较上年增长了近 600 万，同比增幅达到了 14.6%。

强的周期性和独特的惯性，要人为地改变非常难。党的十八届三中全会为调整人口结构而出台的“延迟退休”和“单独二孩”政策，都未能得到社会的积极回应、产生明显效力，一定程度上是因为受到了计划生育政策所塑造的人口结构与生育理念的限制。

首先，“延迟退休”计划的提出，因影响到家庭生活安排而遭到了社会的普遍抗拒。值得注意的是，退休政策与生育政策息息相关，尤其是在当前的家庭结构下，隔代照顾的功能越显重要。现代社会的大部分育龄女性都投入到工作中，老人不得不承担起家庭教养责任。如果延迟退休，显然会增加育龄人口的抚养压力，不利于“二孩”政策的推行。

其次，“单独二孩”政策出台后，申请量远低于预期，反映出生育率下降的趋势难以逆转。技术的进步使人们有了生育自由，社保的健全则取代了“养儿防老”的家庭保障机制。社会发展改变了生育状况，生育所承载的家族繁衍特性逐渐消退，计划生育所提倡的少生、优生也成为社会的主流观念。

3. 传统重建：让扶老育幼功能回归家庭

从日本、新加坡等国家鼓励生育的经验来看，政策调整的确会在一段时期内使生育率上涨，但不具有可持续性。由此可见，政策举措对于恢复社会生育意愿的作用是有限的。要从根本上提高生育意愿，还须从重建传统家庭伦理观念着手。

中华文明向来重视家庭对人的养育、教化作用，长期维持着“传统大家庭”的结构。而“传统大家庭”在向工业社会的过渡中、在计划生育政策挤压下，被“核心小家庭”所代替。问题在于，随着结构的改变，家庭卸下了原有的基本功能，包括扶老育幼，转而依靠政府提供的公共服务来完成，但政府终究无法取代家庭在人格教育、情感支持、伦理传承等方面所起到的重要作用。

虽然社会发展与传统重建之间存在着无法消除的巨大张力，但仍应尽量鼓励、支持家庭扶老育幼，倡导“多子多福”的文化理念。无论从解决当前紧迫的养老问题，或完成长远的人口结构调整来看，重新重视起家庭作为社会基础的功能十分必要。

（文/姚瑶、戴明明）

11月　历史性军改全面启程

军队历史性改革开辟强军之路
两岸领导人共创台海新局面
经济政策迎结构性调整
“全球治理”外交密集开展
新一轮农村改革顶层设计面世
中国发起扶贫脱困攻坚战
高等教育与基础教育新政出台

军队历史性改革开辟强军之路

2015 年 11 月 24 日至 26 日，中央军委改革工作会议在京举行。本次会议紧紧围绕“强军”这一战略目标，在领导管理体制、联合作战指挥体制、军兵种设置、战区调整划设等方面均提出了突破性的改革方案。

1. “强军”是发展中大国的战略需求

近年来，中国面临的国际形势日趋复杂。一方面，国际力量对比、全球治理体系、亚太地缘战略等正在发生深刻调整；另一方面，国家安全和社会稳定面临着“台独”、暴恐、“颜色革命”等多方面挑战，海外利益安全问题逐渐凸显。然而，在宏观形势特别是世界新军事革命深入发展的趋势下，中国的军事发展仍然存在诸多问题，比如从管理体制上看，高层职能普遍泛化，机构臃肿，头重尾长；从指挥体系上看，缺乏联合作战指挥体制，没有完整的陆军指挥系统；从作战能力上看，仍处在以陆战为主导的人力密集型和国土防御型阶段，信息化、现代化水平不足。这些问题严重迟滞中国军事能力的发展。因此，中国若想应对全方位的安全威胁，就必须进行一场体系性、革命性的改革，打造一支战力卓越的强大军队。

2. “能打胜仗”是历史性军改的核心所在

习近平接任军委主席以来，提出“听党指挥、能打胜仗、作风优良”的十二字治军方针，纵观本次军改方案，其核心就是全面提高军队作战能力，打造一支适应现代战争形态要求的新型军队。

第一，重建领导和指挥体系，提升作战效率。中国的军队体制模仿苏联，在中央军委下常设四总部和七大军区，负责建军和管理事务的军政系统与负责作战指挥的军令系统高度合一，各军区兼具行政和指挥职能，重复配置、资源区隔等问题较为突出。本次改革将作战指挥和军队建设分开，一方面，调整军委四总部体制为军委多部门制，建立“军委—军种—部队”的领导管理体系；另一方面，重新调整划设战区，组建联合作战指挥机构，建立“军委—战区—部队”的作战指挥体系。

第二，健全军兵种领导管理体制，调整部队结构。中国共产党建军之初只有陆军，此后陆军一直占绝对优势地位，因此一直未设陆军领导机构，而是由四总部代行陆军管理职能。本次改革新设陆军领导机构，在二炮部队基础上成立火箭军和战略支援部队，形成陆军、海军、空军、火箭军、战略支援部队五大军种的全新格局。同时提出改善军种比例，优化部队结构，打造适应现代化战争要求的精锐作战力量。

第三，超前布局军事技术，加强作战能力。高科技作战能力不足是中国军队的突出短板，而本次改革提出抢占未来军事竞争战略制高点，着力培育新的战斗力增长点的全新理念，特别强调国防科技发展的基础性、引领性和战略性作用。从思路上来看，也跳脱出以往由国家主导国防工业的传统思路，高度重视军民融合发展。

3. 军改是不容有失的战略改革

强国必强军，强军必改革。本次改革无论是从广度上，还是深度上，都是中华人民共和国成立以来所未有，这既反映出党中央高层对军队发展的高度重视和高瞻远瞩，也表明党在军队这一至关重要领域内彻底推进改革的巨大决心。对于60年未曾大改、30年未曾一战的中国人民解放军来说，改革触及的利益之深、矛盾之复杂必定超乎想象。但从历史经验来看，不改革甚至改革不大的旧式军队往往将面临新型军队的毁灭性打击。因此，本次军改不仅势在必行，而且必须大见成效。原因有二：一方面，军事能力的增强，能全面提升维护国家安全的作战能力，有效应对国际格局和世界新军事革命的复杂变化；另一方面，在政治、经济改革难有起色的情况下，军事领域的深刻调整，能有效刺激带动各行业各领域改革，从而为全面深化改革提供重要支撑，其重要性早已超越军事领域。

（文/仲启群、马毅豪）

两岸领导人共创台海新局面

2015年11月7日，中共中央总书记、国家主席习近平与台湾当局领导人马英九在新加坡会面。① 这是1949年以来，在台海分离66年之后，两岸领导人的首次直接会面。

1. “习马会”是两岸关系发展的必然结果

“习马会”可谓得天时，承地利，聚人和，是两岸关系历史发展的必然结果。首先，“习马会”两岸关系处于重要节点，正面临方向和道路的抉择。在2016年“台湾大选”即将来临之际，此次会面果断开创两岸领导人会面先

---

① 王尧，丁子. 习近平同马英九会面［N］. 人民日报，2015－11－08.

河，抓住了稍纵即逝的时机。同时，也肯定了过往的成绩，既利于维持两岸和平发展趋势，也给未来指明了方向。其次，历史上第一次“汪辜会谈”正是在新加坡举行，建立了在“九二共识”① 基础上推进两岸制度化协商的机制。有此历史渊源，“习马会”选择在新加坡进行，将提升“九二共识”的国际认同。最后，“习马会”是对两岸同胞渴望统一，期盼和平之心声的回应。习总书记上任之初，台湾民众就开始热议两岸领导人会面的可能性。尤其是对在大陆经商的台商而言，“习马会”对提振台商信心势必具有莫大帮助，使其对两岸关系和平发展前景更有信心。

2. 包容务实是对历史、民族、未来负责

会议过程中，两岸领导人坦诚交流，互换意见，具体包括：坚持“九二共识”，坚持和平发展道路，加强交流合作和为两岸同胞共谋福祉，共谋振兴中华，实现民族伟大复兴等。其中，最值得注意的有以下三点。

第一，重申“九二共识”，维持和平现状，对历史负责。“九二共识”是两岸和平发展的共同政治基础。正是因为双方共同尊重“九二共识”，两岸才能收获丰硕成果与和平荣景，让当前两岸关系处于66年来最为和平稳定的状态。两岸领导人面对面重申这一共同政治基础，是双方对“九二共识”、对两岸关系和平发展必要性的再次确认，使这一共同政治基础更具权威性。

第二，秉承“搁置争议，对等尊严”的态度赤诚相见，对民族负责。过去，两岸高层对话，多为经过民间的或半官方性质的“中转站”。而此次会面双方直接以两岸领导人身份和名义举行，可谓处大事不拘小节，拿出了应有的气度与魄力。见面时互道的一句“先生”，更是抛弃了不同政党之间的偏见，见证了中华儿女的政治智慧，体现了两岸领导人对民族大义的担当。这

① 海峡两岸在1992年11月就“一个中国”原则达成的共识，简称“九二共识”。

种以对话取代对立、以和解替代冲突的会面必将有利于两岸关系的和平发展。

第三，坚持务实态度，重申加强交流合作，重视细节落实，对未来负责。目前两岸关系正在缓慢而稳步发展，其中最大驱动力就是两岸日益增长的经济联系。因此，双方共议货贸协议、两会互设机构和陆客中转等问题。此外，在闭门会谈中，两岸领导人又就包括加强交流对话、增进政治互信、通过平等协商积极探讨推动解决两岸之间长期存在的各种困难，同时管控好矛盾和分歧，设立两岸热线等问题交换了意见。① 这些具体可操作的措施将为两岸今后的发展发挥实实在在的保驾护航作用。

总之，此次“习马会”开两岸领导人直接会晤制度之先河，定未来台海关系和平趋势之基调。要把两岸交流红利落实夯牢，制度化显然是最佳选择。这次会晤显然就是要为以后两岸领导人的会面探索机制，订立规矩。同样重要的是要为两岸关系的未来定调。无论继任的台湾当局领导人是谁，在两岸关系问题上，使其不敢肆意妄为，逆两岸和平发展的历史浪潮。

（文/张强、罗超）

经济政策迎结构性调整

改革开放近40年来，中国经济获得高速发展，同时也积累了一些矛盾，其中以两个矛盾最为典型：一是经济发展存在追求效率与追求公平的矛盾。随着经济、社会发展的日益不平衡，以往“效率优先”的价值导向有待重新调整；二是原有先增长后治理、重规模轻结构、求短期失长远的发展方式弊端渐显，并逐步累积为经济结构的长期失衡，最终对发展形成掣肘。两个矛

① 党朝胜．“习马会”让两岸和平发展之路越走越宽［N］．法制日报，2015－11－10.

盾贯穿于近十年经济转型的全过程，并成为当前及今后一段时间经济改革的核心问题。在此背景下，决策层从政治经济学层面重提“人民中心”“共同富裕”，并新提以“供给侧”为重点的结构性改革，意味着中央经济政策正迎来价值导向与治理思路的双重变革。

1. 价值导向调整：从效率优先到公平共富

2015 年 11 月 23 日，中共中央政治局就马克思主义政治经济学基本原理和方法论进行第二十八次集体学习。这是政治局建立并实行集体学习制度 13 年来，首次专题研究政治经济学，会议从理论和实践两方面阐述了高层最新经济发展取向。经济理论上，要求“把实践经验上升为系统化的经济学说”，重点是将近 3 年形成的官方经济论断纳入政治经济学范畴，并充实其理论内涵。实践指引上，按照党的十八届五中全会定调，从发展原则、基本制度和政策方向三个层面重申经济治理框架，特别重申“以人民为中心”的发展思想和“创新、协调、绿色、开放、共享”五大新发展理念，强调要坚持把增进人民福祉、促进人的全面发展、朝着共同富裕方向稳步前进作为经济发展的出发点、落脚点和根本立场。

促进人的全面发展、实现公平共富，是中国共产党在社会主义建设时期的基本目标；但在中国转向“以经济建设为中心”的改革开放阶段以后，其首要地位被效率优先原则所取代，相关政策也一度弱化。此次这一根本目标被作为核心思想重新提起，既是对前一阶段经济发展价值导向的重大调整，又对坚持社会主义基本制度具有深远意义。

2. 治理思路变革：从侧重需求到供需平衡

2015 年 11 月 10 日，中央财经领导小组会议第十一次会议正式提出，在适度扩大总需求的同时，着力加强供给侧结构性改革。之后，习近平在 G20 峰会、APEC 会议上宣布，中国将重视供给端和需求端协同发力。同期，国务院常务会议亦强调“培育形成新供给、新动力，扩大内需”。这一系列集中表述，表明党中央经济治理技术正从以往侧重于需求管理，主要依靠投资、消费、出口“三驾马车”短期刺激经济增长的做法，转到补足供给侧短板、重视供需两端平衡的中长期结构性改革的新方向上来。

事实上，2014 年以来，面对产能严重过剩、住房库存过量、地方债务压力增大、银行不良资产率上升等问题，中央在重视稳增长的基础上提出“经济新常态”理论，着重在调结构、促改革、防风险等方面密集出台政策，成为供给侧改革的前奏。此次正式提出供给侧改革思路，其核心是调整以往的需求单侧调控模式，注重从双侧入手调整结构，以期“平衡需求侧扩张与供给侧改革之间的关系”，建立供需匹配的新经济结构。具体体现在三个方面：一是形成新主体，即充分简政放权、转变政府职能，推动产权、财税金融、国企体制等领域改革，为充分发挥市场决定作用铺路清障；二是培育新动力，即通过全面改革、大众创业、万众创新形成经济新增长点，通过提高全要素生产率实现经济可持续发展；三是发展新产业，即顺应市场规律，及时淘汰过剩产能和僵尸企业，使资源要素从产能过剩行业中释放出来，加快发展新产业、新业态等。

3. 经济政策的结构性调整有望开启治理新境界

要解决经济发展中的结构性难题，势必要在政策上做出相应的结构性调整。回顾党的十八大以来的经济政策，从肯定市场在资源配置中起决定性作用、进一步理顺政府与市场关系，到分类推动区域协调发展、布局“一带一路”建设，再到构建“经济新常态”理论，其演变幅度远超以往，可谓经历了一轮结构性调整。此次中央突出强调公平、共富、共享原则，并以供给侧改革作为技术性接应，也是本轮调整的延续。尽管一些意见对共同富裕原则持怀疑态度，或认为供给侧改革与以往稳增长、调结构、促改革思路并无二致，只是结构调整的一种新提法；但可以肯定的是，中央在道和术两个层面明确中长期经济治理的方向和主要发力点，有利于自上而下形成指引、统一共识，未来的政策创制和落地实施必将依此展开，进而开启新的治理境界，对经济与社会转型产生深远影响。

（文/佘倩影、庄慕平）

“全球治理”外交密集开展

2015 年 11 月以来，国家主席习近平、国务院总理李克强在多场重要多边会议阐明中国主张，掀起一轮全球治理型外交高潮；随着人民币如期成为国际储备货币，2015 年中国外交圆满收官。

1. 做实全球角色：贡献世界发展问题的中国方案

11 月 14 至 16 日，习近平总书记出席二十国集团（G20）领导人第十次峰会，期间与金砖国家领导人举行非正式会晤。G20 首脑峰会是发达国家与新兴市场国家共商全球发展问题、博弈国际经济权力的核心平台，自 2008 年加入 G20 之后，中国的影响力日益加强，并成为新兴市场国家的话语代表。此次峰会中国指出了世界经济治理中存在的机制和架构缺陷，并表明了提振世界经济的中国信心，提出了包括加强协调形成合力、改革创新增强潜力、构建开放型世界经济、落实可持续发展议程四点建议在内的“中国方案”，意在一手稳定发达国家预期，一手联合新兴市场国家进一步变革现行治理体系。这在金砖国家领导人非正式会晤上得到充分印证。习近平在此次会晤中提出“四个共同”倡议①，

① “四个共同”倡议是指塑造有利外部发展环境，共同完善全球经济治理；就重大国际和地区问题发声，共同应对各种全球性挑战；推动互利共赢的国际发展合作，共同倡导新型全球发展伙伴关系；携手推进经济优化升级，共同实现长远发展。

强调金砖国家要在逆境中巩固“真金不怕火炼”的伙伴关系，特别是在二十国集团平台上相互支持和呼应，进一步推动二十国集团从危机应对机制向长效治理机制转变。[①] 通过主动提出方案、合纵新兴国家，中国积极塑造“全球发展贡献者”和“国际秩序维护者”的角色，为深度参与和改善全球治理提供地位支撑。

2. 专攻领域治理：逐步争取代表性、话语权和规则制定权

与积极塑造全球角色同步，近年来中国由被动转为主动参与全球治理，通过在各个治理领域分别表达政策主张和利益诉求，为构建大外交格局蓄力造势。11 月 29 日至 30 日，习近平出席气候变化巴黎大会并发表重要演讲，倡导构建合作共赢、公平合理的气候变化治理机制。习近平的演讲，一方面着眼重构未来全球治理模式，提出气候治理应摒弃“零和博弈”思维，在继续坚持“共同但有区别的责任原则”基础上，朝着共治共赢、公平包容的方向发展，发达国家尤其要带头履行承诺、承担更多责任；另一方面表明积极姿态，结合“十三五”规划介绍生态战略，重点强调中国在节能减排、国际气候合作上已出台及即将采取的重要举措，凸显责任担当。11 月 30 日，国际货币基金组织（IMF）宣布人民币加入特别提款权（SDR），赋予其国际储备货币地位。这是继 10 月 8 日人民币跨境支付系统（一期）成功上线运行后，人民币国际化进程取得的又一新突破。尽管人民币能否成为实质国际储备货币仍有待实践考验，但这一进展具有重要象征意义，既反映了中国在国际金融体系中的影响力再获提升，也意味着中国将承担更大的国际政治和经济责任。总体看，目前气候治理仍处于西方所设“碳政治”[②] 规则框架下，国际

① 习近平在金砖国家领导人非正式会晤上的讲话［OL］. 新华网，2015－11－16.

② 所谓“碳政治”，又可以称之为“气候政治”，是指各国围绕温室气体排放问题所形成的国际政治，而国际上关于温室气体排放又按照二氧化碳来计算，故称之为“碳政治”。见强世功．“碳政治”与中国的战略抉择［N］. 解放日报，2009－12－27.

金融体系也依然由欧美所主导。因而中国现阶段的目标，是提升在领域治理中的代表性地位，在现有规则体系中争取更大分量的话语权和规则制定权，从而为未来推动规则体系实质变革、开创全球治理新格局做好准备。

3. 升级区域关系：以区域稳定、经济开放、战略对接为核心

2015 年 11 月也是中国集中开展区域性大外交的一个高峰，表现出远亲近交同步发展、政治经济手段并用的显著特点。亚太方面，主题是“开放”。11 月 17 日至 19 日，习近平出席亚太经合组织（APEC）工商领导人峰会和第二十三次领导人非正式会议。习近平在两次会议上的讲话都以经济开放为主线，但前者着眼当前，针对美国促成跨太平洋伙伴关系协定（TPP），欲在亚太自贸区外另起炉灶的趋势，呼吁亚太各国坚持开放政策、避免碎片化做法，重申“中国开放的大门永远不会关上”；后者则立足长远，强调深化伙伴关系、完善中长期合作架构，这是 2014 年所提“亚太梦”区域构想的延伸。东亚及东南亚方面，主题依然是争端解决和经济合作。11 月 1 日、21 日、22 日，李克强先后出席第六次中日韩领导人会议、第十八次中国—东盟（10 +1）领导人会议及第十届东亚峰会。前一会议中方意在缓和地区政治紧张关系、提速三国自贸区建设；后两次会议则意在维护南海秩序，推动各国与“一带一路”建设相对接，促使东亚成为世界经济的“稳定增长极”。① 欧洲方面，主题是资本输出和产能合作。11 月 24 日，李克强出席由中国主场举办的第四次中国—中东欧国家领导人会晤，提出了未来 5 年以基建、产能、投资为核心，对接“一带一路”建设的“1 +6”合作框架。非洲方面，主题是关系升级和未来规划。12 月 5 日，习近平与南非总统共同主持中非合作论坛峰会。此次会

① 源自李克强总理在第 18 次中国—东盟（10 +1）领导人会议上的讲话与在第十届东亚峰会上的发言。

议以四个“不会改变”定调中非关系未来发展规划，将中非关系提升为“全面战略合作伙伴关系”，提出未来3年中非“十大合作计划”。总体上看，本阶段的区域外交，重点在于维护区域稳定、重申开放战略、开展战略对接，这既是中国输出资本和产能、开拓发展新空间的现实需要，也是深植外交根基、广交国际朋友圈的必然选择。

2015年是中国特色大国外交的全面推进之年。行动上，从牵头成立亚投行撬动国际金融版图，到提出“一带一路”倡议延展欧亚新空间，再到遍访俄美英构建新型大国关系，中国外交多点布局，呈现全面进取之势；理论上，经由博鳌论坛、亚非领导人会议、周边外交工作座谈会、联合国系列峰会、政治局第27次集体学习等重要会议，“人类命运共同体”理念逐步成形①，“共商、共建、共享”的中国特色全球治理观轮廓初显，对外战略再度升级。

（文/张佳俊、周轩宇、叶闽莎）

新一轮农村改革顶层设计面世

2015年11月2日，中共中央办公厅、国务院办公厅发布《深化农村改革综合性实施方案》（以下简称《方案》）。《方案》的出台，标志着新一轮农村改革顶层设计的面世，有利于从全局上更好地指导和协调农村各项改革，提高农村改革的系统性、整体性、协调性，从而最大限度释放改革的综合效应。

---

① 人类命运共同体理念之“五位一体”总路径和总布局：倡导建立平等相待、互商互谅的伙伴关系；营造公道正义、共建共享的安全格局；谋求开放创新、包容互惠的发展前景；促进和而不同、兼收并蓄的文明交流；构筑尊崇自然、绿色发展的生态体系。见王毅．2015，中国特色大国外交的全面推进之年．在2015年国际形势与中国外交研讨会开幕式上的演讲［OL］．外交部网站，2015－12－12.

1. 新阶段、新形势、新难题，综合方案“应运而生”

改革开放后中国的农村改革大体经历了三个阶段。一是实行以家庭承包经营为基础、统分结合的双层经营体制；二是农村税费改革，逐步减免、取消农业税费，多予少取放活；三是改革城乡分割的二元体制，逐步建立健全城乡发展一体化体制机制。由这一历程可以看出，我国农村改革“由点及面”，由“单兵突进”到系统推进，已发展到新阶段，越来越注重整体性和协调性，对综合谋划的要求也逐渐提高。

与此同时，经济发展进入新常态，不仅凸显了农村改革中已有的“难题”，更对深化改革提出了新的挑战。一是财政收入放缓，国际粮价持续走低，农业补贴压力增大；二是农村集体资产产权归属不清、权责不明、保护不严、流转不畅的问题严重，部分集体经济缺乏发展活力；三是高投入高产出的生产模式使资源日益紧缺、生态环境恶化；四是农村老龄化问题日益突出，农业发展“后继乏人”；五是城乡二元分割状态导致各种资源和要素流动不畅，城乡一体化建设任重道远；六是农村留守人口增加，利益诉求越趋多元化，现有农村治理能力不足。

2. 应对新挑战，五大关键领域亮出“组合拳”

《方案》指出了农村改革五大领域，一是改革和完善农村的产权制度；二是创新农业的经营形式；三是进一步改革完善国家对农业的支持保护体系；四是进一步推进增强发展一体化的体制机制；五是加强农村的基层组织建设，完善农村社会治理。同时，《方案》还针对五大关键领域提出了26项具体措施。

综合来看，五大领域之间有其内在联系。首先，改革完善产权制度、构建新型农业经营体系，是实现农民共同富裕的制度保障。产权制度改革的核心是土地制度改革，涉及农民的根本利益，必须坚守土地公有性质不改变、耕地红线不突破、农民利益不受损这“三条底线”；而构建新型农业经营体系的重心则是推动土地经营权规范有序流转、培养新型职业农民，解决“谁来种地”和“怎么种地”的问题。其次，健全农业支持保护制度，是深化改革、促进农业持续发展的经济、金融支撑。必须将财政政策、金融政策、价格政策结合起来，千方百计撬动社会资本流向农村，并且强化规范管理，保证资本切实为“三农”服务。最后，推进城乡发展一体化、加强农村基层自治，是真正解决“三农”问题，使改革成果由农民共享、实现共同富裕的根本途径。

3. 消除“三农”短板，助力“全面建成小康社会”

自2004年以来，中央已连续出台12个关于“三农”问题的“一号文件”，足见其对深化农村改革、实现农业现代化的重视。但长久以来，农业现代化始终是建设四个“现代化”过程中较为薄弱的一环。党的十八届五中全会再次明确了到2020年全面建成小康社会的目标，农民能否共享改革成果，实现共同富裕，是这一目标最终能否实现的关键。面对经济进入新常态、改革难度加大的新情势，中央适时发布《方案》，彰显了深化农村改革、实现全面建成小康社会的决心。

（文/冯彪、鲁昊源）

中国发起扶贫脱困攻坚战

2015年11月23日，中共中央政治局审议通过《关于打赢脱贫攻坚战的决定》（以下简称《决定》），针对脱贫攻坚提出了许多实措施、硬政策。随后召开的中央扶贫开发工作会议，对“十三五”时期脱贫攻坚做出全面部署，向地方政府发起动员。脱贫攻坚，旨在实现党的十八届五中全会全面建设小康社会的目标。该《决定》集中突出了习近平的“精准扶贫”理念，试图矫正过去30多年中国农村扶贫战略的粗放扶贫工作方式。

1. 开发式扶贫遇瓶颈：扶贫瞄准问题致使经济增长的减贫效应递减

自20世纪80年代起，我国以改变贫困地区经济文化落后状态为重点，实行大规模扶贫开发。为了降低贫困群体识别难度、集中财力用于基础设施建设和公共服务、充分利用地方行政管理系统，当时政府采用了以区域开发为特色的开发式扶贫方式。不可否认，开发式扶贫对贫困地区的经济发展起到了显著的促进作用，但近些年随着贫困人口的比例大幅度降低，缺乏开发能力和条件的贫困人口在开发式扶贫项目中受益的可能性越来越低。

扶贫开发推行了30多年，对贫困人口的识别即扶贫瞄准问题，至今没有得到解决。其中的原因，除了中央与地方政府的目标和行动不一致、行政决策盲目、制度监管不力外，更关键的是，从救济性扶贫转向开发式扶贫后，受劳动能力和开发潜力限制，扶贫资源不可能覆盖全部贫困人口。在全面建设小康社会的大背景下，必须尽快突破开发式扶贫的瓶颈，提高扶贫目标的瞄准度，把宝贵的扶贫资金和力量用到最急需的地方。

2. “精准扶贫”方略成形：从提高瞄准度着手转变扶贫方式

精准，就是目标明确、有的放矢、见效管用。“精准扶贫”由习近平于2013年首次提出①，在随后中央下发的一系列扶贫相关文件中均有体现。有

① 习近平在2013年11月于湖南湘西考察时首次提出了“精准扶贫”的思想，要求扶贫要实事求是，因地制宜。随之，中共中央办公厅印发《关于创新机制扎实推进农村扶贫开发工作的意见的通知》，国务院出台《关于印发〈建立精准扶贫工作机制实施方案〉的通知》《关于印发〈扶贫开发建档立卡工作方案〉的通知》，对精准扶贫工作模式的顶层设计、总体布局和工作机制等方面都做了详尽规制，推动了习近平精准扶贫思想的全面开展。见王丹蕾．从“粗放式扶贫”到“精准扶贫”打赢脱贫攻坚战．来源央广网．

分析认为，习近平的“精准扶贫”理念是党和政府今后一个时期对于贫困治理工作的指导性思想。而此次《决定》的通过意味着“精准扶贫”思想正式上升为国家基本方略。从《决定》以及习近平在中央扶贫开发工作会议上的讲话可以看出，“精准扶贫”的基本思路是明确“扶谁的贫”“谁去扶贫”“用什么去扶贫”“如何去扶贫”，关键是找准找实贫困户，把家底摸清、把情况搞准，从而根据贫困户家庭人口、产业特点、气候条件、环境因素等，制定出具体的、可操作性强的帮扶措施。

3. 脱贫成败关键：改变“等靠要”心态，摆脱意识和思路贫困

通过有计划、有组织、大规模地进行扶贫，中国创造了减贫奇迹，积累了大量扶贫开发的实践经验。但要在短时间内使7000多万人脱贫，是一项艰巨而繁重的任务。① 现阶段落实“精准扶贫”，是打赢脱贫攻坚战的重要制度保障。而最终实现脱贫目标的关键，在于改变基层政府不严不实的工作作风，调动贫困人口自食其力的积极性。

目前贫困群众争穷比穷，贫困县只知“炫贫”、只等“救助”、重“面子工程”等现状，反映出许多地方存在“等靠要”的观望心态、依赖心理和功利思想。②“精准扶贫”方略的落实固然能够在外部帮扶上对脱贫形成强大推动，但贫困人口自身才是脱贫攻坚不可或缺的内生动力。因此要改变贫困，就要改变“帮扶就是帮钱帮物”的传统观念，将扶贫重点放在改变贫困意识和脱贫思路上。政府一方面要鼓励贫困群众学习身边的榜样，激发其主动性和创造力；另一方面要多研究些切实可行的解决方法，拿出能改善群众贫困

① 以到2020年全面建成小康社会的奋斗目标计算，只有6年时间来解决7000多万人的扶贫攻坚。见胡敏．精准扶贫精准脱贫需要新思路［N］．中国经济时报，2015-07-23.

② 刘成友．摒弃“等人送小康”的脱贫心态——如何扫除“脱贫攻坚战”障碍［N］．人民日报，2015-12-15.

境况的有效手段。

（文/姚瑶、苗继宇）

高等教育与基础教育新政出台

2015年10月24日，国务院印发《统筹推进世界一流大学和一流学科建设总体方案》（以下简称《方案》）的通知；11月28日印发《国务院关于进一步完善城乡义务教育经费保障机制的通知》（以下简称《通知》）。这是继2010年成立“国家教育体制改革领导小组”与发布《国家中长期教育改革和发展规划纲要（2010—2020年）》之后，中央推进教育发展的重大举措。

1. 教育发展瓶颈亟须突破

教育是国家振兴和社会进步的基石。改革开放以来，我国的教育事业进一步发展，高等教育和基础教育都有了质的飞跃。但是，不可忽视的是，我国的教育事业依然存在着许多问题：在高等教育方面，国内高校和国外一流大学相比，存在着国际顶尖研究成果缺乏、论文引用率低、国际化比例和层次较低以及世界范围内学术声誉不高等问题；另一方面，基础教育发展十分不平衡，东西部、城乡之间的教育投入差距明显。同时，随着我国新型城镇化建设和户籍制度改革不断推进，学生流动性加大，现行义务教育经费保障机制已不能很好适应新形势要求。

2. 对症下药，打破教育发展困局

针对我国教育事业目前存在的各种问题，国务院分别对我国的高等教育和基础教育提出了指导意见，制定了发展规划。

第一，科学谋划，向一流进军。针对现实存在的几个问题，围绕“中国特色，世界一流”的核心要求，方案提出三项举措。首先，总体规划，分级支持。以5年为一个周期，从2016年开始新一轮的建设。引导高校合理选择一流大学和一流学科建设路径，科学规划、积极推进。其次，创新绩效评价机制，突出绩效导向。资金重点向办学水平高、特色鲜明的学校倾斜，在公平竞争中体现扶优扶强扶特。积极采用第三方评价，提高科学性和公信度，根据评价结果，有区别地进行资金投入。最后，推动多元投入，引进社会资金。要求高校拓宽筹资渠道，吸引社会捐赠，扩大社会合作，健全社会支持长效机制，多渠道汇聚资源，增强自我发展能力。通过这样一种内外兼顾、齐头并进的改革，真正丰富我国“一流大学、一流学科”的发展内涵。

第二，创新机制，保障基础教育均衡投入。目前基础教育存在义务教育经费保障机制落后、城乡义务教育经费保障政策不统一、经费可携带性不强、资源配置不均衡等问题。据此，意见提出三个统一，两个巩固。统一城乡义务教育“两免一补”政策（对城乡义务教育学生免除学杂费、免费提供教科书，对家庭经济困难寄宿生补助生活费）；国家统一制定城乡义务教育学校公用经费基准定额，中央财政对城市义务教育学校（含民办学校）将按基准定额的一定比例给予补助；中央和地方对城乡义务教育实行统一的分项目、按比例分担的机制，保障农村教育资金的投入。巩固完善农村地区校舍安全保障长效机制和巩固落实城乡义务教育教师工资政策。建立“钱随人走”机制，从制度上保障农民工随迁子女的受教育权利。

3. 双管齐下，引领教育发展新阶段

国务院发布的两大教育新政，体现了新形势下中央对教育的重视，有望通过合理的制度建设和机制创新，切实解决当前教育事业面临的困境。以一流为目标的高等教育改革对于提升我国高等教育发展水平、增强国家核心竞

争力，实现从高等教育大国到高等教育强国的历史性跨越具有十分重要的意义。建立城乡统一、重在农村的义务教育经费保障机制，是健全城乡义务教育发展一体化、推动农业转移人口市民化的重大制度创新，是中国义务教育发展史上的又一个里程碑，对于促进教育公平、提高教育质量、实现相关教育经费可携带，都具有十分重要的意义。

（文/张强、卓增华）

12月　“规划之年”勾勒中国发展蓝图

年终“三会”勾勒中国发展蓝图

执政党强化党校姓党、聚焦主业

中国版全球互联网治理方案成形

居住证新规助推新型城镇化

中央与地方共推环保新举措

“国家标准化体系”新五年规划出台

中央提速财政金融体制改革

年终“三会”勾勒中国发展蓝图

2015年，伴随股市剧震和GDP增速“破七”，中国经济持续承压下行、危机迹象初显。面对严峻形势，中央一方面突出强调“防风险守底线”，通过加大政策供给、提速结构改革、出手救市维稳、发力产业投资等手段，力求稳住短期经济下行趋势；另一方面度大势、谋长远，党的十八届五中全会审议通过“十三五”规划建议稿，首提“创新、协调、绿色、开放、共享”五大新理念，为未来五年锚定方向、奠定基调。鉴于此，12月底，中央经济工作会议、中央城市工作会议、中央农村工作会议相继召开并提出一系列新主张，进一步充实“十三五”规划，明确了2016年以及未来一段时间中国发展的具体路径。

1. 经济工作会议：更新经济方法论，明确结构性改革重点

2015年12月18日至21日，中央经济工作会议在京召开。自1994年以来，中央经济工作会议每年末召开一次，被视为判断中国经济走势和政策取向最权威的风向标。回顾党的十八大以来的历次经济工作会议，“坚持稳中求进工作总基调”这一主线4年未变、贯穿始终。但此次会议召开于“十三五”开局之际，更凸显承前启后、统筹内外的鲜明特点。会议在总结过去一年经

济政策新提法的基础上，明确了2016年经济工作三大重点：一是提出经济发展重点的“十个转变”，意味着政绩考核原则也将做出调整；二是正式将“供给侧结构性改革”列为经济治理方法论，并首次提出供给侧改革的体系化方案，即宏观、产业、微观、改革、社会五大政策支柱；三是布置2016年结构性改革五项具体任务，即去产能、去库存、去杠杆、降成本与补短板。前两者为方法论，后者是着力点，而“供给侧结构性改革”这一主线将统领2016年经济工作。

此次会议亦传达出中央经济取向转变的重要信号。此前政治局第28次集体学习提出发展当代中国政治经济学，明确了“人民中心”与“共同富裕”的发展原则，此次经济工作会议将其提升为“中国特色社会主义政治经济学原则”，标志着经济发展价值导向由效率优先到公平共富的根本转变；而“供给侧结构性改革”被正式纳入经济治理版图，则是经济结构性改革方向的重大技术性调整。从“道”层面的价值导向转变，到“术”层面的技术导向调整，中央经济政策的转型有望开启新的发展空间。

2. 城市工作会议：确定人民中心、尊重规律的城市发展顶层设计

2015年12月20日至21日，中央城市工作会议在京举行。这是时隔37年后中央城市工作会议二度召开，且首次与规格最高的中央经济工作会议“套开”。此次会议延续近期中央深改领导小组会议、中央财经领导小组会议及中央政治局会议关于城市工作的基本思想，针对加强城市化与经济社会内在联动、破除“城市病”等问题，重申“以人民为中心”的城镇化理念，明确城市工作由主政一把手亲自负责，要求“走出一条中国特色城市发展道路”。会议在强调“尊重城市发展规律”的基础上，提出通过“五个统筹”、提高“五个特性”的整体工作思路。一是统筹空间、规模、产业三大结构，提高城市工作全局性；二是统筹规划、建设、管理三大环节，提高城市工作

的系统性；三是统筹改革、科技、文化三大动力，提高城市发展持续性；四是统筹生产、生活、生态三大布局，提高城市发展的宜居性；五是统筹政府、社会、市民三大主体，提高各方推动城市发展的积极性。紧随此会议之后，12 月 24 日，中共中央、国务院印发《关于深入推进城市执法体制改革改进城市管理工作的意见》，首次在中央层面对城市管理执法问题做出专门部署，提出“执法重心和力量向市县下移”“城市管理领域进行大部门制改革”等新主张，旨在解决城市执法权责不一、编制混乱等弊病。随着中国城镇化率由改革开放之初的不足 20% 上升至接近 55%，中国城市发展正面临新的历史拐点。此次中央城市工作会议及城管体制改革意见立足全局视野，从更高层级对未来 30 年城市建设和发展路径做出系统规划，意味着中国新型城镇化将步入新阶段。

3. 农村工作会议：结构性改革引领未来农村改革新走向

2015 年 12 月 24 日至 25 日，中央农村工作会议在京召开。会议讨论《关于落实发展新理念加快农业现代化实现全面小康目标的若干意见（讨论稿）》，重申解决好“三农”问题仍是“十三五”时期全党工作的重中之重，着重强调“着力加强农业供给侧结构性改革”，要求真正形成“结构合理、保障有力的农产品有效供给”。继 11 月初公布的《深化农村改革综合性实施方案》提出明晰产权、政经分开的改革思路之后，此次会议明确了未来农村土地改革需要主攻的三大方向：以农村土地征收、集体经营性建设用地入市、宅基地制度改革为重点，“三块地”改革试点将深入实施；以土地确权登记颁证工作为核心，农村土地承包经营制度改革将进一步细化；耕地保护和补偿制度也将迎来顶层设计。

作为擘画“十三五”开局之年的最高规格会议，中央经济工作、城市工作、农村工作三大会议构建经纬、打通城乡、辐射未来。其中，经济工作会议提纲挈领，廓清未来经济走势，明确了经济发展导向和技术治理的着力点。

围绕经济会议主线，城市工作会议和农村工作会议各有侧重。前者聚焦解决城市化阶段性弊病，如何破解既涉及民生安危又关乎经济驱动的问题；后者则暗合结构转型要义，标示出未来农村土地改革将成为盘活存量、疏通供给侧的重要突破口。

（文/张佳俊、周轩宇）

执政党强化党校姓党、聚焦主业

2015年12月11日至12日，全国党校工作会议在北京召开，中央政治局七个常委全部出席。此前11月23日，中央政治局审议通过《关于加强和改进新形势下党校工作的意见》（以下简称《党校意见》），强调“党校姓党”和“聚焦主业”。党校工作受到党中央空前重视，或迎来重大变革。

1. 党校现状堪忧：普遍不受重视、政治功能弱化

党校系统既是中国共产党专门教育、培训党员干部的主渠道，也是其核心智库之一，自建立以来培养了大批骨干力量，被视为党的重要政治优势。但近年来，不重视党校工作的现象较为普遍，不少人认为党校可有可无，党校工作在地方和基层还存在“说起来重要、做起来次要、忙起来不要”的问题。同时，基层党校脆弱、理论教育和党性教育松弛、政治方向偏差等问题也比较突出，影响了党校政治功能的充分发挥。针对上述问题，此次高层明确表态，要求“党校工作只能加强，不能削弱”。

2. 改进党校工作：坚持党校姓党、聚焦主业

其一，“党校姓党”被首次确立为党校办学的根本原则。党校姓党，即

“坚定党校办学的政治方向，为立党兴党强党服务”。党校不仅要在思想、政治、行动上自觉同党中央保持高度一致，还要增强看齐意识，帮助受培训的领导干部“向党中央看齐”①。其二，明确党校应聚焦主业，以“抓党的理论教育和党性教育”为教学重心。《党校意见》明确规定党的理论教育和党性教育两类课，在中央党校、省（自治区、直辖市）委党校、市（地）委党校教学安排中不低于总课时的70%，并要求各级党校每个主体班次都要设置专门的“党性教育单元”，确保党性教育课不低于总课时的20%。其三，建立和实行领导干部到党校讲课制度。2015年，全国31个省区市党委书记、200多家中央单位主要负责同志开展了带头讲党课活动。《党校意见》提出，坚持中央领导同志带头到中央党校讲课的做法，省、市、县党委领导班子成员每人每年至少到同级党校讲一次课，且每年领导干部讲课总课时占各级党校主体班次总课时的比例不低于20%。

3. 改进干部教育：增强理想信念、凝聚政治合力

此次《党校意见》呼应了中央于10月修订印发的《干部教育培训工作条例》（以下简称《培训条例》）。《培训条例》将开展干部教育培训情况纳入政治考核，要求省部级、厅局级、县处级党政领导干部应当每5年参加党校、行政学院、干部学院等培训机构累计3个月或550学时以上的培训；并要求进一步加强理想信念和党性教育，提出党校、行政学院、干部学院和社会主义学院应当坚持功能定位，突出办学特色。总的来看，两份文件共同构成了新时期执政党干部教育的基本指南，对于增强干部理想信念、凝聚政治合力具有重要意义。

（文/张佳俊）

---

① 习近平．在全国党校工作会议上的讲话［J］．求是，2015（9）．

中国版全球互联网治理方案成形

2015 年 12 月 16 日，第二届世界互联网大会在浙江乌镇召开，习近平发表主旨演讲，清晰表达了推进互联网全球治理体系积极变革的主张，标志着中国版全球互联网治理方案（以下简称“中国方案”）基本成形。

1. 针对互联网治理新问题，“中国方案”细化完善既有主张

20 世纪下半叶以来，以互联网为代表的信息技术给人类生活带来了巨大便利，与此同时，互联网领域呈现的发展不平衡、规则不健全、秩序不合理的问题日益凸显，网络空间治理的现有规则越来越难以反映大多数国家的意愿和利益。如何有效推动网络空间治理体系的变革，建立适应时代需求的互联网全球治理体系，成为当今世界各国面临的共同问题。中国作为主要网络大国，自 2014 年便开始系统形成并积极阐述对推进互联网全球治理体系变革议题的看法。此前习近平主席在巴西国会的致辞，以及写给首届世界互联网大会的贺词，都系统而完整地阐述了中国对此的相关看法和认识。此次习近平讲话，是针对当前全球互联网治理中不断出现的新问题，对中国过往主张的进一步明确、细化、展开和完善，成为构建网络空间命运共同体的“中国方案”。

2. “中国方案”是体现中国价值和实践的互联网治理蓝图

纵观此份“中国方案”，价值维度和现实基础兼具，宏大目标和具体措施并存，是一份切合全球网络发展实际并充分体现“中国网络观”的全球互联网治理蓝图。具体而言，其可以用“一二三四五”来概括解读。

一个目标。在讲话中，习近平指出解决问题的重点在于推动建立国际互

联网治理新秩序，从而将“国际社会应该在相互尊重、相互信任的基础上，加强对话合作，推动互联网全球治理体系变革”确定为方案最终目标。两大支点。作为相应的破局之策，“共同构建和平、安全、开放、合作的网络空间”与“建立多边、民主、透明的全球互联网治理体系”构成实现目标的两大支点。三大战略。即党的十八届五中全会提出的网络强国战略、国家大数据战略、“互联网＋”行动计划三大战略。四项原则。即推进全球互联网治理体系改革的四项原则：尊重网络主权，维护和平安全，促进开放合作，构建良好秩序。其中的最大亮点就是把尊重网络主权放在第一位，突出强调了互联网的主权属性，与中国一贯主张的反对霸权、不干涉内政、尊重国际法基本原则等相一致，也成为新旧网络空间的区分点。五点主张。一是加快全球网络基础设施建设；二是打造网上文化交流共享平台；三是推动网络经济创新发展；四是保障网络安全；五是构建互联网治理体系。在这五点主张中，前三点着重于推动发展，后两点保障安全，是发展与安全两大主旨的统筹。①

总而言之，“推动互联网全球治理体系变革”是愿景与目标，“构建和平、安全、开放、合作的网络空间，建立多边、民主、透明的全球互联网治理体系”是实现目标的两大支点，“三大战略”是中国自身的实践依托，“四项原则”是指导精神与基本遵循，“五点主张”则兼顾当前与长远，提出了当前应着手解决的具体任务和未来应着重努力的主要方面。一份体系完整、内容齐备，深具全局观、发展观、未来观的中国版全球互联网治理方案至此成形。

3. 实现“中国方案”由共识到落实

作为中国全球治理观在国际互联网领域的体现，中国方案的核心就在于促进互联网空间互联互通、共享共治，以互联网治理推动全球治理。然而，

---

① 徐隽．习近平出席第二届世界互联网大会开幕式并发表主旨演讲［N］．人民日报，2015－12－17.

国际关系的非隶属性和极端复杂性等特点，决定了中国方案的未来必然面临不少挑战，最突出的就是单边主义、强权政治以及国际互联网领域的霸权主义。要实现“中国方案”由共识到落实，势必要沿着加强各国沟通交流，推动多方多边参与的路径，完善网络空间对话协商机制，制定各方普遍接受的网络空间国际规则；并以国际法治为着力点，全面推进网络空间法治化，着力健全完善网络空间法治体系，坚决抵制单边主义和强权政治，引领推进全球互联网治理体系变革，以求最终实现在共识中共建、在共建中共享、在共享中共治、在共治中共赢的全球治理格局。

（文/缪若冰、段相宇）

居住证新规助推新型城镇化

2015 年 12 月，《居住证暂行条例》（以下简称《条例》）首次公布，并于 2016 年 1 月 1 日施行。这是我国推进新型城镇化、促进劳动力要素合理流动、破除城乡二元体制的重大举措，也是国家治理现代化水平不断提升的重要体现。

1. 居住证的“前世今生”

1958 年《中华人民共和国户口登记条例》第一次明确将城乡居民区分为“农业户口”和“非农业户口”两种不同户籍，奠定了我国现行户籍管理制度的基本格局。1985 年，《公安部关于城镇暂住人口管理的暂行规定》确立以“暂住证”为主的流动人口管理办法。20 世纪 90 年代以来，中国经济飞速发展，劳动力需求大幅增加，大量农民加入城市劳动力大军，在城镇生活、生产的农民要求国家确认和保障其享有融入城镇的平等权利和机会，“居住证”制度应运而生。

《关于2010年深化经济体制改革重点工作的意见》第一次提出在全国范围内实行居住证制度，随后各地积极探索居住制度改革方式。为加强统一性和规范性，2012年国务院颁布了《关于户籍制度改革的意见》。统筹城乡发展是全面深化改革的重要任务之一，户籍制度也因此成为深化经济体制改革与国家新型城镇化的着力点。《条例》的生效，标志着我国户籍制度改革全面告别“暂住证”时代，进入新的历史时期。

2. 简政平权助推新型城镇化

其一，居住证的赋权功能。《条例》以《国务院关于进一步推进户籍制度改革的意见》为依据，参考各地已出台的居住证制度，注意比较户口、身份证制度，突出居住证的赋权功能以及政府及其相关部门的服务职能。一方面，《条例》从制度上明确了外来人口平等参与城市生活的合法权利，另一方面也为各地推进居住证改革留下了提升空间。其二，“低门槛、广覆盖”的公共服务。居住证申领门槛较低，“凡在城市居住半年以上，符合有合法稳定职业、合法稳定住所、连续就读条件之一的，可依规定申领居住证”。此外，《条例》规定了居住证持有人在居住地享有的基本的市民权利和服务，包括劳动就业，参加社会保险，缴存、提取和使用住房公积金，义务教育，基本公共卫生服务和计划生育服务，公共文化体育服务，法律援助和其他法律服务等基本公共服务。同时，居住证持有人享有办理出入境证件，换领、补领居民身份证，机动车登记，申领机动车驾驶证，报名参加职业资格考试等便利。其三，积分落户的衔接制度。居住证制度最终将服务户籍改革。《条例》规定城市按照人口分为四等，大城市与特大城市建立与城市综合承载能力和经济社会发展需要相适应的积分落户制度，规划符合各地实际的流动人口管理制度与户籍制度。

3. 居住证新规折射国家治理能力现代化

居住证制度的实施，将促进劳动力要素的自由流动，完善市场环境，对推进新型城镇化，应对短期经济增长下行压力和中期释放城镇化红利有重要意义，能够带来巨大的经济转型与增长潜力，同时实现公共服务均等化，促进社会公平与和谐。但值得注意的是，地方政府公共服务的供给能力和城市管理能力将会受到严峻挑战，因此，需要建立财政转移支付同农业转移人口市民化挂钩机制，完善促进基本公共服务均等化的公共财政体系，逐步理顺事权关系，建立事权和支出责任相适应的制度。在增加统一性、规范性的基础上，地方政府需进一步探索居住证制度的完善路径，以惠及二、三产业中难以通过居住证获得积分落户资格的人群。

（文/朱彩云、苏秋纳）

中央与地方共推环保新举措

2015 年 12 月初，中共中央办公厅、国务院办公厅印发《生态环境损害赔偿制度改革试点方案》（以下简称《方案》），探索建立生态环境损害的修复和赔偿制度；[①] 12 月底，国家发展改革委、环境保护部发布《京津冀协同发展生态保护规划》（以下简称《规划》），明确了未来几年京津冀区域生态环

① 《方案》提出，2015 年至 2017 年，选择部分省份开展试点，从 2018 年开始，在全国试行生态环境损害赔偿制度，到 2020 年，力争在全国范围内初步构建起卓有成效的生态环境损害赔偿制度。生态环境损害，是指因污染环境、破坏生态造成大气、地表水、地下水、土壤等环境要素和植物、动物、微生物等生物要素的不利改变，及上述要素构成的生态系统功能的退化。

境保护的目标任务。[①] 为全面推进生态文明体制改革，应对京津冀区域资源环境与发展之间的尖锐矛盾，中央和地方相继在2015年末抓紧推出环保新举措，响应党的十八大以来反复强调的“绿色发展”理念[②]，着眼当前制度空白及紧迫形势提出针对性的解决方法。

1. 试点生态环境损害赔偿制度改革，完善环保追责机制

生态环境损害赔偿制度改革是生态文明体制改革的“1+6”方案[③]之一，不同于提纲挈领的总体方案及其他5项主要以监督、监测为目的的配套方案，生态环境损害赔偿制度改革重在通过确立评估管理与技术体系，奠定追责和惩处的基础前提，专项解决生态环境损害修复等一系列终端问题。《方案》仅适用于生态环境本身损害的赔偿，着重保护环境资源的使用价值和生态价值，试图转变当前环境损害赔偿法律体系侧重规制环境污染导致的人身、财产损害赔偿的倾向。[④]

《方案》的出台，体现了政府对现行生态环境治理模式的反思和革新。现行生态环境治理模式主要包括三种：一是以司法权的行使为主导，通过民事赔偿或者追究刑事责任等方式救济受害人、惩罚污染者；二是运用行政管制

---

① 《规划》要求，2017年区域生态环境质量恶化趋势得到遏制，到2020年主要污染物排放总量大幅削减，区域生态环境质量明显改善。

② “绿色发展”理念是“十三五”时期的五大发展理念之一。党的十八届五中全会提出，实现“十三五”时期发展目标，破解发展难题，厚植发展优势，必须牢固树立并切实贯彻“创新、协调、绿色、开放、共享”的发展理念。

③ “1+6”方案中的“1”是指《生态文明体制改革总体方案》，已于2015年9月印发；“6”包括《环境保护督查方案（试行）》、《生态环境监测网络建设方案》、《开展领导干部自然资源资产离任审计试点方案》、《党政领导干部生态环境损害责任追究办法（试行）》、《编制自然资源资产负债表试点方案》、《生态环境损害赔偿制度改革试点方案》，均已先后印发。

④ 当前环境损害赔偿法律体系由民法、侵权责任法、环境保护基本法与单行法等法律构成，只有海洋环境保护相关法律对海洋生态环境损害有赔偿规定，总体上对生态环境损害的救济规定不完善。

手段，通过制定各种环境标准来管理环境；三是采取污染许可交易、税收、污染费等多元化应对措施。[①] 2015 年实施的新环保法，在此基础上增加了按日计罚、查封扣押、行政拘留等条款，进一步强化了监管手段。虽然环境法律体系的不断完善一定程度上使突发环境事件数量得以减少，但是历年因环境污染、生态破坏导致的生态环境要素及功能的损害没有得到及时、有效的修复。《方案》弥补了这方面的空白，要求在规定情况出现时[②]，义务人要采取相关的修复措施，若不能修复，则综合考虑经济利益的填补，对生态环境损害所造成的经济和非经济损失予以全面赔偿。同时，《方案》引入了带有合作和协商性质的行政磋商制度，权利人和义务人可就调查评估内容以及修复启动时间期限进行磋商，有利于平衡各方利益。

2. 划定京津冀区域生态保护红线，倒逼经济结构转型升级

严守资源环境生态红线是健全生态文明制度体系的重要内容，《规划》将这一思路应用到了对未来京津冀区域发展的设想当中，通过量化指标规定出京津冀不同行政区在资源消耗、环境质量和生态保护上的刚性要求，对地方政府形成强有力的目标约束。要实现《规划》提出的目标，必须从调整能源结构和产业结构着手，强化源头管理。对此有分析指出，对北京和天津来说，未来的重点是提高减排力度，而重工业集聚的河北将要面临痛苦的转型过程，需要北京、天津在利益分配方面给予更多支持和倾斜。

---

① 张梓太．填补制度空白力促损害担责——关于《生态环境损害赔偿制度改革试点方案》的解读［N］．中国环境报，2015－12－08．我国目前已经出台了大量的环境法律，规定了诸多环保制度，如环境影响评价制度、三同时制度、排污许可证制度、排污收费制度、环境标准制度、环境监测制度以及限期治理制度等。

② 《方案》规定，出现以下 3 种情况时，将依法追究赔偿义务人的生态环境损害赔偿责任：一是发生较大及以上突发环境事件；二是在国家和省级主体功能区规划中划定的重点生态功能区、禁止开发区发生环境污染、生态破坏事件的；三是发生其他严重影响生态环境事件。

京津冀是全国大气污染、水污染最严重，水资源最短缺的区域，针对此现状，《规划》将大气、水污染防治和生态建设作为重中之重。首先，《规划》在“大气十条”的基础上，明确了过剩和落后产能的硬性压减指标，统一了整个京津冀地区六大行业①的特别排放限值，率先提出要将灰粉少、含硫量低的优质煤更多用于散烧②，在京津冀全范围内供应国五标准油品。其次，《规划》落实了陆海统筹、地表地下水协同控制、跨界水污染防治等“全防全控”的理念，改变以往的分块治理模式，统筹开展京津冀地区水污染防治。最后，《规划》提出从区域整体角度形成科学合理的生态安全防护体系，建设“区域一体化的生态环境监测、信息、应急”三个统一体系。

3. 环保政策密集出台，落实执行有待观察

2015 年是环保领域的“政策年”，环保政策密集出台。年初新环保法的施行，之后《水污染防治行动计划》、《党政领导干部生态环境损害责任追究办法（试行）》等文件陆续发布，9 月中央政治局会议审议通过《生态文明体制改革总体方案》，10 月党的十八届五中全会通过“十三五”规划建议，首次将“生态文明建设”写入五年计划。一系列政策举动表明环保领域的重要性日益凸显。年末北京首次启动空气重污染红色预警，备受社会关注，京津冀三地环保部门启动环境联动执法，共同打击区域内环境违法行为。随着生态文明体制的逐步健全，地方政府各部门应急机制的常态化，制约经济可持续发展的环保问题未来有望取得突破。

《方案》和《规划》，分别是生态文明体制改革和京津冀协同发展战略的组成部分，共同服务于“绿色发展”理念。政策虽能填补制度空白、指引行

① 六大行业是指火电、钢铁、石化、水泥、有色、化工。

② 散烧煤是造成空气污染的关键源头之一，主要是在城乡接合部和郊区，用于居民取暖。

动方向，但能否突破执行障碍、落到实处，才是决定其实际效用的关键。具体来说，《方案》的实施面临着如何协调环境公益诉讼、环境私益诉讼和生态环境损害赔偿诉讼，节省司法资源，以及如何全面提升评估质量，防止评估受到来自领导干部和行政方面的干预等问题。《规划》的实现既需京津冀三省市共同担负起各自的责任，也须破除“各自为政”的管理障碍，协力突破河北淘汰落后产能后，发展新型产业、培育新的增长点等难关。

（文/姚瑶、戴明明）

“国家标准化体系”新五年规划出台

2015 年 12 月 17 日，国务院办公厅印发《国家标准化体系建设发展规划（2016—2020 年）》（以下简称《规划》），落实深化标准化工作改革要求，统筹全国标准化工作布局，对“十三五”期间国家标准化体系建设做出全面部署。

1. 升“规格”：深化标准化工作改革的当然选择

自 2007 年以来，中国共出台了 3 部标准化五年发展规划。值得关注的是，以往规划均由国家标准化管理委员会（以下简称“国标委”）编制并印发，而本次规划从编制到发布，规格均大幅提升，前所未有。在编制上，2014 年 6 月，国家发改委印发了《国务院 2014 年专项规划审批计划》，将《国家标准化体系建设发展规划（2014—2020 年）》（《规划》的前身）列入其中，规定国标委牵头并按照《国家级专项规划管理暂行办法》的相关规定组织编制。在发布上，《规划》最终由国务院办公厅印发。实际上，这一变化是由 2015 年初中国确定开展的标准化工作改革所决定的。

2 月 11 日召开的国务院常务会议指出，“必须深化改革，优化标准体系，完善标准管理”。3月26日，国务院印发《深化标准化工作改革方案》（以下简称《方案》），《方案》提出了本次改革的总体目标，为改革做出顶层设计。在改革大旗的召唤下，早在2014年便开始编制的《规划》在“十二五”即将收官，“十三五”将要开局的时间节点面世，试图使《方案》这一深化标准化工作改革的顶层设计落地，而将《规划》的规格从副部级升至国家级，从部门规划升至国家战略，成为国务院通畅改革政令的当然选择。

2. “大”而“精”：《规划》绘制“十三五”标准化建设蓝图

《规划》分为总体要求、主要任务、重点领域、重大工程和保障措施等5个部分，对多项重大改革举措提出具体实施要求。虽然在篇幅上延续了以往规划“大”的风格，但在内容上却由“全”变“精”。它聚焦中国标准化的突出问题，回应经济社会发展对标准化的需求，精准布局，绘制了“十三五”标准化体系建设的新蓝图。

第一，合理设定了2020年国家标准化体系建设的各项发展目标。在总目标上，《规划》从标准化的作用和水平两个方面将其确定为“基本建成支撑国家治理体系和治理能力现代化的具有中国特色的标准化体系”。此外，“中国标准”“国际影响力和贡献力大幅提升”，国家“迈入世界标准强国行列”等国际影响力方面的目标同样写入《规划》，引人注目。

第二，更加全面、科学、系统地部署了国家标准化体系建设的任务。以往规划中，有关标准体系建设和国际标准化工作的篇幅最大，但对标准的实施、监督等上述六大任务中的其他四个方面“惜字如金”，这反映出制定者将标准化体系建设等同于标准体系建设的片面认识。本次《规划》在结构上做出改变，在规定完善标准体系和国际标准化工作体系的同时，提出建立有效的标准实施体系、严密的标准监督体系、高效的标准化服务体系和有力的标准化保障体系，就是为了补齐短板。

第三，聚焦现实问题、回应发展需求、落实相关规划，决定实施十大工程。《规划》第四部分决定实施农产品安全、消费品安全、节能减排、基本公共服务、新一代信息技术、智能制造和装备升级、新型城镇化、现代物流、中国标准“走出去”和标准化基础能力等十大标准化工程。其共同点是聚焦当前最为紧迫的社会问题，回应经济社会发展提出的标准化需求，其中有的还起着落实相关领域国家规划作用。

3. 以政策实现市场的标准化

党的十八届三中全会通过的《中共中央关于全面深化改革若干重大问题的决定》指出要“使市场在资源配置中起决定性作用和更好发挥政府作用”，“着力解决市场体系不完善、政府干预过多和监管不到位问题”。执政党对政府与市场关系这一重大关系的新认识必将反映在当前改革的各个方面，标准化工作也不例外。因而，《规划》开宗明义，将“政府主导制定的标准与市场自主制定的标准协同发展、协调配套”作为第一发展任务，采取一系列举措保证“强制性标准守底线、推荐性标准保基本”，支持企业标准和团体标准的发展。其次，《规划》规格之高，推出新政之多、之有力，一方面反映出新一届领导班子对标准化工作的高度重视，另一方面也说明中国现存标准化体系无法满足经济社会发展需求。在此背景下，《规划》以其“大”而“精”的风格，突出指导性、预测性、宏观性，紧贴需求，聚焦问题，多管齐下，为“十三五”期间中国标准化体系建设工作的各个方面提供了基本遵循，意义可见一斑。

（文/张强、张宁远）

中央提速财政金融体制改革

自2014年以来，面对产能严重过剩、住房库存过量、地方债务压力增大、银行不良资产率上升等问题，中央在重视稳增长的基础上提出“经济新常态”理论，着重在调结构、促改革、防风险等方面密集出台政策，并提出供给侧改革思路。相应的财政金融体制改革也以配合供给侧改革为主。2015年12月，国家在审计体制、财税体制和金融监管体制改革方面持续提速。

1. 审计改革：推进审计全覆盖、独立化和职业化

12月8日，中共中央办公厅、国务院办公厅印发《关于完善审计制度若干重大问题的框架意见》，着力完善审计制度、保障依法独立行使审计监督权。提出完善审计制度的重点任务有三项：一是实行审计全覆盖，不仅在于对财政、预算、决算的全覆盖，而且在于效率和公正的兼顾；二是探索省以下地方审计机关人财物管理改革，重点在于增强审计监督的整体合力和全国审计工作的统筹，保障审计的独立性；三是推进审计职业化建设。审计署审计长刘家义提到：“依法全面履行审计监督职责，大力推进审计全覆盖。坚持党政同责、同责同审，对公共资金、国有资产、国有资源和领导干部，履行经济责任情况实行审计全覆盖。”

审计体制的深化改革重点在于依法独立地实行审计全覆盖，独立行使审计权能够防止同级政府干涉，审计全覆盖也能更好地兼顾效率和公平，实现社会公共资源的有效配置，但是从当前审计现状看，试点情况尚不明朗，审计地方干预强和覆盖范围窄的问题依然存在。

2. 财政改制：配合国家经济结构性改革

12月28日，全国财政工作会议提出，面对经济下行压力，要继续发力实施积极财政政策。指出在下一个阶段，要做好财政工作，主要在于四个方面：一是着力推动供给侧结构性改革，促进发展动力顺利转换。二是支持做好补齐短板工作，提高发展的协调性和平衡性。三是增强风险防控意识和能力，

努力保持财政经济稳定运行。四是扎实开展国际财经合作，增强发展的内外联动性。与此同时，国务院持续发力财税体制改革，12 月 24 日和 31 日相继发布《深化国税、地税征管体制改革方案》和《关于调整证券交易印花税中央与地方分享比例的通知》，在分税制财政管理体制的基础上，分设国税、地税机构，调动中央地方积极性，同时国税和地税的合作也将促进效率提升和便利监督。

经济发展进入新常态，主要矛盾是结构性问题，主要方面在供给侧。财政收入潜在增长率下降，财政支出刚性增长的趋势没有改观，财政收支矛盾呈加剧之势，平衡收支压力较大。作为全面深化改革的“先行军”，财税改革已经往纵深迈进，这需要税收征管体制改革支撑，实现质变，二者是相辅相成、互相促进。

3. 金融改革：强化监管防范风险

12 月 29 日，中国人民银行宣布自 2016 年起将现有的差别准备金动态调整和合意贷款管理机制“升级”为“宏观审慎评估体系”，基本实现对金融机构监管全覆盖，跟进金融机构资产多元化的趋势，促进监管体系的市场化，同时关注宏观经济的不稳定因素，有利于稳健型机构更好发展。12 月 27 日，为应对当前互联网金融业的快速发展，中国人民银行发布《非银行支付机构网络支付业务管理办法》，便于防范系统性风险，规范支付服务市场秩序，促进网络支付业务健康发展。

财税体制在国家治理中发挥着基础性、制度性、保障性作用，新常态下财税体制改革要从促进资源节约型、环境友好型产业发展需要出发，合理调整消费税范围和税率结构，将部分严重污染环境、大量消耗资源的产品纳入消费税征收范围建立有利于经济结构调整的税收制度；金融业的迅速发展和互联网金融的兴起，需要金融监管体制的健全来保障经济的安全和稳定；审计制度在国家治理系统中具有预防、揭示和抵御功能的“免疫系统”，是当前深化改革推进源头反腐的重要制度保障。通过审计、财税和金融监管体制的深化改革，配合新常态下供给侧结构性改革的进行。

（文/庄慕平）

新征程：迈向现代化的国家治理

中国发展动态（2016）

北京大学法治研究中心　编著

中信出版集团 · 北京

图书在版编目（CIP）数据

新征程：迈向现代化的国家治理 / 北京大学法治研究中心编著 .-- 北京：中信出版社，2018.4
（中国道路丛书）
ISBN 978-7-5086-8708-7

Ⅰ．①新… Ⅱ．①北… Ⅲ．①国家－行政管理－现代化管理－中国 Ⅳ．① D630.1

中国版本图书馆 CIP 数据核字（2018）第 044487 号

新征程：迈向现代化的国家治理

编 著 者：北京大学法治研究中心
出版发行：中信出版集团股份有限公司
（北京市朝阳区惠新东街甲 4 号富盛大厦 2 座　邮编　100029）
承 印 者：北京鹏润伟业印刷有限公司

开　　本：787mm×1092mm　1/16　　印　　张：18.75　　字　　数：260 千字
版　　次：2018 年 4 月第 1 版　　印　　次：2018 年 4 月第 1 次印刷
广告经营许可证：京朝工商广字第 8087 号
书　　号：ISBN 978-7-5086-8708-7
定　　价：61.00 元

《中国道路丛书》学术委员会

《中国道路丛书》总序言

中华人民共和国成立60多年以来，中国一直在探索自己的发展道路。特别是在改革开放30多年的实践中，努力寻求既发挥市场活力，又充分发挥社会主义优势的发展道路。

改革开放推动了中国的崛起。怎样将中国的发展经验进行系统梳理，构建中国特色的社会主义发展理论体系，让世界理解中国的发展模式？怎样正确总结改革与转型中的经验和教训？怎样正确判断和应对当代世界的诸多问题和未来的挑战，实现中华民族的伟大复兴？这都是对中国理论界的重大挑战。

为此，我们关注并支持有关中国发展道路的学术中一些有价值的前瞻性研究，并邀集各领域的专家学者，深入研究中国发展与改革中的重大问题。我们将组织编辑和出版反映与中国道路研究有关的成果，用中国理论阐释中国实践的系列丛书。

《中国道路丛书》的定位是：致力于推动中国特色社会主义道路、制度、模式的研究和理论创新，以此凝聚社会共识，弘扬社会主义核心价值观，促进立足中国实践、通达历史与现实、具有全球视野的中国学派的形成；鼓励和支持跨学科的研究和交流，加大对中国学者原创性理论的推动和传播。

《中国道路丛书》的宗旨是：坚持实事求是，践行中国道路，发展中国学派。

始终如一地坚持实事求是的认识论和方法论。总结中国经验、探讨中国模式，应注重从中国现实而不是从教条出发。正确认识中国的国情，正确认识中国的发展方向，都离不开实事求是的认识论和方法论。一切从实际出发，以实践作为检验真理的标准，通过实践推动认识的发展，这是中国共产党的世纪奋斗历程中反复证明了的正确认识路线。违背它就会受挫失败，遵循它就能攻坚克难。

毛泽东、邓小平是中国道路的探索者和中国学派的开创者，他们的理论创新始终立足于中国的实际，同时因应世界的变化。理论是行动的指南，他们从来不生搬硬套经典理论，而是在中国建设和改革的实践中丰富和发展社会主义理论。我们要继承和发扬这种精神，摒弃无所作为的思想，拒绝照抄照搬的教条主义，只有实践才是真知的源头。《中国道路丛书》将更加注重理论的实践性品格，体现理论与实际紧密结合的鲜明特点。

坚定不移地践行中国道路，也就是在中国共产党领导下的中国特色社会主义道路。我们在经济高速增长的同时，也遇到了来自各方面的理论挑战，例如，将改革开放前后两个历史时期彼此割裂和截然对立的评价；再如，极力推行西方所谓“普世价值”和新自由主义经济理论等错误思潮。道路问题是大是大非问题，我们的改革目标和道路是高度一致的，因而，要始终坚持正确的改革方向。历史和现实都告诉我们，只有社会主义才能救中国，只有社会主义才能发展中国。在百年兴衰、大国博弈的历史背景下，中国从积贫积弱的状态中奋然崛起，成为世界上举足轻重的大国，成就斐然，道路独特。既不走封闭僵化的老路，也不走改旗易帜的邪路，一定要走中国特色的社会主义正路，这是我们唯一正确的选择。

推动社会科学各领域中国学派的建立，应该成为致力于中国道路探讨的有识之士的宏大追求。正确认识历史，正确认识现实，积极促进中国学者原创性理论的研究，那些对西方理论和价值观原教旨式的顶礼膜拜的学风，应当受到鄙夷。古今中外的所有优秀文明成果，我们都应该兼收并蓄，但绝不可泥古不化、泥洋不化，而要在中国道路的实践中融会贯通。以实践创新推动理论创新，以理论创新引导实践创新，从内容到形式，从理论架构到话语体系，一以贯之地奉行这种学术新风。我们相信，通过艰苦探索、努力创新得来的丰硕成果，将会在世界话语体系的竞争中造就立足本土的中国学派。

《中国道路丛书》具有跨学科及综合性强的特点，内容覆盖面较宽，开放性、系统性、包容性较强。其分为学术、智库、纪实专访、实务、译丛等类型，每种类型又涵盖不同类别，例如在学术类中就涵盖文学、历史学、哲学、经济学、政治学、社会学、法学、战略学、传播学等领域。

这是一项需要进行长期努力的理论基础建设工作，这又是一项极其艰巨的系统工程。基础理论建设严重滞后，学术界理论创新观念不足等现状是制约因素之一。然而，当下中国的舆论场，存在思想乱象、理论乱象、舆论乱象，流行着种种不利于社会主义现代化事业和安定团结的错误思潮，迫切需要正面发声。

经过60多年的社会主义道路奠基和30多年的改革开放，我们积累了丰富的实践经验，迫切需要形成中国本土的理论创新和中国话语体系创新，这是树立道路自信、制度自信、理论自信、文化自信，在国际上争取话语权所必须面对的挑战。我们将与了解中国国情，认同中国改革开放发展道路，有担当精神的中国学派，共同推动这项富有战略意义的出版工程。

中信集团在中国改革开放和现代化建设中曾经发挥了独特的作用，它不仅勇于承担大型国有企业经济责任和社会责任，同时也勇于承担政治责任。它不仅是改革开放的先行者，同时也是中国道路的践行者。中信将以历史担当的使命感，来持续推动中国道路出版工程。

2014 年 8 月，中信集团成立了中信改革发展研究基金会，构建平台，凝聚力量，致力于推动中国改革发展问题的研究，并携手中信出版社共同进行《中国道路丛书》的顶层设计。

《中国道路丛书》的学术委员会和编辑委员会，由多学科多领域的专家组成。我们将进行长期的、系统性的工作，努力使《中国道路丛书》成为中国理论创新的孵化器，中国学派的探讨与交流平台，研究问题、建言献策的智库，传播思想、凝聚人心的讲坛。

孔丹

2015年10月25日

《动态中国丛书》编委会

#《新征程：迈向现代化的国家治理》

中国发展动态（2016）

主　　编：吴　双　张佳俊

编　　辑（按姓氏笔画排序）：

马　克　马纪元　马毅豪　王　悦　王　慧　王慧群

叶闽莎　冉红丽　冯　彪　朱彩云　仲启群　庄慕平

刘红雨　苏秋纳　李　琳　李振宇　李晓青　杨煜超

吴　双　佘倩影　张　强　张宁远　张佳俊　苗继宇

卓增华　罗　超　周轩宇　周泰勇　段相宇　姚　瑶

贾　冉　高婷婷　郭　丹　宾　颖　黄时烨　鲁昊源

曾诗洋　缪若冰　戴明明　籍　婷

《动态中国丛书》出版说明

党的十八大以来的5年，是中国发展进程中极不平凡的5年，这5年，中国的改革开放和社会主义建设取得历史性的成就。中国从毛泽东时代的“站起来”、邓小平时代的“富起来”开始进入习近平时代的“强起来”。如果说在过去一些年，国内外学者普遍关注“中国崛起”这个话题，并试图在理论上解释中国为什么会崛起，那么最近一些年他们更加关注中国崛起对世界意味着什么，一个强大的中国为世界贡献了什么，中国的复兴能不能为世界发展提供新的发展模式和发展道路，并为其他国家提供中国经验和中国智慧。

近代以来，中国由于遭受列强侵略，社会经济文化相对落后，中华民族一度处于被动挨打地位，中国一直在探索独立和复兴之路。直至一百年前十月革命一声炮响，给中国送来了马克思列宁主义，在马克思列宁主义同中国革命的结合过程中，中国共产党应运而生。中国共产党从成立的第一天起，就义无反顾地肩负起实现中华民族伟大复兴的历史使命，团结带领中国人民走出山河破碎、内忧外患、战争连绵的黑暗境地，并通过长期的革命和建设，建立起繁荣富强的社会主义新中国。

无论是中国革命道路，还是中国社会主义建设道路，中国在探索现代化道路的过程中始终保持着独立自主的政治品格，这构成毛泽东时代、邓小平时代和习近平时代在与时俱进中不断变化的内在连续性，由此走出了一条既具有鲜明中国特色、又深具辐射力的现代化道路。党的十九大报告明确指出，中国的探索“拓展了发展中国家走向现代化的途径，给世界上那些既希望加快发展又希望保持自身独立性的国家和民族提供了全新选择，为解决人类问题贡献了中国智慧和中国方案”。这就意味着，中国走出了一条具有普遍意义的现代化道路。而要理解这条现代化道路的意涵，就必须知道“中国在做什么”，理解“中国在想什么”。这就是我们编辑出版《动态中国丛书》的出发点。

北京大学法治研究中心以2012年中国进入新时代为开端，以智库报告的方式编辑《动态中国丛书》，该丛书包括：“中国发展动态”、“中国思想动态”、“中国法治动态”和“中国港澳动态”。“中国发展动态”着力展现中央推出的各项重大改革政策，包括国家发展战略、政治体制、行政管理、经济民生、文化思想等领域推出的各项改革措施和公共政策，地方政府有创新的改革措施也有所收录。“中国思想动态”旨在跟踪和记录公共知识界就国际重大事件、全球发展格局与走向的思考，就中国发展战略和发展道路以及政治、经济和社会文化领域的思考和辩论。“中国法治动态”旨在跟踪和记录中国在推动法治发展过程中，在立法、执法、司法等领域推出的重大改革举措，以及引发争议的重大案件和法律热点争论等。“中国港澳动态”旨在跟踪和记录中央治理港澳特区的有关政策和举措，港澳特区在政治、经济、司法、民生、文化思想领域的重大事件和发展变化。我们在每月分类整理的基础上形成年度综述报告。如果我们将这些年度综述报告串起来，就可以清晰地呈现习近平新时代中国特色社会主义道路是怎样一步一步走出来的，以及在这一历史进程中，中国在想什么，中国在做什么。

《动态中国丛书》基于对全年度重大事项的记录整理，不仅提供了丰富而生动的具体事项，而且展现出一幅易于把握的历史全景。作为智库报告，我们不是从主观学术立场出发来判断中国的发展走向并由此提供政策建议；相反，我们希望尽可能以一种客观、中立的立场来记载中国究竟在发生什么。因此，每年的年度报告更多是一种客观的综述而不是主观的理论构建，每个人都可以根据这些历史资料进行不同的解读。我们希望《动态中国丛书》成为学术界在研究和思考中国问题时备查的历史资料书。然而，任何历史记录总是会受到编者的关注点和信息搜集能力的限制。我们期待更多人尝试这样的工作，以不同的叙事线索，串起那些散落的珍珠。随着时间的推移，这些记录工作的意义也将与日俱增：当读者站在未来某一时点回顾中国发展历程，他们将能更清晰地看到中国道路是如何从过去某一时点延伸到他们的脚下，由此也能更好地理解当代中国那些看似平淡无奇的思考和实践，究竟是如何在世界历史进程中获得其普遍性的。

需要说明的是，《动态中国丛书》的编辑是一项集体合作的事业。由于相关资料来源的局限性，难免会遗漏一些重大主题。加之我们的专业水平有限，对相关主题的挑选与整理也难免有所偏差。同时，为保持历史脉络的连续性和真实性，书稿中对相关政策事件的表述与评论仍保留当时的分析判断。凡此种种缺点，希望读者见谅。

《动态中国丛书》的编辑和撰写得益于香港丽达集团、香港敏华控股有限公司的支持。同时，要感谢中信改革发展研究基金会理事长孔丹先生和中信出版社副总编辑季红女士，正是他们的重视与远见，使得本丛书以智库报告形式进入《中国道路丛书》。季红副总编辑认真通读了整个报告，从书名、体例到报告内容乃至编辑细节都提出了专业的修改意见，许多内容都是经过反复修改之后才确定下来。中信出版社罗卫平、谭惠芳等编辑做了大量的联系组织工作，没有她们的努力，这套丛书不会以这种方式与大家见面。

《动态中国丛书》编委会

2018 年 3 月

目　录

第一部分　中国发展动态年度报告（2016）

一、加强从严治党的制度法规建设／004

（一）温故与立新两手抓党建／005

（二）凝聚反腐合力，推进监察体制改革／006

（三）巡视“回头看”与地方巡察探索／008

（四）借群团改革重建党群关系／011

二、供给侧改革：五大任务齐发力／013

（一）去产能：以煤钢为突破口／014

（二）去库存：落户、房改、调控多措并举／017

（三）去杠杆：以清债务、防风险为重点／019

（四）降成本：打好惠企政策“组合拳”／021

（五）补短板：着力扩大有效供给／023

三、构建全方位的国家治理格局 /024
（一）区域治理：肩负不同使命的城市群 / 025
（二）军队治理："改革强军" 全面推开 / 028
（三）社会治理：守住民生底线 / 031
（四）边疆治理：重点开发与 "去极端化" / 033
（五）生态治理：绿色发展从理念走向现实 / 035
（六）网络治理：信息化与网络安全并重 / 036
四、走向全球治理的中国大外交 / 038
（一）引领推动全球治理体系变革 / 039
（二）周边外交变局重回正轨 / 039
（三）巩固与主要国家的稳定关系 / 040
（四）拓展发展中国家朋友圈 / 041
（五）推进 "一带一路" 重点布局 / 042
（六）破解非法仲裁，捍卫南海主权 / 043
（七）完善中国外交理论体系 / 044
五、"中国方案" 与意识形态建设的新使命 / 044
（一）党媒姓党：内外引导传播 "正确舆论" / 045
（二）哲学社科：立足本土构想 "中国方案" / 045
（三）高校思政：巩固意识形态 "坚强阵地" / 047
（四）人民文艺：勃兴文脉提升 "文化自信" / 048
结　语 / 049

第二部分　中国发展动态月度报告（2016）
1 月　政经改革迎来全新开局 / 053

军队改革迈出实质步伐 / 054
地方党委决策进一步科学化 / 056
习近平首访中东，新开“一带一路”突破口 / 058
中央明确2016年反腐重点 / 060
中央“一号文件”连续13年聚焦“三农”问题 / 062
中央高层首次考察，促结构性改革落地 / 064
多项政策推动社会公平，加速民生改革 / 066
国务院8项措施支持沿边开发 / 069
2月 新一轮结构性改革起步 / 073
城市规划新政指明中国城市化新方向 / 074
中央发文加强党委领导班子建设 / 076
中央以煤钢去产能撬动结构性改革 / 078
国务院力促中医药发展创新升级 / 081
九部门联合推行节地生态安葬 / 083
中央重视保护农村留守儿童 / 085
中央频出新政促“精准扶贫”落地 / 088
上海领衔共青团体制改革 / 091
3月 “两会”明确发展路线图 / 095
全国两会锚定中国“十三五”发展路线图 / 096
“两学一做”重塑党风 / 099
新一轮人才体制改革方案面世 / 102
新政推动军民融合战略落地 / 103
多项金融政策助推社会事业发展 / 106
科技类国企破题混合所有制改革 / 108
中央推“绿色消费”新政促共享经济发展 / 110

4 月　高层发出改革“动员会”／115
习近平安徽行发起改革再动员／116
中央互联网治理思路渐成体系／119
“振兴东北”战略再迎全新布局／122
中国升级对外安全观／125
国务院明确“营改增”过渡方案／128
中央阐明宗教政策，提升宗教工作水平／130
5 月　中央定调新时期意识形态建设／133
习近平阐述“构建中国特色哲学社会科学”／134
“科技三会”擘画“科技强国”新愿景／136
中央启动实施国家荣典制度／139
国务院三管齐下完善生态治理体系／141
长三角领衔打造世界级城市群／145
6 月　中国共产党强化党内问责／149
三部门公布公积金“国家账本”／150
《中国共产党问责条例》倒逼责任落实／152
困境儿童保障：从救“孤”到助“困”／154
加速培育住房租赁市场，助力住有所居／157
力推金融领域“去杠杆”，防风险／159
移动互联网应用程序服务纳入监管／161
7 月　军民融合顶层设计出台／165
颁布军民融合战略纲领／166
中国首次绘制网络强国建设时间表与路线图／168
央企重组推进国企改革／171
投融资体制改革激发企业活力／172

医疗服务价格改革改变以药补医格局 / 174
城乡义务教育一体化助力全面小康 / 177
完善科研资金管理，让科学家少为钱操心 / 179
8 月 央地财政体制改革拉开序幕 / 183
三步走推进央地财政关系改革 / 184
国家发展改革委三年方案欲振兴东北老工业基地 / 187
多举措加强国家网络安全标准化工作 / 190
团中央改革：精简机关编制，走出高楼大院 / 192
国办发文加强政务舆情回应工作 / 195
新财政政策推动农业转移人口市民化 / 197
新政助实体企业降成本 / 200
违规投资追责制：国企投资决策有了“硬”约束 / 202
9 月 中蒙俄共建“经济走廊” / 205
中央严肃处理辽宁贿选案 / 206
中国联合蒙俄共建“经济走廊” / 209
全国妇联改革续写群团改革 / 211
首个政务信息资源共享办法出台，释放共享红利 / 214
地方环保体制改革试点拟打破条块分割 / 216
10 月 监察体制改革破题 / 219
监察体制改革整合监察力量 / 220
中国共产党与世界直接对话：聚焦全球经济治理 / 223
加强党建工作，助力国企改革 / 226
农村土地改革：从“两权分置”到“三权分置” / 229
线上线下组合拳，房地产行业迎来新一轮调控 / 232
国务院发布 1 亿非户籍人口在城市落户方案 / 234

"牵牛鼻子"与"对症下药"相结合，带动城乡居民增收 / 237
保护信息源头，防控电信网络犯罪 / 240
11 月 明确平等保护公私产权 / 243
多措并举管控地方政府性债务风险 / 244
中国与马来西亚合建马六甲第一大港 / 247
中央新规进一步规范党和国家领导人有关待遇 / 248
习近平文艺工作意识形态新论 / 250
全面推广医改经验 / 253
平等保护公私产权 / 255
京津冀打造城际铁路网，助推一体化 / 257
12 月 经济会议谋划防风险，促改革 / 261
中央经济工作会议释放经济改革新信号 / 262
新修订《军队审计条例》，完善军队"不能腐"制度框架 / 264
跨省城市群"国家队"又添新成员 / 267
再度推进农村集体产权制度改革 / 270
"河长制"全面推开 / 272
养老服务进一步产业化、市场化 / 275

第一部分

中国发展动态年度报告

（2016）

历经技术引进、政制革新、经济赶超及思想交锋的百年变迁，中国的现代化进程，正迈向国家治理体系和治理能力现代化的新阶段。面对政治、经济、文化、社会、生态文明以及全球治理等领域错综复杂的现代治理难题，中国作为一个历史悠久、幅员辽阔的大国，作为一个日益影响全球发展的文明体，如何贯通古今之道以成善治良法，既推动实现中华民族伟大复兴，也对人类文明进步有所贡献。适逢新的历史时代，这一颇具政治哲学意味的重大问题，正逐渐转化为中国共产党的核心使命。这尤其表现在：过去几年，在中国共产党的领导之下，党和政府的关系、政府与市场的关系、国家与社会的关系、人与自然的关系、中国与世界的关系等都不同程度地发生着重要变化。中国改革已摆脱以经济为主体的局限性，日益呈现出现代治理变革的总体框架。

2016 年是治理变革的重要一年，其特殊性在于：这一年是全面建成小康社会决胜阶段的开局之年，也是推动结构性改革真正落地、坚定不移贯彻新的发展理念、转变发展方式、保持经济中高速增长的关键一年。在很多方面，全面深化改革取得了重大的突破。改革全面发力，整体创新，在主要领域改革的主体框架基本确立。坚持改革开放，坚持以新发展理念引领发展，坚持稳中求进是 2016 年中央工作的总基调。

2016 年，经济领域的主要工作是推动供给侧结构性改革。在新常态下，过去以牺牲资源环境为代价的发展老路行不通了，必须忍一时之痛，对经济结构进行战略性调整和产业优化升级，为经济找到持续增长的动力。不过，做大“蛋糕”只是全面建成小康社会的一方面，全面建成小康社会还应当意味着共同富裕，这就需要分好“蛋糕”。因此，我们就可以理解国家为什么要实施诸多发展规划和战略，例如中西部城市群规划、振兴东北老工业基地、扶贫民生政策等。

同样重要的是，一个国家的发展需要营造良好的国际环境。强大的军队是一国在世界秩序中彰显国家实力和提高话语权的重要保障，尤其是当国际形势复杂多变之时，更需要强大的国防和军队来抵御外部对我国合法利益的侵犯，并保持国内政治的稳定。从世界范围来看，国际金融危机的冲击和深层次影响在相当长的时期内依然存在，世界经济在深度调整中曲折复苏、增长乏力，世界各国尤其是新兴国家和第三世界国家，对有效治理经验的渴求正在增强。在这样的背景下，中国有必要总结自己的发展经验，非此则不足以在更大范围内建构“人类命运共同体”，也不足以树立本国的道路自信、理论自信、制度自信、文化自信。而所有这一切的改革和探索，都有赖于中国共产党自身的廉洁清正与高效有序，有赖于执政党的“党要管党、从严治党”。本报告将根据以上线索，梳理2016年中国的发展改革实践。

一、加强从严治党的制度法规建设

自党的十八大以来，“从严治党”就被明确列为新一届中央领导集体治国理政的重要理念之一。就从严治党而言，新一届中央领导集体的主要举措集中在两个方面。一是以反腐败为目标，全面查处各类大案要案，显示从严治党的决心。二是从提出“八项规定”开始，中国共产党开始注重制度建设，尤其是十八届四中全会将党规党法纳入国家法治体制中，从严治党成为依法治国的重要组成部分，形成了党规和国法并举的法治新格局。查处腐败案件只能解决“不敢腐”，而如何继续做到“不能腐和不想腐”，就涉及一系列制度建设和思想建设。

（一）温故与立新两手抓党建

2016 年执政党自身的制度建设，既有“温故”，也有“立新”，既针对领导干部这个“关键少数”，也覆盖了广大基层党员。

2016 年 2 月，中共中央组织部印发《关于学习贯彻习近平总书记重要批示精神加强党委（党组）领导班子建设的通知》，要求各级党委（党组）领导班子成员特别是主要负责同志重温毛泽东同志的《党委会的工作方法》。“温故”的用意，是让各级党委（党组）领导班子成员学习领会这篇文章所讲的政治纪律、领导方法和科学的工作方法等内容，从而加强党委领导班子建设，提升党的领导水平和执政能力。

而在“立新”方面，最大的亮点可以说是强化党内问责。2016 年 6 月 28 日，中共中央总书记习近平主持召开政治局会议，审议通过了《中国共产党问责条例》。这是继修订《中国共产党廉洁自律准则》《中国共产党纪律处分条例》后，中国共产党制定的又一部重要党内法规。问责对象是各级党委（党组）、党的工作部门及其领导成员，各级纪委（纪检组）及其领导成员，重点是主要负责人。问责的目的，则是追究在党的建设和党的事业中失职失责的党组织和党的领导干部的主体责任、监督责任和领导责任。领导干部是“关键少数”，掌握着比普通党员更大的权力，同时也担负着更大的责任。缺乏问责，领导干部就容易缺乏担负责任、贯彻落实各项任务的压力和动力。因此，建立党内问责制度，加强“他律”，显然是从严治党的重要一环。

如果说领导干部是“关键少数”，那么党和国家领导人则是“关键少数”中的“关键少数”，其一言一行都对全党具有重要的示范意义。2016 年 11 月

30日，中共中央政治局审议通过规范党和国家领导人有关待遇等文件，按照“保障工作需要、待遇适当从低”的原则对党和国家领导人用房用车等待遇进一步做出规定，延续了自党的十八大以来中共中央以上率下推进作风建设的路子。新规大大扩充了“八项规定”中第八项的内容，细化了“工作和生活待遇”方面的规定，增加了及时腾退办公用房、严格约束亲属和身边工作人员、赴外地休假休息实行报批制度等新内容。这一批新规定从十八届中央政治局率先做起，并分批实施，体现了中央以身作则的决心。

从严治党，要抓好领导干部这个“关键少数”，同时也要增强广大基层党员的“四个意识”，锤炼其党性，这样才可能真正保持中国共产党各级党组织的活力。2016年2月28日，中共中央办公厅印发《关于在全体党员中开展“学党章党规、学系列讲话，做合格党员”学习教育方案》（以下简称“两学一做”）。“两学一做”重点在基层党员干部，并且要保证正常化，强调推动党内教育从“关键少数”向广大党员拓展、从集中性教育向经常性教育延伸。

（二）凝聚反腐合力，推进监察体制改革

2016年“从严治党”方面的另一则重磅消息，就是监察委员会的成立。党的十八大以来，中国共产党加大了反贪腐的力度，纪检监察机关的作用由此凸显。以往，国家的监察权力分散于党委的纪律检查组织、政府的监察机关和检察院3个系统，形成了我国反腐败“三驾马车”并行的局面。这容易导致机构分散、授权不足、存在监督盲区等问题。

按照架构来看，具有反腐败职能的机关，首先是纪委，其次是检察院内设的反贪污贿赂、反渎职侵权和职务犯罪预防等部门，再次是行政机关内部的监察部门，最后还包括国务院的一些内设机构，例如审计署、国家预防腐败局等。纪委系统的监督对象是党员，因此无权监督非党员。检察机关对国家机关、国有企事业组织及其国家工作人员进行法律监督，对国家工作人员

的职务犯罪行为进行立案侦查和犯罪预防，但无权监督党员。监察部门则属于行政机关内设部门，一般与同级纪委合署办公，即通常说的“两块牌子、一套人马”，只能监督“国家行政机关及其公务员和国家行政机关任命的其他人员”，而无权监督行政机关以外的其他六大机关及其公职人员，即中国共产党机关、人大机关、政协机关、审判机关、检察机关和民主党派机关。简言之，我国现有反腐机构涵盖党务（纪委）、行政（监察、腐败预防、审计）以及司法（检察机关的反贪、反渎和职务犯罪预防）等机关，存在监察机构权力分散、存在监督盲区、相互之间衔接协调成本高等问题，难以形成反腐合力。

因此，设立监察委员会的目标，就是“建立覆盖国家机关和公务人员的国家监察体系，使党内监督和国家监察相互配套，依法治国和依规治党相互促进、相得益彰”①。2016 年10 月24 日至27 日，党的十八届六中全会在北京举行，会议要求“各级党委应当支持和保证同级人大、政府、监察机关、司法机关等对国家机关及公职人员依法进行监督，人民政协依章程进行民主监督，审计机关依法进行审计监督”。在这一表述中，首次出现与人大、政府、司法机关并列的“监察机关”。2016 年12 月25 日，第十二届全国人大常委会第二十五次会议做出决定，在北京市、山西省、浙江省开展国家监察体制改革试点工作，为已经在三地开展的试点改革工作提供了法律依据。

作为集中统一的反腐败机构，监察委员会旨在吸收整合原先分散在各个体系内的反腐机构和职权，实现“对行使公权力的公职人员监察全面覆盖”。在试点中，试点地区人民政府的监察厅（局）、预防腐败局及人民检察院查处贪污贿赂、失职渎职以及预防职务犯罪等部门的相关职能被整合至监察委员

① 王岐山．全面从严治党　把纪律挺在前面　忠诚履行党章赋予的神圣职责［N］．人民日报，2016 -01 -25.

会。试点地区监察委员会将有权对本地区所有行使公权力的公职人员依法实施监察。这意味着所有由国家财政支持的组织、群体都将被纳入监察范围，包括法院、检察院、公立医院、公立学校，以及非党员公职人员，过去纪委管不到的人今后就由监察委员会监督。深化国家监察体制改革的目标，是建立党统一领导下的国家反腐败工作机构。而且，试点中北京、山西、浙江三地的监察委员会，都是由省/市纪委书记担任监察委主任。也就是说，监察委员会虽然是由各级人大产生的国家机构，但与党的纪律检查委员会合署办公，人事上也有交叉，二者都要接受党的统一领导。

（三）巡视“回头看”与地方巡察探索

党的十八大之前，党内问责主要集中在安全事故等行政领域，抓管党治党不力而被问责者寥寥无几。党的十八大以来，在全面从严治党的大背景下，党内问责的范围不断扩大，而问责必须有制度手段。按照监督主体的层级划分，党内监督形式包括自上而下的监督、同级监督和自下而上的监督。比较而言：同级监督因为级别一样、碍于情面，太软；下级监督因为不了解上级的情况，又慑于上级的权势，太难；自上而下的监督具有权威性，因而监督效果较好。巡视监督是党内监督的形式之一，属于上级党组织对下级党组织的一种监督方式，因而在党的十八大之后受到高度重视。它集中了巡视的内容，突出了巡视的重点，紧紧围绕党风廉政建设和反腐败工作这个中心，有所为有所不为，取得了显著效果。

按照中央提出的全覆盖要求，巡视对象包括地方、部门、央企、金融、事业五大板块，要在一届任期内巡视一遍，时间紧、任务重。有鉴于此，2014 年、2015 年的中央巡视都把重点放在加快“全覆盖”步伐上，先后通过专项巡视、一托二、一托三、扩大巡视组数量等方式加快了巡视的速度。2016 年 1 月，王岐山在十八届中央纪委第六次全体会议工作报告中提出了

“落实巡视工作条例，向全覆盖目标迈进”的目标。预计到党的十九大召开之前，巡视监督将基本实现全覆盖。①

就在人们以为中央巡视短期内恐怕不会开展“回头看”的时候，十八届中央纪委六次全会工作报告提出，要深化专项巡视，紧盯重点人、重点事和重点问题，机动灵活，精准发现，定点突破，必要时杀个回马枪，开展“回头看”。果然，2016 年春节假期一过，中央巡视组不仅开展“回头看”，而且一次就“回头看”了 4 家。2016 年 2 月 23 日，在北京召开的中央巡视工作动员部署会议透露，2016 年中央第一轮巡视将对辽宁、安徽、山东、湖南 4 个省进行“回头看”。这是党的十八大之后中央首次“回头看”，并发现了一些新的问题。其中，“党的领导弱化”是 4 个省的共性问题。此外，中央巡视组在“回头看”的过程中还发现 4 个省存在“拉帮结派”“搞小圈子”“搞帮派”“违反中央八项规定精神问题屡禁不止”“公款旅游、违规购买公车等问题时有发生且花样翻新”“买官卖官、带病提拔”“执行个人有关事项报告制度不严”“工程项目、土地出让、房地产开发等重点领域腐败问题仍然突出”“基层‘雁过拔毛’腐败多发”等问题，并有针对性地提出了整改意见。

2016 年 6 月 22 日，中央第十轮巡视工作动员部署会议召开，根据中央决定，中央第十轮巡视对天津、江西、河南、湖北 4 个省市进行“回头看”。10 月 11 日开始，第十轮巡视开始集中公布反馈情况，天津、江西等 4 个“回头看”省市的问题清单率先晒出。通过此次“回头看”发现，选人用人方面的问题是 4 省市的通病，也是之前巡视指出的老问题，包括买官卖官、“带病提拔”、说情打招呼、违反换届纪律等。同时，巡视还发现了新问题。例如，巡视组在天津就提到了“少数党员干部理想信念丧失，

① 姜洁. 正风反腐要力度不减节奏不变，厚植党执政的政治基础［N］. 人民日报，2016－01－08.

不信马列信鬼神”。此外，巡视组还晒出了4省市各自的问题。在天津发现的问题包括：圈子文化不绝，政治生态遭破坏；一些领域腐败案件居高不下，基层小官大贪易发；违反中央八项规定精神问题花样翻新等。在湖北发现的问题包括：有的领导干部不守政治规矩，有的地方党政主要负责人不担当；“两学一做”学习教育存在薄弱环节；一些领导干部和重要部门存在较大廉政风险，执行中央八项规定精神不严格等。在河南发现的问题包括：党委领导核心作用发挥不充分，贯彻落实中央决策部署不到位，省委政治意识需进一步增强；党员领导干部日常教育管理监督不到位，有的单位“一把手”腐败问题突出等。对江西的反馈问题包括：贯彻中央决策部署不到位，破解发展难题的改革创新不够；政治意识不够强，苏荣案后续处理工作不及时；全面从严治党力度不够，“两个责任”落实不到位，违纪问题易发、多发，干部监管不严等。更重要的是，“回头看”并不局限于晒问题，更有实实在在的行动。自6月底该轮巡视开始以来，天津、江西、河南、湖北4省市已有10余名厅级以上干部落马。

2016年11月2日，王岐山出席中央第十一轮巡视工作动员部署会议，根据中央决定，此轮巡视对北京、重庆、广西、甘肃4个省区市进行“回头看”。这已是中央开展的第三批“回头看”巡视工作，加上此前两轮被巡视的辽宁、安徽、天津、江西等8省市，“回头看”覆盖省区市已达12个。

现行《中国共产党章程》只规定了两级巡视，即“党的中央和省、自治区、直辖市委员会实行巡视制度”。至于省区市以下的市县党委是否实行类似的制度，党章没有规定。党的十八大以来，党中央在派出十一轮巡视组的同时，也在持续传导压力，强调开展巡视工作的党组织承担起巡视工作的“主体责任”，推动省区市党委开展巡视工作，监督市县。但在实践中，市县以下的基层不同程度地存在“上面九级风浪，下面纹丝不动”的现象。县以下直至乡镇，是巡视监督的薄弱地带。从中央巡视和一些省级纪委收到的信访举报来看，县处级以下基层干部的贪腐问题占了大头。因此，从严治党，客观上需要探索对县以下基层党组织的监督制度，“专拍苍蝇”，打通党内监督的“最后一公里”。

河南在全国率先做出探索。2015 年 4 月，河南省委在先行试点的基础上，出台了《关于建立市县党委巡察制度的意见》及实施办法，明确了市、县党委巡察工作的主体责任，规定省辖市巡察县级、延伸到乡级，县级巡察乡级、延伸到有问题的行政村。“巡察”为党章所无，属于适应加强党内监督实践需要的新创举，是对县以下巡视监督空白的填补，与“巡视”在主体、对象和区域上都存在区别。

河南的“反腐新创举”得到了中央的肯定，作为先进经验加以推广。2015 年 12 月 28 日，部分省市巡察工作调研现场会在河南信阳举行，12 个省市巡视机构负责人共同探索交流巡察工作经验，推动省区市巡视工作向基层延伸。此后，各地按照中央要求，借鉴巡视经验，积极探索、全面推进市县巡察工作，推动巡视监督向基层延伸、向纵深发展。

乡村基层党组织是普通民众在日常生活中直接接触的党组织，普通民众对党的观感和切身利益在很大程度上直接取决于基层党组织及其干部的工作作风。如果“苍蝇”满天飞，那么打多少“老虎”群众也不会满意。从这个意义上讲，市县巡察工作是落实全面从严治党的制度利器，也是密切党群干群关系、巩固党的执政基础的有效途径。

（四）借群团改革重建党群关系

群团组织，是党密切联系群众的纽带，但以往的群团工作存在一系列问题。例如，2015 年 7 月，习近平在中央群团工作会议上严肃指出，群团组织存在“机关化、行政化、贵族化、娱乐化”的问题，明确要求整顿上述不良风气。群团组织普遍存在“头重脚轻”的问题，机关干部多，基层缺人、缺编制、缺场所、缺经费，基层基础薄弱，有效覆盖面不足，呈现出“倒金字塔”结构。①

2015年下半年以来，群团改革从试点逐渐进入正式实施阶段。2016年，上海共青团、重庆共青团、共青团中央、全国妇联、中国侨联等群团组织相继开展改革。2016年2月29日，共青团上海市第十四届委员会第七次全体（扩大）会议召开，此前公布《上海共青团改革实施方案》的落地措施开始正式实施。其中，干部选拔、机构重组、编制调整等领域动作颇大。2016年8月2日，中共中央办公厅印发了《共青团中央改革方案》，对团中央深化改革做出了全面部署，标志着改革在团中央层面开始全面推行。此后，中共中央办公厅又分别在9月和12月印发了《全国妇联改革方案》和《中国侨联改革方案》，标志着这两大中央编制群团组织的改革拉开序幕。

此次群团改革的要点，可以概括为一句话，即“小机关、强基层、全覆盖”。改革努力的方向是改变过往的“倒金字塔”结构，实行工作力量“减上补下”，精简顶端的群团组织机关，将主要的人才、资源充实到基层中，扩大基层群团组织覆盖面，建立扁平化的组织结构。以上海为例：此次改革，干部选拔向基层倾斜，在专职团干以外，充实了很多来自基层的干部；同时，机关行政编制精简下沉，以“补缺口、强一线”为原则，将精简下来的团市委机关编制全部下沉到青年工作任务较重的基层，充实基层一线的工作力量。

这次改革的着力点之一，就是要求群团组织为各自联系的群众提供各种形式的服务。此外，群团组织又是“群众自己的组织”，“是广大群众依法、有序、广泛参与管理国家事务和社会事务、管理经济和文化事业的重要渠道”，具有自下而上传递不同群体的利益诉求，实现不同于选举的政治参与，

① 张晓松，刘奕湛，周畅，等. 切实保持和增强群团组织的群众性［N］. 人民日报，2015-07-11.

最终达到让党“始终同广大人民群众同呼吸、共命运、心连心”的效果。因此，经过改革的群团组织，应当能更好地发挥联系党和人民群众的纽带和桥梁作用。

二、供给侧改革：五大任务齐发力

自2015年11月以来，党中央综合研判世界经济形势和我国经济发展新常态，做出推进供给侧结构性改革的重大决定。所谓“供给侧结构性改革”，是指从生产领域加强优质供给，减少无效供给，扩大有效供给，提高供给结构适应性和灵活性，提高全要素生产率，使供给体系更好适应需求结构变化。换言之，随着我国工业化、城镇化的不断推进，人们的需求发生了很大变化，正在从温饱型需求向改善型，甚至享受型需求转变，城乡居民消费结构正在升级。但我国的供给还不能很好地满足人民群众变化了的需求，一方面人民群众的大量改善型需求得不到满足，另一方面存在很多落后产能。这实际上反映出我国经济结构存在的问题。供给侧结构性改革，就是要提高供给结构对需求结构的适应性，提高供给质量满足需要，使供给能力更好满足人民日益增长的物质文化需要。优化供给结构，需要实现“三个替代”。一是进口替代。我国制造业有200多个品种产量居世界第一位，但仍有大量产品需要进口。只有解决结构性问题，才能实现用国产产品替代进口产品。二是标准替代。2015年，我国出境旅游人次和消费居世界之首，人均消费过万元。境外购物导致巨大消费外溢。消费外溢的主要原因是国内产品标准低，难以满足消费升级的需求。三是材料替代。新型原材料是我国制造业的一个软肋。以钢材为例，尽管我国钢铁产能过剩，但以高性能、长寿命为特点的新型钢材却非常紧缺。因此，应努力提高技术水平，淘汰生产低端原材料的过剩产能，大力发展高性能新型原材料生产。

从这个意义上说，供给侧结构性改革实际上是对产业转型升级战略的一次重大调整，即从供给侧发力，弥补过去需求主导的产业转型升级的不足，从而实现供需两端的结构性平衡。这意味着，中国经济在调档降速之后，迎来一轮再平衡的过程。这样，供给侧结构性改革落实为具体的任务，就是“去产能、去库存、去杠杆、降成本、补短板”，即“三去一降一补”五大任务。具体来说，有五方面内容。第一，积极稳妥化解产能过剩。第二，帮助企业降低成本。第三，化解房地产库存。第四，扩大有效供给。第五，防范化解金融风险。由此，2016 年经济领域工作的主线也就明晰了。

（一）去产能：以煤钢为突破口

去产能，即淘汰过剩或落后产能。过剩/落后产能一般经济效益差，长期依靠银行贷款和财政补贴度日，占据了大量经济资源，并使这些资源无法投入到产业的转型升级中去。去产能并不是单纯地将相关企业关闭了事，而是一个系统工程。虽然从全局来看，这些企业是“过剩/落后”产能，但这些企业大多深深嵌入当地的经济结构之中，它们既能解决当地的就业问题，又为当地政府贡献财政收入。正是因为意识到这一点，2015 年 12 月中央经济工作会议要求，去产能工作要按照企业主体、政府推动、市场引导、依法处置的办法，研究制定全面配套的政策体系，因地制宜、分类有序地处置，妥善处理保持社会稳定和推进结构性改革的关系。可以看出，中央意识到去产能会较大幅度地触及地方的经济结构和利益结构，容易引发社会的不稳定，因此提出并落实财税支持、不良资产处置、失业人员再就业和生活保障及专项奖补等政策，提出资本市场要配合企业兼并重组，要尽可能多地兼并重组、少破产清算，做好职工安置工作。

2016 年新年伊始，习近平总书记、李克强总理分赴重庆市、山西省进行考察。重庆经济增速连续两年位列全国首位，战略新兴产业蓬勃发展，经济发展质量明显提高；山西是老工业基地和资源大省，经济增速垫底，去产能问题严峻。新年考察以重庆、山西作为调研对象，前者是总结推广成功经验，后者是研究部署解决问题。在重庆调研时，习近平明确表示，当前和今后一个时期，制约我国经济发展的因素，供给和需求两侧都有，但矛盾的主要方面在供给侧。① 在山西，李克强相继考察了钢铁、煤炭企业和创新创业基地，释放出"辞旧迎新"的经济信号，并专门在太原主持召开钢铁煤炭行业化解过剩产能、实现脱困发展工作座谈会，研究部署相关工作。钢铁、煤炭行业主要产能大省以及24家龙头企业参加座谈。②

紧接着，2016年2月1日、5日，国务院相继推出《关于钢铁行业化解过剩产能实现脱困发展的意见》（以下简称"6号文"）和《关于煤炭行业化解过剩产能实现脱困发展的意见》（以下简称"7号文"），针对煤钢产业产能过剩、企业困顿等突出问题，从任务目标、政策保障、组织实施等方面提出了多项举措，旨在引导两大行业平稳有序化解过剩产能，保障职工就业，同时调整产业结构，深化供给侧结构性改革。两份文件提出了去产能的总体目标：从2016年开始，在5年之内再压减钢铁行业1亿～1.5亿吨产能，在3～5年之内再退出煤炭行业产能5亿吨、减量重组5亿吨。

关于政策手段，两份文件提出：要运用市场化手段鼓励煤钢企业改革整合、兼并重组，推动国有企业改革，完善现代企业制度；引进高新技术，实现煤钢产业绿色优质发展；采用市场化的金融方式，探索债转股等手段，降低企业融资成本，妥善处理企业债务和银行不良资产等问题；盘活产能退出后的土地资源，促进土地更新改造和再开发利用。此外，要重点做好职工安

---

① 落实创新协调绿色开放共享发展理念，确保如期实现全面建成小康社会目标［N］. 人民日报，2016－01－07.

② 顶住压力，振奋精神，在加快新旧动能转换中开拓发展新局面［N］. 人民日报，2016－01－06.

置与保障工作。中央政府设立了1000亿元的专项奖补资金用于职工安置，强调要通过企业内部挖潜、转岗就业创业、允许内部退养、公益性岗位托底等渠道分流安置职工，做好就业保障。

两个文件发布之后，国务院批准成立了钢铁煤炭行业化解过剩产能和脱困发展工作部际联席会议，明确了工作机制。各地区、各有关部门和单位迅速行动，密切配合，经过不懈努力，去产能工作取得了积极进展。第一，将国务院确定的目标任务分解到各地和中央企业中。部际联席会议有关成员单位与地方政府、国务院国资委与中央企业分别签订了目标责任书。第二，围绕贯彻落实国务院“6号文”和“7号文”，相关部门制定了奖补资金、财税、金融、职工安置、国土、环保、质量、安全等配套文件。第三，组织开展了淘汰落后产能、违法违规建设项目清理和专项执法行动，持续开展减量化生产措施落实情况督查。第四，各省区市地方政府积极行动，加紧研究完善地方配套政策，一些地区启动了一批去产能项目，迈出了实质性步伐。经过中央的大力推动和各地方、各部门的积极行动，2016年以钢铁、煤炭行业为重点的去产能工作取得了较大成效，全年退出钢铁产能超过6500万吨、煤炭产能超过2.9亿吨，超额完成年度目标任务，分流职工得到较好安置。

不过，对去产能工作的实际进展也不宜过于乐观。2016年12月底，国务院办公厅通报了江苏华达钢铁有限公司和河北安丰钢铁有限公司违法违规行为调查处理情况，指出：仍有一些地方政府对去产能工作部署落实不到位，执行政策规定不严格；一些企业对去产能工作的严肃性认识不深，对国家相关法规政策置若罔闻，违法违规生产“地条钢”、建设钢铁冶炼项目，严重干扰行业正常生产经营秩序，影响去产能工作大局。江苏和河北两地政府在推进去产能工作中，存在严重失察、贯彻执行国家政策不力、“地条钢”企业底数不清、未按规定上报、行政效率低下等问题。而江苏和河北两省情况并非个案，很可能代表了普遍的现象。2016年12月召开的中央经济工作会议提出，2017 年要推动五大任务有实质性进展。这意味着，2017 年仍需继续落实去产能工作。

（二）去库存：落户、房改、调控多措并举

去库存，主要指化解房地产库存。我国的住房市场存在“冷热不均”“结构性过剩”的问题，在人口与资源都向少数一线城市和热点二线城市聚集的情况下，住房市场“一线城市供求矛盾突出”与“三、四线城市供过于求”并存。去库存的压力，主要集中在中小城市。对此，2015 年 12 月中央经济工作会议的解决思路有以下几点。（1）鼓励有条件在城市落户的进城农民工成为在中小城市买房的主力人群。要按照加快提高户籍人口城镇化率和深化住房制度改革的要求，通过加快农民工市民化，扩大有效需求，打通供需通道，消化库存，稳定房地产市场。（2）要落实户籍制度改革方案，允许农业转移人口等非户籍人口在就业地落户，使非户籍人口形成在就业地买房或长期租房的预期和需求。（3）要明确深化住房制度改革方向，以满足新市民住房需求为主要出发点，以建立购租并举的住房制度为主要方向，把公租房扩大到非户籍人口；要发展住房租赁市场，鼓励自然人和各类机构投资者购买库存商品房，成为租赁市场的房源提供者，鼓励发展以住房租赁为主营业务的专业化企业。（4）要鼓励房地产开发企业顺应市场规律，调整营销策略，适当降低商品住房价格，促进房地产业兼并重组，提高产业集中度。可以说，“通过落户去库存”是中央的主要思路。而落户，就必须保证户籍以及绑定在户籍上的子女教育、医疗等一系列公共服务的配套，只有这些公共服务跟得上，买房对新市民来说才有意义。

2016 年 6 月 3 日，国务院办公厅印发《关于加快培育和发展住房租赁市场的若干意见》（以下简称《意见》），进一步明确要培育和发展住房租赁市场，实现购租并举的任务。我国的住房供应制度主要包括 3 个部分：住房交易市场、

住房租赁市场和住房保障市场。交易市场是房地产市场的主角，住房保障市场也在最近几年里加快建立并形成规模，而租赁市场仍然处于自发状态。2016 年我国 66% 的租赁房源集中在个人手中，规模化、集约化程度较低。而且，租赁需求的住房供给只能通过二手房市场获得，基本上不存在新房租赁市场。另外，租房者不能完全享受当地的公共服务，摆脱不了“外地人”的尴尬身份，对租房有所保留。这份《意见》一方面是要促进城镇居民住有所居，另一方面也旨在通过住房租赁企业和个人购买房屋出租，消化一部分房地产库存。

2016 年 8 月 5 日，国务院发布《关于实施支持农业转移人口市民化若干财政政策的通知》，提出建立健全支持农业转移人口市民化的财政政策体系，力图为破解长期困扰我国的城乡二元结构，推进“以人为核心”的新型城镇化提供财政保障。9 月 30 日，国务院办公厅印发《推动 1 亿非户籍人口在城市落户方案》（以下简称《方案》），推动 1 亿左右农业转移人口和其他常住人口等非户籍人口在城市落户。该《方案》力推以人为核心的新型城镇化，深化户籍制度改革，加快完善财政、土地、社保等配套政策，为促进经济持续健康发展提供持久强劲动力，为维护社会公平正义及和谐稳定奠定坚实基础。

去库存的同时还必须抑制房地产市场泡沫，否则会出现库存积压的问题。2016 年以来，受实体经济利润率下滑、人民币贬值预期等因素影响，房地产开发企业自有资金、银行、债券、理财产品、保险及个人住房贷款、各种消费贷款等各类资金大量涌入房地产市场，造成房地产泡沫不断膨胀。2016 年 9 月，住建部发布了《法治政府建设实施纲要（2015—2020 年）》的实施方案，强调根据房地产市场分化的实际，坚持分类调控，因城施策，完善房地产宏观调控。10 月 12 日，中国人民银行召集 17 家银行的高管及贷款部门经理召开商业银行住房信贷会议，要求各商业银行理性对待楼市，加强信贷结构调整，强化住房信贷管理，控制好相关贷款风险。央行表示，将加强对金融机构住房金融业务的监督检查，对银行自律机制进行指导，加强宏观审慎评估约束，以限制商业银行的信贷投放至楼市，从而实现房地产行业的降杠杆。

值得指出的是，中小城市之所以存在去库存问题，根本上是由于就业机会、收入水平、生活质量等不如一、二线城市，对人口的吸引力较小，人们自然不愿意在中小城市买房。因此，要想吸引大量人口流入房地产库存较多的中小城市，光有户籍制度改革还不够，要从根本上提高城市本身对外来人口的吸引力。而这就涉及区域平衡发展问题，由此，我们也就能理解国务院在 2016 年批准建立哈长城市群、成渝城市群、长江三角洲城市群、中原城市群等多个城市群的部分用意，即利用城市群规划，有意识地平衡区域发展，增强区域性大城市对周边人口的吸引力，促进就业城镇化，同时解决去库存问题。

（三）去杠杆：以清债务、防风险为重点

在经济领域，“杠杆”是指通过借债，以较小的投入撬动大量资金，扩大经营规模的做法。例如，个人融资融券、企业向银行借贷、政府发行国债、地方债等，都是“加杠杆”。因此，杠杆的本质是债务。适度的杠杆对经济有益，但如果杠杆率过高，债务增速过快，就会产生债务风险。去杠杆即去债务，降低负债率。中央在 2015 年 12 月经济工作会议上对 2016 年去杠杆工作的表述是“防范化解金融风险”。可见，去杠杆的用意是防范金融风险。

衡量杠杆率，要看金融机构债务、非金融企业债务、政府债务、居民债务占 GDP 的比重。尽管去杠杆被列为 2016 年经济工作的五大任务之一，但并不意味着去杠杆要“一刀切”，也不是说所有领域都要去杠杆。中央的部署是：要有效化解地方政府债务风险，做好地方政府存量债务置换工作，完善全口径政府债务管理，改进地方政府债券发行办法；要加强全方位监管，规范各类融资行为，抓紧开展金融风险专项整治，坚决遏制非法集资蔓延势头，

加强风险监测预警，妥善处理风险案件，坚决守住不发生系统性和区域性风险的底线。可见，中央将2016年去杠杆工作的重心放在化解地方政府债务风险和防范系统性、区域性风险上。

为了化解地方政府债务风险，2016年11月14日，国务院办公厅公布《地方政府性债务风险应急处置预案》，把地方政府性债务风险事件划分为4个等级，实行分级响应和应急处置，必要时依法实施地方政府财政重整计划，中央实行不救助原则。这就明确了相关方的责权利，迫使地方政府在举债之前要先想好偿还问题，倒逼地方规范举债，从而起到去杠杆的作用。11月30日，财政部印发了《地方政府一般债务预算管理办法》和《地方政府专项债务预算管理办法》，从债务限额确定、预算编制和批复、预算执行和决算、非债券形式债务纳入预算、监督管理等方面，提出了规范地方政府债务预算管理的工作要求，明确了地方政府债务分类纳入预算管理工作的具体要求，实现对地方政府债务“借、用、还”的全过程监控，增强地方政府债务透明度，强化对地方政府债务管理的监督。

为了降低非金融企业的负债率，2016年10月10日，国务院发布《关于积极稳妥降低企业杠杆率的意见》，提出以市场化、法治化方式，通过推进兼并重组、完善现代企业制度、强化自我约束、盘活存量资产、优化债务结构、有序开展市场化银行债权转股权、依法破产、发展股权融资，积极稳妥降低企业杠杆率。同日，国务院发布《关于市场化银行债权转股权的指导意见》。工、农、中、建、交五家国有大行，均表示愿意申请成立债转股子公司，以参与到去杠杆的进程中。各家银行方案基本一致，以自有资金出资100亿元左右，成立专门经营债转股的投资子公司，按有关规定，实施债转股。12月9日，首例央企债转股——中钢债务重组方案正式落地。由中行、交行等6家银行对与中钢集团本息总额600多亿元的债权进行整体重组，开创了中国大型央企债务重组的新范例。作为国企改革的重要手段，兼并重组在2016年的

代军事力量体系的关键一步，是实现党在新形势下的强军目标、建设世界一流军队必须迈过的一道关口。①

军队规模结构和力量编成改革的总体思路是，以党在新形势下的强军目标为引领，贯彻新形势下军事战略方针，坚持政治建军、改革强军、依法治军，聚焦备战打仗，着眼于维护国家主权、安全、发展利益，有效应对各战略方向和重大安全领域的现实威胁，按照调整优化结构、发展新型力量、理顺重大比例关系、压减数量规模的要求，推动我军由数量规模型向质量效能型、人力密集型向科技密集型转变，部队编成向充实、合成、多能、灵活方向发展，构建能够打赢信息化战争、有效履行使命任务的中国特色现代军事力量体系。充实，就是好钢要用在刀刃上，大量压缩、精减与打仗无关的机构和单位，解决头重脚轻、尾巴沉的问题；合成，就是打破壁垒，把军种联合起来，把兵种整合到基本作战单位里去；多能，就是可以遂行多样化的军事任务，打得垮强敌灭得了蟊贼，护得了航救得了灾；灵活，就是能根据不同的任务进行模块化编组，适应不同的作战对象、战场环境、任务需求，发挥最大的效能。我国正处在由大向强的关键阶段，维护和用好我国发展的重要战略机遇期，需要强大的军事力量这个“压舱石”。

军民融合是2016年国防和军队改革的一大重点。军民融合，是相对于过去经济建设和国防建设相对隔离、各自运行的“二元结构”而言的。当今时代，军队建设、作战和非战争军事行动都是军民一体的，对经济、科技、社会发展和能源资源的依赖性空前增强，不走军民融合发展之路将难以持续。所谓军民融合，就是实现军民两大系统资源的互通、互用和互动。2016年3月25日，中共中央政治局召开会议，审议通过《关于经济建设和国防建设融合发展的意见》，将军民融合发展上升为国家战略，以期促进经济和国防建设

① 何军，李铮，孙飞．用实际行动支持国防和军队建设［N］．人民日报，2016－12－06．

协调发展。7 月 21 日，中共中央、国务院、中央军委印发《关于经济建设和国防建设融合发展的意见》。这是自中华人民共和国成立以来，中共中央、国务院、中央军委首次颁布的指导经济建设和国防建设融合发展的纲领性文件。

2016 年，领导指挥体制改革的成果是成立了中央军委联勤保障部队，这是后勤保障体制改革的核心。9 月 13 日，中央军委联勤保障部队成立大会在北京举行，习近平向武汉联勤保障基地和无锡、桂林、西宁、沈阳、郑州联勤保障中心授予军旗并致训辞。新成立的联勤保障部队是根据军委联勤保障体制改革实施方案组建的，按照满足各作战方向保障的需要，适应战区主战的指挥体制的需要，将过去由军区联勤部管辖的后勤联勤保障力量经过调整转隶，新组建五大保障中心。

2016 年，军队政策制度改革也有进展。2016 年 12 月 17 日，中央军委主席习近平签署命令，公布新修订的《军队审计条例》，自 2017 年 1 月 1 日起施行，进一步完善中国军队审计方面的制度构建。以往的军队审计工作由中国人民解放军审计署承担，中央军委领导，但挂靠解放军总后勤部。解放军审计署的行政、人事、经费等都由总后勤部掌握，军队审计署既是后勤机关的组成部分，又是监督机构，独立性不够，这就很难审查自家领导的经济问题。即便在审计中发现经济贪腐问题的线索，但中间隔了一个总后勤部，要跟中央军委、中央纪委沟通也不方便。因此，要解决军队审计工作“刀刃子砍不了刀把子”的问题，就有必要让军队审计部门更加超脱与集中统一地、独立地行使监督职权。此次改革，就是在 2014 年 11 月将解放军审计署划归中央军委建制，对中央军委负责并报告工作的基础上，进一步组建中央军事委员会审计署，履行军队审计监督职能，组织指导全军审计工作，以增强审计的独立性、权威性。此次新修订的《军队审计条例》颁布，为新成立的中央军委审计署提供了行使职权的依据，有助于构建反腐败的制度框架，实现从“不敢腐”到“不能腐”的升级。

（三）社会治理：守住民生底线

改革和发展的成果，最终体现为人民生活水平的提高。生活水平的提高，既包括收入水平的提高，也包括公共服务的改善。2015 年 12 月，中央经济工作会议对社会政策的要求是“社会政策要托底，就是要守住民生底线。要更好发挥社会保障的社会稳定器作用，把重点放在兜底上，保障群众基本生活，保障基本公共服务”。群众对生活的期待是不断提升的，需求是多样化、多层次的，而我们的国力财力是有限的。因此，政府保障和改善民生，主要是发挥好保基本、兜底线的作用。也就是说，要在义务教育、医疗、养老等方面提供基本保障，满足人们的基本生存和发展需要，同时对特殊困难人群进行特殊扶持和救助，守住他们生活的底线。要立足于社会主义初级阶段这个最大国情，我国仍处于并将长期处于社会主义初级阶段，改善民生不能脱离这个最大的实际提出过高目标，只能根据经济发展和财力状况逐步提高人民生活水平，否则，结果只会适得其反。拉美、中东及一些欧洲国家的教训表明，不切实际的高承诺、高福利、高债务，要么是失信于民、政府垮台，要么是债务累累、财政危机，这值得我们警惕。在“十三五”规划开局之年，一系列民生领域政策陆续出台，虽然针对的问题不同，但都聚焦于全面建成小康社会的目标，着眼社会公平，体现了政府以保障和改善民生为第一执政要义、增进人民福祉的价值指向。

2016 年 1 月，国务院办公厅印发《关于解决无户口人员登记户口问题的意见》《关于全面治理拖欠农民工工资问题的意见》，力图解决“黑户”“欠薪”等老大难的社会问题。同时，国务院发布《关于整合城乡居民基本医疗保险制度的意见》，基于地方探索实践经验，要在全国范围内建立统一的城乡居民基本医疗保险制度，推进医疗卫生体制改革。

2016 年 5 月 16 日，中央财经领导小组第十三次会议召开，习近平在会上明确提出“在发展中不断扩大中等收入群体”，并提出扩大中等收入群体的六大政策方向。[①] 10 月 21 日，国务院印发《关于激发重点群体活力带动城乡居民增收的实施意见》，部署对重点群体实施激励计划，带动城乡居民实现总体增收。提高中等收入群体比重能够释放消费潜力、调整消费结构，从而稳定内需，形成经济发展良性循环。中等收入群体比重的提高，将带动旅游、娱乐、文化传媒等产业的消费比重，中等收入群体在资本市场中的资源配置将吸引更多的投资标的，对金融服务业需求的增加也会促进金融产品层级的丰富，对产品创新的需求也将增加。这是发展成果由人民共享、全面建成小康社会的题中应有之义。

儿童是国家未来的希望，他们的成长环境和接受的教育很大程度上决定了他们未来会成为什么样的人，具备什么样的劳动能力。2016 年 6 月 16 日，国务院发布《关于加强困境儿童保障工作的意见》，要求加强困境儿童保障工作，建立健全与我国经济社会发展水平相适应的困境儿童分类保障制度，为困境儿童营造更好的成长环境。7 月 11 日，国务院发布《关于统筹推进县域内城乡义务教育一体化改革发展的若干意见》，明确了义务教育发展的阶段性目标以及 10 项具体措施。

看病难、看病贵一直是我国比较突出的一项民生问题，而问题的成因，很大程度上是医疗服务价格偏低导致的“以药养医”。2016 年 7 月 1 日，国家发展改革委、国家卫生计生委、人力资源和社会保障部、财政部下发了《推进医疗服务价格改革的意见》，明确了全面推进医疗服务价格改革，逐步建立以成本和收入结构变化为基础的价格动态调整机制，基本理顺了医疗服务比价关系。11 月，中共中央办公厅、国务院办公厅转发了《国务院深化医药卫

① 坚定不移推进供给侧结构性改革，在发展中不断扩大中等收入群体［N］. 人民日报，2016－05－17.

生体制改革领导小组关于进一步推广深化医药卫生体制改革经验的若干意见》，回顾新一轮医改进展，总结并大力推广各地典型经验，进一步巩固和扩大医改成果，推动此轮医改向纵深发展。

我国老龄人口的绝对数量大，增长速度比发达国家历史同期更快，因此养老服务是我国一个亟待解决的民生问题。2016 年 12 月 23 日，国务院办公厅印发的《关于全面放开养老服务市场提升养老服务质量的若干意见》，试图通过养老服务产业化、市场化，增加养老服务供给，提升服务质量。从减轻财政压力角度看，这固然是一项可取的政策目标，但提供服务的企业家不是慈善家，他们要赢利，如何避免资本逻辑压倒公益逻辑，避免企业家嫌贫爱富，慢待甚至忽视那些经济实力弱、服务成本高的老年人，是个值得深思的问题。

（四）边疆治理：重点开发与“去极端化”

沿边重点地区是我国对周边国家和地区开放的重要门户，是确保边境和国土安全的重要屏障，是“一带一路”建设中的开放窗口与前沿辐射地带，在我国整体经济社会发展中具有重要的地缘价值和战略地位。自 1992 年国家实施沿边开放战略以来，先后出台了西部大开发、振兴东北老工业基地、扩大沿边开放、兴边富民行动等一系列重点发展战略，沿边地区交通、水利等基础设施落后的局面基本扭转，各项公共服务设施逐渐完善，社会保障体系初步建立，边民生活质量明显提高，沿边地区经济社会发展取得了长足的进步。但是由于地缘属性、周边环境、基础薄弱、人才匮乏、投资成本高等因素，中国沿边地区发展水平与东部沿海及内陆发达城市相比，仍然存在较大差距，区域经济发展不平衡的问题进一步凸显。近 20 年来，沿海地区对外贸易年均增速超过 20%，几乎是沿边地区的两倍，我国对外开放总体上呈现出“东强西弱、海强边弱”的状况。深入推进沿边地区经济社会发展问题已刻不容缓。与此同时，中国东部沿海及内陆地区经济增速放缓，中国经济发展需要寻找新的增长点，对于陆路边境线长达2.28万公里、同14个国家毗邻、边境口岸众多的中国来说，广阔的沿边地区具有很大的发展潜力，可以提供新的发展空间。而且，在面临错综复杂的国际环境和地缘政治的背景下，中国实现沿边地区经济社会文化发展有利于稳固边防、促进民族团结，构建和谐的周边环境。“一带一路”建设的推进为沿边重点地区的发展提供了前所未有的发展机遇，沿边地区可以充分利用其独特的自然地理优势，加快发展的步伐。

2016年1月7日，国务院印发《关于支持沿边重点地区开发开放若干政策措施的意见》（以下简称《意见》），支持沿边重点地区开发开放，构筑经济繁荣、社会稳定的祖国边疆。沿边重点地区主要包括新疆、内蒙古、黑龙江、广西、云南、西藏等地的5个重点开发开放试验区，72个沿边国家级口岸，陆地边界28个边境城市，17个边境经济合作区，1个跨境经济合作区等5类区域。该《意见》提出了8个方面共31条措施。一方面，深入推进兴边富民行动，实现稳边安边兴边，其中包括支持边民创新创业，搬迁安置，提升医疗、教育、通信等公共服务，加强国际执法合作等具体措施。另一方面，实施差异化扶持政策，促进特色优势产业发展，同时加强基础设施建设，并加大财税支持力度，促进经济社会跨越式发展。

此外，近年来我国一些边疆地区，特别是西北地区，出现宗教极端主义回潮、民族问题与恐怖主义及分离主义交织在一起的严峻形势。在此背景下，宗教政策尤为重要。2016年4月22日至23日，全国宗教会议在北京召开，习近平在会上提出“发展中国特色社会主义宗教理论，全面提高新形势下宗教工作水平”。[①] 这是习近平主席自上任以来首次阐明其宗教政策，其精髓在

① 发展中国特色社会主义宗教理论，全面提高新形势下宗教工作水平［N］. 人民日报，2016－04－24.

于3个关键词：中国化、社会主义、群众工作。第一，中国的宗教必须坚持“中国化”，这是执政党长期以来认识宗教问题、开展宗教工作的一项基本原则。第二，中国的宗教应该与社会主义社会相适应。第三，宗教工作的本质是群众工作。6月2日，国务院新闻办公室发表了《新疆的宗教信仰自由状况》白皮书（以下简称白皮书），并举行新闻发布会。这部白皮书是自2003年国务院首发新疆白皮书以来的第五部，也是首部以宗教为主题的白皮书。之前的4部白皮书中有3部略微涉及宗教，而这次是专题性的全面阐述。而且，这部白皮书直面外界对新疆宗教问题的质疑，从7个方面介绍新疆宗教现状并予以政策回应，特别是专章阐述“去极端化”，这与以往大不相同。

（五）生态治理：绿色发展从理念走向现实

近些年来，华北地区经济增长以高耗能、高污染、高排放为代价，导致生态环境恶化，严重影响人民群众身体健康，严重影响党和政府形象。有鉴于此，党的十八大以来，新一届党中央高度重视生态文明建设和环境保护工作，将生态文明建设列入“五位一体”总体布局，把“绿色发展”上升为“五大发展”理念。

2016年2月24日，民政部等九部门联合印发《关于推行节地生态安葬的指导意见》，针对现有葬式葬法造成的突出问题，提出多项制度改革举措，辅以多重措施保障，引导群众适用节地生态安葬，推动殡葬领域生态文明建设。

2016年3月1日，国家发展改革委联同多个部门发布《关于促进绿色消费的指导意见》，提出支持发展共享经济，鼓励个人闲置资源有效利用，有序发展网络预约拼车、自有车辆租赁、民宿出租、旧物交换利用等创新监管方式，完善信用体系。由此可以看出，中央从“创新、协调、绿色、开放、共享”的发展理念出发，鼓励消费绿色转型、发展共享经济的思路。

2016年5月，国务院发布了《土壤污染防治行动计划》（简称《土十条》)，至此，3 个分别关于大气、水、土壤的环境污染问题防治行动计划均已正式落地。国务院办公厅出台了生态保护补偿方面的首个专门文件《关于健全生态保护补偿机制的意见》，作为生态保护补偿的顶层制度设计。此外，财政部和国家税务总局联合印发《关于全面推进资源税改革的通知》，宣布自 2016 年 7 月 1 日起全面推进资源税改革，这不仅是继 5 月 1 日“营改增”试点全面推广后的又一重大税制改革，而且对于促进资源节约利用具有重大意义。3 个文件均指向生态环境问题，旨在从各方面完善治理体系，进一步落实绿色发展理念。

2016 年 9 月 22 日，中共中央办公厅、国务院办公厅印发了《关于省以下环保机构监测监察执法垂直管理制度改革试点工作的指导意见》（以下简称《意见》)，对各地开展垂改试点工作做了具体指导。过去以块为主的地方环保管理体制，使一些地方重发展轻环保、干预环保监测监察执法，使环保责任难以落实。该《意见》把县市两级环保机构的人财物权上移，实行以省为主的双重领导干部体制，县级环保部门的人财物及领导班子成员均由市级环保局直管。同时，将市县两级环保部门的环境监察职能上收，由省级环保部门统一行使，通过向市或跨市县区域派驻等形式实施环境监察，着力破除环保地方保护主义。

2016 年 12 月 11 日，中共中央办公厅、国务院办公厅印发《关于全面推行河长制的意见》，要求在全国建立省、市、县、乡四级河长体系，由党委或者政府领导担任河长，负责管理和保护相应河湖。这意味着，河湖治理不是哪一个职能部门的责任，而要由各地党政主要领导亲自抓，由各级党政领导集中统一行使治理权力。

（六）网络治理：信息化与网络安全并重

当今世界已进入互联网时代。在信息网络方面，中央的总体战略是：一方面，承认信息化是大势所趋，不进则退，慢进亦退，因此要实施“互联网+”行动计划和信息化，努力把我国建设成网络强国；另一方面，意识到“互联网+”、信息化意味着整个国家方方面面对互联网的高度依赖，网络安全必然成为一个重大问题。因此，信息化与网络安全是一枚硬币的两面，发展信息化的同时，不能忘记网络安全。中国互联网产业的商业模式创新在很多方面已经走在世界前列。以游戏行业为例，很长一段时间内，欧美最主流的游戏收费模式都是按时长收费或者游戏光盘收费，而中国的游戏公司在很多年前就开始推广游戏免费、道具付费的模式，并且取得了巨大的成功。在此之后，许多中国游戏公司将这一理念推广到了海外，如今道具收费的模式已经开始成为全世界游戏行业最主流的盈利模式。更常让人津津乐道的是中国的电子商务和移动支付。中国的电商做到了传统零售商很难做到的事情：把现代消费带到了实体店远远未能触及的乡村市场。在社交网络行业，微信建设了包括微信支付和微信公众平台在内的生态体系，其产品创新要远超过其他国外类似产品。但我国互联网产业还处于由大变强的转型阶段，不少核心技术，比如芯片和操作系统等尚不能自主掌握。因此，网络安全是一个需要认真对待的重大课题。2016 年的网络治理，基本上围绕信息化与网络安全这两个主题展开。

2016 年 4 月 19 日，习近平在京主持召开中国网络安全和信息化工作座谈会，他在会上的讲话系统地阐明了中央的治网思路。首先，网信事业必须贯彻以人民为中心的发展思想。其次，要发挥网络引导舆论、反映民意的作用，使网上网下形成在党的领导下的同心圆。最后，核心技术受制于人是我们最大的隐患，因此，要尽快在核心技术上取得突破。①

① 姜洁. 在践行新发展理念上先行一步，让互联网更好造福国家和人民［N］. 人民日报，2016－04－20.

2016年7月27日，中共中央办公厅、国务院办公厅印发的《国家信息化发展战略纲要》（以下简称《纲要》）规范和指导未来10年国家信息化的发展，侧重于建设网络强国。《纲要》围绕建设网络强国的目标，首次提出中国信息化发展“三步走”的战略目标，明确了未来10年信息化发展的三大重点任务，绘制了中国建设网络强国的时间表与路线图。

而中央网信办、国家质检总局、国家标准委于2016年8月24日联合印发的《关于加强国家网络安全标准化工作的若干意见》与第十二届全国人大常委会11月7日通过的《中华人民共和国网络安全法》则主要是针对网络安全问题。前者对加强网络安全标准化工作，构建统一权威、科学高效的网络安全标准体系和标准化工作机制做出部署。后者具有六大突出亮点：一是明确了网络空间主权的原则；二是明确了网络产品和服务提供者的安全义务；三是明确了网络运营者的安全义务；四是进一步完善了个人信息保护规则；五是建立了关键信息基础设施安全保护制度；六是确立了关键信息基础设施重要数据跨境传输的规则。

网络安全有对外维护国家网络主权的一面，也有对内维护公民个人信息安全的一面。2016年，电信网络诈骗犯罪时有发生。2016年10月10日至11日，全国社会治安综合治理创新工作会议在江西南昌举行。会上，中央政法委要求电信、银行、互联网公司等加大信息源头保护力度，落实从源头防控电信网络诈骗犯罪的责任。这对于防范和打击电信网络诈骗犯罪具有重要意义。

四、走向全球治理的中国大外交

近些年，面对日益复杂多变的国际环境，许多国家希望日益强大的中国为推动世界经济复苏、促进全球治理体系变革发挥更大的作用。对比其他各国，中国显然处在一个相对有利的位置。近些年，国际国内都能明显感到中国的外交侧重点从“韬光养晦”逐渐转向“有所作为”。2016 年是国际格局在新起点上加快调整变化的一年，也是中国勇于担当，引领全球治理体系变革的一年。

（一）引领推动全球治理体系变革

中央政治局在不到一年的时间里两次围绕全球治理进行集体学习，提出要抓住机遇、顺势而为，推动国际秩序朝着更加公正合理的方向发展。2016 年 9 月举行的二十国集团领导人杭州峰会首次全面阐释了中国的全球经济治理观，首次把创新作为核心成果，首次把发展议题置于全球宏观政策协调的突出位置，首次形成全球多边投资规则框架，首次发布气候变化问题主席声明，首次把绿色金融列入二十国集团议程。这些创举，凝结成推进全球经济治理的“杭州共识”，开启了全球治理体系变革的新航程。

在 2016 年 11 月举行的亚太经合组织利马会议上，习近平主席直面“逆全球化”、保护主义、区域合作碎片化等重大问题，强调要反对一切形式的保护主义，用行动表明亚太对经济全球化决心不变、信心不减，同时引领经济全球化进程向更加包容普惠的方向发展；呼吁各方把共识转化为行动，早日建成亚太自贸区，促进经济一体化，促进互联互通，促进改革创新，促进合作共赢。[①] 在中方的引领推动下，利马会议通过了《亚太自贸区利马宣言》，确立了推进亚太自贸区的指导原则、重点领域、评估机制和基本框架，不仅保持了亚太自贸区的建设势头，更为这一进程注入了新的动力。

（二）周边外交变局重回正轨

2016 年，中国在周边方向最引人瞩目的一项成果毫无疑问就是中菲关系

① 霍小光，郝薇薇．共架合作之桥，共绘发展画卷［N］．人民日报，2016－11－25．

实现转圜。前几年由于菲律宾前政府在对华交往上采取对抗做法，使中菲关系跌入谷底。2016 年 6 月杜特尔特总统就任后，首次对东盟以外的国事访问就选择了中国，选择了对华友好，中国也表示出积极合作的态度。中菲关系的华丽转身，标志着南海问题重回对话协商解决的正确轨道，意味着有关国家利用南海问题搅乱地区的意图的破产。

2016 年，中国加强了同周边重要邻国的交往与合作。10 月，习近平主席成功访问柬埔寨。柬埔寨不畏强权压力，主持公道正义，坚持对华友好。习近平的金边之行，对外发出了中国与老朋友加强合作的清晰信号。接着，习近平访问孟加拉国，这是我国国家最高领导人 30 年来首次访问孟加拉国，中国成为孟加拉国选择的第一个战略伙伴。9 月，李克强总理对老挝进行正式访问。2016 年，中国及时做缅甸新政府和各方工作，在缅甸政局发生剧烈变动情况下，迅速实现中缅关系的平稳过渡。缅甸大选后新政府接待的第一个外长是中国外长，昂山素季就任国务资政后出访的第一个东盟以外国家就是中国。斯里兰卡政局变动后，新政府认识到中国是斯里兰卡国家发展进步不可或缺的真诚伙伴，双方就加强互利合作达成更坚实的共识，两国重要合作项目陆续排除障碍、重回正轨。

（三）巩固与主要国家的稳定关系

2016 年是美国大选年，中美关系面临变数。继“庄园会晤”“瀛台夜话”“白宫秋叙”之后，习近平同奥巴马总统在杭州峰会期间再次聚首，展开“西湖长谈”，继续两国元首的坦诚交流和战略沟通。双方达成 35 项合作成果，对外彰显中美共同利益大于矛盾分歧、协调合作大于竞争摩擦。美国大选结果公布后，习近平主席很快就同当选总统特朗普通了电话。习近平主席表示，作为最大的发展中国家和最大的发达国家，中美需要合作和可以合作的事情很多。中方愿与美方推进两国关系发展，实现不冲突、不对抗、相互尊重、合作共赢，更好造福两国人民和其他各国人民。特朗普表示，中国是一个伟大的国家，拥有巨大潜力和光明未来，相信美中两个伟大国家的关系会变得更好。这次通话是一个良好开端，为下一步中美关系发展发出十分积极的信号。①

2016 年是《中俄睦邻友好合作条约》签署 15 周年。中俄元首年内实现 5 次会晤，对两国关系发展及时做出新的战略规划和部署。双方就加强全球战略稳定发表联合声明，围绕重大国际和地区问题保持密切协调，能源、航空等领域大项目合作稳中有进，远东开发合作进展顺利，“一带一路”与欧亚经济联盟对接合作有序推进，中俄全面战略协作伙伴关系迈向更高水平。

习近平主席年内两访中东欧，李克强总理出席中国—中东欧国家领导人里加会晤，奏响外交“中东欧协奏曲”。我国成功主办第十八次中欧领导人会晤，中法、中德各领域交流合作机制取得新成果。英国新首相特蕾莎·梅表示愿继续致力于打造英中关系“黄金时代”。②

面对金砖国家整体增速放缓、外界唱衰金砖声调上升，习近平主席在金砖国家领导人果阿会晤期间全面总结金砖合作 10 年成就和经验，坚定金砖成员国合作信心，巩固金砖国家团结，唱响金砖合作光明前景，为加强金砖合作提供强劲动力。③

（四）拓展发展中国家朋友圈

中央外事工作会议提出，要构建遍布全球的伙伴关系网络。我国以发展中国家为重点，推动构建各具特色、各有侧重、相互补充的伙伴关系。2016

① 习近平致电祝贺特朗普当选美国总统［N］. 人民日报，2016-11-10.

② 英国首相特雷莎·梅：打造开放、共赢的中英关系“黄金时代”. 来源于中新网，2016-09-06.

③ 杜尚泽，苑基荣，邹松. 习近平出席金砖国家领导人第八次会晤并发表重要讲话［N］. 人民日报，2016-10-17.

年，我国又同7个国家新建伙伴关系，同11个国家提升伙伴关系定位，其中绝大多数是发展中国家。

中东方向，习近平主席首次访问中东地区，推动同沙特阿拉伯、埃及、伊朗三国关系迈上新台阶，完善了中方在中东的战略布局。习近平主席在阿盟总部全面系统阐释了中国新时期的中东政策，提出面向中东和阿拉伯国家的合作计划，有力提升了中阿集体合作水平。①

非洲方向，2016年我国共接待近20位非洲国家领导人访华或来华出席相关活动，成功举办中非合作论坛约翰内斯堡峰会成果落实协调人会议，全面落实习近平主席提出的“中非十大合作计划”，推动中非友好合作迈向更高水平。

拉美方向，习近平主席结束第三次拉美之行，中国同厄瓜多尔、智利关系提升至全面战略伙伴关系，我国在拉美全面战略伙伴关系达到7对。习近平主席同秘鲁总统库琴斯基在两个多月内实现互访，将中秘全面战略伙伴关系提升到新高度。巴西、阿根廷等国新领导人就任之初即来华出席G20杭州峰会，双方关系顺利过渡。事实表明，拓展和深化中拉合作已超越拉美国家党派纷争和政权更替，成为拉美社会各界的重要战略共识。

（五）推进“一带一路”重点布局

截至2016年，已有100多个国家和国际组织表达了积极支持和参与“一带一路”的态度，我国已同40个国家和国际组织签署共建“一带一路”合作协议。2016年9月，《建设中蒙俄经济走廊规划纲要》正式签署，实现了“一带一路”在多边经济走廊方面的突破。“一带一路”与欧亚经济联盟对接合作稳步推进。亚太经合组织首次在领导人宣言中写入共商、共建、共享等“一带一路”核心理念。

---

① 赵明昊，张志文．共叙友好，共话合作，共谋发展［N］．人民日报，2016－01－25．

我们加快推进与沿线国家的互联互通和产能合作。雅万高铁开工建设，中老、中泰铁路开工在即，泛亚铁路网建设提上日程。中国企业中标皎漂深水港及工业区项目，为规划中缅经济走廊提供了必要条件。瓜达尔港正式开航，使中巴经济走廊的脉动更加清晰。科伦坡港口城项目全面复工，预示着海上丝绸之路的重要支点正在形成。我国同哈萨克斯坦成立产能合作基金，中哈产能合作模式继续发挥引领作用。中亚最长的安格连—帕普铁路隧道建成通车，为打通中国、中亚和西亚走廊做出了贡献。中国企业中标希腊比雷埃夫斯港港务局项目，呼唤中欧陆海快线建设加快推进。匈塞铁路签署商务协议，中欧班列常态化运输机制已然形成。以中国装备和标准制造的亚吉铁路正式通车，为中非产能合作树立了成功范例。

中国正在积极推动“一带一路”建设的机制创新。亚洲基础设施投资银行开业运营，丝绸之路基金首批投资项目顺利启动。中国、沙特阿拉伯成立高级别委员会并举行首次会议，就能源、产业园区合作达成重要成果。中国—海合会以及中以自贸区谈判也在持续取得积极进展。

（六）破解非法仲裁，捍卫南海主权

2016 年以来，围绕南海问题的形势十分复杂尖锐。特别是 7 月，由菲律宾前政府挑起的所谓南海仲裁案裁决出炉，试图全面否定和侵蚀我国在南海有关主权和海洋权益。面对这一披着法律外衣的政治挑衅，习近平主席等中央领导人在各种双多边场合清晰表明我们的严正态度，我们的正当立场得到了来自近 120 个国家和 240 多个不同国家政党的理解和支持。外交部会同国内相关部门多角度、多层次、多渠道积极发声，以法为据，以理服人，有力揭露了这一临时仲裁庭越权、扩权甚至滥权的非法行径，有效挫败了某些国家和势力借此压制抹黑中国的政治图谋。国内专家学者纷纷撰文，讲明历史经纬和法理依据，赢得了国际法学界越来越多的理解和认同。同时，我们积极主动做东盟国家工作，以合情合理的双轨思路引导各方聚焦对话与合作，坚持中国与东盟共同达成的地区规则，推动各方一致同意通过直接当事方对话协商解决具体争议。

（七）完善中国外交理论体系

在G20杭州峰会上，习近平主席系统阐述以平等为基础、以开放为导向、以合作为动力、以共享为目标的全球经济治理观，倡导构建金融、贸易投资、能源、发展等四大治理格局，为推进全球经济治理体系改革描绘了“中国路线图”。党的十八大以来，习近平主席从中国优秀传统文化中汲取营养，结合当下历史进程，提出公平、开放、全面、创新的发展观，共同、综合、合作、可持续的安全观，以深化亚非合作、拓展南南合作、推进南北合作为核心的合作观，共商、共建、共享的全球治理观，合作共赢的国际秩序观，义利相兼、以义为先的正确义利观。① 这些都充实完善了中国特色大国外交理论体系，为快速发展的中国外交及时提供了有力指导。

五、“中国方案”与意识形态建设的新使命

无论是革命时期还是建设时期，中国共产党始终把意识形态工作放在重要的位置，近年来进一步将其上升到维护国家政治安全的战略高度。党的十八大以后，中央在意识形态领域频频发力，比如着手纠偏历史虚无主义、加强高校宣传思想工作、引导文艺发展等。在此基础上，2016年，全国宣传部长会议、党的新闻舆论工作座谈会、哲学社会科学工作座谈会、全国高校思想政治工作会议、中国文学艺术界联合会第十次全国代表大会、中国作家协

---

① 杜尚泽，胡泽曦．一个自信的大国阔步走向世界［N］．人民日报，2016-09-08．

会第九次全国代表大会接连召开，体现了对意识形态重点领域的全覆盖。随着党媒姓党、国家立场、人民中心、文化自信等一系列重要原则的确立，意识形态工作格局正迎来新的变化。

（一）党媒姓党：内外引导传播“正确舆论”

在大众传媒时代，人们对外部世界的认知，很大程度上是依据大众传媒传播的信息而形成，尤其是当大众传媒成为获取信息的主要渠道时。大众传媒提供的信息环境实际上构成了一种“拟态环境”，不仅制约着人的认知和行为，而且通过这种制约来对客观的现实环境产生影响。就此而言，新闻舆论工作关系到一国能否在国民中塑造国家与民族认同并凝聚社会共识，意义重大。

在2016年2月19日召开的党的新闻舆论工作座谈会上，习近平突出强调做好新闻舆论工作的重要性，提出了新时代下党的新闻舆论工作的职责和使命，即“高举旗帜、引领导向，围绕中心、服务大局，团结人民、鼓舞士气，成风化人、凝心聚力，澄清谬误、明辨是非，联接中外、沟通世界”。[①] 对于官方媒体而言，履行这一职责使命的前提是党性原则，即必须姓党，保证党对新闻舆论工作的领导权。这一原则落实到操作层面，关键就在于发挥党媒引导“正确舆论”、做好“正面宣传”的功能。对内，官方媒体必须因应分众化、差异化的传播新趋势，着眼于针对性和实效性，借助新媒体创造性地开展新闻舆论工作；对外，要提升国际传播能力，增强国际话语权，讲好中国故事，打造具有较强国际影响的外宣旗舰媒体。

（二）哲学社科：立足本土构想“中国方案”

近年来，中国在意识形态上的话语建构，一定程度上落后于其自身的发

① 杨振武. 把握好政治家办报的时代要求［N］. 人民日报，2016－03－21.

展实践，这也与其在国际上不断上升的地位及影响力不相称。因为在解读中国实践、构建中国理论方面，我们应该最有发言权，但实际上我国哲学社会科学在国际上的声音一直比较弱小。

鉴于此，2016 年 5 月 17 日，习近平主持召开哲学社会科学工作座谈会并发表讲话。习近平的讲话，主要包含两方面：对内，哲学社会科学研究要“巩固马克思主义在意识形态领域的指导地位，培育和践行社会主义核心价值观，巩固全党全国各族人民团结奋斗的共同思想基础”；对外，要“把中国实践总结好”，“提出解决人类问题的中国方案”。① 具体而言，中国的哲学社会科学研究，必须立足于总结和提炼中国当下改革实践的经验和规律，而不是用外来的理论观点对中国进行“格式化”。中国作为人类有史以来第一个人口超过 10 亿规模的巨型工业国，在短短几十年之内走完了西方国家上百年才走完的工业化、城市化道路，而且没有依靠剥削殖民地的自然资源、劳动力、市场来获取发展的“第一桶金”，其探索之艰辛，内部变革之宏大与深刻，自不待言。因此，“这是一个需要理论而且一定能够产生理论的时代，这是一个需要思想而且一定能够产生思想的时代”。②

习近平指出，“一些理论观点和学术成果可以用来说明一些国家和民族的发展历程，在一定地域和历史文化中具有合理性，但如果硬要把它们套在各国各民族头上、用它们来对人类生活进行格式化，并以此为裁判，那就是荒谬的了”。③ 因而，只有构建出立足于中国本土实践的哲学社会科学理论，才能从根本上树立起中国人对本国道路、理论、制度、文化的自信，维护国家的意识形态安全，也为全人类面临的共同问题提出“中国方案”。

---

① 杜尚泽．习近平在党的新闻舆论工作座谈会上强调 坚持正确方向创新方法手段 提高新闻舆论传播力引导力［N］．人民日报，2016－02－20．

② 习近平在哲学社会科学工作座谈会上的讲话．来源于新华网，2016－05－18．

③ 同上。

（三）高校思政：巩固意识形态“坚强阵地”

高校是中国共产党意识形态工作的前沿阵地，青年师生则是敌对势力进行渗透分化的重点人群。近年来，国内各种社会矛盾和问题相互叠加、集中呈现，部分社会突出矛盾在高校领域不同程度地凸显。复杂多变的国际国内舆论生态环境对高校思想宣传工作带来了极大挑战。党的十八大以来，做好高校思想宣传工作、巩固高校意识形态阵地，被视为“一项战略工程、固本工程、铸魂工程”。例如，2015 年，中共中央办公厅、国务院办公厅印发《关于进一步加强和改进新形势下高校宣传思想工作的意见》，其后相关部委又印发《高等学校思想政治理论课建设标准》《普通高校思想政治理论课建设体系创新计划》等文件，这些文件都要求高校党委把意识形态工作摆在首位，牢牢掌握思想宣传工作的领导权和话语权，推动中国特色社会主义理论体系进教材、进课堂、进头脑，不断壮大高校主流思想舆论。

在以往几年实践的基础上，2016 年中央对强化高校思想政治工作有了新的思路。2016 年 12 月 7 日至 8 日，全国高校思想政治工作会议召开。此次会议的核心主题，就是把思想政治工作贯穿高校教育教学全过程，打造“双一流”高校。围绕这一主题，会议明确了未来一个时期高校思想政治工作的若干重点。其一，在教育对象上，高校思想政治工作的重点对象是学生，要重在引导学生“正确认识世界和中国发展大势，认识和把握中国特色社会主义的历史必然性，不断树立为共产主义远大理想和中国特色社会主义共同理想而奋斗的信念和信心”。其二，在教育渠道上，要通过用好课堂教学主渠道、加快构建中国特色哲学社会科学学科体系和教材体系、开展文明校园创建、推动思想政治工作传统优势与新兴信息技术高度融合等方式，完善高校思想政治工作渠道体系。其三，在教育主体上，要求高校教师成为“先进思想文化的传播者”和“党执政的坚定支持者”，更好地承担起学生健康成长的指导者和引路人的责任。其四，在权责上，重申党对高校思想政治工作的主导权，尤其强调高校党委要承担管党治党、办学治校主体责任。

（四）人民文艺：勃兴文脉提升“文化自信”

文艺事业对于中国共产党而言颇具特殊意义。作为意识形态上层建筑的重要建构者，文艺工作者能够通过各种形式的文艺作品，将党的意识形态以生动、形象的方式传播到民众中去，进而成为整个社会的主流价值观念。在此意义上，文艺工作具有建构文化领导权的重要政治功能，而文艺作品则具有塑心铸灵的重要作用。党的十八大以来，中央高度重视文艺工作，不仅在 2014 年召开了改革开放以来的首次中央文艺工作座谈会，而且于 2015 年专门出台了纲领性的《中共中央关于繁荣发展社会主义文艺的意见》，确立了“以人民为中心”的新时期文艺工作思想，防止文艺成为“市场的奴隶”。

2016 年 11 月 30 日，中国文学艺术界联合会第十次全国代表大会、中国作家协会第九次全国代表大会在北京召开。习近平在开幕式讲话中，把脉新时期中国文艺的使命和道路，强调“文运同国运相牵，文脉同国脉相连”，提出了对文艺工作的 4 点希望：一是坚定文化自信，用文艺振奋民族精神；二是坚持服务人民，用积极的文艺歌颂人民；三是勇于创新创造，用精湛的艺术推动文化创新发展；四是坚守艺术理想，用高尚的文艺引领社会风尚。同时，此次讲话也明确了加强文化阵地人才建设、文艺工作向基层倾斜、加强和改进党对文艺的领导的 3 个重点工作方向。文艺是政治经济的延伸，上述这些主张，实际上贯穿了党的十八大以来一再强调的群众路线、创新驱动、队伍建设等治国理政思路，其要诀在于牢牢掌握并积极运用文化领导权，导向则在于“以人民为中心”，落脚点则是提升“文化自信”。

结　语

党的十八大以来，中国共产党的改革工作是全方位的、开创性的，5 年来的变革是深层次的、根本性的。2016 年的工作是对之前的延续。习近平在 2015 年省部级主要领导干部专题研讨班开班式上，明确提出全面建成小康社会、全面深化改革、全面推进依法治国、全面从严治党“四个全面”战略布局，并且第一次用“战略布局”这个词来概括党的十八大以来党中央治国理政的总体框架。同年 10 月召开的十八届五中全会，又确立了“创新、协调、绿色、开放、共享”的五大发展理念。从路线上看，2016 年的施政基本是对“四个全面”战略布局和五大发展理念的落实和推进。例如，《中国共产党问责条例》的出台、“两学一做”的深入开展、巡视巡察的继续推进、群团组织改革，显然都是对党的十八大以来从严治党的延续；监察体制改革意在加强依法治国；2016 年颇为亮眼的城市群规划、支持边疆开发开放政策、精准扶贫等民生政策，无疑是对社会主义国家在区域、群体之间实现“共同富裕”承诺的坚持。

2016 年的延续改革中又有许多重大的调整和创新。例如，供给侧结构性改革的提出，就是基于对中国经济未来走势的新的研判。中国经济面临的固有矛盾还没有得到根本解决，一些新的问题也有所暴露。如果不转变经济增长方式，不找到经济增长的新动力，未来的经济运行可能会经历较长时间的低速增长。因此，在面临的主要矛盾是结构性而不是周期性的情况下，“进”才是“稳”的根基。“进”，就是解决经济运行中的供给侧、结构性、体制性问题，这需要主动培育新动力，让新动力逐渐挑起推动经济增长的大梁。此外，随着中国海外利益的快速增加和实力的增强，中国需要逐渐提升国际体系的塑造能力。面对全球化过程中的“逆全球化”声音，中国提出要反对一切形式的保护主义，用行动表明自身对融入全球经济发展的决心不变、信心不减。但全球化过程中导致的各国、各地区、各阶层之间分化加剧的趋势同样需要应对，对此，中国提出要引领经济全球化进程向更加包容普惠的方向发展，推动国际秩序朝着更加公正合理的方向发展。

2016年11月，习近平主席在纪念孙中山先生150周年诞辰大会上指出："我们比历史上任何时期都更接近中华民族伟大复兴的目标，比历史上任何时期都更有信心、有能力实现这个目标。"① 从根本上讲，中华民族伟大复兴，首先意味着在经济、产业、科技上取得领先地位，这是一个国家繁荣强大的物质基础。依靠相对粗放的增长模式，中国在过去30多年时间里取得了快速发展，为下一步发展打下了一定的资金、技术、人力等基础。但中国不可能仅仅依靠粗放型增长模式和低端产业实现民族复兴，而必须向产业链上游攀升，占据国际产业分工和科学技术的制高点，为中华民族的繁荣富强奠定坚实的物质技术基础。硬实力的强大从来不是民族复兴的全部，中国还需要立足中国实践，讲好中国故事，根据中国的实践经验提出解决人类问题的中国方案。既能为世界贡献物质性的产品和科技，又能提供一套不同于西方现代化叙事的现代化理论，这才是完整意义上的"中华民族伟大复兴"。

---

① 胸怀民族复兴理想，开创更加光明前景［N］. 人民日报，2016－11－12.

第二部分

中国发展动态月度报告

（2016）

1月　政经改革迎来全新开局

军队改革迈出实质步伐

地方党委决策进一步科学化

习近平首访中东，新开“一带一路”突破口

中央明确2016年反腐重点

中央“一号文件”连续13年聚焦“三农”问题

中央高层首次考察，促结构性改革落地

多项政策推动社会公平，加速民生改革

国务院8项措施支持沿边开发

军队改革迈出实质步伐

2016年1月1日，《中央军委关于深化国防和军队改革的意见》（以下简称《意见》）正式公布。《意见》明确了改革的指导思想和基本原则，部署了改革的总体目标和主要任务。在此前后，中央军委还成立了三大新军种，重新设置了中央军委职能部门，这一系列举动标志着新一轮国防和军队改革迈出实质步伐。

1. 历史性军改的4个发展阶段

作为新一届中央领导集体全面深化改革战略的重要组成部分，中国军队的改革酝酿已久，前后可分为4个阶段。第一，酝酿阶段。早在2013年，党的十八届三中全会在全面深化改革总部署中就将深化国防和军队改革专门作为一个章节呈现，强调深化军队体制编制调整改革、推进军民融合深度发展等。第二，论证阶段。2014年3月15日，中央军委深化国防和军队改革领导小组第一次全体会议召开；此后，中央军委多次召开专题会议研究改革，先后组织座谈会、论证会860余次，到690多个军地单位调研，广度和深度前所未有。第三，吹风阶段。2015年5月26日，中国对外发布《中国的军事战略》白皮书，史无前例地阐述了新时期军队的使命和战略任务；11月24日，中央军委改革会议发布公告，在领导管理体制、联合作战指挥体制等方面均提出革命性的改革方案。第四，实施阶段。2016 年 1 月 1 日，中央军委全文发布《意见》，此前一天正式成立陆军、火箭军和战略支援部队；1 月 11 日，中央军委把原四总部制改为 15 个职能部门；2 月 1 日，将原七大军区划分为东、南、西、北、中五大战区。

2. 军改实施阶段的“三把火”

《意见》指出，2015 年军队改革的重点是组织实施领导管理体制、联合作战指挥体制改革。从实际来看，第一阶段的改革基本完成了战略部署，并率先拿最难攻克的管理体制和指挥体制“开刀”。具体来说，有以下 3 个实质进展。一是改革中央军委领导体制。中华人民共和国成立后，中国军队师承苏联，在中央军委下设总参谋部、总政治部、总后勤部、总装备部 4 个总部。此轮改革根据军委管总的原则，直接将原四总部改为军委办公厅、军委联合参谋部、军委政治工作部等 15 个职能部门，减少了领导层级，压缩了机关规模，有利于增强军委机关的领导指挥效能。二是建立联合作战指挥机构。此前中国的七大军区不仅承担作战指挥职能，还承担了大量的管理建设任务，早已不适应现代联合作战的要求。此次改革按照战区主战的原则，以原 7 个军区机关相关职能、机构为基础，充实军种指挥和保障要素，组建了 5 个战区机关，归中央军委建制领导，专司联合作战指挥。三是调整优化军种构成。由于历史原因，中国军队在管理、建设上长期以陆军为主，并未设置专门的陆军指挥机构。此次改革按照军种主建的原则，新设陆军领导机构、火箭军和战略支援部队，进一步完善了军种构成，为联合作战奠定了基础。

3. 此轮军改的 3 个特点

从《意见》给出的时间表和步骤来看，此轮改革基本上是在中央统一领导下的顶层设计，自上而下是其最显著的特点。回顾一年来的改革历程，其突出特点有三。一是政治建军，高度强调党对军队的绝对领导。习近平强调，政治建军是立军之本，任何时候任何情况下都不能松懈。在2014年古田会议上，更是重申了政治工作的重要性。此次改革也是坚决要求服从党的指挥，做到党叫干啥就干啥。二是改革强军，将“能打胜仗”作为此次改革的根本目标。纵观此次军改，其核心就是全面提高军队作战能力，打造一支适应现代战争形态要求的新型军队。三是依法治军，重构中国特色军事法治体系。“军无法不立”，此前军队反腐先后揪出徐才厚、郭伯雄等“大老虎”，着力肃清政治风气。此轮改革重新设立军委纪律检查委员会、政法委员会、审计署，由中央直辖，旨在向依法行政转变。

（文/仲启群）

地方党委决策进一步科学化

2015年12月14日，中共中央政治局召开会议，审议通过了《中国共产党地方委员会工作条例》（以下简称《条例》），2016年1月初，中共中央印发了《条例》。这是原《条例》实施20年后的首次修订，该次修订将促进地方党委决策进一步科学化。

1. 地方党委决策机制尚不完善

第一，一些地方党委决策时没有很好地与同级地方人大、政府协调，没有充分发挥政协的作用，造成地方党委干预经济工作过多，党委书记有时实际上行使了地方行政首长的职权。地方人大、政府固有的一些重大事项决策权被悬空，政协的职能不能充分体现。

第二，部分地方党委没有遵循科学决策程序。面对纷繁复杂的问题，仍按传统闭门磋商的方式进行决策，不注重征求广大群众和专家智囊的意见建议，特别是对现代科学决策的具体方法和技术重视不够。

第三，常委会权力过大，全会监督决策作用不足。全会缺乏有力的事前、事中、事后的监督，在决策方面就必然导致某些地方党委的领导可以轻易地以党委会的名义独断专行。

2. 促进党委科学决策

第一，明确党委领导核心作用。新《条例》强调要支持和保证人大、政府、政协、法院、检察院、人民团体等依法依章独立负责、协调一致地开展工作，发挥这些组织中党组的领导核心作用。换言之，地方党委主要负责把握全局性和方向性问题，在具体工作中应当支持同级政府、人大等相关部门，避免越俎代庖。

第二，完善地方党委决策程序。要健全地方党委决策咨询机制，提高决策的科学性和有效性；强调地方党委应坚持民主集中制，实行集体领导和个人分工负责制度，防止党委书记“一言堂”现象。

第三，强化全会的决策和监督作用。过去，常委会容易代替全会做出决定，此次修订对全会和常委会决策事项范围做了细化，特别是明确了必须通过召开全会讨论和决定的 9 项重大事项，并规定全会听取和审议常委会工作报告或专项工作报告。这将进一步优化党内权力结构和配置。

3. 地方党委建设永远在路上

应当认识到建立合理健全的地方党委运行机制是一个循序渐进的过程，必须注重稳定性和发展性的统一，坚持实事求是。既要克服政策规范长期一成不变的惰政心态，也要避免追求一劳永逸而脱离实际的政策跃进。此次新《条例》修订为科学化地方党委机制开了好头，通过全面梳理地方党委工作实践中存在的突出问题，条分缕析，对症下药，使地方党委建设迈上新台阶，落实了从严治党的政治责任。

（文/罗超、杨煜超）

习近平首访中东，新开“一带一路”突破口

2016年1月19日至23日，习近平主席对沙特阿拉伯、埃及和伊朗进行国事访问，这是“十三五”开局之年中国外交的开篇之作，也是西亚、北非动荡5年来中国最高领导人首次访问该地区。

1. 共同的发展利益推动双方走到一起

世界经济持续低迷，中国与中东国家进入各自发展的关键时期，西亚、北非地区局势的起伏不但牵动世界和平，更与“一带一路”建设以及中国西部边陲安稳休戚相关。沙特阿拉伯、埃及与伊朗分别位于陆海丝路西端的交会地带，是与中国共建“一带一路”的天然合作伙伴，中国与三国经济互补性强，有广阔的互利合作空间。

在2014年的“中阿合作论坛”会议上，习近平主席明确提出中阿在“一带一路”框架下构建“1+2+3”的合作格局，即以能源合作为主轴，以基础设施建设、贸易和投资便利化为两翼，以核能、航天卫星、新能源三大高新领域为新的突破口。此次中东行，中国同6个阿拉伯国家签署了共建“一带一路”协议，再加上此前7个阿拉伯国家成为亚投行创始成员国，这些日臻成熟的顶层设计有助于推进“一带一路”在中东的布局，实现“一带一路”与中东国家发展战略的对接。

2. 经贸与能源合作是双边关系发展的重头戏

访问期间，提升各方在经贸、能源领域内的合作是各国领导人的重要议

题。中国与沙特阿拉伯决定建立全面战略伙伴关系，成立两国高级别委员会，并签署了关于共同推进“一带一路”和开展产能合作的谅解备忘录；宣布恢复与海合会开展自由贸易协定谈判，双方计划在年内达成一份全面自贸协定，尽早建成中国—海合自由贸易区。中国核工业建设集团与沙特阿拉伯能源城签订《沙特高温气冷堆项目合作谅解备忘录》，更是落实“一带一路”倡议的重要举措。

中埃共同发表了关于加强全面战略伙伴关系的5年实施纲要，双方签署了共同推进“一带一路”建设的谅解备忘录，提出利用基础设施建设和产能合作两大抓手，将埃及打造成“一带一路”沿线支点国家，同时还签订了电力、基础设施建设、金融、航空航天等领域多项双边合作文件，并共同为中埃苏伊士经贸合作区二期揭牌。

访问伊朗期间，习近平主席在伊朗《伊朗报》发表题为《共创中伊关系美好明天》的署名文章，指出：中伊要把能源合作作为“压舱石”，建立长期稳定的合作关系；把互联互通合作作为“着力点”，开展铁路、公路、港口、矿产、通信等领域合作；把产能合作作为“指南针”，引导两国优势互补企业加强合作；把金融合作作为“助推器”，加强在亚洲基础设施投资银行框架内的合作。①

3. “一带一路”建设为中国与中东关系打开了新局面

中东地处欧亚非结合部，地缘位置极其重要，又是世界油气资源的富集地。这使该地区历来成为大国角斗场，美国战略收缩，留下了大片权力真空，俄罗斯已经开始全方位介入，这也为中国发挥更大作用提供了契机。“一带一路”作为缓解地区紧张局势的一种机制，通过建设符合各国共同利益的经济

① 共创中伊关系美好明天［N］. 人民日报，2016－01－22.

项目，向中东各国展现一种中立、互惠的伙伴关系，继而成为地区国家绝佳的合作对象。此次中东之行，习主席推进了中国与中东各国发展战略的进一步对接，使“一带一路”建设在中东各国进展更为顺畅。

但随着双边关系的深化，中国的地区战略将陷入两难境地：在获取经济、能源利益，强化地区角色的同时，如何在地区冲突中保持中立，不使自己陷入教派、地缘冲突的泥淖。短期内中国的目标是寻求提升自身的影响力，但要应对长期挑战，恐怕还得有赖于国家硬实力的强大。

（文/高婷婷、朱彩云）

中央明确2016年反腐重点

2016年1月12日，第十八届中央纪律检查委员会第六次全体会议在北京举行。习近平总书记和王岐山分别发表重要讲话，在全面总结前3年党风廉政建设和反腐败斗争成果的同时，也为2016年的反腐斗争奠定了基调和方向。

1. 反腐败压倒性态势正在形成

自党的十八大以来，全面从严治党一直是党建主旋律，是“四个全面”战略布局的关键。在这一场党风廉政建设和反腐败持久攻坚战中，一系列现象表明反腐败压倒性态势正在形成。第一，查违纪、正四风的成绩显著，“打虎”“拍蝇”“猎狐”的清单和违纪处分数据完全公开透明，消除了重大政治隐患，赢得了党心民心；第二，制度建设与时俱进，纪法分开、纪严于法的新准则和条例为全体党员确立了“高标准”，划出了“底线”，巡视条例的修订更为巡视利剑配置了剑鞘；第三，各级纪检部门自我监督有力有效，在“打铁还需自身硬”的要求中，“三转”成果初见成效。

2. 让不敢腐、不能腐、不想腐体制机制成效更显

在这个反腐氛围大好但反腐任务仍旧长期艰巨的形势下，继续解决管党治党失之于宽、失之于松、失之于软的问题，形成不敢腐、不能腐、不想腐的体制机制，2016 年反腐重点主要有以下三方面的新动向。

第一，尊崇党章，严格执行准则和条例，坚持把作风建设抓到底。党章是全面从严治党的总遵循，在全党上下正本清源，将高标准严要求内化于心，外化于行，是为了保证党的集中统一，有助于中央政令畅通。而提高党员尤其是领导干部自身的廉洁自律意识，加强党性修养，在思想意识层面注入一针清心剂，这也正是形成“不想腐”文化氛围的必由之路。

第二，深入落实主体责任，并推动全面从严治党向基层延伸，持续保持遏制腐败的高压态势。王岐山表示，动员千遍，不如问责一次。各级党组织要落实主体责任，各级纪委要落实监督责任，2016 年开始，尤其要突出问责，用问责倒逼“两个责任”的落实。而对于在群众身边、侵害群众利益的不正之风和腐败问题，在新的一年中更将加大查处力度，打通基层反腐“最后一公里”，让群众更多地感受到反腐倡廉的实际成果。由俭入奢易，由奢入俭难，对于反腐问题，稍有松懈就会反弹回潮，只有以抓铁有痕、踏石留印的精神无禁区、全覆盖、零容忍地坚持反腐，持续保持遏制腐败的高压态势，才能更好地营造“不敢腐”的氛围。

第三，体制机制改革和制度创新并举，做好监督体系顶层设计。在不断总结全面从严治党实践经验、转化巩固反腐成果的基础上，完善党内监督和国家监察法规制度，修订《中国共产党党内监督条例（试行）》、修改《中华人民共和国行政监察法》、制定《中国共产党党内问责条例》，落实巡视工作条例，将是 2016 年反腐制度建设的重心。只有做好了监督体系的顶层设计，才能更好地形成“不能腐”的体制机制。

3. 民众支持让反腐斗争更自信

民心是最大的政治，正义是最强的力量。党的十八大以来，中国共产党反腐败斗争的力度前所未有、决心前所未有、成绩前所未有、自信前所未有。可以说，这3年来的反腐成绩单是中国共产党树立威信、赢得民众信任、巩固执政基础所交出的一份阶段性的满意答卷，在此基础上，提出“四个自信”的口号，既是对“反腐一阵风”“老虎反扑论”等论调、疑虑的坚强回应，也是顺应民意的真诚之诺。

（文/马毅豪）

中央“一号文件”连续13年聚焦“三农”问题

2016年1月27日，国务院印发《关于落实发展新理念加快农业现代化实现全面小康目标的若干意见》（以下简称《意见》），《意见》强调要用发展新理念破解“三农”新难题，提出要推进农业供给侧结构性改革。

1. 新常态下面临的新困境

中央“一号文件”连续13年聚焦“三农”问题，为农村工作提出了纲领性指导，体现了农村工作是中央工作的重中之重，反映了农村发展仍然面临着诸多困境。在新的形势下，农业生产受到农产品价格“天花板”压顶和生产成本“地板”抬升的双重制约，农产品供求结构失衡、生产成本过高、资源错配及透支利用等问题突出；此外，家庭经营收入和外出务工收入这两个农民增收的主要动因，都在继续减弱，农民增收困难。在资源环境约束趋紧的背景下，如何加快转变农业发展方式，确保粮食等重要农产品有效供给，实现绿色发展和资源永续利用，是必须破解的现实难题。

2. 新思路、新理念引领新举措

针对现实存在的问题，《意见》提出要坚持农民的主体地位，深入贯彻落实创新、协调、绿色、开放、共享的发展理念，围绕着“发展、农业现代化、全面小康”等主题词，制定“三农”的目标、政策、路径和保障措施，为“三农”问题的解决指明了新的方向。

第一，实施供给侧改革，激发农村新活力。我国农业供给侧出现了许多问题，具体表现在：一方面是粮食过剩，另一方面是优质的农产品数量严重短缺。推进农业供给侧结构改革，核心是围绕市场的需求来进行生产，优化农业资源的配置，扩大农产品的有效供给，增强供给结构的适应性和灵活性。第二，推动“产业融合”，支撑农民增收。随着农产品价格下行和农民工资性收入增长乏力“双碰头”，农民增收困难。因此，必须健全现代农产品市场体系，促进农产品加工协调发展，提高附加值，培育壮大农村新产业新业态，推动产业融合发展，让农村成为可以大有作为的广阔天地。第三，坚持“绿色发展”，保护资源，恢复生态。我国农业发展在取得巨大成就的同时，也付出了资源环境代价，资源与环境的紧箍咒越绷越紧，因此必须加强农业资源保护和高效利用，加快农业环境突出问题的治理，加强农业生态保护和修复，从粗放型向集约型农业转变。

3. 从改革入手，破解发展难题

农村发展困境长期得不到有效的突破，既有其内部缺陷的制约，也有外在因素的影响。从农村自身来看，一个很重要的短板就是落后的生产方式，虽然中国农业在过去30年的成就巨大，但延续的是效率不高、粗放、规模狭小、对环境不友好的增长模式。因此，要走集约化路线，以市场为导向，引导农民建立现代农业，调整农产品生产结构。农业供给侧改革不是聚焦数量问题，主要是结构和效益问题。同时，长期的城乡二元结构严重制约了农村的发展。因此，统筹城乡一体化发展是重要途径，必须破除城乡之间的壁垒和隔阂，推动工业反哺农业，把国家财政支持的基础设施重点放在农村，加大资源和力量的投入，提高农村教育、医疗、社会保障方面的政府财政支持，实现城乡公共服务的均等化，建立新型的城乡和工农关系，使农民更好地参与、分享现代化的成果。

（文/张强）

中央高层首次考察，促结构性改革落地

2016年新年伊始，习近平总书记、李克强总理分赴重庆市、山西省进行考察，调研当地经济社会发展情况，指导部署下一阶段主要工作任务，释放出强劲的改革信号。

1. 新常态下经济改革迈入新阶段

新常态，是中央对经济形势做出的明确判断和重要定义。进入新常态，说明我国经济体量正从高速增长转向中高速增长，经济发展方式正从规模速度型粗放增长转向质量效率型集约增长，经济结构正从增量扩能为主转向调整存量、做优增量并存的深度调整，经济发展动力正从传统增长点转向新的增长点。

然而，随着新常态化过程的逐步推进，经济发展中新的矛盾问题和潜在风险难以避免，必须通过深化改革予以化解。过去以增加投资、刺激消费、提振出口为代表的需求侧管理的效用空间不断缩小，供给侧结构性改革作为

破局关键，被中央提上国家战略层面，新常态下中国经济改革迈入新的阶段。“十三五”开局之年习近平总书记、李克强总理的首次考察，正是值此背景之下进行的。

2. 以去产能为重点，力推供给侧结构性改革

作为考察地点，重庆市与山西省经济发展情况悬殊，具有很好的代表性：重庆经济增速连续两年列全国首位，战略新兴产业蓬勃发展，经济发展质量明显提高；山西则增速垫底，去产能问题严峻，作为老工业基地和资源大省，发展陷入困境。中央高层以重庆、山西作为考察调研对象，前者是总结推广成功经验，后者是研究部署解决问题，通过经验推广和问题排解，实现好的更好、差的跟上，更好地推动我国经济结构转型和产业升级的落实，使经济进入新的增长周期。

在重庆调研时，习近平明确表示，当前和今后一个时期，制约我国经济发展的因素，供给和需求两侧都有，但矛盾的主要方面在供给侧。要加大供给侧结构性改革力度，重点是促进产能过剩的有效化解，促进产业优化重组，降低企业成本，发展战略性新兴产业和现代服务业，增加公共产品和服务供给，着力提高供给体系质量和效益，更好地满足人民需要，推动我国社会生产力水平实现整体跃升，增强经济持续增长动力。①

在山西，李克强相继考察了钢铁、煤炭企业和创新创业基地，释放出“辞旧迎新”的经济信号。他在太原钢铁集团，强调“去产能、促升级”；在西山煤电集团官地矿，鼓励“压产碱量、控新增产能”；在清华科技园太原分园，勉励创客“新点子打造新产业”。在视察中李克强表示，希望山西以新的发展理念和

① 落实创新协调绿色开放共享发展理念，确保如期实现全面建成小康社会目标［N］. 人民日报，2016－01－07.

良好的工作状态，顶住压力促调整，在加快结构性改革中实现升级发展。①

综观此次领导人新年考察，均突出强调了以去产能为重点，推进结构性改革的政策思路，与2015年年底召开中央经济工作会议提出的2016年经济工作任务相呼应，释放出强劲的改革信号。可以预见，以产能出清为重点的供给侧结构性改革将是未来几年中国经济工作的重中之重。

3. 产能出清须稳定灵活施策，减缓对市场和就业的冲击

“去产能”是中央经济工作会议提出的2016年经济工作五大任务之首，也是新一轮结构性改革的政策重点。但是，产能出清毕竟是要裁减落后产能，严控新增产能项目，还涉及对诸多“僵尸企业”的关停并转，其后果直接影响市场和民众就业。因此，必须稳定灵活施策，治标治本结合，减缓对市场和就业的冲击。

一方面，在企业、项目的关停并转上，要以“并转”为主，“关停”为辅，充分考虑社会因素，将产能调整作为政策主流，实现过剩产能的平稳消化；另一方面，要转变观念，积极培育新产业、新业态等新动能，促使资本、资源、劳动向新供给集中，实现过剩产能的自然消除。前者治标，后者治本，相信在综合施策、标本兼治的持续性努力之下，中国经济的结构性改革有望取得突破。

（文/段相宇）

多项政策推动社会公平，加速民生改革

2016年1月，国务院办公厅印发《关于解决无户口人员登记户口问题的

① 顶住压力，振奋精神，在加快新旧动能转换中开拓发展新局面［N］. 人民日报，2016-01-06.

意见》《关于全面治理拖欠农民工工资问题的意见》，力图解决“黑户”“欠薪”等老大难的社会问题。同时，国务院发布《关于整合城乡居民基本医疗保险制度的意见》，基于地方探索实践经验，要在全国范围内建立统一的城乡居民基本医疗保险制度，推进医疗卫生体制改革。在“十三五”规划开局之年，一系列民生领域政策连续出台，虽然针对的问题不同，但都聚焦于全面建成小康社会的目标，着眼于社会公平，体现了政府以保障和改善民生为第一执政要义、增进人民福祉的价值指向。

1. 无户口人员落户：脱钩计划生育，实施分类登记

人口登记从来就是政府的一大难题。大量人口脱离户口登记管理，成为国家治理和公共服务的盲区，不仅加剧了社会不平等，而且增加了不稳定因素。造成无户口的情形包括超生、未婚生育、未主动上户、弃婴、证件丢失、办理程序烦琐或基层部门不作为等。目前，我国大部分无户口人员因违反计划生育而没有落户，究其原因是基层计生部门一直将“禁止上户口”作为征收社会抚养费的一个抓手。虽然中央政府多次明令禁止将计划生育与落户、入学、低保等捆绑，但基层的惯常做法并未因此改变。

《国务院办公厅关于解决无户口人员登记户口问题的意见》（以下简称《意见》）的出台背景，是我国实行全面放开二胎政策，并配以生育登记服务制度，由家庭自主安排生育。[①] 这意味着通过征收社会抚养费来限制生育的作用将随之消失，为扫除基层政策障碍提供了良好的条件。除了违反计划生育，造成无户口的原因还有许多，因此该《意见》提出，需要根据无户口问题产生的原因，分类实施登记户口政策，并与其他相关领域政策协同推进。从

---

① 根据2016年1月5日公布的《中共中央国务院关于实施全面两孩政策改革完善计划生育服务管理的决定》，我国将改革“准生证”制度，采取“备案制”。

《意见》的严厉措辞来看，中央政府解决无户口人员问题的决心很大，但是政策落实存在僵局：一方面，公安部门正在积极上门入户走访，为无户口人员登记放开通道；另一方面，不少超生人员对无条件上户口仍然心存疑虑，担心被追缴社会抚养费。

2. 农民工工资清欠：提高违法成本，完善政府决策

在我国，农民工工资拖欠问题一直未得到根治，近期还因经济下行出现反弹的迹象，严重影响了社会公平和稳定。问题大多发生在工程建设领域，主要是因为工程项目违法分包、层层转包、挂靠承包等现象造成工资支付的责任难以落实，且劳动用工管理和工资支付行为不规范。更关键的是，企业拖欠工资的违法成本过低，罚款无法起到制约作用。

因此，国务院办公厅印发的《关于全面治理拖欠农民工工资问题的意见》要求在规范工资支付、健全监控保障的基础上，对恶意欠薪涉嫌犯罪的，依法追究刑事责任，同时要求加强失信惩戒，建立拖欠工资企业“黑名单”制度。就政府责任而言：一是在具体执行上，应当加强各级劳动保障部门的执法权威，积极介入农民工维权；二是在源头治理上，须进一步完善政府决策，减少因“形象工程”和远超预算能力的大工程所引发的政府拖欠工程款问题。

3. 城乡居民医保并轨：统一筹资待遇，调节资源配置

我国全民医保体系由城镇职工基本医疗保险、城镇居民基本医疗保险、新农合、医疗救助四项制度组成。制度不统一造成同一区域内居民重复参保、财政重复补贴、经办机构和信息系统重复建设等问题。其实从制度设计框架来看，城镇居民基本医疗保险与新农合无异，筹资和待遇水平也比较接近，只是以身份作为区分。这构成了城乡居民医保并轨的基础。

《国务院关于整合城乡居民基本医疗保险制度的意见》的要点包括：一是允许参加职工基本医疗保险有困难的农民工和灵活就业人员参加城乡居民医保，向就业状态不稳定、没有建立固定劳动关系者敞开了大门；二是在整合中贯穿“待遇就高不就低，目录就宽不就窄”的原则，参保者尤其是农民的待遇有一定提升。值得注意的是，医疗资源配置不均衡、人口流动带来的就医和报销困难，以及运营操作管理权限不明等问题，需要在整合城乡居民医保制度的过程中统筹考虑、加以应对，才能确保参保者真正享受到政策红利。

（文/姚瑶、戴明明）

国务院8项措施支持沿边开发

2016年1月7日，国务院印发《关于支持沿边重点地区开发开放若干政策措施的意见》（以下简称《意见》）。沿边重点地区主要包括新疆、内蒙古、黑龙江、广西、云南、西藏等沿边省份的5个重点开发开放试验区，72个沿边国家级口岸，陆地边界28个边境城市，17个边境经济合作区，1个跨境经济合作区五类区域。

沿边重点地区是我国对周边国家和地区开放的重要门户，是确保边境和国土安全的重要屏障，是“一带一路”建设中的开放窗口与前沿辐射地带，在我国整体经济社会发展中具有重要的地缘价值和战略地位。

1. 五类区域：困境与机遇并存

自1992年实施沿边开放战略以来，国家先后出台了西部大开发、振兴东北老工业基地、扩大沿边开放、兴边富民行动等一系列重点发展战略，沿边地区交通、水利等基础设施落后的局面基本扭转，各项公共服务设施逐渐完善，社会保障体系初步建立，边民生活质量明显提高，沿边地区经济社会发展取得了长足的进步。但是由于地缘属性、周边环境、基础薄弱、人才匮乏、投机成本高等因素，中国沿边地区发展水平与东部沿海及内陆发达城市相比，仍然存在较大差距，区域经济发展不平衡的问题进一步凸显。近20年来，沿海地区对外贸易年均增速超过20%，几乎是沿边的两倍，我国对外开放总体上呈现出“东强西弱、海强边弱”的状况，深入推进沿边地区经济社会发展问题已刻不容缓。

此外，中国东部沿海及内陆地区经济增速放缓，中国经济发展需要寻找新的增长点，对于陆路边境线长达2.28万公里、同14个国家毗邻、边境口岸众多的中国来说，广阔的沿边地区具有很大的发展潜力，可以提供新的发展空间。与此同时，在面临错综复杂的国际环境和地缘政治的背景下，中国实现沿边地区经济社会文化发展，有利于稳固边防，促进民族团结，构建和谐的周边环境。“一带一路”建设的推进为沿边重点地区的发展提供了前所未有的发展机遇，沿边地区可以充分利用其独特的自然地理优势，加快发展的步伐。

2. 八项举措：发展与改革并举

《意见》着眼于实现稳边安边兴边，综合考虑经济发展、边疆稳定、民族团结、周边安宁的需要，提出了8个方面共31条措施。具体来看，这8方面措施可大致分为发展和改革两类。发展方面的措施包括以下6个方面。一是深入推进兴边富民行动，实现稳边安边兴边。其中包括支持边民创新创业，搬迁安置，提升医疗、教育、通信等公共服务，加强国际执法合作等具体措施。二是实施差异化扶持政策，促进特色优势产业发展。三是提升旅游开放水平，促进边境旅游繁荣发展。四是加强基础设施建设，提高支撑保障水平。

五是加大财税支持力度，促进经济社会跨越式发展。六是鼓励金融创新与开放，提升金融服务水平。

在改革方面，《意见》提出两点。一是改革体制机制，促进要素流动便利化。其包括加大简政放权力度、提高贸易便利化水平、提高投资便利化水平、推进人员往来便利化和促进运输便利化等政策措施。二是要调整贸易结构，大力推进贸易方式转变。具体措施如支持对外贸易转型升级、引导服务贸易加快发展、完善边民互市贸易等。

3. 支持沿边重点地区发展的新特点

《意见》提出的各项政策的创新点主要体现在以下3个方面。一是将沿边地区开发开放融入“一带一路”倡议中，将自身发展与周边国家发展紧密结合。如《意见》提出加强政府间磋商，利用国际国内援助资金、优惠性质贷款、区域性投资基金等加快推进我国与周边国家基础设施的互联互通建设。二是体现了发展、改革、稳定三者的统一。《意见》不仅提出经贸领域的扶持措施，要求简政放权，促进贸易便利化和要素流动，而且还强调加强执法，保障沿边治安稳定。三是重点突出，采取差异化举措。例如，大力发展特色优势产业，推动如风电、光电等新能源产业，特色农业，跨境旅游，加工物流等特色产业。在金融领域，研究设立沿边重点地区产业发展基金，专门投资于具备资源优势和市场优势的特色产业。

支持沿边重点地区开发开放，是推进“一带一路”建设的重要突破口和关键环节。党的十八届五中全会提出的“创新、协调、绿色、开放、共享”五大发展理念为其提供了新的思路。在新的历史机遇和国家系列政策的助力下，沿边重点地区有望实现新发展。

（文/李琳、冯彪）

2月　新一轮结构性改革起步

城市规划新政指明中国城市化新方向

中央发文加强党委领导班子建设

中央以煤钢去产能撬动结构性改革

国务院力促中医药发展创新升级

九部门联合推行节地生态安葬

中央重视保护农村留守儿童

中央频出新政促“精准扶贫”落地

上海领衔共青团体制改革

城市规划新政指明中国城市化新方向

2016年2月21日，中共中央、国务院公布《关于进一步加强城市规划建设管理工作的若干意见》（以下简称《意见》）。《意见》立足解决制约城市科学发展的突出矛盾和深层次问题，以求积极适应和引领经济发展新常态，开创城市现代化建设新局面。

1. 城市工作是中央工作的重大课题

中国的城市工作经历了一个逐步探索的过程。中国共产党的根基在农村，随着革命斗争的成功，其工作中心也开始由农村转向城市。1949年3月，在西柏坡召开的党的七届二中全会正式提出，党的工作重心由农村转移到城市，必须要用极大的努力学会管理城市和建设城市。20世纪60年代初，为加强对城市的集中统一管理，解决当时城市经济生活的突出矛盾，中共中央、国务院先后于1962年9月和1963年10月，召开全国第一次和第二次城市工作会议。1978年3月，国务院在北京召开第三次全国城市工作会议，制定了关于加强城市建设工作的意见，提出“做到经济建设、城市建设、环境建设三者统一规划、协调发展，取得经济效益、社会效益和环境效益的统一”等全面、系统的方针，并将城市规划、城市基础设施建设、城市管理，以及“建立合理的城镇体系”“改革城市建设体制”等都纳入城市工作的范畴。2015 年 12 月，中央城市工作会议时隔 37 年后在北京再次召开。会议指出，城市工作是一个系统工程，必须要坚持以人民为中心，坚持高效和绿色发展，在统筹上下功夫，在重点上求突破，着力提高城市发展持续性、宜居性。《意见》集中体现了此次城市工作会议的成果，为下一阶段的城市发展指明了方向。

2. “绿色”与“治理”是城市工作的核心要义

《意见》包括总体要求、强化城市规划工作、塑造城市特色风貌、提升城市建设水平、推进节能城市建设、完善城市公共服务、营造宜居城市环境、创新城市治理方式、切实加强组织领导 9 个方面，明确了中国新一轮城市规划的方向，部署了新阶段城市规划的任务。

第一，规划设计是前提。《意见》要求依法制订城市规划，严格依法执行规划。城市规划需融入以人为本、尊重自然、传承历史、绿色低碳的理念，从整体上综合谋划城市发展思路，兼顾空间布局、资源开发、城市用地结构等，增强规划的前瞻性、严肃性和连续性，实现一张蓝图绘到底。在此基础上，城市建设和管理应严格依据城市规划。《意见》提出增强规划的强制性，用 5 年左右时间全面清查并处理违法建设的目标。《意见》特别要求统筹城市建筑布局，加强建筑设计管理，承继与协调城市历史文化，提升城市建筑水平，从而增添城市内涵，突出城市个性。

第二，绿色宜居是目标。绿色发展是科学发展观的重要内涵之一，也是城市规划建设的重要目标。推广节能建筑技术及实施城市节能工程，建设资源节约型城市；推进海绵城市建设，恢复城市自然生态，提升城市的调节能力，建设生态功能健全的绿色城市；推进污水大气治理，加强垃圾综合治理，深度治理现代“城市病”，建设环境宜居城市。此外，要完善城市基本公共服务，着力推进棚改安居工程，加强交通管网建设，优先发展城市公共交通，为市民提供优质的公共服务设施。

第三，创新管理是关键。《意见》强调法律法规对城市建设的规制作用，加强城市规划法与刑法的衔接，坚持违法必究，提高违法建设的成本。同时，注重行政管理与基层治理互动，城市建设主管部门明确权力清单与责任主体，加强人事改革与配置，提升执法的效率和水平，社区、街道积极自治，创新服务形式。此外，《意见》与时俱进地提出，充分利用信息技术及科技手段推进智慧城市建设，提升城市运行效率。

3. 新一轮城市规划有望支撑中国发展新升级

着眼未来，中国共产党势必继续将城市作为社会主义现代化建设的主战场。在实现“两个一百年”奋斗目标和全面深化改革的大背景下，城市工作要紧紧围绕发展这个主题，引领新型城镇化建设，推动经济发展转型升级，同时将城市作为联结现代与传统的纽带。因此，新一轮城市规划承载着深厚的历史意蕴，不仅关乎经济发展与城镇化进程，而且也是政府贯彻法治原则、提升治理能力与增进民生福祉的重要体现，将为“两个一百年”奋斗目标和“中国梦”的实现提供有力支撑。

（文/苏秋纳、朱彩云）

中央发文加强党委领导班子建设

2016 年 2 月，中共中央组织部印发《关于学习贯彻习近平总书记重要批示精神加强党委（党组）领导班子建设的通知》（以下简称《通知》）。《通知》指出，习近平总书记就学习毛泽东同志《党委会的工作方法》做出重要批示，对各级党委（党组）领导班子成员特别是主要负责同志重温这篇著作提出明确要求。①

1. 部分党委领导班子存在问题

《党委会的工作方法》是毛泽东 1949 年 3 月在党的七届二中全会上所做结论的一部分，系统阐述了党委会的工作方法并将其概括为 12 条，是一篇加强党委领导班子建设、提升党的领导水平和执政能力的光辉文献。如今旧文重提，折射出部分党委领导班子素质堪忧。首先，党委领导班子之间缺乏良性互动。党委领导班子应做到各司所职，畅所欲言，信息共享；下级敢谏言，上级肯纳谏。但现实中“一言堂”现象屡见不鲜，党内民主遭到破坏。其次，工作方式流于形式，缺乏量化标准。工作要抓，更要“紧”抓，而非做样子；心中要有“数”，言之要有物。但现在部分党委领导做事说话“假大空”，工作无法落到实处。最后，思维僵化，心态浮躁。看问题要划清对与错的界限，更要区分出什么是主要的，什么是次要的。但现实工作存在“一刀切”的惰政心态，缺乏认真研究、分类处理的踏实作风。

2. 经典文献对党委领导班子建设至关重要

阅读经典是党建工作的重要环节，也是我党的优良传统。与以往全面系统地学习经典文献不同，此次集中一文，求精求深。《党委会的工作方法》一文不足 3000 字，却以朴实的文字针砭时弊，对症下药。全文共讲了 12 个问题，大致分 3 类。首先，“党委书记要善于当‘班长’”、“要把问题摆到桌面上来”、“互通情报”、“不懂得和不了解的东西要问下级，不要轻易表示赞成

---

① 中组部印发《关于学习贯彻习近平总书记重要批示精神加强党委领导班子建设的通知》[N]. 人民日报，2016-02-26.

或反对”和“注意团结那些和自己意见不同的同志一道工作”① 等要求，解决的是正确处理党委领导班子内部以及上下级之间的人事关系问题。其次，“学会‘弹钢琴’”、“要‘抓紧’”、“胸中有‘数’”、“安民告示”和“精兵简政”② 等提法，讲的是党委领导班子的工作方法问题。最后，“力戒骄傲”和“划清两种界限”③ 的要求，则重点纠正了部分党委领导班子思想态度浮夸僵化的问题。

3. 继承发扬毛泽东党建思想

统一战线、武装斗争、党的建设，这是中国革命的三大法宝，是毛泽东对中国新民主主义革命经验的基本总结。其核心是党的建设。党委领导班子作为舵手，更是党建的重中之重。然而，当今全面建设小康时代与毛泽东革命时代迥异。党员尤其是党员领导干部面临着前所未有的复杂局势。因此，有关毛泽东党建思想如何在当今时代适用问题缺乏顶层指导设计。此次习总书记明确指定深入学习《党委会的工作方法》一文，不仅解决了该问题，而且也是对毛泽东思想的继承和发扬。

（文/罗超、杨煜超）

中央以煤钢去产能撬动结构性改革

2016 年 2 月 1 日、5 日，国务院相继印发《关于煤炭行业化解过剩产能实现脱困发展的意见》《关于钢铁行业化解过剩产能实现脱困发展的意见》

---

① 毛泽东．党委会的工作方法［M］//毛泽东．毛泽东选集：第 4 卷．北京：人民出版社，1991.

② 同上

③ 同上。

（以下简称两份《意见》），表明位列2016年经济工作之首的去产能正式拉开大幕。针对煤钢产业产能过剩、企业困顿等突出问题，中央从任务目标、政策保障、组织实施等方面提出了多项举措，旨在引导两大行业平稳有序化解过剩产能，保障职工就业，同时调整产业结构，深化供给侧结构性改革。

1. 经济步入新常态，改革先行“去产能”

投资、出口、消费是过去几十年拉动中国经济增长的“三驾马车”。国家的经济管理和宏观调控也相应主打需求侧，通过大量政府投资、货币投放实现了经济的长期高速增长。当“三驾马车”动力不足，经济增长开始降速换挡，步入新常态后，就需要回归经济增长的源泉，从供给侧改革入手，重新找回经济的“发动机”。2015年11月10日，中央财经领导小组会议上首次提出供给侧改革概念，引发各界高度关注。2015年年底的中央经济工作会议再提推进供给侧改革，并且明确了2016年经济工作的五大任务，首要的就是去产能。过去经济的粗放增长，政府长期的高投资，企业的盲目扩张导致过剩产能成为经济发展的“痼疾”。产能过剩的煤钢、玻璃等行业不仅亏损严重，人员冗杂，而且长期依靠银行贷款、财政补贴度日，占据了大量经济资源，拖累着整体经济。产能过剩的根本在于供给结构老化导致的供需不匹配，进而产生资源配置扭曲和低效。供给侧结构性改革首先需要的就是化解产能，同时也要调整产业结构，实现产业升级。

2. 央地政企“多管齐下”，调整结构，保障就业

此次的两份《意见》强调要综合运用市场机制、经济手段和法治办法，积极稳妥化解过剩产能，促进行业结构优化、企业脱困升级。要从2016年开始，在5年之内再压减钢铁行业1亿～1.5亿吨产能，在3～5年之内再退出煤炭行业产能5亿吨、减量重组5亿吨。两份《意见》的突出特点如下：

一是政府和相关部门多级联动。在推动化解过剩产能任务中，中央政府要在组织领导、监督规范和政策扶持等方面发挥支持和指导作用。有关省级政府要成立领导小组对当地去产能工作负责，国资委对有关中央企业去产能工作负责。任务重的市县和重点企业也要建立相应的领导机构负责制。从中央到地方需要发挥两个积极性，同时以企业为主体，实现各级政府和企业的联动，积极稳妥地化解煤钢过剩产能，调整产业结构，保证社会稳定。

二是一揽子市场化措施相配合。除了严控新增产能、淘汰落后产能、有序退出过剩产能及税收支持等传统措施外，还提出要运用市场化手段鼓励煤钢企业改革整合、兼并重组，推动国有企业改革，完善现代企业制度。同时，也要引进高新技术，实现煤钢产业绿色优质发展。两份《意见》还要求采用市场化的金融方式，探索债转股等手段，减低企业融资成本，妥善处理企业债务和银行不良资产等问题，要盘活产能退出后的土地资源，促进土地更新改造和再开发利用。

三是重点做好职工安置与保障。职工安置是去产能任务中的焦点问题。中央政府设立了1000亿元的专项奖补资金用于职工安置，强调要通过企业内部挖潜、转岗就业创业、允许内部退养、公益性岗位托底等渠道分流安置职工，做好就业保障。

3. 市场倒逼产业升级，改革稳定统筹兼顾

过去经济的高速增长掩盖了发展方式粗放、产业结构落后等问题，企业和政府缺乏动力进行产业升级。当经济增长回落时，落后的产业已经不能支撑长远的发展，市场开始倒逼产业调整。升级产业的第一步是去产能，国企又集中了大量的产能，因此，国企改革就成为产业升级的核心。改革作为一个系统性工程，不仅要发挥市场的基础性作用，还要理顺新经济下国企的资产管理与公司治理。同时，随着去产能的快速推进，社会各界对于“下岗潮”

的担忧开始浮现，仅在煤钢产业就涉及约180万的人员分流。如何实现去产能、促增长、推改革、稳就业之间的平衡，是政府促进产业升级、推动供给侧结构性改革、实现经济发展新常态需要考虑的核心问题。

（文/曾诗洋、马克）

国务院力促中医药发展创新升级

2016年2月22日，国务院印发《中医药发展战略规划纲要（2016—2030年）》（以下简称《纲要》）。《纲要》明确了未来15年中医药发展方向和工作重点，是新时期推进中国中医药事业发展的纲领性文件，体现了国家对中医药发展进行顶层设计和统筹规划的决心。

1. 中医药发展面临多重困境

国内人口老龄化进程加快，健康服务业随之蓬勃发展。然而，面对人民群众对中医药服务越来越旺盛的需求，中医药发展却面临种种问题，形势不容乐观。一是国内中医药资源总量不足。不少公立医院没有中医门诊，甚至一些中医院也偏于西医服务。二是中医药人才缺乏，继承不足，创新不够。三是适应中医药发展规律的法律政策体系不健全，中医药治理体系和治理能力现代化水平亟待提高。直到2015年12月，我国才首次审查通过第一部《中华人民共和国中医药法（草案）》，对传统医学的保护落后于世界上很多国家。四是国内中医药科研水平薄弱，中医药科研高地正被发达国家积极抢占。

以上问题，从根源上来说，是由中西医乃至中西文明间冲突所引起的。而国内长期以来却按照西医的标准对中医药人才设立准入门槛，限制了中医药的传承和创新。

2. 明确重点任务，“对症下药”力求破除困局

针对中医药发展面临的困境，《纲要》从3个方面明确了今后中医药发展的重点任务。第一，着力推进中医药创新，切实提高中医医疗服务能力，大力发展中医养生保健服务。中医将人体看成完整的系统，长于调理和强身健体。中医药的发展不能严格按照西医的科学标准，但是可以利用西医的科学优势，扬己之长，补己之短，尤其是要通过创新加强中医药对重大疑难疾病、重大传染病的联合攻关，提升中医药的疗效，不能使中医药在面对西医时失去话语权。第二，扎实推进中医药的继承。中医和西医的传统不同，必须找到适合中医药自身特点的人才培养模式，才能在现代医学大环境下做好对中医药的继承。第三，全面提升中药产业发展水平，大力弘扬中医药文化，积极推动中医药海外发展。中医药不仅是我国的传统医药资源，而且是具有广阔前景的经济资源。提升中药产业发展水平，能够为我国经济发展找到新的增长点。作为我国传统文化的重要组成部分，中医讲究“治未病”的理念和治疗效果安全可以走向世界、造福人类。因此，中国在扩大中医药国际贸易的同时，还必须推广中医药文化，进而提升中医药在世界医学界的地位。

《纲要》的首要目的，正是通过明确重点任务，打通中医药发展的“任督二脉”，做到有的放矢，为中医药的长远发展树立清晰的目标。

3. 多措并举，全面保障《纲要》目标顺利实现

鉴于我国长期对中医药发展重视不足，要想顺利实现《纲要》提出的目标，还必须配套强有力的保障措施。一是健全中医药法律体系，完善中医药标准体系，为中医药发展提供制度保障。二是加大中医药政策扶持力度，尤其是加大对中医药的资本投入。资本市场已经对中医药发展前景做

出了回应，可以充分加以利用。三是加强中医药人才队伍建设，为中医药发展提供坚实的人才基础。四是推进中医药信息化建设。利用现代信息技术的优势，构建全面覆盖的中医药信息网络，使人民真正有机会享受到高质量的中医药服务。

（文/鲁昊源、冯彪）

九部门联合推行节地生态安葬

2016 年 2 月 24 日，民政部等九部门联合印发《关于推行节地生态安葬的指导意见》（以下简称《指导意见》），针对现有葬式葬法造成的突出问题，提出多项制度改革举措，辅以多重措施保障，引导群众适用节地生态安葬，推动殡葬领域生态文明建设。

1. 以科学新型葬式葬法，促进生态文明建设

随着我国人口总量的增加与工业化、城市化的推进，城市用地增加、农业用地短缺已成为基本事实。传统土葬占用大量土地资源，污染地表地下水源，造成水土流失、土质退化、破坏地貌等不良影响；传统火葬虽然占地面积较小，但存在违规立碑开墓，造成空气污染等问题。随着环境与生态问题日益突出，传统葬式葬法亟待改革。

节地生态安葬①作为政府积极引导适用的新型葬式葬法，其科学性与创新性体现在因地制宜地使用多种安葬形式，在尊重各地传统安葬习俗的基础上，

---

① 节地生态安葬，即以节约资源、保护环境为价值导向，鼓励和引导人们采用树葬、海葬、深埋、格位存放等不占或少占土地、少耗资源、少使用不可降解材料的方式安葬骨灰或遗体，使安葬活动更好地促进人与自然和谐发展。

针对性地改善各地区问题，极大地发挥各地区资源特色。《指导意见》特别指出：节地生态安葬以骨灰或遗体在公墓内集中安葬为基础；在火葬区推广骨灰植树、植花、植草和骨灰立体安葬等方式，倡导选择节地型墓位和骨灰撒海、撒散等不保留骨灰的安葬方式；在土葬改革区，倡导选择节地型遗体墓位及遗体深埋、不留坟头或以树代碑。

这一新型葬式葬法的提出，是贯彻落实中央《关于加快推进生态文明建设的意见》等文件的重要成果，集中体现了殡葬领域生态文明建设创新发展、节约资源、保护环境的基本原则。

2. 政府着力引导、加强保障，激励全社会参与适用节地生态安葬

此次殡葬改革强调了政府主导、社会参与，节约资源、保护环境，注重引导、创新发展，分类指导、统筹推进的原则，并明确政府作为改革的引导者，要完成推行节地生态葬式葬法改革、加强节地生态安葬设施建设、提高节地生态安葬服务水平、培育现代殡葬文化等四项任务。其中最具实质意义和统括性的就是政府主抓引导和保障，激励社会广泛参与。

在殡葬改革过程中，政府应从以下 5 个方面发挥引导作用与保障职能。第一，加强组织领导。要健全工作机制，形成工作合力，确保政策措施落到实处。第二，发挥党员干部带头作用。党员、干部要带头推进改革、参与改革，以正确导向和行为示范带动广大群众转观念、破旧俗、立新风。第三，强化宣传引导。要树立正确舆论导向，用群众喜闻乐见的方式，宣传节地生态安葬的重大意义、法规政策和实践成果，注重日常引导、实践养成，凝聚全社会的思想认同。第四，健全奖补激励机制。指导和推动有条件的地方建立节地生态安葬奖补制度，积极探索建立环保殡葬用品补贴制度，鼓励群众积极参与。第五，注重能力建设。加强规划引导和政策指导，加快节地生态安葬标准化建设，加强专业服务人才培养，着力研究解决推行节地生态工作

中的难点问题。

3. 舆论解读两极化，虽有困难但前景看好

《指导意见》出台后，有观点认为节地生态安葬是对中国传统“入土为安”观念的亵渎，也有观点认为节地生态安葬能够改善现存殡葬制度污染环境、破坏生态的现状，而反对意见的主要关注点在于“不留骨灰”。据新浪网在 10749 名参与者中发起的调查结果显示，支持节地生态安葬者占 46.2%，反对者占 42.4%，另有 11.4% 的参与者持保留意见。由此观之，此次殡葬改革舆论解读呈两极化。支持者略占上风，表明节地生态安葬仍有较好的适用空间，而反对意见集中针对“不留骨灰”的形式，可在实践过程中做灵活调整。由此可见，未来节地生态安葬被群众广泛接受存在较大可能。

在此背景下，未来民政部门应积极协调有关部门，做好推行节地生态安葬的前期工作，为全面落实《指导意见》奠定基础。一是健全工作机制。要建立部门协调工作机制，强化部门责任和任务要求，加强目标管理和绩效考核，确保政策措施落到实处。二是完善制度标准。指导地方民政部门制定符合实际的落实措施和服务标准，强化制度保障。三是加强设施建设。将节地生态安葬设施建设纳入“十三五”规划和地方规划，打造示范性精品工程，探索和形成可复制、可推广的有效模式。

（文/段相宇、王悦）

中央重视保护农村留守儿童

2016 年 2 月 14 日，国务院印发《关于加强农村留守儿童关爱保护工作的意见》（以下简称《意见》），针对农村留守儿童工作上的薄弱环节，提出顶

层设计和制度规划，以充分调动政府、社会、学校和家庭的力量共同为留守儿童撑起一片天空。

1. 留守之痛叩问人性的底线

留守儿童，是指父母双方或一方外出到外地打工，而自己留在农村生活或不在父母身边的城里的孩子们，随着越来越多的农民进入城市，农村留守儿童问题日益严重。据全国妇联统计，2016 年我国有 6100 万名留守儿童，57.2% 的留守儿童是父母一方外出，42.8% 的留守儿童是父母同时外出，留守儿童中有 79.7% 由爷爷、奶奶或外公、外婆抚养，13% 的孩子被托付给亲戚、朋友，7.3% 为不确定或无人监护。这无疑会给农村儿童的人身安全、教育和健康成长带来严重的问题。近年来，留守儿童人身安全无法得到保障、心理畸形发展等悲剧不断重演，留守之痛不断叩问人性的底线。

近些年来，国家一直关注留守儿童问题。从 2006 年发布《国务院关于解决农民工问题的若干意见》和修订《中华人民共和国未成年人保护法》，到 2011 年的《中国儿童发展纲要（2011—2020 年）》和 2013 年颁布《关于加强义务教育阶段农村留守儿童关爱和教育工作的意见》，农村留守儿童一直备受重视。此次《意见》的出台便是农村留守儿童保护事业的进一步发展。

2. 多措并举推进留守儿童保护事业

针对存在的问题，《意见》提出以促进未成年人健康成长为出发点和落脚点，发动各方力量，确保农村留守儿童安全、健康、受教育等权益得到有效保障。

第一，强调多方参与、全面关爱，共同编制关爱之网。作为一个系统性和社会性问题，农村留守儿童保护工作需要由各级政府主导，每个家庭和全社会的共同参与。第二，完善保护机制，建立完善的保护防线。健全完善强制报告、应急处置、评估帮扶和监护干预机制，确保有关部门在农村留守儿童遭受不法侵害和监护缺失的情况能得到及时报告并采取应急措施。通过对农村留守儿童情况的准确评估，采取有效的帮扶措施，同时对监护人不依法履行监护职责的行为，基层组织要依法向人民法院申请撤销监护人资格，另行指定监护人。第三，追本溯源，从源头上减少留守儿童。加大对农民工家庭的扶持，帮助其入户城市，并在住房、医疗和教育上加强帮助，使农民工孩子能够留在父母身边；另外，推动东西部和城乡发展平衡，制定和落实财政金融等优惠扶持政策，鼓励农民工返乡就业创业。

3. 从根源入手，推进城乡走向一体化

农村留守儿童问题产生的主要原因有 3 个：第一，城乡经济差距，迫使农民工背井离乡以获得更多经济收入；第二，城乡二元户籍制度将农民工及其子女排除在教育、医疗、社会保障政策之外；第三，农村儿童保护社会机制缺失，资源及力量也很有限，难以承担农村留守儿童人身保护、教育、心理疏导等重任。可以看到，此次《意见》着力全面而细致地建立农村儿童保护机制，并促进农民工入户城市和激励农民工返乡。

但是要想从根本上解决农村留守儿童保护问题，就必须同时解决上述 3 个问题，逐步缩小城乡之间在经济、教育、医疗、社会保障等方面的差距，推进城乡走向一体化，关键是资源和力量的投入，否则一切保护机制的功能都会大打折扣。首先，发展农村经济，提高农村教育、医疗、社会保障方面的财政支持，以城市反哺农村。其次，发展合理的城市体系，加强中小城市对农村家庭的吸收能力和保障能力，促进农村人口的“市民化”。最后，除了依靠政府、家庭和村民自治组织之外，还要重视社会公益团体的力量，将慈善事业推及农村留守儿童保护工作。

（文/卓增华、张强）

中央频出新政促“精准扶贫”落地

2016 年 2 月，中共中央办公厅、国务院办公厅印发《关于加大脱贫攻坚力度支持革命老区开发建设的指导意见》《省级党委和政府扶贫开发工作成效考核办法》，在“1258”老区支持政策体系①的基础上，进一步细化精准扶贫思路，促进革命老区脱贫致富，并通过修改和升级扶贫开发考核办法，确保各项政策和措施落到实处。随后，国务院印发《关于进一步健全特困人员救助供养制度的意见》，总结 20 世纪 50 年代以来的特困人员救助供养经验，把城市“三无”② 人员和农村五保③供养对象统筹到特困人员救助供养制度中，从救助供养标准和救助供养方式两方面提出了差异化救助的要求，力求做到精准救助。中央接连出台的举措，均着力解决重点区域、重点人群的贫困问题，落实精准扶贫理念，将全面脱贫的攻坚责任层层细化，推动央地联动的扶贫攻坚新格局的形成。

1. 明确脱贫难点，着重部署完善

革命老区、特困人员，都是全面建成小康社会的最薄弱环节。瞄准这两个对象，明确扶贫的重点任务，体现了精准扶贫的原则。革命老区在我国分布较广，既需要不断提高普惠政策的支持力度，也需要因地施策、分类指导。《关于加大脱贫攻坚力度支持革命老区开发建设的指导意见》对今后 5 年革命老区的脱贫攻坚提出了任务要求，包括加快重大基础设施建设、保护生态环

---

① “1258”老区支持政策体系，是指 1 个总体指导意见、2 个区域性政策意见、5 个重点老区振兴发展规划、8 个涉及老区的片区区域发展与扶贫攻坚规划。

② “三无”指没有劳动能力，没有生活来源，没有法定赡养、抚养、扶养义务人。

③ “五保”指保吃、保穿、保住、保医、保葬。

境、推进民生改善、促进转移就业、创新体制机制等，并且鼓励各地有序开发优势资源，培育壮大特色产业，继续实施专项扶贫工程，依循“具体问题具体分析”的思路。

特困人员救助供养制度，保障的是最困难、最脆弱人群的基本生活。我国共有城乡特困人员591.4万，其中城市“三无”人员73.9万，农村五保对象517.5万。特困人员救助供养工作存在工作机制不健全、资金渠道不通畅、管理服务不规范等问题，导致救助政策变形，备受诟病。《国务院关于进一步健全特困人员救助供养制度的意见》旨在解决机制问题，完善制度建设，其中值得关注的要点包括：一是实行城乡统筹，凡是符合“三无”的老年人、残疾人、未满16周岁的未成年人，无论城乡，都可以纳入特困人员救助供养的范围，做到应救尽救、应养尽养；二是将过去按“分散供养”和“集中供养”制定的标准，改为按照“基本生活”标准和“照料护理”标准两个类型进行划分，即在同一个区域，无论是集中供养还是分散供养，在基本生活上的标准和照料护理上的标准是一致的，使得标准划分更加科学合理；三是鼓励具备生活自理能力的特困人员在家分散供养，对完全或部分丧失自理能力的特困人员优先提供集中供养服务，坚持差异化服务导向。

2. 细化考核依据，坐实攻坚责任

我国的脱贫任务十分艰巨，仅靠中央部署无法实现全面脱贫的目标，必须充分调动地方的积极性，坐实地方党委和政府的攻坚责任。《省级党委和政府扶贫开发工作成效考核办法》要求考核工作从2016年到2020年，每年开展一次；由国务院扶贫开发领导小组组织进行，具体工作由国务院扶贫办、中央组织部牵头，会同国务院扶贫开发领导小组成员单位组织实施；考核内容包括减贫成效、精准识别、精准帮扶、扶贫资金等。

《省级党委和政府扶贫开发工作成效考核办法》与2012年发布的《扶贫开发工作考核办法（试行）》相比，更具权威性和震慑性。具体来说，前者有以下特点：首先，定向瞄准脱贫任务重的中西部省、自治区、直辖市；其次，明确列出考核中可能发现的6个问题，直指扶贫开发工作中的“不作为、乱作为、假作为”①；再次，考核指标的数据来源除了全国农村贫困监测等数据外，还将适当引入第三方评估；最后，坚持结果导向、奖罚分明，实行正向激励，落实责任追究。

3. 地方积极主动作为，贯彻精准扶贫

继2015年年底在中央扶贫开发工作会议上，22个中西部脱贫任务重的省区市向中央签署脱贫攻坚责任书后，多地在对外公布的本地区“十三五”规划建议稿中，普遍表态要“打赢脱贫攻坚战”，并设定了脱贫任务的时间表和路线图。在2016年省级地方两会中，有11个省区市明确2016年将完成百万或以上贫困人口脱贫任务。此次发布的《省级党委和政府扶贫开发工作成效考核办法》作为脱贫攻坚责任书的配套措施，旨在确保中央对各地脱贫进展情况的掌握。

扶贫工作以“精准扶贫”为中心，从中央政策部署到地方具体落实都贯穿了这一指导思想。多地在政府报告中明确，要根据本身实际情况，发展特色产业扶贫，引导劳务输出扶贫，实施易地搬迁扶贫，结合生态保护扶贫，开展医疗保险和医疗救助扶贫，探索资产收益扶贫及加强教育扶贫。因地制宜，成为地方扶贫开发工作的主要思路。

（文/姚瑶、苗继宇）

---

① “不作为”包括未完成年度减贫计划、贫困人口识别和退出准确率低等；“乱作为”包括违反扶贫资金管理使用规定、违反贫困县约束规定等；“假作为”包括弄虚作假、搞“数字脱贫”等。

上海领衔共青团体制改革

2016年2月29日，共青团上海市第十四届委员会第七次全体（扩大）会议召开，此前公布的《上海共青团改革实施方案》的落地措施也正式“亮相”。其中，干部选拔、机构重组、编制调整等领域动作颇大，在共青团发展史上前所未有，这也标志着我国群团组织的改革拉开帷幕。

1. 共青团现状与中央精神：改革的台前幕后

中国共产主义青年团（简称共青团）是中国共产党领导的群众性组织，其主要职能是团结、引导并服务青年群体，被视为党的“助手和后备军”。自1922年成立以来，共青团在中国政治发展过程中发挥了重要作用，“年轻、素质高、有干劲”也是团干部给外界的普遍印象。自20世纪80年代以来，具有共青团背景的党的高级干部不胜枚举，不少党的重要领导人早年出身于共青团。然而，近年来共青团领域逐渐出现一些不良风气，如“火箭提拔”、作风漂浮等，共青团似乎逐渐沦为快速晋升的捷径。2015年7月，习近平在中央群团工作会议上严肃指出群团组织①存在“机关化、行政化、贵族化、娱乐化”的问题，明确要求整顿上述不良风气。会后，中央深改组下发通知，上海被明确为地方群团改革的两个试点城市之一，并于11月20日的上海市群团工作会议上正式公布《上海共青团改革实施方案》。

2. 放开放活与服务基层：改革的主要措施

作为全国群团改革的试点，上海共青团的改革集中于人事和组织架构调

① 在中国，群团组织主要指工会、共青团和妇联。

整，放开放活、服务基层的特征比较明显。其中突出变化有以下几点。

第一，干部选拔向基层倾斜。共青团的干部和领导班子一直由专职团干组成。此次改革以“精干高效、不拘一格、五湖四海”为导向，不唯年龄、不唯学历、不唯职级，从具有团学专兼职干部经验、基层群众工作经历的人选中选拔培养团干部。4 名挂/兼职副书记全部来自基层，涉及新闻、创业、科研、社会组织等多个领域，而且不设行政级别。另外，新增选的团市委常委和委员中基层一线比例分别达到了 42.1% 和 58.5%。

第二，机关部室“扁平化”。改革前，团市委共有 14 个机构部室，按照改革方案，团的领导机关进行“扁平化”改革，团市委内设机构精简 25%，建立“9+1+X”格局：“9”是指团的工作部门，“1”是指青少年服务和维权办公室，“X”是重点工作项目组。

第三，机关编制精简下沉。改革前，团组织普遍存在“头重脚轻”的问题，机关干部多，基层人员少，呈现“倒金字塔”结构。此次改革以“减上补下”“补缺口、强一线”为原则，精简团市委机关编制 27 个，全部下沉到青年工作任务较重的大口团工委、团的工作力量相对薄弱的区县团组织和青年集聚的园区，充实基层工作力量。

第四，打造“网上团组织”。针对青年生活方式的变革：一方面，全力打造“青春上海”微博、微信公众号，与分布在全市各个区域的 479 家“青年中心”整合在一起，形成线上平台、线下门店相结合的 O2O（线上到线下）闭环；另一方面，将“上海青年之声”与此前已有的 12355 综合服务平台相结合，为青少年提供网上活动平台和服务维权平台。此外，数字化的团务平台也将得到建立。

3. 形变与质变：影响改革的症结所在

回顾此次上海共青团的改革，动作不可谓不大，舆论反响热烈。其中不少核心措施如领导干部从基层选拔、机构扁平化管理、机关编制压缩等，也有效切中了群团组织“机关化、行政化、贵族化、娱乐化”的命门，极有可能在其他省区推广。但这一改革能否从形变到质变，达到中央提出的加强“政治性、先进性和群众性”的改革要求，还有几个关键问题需要解决。一是新领导班子的运作问题。原有专职团干能否转变思想、接受新模式，兼职干部如何获得有效权力、避免成为摆设，新领导机构如何避免重走青联①的老路，这将是决定此次改革成败的首要因素。二是组织机构的工作方式问题。虽然上海共青团做了相当大的架构调整，但本质上只是原有人员的重新组合，比如统战部只是更名为团结联络部。如果原有人员的工作思路和方式不改变，那么改革仍然是“换汤不换药”。三是对思想引领的重视问题。作为对共青团“重引领、轻服务”现象的纠正，此次改革重点突出了共青团的服务职能，而思想引领却没有太多体现。服务本身只是方式，团结引领青年才是目的。如果意识形态领域的工作跟不上，服务工作也将事倍功半。

（文/仲启群）

① 青联，全称中华全国青年联合会，是中国共产党领导下的基本人民团体之一，其核心和主体力量是共青团，两者合署办公，青联主席由团中央常务书记兼任，副主席数量众多且大多是社会各界优秀青年，但往往是虚职，共青团掌握实际运作。

3月 “两会”明确发展路线图

全国两会锚定中国“十三五”发展路线图

“两学一做”重塑党风

新一轮人才体制改革方案面世

新政推动军民融合战略落地

多项金融政策助推社会事业发展

科技类国企破题混合所有制改革

中央推“绿色消费”新政促共享经济发展

全国两会锚定中国“十三五”发展路线图

全国政协十二届四次会议、十二届全国人大四次会议分别于3月3日、3月5日开幕。两会期间，全国人大审议并通过了“十三五”规划纲要与政府工作报告。两会后，国务院正式批转了国家发展改革委《关于2016年深化经济体制改革重点工作的意见》（以下简称《意见》）。三份文件分别阐明了国家经济社会的发展战略，明确了政府的重点工作，突出了经济体制改革的重要任务，分层次厘清了2016年度乃至未来5年的发展路线，对于锚定中国发展思路具有重要意义。

1. “十三五”规划纲要：贯穿五大发展理念

“十三五”时期，是中国全面建成小康社会、实现“两个一百年”奋斗目标的关键阶段。中国共产党第十八届五中全会审议并通过了“十三五”规划建议。根据规划建议，国务院编制了“十三五”规划纲要草案。经过全国人大的审议通过，“十三五”规划纲要正式上升为国家意志，进一步阐明中国的国家战略意图，明确了发展的指导思想与基本理念，描绘了未来5年国家发展的路线图。

“十三五”规划纲要把握了经济进入新常态的大逻辑，在全面深化改革的背景下，按照“五位一体”的总体布局和“四个全面”的战略布局，在各个领域内贯穿创新、协调、绿色、开放、共享发展五大理念，锚定了中国未来的发展方向。在内容上具有以下 4 个特点。一是打破了路径依赖，以供给侧结构性改革为主线。“十三五”规划纲要提出以提高供给体系的质量和效率作为目标，重点做好“三去一降一补”五大任务，强调用改革的办法推进结构调整、市场机制构建等重要问题。二是提出了国民经济社会发展的八大任务。分别是：保持经济中高速增长，实施创新驱动发展战略，推动产业迈向中高端水平，促进城乡区域协调发展，构建发展新体制，构建全方位开放新格局，加快改善生态环境质量，着力保障改善民生。三是突出了重大政策、重大工程和重大项目。在重大政策上更加强调注重运用新思路和新机制，强调划清市场和政府的边界，充分发挥市场在资源配置中的决定性作用。同时，“十三五”规划纲要中设置了多个重大项目和重大工程，涉及科技创新、结构升级、基础设施、生态环境、民生改善五大支撑。四是细化了经济社会发展的目标和指标，“十三五”规划纲要设置了经济发展、创新驱动、民生福祉、资源环境四大类 25 项主要指标。不仅提出 GDP 年均增长 6.5% 以上的预期性指标，而且设定了反映经济发展效率提高、结构优化的指标。不仅将创新驱动作为一个大类，增加分量，而且也注重补齐民生短板，加强民生保障，设定了脱贫等精细指标。除了继续提出单位 GDP 能源消耗等减排指标，还制定了反映雾霾和水污染等环境质量的新指标。

2. 政府工作报告：五大任务引领方向

作为“十三五”的开局之年，结构性改革的攻坚之年，在“十三五”规划纲要的任务部署与目标锚定下，按照 2015 年经济工作会议精神，政府工作报告提出了 2016 年的重点工作。在加强供给侧结构性改革的目标下，主抓五大任务。在具体内容方面，要重点把握 5 点。一是设立经济增速预期，合理运用政策手段。经济增长速度设置在 6.5% ~7% 的合理区间内，既要稳增长，保障比较充分的就业，又要明确强调不搞“大水漫灌”式的强刺激，组合创新运用政策工具和政策手段来应对下行压力。二是首提新经济，力促经济转型。新经济涵盖国民经济三大产业，不仅指三产中的“互联网+”等新兴产业，而且包括工业制造中的智能制造，涉及农村三大产业融合发展等。强调发展新经济，既是为了应对新旧动能转换，改造提升传统动能，也是推动结构性改革的关键。三是以敬民之心，行简政之道。简除烦苛，禁察非法，除了继续削减行政审批，还要推进商事制度改革，继续努力实现政务公开，推动政府职能转变。四是要补齐民生短板，推动社会事业。坚持以人民为中心的发展思想，要求打赢扶贫脱贫攻坚战，同时扩大就业创业，发展更高质量的公平教育，协调推进医疗、医保、医药联动改革，推动文化事业改革，创新社会管理。五是要持续推进新型城镇化，加大环境治理。新型城镇化不仅要求农业转移人口市民化，而且要推进城镇保障性安居工程建设和房地产市场平稳发展，加强城市规划建设管理。在环境治理方面，重拳出击大气雾霾和水污染，发展绿色环保产业，强调发展要走可持续之路。

3. 经济体制改革意见：十大领域重点突破

根据“十三五”规划纲要的规划与政府工作报告的部署，国家发展改革委出台了2016年经济体制改革重点的《意见》。《意见》推出一批具有牵引作用的改革举措，着力已出台改革方案的落实，推动形成适应经济发展新常态的机制体制。《意见》提出了10个领域50项年度经济体制改革重点任务，具有以下3个特点。一是重点突出。紧抓供给侧结构性改革主线，突出国企改革、机制创新、职能转变、财税体制、金融体制、新型城镇化、开放体制、生态文明、改革试点与评估等十大领域改革事业，把握改革与创新两大主题。二是具有年度性。在十大领域内，细化部署了年度经济工作重点。十大重点突破领域的任务，都是2016年能够实施或者能够启动的改革事项。三是突出问题目标导向。在经济下行压力大、经济隐患增多的环境下，《意见》着力促进化解结构性矛盾。同时，将顶层设计和基层探索创新有机结合，合理安排改革试点，鼓励地方探索，发挥地方首创精神，发现新问题，总结新经验，发挥两个积极性，推动经济体制机制创新。

中国经济发展似乎进入了一种“两难”境地：一方面，长期结构失调、产能过剩、市场扭曲，亟待政府“壮士断腕”式地去产能、去库存、去杠杆，以解除长期的隐患和风险；另一方面，在经济下行压力不断增大的背景下，民间投资增速减缓、实际失业率升高、债务风险上升等问题凸显，政府不得不重拾“信贷扩张”工具，为市场输血以防止“硬着陆”。从2016年两会政府工作报告及2016年以来政策走向来看，短期内扩需求、稳增长、保就业仍将成为首要任务，宽松的货币政策和扩张性的财政政策并配合高增长的基建投资将成为刺激经济企稳的主要抓手。而长期来看，“十三五”规划纲要及《意见》表明了中央政府经济改革的决心，中央政府各部门由于较少地承担经济发展指标压力，因此能够更具前瞻性地对经济发展进行规划设计，经济“再平衡”将一直成为政府经济工作的主要目标。

（文/马克、曾诗洋）

“两学一做”重塑党风

2016年2月28日，中共中央办公厅印发了《关于在全体党员中开展“学党章党规、学系列讲话，做合格党员”学习教育方案》（以下简称“两学一做”学习教育）。这是中国共产党继群众路线教育实践活动、“三严三实”专题教育之后，进一步深化党内教育的重要实践，明确了新形势下合格党员的标准，为今后一个时期的政党建设指明了目标。

1. 着力解决问题，巩固已有党建成果

党的十八大以来，中国共产党开展了一系列从严治党的实践活动，取得了重要成果。整体上，党员干部的素质得到了提升，作风也有了较大改善。然而，影响党的先进性、弱化党的纯洁性的因素仍然存在；党内存在的思想不纯、组织不纯、作风不纯等问题依然未得到根本解决；党仍然面临执政考验、改革开放考验、市场经济考验、外部环境考验。打铁还需自身硬，我们党在新时代必须要有新气象、新作为，坚定不移全面从严治党。

近期开展的“两学一做”学习教育，基础在“学”，关键在“做”。中央强调“学党章党规，学系列讲话，做合格党员”，目标是希望通过将党的思想建设、作风建设、纪律建设融为一体①，从根本上解决这些问题，巩固党建工作取得的成果，增强党内凝聚力，提高党的战斗力。

2. 增强“四个意识”，锤炼基层党员党性

“两学一做”的精髓，可以从两个角度来把握，这也是其与之前的从严治党系列实践活动的不同之处。一是“学”和“做”的目标是要确定新时期合格党员的标准，即增强政治意识、大局意识、核心意识和看齐意识（合称“四个意识”）；二是“学”和“做”的重点在基层党员干部，并且要保证正常化。

增强“四个意识”，锤炼基层党员党性，具体要注重以下两方面。

第一，是“四个意识”。增强“四个意识”的提法，首次出现在2016年1月29日中央政治局审议一份报告的新闻报道中。政治意识和大局意识自改革开放以来一直被强调，而核心意识和看齐意识则是在“三严三实”专题教育活动中提出的。此次“四个意识”整合于一体，既是学习的目标，也是检

---

① 王炳林．在“两学一做”中增强“四种意识”［N］．光明日报，2016－03－13.

验学习成果、检验合格党员的标准。通过“学系列讲话”“学党章党规”，一方面要求党员强化“四个意识”，自觉凝聚在党中央领导核心的周围；另一方面则要求党员以《党章》作为一切行为的基本准则，从而将从严治党落到实处。

第二，是重视基层。长期以来，基层党组织与群众联系最为紧密，是党最坚实的力量支撑，而与此同时，基层也是问题多发、党群矛盾最复杂之所在。因此，无论是群众路线教育实践活动，还是“三严三实”专题教育活动，“基层逻辑”始终是从严治党的基础。“两学一做”强调推动党内教育从“关键少数”向广大党员拓展、从集中性教育向经常性教育延伸，这也是对这一逻辑的继承。只有增强基层党员的“四个意识”，锤炼其党性，才可能真正保持各级党组织的活力，有效推动全面从严治党向基层延伸。更重要的是，中央此次特别强调“两学一做”不是一次活动，而是正常教育，意味着其将会成为党建工作的常态化任务。

3. 净化政治环境，营造风清气正的政治生态

2016年是“十三五”开局之年。一方面，中国经济下行压力加大；另一方面，各项改革进入攻坚阶段，困难重重。在这样的背景下，作为中国特色社会主义事业的领导核心，中国共产党能否持续推动从严治党进一步深化，提升全党凝聚力，关系到中国共产党提出的“两个一百年”奋斗目标能否实现、中华民族伟大复兴能否实现。

“两学一做”学习教育通过明确新时期党员的合格标准，强调基层党员作为主体，有利于清除“苍蝇式”腐败滋生的环境，达到正本清源的效果。由此开启的党风重塑新阶段，将有助于在党的内部营造风清气正的政治生态，进而为各项改革以及社会主义现代化建设提供有力保障。

（文/鲁昊源）

新一轮人才体制改革方案面世

2016 年 3 月 21 日，中共中央印发了《关于深化人才发展体制机制改革的意见》（以下简称《意见》）。作为当前和今后一个时期全国人才工作的指导性文件，《意见》从管理体制、工作机制和组织领导等方面提出改革措施，着眼于破除束缚人才发展的思想观念和体制机制障碍，解放和增强人才活力，形成具有国际竞争力的人才制度优势，将对构建科学规范、开放包容、运行高效的人才发展治理体系起到有利的推动作用。

1.《意见》着力打破束缚人才活力的体制机制障碍

《意见》明确“坚持党管人才”的战略定位，为深化人才发展体制机制改革提供坚强的政治和组织保证，突出市场导向的基本原则，充分发挥市场在人才资源配置中的决定性作用和更好发挥政府作用。《意见》还树立了扩大人才开放的全球视野和战略眼光。

这次改革的目标是到 2020 年在关键环节要取得重大突破，形成与社会主义市场经济体制相适应的政策法律体系和社会环境。

第一，简政放权，推进人才管理体制改革。“简政放权”是本轮人才体制改革的核心举措。《意见》要求“转变政府人才管理职能”、“保障和落实用人主体自主权”、“健全市场化、社会化的人才管理服务体系”和“加强人才管理法制建设”，明确政府、市场、社会、用人主体关系及各自定位，做到“政社分开、政事分开和管办分离”，尤其要全面落实国有企业、高校、科研院所等企事业单位和社会组织的用人自主权。

第二，创新制度，建立科学的人才评价机制。人才评价机制改革是亮点，也是本轮改革的重中之重。《意见》提出坚持德才兼备，注重凭能力、实绩和贡献评价人才的标准，不将论文等作为评价应用型人才的限制性条件；合理界定和下放职称评审权限，对职称外语和计算机应用能力考试不做统一要求；畅通非公有制经济组织和社会组织人才参加职称评审渠道；清理减少准入类职业资格。

第三，新理念、硬办法，健全人才顺畅流动机制。《意见》首次在中央层面上提出建立高层次、急需紧缺人才优先落户制度，为解决人才流动中的瓶颈户籍问题打开了突破口；研究制定吸引非公有制经济组织和社会组织优秀人才进入党政机关和国有企事业单位的政策措施，扩大了公务员队伍来源；促进人才向艰苦边远地区和基层一线流动，对边远贫困和民族地区县以下单位招录人才可适当放宽条件。

此外，《意见》突出强调创新创业导向，强化人才激励机制，提出加大力度实施海外高层次人才引进计划，同时还要求改进人才培养支持机制，研究“在国有企业建立职业经理人制度”以优化企业家成长环境。

此轮人才体制改革夯实了我国人才发展的制度性基础，为人才的培养和长远发展造就了良好的环境。改革从供给、用人单位、政府各方面，释放出了很强烈的信号，那就是将为包括大学生在内的所有青年人才创造一个人人皆可成才的公平竞争环境。《意见》对于加强人才体制建设，解决困扰我国多年的用人机制问题，具有十分重要的战略意义和现实意义。

（文/高婷婷、朱彩云）

新政推动军民融合战略落地

2016年3月25日，中共中央政治局召开会议，审议通过《关于经济建设和国防建设融合发展的意见》，将军民融合发展上升为国家战略，以期促进经济和国防建设协调发展，也预示着军事深化改革又向前迈进了一大步。

1. 国防与经济战略的变迁

富国与强军，堪称实现中华民族伟大复兴的两大基石。自中华人民共和国成立以来，中国的国防和经济建设关系经历了一系列的演变，大致可以分为以下4个阶段。第一阶段，20世纪50年代，毛泽东提出“两件大事”思想，强调统筹兼顾和平衡发展，但在20世纪60年代由于国际环境恶化，被迫提出了“准备早打、大打、打核战争”备战备荒的准备；[①] 第二阶段，党的十一届三中全会后，邓小平提出了以经济建设为中心的大局思想，要求军队建设紧密配合并服务于大局，发展战略重心向经济建设倾斜；[②] 第三阶段，党的十三届四中全会后，中央明确了国防和经济建设两头兼顾的方针，开始向平衡发展模式过渡；第四阶段，21世纪以来，随着世界多极化以及经济全球化趋势的不断推进，国家安全形势发生了改变，国防建设和经济建设共同发展的理论逐渐完善，军民融合发展逐渐上升为国家战略。

2. 去弊端、建平台、强保障，以革新促融合

军民融合，换言之就是军工民企的互联互通：一是“军转民”，即军事技术在民间的使用；二是“民参军”，即民营主体参与军工市场。将军民融合发展上升为国家战略，意味着国防建设和经济建设在更广范围、更高层次、更深程度上的结合，在实践中，以下几个新动向值得关注。

第一，革新体制机制，去除结构性弊端。把军民融合发展上升为国家战略的本意就是为了破除军民二元体制结构，把军方的高标准、高新技术

---

① 袁德金. 毛泽东与“早打、大打、打核战争”思想的提出［J］. 军事历史，2010（5）.

② 陈俊宏. 中国特色社会主义理论核心观点解读［M］. 北京：中共中央党校出版社，2011.

和民间的资本有效地结合起来，形成新的产业体系优势。而要在旧有结构的基础上建立军民互联互通、资源共享的新局面新机制，进行理论、科技、管理、实践等方面的创新，试点改革就是重中之重，尤其是在省地军区推行改革试验，充分发挥其协调带动作用，在实践中不断完善融合发展的体制机制。

第二，引导民营军工市场化，建立新产业平台。保持传统优势，进一步推进军工领域的开放，让更多的非核心军品新科技成为融合发展点，也是本次深化改革的一大亮点，这将促进军工资产的重新定价和资源的重新分配。进一步说，以军工企业严格的质量标准和管理制度，促进民营企业的改造转型，可以催生出一系列优质的特色产品并由此构建出成体系的平台，在特定的区域形成极具特色优势的军民融合产业基地。

第三，军队和武警部队全面停止有偿服务活动，体系性强化法治保障。有偿服务的典型在于部队医院，清理整顿是为了有效提高军队战斗力，当然也要解决好病人数量和医疗资源不足的矛盾，以及随之而来的军人就医问题，可以说，深化军民融合是解决军队医院的转型问题的最佳选项。而其中，最需要的就是法律制度的规范、引导和保障。以小见大，军民融合发展过程的方方面面都需要运用法治思维和法治方式，实实在在地在战略建设中促进法治的进步。

3. 富国与强军并举，在国际潮流中确保优势

军民融合作为国家战略，其实是一个国际化的趋势，美国的“军民一体化”模式、日本的“以军掩民”模式、俄罗斯的“先军后民”模式、以色列的“以军代民”模式等，都已在各自的国情基础上取得了富有效果的成就。此轮极具中国特色的历史性军改，不乏借鉴他国经验，更是突出发挥了军民团结一家的传统政治优势，我们可以看到，在一步步协调国防建设与经济建设关系的过程中，建设一支“同中国国际地位相称”“同国家安全和发展利益

相适应”的强大军队的未来可期。

（文/马毅豪）

多项金融政策助推社会事业发展

2016 年 2 月 3 日，国务院常务会议通过《全国社会保障基金条例》（以下简称《条例》），这是首个有关全国社会保障基金的条例。3 月 21 日，五部门联合发布《关于金融支持养老服务业加快发展的指导意见》（以下简称《意见》），对金融支持养老服务业做出重要指导。3 月 23 日，人民银行等七部门联合印发《关于金融助推脱贫攻坚的实施意见》（以下简称《实施意见》），对推进金融扶贫工作做出具体部署。中央密集出台金融政策支持社会事业发展，体现了对金融助推社会事业的重视。

1. 社会事业发展滞后

社会事业是社会的稳定石，关系到人民群众的切身利益，但是，我国的社会事业发展滞后，手段单一，难以满足社会的需要。目前以政府主导的基本养老保险，难以满足现实需求；金融养老产品单一，难以有效契合老年人的金融服务需求。在扶贫方面，我国政府历来重视运用金融政策，如 2008 年，国务院扶贫办全面改革扶贫贷款贴息管理制度；2011 年，国务院安排 5 亿元批发贷款授信额度解决小额信贷项目的资金来源问题。但由于起步晚，起点低，贫困地区金融服务依然落后。全国社会保障基金[①]是国家社会保障储

① 全国社会保障基金是指全国社会保障基金理事会负责管理的由国有股减持划入资金及股权资产、中央财政拨入资金、经国务院批准以其他方式筹集的资金及其投资收益形成的由中央政府集中的社会保障基金。

备基金，但一直以来，管理依据只有《全国社会保障基金投资管理暂行办法》，存在着行政监管分散、社会监督主体缺位、投资收益偏低等问题。

2. 金融新政多角度助推社会事业

针对当前存在的问题，中央对症下药，从养老、扶贫、社会保障基金3个角度发力，推动金融参与社会事业。第一，加强产品创新和支持力度，积极应对老龄化。针对当前养老事业现状，《意见》提出要推动组织、产品和服务创新，提升养老财富储备和养老支付能力；创新专业金融组织形式，探索组建多种形式的金融服务专营机构；动员社会资本参与，保障“老有所养”。第二，金融助推脱贫攻坚重在“精准”。在农村贫困地区多元化的融资需求困境下，《实施意见》提出要精准对接贫困地区，推广“定向滴灌”金融扶贫模式；发展普惠金融，加强农村信用体系建设；下沉金融服务重心，引入新兴金融业态支持精准扶贫。第三，强化监管，捍卫社会保障基石。为应对社会保障基金监管缺失和收益偏低的现实问题，《条例》明确了基金的投资范围、种类和比例；完善基金的风险管理和内部控制制度；强化对投资管理人、托管人的管理。

3. 金融政策应致力于松绑

发展社会事业，特别是运用金融政策，要明确“政府的归政府，市场的归市场”这一理念，减少不必要的管制和干预。对目前的养老市场来说，政府要做的应该是进一步放开养老保险市场，推动养老产品多元化。而农村金融市场亟须解决的是土地流转问题，土地作为农民最重要的生产资料却无法自由流动，严重影响农村金融的活力。因此，要推动金融助推社会事业，必须真正做到简政放权。

（文/卓增华、张强）

科技类国企破题混合所有制改革

2016年2月29日，财政部、科技部、国资委联合对外发布了《国有科技型企业股权和分红激励暂行办法》（以下简称《办法》），提出从3月1日开始，在全国范围内推进科技主导型国有企业员工持股计划和股权激励工作。

1. 混合所有制改革是此轮国企改革的关键一环

改革多年来，国有企业经历了“放权让利”的第一阶段，完成了“制度创新”建立现代企业制度和推动国有经济结构调整的第二阶段，走过了以国有资产管理体制改革推动国有企业改革的第三阶段，基本建立了多种所有制共同发展的混合经济结构，国有企业迅速发展，提升了综合实力。但在几轮国企改革中也积累了多种问题，遇到了各种阻力：一是国有资产流失。由于制度建设滞后、监管缺位、信息不对称，内部人员借国企改革、产权流动之机，低价评估侵吞国有资产。二是全员持股与管理层占股比例较大，管理层以很小比例股权实现对国资的实际控制。由于管理层收购在实际操作中经常出现问题，易导致内部人控制，自买自卖，暗箱操作，滋生腐败；同时，员工内部持股与外部转让无规则，易导致国企个人化问题。三是垄断性国企欠缺市场化竞争环境，自身缺乏改革动力，往往结构臃肿、成本过高、回报率低。四是政企分开推动困难，多数国企高管仍保留行政级别，管理僵化，难以培养职业经理人发挥创造性，进而导致国企高管薪酬问题难以解决。

2015年，党的十八届三中全会系统提出了要积极发展混合所有制经济，同年9月《关于深化国有企业改革的指导意见》发布，对中国国企改革的顶层设计做出了全盘规划，明确支持员工持股计划。2016年员工持股作为混合所有制的一种方式被单独列出，意味着员工持股的闸门放开。积极稳妥推进员工持股，是确保改革顺利推进的重要突破口，既可以实现股权多元化，又可以调动员工的积极性，提高国企资产回报率，实现国有资产保值增值。

2.《办法》在重要领域和关键环节推进“混改”

从企业类型来看，主要是人才资本和技术要素贡献占比较高的国有科技型企业。优先试点员工持股的企业具体包括：转制院所企业，国家认定的高新技术企业，高等院校和科研院所投资的科技企业，国家和省级认定的科技服务机构。从激励对象来看，主要为重要技术人员和经营管理人员。持股员工需要符合在关键岗位工作并对公司经营业绩和持续发展有直接或较大影响的科研人员、经营管理人员和业务骨干，分享企业发展红利。同时规定，此次持股分红对象，非面向全体员工实施，且企业监事、独立董事不得参与企业股权或者分红激励。从股权额度来看，提高了股权激励的总额度，且严格把控控股权奖励尺度。《办法》规定，企业年度岗位分红激励总额不高于当年税后利润的15%，增强了对科技型企业的激励作用。在突出对科技型企业引导功能的同时，着力规范过度激励，控制奖励范围。《办法》明确，大型企业的股权激励总额不超过企业总股本的5%；中型企业的股权激励总额不超过企业总股本的10%；小微型企业的股权激励总额不超过企业总股本的30%，且单个激励对象获得的激励股权不得超过企业总股本的3%。

3. 细化规则，分层分类推进改革

此轮混合所有制改革，旨在让国企更加市场化地参与竞争，提高利润率，改善国有资产的利用效率，同时防止国有资产流失，进一步实现政企分开，将资源配置决定权和企业经营权归还市场和企业，保证国企的活力和竞争力。

虽然《办法》对科技类国企员工持股规定了相关实施细则，但还需进一步细化其内容，如在持股范围、持股比例、持股时间、退出机制、激励方案、资产评估、实施程序等方面做出详细规定。另外，员工持股的深入发展还需要规范的证券市场、优惠的税收政策等方面的支持，并且应进一步推进国有企业员工持股，区分上市公司与非上市公司、集团公司与子公司、中央企业与地方企业、管理层持股与全员持股，分类推进，突出重点。

（文/李琳、冯彪）

中央推“绿色消费”新政促共享经济发展

2016 年 3 月 1 日，国家发展改革委联同多个部门发布《关于促进绿色消费的指导意见》（以下简称《指导意见》），提出支持发展共享经济，鼓励个人闲置资源有效利用，有序发展网络预约拼车、自有车辆租赁、民宿出租、旧物交换利用等，创新监管方式，完善信用体系。由此可以看出，中央遵循“创新、协调、绿色、开放、共享”的发展理念，助推消费绿色转型、鼓励发展共享经济的思路，以及对饱受争议的“网络约车”的明确支持态度。《指导意见》引发了社会的广泛讨论，其中“有序发展网络预约拼车”成为舆论焦点，如何引导网络约车走向规范化，平衡其与传统出租汽车之间的利益诉求，促使共享经济加速落地，还有待政府进一步出台管理措施。

1. “互联网 +” 支撑共享经济发展，创新绿色生活方式

互联网和大数据的利用，是我国现阶段发展创新的重要支撑，是引入共享经济的技术前提。而在产能过剩的经济形势下，共享经济作为一种新生力量，为供给侧改革提供了可能的出路。因此，以“互联网 +”为基本

形态的共享经济备受社会、政府的关注。党的十八届五中全会公报提出实施网络强国战略，实施“互联网＋”行动计划，发展共享经济，实施国家大数据战略；“十三五”的发展理念新加入了“绿色”和“共享”，为未来的经济发展指明了方向；2016 年的《政府工作报告》也重点强调了共享经济。值得注意的是，相较于环保部 2015 年 11 月发布的《关于加快推动生活方式绿色化的实施意见》，《指导意见》特别提出要大力推广利用“互联网＋”促进绿色消费，并列出了现实中常见的几种共享经济模式。置于舆论对互联网创新模式褒贬不一的背景下看，《指导意见》的出台可视为政府态度的明朗化。

“互联网＋”如今渗透到社会生活的方方面面，深刻地改变着人们的衣食住行习惯，企业、居民、政府都在积极适应这种变化。从企业方面看，向线上转型，一时间成为各行各业优化升级的共同方向。有数据显示，2015 年我国共享经济市场规模已达 1.95 万亿元。从居民方面看，越来越多的人参与到共享经济活动中，消费者从中获得便利、自由，从业者从中寻求就业、收益。从政府方面看，“互联网＋”引发的行业转型浪潮对政府公共治理提出了新的挑战，如何监管网络约车就是其中的一例典型。一方面，网络约车有利于提高交通资源的利用率，缓解城市交通拥堵，减少环境污染；另一方面，网络约车打破了传统出租汽车的经营模式，引发了一些社会矛盾，并且存在安全隐忧及风险分担等难题。共享经济势不可当，但能否使其步入健康发展的轨道，则考验着政府的作为。

2. 共享经济挑战政府公共治理，网络约车困境难破

共享经济遭到社会抗拒的原因主要有两方面：一是对传统经营模式造成了较大冲击，触动了部分群体的利益；二是在共享经济发展的起步阶段，不规范行为不仅无法产生可观的经济效益，而且会带来难以防范的危害。

有分析指出，目前很多共享经济模式与现行法律规定相违背。这就是政府公共治理的难点所在：突破现行法律的规定，恰恰是共享经济模式能够取得成功的关键。如果因此改变现行法律规定，那么必要的监管将无法保障；如果强行将共享经济模式纳入行政规制，那么共享经济模式的效率优势将受到掣肘。

从政府试图将网络约车合法化的举措中，可以明显看出这一矛盾。2015年10月，交通运输部对外公布了《关于深化改革进一步推进出租汽车行业健康发展的指导意见（征求意见稿）》和《网络预约出租汽车经营服务管理暂行办法（征求意见稿）》。根据文件要求，私家车被禁止接入互联网平台进行客运服务。合法的互联网出租车运营平台只能接入获得出租车运营资质的车辆，司机也必须经过培训考核，取得由地方交通运输管理颁发的类别为预约出租汽车的道路运输从业人员从业资格证。以此标准来看，目前大部分网络约车平台并不符合监管规定，如果该要求被推广实施，那么网络约车平台的快速发展将会受阻。

3. 政府公共治理改革原有制度，回应行业转型需求

虽然政府至今对如何将共享经济模式纳入监管尚无定论，但至少可以肯定的是，共享经济模式对推动行业转型已经起到了重大作用。这表现在施行了18年的《城市出租汽车管理办法》（以下简称《管理办法》）被废止。我国很多城市长期存在打车难、服务质量不高、行业队伍不稳定等问题，这些问题在网络约车平台兴起之后更加凸显。《管理办法》的废止，表现了政府改革出租汽车管理体制的决心。与之相衔接的，是对《出租汽车经营服务管理规定》的修正，以及《关于深化改革进一步推进出租汽车行业健康发展的指导意见》和《网络预约出租汽车经营服务管理暂行办法》的出台实施。由此可见，政府的大致思路是：融合新旧模式，促使传统模式实现转型升级；在

不完全套用原有管理制度的基础上，给新的服务模式一个合法的出路。

国外同样面临着共享经济的监管困局，并发生了多起抗议网络约车的示威活动。各国政府对此的态度不尽相同：德国、法国、西班牙、日本等许多国家对网络约车持完全禁止的态度，美国各个州也是有禁有放。我国并没有直接回避网络约车的难题，未对网络约车全面禁止，而是秉持鼓励新业态规范发展的态度，以求改革能够更多地、更公平地惠及群众。在新经济形态面前，所有的公共治理措施都有待探索、接受实践检验。

（文/姚瑶）

4月　高层发出改革“动员令”

习近平安徽行发起改革再动员

中央互联网治理思路渐成体系

“振兴东北”战略再迎全新布局

中国升级对外安全观

国务院明确“营改增”过渡方案

中央阐明宗教政策，提升宗教工作水平

习近平安徽行发起改革再动员

2016年4月24日至27日，习近平在安徽调研，其间主持召开了两场座谈会并分别发表重要讲话，引起各界广泛关注。一场是农村改革座谈会，主题是“加大推进新形势下农村改革力度”；另一场是知识分子、劳动模范、青年代表座谈会，主题是“为共同理想和目标团结奋斗”。在经济下行成为新常态、全面改革起步维艰的背景下，习近平的调研安排和座谈会讲话释放出多重信号，凸显高层凝聚改革合力、寻求改革突破的重大举措。

1. 激活农村：注重放管结合，改革、发展、治理同步发力

近年来，以农业现代化、产权改革和基层治理为主线的“三农”政策密集出台，新一轮农村改革的顶层设计日益完备。与此同时，有关城乡失衡、农村衰败的争论也日趋激烈，凸显农村改革发展的迫切性。在此背景下，此次农村改革座谈会围绕“处理好农民和土地的关系”这一主线，就农村改革、发展和治理提出系统主张。其一，以适度放活土地经营权为核心，推动农村综合改革。2015年中央出台统一政策，开始全面推行农地承包权和经营权分置改革。现阶段的关键在于制度落实：一方面立足“四个坚持”[①] 基本政策，把握好放活经营权的度；另一方面尊重农民意愿，守住“四个不能”[②] 底线，

---

① “四个坚持”，即“坚持和完善农村基本经营制度，坚持农村土地集体所有，坚持家庭经营基础性地位，坚持稳定土地承包关系”。

② “四个不能”，即农村产权改革“不能把农村土地集体所有制改垮了，不能把耕地改少了，不能把粮食生产能力改弱了，不能把农民利益损害了”。

使改革与城镇化、农业科技进步及社会化服务水平提升相适应，从而带动土地股份制改革、供销合作社改革及农业人口市民化。其二，农业现代化要与农民增收、新农村建设相衔接。继2015年提出农业供给侧改革思路后，此次会议着重强调构建现代农业产业、生产、经营三大体系和职业农民队伍，并要求通过多种途径“让农民尽快富裕起来”，提出建设新农村要注重乡土味道、乡村风貌和田园乡愁。其三，重申“党管农村”原则和民生优先导向，树立系统治理、依法治理、综合治理、源头治理的理念。从根本上看，此次高层调研发声，就是要激发农村的改革活力，从农村打开突破口，为整体性改革发掘原动力。

2. 吸纳知识分子：强调创新担当，倡导挚友、诤友式政学关系

中国共产党历来重视对知识分子的统战工作。与邓小平时代的“尊重知识、尊重人才”①，江泽民时期的“增进党、政府和知识分子之间的理解和团结”②，胡锦涛时期的“使知识分子认同和传播社会主义核心价值体系”③ 等主张相比，此次习近平的讲话更加强调知识分子对国家创新的重要价值，指出家国担当是其“应有情怀”，要求其“坚持国家至上、民族至上、人民至上”，多为国家发展献计出力。④

近年来，面对知识分子队伍壮大、自我意识和个体意识凸显之势，统战工作更加注重吸纳和引导。在2015年中央统战会议上，习近平要求各级官员“学会同党外知识分子打交道的本领”，此次则进一步要求减少对知识分子创造性劳动的干扰，对其“不抓辫子、不扣帽子、不打棍子”，“做知识分子的

① 邓小平．尊重知识，尊重人才［M］//邓小平．邓小平文选：第2卷．北京：人民出版社，1994.

② 江泽民．同“奋斗者的足迹”报告团座谈时的讲话［N］．人民日报，1990－04－05.

③ 袁贵仁．高度重视知识分子工作［N］．人民日报，2013－09－10.

④ 紧跟时代肩负使命锐意进取，为共同理想和目标团结奋斗［N］．人民日报，2016－04－30.

挚友、诤友”①，意在充分调动知识分子的力量，为改革提供创新支撑。

3. 依靠劳工：培养精专人才，同时做好创业扶持与失业安置

新常态下劳工主体的重要性日益彰显，而当前结构性改革也对劳动就业形成严峻考验。本届政府突出强调尊重劳动的价值，倡导通过诚实劳动实现梦想、改变命运，并力图从多方面完善劳动保障。此次习近平的讲话结合创新、创业、民生等重大议题，提出了劳工主体统战工作的新要求。第一，发挥劳模的创新带动作用。在弘扬劳模精神的基础上，注意传播劳模的劳动技能、创新方法及管理经验，通过以点带面，培养更多的技术型精专人才。第二，统筹做好就业、创业扶持和失业安置。一方面，将解决就业与扶持创业紧密结合，通过扫除制度障碍、提供政策便利，激发劳工创业热情；另一方面，落实失业保障政策，多渠道帮助就业困难人员，实现零就业家庭动态“清零”，为失业者提供出路，确保社会稳定。

4. 寄望青年：强调知行合一与奉献精神，青年工作要知心、热心

党的十八大以来，青年群体的统战工作备受关注。中国共产党力图通过加强高校政治宣传工作、深植社会主义核心价值观、吸纳新青年群体、改革高校创业教育等手段，巩固在青年群体中的执政基础。2015 年启动的群团体制改革，对提升共青团的组织活力、改进青年工作起到重要作用。此次习近平的讲话进一步强调对于青年人品格的培养，勉励青年人增强本领、自觉奉献、敢做先锋，并要求各级政府鼓励和保障青年人创新、创业，对青年既要充分信任、热情关心，又要严格要求、积极引导，做青年人的知心人、热心人。随着统战工作重心下移、群团改革的深度推开，探索符合青年人特点的

① 紧跟时代肩负使命锐意进取，为共同理想和目标团结奋斗［N］. 人民日报，2016-04-30.

工作方法，将成为青年统战工作的重点。

5. 调研为改革开路：动员各界力量，确保政策落实

历经党的十八大以来破除各方面体制机制弊端，蹄疾步稳地全面发力，将改革向纵深推进，拓展改革广度和深度，如何着力增强改革系统性、整体性、协同性，并推动改革落地，把施政意图、政策创新转化为实实在在的发展红利，是当前中国共产党领导层面临的核心难题，习近平安徽之行正是为此而来。在各级政府存在干劲不足乃至懒政怠政现象、民间投资有所冷却的情势下，激活广大农村基层，调动知识分子、劳工阶层和青年群体的积极性，是为改革破题的重要时机。因此，两场座谈会名为座谈，实为改革宏旨下的再一次政治动员，有利于巩固改革的社会基础，统合、促成新的改革推力。

（文/戴明明、张佳俊）

中央互联网治理思路渐成体系

2016年4月19日，习近平在京主持召开中国网络安全和信息化工作座谈会。本次座谈会堪称网络安全领域规格最高的一次会议，表明党中央、国务院高度重视网络安全和信息化工作，预示着中央提出的网络强国战略思路已逐渐形成体系。

1. 连续发声蓄大势

党的十八届三中全会以来，网络信息工作领域的全面改革不断深入，一系列中央重要指示说明关于网络安全和信息化的布局逐步明朗化。对此，可

以通过划分时间轴的方式大致探知：2014 年 2 月，由习近平亲自担任组长的中央网络安全和信息化领导小组成立；2014 年 10 月，中央网信办发布公告，公布了向社会公开选拔的 9 名处级领导干部职位说明书；2015 年 5 月，在中央统战工作会议上，习近平表示要加强和改善对新媒体中代表性人士的工作，以促进正确舆论导向；2015 年 6 月，习近平在贵州调研时，强调大数据发展，要依靠科技兴国、强国；2015 年 9 月，习近平赴美国参加第八届中美互联网论坛，在共同应对网络安全方面进行对话，建设网络强国战略呼之欲出；2015 年 12 月，第二届世界互联网大会在浙江乌镇举行，习近平在演讲中提出“共建网络空间命运共同体”的理念。这一系列座谈会以及国务院发布的方案意见，都表明党中央对互联网治理的高度重视，并在逐步理清治理理念。对内欲以创新促经济、以整顿正风气、以协同谋万全，以民为本内壮自身；对外互联互通，以安全为导向，以大国胸襟和魄力共谋共建网络空间命运共同体。

2. 三维度齐头并进

在网络信息领域，刚接入世界互联网 21 年的中国是一个地地道道的后来者：7 亿名网民的基数，市场不可谓不大，但核心技术缺失、基建落后、监管困难、安全无法保障等问题横梗在每一个决策者的案台上。本轮治网新政正是针对现有问题的回应。

第一，经济突破新动力——技术和人才。经济新常态下的中国要寻求突破，势必要改变传统的经济增长模式，新兴的“互联网 +”模式正在成为带动创新创业热潮、调整经济结构的一大新动力。互联网是技术密集型产业，其创新发展，关键在于技术和人才。一方面，核心技术是互联网业的命门所在。新政导向要求：网信科研人员在开放交流中自主自强，集中力量发展基础、通用、非对称性乃至颠覆性技术；政府要制定各项政策法规督促企业良性竞争；鼓励社会共建产学研用联盟，及时将科技成果加以转化。另一方面，凝聚优秀的人才才是真正的竞争优势。新政导向倡导：建立起适合网信特点的人事制度、人才培养体制、人才激励机制、人才引进制度，以提高人才资源配置能力。

第二，社会治理要升级——引导和服务。一方面，网络的发展催生了虚拟社会，网络日益成为民众日常生活不可或缺的部分，而其复杂性也加大了监管难度，虚假、色情、攻击、谩骂、欺诈等网络暴力大行其道，甚至充斥有煽动分裂国家民族、宣扬宗教极端主义的言论，新政更重视加强引导，做强网络正面宣传，弘扬社会主义核心价值观主旋律，培养积极向上的网络文化，当然，良药苦口，对于人民群众真正的利益诉求，民意所在，干部官员也要能从善如流。2016 年年初，习近平调研三大中央媒体，正表明了中央对舆论宣传工作的重视。另一方面，社会治理也包括服务，新政认为网信事业的发展要以人民为中心，在互联网带动经济的同时，要发展“互联网 + 教育、文化、医疗、政务”的全方位服务体系建设，尤其是在广大农村，更要加强网络基础设施建设，从而打破信息壁垒，构建全国的资源共享体系，以信息化推进国家治理体系和治理能力现代化。

第三，网络安全重保障——协同和开放。就国内而言，其实中国的网络安全形势十分严峻，政府机关、科研院所甚至商业公司等各类网站入侵、网页篡改、网站后门等攻击事件层出不穷。在解决这些问题方面，中央的政策导向十分清晰：安全与发展要共同推进，要让政府、企业、社会组织和全体网民都树立起正确的网络安全观，共同参与，共同协作，以加快构建关键信息基础设施安全保障体系，加强全方位的感知，提高网络防御和威慑能力。在对外举措上，新政更显大国胸襟和魄力：一方面，以理念先行，倡导尊重网络主权、构建网络空间命运共同体，并逐渐在博弈中取得话语权；另一方面，欢迎遵守中国法律的国外互联网企业进入国内市场，在开放合作中求共赢。

在信息时代，中国要想在未来的国际社会中有所作为，网络安全和信息化工作是关键所在。经济发展的转型、社会治理的升级和网络安全的保障其实都离不开核心技术的创新和人才的积累，离不开体制机制的革新，离不开法治建设的保障。此次治网新政导向，重在以人民为本，在协调安全和发展、开放和自主、管理和服务的关系中条分缕析，一条条举措直指要害，如果都能很好地贯彻落实，那么网络强国并不遥远。

（文/马毅豪）

“振兴东北”战略再迎全新布局

2016年4月26日，《中共中央 国务院关于全面振兴东北地区等老工业基地的若干意见》（以下简称《意见》）对外发布，这标志着新一轮东北地区等老工业基地振兴战略的全面启动。《意见》明确了新一轮振兴的两个阶段目标，即到2020年东北地区在重要领域和关键环节改革上取得重大成果，与全国同步实现全面建成小康社会目标，争取到2030年左右，东北地区实现全面振兴。《意见》是党中央、国务院在新的历史条件下对东北振兴战略的丰富、深化和发展，是对新一轮东北振兴工作的总体谋划。

1.“五基地、一支撑带”：立足自身，精准定位

2003年，国务院启动实施东北老工业基地振兴战略的重大决策，2003年至2012年的10年间，东北老工业基地振兴工作取得阶段性成果，经济总量迈上新台阶，结构调整扎实推进，国有企业竞争力增强，重大装备研制走在全国前列，粮食综合生产能力显著提高，民生有了明显改善，被称为东北振兴发展的黄金十年。但从2013年开始，东北经济发展失速，出现断崖式下

滑，东北地区经济社会发展逐渐陷入困境。

2003年发轫的振兴东北战略解决的是生存问题，新一轮的振兴东北战略要解决的是经济结构转型问题。在国际政治经济形势纷繁复杂、我国经济发展进入新常态的大背景下，东北地区经济下行压力增大，部分行业和企业生产经营困难，发展面临新的困难和挑战，主要体现在以下几个方面：其一，经济结构调整问题。东北地区市场化程度不高，市场未在资源配置中发挥决定性作用，国有企业集中了结构调整和现代企业制度转型问题。国有企业活力仍然不足，东北地区国有经济成分较重，企业创新能力不足，科技与经济发展融合不够，再加上民营经济发展不充分，使得东北地区经济发展活力偏弱。其二，产业结构不合理。东北地区资源型、传统型、重化工型产业偏多，新兴产业发展较慢，导致经济增长面临旧动力减弱与新动力不足的双重挑战。其三，资源枯竭，人才支撑不足。东北经济发展一直是资源依赖型的粗放式模式，多年过度开采，石油、煤炭资源枯竭，林业砍伐殆尽。持续的人口净流出不仅直接减少了东北地区的劳动人口，而且弱化了东北地区经济发展的人才支撑。其四，外部环境制约。全国经济下行，步入新常态，固定资产投资锐减，长期积累的深层次体制机制矛盾集中爆发，且周边贸易对象有限，沿边贸易发展存在局限。

立足新阶段、审视新问题，中央提出“五基地、一支撑带”的新战略定位，具体是指东北三省要成为全国经济发展的重要支撑带，具有国际竞争力的先进制造业装备基地、重大技术装备战略基地、国家新型原材料基地、国家现代农业生产基地和重大技术装备的研发基地。新的战略定位是衡量东北是不是全面振兴的重要标志和标准，是对东北未来发展的重托。

2. “四个着力”：转型和发展并举

《意见》着眼于巩固扩大振兴发展成果，破解东北发展难题，适应新常态，提高经济发展质量和效益，加大供给侧结构性改革力度，提升老工业基地的发展活力、内生发展动力和整体竞争力。《意见》提出了“四个着力”，即着力完善体制机制、着力推进结构调整、着力鼓励创新创业、着力保障改善民生。“四个着力”明确了全面振兴发展新路径，也是新一轮东北振兴的重点任务和核心要求。

《意见》按照“四个着力”谋篇布局，具体提出了19项措施，可大致分为转型和发展两类。转型方面的措施包括：加快转变政府职能转型，理顺政府与市场关系，由经济建设型政府向公共服务型政府转型；推进国资国企转型，加快淘汰“僵尸企业”，集中清理休眠企业，促进国有资产增值保值；支持资源枯竭城市实施产业转型，完善资源型城市可持续发展的长效机制；促进生态环境转型，摒弃损害破坏生态的发展模式，保护重点林区、湿地，节能减排，创建生态文明实验区。

在发展方面，具体体现在：一是大力发展民营经济发展，放宽民间资本进入的行业和领域，支持民企参与国企改制，并鼓励民间资本进入金融领域。二是加快发展现代化大农业和以生产性服务业为重点的现代服务业。三是实施创新驱动发展战略，完善区域创新体系，促进科教机构与区域发展紧密结合。四是加大人才培养和智力引进力度，完善人才激励机制，吸引聚集人才。

3. 互动衔接三大战略，打好后续组合拳

对于东北三省而言，抓住新机遇，应主动融入、积极参与区域战略。在国际上，依托“一带一路”国际合作提升开放水平，加强与周边国家的互联互通，推动丝绸之路经济带建设与欧亚经济联盟、蒙古国草原之路倡议的对接，同时利用中韩自贸区建设，发展中韩贸易，共建中日经济和产业合作平台。在国内，东北可利用毗邻京津冀的优势，推动与京津冀地区融合发展，

建立产业合作和创新平台，接受高新技术辐射，联通国内大市场。《意见》同时指出，支持东北地区与长江经济带、港澳台地区加强经贸投资合作，进一步完善区域合作和完善机制。

国家发展改革委研究制订了新一轮东北振兴3年滚动计划和一批重大项目，确定振兴东北战略的路径图、时间表，主要涉及基础设施建设领域，该计划包含130多个项目，投资规模约1.6万亿元。国家发展改革委还将配合相关部门出台一些含金量比较高的、针对性比较强的、可操作性比较强的重大政策举措，以求推动形成东北新一轮发展的长效机制。

（文/李琳、冯彪）

中国升级对外安全观

2016年4月，中国国家主席习近平先后在华盛顿核安全峰会、亚信第五次外长会议上发表讲话，针对特定领域及特定区域的安全问题阐释了中国对外安全观，这是对以往安全观的全新升级。

1. 特定领域安全问题——核安全

伴随人类和平利用核能事业起步，加强核安全的步伐也持续迈进，核安全理念深入人心。2014年，在荷兰海牙举行的第三届核安全峰会上，习近平提出了理性、协调、并进的核安全观。随着近年来全球核安全形势的深刻变化，习近平在华盛顿核安全峰会上针对国际核安全体系的建立，提出了“四个强化”的中国主张，并为实现这一远大目标提供了思想和行动指南。

一是强化政治投入，把握标本兼治方向。对国际反核恐怖主义形势进行经常性审议，凝聚加强国际核安全共识，全面落实核安全法律义务及政治承诺。同时，构建以合作共赢为核心的新型国际关系，坚定推进全球安全治理，维护和平稳定的国际环境。二是强化国家责任，构筑严密持久防线。从国家层面部署实施核安全战略，制订中长期核安全发展规划，完善核安全立法和监管机制。一方面，要筑牢基本防线，排除恐怖分子利用国际网络和金融系统兴风作浪的新风险；另一方面，要制订全方位、分阶段的危机应对预案。三是强化国际合作，推动协调并进势头。在尊重各国主权的前提下，所有国家都要参与到核安全事务中来。以国际原子能机构为核心，共同协调、整合全球核安全资源，打造核安全命运共同体。同时，要照顾广大发展中国家的合理诉求，向它们提供援助。四是强化核安全文化，营造共建共享氛围。要把核安全文化贯穿到每位从业人员的思想和行动中。鼓励各国智库密切关注国际反核恐怖主义形势，积极开展核安全学术研究，做好核安全知识普及，增进公众对核安全的理解和重视。

这些主张，诠释了发展和安全并重、权利和义务并重、自主和协作并重、治标和治本并重的理念，进一步丰富了中国核安全观，体现了中国作为负责任的核能大国的担当。

海牙峰会以来，中国在核安全领域不断取得新进展。一是奉行精益求精的理念，努力探索加强核安全的有效途径。中国已将核安全纳入国家总体安全体系，不断完善核安全国家法律框架，制订实施核安全中长期工作规划，不断健全监管和执法机制，全面开展从业人员能力建设。二是坚持言出必行的原则，忠实履行国际义务和政治承诺。中国已经批准核安全领域所有国际法律文书，积极支持和参与核安全国际倡议，持续落实相关项目。三是心怀合作共赢的愿景，积极推动国际交流合作。中国坚定支持国际原子能机构执行核安全行动计划，同时也将深化同其他国家以及联合国打击核恐怖主义全球倡议等的交流合作。

2. 特定区域的安全问题——亚洲地区

近年来，亚洲经济领跑全球，在全球发展全局中的战略地位不断上升，但亚洲也面临局部动荡冲突和恐怖主义等威胁，区域安全合作亟待加强。为了实现亚洲的和平与安全，习近平主席提出4点倡议。一是把握方向，构建亚洲命运共同体。发展合作共赢的新型伙伴关系，相互尊重，平等相待，在追求本国利益时兼顾各国合理关切，在谋求本国发展时促进各国共同发展，在维护本国安全时尊重各国安全。二是夯实基础，推动不同文明交流互鉴。加强交流，加强沟通，把亚洲多样性转化为扩大交流合作的动力，推动不同文明包容互鉴、共同发展，为维护地区和平稳定发挥作用。三是互谅互让，坚持对话协商和平解决争议。坚持通过对话协商，依据国际法，坚持以和平方式解决争议问题。针对复杂的地区热点问题，有关各方要保持冷静、坚守和平，避免采取使局势升级的行动，通过建立规则机制管控危机，通过政治手段化解危机，逐步推动问题解决。四是循序渐进，探讨建立符合地区特点的安全架构。坚持和发扬亚洲国家相互尊重、协商一致、照顾各方舒适度的亚洲方式，加强地区各项安全机制协调，围绕彼此一致或相近目标逐步开展合作，形成合力，求得实效。在此基础上，可以逐步探讨构建符合亚洲特点的地区安全合作新架构。①

在亚信第五次外长会议开幕式上，习近平强调要坚持和践行共同、综合、合作、可持续的亚洲安全观，凝聚共识，促进对话，加强协作，推动构建具有亚洲特色的安全治理模式。这是习近平2014年5月在亚信上海峰会上提出亚洲安全观之后，对亚信发展进程做出的又一重要贡献，对于深化亚洲安全

---

① 赵明昊. 习近平出席亚洲相互协作与信任措施会议第五次外长会议开幕式并发表重要讲话[N]. 人民日报，2016-04-29.

对话与合作，维护地区和平、安全与稳定发挥积极和建设性作用。

（文/王悦、段相宇）

国务院明确“营改增”过渡方案

2016 年 3 月 24 日，财政部、国家税务总局公布了全面推开的营业税改征增值税改革方案细则，包括《营业税改征增值税试点实施办法》、《营业税改征增值税试点有关事项的规定》、《营业税改征增值税试点过渡政策的规定》和《跨境应税行为适用增值税零税率和免税政策的规定》4 个文件。经国务院批准，自 2016 年 5 月 1 日起，把建筑业、房地产业、金融业、生活服务业 4 个行业纳入“营改增”（由缴纳营业税改为缴纳增值税）范围，在全国范围内全面推开“营改增”试点。

1. 营业税将彻底退出历史舞台

在中国传统的税制体系中，营业税和增值税长期并行。营业税是对营业额全额征税，且无法抵扣，不可避免地会对原营业税单位重复征税，这种税制内在的不合理和缺陷日渐难以适应经济结构优化的需要。在此背景下，我国从 2012 年开始逐步开展“营改增”试点。2012 年 1 月 1 日，我国率先在上海实施了交通运输业和部分现代服务业“营改增”试点，开启了“部分行业，部分地区”的试点。2013 年 8 月 1 日，“营改增”试点推向全国，进行“部分行业，全国范围”的试点，同时将广播影视服务、铁路运输业和电信业纳入试点。自 2016 年 5 月 1 日起，我国将全面实施“营改增”政策，营业税将退出历史舞台，增值税制度将更加规范。这是自 1994 年分税制改革以来，财税体制的又一次深刻变革。

2. 进一步推进财税体制改革

增值税改革的宗旨是简化征税体制，避免重复征税，全面降低税负，以藏富于民。税收制度改革同时需要中央与地方财税分配体制的改革，以平衡中央与地方的关系。

一方面，实现全面减税减负。确保所有行业税负只减不增，这是政府工作报告做出的庄严承诺。为了实现这一目标，方案不仅在税制设计上给予了充分考虑，而且延续保留了原来营业税的优惠政策，同时还针对各行业特点出台了相应的配套措施。例如，改革后建筑业和房地产业将适用11%的税率，金融业和生活服务业适用6%的税率，特别是将不动产纳入抵扣范围，这是此次全面推开“营改增”的一大亮点，也是减税力度最大的部分。

另一方面，倒逼中央与地方财税分配体制改革。增值税是中央与地方共享的税种，而营业税是地方的主要税种。全面推进“营改增”会对地方财力造成冲击，并进而增加本已沉重的地方事权负担。4 月 30 日，国务院印发了《全面推开营改增试点后调整中央与地方增值税收入划分过渡方案》，明确所有行业企业缴纳的增值税均纳入中央和地方共享范围，中央和地方五五分成，过渡期暂定 2 ~3 年。这只是做出的暂时性应对，五五分成过于简单笼统，财税分配体制还需进一步科学合理的权衡安排。

3. 改革要真正落实减税与地区税收分配平衡

“营改增”的目的在于避免重复征税，减轻企业负担，但是在具体实施过程中，还是要警惕对部分行业造成税收“不降反增”的情况。事实上，“营改增”只是结构性减税，很难做到普遍性减税，这就不可避免地会对一些企业造成税负增加的影响，因此，在相应的配套措施中还是要充分考虑到这个问题，尽量减轻这些企业的负担。“营改增”必须倒逼财税体制改革，实施的五五分成还比较简单，有很多不合理的地方，很容易加剧发达地区和欠发达地区之间的财政不平衡。因此，财政分配方案还需优化，地区之间分享比例应该因地而异，让地区之间有适当的差异，尽量实现地区之间的均衡与公平。

（文/卓增华、张强）

中央阐明宗教政策，提升宗教工作水平

2016年4月22日至23日，全国宗教会议在北京召开，习近平在会上提出“发展中国特色社会主义宗教理论，全面提高新形势下宗教工作水平”①。这是新一届中央领导集体上任以来首次阐明宗教政策，习近平的讲话被认为是新形势下宗教工作的纲领性文献。

1. 直面新形势，认清中国宗教现状

此次讲话，建立在新一届中央领导集体对中国宗教现状进行深刻分析的基础上。要认清中国宗教现状，需从历史传统和当代发展两方面入手。

历史上，中国是一个多民族多宗教的国家，又是一个人文主义发达、宗教处于辅助地位的国家。② 政教分离是中国的基本特点。一方面，中国不存在唯一的正统宗教，各宗教、教派之间并没有对抗甚至战争的传统，主流是和谐共生的。这与其他一些宗教冲突激烈的国家截然不同。另一方面，中国历史上各类宗教或多或少地都与迷信思想结合，存在一些精神上的糟粕，需加以辨别和祛除。近现代以来，随着中国和世界的交往不断深化，一些境外宗

① 发展中国特色社会主义宗教理论，全面提高新形势下宗教工作水平［N］. 人民日报，2016-04-24.

② 牟钟鉴．我国主流宗教观的历史变迁与当代创新［N］．光明日报，2016-04-21.

教进入我国，其中尤以基督教（各教派）影响最广，已拥有大量的信众。境外宗教传播到中国本属于正常现象，但是最近数年，少数极端宗教势力在世界范围逐渐扩大影响，对我国构成了现实的威胁，需加以防备。

因此，中国宗教总体上处于健康发展的状况，但是极端宗教势力和少数邪教活动的存在，给我国的宗教工作造成了不小的压力，需要不断完善宗教政策予以应对。

2. 紧抓关键词，正确理解中国宗教问题的实质

习近平在全国宗教会议上的讲话，从多方面对中国的宗教问题和宗教工作进行了阐述，其精髓在于 3 个关键词：中国化，社会主义，群众工作。

第一，中国的宗教必须坚持“中国化”，这是中国共产党长期以来认识宗教问题、开展宗教工作的一项基本原则。一方面，尽管宗教在某些方面超越国界，但宗教问题历来与国家兴衰密切相关，不可避免地具有本土化特点。另一方面，中国共产党人以马克思主义为理论基石，坚持唯物主义世界观，是真正的无神论者，习近平在讲话中特别强调了“共产党员不能信仰宗教”。①

第二，中国的宗教应该与社会主义社会相适应。宗教是人类精神文明的重要活动，对于塑造个人的价值观有重要意义。引领中国人民精神生活的是社会主义核心价值观，因此，各宗教在保持自我特色的前提下，应该深入挖掘教义教规中有利于社会和谐、时代进步、健康文明的内容。只有这样，才能使宗教与国家和民族的前进方向保持一致。

第三，宗教工作的本质是群众工作。任何宗教的生存和发展，均以大量群众的信奉为前提。信教群众既是宗教的载体，又是主体，是宗教中最活跃、

① 发展中国特色社会主义宗教理论，全面提高新形势下宗教工作水平［N］. 人民日报，2016－04－24.

最具现实意义的因素。宗教工作的重点，也正是要做好信教群众的工作，保障他们的宗教信仰自由。

3. 瞄准“中国梦”，全面提升宗教工作水平

此次中央强调，认清宗教现状，理解宗教问题的本质，目的是更好地开展宗教工作，通过引导宗教与社会主义相适应，使其成为实现中华民族伟大复兴的助力。

首先，需要贯彻宗教信仰自由政策。这是中国共产党处理宗教问题的基本方针，也是保护人民权利的要求。早在中国共产党第一代领导集体时期，毛泽东就在《关于正确处理人民内部矛盾的问题》一文中强调，“不能用行政命令去消灭宗教，不能强制人们不信教。”① 处理宗教问题需要耐心，而最重要的就是认识到宗教是长期存在的，不能简单粗暴地冠以“迷信”之名而强迫人们放弃宗教信仰。

其次，善于处理涉及宗教的各种关系。宗教问题是复杂的，涉及党和政府与宗教、社会与宗教、国内不同宗教、我国宗教与外国宗教、信教群众与不信教群众的关系。这些关系如果处理不好，不仅会影响当前宗教良好的发展状况，而且会激起人民内部矛盾，破坏社会和谐。

最后，要让依法管理宗教事务常态化。长期以来，我国对宗教事务的管理主要依靠党的政策和政府的行政措施。尽管这样做具有灵活性，但同时也带来了不确定性。宗教不是“法外之地”，依法管理并非指干预宗教事务，而是通过打击不合法的极端宗教或邪教活动，保护信教群众的正常活动，这也是建设法治国家的应有之义。

（文/鲁昊源、杨煜超）

---

① 毛泽东. 关于正确处理人民内部矛盾的问题［N］. 人民日报，1957－06－19.

5月　中央定调新时期意识形态建设

习近平阐述“构建中国特色哲学社会科学”

“科技三会”擘画“科技强国”新愿景

中央启动实施国家荣典制度

国务院三管齐下完善生态治理体系

长三角领衔打造世界级城市群

习近平阐述“构建中国特色哲学社会科学”

2016年5月17日，习近平总书记在京主持哲学社会科学工作座谈会并发表重要讲话。此次座谈会尤其强调了哲学社会科学的地位和哲学社会科学工作者之作用在发展中国特色社会主义事业中的不可替代性，同时，一些新阐述、新论断也为哲学社会科学工作的开展定下了基调。

1. 现实呼唤新理论

中国共产党历来十分重视哲学社会科学，历任最高领导人也都有关于其重要性的经典论述，在座谈会中习近平又重申其不可替代之地位及作用，提出要加快构建中国特色哲学社会科学，深究原因，有其深刻的现实意义。总的来说，可以简要概述为以下几方面。第一，自然科学技术发展中的基本价值问题。如克隆技术的道德伦理问题、人工智能的发展边界问题等，它们的提出和解决离不开哲学社会科学。第二，历史问题的经验教训和反思。苏联社会主义失败的原因之一就是在哲学社会科学领域上缺少对现实的批判性思考和建设性成果，以至于难以抵御西方意识形态的攻击，进而被迫解体。第三，国家现实发展的需求。处于转型时期的中国社会正面临着许多体制、机制不完善的问题，现有的哲学社会科学理论不能很好地解释国家的社会经济现象，只有构建出可以适应发展现实、从根本上让人信服的哲学社会科学理论，才能促进国家治理体系和治理能力现代化，才能为国家发展提供精神上和文化上的恒久性支持。第四，国际上对新理论的呼唤。随着金融危机、债务危机、欧洲难民危机等问题的出现，中国经济的成功崛起对西方的制度和话语产生了强烈的冲击，这意味着已经到了中国进行理论创新，构建自己话语体系，进而在国际上发出引领性声音的最佳时期。

2. 狠抓根本重人才

哲学社会科学不仅仅包括哲学学科，还涵盖了政治学、经济学、心理学、人类学、宗教学、社会学、法律学、历史学等诸多学科，建设中国特色的哲学社会科学其实就是在这个庞大的系统中构建起符合中国发展规律的统一的自洽的理论体系，这是一项极为庞大的工程。而本次座谈会的意义就在于为这项庞大工程确立了纲领。

第一，根本遵循是坚持马克思主义，坚持党的领导。不论是与资本主义制度的碰撞，还是与中国本土传统文化的结合，中国的哲学社会科学工作者都必须自觉地在实践中“真心真学真懂真用”马克思主义，并在此基础上进行创新和研究。社会主义中国建立、建设以及改革的根本性指导就是马克思主义，中国共产党执政的基础理论也是马克思主义，在其逐步中国化的过程中，马克思主义也确确实实在发展和实践中焕发着蓬勃的生机。一个体系的构建，最为重要的就是能够坚持核心，一以贯之，而马克思主义正是这座基石。同时，坚持这一根本不变，也就意味着坚持中国共产党的领导不变。

第二，最终目标是为人民服务，为社会服务。“世界上没有纯而又纯的哲学社会科学。世界上伟大的哲学社会科学成果都是在回答和解决人与社会面临的重大问题中创造出来的。”① 的确，解决中国社会的发展问题归根结底是

---

① 吴兢，李鹤，于洋. 现实中找问题，实践中寻答案，创新中求突破［N］. 人民日报，2016－05－21.

为了中国人民服务，为了最广大中国人民的根本利益。因此，在此基础上进行的体系性和专业性研究势必应该是富有中国文化、符合中国人的生活模式、能够促进中国社会经济发展的，也就是具有民族性、继承性、原创性和时代性的。只要这个根本目标不变，体系构建的方向就不会偏离。

第三，基本方法是健全人才培养体系，构建新型高端智库。改革开放的大量实践其实赋予了理论创新以极佳土壤，但中国的现状是：虽然取得了极大的成就，但是在理论上仍不能很好地解释经济和发展中的各类实践，从而产生了产能过剩、经济增速放缓等一系列问题，这是理论如何正确指导实践的知识性缺失，而归根结底是人才的缺失。这样的人才不是纯理论的人才，而是能够结合中国实践、总结中国经验，具有高瞻性、战略性眼光，能够对资政启民提出建设性意见的应用型人才。因此，要建设新型的智库人才培养体系，优化人力、物力、资源配置，发挥出人才培养和智库研究的作用。与此同时，这也就推动了中国特色哲学社会科学的创新。

社会的持续发展离不开理论的正确指导，理论的创新优化离不开人才的培养积累。治国理政从来都是牵一发而动全身，“构建中国特色哲学社会科学”的提出，可以说是党中央高层全面深化改革的又一个大手笔。解决好中国问题，构建好中国理论，必将是中国在国际上发出中国声音的基础性一步！这是中国人民的展望，也必将是世界发展的大势。

（文/马毅豪）

“科技三会”擘画“科技强国”新愿景

2016 年 5 月 30 日，全国科技创新大会、两院院士大会、中国科学技术协会第九次全国代表大会（以下简称“三会”）在京召开，这是自 1978 年以来，中国科技界最高级别会议的首次“聚首”，标志着中国科技界又一个历史性时刻的到来。

1.“三会合一”媲美“科学的春天”

我国一直重视科学技术发展，并将科技界作为统战工作的重要领域。中国的科研体系几十年来始终以国家力量为主导来推动科学技术体系的建立，因此，全国性会议对中国科技界的发展有着重要意义。此次召开的“三会”指两院院士大会、中国科学技术协会第九次全国代表大会和全国科技创新大会。两院院士大会指中国科学院院士大会与中国工程院院士大会，均每两年召开一届，是中国科学技术与工程技术界最高学术团体的盛会，是全国最高级别的学术交流平台，在国家科技政策制定中具有重要的影响力。中国科学技术协会全国代表大会由中国科学技术协会主办，每 5 年举行一次。中国科学技术协会横跨绝大部分自然科学学科和大部分产业部门，覆盖面较大，是中国重要的科技思想库。全国科技创新大会于 2012 年首次召开，按惯例每 4 年召开一届，这是我国近年来为适应创新发展需要而设立的科技界的重要会议。科技界上一次召开如此高规格的会议还是在 1978 年，邓小平提议召开“全国科学大会”，并提出“科学技术是生产力”的论断，扫清了“文革”后科学技术发展的政治障碍，被誉为“科学的春天”。

中国经济下行压力较大，产能过剩，产业结构失衡，亟须进行产业升级，而科技创新被视为实现转型的关键。此次历史性地联合召开三大顶级科技会议，参会人员规模之大，与会人员规格之高，所要解决问题之严峻，堪比当年“科学的春天”。

2. 中国科技发展的未来图景

在此次“科技三会”上，习近平从科技基础研究、战略科技支撑、加强科技供给、科技管理运行体制、科技人才培养等五大方面系统总结擘画了科技发展路线图，具体来看有以下5点。一是确立了建成世界科技强国的“三步走”路线图，即到2020年时使我国进入创新型国家行列，到2030年时使我国进入创新型国家前列，到新中国成立100年时使我国成为世界科技强国。二是确立了实现“三步走”目标的支撑战略，即创新驱动发展战略、科教兴国战略、人才强国战略。三是明确了创新发展的两个重要抓手。习近平在讲话中将科学普及放在了与科技创新同等重要的地位，强调普及科学知识、弘扬科学精神、传播科学思想、倡导科学方法。四是提出在重要领域实现突破。在以绿色、智能、泛在为特征的新一轮科技革命和产业变革中，信息技术、生物技术、新材料技术、新能源技术广泛渗透，要在上述领域实现关键突破和“弯道超车”。五是打破僵化的科技管理体制。为保证正常的科研活动不受外界干扰，就要防止“外行领导内行”的情形出现，习近平特别强调：“要让领衔科技专家有职有权，有更大的技术路线决策权、更大的经费支配权、更大的资源调动权，防止瞎指挥、乱指挥。”①

3. “科技三会”的三大新意

创新是此次“科技三会”的主题，从此次会议来看，其本身具有三大新意。第一，规格最高。4年一届的全国科技创新大会是历届中央领导集体任内在科技领域举行的最高规格会议，中国科学院、中国工程院是自然科学研究领域最具权威的两大顶级机构，中国科学技术协会是规模最大、级别最高的全国性群团组织，“三会合一”可谓最高规格。第二，时机正好。中国发展的内部外部环境都发生了重大变化，世界范围内新一轮科技革命和产业变革给中国经济社会各方面带来深刻影响，国内经济发展步入新常

① 习近平. 为建设世界科技强国而奋斗. 来源于中国共产党新闻网，2016-06-01.

态，经济增长方式亟须转变，此时召开“科技三会”，顺时顺势。第三，内容明确。此次“三会”的核心就一个——创新。本届中央领导集体表现出对科技创新的极度重视，政治局第一次走出中南海进行集体学习，就是学习自主创新，本次会议更是明确将创新驱动发展战略作为未来科技发展的三大支撑战略之一。

（文/仲启群）

中央启动实施国家荣典制度

2016 年 5 月 18 日，党和国家功勋荣誉表彰工作委员会第一次全体会议在京召开，会议审议通过了《党和国家功勋荣誉表彰工作委员会工作规则》《党和国家功勋荣誉表彰工作委员会办公室工作细则》《党和国家功勋荣誉表彰工作委员会重点任务分工方案》，这标志着我国新的功勋荣誉表彰制度正式开始启动实施。此前在 2015 年 12 月 14 日，中央政治局召开会议审议通过了《关于建立健全党和国家功勋荣誉表彰制度的意见》；12 月 17 日，十二届全国人大常委会第十八次会议表决通过了《中华人民共和国国家勋章和国家荣誉称号法》。

1. 国家荣典制度是塑造社会主流价值观的有效途径

改革开放以来，在以经济建设为中心的思想指导下，我国社会发展取得了巨大成就，但随之而来的是社会价值观的异化。首先是价值取向的庸俗化，金钱成为衡量价值的主要标准和个人追求的主要目标。许多优良的传统都沾染上了金钱的铜臭，诸如敬老、助老等传统道德受到猛烈冲击。其次是价值追求的个人化，相较于国家和集体利益，眼下人们更关注自身的利害得失，甚至为了个人利益不惜损害整体利益。最后是价值观念的西方化，社会上普遍存在对自身文明的自卑情绪，认为“外国的月亮比中国的圆”，西方普世价值是中国政治、经济、文化发展的唯一途径。

主流价值观是支撑社会发展的精神脊梁，建立健全党和国家功勋荣誉表彰制度，对培育和弘扬社会主义核心价值观、增强社会主义现代化事业的凝聚力和感召力都具有重要意义。

2. 国家荣典制度的标准、形式和管理

其一，德才兼备、以德为先是首要标准。功勋荣誉获得者是社会楷模和道义典范，最重要的品质就是要忠于党、国家和人民，同时还要有高尚的思想境界、道德情操和行为准则。功绩导向也是各国计功授爵的通行做法，功勋荣誉只能授予那些为党和国家做出过卓越贡献的杰出人物、英雄人物。

其二，设立国家功勋和荣誉称号。《中华人民共和国国家勋章和国家荣誉称号法》规定，国家设立“共和国勋章”“友谊勋章”，并在经济、社会、国防、外交和科教文卫体等领域设立国家荣誉称号。同时，设立国家功勋簿，记载功勋荣誉获得者及其功绩。功勋荣誉获得者享有受到国家和社会尊重，以及受邀参加国家庆典等重大活动的崇高礼遇和国家规定待遇的权利，承担模范遵守宪法和法律、努力为人民服务、自觉维护国家勋章和国家荣誉称号声誉的义务。

其三，功勋荣誉制度由人大常委会统一管理。人大常委会委员长会议、国务院、中央军委有权向人大常委会提出授予功勋荣誉议案，人大常委会决定授予国家勋章和国家荣誉称号，国家主席根据决定向功勋荣誉获得者授予国家勋章、国家荣誉称号奖章，签发证书。如果功勋荣誉获得者因违法犯罪等原因严重损害了国家最高荣誉的声誉，人大常委会有权决定撤销其勋章荣

誉称号并予以公告。

3. 新的荣典制度将成为引领社会风尚的标杆

实施国家荣典制度有以下 3 个方面的积极影响。一是有助于建立规范有序的功勋荣誉表彰制度。中华人民共和国成立至今，中国逐渐形成了多部门、多领域、多层次的奖励体系。但是由于缺乏相应的制度以及法律法规，整体奖励体系存在着标准混乱、多头管理、过多过滥等问题。此番建立统一的国家功勋荣誉制度，不仅立了规范，也解决了与原有荣典制度的衔接问题，使荣典工作有章可循、有据可依，这是国家激励奖赏机制的重大进步。二是有助于形成新的社会正向激励机制。在市场经济机制中，社会激励机制出现“利”字当头倾向，政府、企业往往也更看重经济效益，激励机制作用弱化，新的功勋荣誉表彰制度将为谋事创业提供新的动力源。三是有助于重塑主流的社会伦理认同。作为真正的时代标杆，功勋荣誉获得者能够彰显社会主流价值观，从根本上加强人民对国家荣誉的认同，对弘扬民族精神和时代精神，激发广大人民群众建设富强、民主、文明、和谐的社会主义国家的积极性、创造性、责任感、道德感有重要意义。

（文/朱彩云）

国务院三管齐下完善生态治理体系

2016 年 5 月，国务院发布了《土壤污染防治行动计划》（以下简称“土十条”），至此，关于大气、水、土壤环境污染问题的防治行动计划均已正式落地。国务院办公厅出台了生态保护补偿方面的首个专门文件《关于健全生态保护补偿机制的意见》，作为生态保护补偿的顶层制度设计。此外，财政部和国家税务总局联合印发《关于全面推进资源税改革的通知》，宣布自2016年7月1日起全面推进资源税改革，这不仅是继5月1日“营改增”试点全面推开后的又一重大税制改革，而且对于促进资源节约利用具有重大意义。3个文件均指向生态环境问题，旨在从各方面完善治理体系，进一步落实绿色发展理念。

1. 土壤环境管理立法空白，“土十条”提供政策依据

相比2013年发布的“大气十条”和2015年发布的“水十条”，“土十条”的出台实施障碍重重。因为土壤污染防治更为复杂，而我国在土壤环境管理方面的基础较薄弱，所以存在底数不清①以及土壤环境立法工作滞后②、监管能力不足等问题。具体而言，防治复杂：一是因为土壤污染无法直观感受，需经一系列检测、分析和研究才能确定，从产生到发生危害时间较长；二是由于重金属、持久性有机污染物对土壤结构、功能的破坏可能是长期的，采取修复措施难以完全恢复，而基础薄弱主要源于起步晚，在修复技术水平、施工能力和工程经验上总体落后，且对全国土壤污染状况的调查精度还无法满足防治工作的需要。

从20世纪八九十年代起，我国开始关注土壤环境问题，“六五”和“七五”期间，国家大力支持相关研究项目，积累了土壤环境背景相关数据，在此基础上制定并于1995年发布了我国第一个《土壤环境质量标准》。值得注意的是，近年来国内土壤污染防治政策力度明显加强，但尚无专门

① 我国已开展过土壤污染状况调查、土地利用现状调查、耕地地球化学调查、农产品产地土壤重金属污染调查等，但是调查的精度尚难满足土壤污染防治工作需要，亟待开展更高精度的调查，进一步查明土壤污染的具体分布及其环境风险等。

② 我国制定了水、大气、噪声、固体废物、放射性等污染防治专项法律，但土壤污染防治专项法律目前仍在起草过程中。部分省份颁布了土壤污染防治条例、土壤污染防治管理办法等。

的法律法规。“土十条”在一定程度上为土壤污染防治提供了管理依据，有助于夯实防治工作基础。针对土壤污染治理成本高、周期长、难度大的特点，“土十条”明确提出“预防为主、保护优先、风险管控”的总体思路，以及强化未污染土壤保护、加强污染源监管等措施，坚持分类管理、综合施策。

2. 调动保护生态积极性，补偿机制要求“谁受益、谁补偿”

2015 年 12 月初，中共中央办公厅、国务院办公厅印发《生态环境损害赔偿制度改革试点方案》，需要特别指出的是，“生态损害赔偿”与“生态保护补偿”是两个不同的概念。前者倾向于对损害的事后矫正，是赔偿义务人的被动反应；后者则是受益人主动、有意识地承担补偿成本，给予保护者合理补偿的激励性制度安排。

“生态保护补偿机制”并非首次提出，因涉及领域宽、要素多、范围广、调整利益关系复杂，一直没有以专项法律法规的形式确立下来。国务院办公厅印发的《关于健全生态保护补偿机制的意见》（以下简称《意见》）虽不是正式立法，但也不再是政策呼吁，而是明确了责任主体、目标任务以及补偿办法等，有实实在在的抓手，从国家层面对健全生态补偿机制做了宏观规划。《意见》将生态保护受益者及代表受益者的各级人民政府定为生态保护补偿的支付主体，要求将补偿列入各级政府预算，确保资金及时足额发放，并将保护成效与资金分配挂钩。

3. 强化税收调节作用，“从价计征”更新资源税定位

资源税改革是近年财税体制改革的重点。我国在 20 世纪 80 年代中期正式建立资源税制度，经多次调整形成了现有制度框架：征收范围限于矿产品和盐，主要实行从量定额征收，政府资源税收入不会受产品价格、成本和利

润变化的影响，确保财政收入稳定。存在的问题是：该种征收模式不与产品价格等市场因素挂钩，弱化了税收的调节作用。一方面，对企业减负不利，另一方面，易造成富矿被滥采、资源利用不合理等现象。2014—2015年，煤炭资源税以及稀土、钨、钼资源税先后由“从量计征”改为“从价计征”，价格高就多缴资源税，价格低则少缴。“从价计征”有利于节约资源，保护环境，防范和化解资源风险。

除了决定对大部分矿产品实行“从价计征”，《关于全面推进资源税改革的通知》还扩大了征税范围，将水、森林、草场、滩涂等资源一并纳入，对具备征收条件的，授权省级政府结合本地实际提出具体方案建议，报国务院批准后实施；要求全面清理收费基金，解决企业税费重叠问题；提出在河北试点，采取水资源费改税方式，将地表水和地下水纳入征税范围，实行从量定额计征。

4. 生态治理工程巨大，全面推进考验政府作为

虽然政府鼓励社会各方力量参与生态治理，但环保的主力依然是政府，这就意味着政府不可避免地要负担沉重的财政压力。以土壤修复为例，该项工程耗力、耗资，资金缺口巨大，政府承担的修复资金占比达75%。有分析认为，资金来源过度依赖政府，特别是中央财政，缺少稳定的支付体系，难以形成合理的盈利模式，很大程度上制约着土壤修复产业的发展。生态保护补偿面临同样的问题。《意见》提出从3个方面筹措资金，包括纵向上中央和地方财政逐步增加对重点生态功能区的转移支付，横向上鼓励受益地区与保护生态地区、流域下游与上游通过资金补偿、对口协作、产业转移等方式建立补偿关系，同时探索建立水权、排污权、碳排放权交易制度等。但在现实操作中，纵向补偿容易，横向补偿难，且转移支付主要集中在中央层面。如何拓宽资金来源渠道，是政府面临的紧迫问题。

除此之外，资源税的全面推开是否能对降低企业运营成本产生实质影响，也有待观察。在赋税种类繁多且资源平均品位低的情况下，资源税在企业的成本构成中只占很小一部分。由此可见，资源税改革如果要兼顾减轻企业负担及促进资源节约利用的双重目的，还须从其他方面着手配套改革。

（文/姚瑶）

长三角领衔打造世界级城市群

2016 年 5 月 11 日，国务院常务会议通过《长江三角洲城市群发展规划》（以下简称《规划》）。5 月 25 日，国务院发布关于《规划》的批复。《规划》的出台，为长三角城市群未来一段时期的发展确立了方向，标志着我国最大的城市群迎来新的战略机遇期。

1. 发展质量需提升，全面规划应对突出问题

长三角城市群是我国综合发展程度最高的城市化地区之一，不仅拥有突出的区位优势，而且拥有优良的自然环境和雄厚的经济基础。长期以来，该地区一直是我国经济社会发展的重要引擎，在工业化、信息化、城镇化、农业现代化协同并进方面起到了良好的示范作用。但随着我国经济发展整体进入新常态，这一地区进入了转型提升、创新发展的新阶段，一些既有的突出问题亟须应对。

首先，核心城市竞争力不够。作为长三角城市群的中心城市，上海与纽约、伦敦等世界级城市群的中心城市相比，竞争力较弱。公共资源和人口的过度集中，导致其面临诸多“大城市病”的困扰。其次，城市群发展质量不

高，区域整合程度处于较低水平。各城市之间存在比较严重的同质化竞争，一体化发展的层次低于世界级城市群。最后，区域建设规划不足。从总体看，长三角城市群存在过度开发的问题，大量绿色生态空间被工业用地占据，严重影响到区域国土空间的整体结构和利用效率。

2. 打破三大壁垒，力促区域协调发展更上层楼

与以往相比，此次《规划》着力强调促进长三角城市群的协调发展。而要实现这一点，关键在于打破阻碍该地区整体发展的三大壁垒。

第一，要打破地域壁垒，进行空间整合以实现一体化发展。长三角城市群的范围之前并没有官方定论，导致或明或暗的地方保护成为地区经济向更深层次协作的一大障碍。《规划》首次纳入安徽 8 城，进一步扩展了长三角的辐射范围，从国家层面明确长三角城市群包含 26 个城市。这不仅有利于从整体上对这一地区的发展进行谋划，而且有利于各城市根据自身定位制订具体而清晰的地方规划。

第二，要打破经济壁垒，发挥各城市特长，实现功能互补。如今，长三角各城市之间还存在较为严重的同质化竞争问题，以致经济协作程度不高，各城市未能充分发挥自己的特色。《规划》给各城市予以不同定位，强调各自发展的优势所在，而这正是为了进一步优化产业布局，实现经济发展各要素之间的自由流动。只有这样，才能使各城市间形成优势互补、协调合作的良好格局。

第三，要打破行政壁垒，完善区域一体化的体制机制。尽管长三角地区综合发展水平较高，但具体到地方，如城市之间、城乡之间的差异仍然较大。各城市之间不仅在经济上有竞争关系，而且在各种公共服务上也未能很好地融合。医疗、教育、户籍等相关制度，仍以各城市为核心来确立，公共资源的共享程度不高，需要从整个地区一体化的高度加以考虑。

3. 瞄准世界级城市群，培育中国经济新增长极

《规划》提出了“到2030年将长三角城市群打造为具有全球影响力的世界级城市群”的目标。这一具体目标，又与我国加快体制机制创新，形成改革新局面，从而应对新常态、增强国际竞争力的宏观战略目标相契合。而长三角城市群之所以可以成为我国经济发展的新增长极，就在于其对长江经济带以及“一带一路”建设的作用。

国务院于2015年4月和2016年5月初分别发布了《长江中游城市群发展规划》和《成渝城市群发展规划》。加上此次出台的《长江三角洲城市群发展规划》，我国关于整个长江经济带的战略规划已经全部出台。作为长江经济带的“龙头”，长三角城市群的定位和功能都在《规划》中得到了明确，将更好地发挥经济发展的引领作用。

此外，长三角城市群对“一带一路”建设的服务作用也得到了强调。通过打造我国亚太地区重要国际门户，构建完善的国际金融服务体系、国际商务服务体系、国际物流网络体系，长三角城市群对“一带一路”沿线国家的辐射作用将显著增强，从而成为我国提升国际竞争力的重要平台。

（文/鲁昊源）

6月　中国共产党强化党内问责

三部门公布公积金“国家账本”

《中国共产党问责条例》倒逼责任落实

困境儿童保障：从救“孤”到助“困”

加速培育住房租赁市场，助力住有所居

力推金融领域“去杠杆”，防风险

移动互联网应用程序服务纳入监管

三部门公布公积金“国家账本”

2016年6月1日，住建部、财政部、人民银行发布《全国住房公积金2015年年度报告》（以下简称《报告》），对住房公积金管理机构概况、业务运行、财务数据、资产风险、效益分析等事项进行披露。

1. 信息披露稳步推进

我国的住房公积金制度自1991年在上海正式建立以来，已经有20多年的历史，在解决职工住房问题上发挥了积极的作用。但由于制度建设不完善、信息系统建设落后等问题，住房公积金的信息公开一直十分滞后，广受诟病。由此，住建部加强了住房公积金信息披露制度的建设。

2009年3月23日，住建部发布了2008年全国住房公积金管理情况通报，但此后，政府主管部门再未对外披露全国住房公积金的详细缴存以及使用情况。2014年3月20日，住建部部长陈政高在“全国加强住房公积金管理电视电话会议”上要求各地进一步完善住房公积金信息披露制度，定期披露住房公积金信息。2015年6月12日，住建部联合财政部、人民银行披露2014年全国住房公积金年度报告，对2014年住房公积金的运行做了首次比较全面完整的信息公开。

2. 公积金制度建设初有成效，作用渐显

第一，存取规模扩大，支持住房消费。《报告》显示，2015 年全年住房公积金缴存额 14549.46 亿元，比上年增长 12.29%，体现出住房公积金政策日益得到了人们的认可，缴存积极性较高，这使得整个公积金资金池可以不断做大。2015 年全年住房公积金提取额 10987.47 亿元，比上年增长 44.92%，全年发放个人住房贷款 312.50 万笔、11082.63 亿元，分别比上年增长 40.44%、68.10%，体现了住房公积金在支持职工住房消费、减轻职工住房消费负担上发挥着越来越大的作用。第二，强化风险管理，控制坏账成效显著。2015 年，个人住房贷款逾期率 0.01%，全年未使用项目贷款风险准备金核销呆坏账，清收历史遗留风险资产 5.31 亿元，这表明在控制预期坏账方面卓有成效。第三，加强业务建设，各项制度日渐完善。推进信息化建设，推广使用住房公积金银行结算数据应用系统，提高风险防控能力；修订住房公积金统计制度，开发住房公积金统计信息系统；健全信息披露制度，加大住房公积金信息披露工作力度，组织开展全行业信息披露业务培训。

3. 风险控制和收益过低问题不容忽视

随着使用规模越来越大，住房公积金产生了部分省市个贷率过高的问题。个贷率（指年度个人住房贷款余额占年度末住房公积金缴存余额的比率）过高会使公积金余额趋紧，影响后续购房者尤其是很多中低收入人群使用公积金。2016 年有 10 省市个贷率超过 85%，天津个贷率超过 100%，因此，公积金使用过程中要重视平衡风险和效益，把风险控制在能够把控的范围内。

另外，公积金运营存在增值难、收益低的困境，住房公积金收益普遍

低于市面上的理财产品。公积金的主要收益来源于委托存款利息、委托贷款利息、国债利息，投资手段落后单一。因此，要加强公积金投资保值方式的改革，在控制风险的基础上进行多元化投资，提高投资效益，实现增值保值。

（文/卓增华）

《中国共产党问责条例》倒逼责任落实

2016年6月28日，中共中央总书记习近平主持召开政治局会议，审议通过了《中国共产党问责条例》（以下简称《条例》）。权力就是责任，责任就要担当，过去管党治党失之于宽、失之于松、失之于软，此番出台的《条例》是全面从严治党的利器，意味着新一届中央领导集体治党将从“宽松软”全面进入“严紧硬”新阶段。这也是继修订《中国共产党廉洁自律准则》《中国共产党纪律处分条例》后，中央制定的又一部重要党内法规，进一步收紧了从严治党的制度。

1. 填补制度漏洞是《条例》的主要内容

问责是实现全面从严治党的有力抓手，《条例》的制定能够有效填补廉洁自律、纪律处分等党内法规制度在规范全体党员干部行为时的遗漏之处，使党的各项制度真正落到实处，将思想建党和制度治党紧密融合。

（1）问责的主要问题。问责是追究党组织和领导干部的主体责任、监督责任和领导责任，具体来讲就是：党的领导弱化，给党的事业和人民利益造成严重损失、产生恶劣影响的问题；党的建设缺失，削弱党执政的政治基础的问题；全面从严治党不力，造成严重后果的问题；维护党的政治、组织、廉洁、群众、生活等各项工作不力，造成恶劣影响的问题；推进党建和反腐败工作不坚决、不扎实的问题。

（2）问责的主要方式。针对党组织和领导干部问责的方式有所不同，前者主要是检查、通报和改组，后者则是通报、诫勉、组织调整或组织处理、纪律处分。以上问责方式既可单独使用，也可合并使用。

（3）问责的一般程式。《条例》指出，问责决定由党中央或者有管理权限的党组织依据党章和有关党内法规做出。问责决定做出后，要及时向被问责的党组织或者领导干部宣布并督促执行。被问责的领导干部要向做出问责决定的机关写书面检讨，并在民主生活会等会议上做深刻检查。

2. 高度的政治性是《条例》的主要特点

（1）政治性。全面从严治党，最根本的就在于各级党组织和领导干部把管党治党的责任担当起来。问责就是要把责任压给各级党组织，分解到组织、宣传、统战、政法等党的工作部门，层层传导压力，倒逼责任落实，确保党中央的集中统一领导，确保党中央政令畅通，确保党的团结统一。

（2）统一性。现行党内法规中，与问责相关的规定多达119部，其中12部专门规定问责，问责制度不仅分散，而且存在操作性不强等诸多问题。《条例》站在全党的高度，对问责制度做了更加系统性的规定，内容更加严谨和聚焦，更具有操作性，有利于进一步推动全面从严治党。

（3）全面性。根据《条例》和公布的问责典型案例，问责制度在广度和深度上都有极大拓展。党组织和领导干部在事前预防、事中调查与事后执行各个环节都有责任，而且更加强调“律己”与“律人”两手抓，独善其身是不符合领导干部要求的。同时，实行终身问责，对失职失责性质恶劣、后果严重的责任人，即使调离转岗、提拔或者退休后，也都会受到追究。

3. 解决“制度的生命在于执行”是主要挑战

领导干部是实现全面从严治党的主力和关键，如何保证领导干部主动作为、积极担责是一个难题。有些部门的一把手就像“土皇帝”，权要当、责不担。因此，建立科学合理的考核评估机制与畅通长效的意见回馈机制，明确权责职分，真正落实到个人头上，才能发挥问责倒逼责任落实的作用。

（文/朱彩云）

困境儿童保障：从救“孤”到助“困”

2016 年 6 月 16 日，国务院发布《关于加强困境儿童保障工作的意见》（以下简称《意见》），要求加强困境儿童保障工作，建立健全与我国经济社会发展水平相适应的困境儿童分类保障制度，为困境儿童营造更好的成长环境。

1. 政策支持稳步推进

2010 年，国务院出台了《关于加强孤儿保障工作的意见》，这是我国第一个儿童福利政策性文件。2016 年 2 月，国务院又出台了《关于加强农村留守儿童关爱保护工作的意见》。此次《关于加强困境儿童保障工作的意见》是我国儿童福利制度领域的第三个正式文件。可见，我国儿童福利保障的范围不断扩大且日臻完善。这 3 个文件都对自己保护的对象做了界定，体现了“分类保障”的原则：孤儿是指失去父母、查找不到生父母的未满 18 周岁的未成年人；留守儿童是指父母双方外出务工或一方外出务工另一方无监护能力、不满16周岁的未成年人；困境儿童则包括因家庭贫困导致生活、就医、就学等困难的儿童，因自身残疾导致康复、照料、护理和社会融入等困难的儿童，以及因家庭监护缺失或监护不当遭受虐待、遗弃、意外伤害、不法侵害等导致人身安全受到威胁或侵害的儿童。这三种类型的儿童基本覆盖了需要帮扶保障的儿童的范围。

2. 分类保障、三级联动促落实

第一，进一步细分困境儿童的不同类型，实行分类保障。针对困境儿童生存发展面临的困难，《意见》从5方面提出具体措施并分类保障。在生活保障方面，将困境儿童分类纳入孤儿保障、特困人员救助供养、最低生活保障、临时救助等范围。在医疗保障方面，对困难的重病、重残儿童的居民基本医疗保险和大病保险给予适当倾斜，对低保家庭儿童、重残儿童、纳入特困人员救助供养范围的儿童参保给予相应补贴。在教育保障方面，对于家庭困难儿童给予“两免一补”资助政策，为残疾儿童建立随班就读支持保障体系乃至提供12年免费教育，对农业转移人口随迁子女给予全面落实在流入地参加升学考试政策和接受中等职业教育免学费政策。在监护责任方面，对监护缺失、监护不力和不当的困境儿童，分类明确了替代监护的责任主体和相应程序，同时对缺少监护人的服刑人员和强制隔离戒毒人员未成年子女等也做了安排，对残疾儿童分别免费提供手术、康复器具或者纳入“残疾孤儿手术康复明天计划”，并鼓励儿童福利机构为社会残疾儿童提供替代照料、养育辅导、康复训练等服务。

第二，《意见》提出构建县、乡镇、村三级工作网络，发挥群团组织作用，并鼓励支持社会力量参与的落实机制。其中，县级人民政府建立政府领导、多部门信息共享、协调联动的工作机制，统筹做好困境儿童保障政策落实和监督等工作。乡镇人民政府、街道办事处则负责民政工作的机构建立困境儿童信息台账，一人一档案，为困境儿童保障工作提供信息支持。村（居）民委员会设立由村（居）民委员会委员、大学生村官或者专业社会工作者等担（兼）任的儿童福利督导员或儿童权利监察员，负责困境儿童保障政策宣传和日常工作。《意见》还希望工会、共青团、妇联、残联组织、关工委等群团组织动员其成员和群众协同做好困境儿童关爱服务工作。此外，《意见》提出鼓励专业社会工作服务机构、慈善组织、志愿服务组织等社会力量提供专业服务，支持社会力量举办服务机构，并鼓励其参与承接政府购买服务。

3. 打通政策落实“最后一公里”

《意见》的亮点之一，是在基层设立了儿童福利督导员或儿童权利监察员。困境儿童保护工作的重心在基层，服务主体也在基层。以往因为缺乏足够的人才，导致自上而下的很多政策在基层的实际执行过程中往往遇到“最后一公里”的问题。有鉴于此，《意见》要求村（居）民委员会要设立儿童福利督导员或儿童权利监察员，并规定了其具体职责。如果有这支由兼职或专职儿童福利督导员组成的工作队伍活跃在“最后一公里”，坚持工作的日常化、经常化，那么各项儿童政策的贯彻实施、各类困境儿童问题的及时发现与有效解决，都将有很好的基础。当然，如果说留守儿童是我国经济社会发展特定阶段的问题，它可能随着我国各地经济发展差距的缩小而逐渐消失，具有暂时性，但是由家庭贫困、自身残疾、家庭监护缺失导致的困境儿童则可能是任何社会发展阶段都难以避免的普遍现象。因此，我们也不应不切实际地期待《意见》能一劳永逸地消除困境儿童现象。

（文/吴双、卓增华）

加速培育住房租赁市场，助力住有所居

2016年6月3日，国务院办公厅印发《关于加快培育和发展住房租赁市场的若干意见》（以下简称《意见》）。《意见》的出台，进一步明确要培育和发展住房租赁市场、实行购租并举的任务，瞄准促进实现住有所居的目标，这将对今后一个时期我国住房制度改革起到重要作用。

1. 我国住房租赁市场难以满足居住需求

推动我国城镇化进程的要务之一是如何解决住有所居的问题。一方面，我国近年来房价一直居高不下，买房对多数城镇居民来说是巨大的负担；另一方面，城镇化离不开外来人口的流入，特别是在北上广深等大城市，外来务工人员及新毕业大学生群体都有现实而紧迫的住房需求。据统计，2015年，全国人户分离的人口2.94亿，其中流动人口规模约2.47亿，占全国总人口近两成。如此庞大的流动人口规模，显然不可能都通过买房在城市安家落户。有需求但又无力通过买房解决，租赁自然成了理论上最佳的替代选择。

如果要把住房租赁上升为解决城市化人口住房问题的一种主要途径，那么现有的住房租赁市场还远远不能满足需求。首先，中国的住房供应制度主要包括3个方面：住房交易市场、住房租赁市场和住房保障市场。交易市场是房地产市场的主角，住房保障体系也在近年来加快建立并形成规模，而租赁市场仍然处于自发状态。其次，2016年我国66%的租赁房源集中在个人手中，规模化、集约化程度较低。另外，租赁需求的住房供给只能通过二手房市场获得，基本上不存在新房租赁市场。最后，租房者不能完全享受到当地的公共服务，因此摆脱不了“外地人”的尴尬身份，对租

房有所保留。

2. 三方面举措为租赁市场发展提供支持

此次《意见》从多个角度提出了发展住房租赁市场的措施，概括来看，重点有 3 个方面。

第一，分别从供给和需求两端提供政策激励：一方面完善住房供应体系，另一方面鼓励住房租赁消费。在供给端，《意见》提出要培育市场供应主体，包括发展住房租赁企业、鼓励房地产开发企业开展住房租赁业务、支持和规范个人出租住房，同时，《意见》鼓励新建租赁住房及允许改建房屋用于租赁。在需求端，《意见》则制定多种优惠政策措施鼓励住房租赁消费，例如，简化提取住房公积金支付房租政策手续，允许享受义务教育、医疗等国家规定的基本公共服务等。

第二，为住房租赁市场提供多项政策保障。其一，对依法登记备案的住房租赁企业、机构和个人，给予税收优惠政策支持。其二，鼓励金融机构向住房租赁企业提供金融支持，支持符合条件的住房租赁企业通过发行债券、不动产证券化产品等自筹资金。其三，鼓励地方政府盘活城区存量土地，采用多种方式增加租赁住房用地有效供应。

第三，完善相关法律法规以进一步规范市场。其中，保护承租人的利益是重点。《意见》不仅要求政府承担监管职责，而且强调要明确各方权利义务，稳定合同关系，并对房屋租赁中介机构的经营行为加强规范。可见，《意见》通过健全法规及配套制度，保证房屋租赁市场能够长期健康地发展。

3. 住房与配套公共服务之问

《意见》似乎没有直面一个问题，就是租赁住房与配套公共服务的问题，而这个问题在一线城市最为突出。对北上广深这几个一线城市来说，住房除了满足居住需求以外，还与一线城市一流的教育、医疗等公共服务联系在一起。在此意义上，对一线城市的外来人口来说，租赁固然可以解决一时的住房需求，但能否享受相关的公共服务、享受到什么程度，仍是关键问题。例如，《意见》提出非本地户籍承租人可“享受义务教育、医疗等国家规定的基本公共服务”，但如果承租人的子女完成义务教育，面临高中升学的压力呢？因此，不解决配套公共服务均等化的问题，发展住房租赁市场对解决一线城市外来人口住房问题的意义恐怕就比较有限了。

（文/吴双、鲁昊源）

力推金融领域“去杠杆”，防风险

2016 年 4 月以来，“一行三会”持续发力金融监管，金融行业整肃悄然展开。无论是在互联网金融领域，还是在传统金融领域，各监管部门都开展了金融专项整治行动。

1. “去杠杆”促金融稳定发展

进入新常态以来，随着经济增速的回落，特别是企业赢利和地方财政收入增速回落，债务风险抬头，中国经济面临着经济下行和杠杆率偏高的双重挑战。主要表现为：企业利息负担较重，经营困难；地方政府在基础设施建设等领域融资受限，制约了对发展的支撑；银行不良贷款率攀升，影响了金融体系的安全性。而传统的通过不断增加杠杆来刺激实体经济的做法，效果逐渐减弱。宽松货币政策和积极财政政策对经济拉动作用越来越弱，去杠杆已成为新常态下亟待解决的问题。

“去杠杆”是2016年乃至“十三五”时期经济工作的重大任务。2016年5月，习近平在中央财经领导小组第十三次会议中，强调重点推进“三去一降一补”工作，其中“去”是指“去杠杆”。2016年6月，中国人民银行发布《中国金融稳定报告（2016）》，对2015年我国的金融体系状况进行了全面评估，并指出2016年应当继续实施积极的财政政策和稳健的货币政策，着力加强供给侧结构性改革，去产能、去库存、去杠杆、降成本、补短板，提高供给体系质量和效率，促进经济金融持续稳定健康发展。

2. 金融监管风暴来袭

2016年4月14日，由国务院决策部署、10余个部委共同行动的互联网金融专项整治在全国范围内拉开大幕。在总计7个分项整治子方案中，央行、银监会、证监会、保监会分别对网络支付、网络借贷、股权众筹和互联网保险等领域，开启专项整治计划。

在传统金融领域，各监管部门也开始进行规范。2016年4月底，央行、银监会发布了《关于加强票据业务监管 促进票据市场健康发展的通知》，联手规范票据业务。5月下旬，证监会发布了《证券投资基金管理公司子公司管理规定》《基金管理公司特定客户资产管理子公司风险控制指标指引》的征求意见稿，拟规范私募股权基金发展和基金子公司的资管业务。保监会也先后下发《保险资金运用内部控制指引》《保险资金运用内部控制应用指引》，全面规范通道类业务，并基本叫停了短期人身险等产品。银监会方面已开始全面摸底表外业务情况，排查重点是新兴表外业务和表内资产表外化等风险。

在监管层金融“去杠杆”的要求下，地方政府出台了专项方案。2016年6月底，重庆市政府印发《重庆市金融去杠杆防风险专项方案》，将严控通过夹层投资、“名股实债”、“抽屉协议”、回购协议等方式进行高息融资操作，规范开展票据业务，严防套取、挪用票据资金，着力确保股市杠杆融资和保险公司的“万能险”合法合规，对银行、证券、保险等金融业态加强风险防范。推进供给侧结构性改革是适应和引领经济发展新常态的重大创新，也是当前及今后一个时期经济社会工作的重点。地方金融的任务就是加大金融风险防控力度，实施全方位监管，守住不发生系统性和区域性金融风险的底线。

3. 坚定不移“去杠杆”，积极稳妥防风险

“去杠杆”是金融危机后各个经济体面临的共同挑战。中国经济发展进入新常态后，还面临着转方式、防风险的挑战，更要坚定不移“去杠杆”。“去杠杆”要靠一系列政策措施在多个领域相互配合，采取综合措施。首先，“去杠杆”与去产能紧密相关，高杠杆率突出体现在产能严重过剩行业，“去杠杆”就要严格控制资金进入这些领域，并对相关企业已有负债进行处置。其次，降低企业杠杆率，需要银行积极处置不良贷款。最后，对地方政府债务问题，债务置换需加快进度。总体来说，较高杠杆率的形成，实际上与我国的金融、财税和国企等体制机制紧密相关。因此，从长远上看，降低杠杆率要深化相关改革。

从一定意义上说，防风险就是稳增长。经济风险总体可控，但对以高杠杆和泡沫化为主要特征的各类风险仍要引起高度警惕。实现2016年经济发展预期目标，必须把握好稳增长和控风险的平衡，特别要注意防范和化解各类风险，牢牢守住不发生系统性、区域性风险的底线。

（文/庄慕平）

移动互联网应用程序服务纳入监管

2016年6月28日，国家互联网信息办公室发布《移动互联网应用程序信

息服务管理规定》（以下简称《规定》），规范了移动互联网应用程序信息服务管理，明确了网民在使用移动互联网信息服务中的合法权益，为构建移动互联网的安全、健康、可持续发展的长效机制提供了制度保障。

1. 产业乱象需要规制

近年来，智能手机广泛普及，移动互联网发展迅速，通过移动端随时随地接入互联网成为越来越多的人的生活方式。截至 2015 年年底，使用手机上网的用户数已经超过 6 亿，占上网用户总数的 90% 以上。与此同时，移动应用程序（APP）成为广大手机用户享受网上服务的必然选择。仅为苹果操作系统开发 APP 的中国程序人员就超过百万。据不完全统计，在国内应用商店上架的 APP 超过 400 万款，且数量还在高速增长。

APP 产业迅速发展的同时也乱象频生，泥沙俱下。一些 APP 存在恶意吸费、消费陷阱、过度采集、盗取或滥用个人信息，乃至传播病毒软件等情况，少数 APP 甚至被用来违法开展信息服务，传播暴力恐怖、淫秽色情及谣言等违法违规信息等。此次的《规定》正是针对 APP 行业的乱象而出台。

2. 区分责任，保护用户，明确罚则

首先，《规定》界定了应用程序提供者和应用商店服务提供者的不同责任。应用程序提供者的责任主要在于用户信息和产品本身两方面。在用户方面，应用程序提供者可以收集、使用用户信息，但应当遵循合法、正当、必要的原则，明示收集使用信息的目的、方式和范围，并经用户同意，未向用户明示并经用户同意，不得收集特定信息。在产品方面，主要是保证不侵犯他人的知识产权。应用商店服务提供者的责任主要在于对应用程序提供者履行的管理责任，包括对应用程序提供者进行真实性、安全性、合法性等审核，并督促应用程序提供者保护用户信息、发布合法信息内容、发布合法应用程序等。

其次，《规定》充分体现了保护用户权益的根本思路和原则。应用程序提供者应当按照“后台实名、前台自愿”的原则，基于移动电话号码等真实身份信息认证注册用户；应用程序提供者可以收集、使用用户个人信息，但必须明示收集使用信息的目的、方式和范围，并经用户同意。针对有些软件随意读取手机用户的位置信息、通讯录、短信息和通话记录，甚至调取摄像头、读取用户隐私信息等过度采集和滥用用户信息的行为，《规定》明确要求应用程序提供者应保障用户的知情权和选择权，这是在《中华人民共和国消费者权益保护法》规定用户知情权和选择权基础上的一次细化和明确，是从立法层面加强用户权益保护的一大进步。

最后，《规定》的处置权利、措施和流程较为明确，具有较强的可操作性。规定责任和义务的同时，必须有罚则，方能保证威慑力和可操作性。《规定》指出，应用程序商店提供者对违反规定的应用程序提供者，可以视情节采取警示、暂停发布、下架应用程序等措施，并向有关主管部门报告。这是首次在立法中对平台的监管处置措施进行明确规定。这样细化的制度设计，使行政执法部门在履行监管责任时可以更为准确地界定平台责任。

3. 实名认证须确保用户隐私权

《规定》中“后台实名、前台自愿”的原则颇为引人注目。这是否意味着用户今后下载、使用每一款 APP 都要输入自己的手机号码，进行实名注册？若当真如此，则很可能会引起相当一部分用户对自己个人信息泄露的担忧。再者，一刀切地实施每一款 APP 都对用户进行实名认证，也会增加程序，降低用户体验。实名制并非目的，而是达到网络法治化、减少网络侵权、维护网络诚信的手段。因此，对《规定》的实施可能带来的负面效应，也应当有必要的心理准备。

（文/吴双、高婷婷）

7月 军民融合顶层设计出台

颁布军民融合战略纲领

中国首次绘制网络强国建设时间表与路线图

央企重组推进国企改革

投融资体制改革激发企业活力

医疗服务价格改革改变以药补医格局

城乡义务教育一体化助力全面小康

完善科研资金管理，让科学家少为钱操心

颁布军民融合战略纲领

2016年7月21日，中共中央、国务院、中央军委印发《关于经济建设和国防建设融合发展的意见》（以下简称《意见》）。这是自中华人民共和国成立以来，中共中央、国务院、中央军委首次颁布的指导经济建设和国防建设融合发展的纲领性文件。

1. 信息化战争要求军民融合

在中华人民共和国成立后很长一段时期，我国一直实行党政军一体、平战一体的国防建设模式，较好地满足了计划经济条件下的国防建设需要。改革开放后，党和国家的工作重心转向经济发展，政府职能逐渐聚焦于经济建设，对国防建设的领导和管理职能出现了一定的分化弱化，逐步形成了经济建设和国防建设相对隔离、各自运行的“二元结构”。但在信息化时代，战争形态发生很大变化，无论是武器装备的研发制造，还是军队的后勤保障、人才培养，国防系统都很难离开民用经济系统的支持。换言之，网络信息时代的军队建设、作战和非战争军事行动都是军民一体的，对经济、科技、社会发展和能源资源的依赖性空前增强，走融合发展之路势在必行。

所谓军民融合，就是实现军民两大系统资源的互通互用和互动。当前，主要发达国家已经进入军民两大系统深度融合期，其军队信息化建设技术的80%～90%来源于社会信息化系统，而我国正处在从初步融合向深度融合的过渡阶段，各主要领域的军民融合度只有30%左右。而相互分离的军地两大建设系统在军民融合时代仍然表现出强大的运行惯性。这种情况意味着，一旦发生战争，我们只能以国家部分实力为支撑的小国防，来对抗别国以国家整体实力为支撑的军事体系，对我国十分不利。鉴于此，党的十八届五中全会通过的《中共中央关于制定国民经济和社会发展第十三个五年规划的建议》（以下简称《建议》）提出“推动经济建设和国防建设融合发展”，“坚持发展和安全兼顾、富国和强军统一”。而《意见》则是对《建议》的进一步安排。

2. 三步走：明宗旨，定原则，促落地

首先，《意见》明确指出军民融合发展的主要目标是形成全要素、多领域、高效益的军民深度融合发展格局，使经济建设为国防建设提供更加雄厚的物质基础，国防建设为经济建设提供更加坚强的安全保障。为此，《意见》要求实现基础领域、产业领域、科技领域、教育领域、社会服务领域、应急和公共安全、海洋开发和海上维权等具体领域的统筹，促使军民两大系统之间在这些领域的人才、资金、物资、技术、信息、管理等全要素的交流和融合。其次，《意见》明确军民融合的基本原则是：坚持党的领导，强化国家主导，注重融合共享，发挥市场作用，深化改革创新。最后，为了从组织领导上保证《意见》的贯彻落实，《意见》指出，落实军民融合发展战略是各级党委、政府和军事机关的共同责任，要求加快建立国家和各省（自治区、直辖市）军民融合领导机构。

3. 军民融合：补齐军事短板

改革开放以来，我国国民经济快速发展，经济实力已具备全球影响力，但军事实力与经济实力发展不平衡的问题依然存在，军队现代化水平与国家安全需求相比差距还很大，军事实力仍是综合国力诸要素中的“短板”。保持经济建设和国防建设这两大建设同步发展，已经成为关乎国家战略全局的重大战略任务。因此，要在更广范围、更高层次、更深层度上推进军民融合。只有实现两大建设融合发展，才能从总体上消除军事经济和民用经济分割的状态，使用一个军民相互兼容的经济技术基础，集中全民族的智慧建设国家和国防，为我国推进“一带一路”建设和积极参与全球治理提供更坚实的保障。

（文/吴双、马毅豪）

中国首次绘制网络强国建设时间表与路线图

2016 年 7 月 27 日，中共中央办公厅、国务院办公厅印发《国家信息化发展战略纲要》（以下简称《纲要》）。《纲要》围绕建设网络强国的目标，首次提出中国信息化发展“三步走”的战略目标，明确了未来 10 年信息化发展的三大重点任务，绘制了中国建设网络强国的时间表与路线图。

1. 因势而谋，顶层设计“升级换代”

党的十八大以来，党中央将中国网络安全和信息化工作提到了一个新的高度。党的十八届三中全会提出，要加快完善互联网管理领导体制，确保国家网络和信息安全。紧接着，中央网络安全和信息化领导小组成立，习近平任组长，李克强、刘云山任副组长，规格之高，前所未有。在小组第一次会议上，习近平就指出，没有网络安全就没有国家安全，没有信息化就没有现代化，要努力把中国建设成为网络强国。[①] 以此次会议为标志，中国从建设网络大国向建设网络强国迈进。党的十八届五中全会正式将网络强国战略纳入“十三五”规划的战略体系之中。

新一届中央领导集体之所以如此重视网信工作，是因为他们意识到了日新月异的网络信息技术如同一场革命，正在全面、深刻地改变社会生产生活，重塑国际经济、利益、安全格局。然而，在这一新的全球竞争高地上，中国同世界先进水平还有很大差距，尤其是核心技术和设备仍受制于人。形势决定任务，认识决定行动，《纲要》因势而谋，调整和发展了10年前出台的《2006—2020年国家信息化发展战略》（以下简称《战略》），对中国网信事业的顶层设计进行了一次“升级换代”。

2. 创新谋局，“三步走”加三任务

《纲要》分6个部分，从指导思想、战略目标、基本方针、战略任务、体制保障和组织实施等方面对未来10年中国信息化发展的工作内容做出具体部署，亮点有三。

第一，首提“三步走”建设网络强国。第一步，到2020年，核心关键技术部分领域达到国际先进水平，信息产业国际竞争力大幅提升，信息化成为驱动现代化建设的先导力量；第二步，到2025年，建成国际领先的移动通信网络，根本改变核心关键技术受制于人的局面，实现技术先进、产业发达、应用领先、网络安全坚不可摧的战略目标，涌现一批具有强大国际竞争力的大型跨国网信企业；第三步，到21世纪中叶，信息化全面支撑现代化国家建设，网络强国地位日益巩固，在引领全球信息化发展方面有更大作为。

---

① 总体布局统筹各方创新发展，努力把我国建设成为网络强国［N］. 人民日报，2014-02-28.

第二，首次明确了国家信息化发展的三大战略任务：增强信息化发展能力、提升信息化应用水平与优化信息化发展环境。与《战略》相比，《纲要》的特点有：一是脱离了从基础设施、城市治理、民生服务等固定板块撰写规划的老套路，创造性地将建设网络强国这盘大棋一分为三，三者中能力是核心，应用是牵引，环境是保障；二是“核心（关键）技术”在《纲要》中的地位极高，它不仅是衡量“三步走”战略目标是否达成的重要指标，也是增强信息化发展能力这一核心任务的核心；三是《纲要》首次将信息强军的内容纳入信息化战略之中。

第三，重视信息化法治工作。《纲要》将推进信息化法治建设放在优化信息化发展环境部分之首，并在完善信息化法律框架、推进信息化立法进程、加强执法能力建设这3个方面提出了具体任务。与《战略》相比，《纲要》一是更加强调信息化法治工作的重要性，二是直截了当地提出了需要出台的法律法规和规范性文件。

3. 助力中国掌握网信核心技术，抢抓全球信息革命历史机遇

从中国国内看，《纲要》的实施将对中国政治、经济、社会、文化、生态等方方面面产生诸多积极影响。其中最关键的有三：第一，有助于中国尽快掌握网信核心技术与设备，保障国家网络安全，掌控发展主动权；第二，有助于中国发展信息经济，推进供给侧结构性改革，促进经济转型升级；第三，有助于创新教育、医疗、就业、社保、扶贫等公共服务，改善民生，保障社会和谐稳定。从国际上看，不进则退，慢进亦退。中国曾经是世界上的经济强国，后来在欧洲发生工业革命、世界发生深刻变革的时期，丧失了与世界共同进步的历史机遇，逐渐落到了被动挨打的境地。当今世界，信息革命方兴未艾，各国都在重新谋划信息化发展蓝图，将构筑信息优势作为谋求发展主动权的战略选择。《纲要》的出台，对中国占据全球信息化竞争制高点、增

强网络空间国际话语权和影响力、抢抓信息革命带来的历史机遇均具有积极作用。

（文/张宁远）

央企重组推进国企改革

2016 年 7 月 26 日，国务院办公厅印发《关于推动中央企业结构调整与重组的指导意见》（以下简称《意见》），明确了央企结构调整与重组的目标、路径和方式。《意见》提出国企改革四个方面的工作重点，即“巩固加强一批、创新发展一批、重组整合一批、清理退出一批”，旨在进一步深化国企改革，优化国有资本配置，促进央企转型升级。

1. 四个“一批”促央企转型升级

中共中央、国务院 2015 年印发的《关于深化国有企业改革的指导意见》是推进国有企业改革的顶层设计，其后，中央又陆续制定一系列配套文件，如《国务院关于国有企业发展混合所有制经济的意见》《国有科技型企业股权和分红激励暂行办法》《企业国有资产交易监督管理办法》等，进一步完善政策框架，细化工作方案。7 月出台的《意见》针对央企间的重组整合提出政策指导，指出中央企业产业仍存在分布过广、企业层级过多等突出的结构性问题，亟待提高资源配置效率，增强企业创新能力。

2. “保进退合”促央企“瘦身健体”

《意见》针对不同领域的央企制定了不同的政策，总体来看：有保，有进，有退，有合。

第一，“保”，即巩固安全保障功能。《意见》重点强调，巩固主业处于关系国家安全、国民经济命脉的重要行业和关键领域，主要承担国家重大专项任务的中央企业的安全，保证国有资本投入，增强保障国家安全和国民经济运行能力，保持国有资本控股地位，支持非国有资本参股。由此可见，国有资本将倾向投入经济命脉、国家安全等领域，且国企将更多地服务国家发展战略。

第二，“进”，即推进创新发展，实现产业转型升级。《意见》明确，搭建调整重组平台、科技创新平台、国际化经营平台，推动产业集聚和转型升级，促进战略性新兴产业发展，增强央企参与国际市场竞争的能力。本轮国企改革力争完成从外延式扩张到内涵式增长的转变，发展前瞻性战略性产业、金融及高附加值产业等。

第三，“退”，即化解过剩产能，清理长期亏损、扭亏无望、低效无效资产，退出不具有发展优势的非主营业务。这与供给侧改革遥相呼应，要实现去产能、去库存、去杠杆等目标，整顿低效、淘汰落后国企迫在眉睫。

第四，“合”，即推进强强联合，推动专业化整合，加快推进企业内部资源整合，积极稳妥开展并购重组。央企通过“强强联合”方式进行整合，进一步做大做强做优，意在放眼全球、打造一批具有全球竞争力的跨国公司。例如，南车和北车合并为中国中车，中国电力和国家核电合并为国家电力等。与此同时，各地政府也结合自身实际，陆续出台相关文件推进改革。

（文/李琳）

投融资体制改革激发企业活力

2016 年 7 月 18 日，新华社受权发布《中共中央 国务院关于深化投融资体制改革的意见》（以下简称《意见》）。这是改革开放以来，以中共中央文件名义发布的第一个投融资体制改革方面的文件，也是继2004年国务院发布投资体制改革文件之后的又一重要文件，是我国当前和今后一个时期投融资领域推进供给侧结构性改革的顶层设计纲领性文件。

1. 投融资问题制约经济发展和企业活力

在世界经济低迷和国内经济下行压力大的情况下，投融资领域问题也持续制约着经济发展。一方面，社会投资增速出现明显回落。国家统计局数据显示，2016年上半年全国固定资产投资增速同比名义增长9.0%，十年来首次回落到个位数。另一方面，投融资领域出现低效率、高成本趋势。持续走低的投入产出比，意味着资本红利的萎缩，对经济的可持续发展和激发企业的活力都产生了不利的影响。

投资是市场进行配置资源的重要手段，也是供给侧和需求侧两端共同发力的重要引擎。投融资体制存在着不少突出问题：一是投资领域简政放权不协同、不到位，企业投资主体地位还有待进一步确立。二是投资项目融资难、融资贵的问题比较突出，融资渠道还需要进一步畅通。三是政府投资管理亟须创新，引导和带动作用有待进一步发挥。四是权力下放与配套制度建立不同步，事中事后监管和服务仍需加强。五是投资法治建设滞后，投资监管法制化水平亟待提高。我国仍处于工业化、新型城镇化进程中，扩大有效投资具有很强的关联效应、乘数效应、结构效应，并可拉动消费和增加就业，是适度扩大总需求、以供给侧结构性改革为主线推动发展的重要方面。

2. 投融资体制改革五大看点

第一，进一步确立企业投资主体地位，试点企业投资项目承诺制。第二，完善政府服务。探索建立并逐步推行投资项目审批首问负责制。实行备案制的投资项目，要依托在线审批监管平台或政府服务大厅提供便捷服务，不得设置任何前置条件。第三，规范政府投资管理。要依据国民经济和社会发展规划及国家宏观调控总体要求，编制3年滚动政府投资计划。第四，创新融资机制。要开展金融机构以适当方式依法持有企业股权试点。鼓励金融机构以及全国社会保障基金、保险资金通过认购基金份额等方式参与产业（股权）投资基金。第五，加强监管、规范企业投资行为。明确了企业、中介机构在遵守相关法律法规方面的责任，提出了相应的处罚措施。投融资体制改革将进一步为企业投融资松绑，进一步释放市场主体的经济活力，有利于缓解经济下行压力，促进经济的平稳发展。

3. 投融资体制改革激发企业活力

限制企业投资的因素主要有两个：一是企业是否具有投资意愿和投资条件（如经济实力）；二是否具有良好的外部投资环境，投资审批、限制市场准入、企业融资阻碍以及不透明的政商关系等，都阻碍着企业投资愿望的实现。投融资改革的重点应当是如何缩减政府审批投资范围，扩大社会资本或非政府主体自主决策投资的范围。投融资体制僵化局面的源头在于大量社会投资主体的决策自主权无法落实。《意见》对上述问题给予了正面回应。激发社会投资活力，既是发展问题，也是改革问题。要依靠改革的力度，持续推进简政放权、放管结合、优化服务等改革，落实好“营改增”等减税清费政策，同时创新投资方式，统筹推进价格改革，推广完善政府与社会资本合作模式。

（文/庄慕平）

医疗服务价格改革改变以药补医格局

2016年7月1日，国家发展改革委、国家卫生计生委、人力资源社会保障部、财政部下发了《推进医疗服务价格改革的意见》（以下简称《意见》），明确全面推进医疗服务价格改革，逐步建立以成本和收入结构变化为基础的价格动态调整机制，基本理顺医疗服务比价关系。

1. 医疗服务比价失衡亟须变革

一直以来，我国公立医院由于过度医疗、重复检查等医疗现象备受诟病，根源在于医院主要通过药品加成收入来维持运营，形成以药养医的机制；医疗服务比价不合理，检查、检验收费偏高，而诊疗、护理、手术等医疗服务的价格偏低，使得医院和医生不得不通过开大处方、大检查来获取收入。一方面，这加重了患者的经济负担，不利于患者的健康；另一方面，使得医务人员的劳动价值常常得不到体现，在一定程度上加剧了医患关系的紧张程度。

我国医疗服务一直以来实行政府定价或政府指导价格，在保障公民基本医疗服务的同时也产生了定价不合理等问题，近些年医疗改革一直十分注重理顺医疗服务价格，形成科学合理的医疗服务价格体系。2015 年，国务院下发的《全面推开县级公立医院综合改革的实施意见》要求县级公立医院全部取消药品加成，实施与之相配套的新的医疗服务价格方案。2015 年 10 月，中共中央、国务院发布《关于推进价格机制改革的若干意见》，将医疗服务价格改革列入价格改革重点任务，明确了改革目标和实现路径。

2. 构建科学合理的医疗服务价格体系

第一，推进医疗服务价格分类管理。针对我国医疗服务定价机制僵化、缺乏灵活性的问题，《意见》区分了公立医疗机构和非公立医疗机构，并对公立医疗机构的特需服务做了灵活规定。公立医疗机构在坚持基本医疗服务、实行政府指导定价的基础上，对特需医疗服务实行市场调节价，由省级价格主管部门针对本地区医疗市场具体情况来确定。国家对非公立医疗机构落实市场调节价政策，由医保经办机构综合考虑，与医疗机构谈判合理确定医保支付标准，以引导价格合理形成。

第二，逐步理顺医疗服务比价关系。医疗服务比价不合理是造成过度医疗、重复检查的重要因素之一，这也影响医务人员劳动价值的实现。对此，《意见》提出要同步调整医疗服务价格，重点提高诊疗、手术、康复、护理、中医等医疗服务价格，降低检查治疗和检验等价格，实行分级定价，对医疗服务制定不同价格，拉开价格差距，引导患者合理就医。

第三，推进医疗服务价格项目管理和定价方式改革。《意见》指出，国家负责制定全国医疗服务项目技术规范，统一项目名称和服务内容作为确定医疗机构收费项目的依据，推行按病种收费模式，逐步减少按项目收费的数量。

第四，价格改革坚持不增加患者的负担。为确保改革后患者负担总体上不增加，《意见》明确了“控总量、腾空间、调结构、保衔接”的原则，提出了多项配套保障措施。一是医疗服务价格实行总量控制、结构调整。提高体现医务人员技术劳务价值医疗服务价格的部分，主要通过降低大型医用设备检查治疗和检验价格，以及通过规范诊疗行为降低药品、耗材等费用腾出的空间，以确保医药费用总量维持平衡。二是与医保支付政策进行配套衔接。调整后的医疗服务价格要按规定纳入医保支付范围，患者医疗费用负担总体上不会增加。三是强化医药费用控制，要求各地要综合考虑经济发展水平、基本医疗保障和群众承受能力等因素，明确控费指标，确保区域内医疗费用不合理增长得到有效控制。

3. 改革需认清挑战，积极应对

医疗服务价格改革涉及面广、影响大、情况复杂，对此要有清醒的认识。在医疗服务价格的调整方面，需要合理统筹，如果诊查、护理、治疗的价格提高过多，实际上增加了患者的负担，那么就背离了改革的初衷。例如，2015 年，重庆市实施的医改新政就由于调整后的价格不降反增，大部分患者的医药负担加重而被叫停。另外，在价格改革方面，按病种付费模式仍然存在着技术难题，实现按病种付费的前提是临床路径的标准化，如果各地各行其是，那么按病种付费的控费功能与价值就无法得到体现。在全国各地进行的付费方式改革试点对疾病种类分组各不相同，实现真正的统一和合理的病种分类的技术难题还有待解决。调整医疗服务价格，方向是正确的，但需看到困难和挑战，做好配套措施，处理好各方关系，避免无疾而终。

（文/卓增华）

城乡义务教育一体化助力全面小康

2016 年 7 月 11 日，国务院发布《关于统筹推进县域内城乡义务教育一体化改革发展的若干意见》（以下简称《意见》），明确了义务教育发展的阶段性目标以及 10 项具体措施。

1. 城乡义务教育均衡化向一体化的过渡

城乡教育发展不均衡是伴随城乡经济不均衡而长期存在的现象。城乡义务教育不均衡现象表现在诸多方面，包括每名学生教育经费投入，教育基础设施建设，教师结构与教师比例，教育质量与教学成果，辍学率，留守儿童问题等，国家曾针对这一问题出台过一系列政策。此外，教育部分别于 2005 年和 2010 年出台了两份义务教育均衡发展方面的文件。2012 年，国务院在此基础上出台了《关于深入推进义务教育均衡发展的意见》，但当时尚未提出城乡义务教育一体化发展的要求。随着义务教育均衡发展的深入推进，一体化发展被提上议事日程。

相较于义务教育均衡化，一体化发展涉及广度并没有实质性扩展，但在整体上增加了地方政府的统筹，增强了配套机制的协调性，着眼于深层次解决问题，从而最大限度地实现城乡义务教育发展平衡，最有力地保障城乡居民公共服务均等化，促进脱贫攻坚的任务有基可依，全面建成小康社会事业有序进行。

2. 政策性指导向配套机制保障的转变

首先，《意见》提出的工作目标是：到2020年，城乡二元结构壁垒基本消除，义务教育与城镇化发展基本协调；城乡学校布局更加合理；城乡师资配置基本均衡，教育脱贫任务全面完成；义务教育普及水平进一步巩固提高，九年义务教育巩固率达到95%。具体到政策层面，要实现县域内城乡义务教育的“四个统一”，即学校建设标准统一、教师编制标准统一、生均公用经费基准定额统一、基本装备配置标准统一，与“两免一补”政策城乡全覆盖。

其次，《意见》提出10项措施落实工作目标。具体包括：同步建设城镇学校，办好乡村教育，推进学校标准化建设，实施消除大班额计划，统筹城乡师资配置，改革乡村教师待遇保障机制，改革教育治理体系，改革控辍保学机制，改革随迁子女就学机制，加强留守儿童关爱保护。

最后，为明确责任，确保政策落到实处，《意见》把统筹推进县域内城乡义务教育一体化改革发展作为地方各级政府政绩考核的重要内容，为城乡教育一体化注入内在激励，同时细化部门责任，厘定实施措施相关的教育部门、公安部门、人力资源保障部门、城乡规划的职责，促进政策内容由虚变实。

城乡义务教育一体化，既是公共服务均等化的要求，也具有缩小城乡人力资本差距、促进社会阶层流动等重大功能，是关乎人民福祉与社会公平的事业，是一个涉及面广泛而复杂的工程。《意见》框架性地勾画出蓝图，而接替的制度配套、监管机制、实施细则还需进一步细化明确。

（文/苏秋纳）

完善科研资金管理，让科学家少为钱操心

2016 年 7 月底，中共中央办公厅、国务院办公厅印发《关于进一步完善中央财政科研项目资金管理等政策的若干意见》（以下简称《意见》），从经费比重、开支范围、科目设置等方面提出了一系列“松绑 + 激励”措施。

1. 高校科研经费管理制度改革与政策现状

科研经费管理制度改革是深化科技体制改革的重要内容，事关发展与创新的长远提升。我国科研经费支出逐年递增，但在科研经费的运用上还存在一些不尽科学和合理的问题：如 11 项预算支出[①]规定得较细，而且预算调整程序较复杂，高校自主权较小，花钱的难度高于出成果；人员绩效支出比例过低，科研人员的获得感不够强，不利于调动科研人员积极性；同时，一些科研项目资金管理不规范，科研经费成了“唐僧肉”，甚至被少数科研人员中

① 科研项目资金分为直接费用和间接费用：直接费用一般包括设备费、差旅费、会议费、国际合作与交流费、劳务费、专家咨询费、材料费、测试化验加工费、燃料动力费以及出版/文献/资讯传播/知识产权事务费等 11 类支出科目，间接费用主要用于专案承担单位的成本耗费和对科研人员的绩效激励。

饱私囊，造成国家资金浪费。

为解决这一问题，2012 年，中央出台《关于深化科技体制改革加快国家创新体系建设的意见》，将推进科研经费管理制度改革纳入科技体制改革的整体框架。2014 年，国务院颁布《关于改进加强中央财政科研项目和资金管理的若干意见》（以下简称“11 号文”）等专门文件，从顶层设计的高度开启新一轮科研经费制度改革。2016 年 6 月，李克强总理在全国科技创新大会上明确提出，要大力解除对创新的束缚，进一步完善中央财政科研项目资金管理的相关措施。

2. 调整科研经费使用政策，《意见》改革凸显六大亮点

第一，简化预算编制科目，下放调整许可权。过去，预算编制要求提前列出科研项目的各项开支，因为如果在实际运行中发生了变化，再调整就很困难，科研人员就要花费很大精力编制预算。因此，需要“简化预算编制科目，下放调整许可权”。《意见》提出，一些科目合并“同类项”为一个科目，由科研人员结合实际需要编制预算并安排使用，其中不超过直接费用 10% 的，不需要提供预算测算依据。在项目总预算不变的情况下，将直接费用中部分支出的预算调整权下放给项目承担单位。

第二，提高间接费用比重，加大绩效激励力度。科研项目资金分为直接费用和间接费用，间接费用主要用于项目承担单位的成本耗费和对科研人员的绩效激励。与美国等国家相比，我国科研项目的间接费用比例偏低，因此《意见》提高了间接费用比重，核定比例可以提高到不超过直接费用扣除设备购置费的一定比例。如：500 万元以下的部分为 20%，500 万元至 1000 万元的部分为 15%，1000 万元以上的部分为 13%。同时，取消绩效支出比例限制，明确项目承担单位可以在核定的间接费用比例范围内统筹安排绩效支出，并与科研人员在项目工作中的实际贡献挂钩，让科研人员

“多劳多得”。

第三，再次明确劳务费开支范围，不设比例限制。在制度层面，对劳务费没有比例限制。但科研人员反映，在项目实际申报过程中，对劳务费仍存在“隐性”的比例限制，比如，科研项目找学生做实验需要支付劳务费，但都不好报销。《意见》明确劳务费开支范围和标准，重申劳务费不设比例限制。对参与项目研究的研究生、博士后、访问学者及项目聘用的研究人员、科研辅助人员等，都可以支付劳务费。劳务费预算不设比例限制，由项目承担单位和科研人员据实编制。

第四，进一步明确结转结余资金留用处理方式。以往很多科研单位存在年底“突击花钱”现象，这是缘于科研项目结余经费收回制度（项目资金在每年年底就必须花完，否则就要被收回）。《意见》指出，科研项目实施期间，年度剩余资金可以结转下一年度继续使用。项目完成任务目标并通过验收后，结余资金按规定留归项目承担单位使用，在两年内可以统筹安排用于科研活动的直接支出，两年后未使用完的，按规定收回。也就是说，当年的钱花不完不用收回，可以在两年内继续安排使用。

第五，下放差旅会议费管理权限。高校、科研院所的科研项目经费中，一个重要支出就是差旅和会议费。《意见》根据教学、科研、管理工作的实际需要，合理确定教学科研人员乘坐交通工具等级和住宿费标准，不再简单套用公务员标准。因教学、科研需要举办的业务性会议，其会议次数、天数、人数及开支范围、标准等由单位自主据实决定。

第六，创新服务方式，设“科研财务助理”来解放科研人员。如前所述，以往科研经费报销手续繁杂、程序多、时间长，很多大学教授、科学家等科研人员因报销环节的诸多问题被迫承担了“会计”的工作，不能专心从事科研活动。《意见》要求，项目承担单位要建立健全科研财务助理制度，为科研人员在项目预算编制和调剂、经费支出、财务决算和验收等方面提供专业化服务。这一要求意在“让专业的人做专业的事”，把科研人员从烦琐的事务中解放出来。

3. 让科研人员少为钱操心，经费使用应以科研需求为导向

科技是第一生产力，但科技创新也离不开制度创新。《意见》着力于为科研人员解除烦苛、松绑减负，让经费为创造性活动服务。相较于“11 号文”，《意见》听取了科研一线人员的呼声，对科研经费使用管理问题做了更为切合实际的规定。科研活动具有非预期性，经费需要预算，但也不能太细致，过于严格地按照预算安排使用经费本身就是不科学的。科研预算各项目之间应该可以动态调整，在额度内给项目成员自主权，让科研人员少为钱操心，才能专心致力于科研。

（文/高婷婷）

8月　央地财政体制改革拉开序幕

三步走推进央地财政关系改革

国家发展改革委三年方案欲振兴东北老工业基地

多举措加强国家网络安全标准化工作

团中央改革：精简机关编制，走出高楼大院

国办发文加强政务舆情回应工作

新财政政策推动农业转移人口市民化

新政助实体企业降成本

违规投资追责制：国企投资决策有了“硬”约束

三步走推进央地财政关系改革

2016 年 8 月 24 日，《国务院关于推进中央与地方财政事权和支出责任划分改革的指导意见》（以下简称《意见》）发布，根据深化财税体制改革，建立事权和支出责任相适应的制度，适度加强中央事权和支出责任，推进各级政府事权规范化法律化的要求，提出要合理划分中央与地方财政事权和支出责任，保障政府有效提供基本公共服务，建立现代财政制度，推进国家治理体系和治理能力现代化。

1. 理顺央地财政关系，破题国家治理现代化

财政是国家治理的基础和重要支柱，理清中央与地方的财政关系，始终是关系到改革生死存亡的重大命题。1978 年改革开放后，我国确定了“放权让利”的主基调，以激发地方改革积极性，但由于财政权力过度下放，中央财政收入难以为继，宏观调控能力大大削弱。1994 年，我国实行分税制改革，建立中央税收和地方税收体系，实行中央对地方税收返还和转移支付制度。分税制改革厘清了中央与地方在收入侧的权力，却未能触动政府间事权和支出责任的划分，中央与地方在事权划分上不合理，造成

资源错位、职能重叠，其后果是基本公共服务碎片化，地方保护主义较为严重。

以往的财政改革将财政作为经济调控手段、财政政策的工具。2013 年，党的十八届三中全会通过《中共中央关于全面深化改革若干重大问题的决定》，提出建立“与国家治理体系和治理能力现代化相适应”的财政制度基础，将财税体制改革重新定位，突破以往单一经济领域改革的局限。2014 年，《深化财税体制改革总体方案》出台，部署“改进预算管理制度、完善税收制度、建立事权和支出责任相适应的制度”三大任务，其中事权和支出责任划分改革是理顺央地关系、全面提升国家治理效率的关键。由于短期内全面推进事权和支出责任划分改革的条件尚不成熟，《意见》从财政事权入手，突出“财政资金”和“基本公共服务”，大大缩小改革范围，紧抓关键问题，降低改革难度，为全面推进事权划分奠定了基础。

2. 规范央地权责划分，促进权、责、利相统一

（1）按照“受益范围”原则划分事权。改革的首要目标是厘清在由财政资金提供的基本公共服务事项上中央与地方的权责划分，再按照事权与支出责任相适应的原则划分支出责任。《意见》将事权根据“受益范围”划分为 3 类：第一，体现国家主权、维护统一市场以及受益范围覆盖全国的基本公共服务事权由中央负责；第二，地区性基本公共服务事权由地方负责；第三，跨省（区、市）的基本公共服务由中央与地方共同负责。中央和地方分别承担相应的财政事权，中央与地方共同财政事权应区分情况划分支出责任。

（2）适度加强中央的财政事权。其一，《意见》明确中央在财政事权确认和划分上的决定权，要求地方政府在中央授权范围内履行财政事权责任，同时注意保护和调动地方积极性。其二，适度加强中央政府承担基本公共服

务的职责和能力，强化中央的财政事权履行责任，中央的财政事权原则上由中央直接行使。

（3）实现政府间财政事权和支出责任划分法治化、规范化。第一，逐步减少并规范中央与地方共同财政事权，分解细化各级政府承担的职责，避免由于职责不清造成互相推诿。第二，建立财政事权划分动态调整机制，将应由市场或社会承担的事务交由市场主体或社会力量承担，将应由政府提供的基本公共服务统筹研究进行事权划分。第三，加快省以下财政事权和支出责任划分。参照中央做法，结合当地实际，按照财政事权划分原则合理确定省以下政府间财政事权和支出责任，避免将过多支出责任交给基层政府承担。第四，要将中央与地方财政事权和支出责任划分基本规范以法律和行政法规的形式规定，将地方各级政府间的财政事权和支出责任划分相关制度以地方性法规、政府规章的形式规定，逐步实现政府间财政事权和支出责任划分法治化、规范化。

（4）明确改革的路线图和时间表。2016 年，选取国防、外交等领域率先启动财政事权和支出责任划分改革；2017—2018 年，争取在教育、医疗卫生、环境保护、交通运输等基本公共服务领域取得突破性进展；2019—2020 年，基本完成主要领域改革，梳理需要上升为法律法规的内容，推动形成保障财政事权和支出责任划分科学合理的法律体系。

3. 统筹财税体制改革，整体推进与突破重点相结合

作为财税体制改革的“第三板斧”，财政事权和支出责任划分不仅涉及中央与地方、部门之间的利益调整，还涉及人、财、物的划转，是牵一发而动全身的改革，也是最难啃的“硬骨头”。就改革本身而言，不仅要依靠相关配套措施的密切配合，更要打破“中央决策、地方执行”的传统模式，改变现有利益格局；就财政体制改革而言，政府间财政关系调整必须和预算管理改

革、税制改革相互配合；作为一项系统性工程，事权划分的规范化、法治化还要求充分发挥立法和司法领域在改革中的作用，以确保改革的确定性和稳定性。

（文/戴明明）

国家发展改革委三年方案欲振兴东北老工业基地

2016年8月22日，国家发展改革委发布消息，经国务院同意，国家发展改革委印发了《推进东北地区等老工业基地振兴三年滚动实施方案（2016—2018年）》（以下简称《实施方案》），就有关部门、有关地方做好2016—2018年东北地区等老工业基地振兴工作做出了具体部署，并明确了各项任务的责任主体和完成时间。

1. 国家推进实施方案振兴东北

东北老工业基地的改革和振兴一直是经济领域一项非常重要，也比较棘手的工作。中华人民共和国成立之后，作为"共和国长子"的东三省曾经是中国工业化、城镇化程度最高的地区。改革开放之后，在经济体制改革之中，大批国企关停并转，东北经济也因此陷入困局。为了挽救局势，2003年，中共中央、国务院发布《关于实施东北地区等老工业基地振兴战略的若干意见》，启动了东北振兴战略，并将国有企业改革作为主要目标。此后一直到2013年，东北的经济一直保持快速增长。2003—2013年，东北三省的地区生产总值年均增长12.2%，高于东部地区平均水准。

但在2013年中国经济整体增速放缓后，东北经济发展又一次陷入困境。自2014年以来，东三省经济增速连续居全国倒数，其中辽宁甚至在2016年第一季度出现负增长的情况。为此，2014 年 8 月，国务院发布《关于近期支持东北振兴若干重大政策举措的意见》，提出“依靠内生发展推动东北经济提质增效升级”。2016 年 4 月 26 日，中共中央、国务院又下发《关于全面振兴东北地区等老工业基地的若干意见》，提出“适应把握引领经济发展新常态，贯彻落实发展新理念，加快实现东北地区等老工业基地全面振兴”。《实施方案》中分年度明确的 137 项重点工作就是对这两份中央文件的进一步深化、实化、细化和具体化。

需要澄清的是，许多媒体在报道时冠以“国家 1.6 万亿元拯救东北”等类似标题，误导为国家财政要拿出 1.6 万亿元投资东北的印象。实际上国家发展改革委官网上的新闻通告中并没有出现具体投资数额。1.6 万亿元的来源应当是国家发展改革委东北等老工业基地振兴司司长周建平在 2016 年 5 月 10 日的一次新闻发布会上的发言。当时周建平表示，《实施方案》中大约有 130 多个项目，大约涉及 1.6 万多亿元的投资。而当时《实施方案》还处于征求意见阶段，项目和资金规模都没有定下来。国家发展改革委振兴司的另一位负责人已经澄清，《实施方案》中 127 项重大项目的投资包括企业自筹资金、地方政府配套资金和国家补助资金，并非全额由国家投资，更不是“输血式”的资金投入。

2. 四大核心任务加百余重大项目

《实施方案》明确了四大核心任务，即着力完善体制机制、着力推进结构调整、着力鼓励创新创业、着力保障和改善民生。

第一，在完善体制机制方面，《实施方案》明确了加快完善政府管理体制、深化国企改革、促进民营经济发展等领域工作任务，包括制订和组织实施东北地区国有企业改革方案，在东北地区改组组建一批国有资本投资公司和运营公司，在部分转制的科研院所和高新技术企业开展股权和分工激励工作等。

第二，在推进结构调整方面，明确了在推进传统产业改造、加快培育壮大新兴产业等领域的工作任务，包括推动在东北地区开展“中国制造2025”城市试点示范工作，组织实施一批重大技术装备首台（套）示范项目，组织实施东北地区培育和发展新兴产业三年行动，建设若干老工业基地产业转型升级示范区和示范园区等。

第三，在鼓励创新创业方面，明确了吸引留住人才、完善区域创新环境等领域的工作任务，包括组织实施东北振兴重大创新工程，制订实施沈阳全面创新改革试验总体方案，推进沈大国家自主创新示范区建设等。

第四，在保障和改善民生方面，明确了在鼓励就业创业、加快重大民生工程建设等领域的具体工作任务，包括全面推进城区老工业区搬迁改造和独立工矿区改造搬迁，继续大力实施棚户区改造工程，加大对资源枯竭城市财力性转移支付支持力度等。

第五，关于重大项目，《实施方案》提出了拟于2016—2018年开工建设对东北振兴有全局性重要影响的、能够有效补短板和培育新动能的重大项目，共127项，主要涉及交通（含铁路、高速公路、机场、轨道交通）、能源、水利、工业、农业、城乡建设等多个领域。

3. 振兴东北需政府、民间齐发力

一个地区经济发展的好与坏，当然会受经济体制的影响，同时也会受区位、产业结构、劳动力素质等诸多因素的影响，何为主要因素何为次要因素，需要实事求是地分析。第二次工业革命中兴起的传统工业基地在衰落之后的升级转型是一个世界性难题，可见面临困境的不仅仅是中国东北地区。例如德国的鲁尔区和美国的五大湖“铁锈地带”都曾是传统的重工业和资源型产业基地，它们没有计划经济和国有企业等体制机制“包袱”，但也都随着国家

的经济转型走向衰落，几十年后仍然没有恢复到当年的地位。至于国内经济发达、增速领跑的上海、重庆等地，同样有较大比例的国有经济。因此，体制机制仅是问题的一方面，指望“把一切交给市场”就能解决东北经济的所有问题，是认识的误区。

从产业发展的规律角度说，东北经济的根本出路在于集中力量培育出新的主导优势产业，尤其是制造业，最好能形成齐全的上下游产业链和产业集群，而产业链的培育显然不是单个企业所能承受的，需要政府的合理规划布局，振兴东北经济还需要政府为民间投资创造良好的营商环境，这样才能带动民间资本跟进的热情，集聚资源，进行有效配置，实现振兴东北的政策目标。

（文/吴双）

多举措加强国家网络安全标准化工作

2016 年 8 月 24 日，经中央网络安全和信息化领导小组同意，中央网信办、国家质检总局、国家标准委联合印发《关于加强国家网络安全标准化工作的若干意见》（以下简称《意见》），对加强网络安全标准化工作，构建统一权威、科学高效的网络安全标准体系和标准化工作机制做出部署。

1. 国家网络安全标准化发展滞后

相对于互联网信息技术的高速发展，我国在网络安全标准化方面的建设相对落后，无法满足网络发展的现实需要。首先，标准交叉重复。我国存在很多网络安全标准，缺乏统一性，运用起来十分复杂，实际上增加了标准的实施难度和社会企业的负担。其次，我国在国际标准方面的整体实力偏弱，中国国家标准对国际标准的贡献率只有0.5%，我国在国际标准制定的话语权和影响力方面都相对不足。最后，我国在网络安全审查、大数据安全、个人信息保护等方面的发展都相对滞后，每年因信息安全问题造成的损失十分严重。

近些年不断出现的网络安全问题，使得网络安全标准化成为治理监管的突出问题。2002年4月15日，经国家标准化管理委员会批准，全国信息安全标准化技术委员会在北京正式成立，主要负责组织开展国内信息安全有关的标准化技术工作。2015年3月11日，国务院印发《深化标准化工作改革方案》，对深化标准化工作改革、加强技术标准体系建设做出具体指导。

2. 多举措推进网络安全标准化发展

第一，建立统筹协调的工作机制。针对各行业各部门各自为政的问题，《意见》指出：要建立统一权威的国家标准工作机制，对网络安全国家标准进行统一归口；建立网络安全行业标准联络员机制和会商机制，协调行业标准与国家标准，避免行业标准间的交叉矛盾；强化网络安全领域技术、产业与标准化衔接和互动，推动国家网络安全相关重大工程或科研项目成果转化为国家标准。第二，构建科学完善的标准体系。《意见》提出：要定期发布网络安全标准体系建设指南，促进网络安全标准与信息化应用标准同步规划、同步制定；整合精简强制性标准，优化完善推荐性标准，并视情况在行业特殊需求的领域制定推荐性行业标准，优化完善各级标准；坚持急用先行，加快推进急需重点标准制定，保障国家重要信息系统和关键基础网络的信息安全。第三，提升标准质量。标准质量是标准的生命力所在，《意见》从适用性、先进性、规范性3个方面提高标准质量。在标准制定中听取各方需求，鼓励和吸收各方实质性参与标准制定；缩短标准制定、修订周期，确保标准及时满足网络安全保障、新兴技术与产业发展的需求；建立完备的网络安全标准制定过程管理制度和工作程序，以规范严谨的工作程序保证标准质量。

3. 切实保障资金的投入与人才队伍建设

维护网络安全不是简单的市场活动，企业不是制定国家网络安全标准的主要资金来源，需要政府和企业共同投入。《意见》指出：一方面，要利用中央和地方现有财政渠道，做好网络安全标准化工作的经费保障；另一方面，鼓励企业加大对标准研制和应用的资金投入，引导社会公益性基金支持网络安全标准化活动。对于人才的培养，《意见》明确了培养机制：选择有条件、有意向的重点院校，设立网络安全标准化相关课程，培养标准化专业人才队伍，鼓励有条件的地方政府、重点企业引进一批高端国际标准化人才。当然，我国在网络安全标准化建设方面还处于起步阶段，与国际先进水平还有很大差距，很难在短时间内实现超越，需要在很长一段时间内政府和社会各方面的投入和积累，不断推动我国网络安全标准化的发展。

（文/卓增华）

团中央改革：精简机关编制，走出高楼大院

2016年8月2日，中共中央办公厅印发了《共青团中央改革方案》（以下简称《方案》），对团中央深化改革做出了全面部署，标志着在团中央层面的改革开始全面推行。据团中央负责人透露，《方案》先后经中央书记处办公

会议、中央全面深化改革领导小组会议、中央政治局常委会会议审议定稿，习近平多次做出重要批示，为共青团改革指方向、定方针、提任务，最终以中共中央办公厅的名义印发。

1. 两方面原因促推团中央改革

群团改革的提法始于2015年7月中共中央下发的《关于加强和改进党的群团工作的意见》，而群团改革工作的开展则始于2015年11月中央全面深化改革领导小组第十八次会议批准全国总工会、上海市与重庆市群团改革试点方案。此番共青团中央改革是正式意义上的群团组织全面改革。为何首选在共青团，主要可以从两方面来看。

第一，共青团与中国共产党关系、自身定位的特殊性。作为中国共产党的助手和后备军，中国共青团是中国共产党党章中明确规定了彼此关系的群众组织，其作用发挥得好坏直接关系到中国共产党和青年之间的联系，决定青年与政治的互动程度。同时，作为未来社会栋梁的青年是不断更迭发展的，而适应发展更是以青年为联系对象的共青团所不可或缺的。

第二，共青团面临问题的紧迫性。在中央巡视组的专项巡视情况回馈中，着重指出了共青团中央存在“机关化、行政化、贵族化、娱乐化”（简称“四化”）的问题，总的来说，就是脱离群众。对于承担重大责任的共青团来说，这显然是关系存亡的大问题，脱离群众、脱离青年意味着这个群团组织背离了设立的初衷。

2. 四大方面改革举措

从《方案》中可以看出，本次改革是以问题为导向来展开的，重点抓住了脱离青年这一突出问题，围绕提高团的凝聚力和影响力，以体制机制改革作为突破口，主要包括以下四大方面的变化。

一是团中央的领导机构。一方面，在团中央领导机构中明显提高基层和一线团干部、团员的比例，并建立团中央机关干部下沉到基层锻炼的机制，“减上补下”地精简机关行政编制；另一方面，通过完善团中央领导机构各项议事决策机制，使团中央领导机构的广泛性和代表性不仅体现在人员构成上，还在功能发挥上得到了显著增强。

二是团中央机关部门设置。新增了青年发展部、基层组织建设部、社会联络部等部门，以时代发展和青年变化来调整职能的同时，更突出了部门调整的宏观指导功能，削减了机关的日常事务工作，为机关干部下沉到基层锻炼创造条件，使得其部门设置更加符合时代要求。

三是团中央机关干部来源。把团的岗位作为党政等各领域、各行业优秀年轻干部锻炼群众工作能力的重要平台，从党员、团员中选拔优秀人才，让挂职、兼职干部不再完全对应行政级别，这大大优化了团中央的机关干部结构，在数量和品质上加强了团中央的工作力量。

四是团中央机关工作的运行机制。团中央通过一系列工作运行机制创新，试图使团干部和团员贴近基层，直面青年。具体包括：每年50%的干部在机关工作8个月，在区、县团委工作4个月的“8+4”工作机制；在岗干部每周在机关工作4天，在基层单位工作1天的“4+1”工作机制；每名专职、挂职团干部经常性联系100名左右不同领域的团员青年，直接服务和引导普通青年的“1+100”直接联系青年制度等。

共青团的特殊之处在于，这是一个涉及未来的组织，团员很多会成为党员，青年则会成长为社会的中流砥柱，团的工作能不能做好，一定程度上关系到中国共产党未来的执政基础。正因为如此，此次团中央的改革主要集中在“除四化”和解决脱离青年这一重点问题之上，群团组织的生命线就在于其与群众的关系之上。

（文/马毅豪）

国办发文加强政务舆情回应工作

2016 年 8 月 12 日，国务院办公厅印发《关于在政务公开工作中进一步做好政务舆情回应的通知》（以下简称《通知》），首次专门针对各地区各部门的政务舆情回应工作进行部署，力图建立主动、长效的政务舆情回应机制，提高政务舆情回应速度与实效。

1. 新媒体时代的舆情形势倒逼政府出台新举措

随着互联网的迅猛发展、智能手机的迅速普及以及移动通信网络环境的不断完善，中国网民尤其是手机网民的规模屡创新高。近年来，博客、论坛、微博、微信、客户端、知乎等新媒体不断涌现，覆盖人群和影响力急剧攀升。新媒体凭借其大众性、实时性、互动性和多元性，加快了信息传播的速度、广度和热度，成为社会热点事件曝光和发酵的主要信息源。在新媒体时代，舆情事件日益频发、突发。但由于欠缺科学有效的政务舆情回应机制，不少官员仍抱着“鸵鸟思维”，不肯说、不敢说、不会说、不及时说、不全部说，甚至打压或控制舆论场，结果不仅使网上的杂音、噪音成为主流，还使政府公信力大打折扣。鉴于此，自党的十八届三中全会开始，中国政府紧抓政务公开不松懈，作为其重要内容之一的政务舆情回应工作自不例外。尤其是 2016 年以来，从《关于全面推进政务公开工作的意见》提出总体要求，到《2016 年政务公开工作要点》提出“24 小时”的回应时限，政府在加强政务舆情回应工作上可谓新政连连。此次出台的《通知》，既是对一年来所出台新政的整合、细化与发展，又是新媒体时代的舆情形势对政府倒逼的结果。

2. 建立主动、长效型回应机制，提高回应速度与实效

《通知》对政务舆情回应的责任、标准、实效、督促检查与业务培训及激

励约束机制等方面的工作均做出部署，其核心关切可归纳为以下两点。

第一，建立主动、长效型回应机制。首先，建立健全政务舆情的监测、研判、回应机制。由此可见，相关政府部门不仅要在出现舆情后被动回应，还要主动监测舆情并加以研判，有选择地主动发声，引领社会舆论。其次，打击造谣、传谣行为。《通知》要求，若在舆情监测过程中发现严重危害社会秩序和国家利益的造谣、传谣行为，相关部门在及时回应的同时，应将有关情况和线索移交公安机关、网络监管部门依法依规进行查处。再次，要求各地区各部门以政务舆情回应制度、机制、效果为重点，定期开展督查。最后，建立考核、激励、约束机制。《通知》要求各地区各部门将政务舆情回应情况作为政务公开的重要内容纳入考核体系；各级政府办公厅（室）要定期梳理汇总工作经验，对先进典型进行推广、表彰；定期对舆情回应工作情况进行通报，对消极工作者进行约谈、通报批评。前两点注重主动性，后两点强调长效性，《通知》力求通过这套“组合拳”来建立一套完整、连贯的政务舆情回应机制。

第二，提高回应速度与实效。一是明确责任主体。首先，将政务舆情按照其所涉及政府部门的层级、多寡予以分类，并明确不同情况下的舆情回应责任主体；其次，特别强调对特别重大的政务舆情，本级政府主要负责人须负领导责任，指导、协调、督促相关部门做好舆情回应工作；最后，不少领导认为舆情回应是宣传部门的工作，针对此错误认识，明确要求各级政府办公厅（室）会同宣传部门主要做好组织协调、督促指导工作，不能“越俎代庖”。二是规定回应时限。对涉及特别重大、重大突发事件的政务舆情，要求最迟在 24 小时内举行新闻发布会；对其他政务舆情，要求在 48 小时内予以回应，并根据工作进展情况，持续发布权威信息。三是要求围绕焦点、热点和关键问题进行回应，做到实事求是、言之有据、有的放矢，避免自说自话，力求表达准确、亲切、自然。四是为了避免出面回应的政府官员闪烁其词或照本宣科，提出要给予其一定的自主空间，宽容失误。五是要求充分利用新媒体和政府网站与受众互动，提升回应信息的到达率。

3. 有效提升政府公信力，但困难不容忽视

《通知》虽短小精悍，但抓住了破解问题的关键，为更加主动、高效的舆情处置提供了“加速度”。《通知》反映出决策者对新媒体时代政府施政环境发生变化的准确判断，体现了政府对民众知情权、参与权、表达权、监督权的尊重，传递出中国政府在新环境下积极转变工作方式方法的决心，将有效推进政府公共治理能力现代化，提升政府公信力。然而，能否取得预期效果，以下困难不容忽视：一是政务舆情的监测、研判、回应急需大量专业人才，仅依靠《通知》提出的两年轮训计划恐怕远远不够；二是政务舆情回应工作往往需要调动多方资源，协调各种关系，因而是一项“一把手”工程。在现实中，还有相当一部分领导因为公务繁忙或意识不足，习惯性地采取沉默应对、封堵删帖等早已过时且无法奏效的方法来处置舆情危机。因此，要做好舆情回应工作，一线舆情工作人员的专业性和“一把手”的重视辩证统一，缺一不可。

（文/张宁远）

新财政政策推动农业转移人口市民化

2016 年 8 月 5 日，国务院发布了《关于实施支持农业转移人口市民化若干财政政策的通知》（以下简称《通知》）。《通知》明确要建立健全支持农业转移人口（以下简称农转人口）市民化的财政政策体系，力图为破解长期困

扰我国的城乡二元结构、推进“以人为核心”的新型城镇化提供财政保障。

1. 从财政政策重点突破，化解农转人口市民化困局

2009 年 12 月召开的中央经济工作会议提出，“要把解决符合条件的农业转移人口逐步在城镇就业和落户作为推进城镇化的重要任务”。2014 年 7 月 30 日，国务院印发《关于进一步推进户籍制度改革的意见》，要求“取消农业户口与非农业户口性质区分和由此衍生的蓝印户口等户口类型，统一登记为居民户口”，“建立与统一城乡户口登记制度相适应的教育、卫生计生、就业、社保、住房、土地及人口统计制度”。但是，为了吸纳农转人口，各地政府最需要的是支撑公共服务的“真金白银”，没有直面“农转人口市民化”之后，要实现公共服务均等化的“钱从哪儿来”的问题，换句话说，没有明确支付“农转人口市民化”的公共成本的财政政策。因此，此次《通知》明确支持农转人口市民化的若干财政政策，试图回答“钱从哪儿来”，真正触及了农转人口市民化的核心问题。

2. 三条主线串联多项政策，确保农转人口“留得住”

《通知》一共提出了 10 项政策措施，看似繁多，但仔细分析，可以发现贯穿其中的三条主线。

第一，县级政府是农转人口市民化的支出主体，中央和省级政府给予财政支持。《通知》要求，中央财政要建立农转人口市民化奖励机制，向吸纳跨省（区、市）流动农转人口较多地区和中西部中小城镇倾斜。省级政府要建立对下级政府农转人口市民化奖励机制。县级财政部门则要将上级奖励资金统筹用于提供基本公共服务。而且，《通知》还要求中央财政根据户籍人口，并考虑各地区向持有居住证人口提供基本公共服务的支出需求测算分配均衡性转移支付，增强县级政府财政保障能力。

第二，中央财政补助向中西部倾斜，东部发达地区和大型、特大型城市主要依靠自有财力承担支出责任。《通知》提出，要“加强对吸纳农业转移人口较多且民生支出缺口较大的中西部县级政府的财力保障”，但同时要“落实东部发达地区和大型、特大型城市的主体责任，引导其加大支出结构调整力度，依靠自有财力为农业转移人口提供与当地户籍人口同等的基本公共服务，中央财政根据其吸纳农业转移人口进城落户人数等因素适当给予奖励”。这意味着，相比中西部县级政府，发达地区要承担更大的自由财政支出责任。

第三，多渠道筹集建设资金，拓宽城市建设融资管道，吸引社会资本参与城市基础设施建设和运营。农转人口进城需要建设新的住房和其他基础设施，这也是农转人口市民化带来的公共成本。《通知》提出，地方政府“要多管道筹集建设资金，通过发行地方政府债券等多种方式拓宽城市建设融资管道。要推广政府和社会资本合作（PPP）模式，吸引社会资本参与城市基础设施建设和运营”。显然，农转人口市民化需要一笔巨大的开支，单凭政府财政可能独木难支，需要集中全社会的资源应对。

3.“就近城镇化”路在何方

农转人口市民化不是孤立问题。农民进城后，政府既要确保其能就业、能增收，又要保障其享受到公共服务，不至于成为“二等市民”，这些都离不开财政的支持，《通知》也正因此而适时出台。

值得注意的是，《通知》“鼓励中西部地区农业转移人口就近城镇化”。“就近城镇化”是本届政府城镇工作的一贯思路。《通知》要求发达地区承担主体责任，这固然是因为这些地区财政底子强，有实力吸纳较多的农转人口。但是，正因为发达地区利用资源优势容易吸引人才，如果对农转人口市民化的速度和规模没有合理安排，那么就会加快中西部地区的人才流失速度，与

“就近城镇化”目标相悖。同时，这些加速流入的人口又会加重发达地区自身的负担。如果出现这种情况，人口将只是单向流动到城市和发达地区，那么农转人口市民化遇到的阻力，恐怕难以真正消除。

（文/鲁昊源）

新政助实体企业降成本

2016 年 8 月 22 日，国务院印发《降低实体经济企业成本工作方案》（以下简称《方案》），提出经过 1—2 年努力，降低实体经济企业成本工作取得初步成效，3 年左右使实体经济企业综合成本合理下降，盈利能力较为明显增强。

1. 实体企业成本过高制约经济发展

实体经济是国民经济的重要基石，过去 20 多年来，较低的实体经济成本是中国制造企业保持竞争力的一大优势。但随着中国经济的高速发展，成本优势在逐步丧失。近年来，我国出台了多项政策措施，但实体企业成本过高问题依然突出，其主要原因在于：一是我国实体企业税费负担仍然较重；二是实体经济企业，尤其是民营企业和中小企业融资成本较高；三是政府的行政效率较低，行政成本较高；四是人工成本、能源成本、物流成本等过快增长，压缩了企业的利润空间。

在 2015 年 12 月的中央经济工作会议上，“降成本”被列为 2016 年经济社会发展特别是供给侧结构性改革的五大任务之一，提出要开展降低实体经济企业成本的行动。供给侧改革的一个重要方面就是要在降低企业成本方面下功夫，其核心要义在于通过降低企业的成本，提高企业的竞争力。

2. 多举措降实体企业成本

一是合理降低企业税费负担，包括全面推开“营改增”试点，落实好研发费用加计扣除政策，免征18项行政事业性收费，取消减免一批政府性基金等。

二是有效降低企业融资成本，包括保持流动性合理充裕，提高直接融资比重，降低贷款中间环节费用，扩大长期低成本资金规模，加大不良资产处置力度，稳妥推进民营银行设立等。

三是着力降低制度性交易成本，包括深化“放管服”改革，提高政府公共服务能力和水平，大幅压减各类行政审批前置中介服务事项，组织实施公平竞争审查制度，逐步实行全国统一的市场准入负面清单制度等。

四是合理降低企业人工成本，包括阶段性降低企业职工基本养老保险单位缴费比例，阶段性降低失业保险费率，规范和阶段性适当降低住房公积金缴存比例等。

五是进一步降低企业使用能用地成本，包括加快推进能源领域改革，积极开展电力直接交易，实施输配电价改革试点，完善土地供应制度等。

六是较大幅度降低企业物流成本，包括大力发展运输新业态，合理确定公路运输收费标准，规范公路收费管理，规范机场、铁路、港口码头经营性收费项目等。

七是提高企业资金周转效率，包括对科技创新创业企业开展投贷联动试点，鼓励企业通过资产证券化、金融租赁方式盘活存量资源，清理规范工程建设领域保证金等。

八是鼓励和引导企业内部挖潜，开展技术、管理和营销模式创新，推广应用先进技术，加强目标成本管理等。

总的来看，《方案》提出的各项减负措施，表明政府对经济的调控已经从过去的宏观层面细化到企业的经营层面。其中，虽然各项举措的落实还需中央和地方财政的支持，但其利用间接财政政策替代过去的直接财政政策和货币政策，符合供给侧改革的方向，有利于经济的可持续发展。当然，我们也应当看到，企业商品或者服务价格居高不下，是由多方面原因造成的，包括企业生产要素配置不合理、管理不善等。因此，降低企业成本必须多管齐下，妥善处理政府和市场、中央和地方的关系，调动各方面积极性，全面推进降成本工作。

（文/庄慕平）

违规投资追责制：国企投资决策有了“硬”约束

2016 年 8 月 23 日，国务院办公厅发布《关于建立国有企业违规经营投资责任追究制度的意见》（以下简称《意见》），旨在通过制度安排防范因国有企业违规经营投资导致的国有资产流失。

1. 配套顶层设计，细化实际操作

围绕 2015 年 8 月中共中央、国务院发布的《关于深化国有企业改革的指导意见》，国务院出台相应的专项意见，包括国务院《关于改革和完善国有资产管理体制的若干意见》《关于加强和改进企业国有资产监督防止国有资产流失的意见》及本次《意见》，进一步细化操作，系统推进国有企业改革。

2. 明确“警戒线”，违规要追责

首先，建立负面清单，设定国企投资决策“警戒线”。《意见》建立负面清单，明确了 9 个方面 54 种需要追责的情形，包括：集团管控、购销管理、工程

承包建设、转让产权及上市公司股权和资产、固定资产投资、投资并购、改组改制、资金管理、风险管理及兜底条款。《意见》采用列举的方式瞄准国企经营中的“资金使用”环节，抓住监管的关键，设定国企经营的“警戒线”，从而规范国企经营投资行为。针对需追责情形，《意见》将资产损失细化为一般资产损失、较大资产损失与重大资产损失，将责任分类为直接责任、主管责任与领导责任，根据损失程度与责任类型分别做出组织处理、扣减薪酬、禁入限制、纪律处分、移送司法机关等处罚。《意见》整合了国企在资产管理与投资经营规范的问题，设置明确的标准与底线，增强了可操作性与约束力。

其次，设置终身责任制，增强国企违规经营“硬”约束。《意见》明确规定已调任其他岗位或退休的，应当纳入责任追求范围，实行重大决策终身追究制度。重大决策终身追责制建立了永续性的责任人约束机制，约束了责任期的投机行为，提高了国企决策者的违规成本，将对扭转“高管犯错，国家买单；前人犯错，后人收拾”现象发挥强有力的约束作用，同时，将有利于转变功利的工作氛围，促使国企负责人钻研市场经营及商务管理业务，提高市场判断、预测和操控能力，科学高效地实施投资项目。

最后，立体监管，联动国有资产监督机制。新一轮国企改革具有整体性、系统性、协同性的特征，本次《意见》与《关于加强和改进企业国有资产监督防止国有资产流失的意见》相互联动，指出上一级企业与履行出资人职责的机构都应当树立责任意识与风险意识，按照责任追究程序采取相应的行动，同时需要内部联动党组织、审计、财务、法律、人力资源、巡视、纪检监察及外部协调外派监事会、司法机关等，形成立体化的责任追究工作机制，将国有资产监督机制与责任追究相联系，实现无缝监管。

3. 附带问题仍需探索解决

《意见》是对实践中违规行为的列举、责任追究方式的整合以及重大决策终身追究制的创新，增强了国企投资决策的程序化、科学化与规范化，将有效约束国企投资决策，防止国有资产流失。同时，我们还需进一步思考如何平衡监管成本与生产效率，怠改革、扣帽子与违规经营投资的区分；如何将国企违规经营投资责任追究程序具体化，将之与履行出资义务的机构工作方案、公司章程相联系，增强可操作性；如何避免终身责任追究主体与受体的同一或牵连，最大限度地发挥制度的正面导向作用。

（文/苏秋纳）

9月　中蒙俄共建“经济走廊”

中央严肃处理辽宁人大代表贿选案

中国联合蒙俄共建“经济走廊”

全国妇联改革续写群团改革

首个政务信息资源共享办法出台，释放共享红利

地方环保体制改革试点拟打破条块分割

中央严肃处理辽宁贿选案

2016年9月13日闭幕的十二届全国人大常委会第二十三次会议，表决通过了关于辽宁省人大选举产生的部分十二届全国人大代表当选无效的报告。在2013年1月辽宁省十二届人大一次会议选举全国人大代表过程中，有45名当选的全国人大代表因拉票贿选当选无效，占十二届全国人大代表中辽宁代表总数的44.1%，有523名辽宁省人大代表涉及此案，占辽宁省第十二届人大代表总数的84.4%。

1. 辽宁贿选端倪早已显露

全国人大常委会委员长张德江将此次贿选案定性为“新中国成立以来查处的第一起发生在省级层面、严重违反党纪国法、严重违反政治纪律和政治规矩、严重违反组织纪律和换届纪律、严重破坏人大选举制度的重大案件”①。而这次会议也是全国人大12年来第一次召开临时会议。

辽宁官场的贿选问题早就有所显现。此前，辽宁系列贿选案共有三起案件曝光，分别是2011年10月辽宁省委常委选举、2013年辽宁省十二届人大

① 王比学. 张德江主持十二届全国人大常委会第二十三次会议闭幕会并发表讲话［N］. 人民日报，2016-09-14.

常委会副主任选举和2013年辽宁省十二届人大一次会议选举全国人大代表贿选案。正是因为意识到辽宁存在的问题，习近平、李克强、王岐山三位中央领导先后到辽宁了解情况。2014年，党的十八大后中央巡视组首次巡视辽宁时就发现该省“干部任用领导打招呼、拉票跑要之风较为突出”。但当时巡视组只是建议辽宁省委“吸取换届选举工作的教训，坚决查处拉票贿选，杜绝类似问题再次发生”。言下之意或许是，只要辽宁省不再出现类似情况，可以既往不咎或从轻处理。

但这种情况并未得到及时改正。2016年2月底开始，十八届中央第九轮巡视对32家单位党组织开展专项巡视，同时对辽宁、安徽、山东、湖南4个省进行“回头看”。8月，中央纪委通报，辽宁省人大常委会副主任郑玉焯“索要财物，搞拉票贿选，授意他人做工作拉票”，这是该省第三名涉贿选的省部级高官，该省另有多名地市级领导落马。辽宁省委在巡视“回头看”的整改报告中承认，“辽宁的政治生态已遭到严重破坏，有些问题积弊较深，彻底扭转仍需时日。”报告显示，辽宁的拉票贿选不仅涉及省委、省人大等部分高层领导，还蔓延到省发改委、省人民法院等部门，以及大连、鞍山、朝阳等重要地市。

2. 资本的权力化：企业家扎堆贿选

在辽宁贿选案之前，湖南衡阳和四川南充均发生过严重破坏民主选举的案件。3个案件的共同点在于涉案金额大，涉案人员多，情节恶劣。而辽宁贿选案的特殊之处在于，企业家贿选情况严重。据调查，45名贿选的辽宁籍全国人大代表中，有42人都是企业家。

企业家愿意花钱购买“全国人大代表”身份的动机并不难理解。对企业家来说，“全国人大代表”是一种身份，可以使其在商业竞争中拥有更高的信用等级，因此，更容易获得商业机会和各种资源，如银行贷款。而且，企业家代表数量多了，每年的“两会”就具有了某种企业家之间以及企业家与政府官员和其他社会精英之间“联谊”、交际的功能，这无疑是拓展人脉、寻找商机、建立合作关系的好机会。

在人大代表任职的5年间，企业家的提案大多关乎工商业，即涉及自身利益的行业，而鲜少关乎民生。有研究者在研究2008—2010年企业业绩后，发现拥有人大代表的企业的利润、回报率、国家持股比例相对较高。可见，当选人大代表对于企业家的财富增加、商业的拓展有着一定的促进作用。因此，企业家参选、贿选人大代表，目的在于最大化自身的利益：将手中的资本转化成权力，进而获得更多的资本。

3. “资本权力化”的危害及执政党的自我净化

辽宁贿选案显然是对人民代表大会制度这一我国根本政治制度的侵蚀。现实中，人民代表大会制度又被很多人视为“橡皮图章”，认为它并不能实际发挥反映、传递人民意志，并将其转化成公共政策的作用。但这并不意味着中国不存在政治代表性机制。事实上，中国的政治代表性输送机制主要不是人民代表大会制度，而是执政党自身。中国共产党群众路线的核心就是从群众中来，到群众中去。执政党通过调研，了解、听取、整合人民中不同群体的意志和利益诉求，进而转化成公共政策，并通过政策试点进行调适，完善之后全面推广。正因为存在这一政治代表性机制，所以无论被称为“橡皮图章”还是“官商俱乐部”，中国都没有发生大的代表性断裂。

但是，如果沦为“官商俱乐部”，那么从长远来说，这对人民代表大会制度具有非常大的危害。大量“先富”起来的企业家，借助“人大代表”的体制身份和“官商俱乐部”的平台来增强自己的财富聚敛能力，再将得到的资本转化成政治权力或者政治影响力，就可能会腐蚀执政党的执政基础，阻断执政党反映、输送、整合人民意志和利益诉求的政治代表性功能，进而将广大“后富”或“未富”的普通群众排除在政治代表机制之外，最终造成财富与权力的联姻和固化。

或许正是因为意识到这一点，张德江说：“绝不允许把权钱交易那一套带到选举中来，绝不允许以任何形式破坏社会主义民主法治。”这也反映出执政党尚有相当的自我净化能力。

（文/吴双、贾冉）

中国联合蒙俄共建“经济走廊”

2016年9月13日，国家发展改革委正式公布《建设中蒙俄经济走廊规划纲要》（以下简称《纲要》）。作为中国“一带一路”倡议下的第一个多边经济合作总体规划，《纲要》融合了三国的战略共识和利益主张，为未来5至10年中、蒙、俄的经济合作绘就框架蓝图。

1. “经济走廊”对接“一带一路”倡议，契合中蒙俄合作需要

2015年3月，中国发布“一带一路”路线图，首次提出构建新亚欧大陆桥、中蒙俄、中国—中亚—西亚、中国—中南半岛、中巴及孟中印缅六大经济合作走廊的基本设想。作为其中基础而重要的一环，“中蒙俄经济走廊”对此前中、蒙、俄三方各自的丝绸之路经济带、欧亚经济联盟、“草原之路”倡议等战略具有重要的整合意义。

中、蒙、俄三国此次强化深度合作，有其地缘、政治经济与历史根基。作为欧亚大陆上3个面积最大且地缘关系密切的近邻，三国之于彼此，战略地位突出。其中，蒙、俄两国土地广袤，自然资源丰富，却长期因交通、气候等不利条件而未被充分利用。在经济方面，蒙、俄的经济体量远较中

国为小，且产业结构都有单一之弊，中国虽较为均衡，但近年来有产能过剩之忧。经济上的差异化互补及政治上的相互借势，为三国开展多层次合作提供了契机。近20年来，中蒙、中俄、俄蒙的双边经贸合作都在不断加强，且合作领域各有侧重，为推动建设“中蒙俄经济走廊”奠定了坚实基础。

2.《纲要》以交通基建为核心，力推经济、人文、生态重点合作

《纲要》把协助蒙、俄加强其边境较为落后的交通基础设施建设、推动建立跨国联航联运体系作为本阶段任务的重中之重，意在为三方后续展开全面合作搭桥铺路。一方面，以公路、铁路、航空、港口、口岸等基础设施资源作为建设的着力点，加强在国际运输通道、边境基础设施和跨境运输组织等方面的交通基建一体化建设。基础设施的集中建设，有望打通欧亚大陆的水、陆、空、管道运输通道，进而带动中、蒙、俄三方乃至沿线地区、国家的经济发展与交往。另一方面，为保障交通基建的建设与实际运作质量，《纲要》提出制定涵盖交通运输规则、关税、行政信息互通、跨境公共卫生、检验检疫等领域的制度与措施，为跨境经济活动保驾护航。

同时，《纲要》还将经济、人文、生态等领域的合作列为重点，力图构建全方位、多层次的合作架构。中、蒙、俄三方的能源资源潜力突出，如何通过投资带动交通运输设施建设及产业技术合作、将三方的潜在互补优势充分发挥出来，成为经济合作的首要问题。同时，针对中、蒙、俄之间现有的多边贸易体系，《纲要》提出要实现深度与广度双向发展的前景目标。具体的做法包括扩大贸易规模、贸易种类，提高产品与服务的质量与水平，建立打通产业链各环节的三方合作机制等。发展边境旅游业、促进知识产权合作成为《纲要》在人文领域的亮点。在生态领域，《纲要》力图联合蒙、俄两国，促进从学术研究到防治实践的全面合作。

3.《纲要》落地或有助振兴北疆经济，推动东北亚格局调整

打造“中蒙俄经济走廊”，将对我国的区域经济、地缘政治等方面产生深远影响。《纲要》的落地，主要有以下两点积极作用。

其一，《纲要》的发布标志着东北亚经济一体化进程取得实质性进展。中、蒙、俄三方通过优化基建设施及配套法律制度，为资本的集聚、落地营造良好的商业氛围，其发展必然会对东北亚其他国家产生辐射性影响，带来积极的外部效应。而中国国内经济，尤其是东北、内蒙古等地也将率先从“中蒙俄经济走廊”合作框架中受益。

其二，此举有利于推动中、蒙、俄三方的政治互信，维护东北亚地区的和平与稳定。中国积极寻求务实合作，将有助于平息蒙、俄国内的“中国威胁论”。同时，前景良好的利益共同体亦将带动邻国展开多层次合作，缓和此前由以美国为首的势力对东北亚格局造成的紧张态势。

（文/宾颖、张佳俊）

全国妇联改革续写群团改革

2016年9月，中共中央办公厅印发了《全国妇联改革方案》（以下简称《方案》）。这是继8月中共中央办公厅印发《共青团中央改革方案》之后，又一群众性团体改革进入全面实施阶段。

1. 三方面原因推动妇联改革

与共青团中央一样，全国妇联也属于中央编制机构中的群团组织，共产党起家的“三大法宝”之一，就是“群众路线”。而妇联与其他群团组织，

就是“党和政府联系妇女群众的桥梁和纽带”。然而，面对当前形势的变化发展，妇联组织在思想观念、体制机制、组织架构、方式方法、能力素质等方面还有许多不适应。

第一，存在机关化、行政化、贵族化与娱乐化等倾向，脱离群众。妇联等群团组织存在的意义和价值就在于密切联系群众，充当党与群众之间的桥梁和纽带。如果脱离群众，那么无疑背离了其使命和职责。

第二，基层基础薄弱，有效覆盖面不足。具体表现为：一是基层“缺人”，二是基层“缺场所”，三是基层“缺经费”。此外，工业园区、创客园区、孵化园、专业市场、商圈、楼宇、重大项目工地等区域，聚集了大量的非公有制经济组织和社会组织及自由职业者、流动人口、农民工等，都是妇联等群团组织难以覆盖的盲区和“飞地”。而这些新兴的社会群体，恰恰应当是妇联服务和吸纳的重点。

第三，人才选拔的广泛性和代表性不足。人才选拔“重精英轻草根”，使群众感受不到群团组织的存在，导致党的形象和影响力受到影响。

2. 三大措施引领妇联改革

改革规划聚焦于解决妇联组织和工作中存在的机关化、行政化等脱离妇女群众的问题，着力推进妇联组织和工作的改革创新，努力开创妇联工作的新局面。

第一，改革干部选拔任用方式和管理制度，增强全国妇联的代表性。从全国妇联领导干部人员组成来看，各族各界、各行各业劳动妇女和知识女性中的优秀代表比例不高。《方案》要求，明显提高各族各界、各行各业劳动妇女和知识女性中的优秀代表比例，增强全国妇女代表大会和全国妇联执委会、常委会的广泛性与代表性。同时，《方案》要求打破年龄、学历、身份壁垒，注重基层一线工作经历、群众工作经历，不拘一格从基层、各个领域选用优秀人才。此外，《方案》还要求建立妇联干部直接联系妇女群众制度，使全国妇联机关干部深入基层一线、深入妇女群众常态化与制度化。

第二，加强基层组织建设。《方案》要求：创新基层组织设置，积极推动在城乡社区普遍建妇联，重点抓好乡镇（街道）妇联组织建设，推动在新领域、新阶层、新群体中形式多样地建立妇女组织，指导城乡社区妇联组织向妇女生活最小单元扎根；壮大基层工作力量，把活跃在城乡社区、热心妇女工作的各类女性人才充分吸纳到基层妇联组织和工作队伍中来；发挥基层阵地作用，指导各地妇联将“妇女之家”建设向各领域延伸，切实做到哪里妇女群众集中，就把“妇女之家”建到哪里，把妇女工作做到哪里。

第三，增强妇联组织为妇女群众提供服务的能力。为妇女群众办好事、办实事，无疑是增强妇联组织对妇女群众的吸引力的好方法。在这方面，《方案》主要提出3个建议。一是帮助妇女群众有序进行政治参与，扩大参与渠道，包括代表妇女积极参与人大议案、政协各类协商，推动在城乡社区“妇女之家”普遍建立妇女议事会，组织妇女开展市民公约、乡规民约的制订、修订等议事协商活动。二是做好依法维护妇女权益工作，哪里的妇女群众合法权益受到侵害，哪里的妇联组织就要主动作为，及时表明态度、发出声音、采取行动。三是帮扶特殊困难妇女儿童，努力为留守流动妇女儿童、贫困妇女、残疾妇女等办实事、解难事。

在当下工业化、城市化快速推进的新形势下，我国出现了各种流动人口和特殊群体，如何将这部分社会群体组织起来，吸引他们团结在执政党的周围，共同致力于建设事业。显然，以往遵循官僚系统逻辑的妇联组织很难发挥好这样的功能。正因如此，全国妇联的此次改革，不啻为执政党在新形势下坚持群众路线的一次有益尝试。

（文/刘红雨、吴双）

首个政务信息资源共享办法出台，释放共享红利

2016 年 9 月 5 日，国务院通知印发《政务信息资源共享管理暂行办法》（以下简称《办法》），对当前和今后一个时期推进政务信息资源共享管理的原则要求、主要任务和监督保障做出规定。

1. 打破部门间信息壁垒，呼唤《办法》出台

我国的政务数据库建设已经有 10 多年时间了。2002 年，中共中央办公厅发布《国家信息化领导小组关于我国电子政务建设指导意见》，提出四大国家基础数据库的概念，即“人口基础信息库”“法人单位基础信息库”“自然资源和空间地理基础信息库”“宏观经济信息数据库”，奠定了国家数据库建设的基础。2016 年 2 月，国务院办公厅印发《关于全面推进政务公开工作的意见》，明确了全面推进政务公开工作的总体要求、原则和目标。2016 年 4 月，国务院办公厅印发《2016 年政务公开工作要点》，具体详尽地部署了 2016 年政务公开重点推进的 6 部分内容。

总体上看，虽然我国已经建立了各级政府数据库，但在应用上还不够理想，存在重复建设、部门间的信息壁垒等情况。不少部门人为设坎，将政务信息资源产权部门化，造成各收各的、各管各的，部门信息各自为政及一些重复建设。而且，一些政府部门往往称出于维护部门利益考虑，不愿进行信息交换与应用，阻碍了信息资源的互联互通。

《办法》将“政务信息资源”定义为政务部门在履行职责过程中制作或获取的，以一定形式记录、保存的文件、资料、图表和数据等各类信息资源，专门针对政府部门及法律法规授权具有行政职能的事业单位和社会组织，意在加快推动政务信息系统互联和公共数据共享，增强政府公信力，提高行政

效率，提升服务水平，充分发挥政务信息资源共享在深化改革、转变职能、创新管理中的重要作用。

2. 多管齐下促建设

作为我国第一部推进政务信息资源共享的制度化和规范化的探索性文件，《办法》明确了政务信息资源的分类依据、共享原则、平台建设、职责要求，并对政务信息资源目录编制及信息共享工作的管理、协调、评价和监督做出了具体规定。

首先，《办法》把政务信息资源按其性质和内容区分成无条件共享、有条件共享、不予共享 3 种类型，并提出“以共享为原则，不共享为例外”的信息共享原则，规定“特殊情况不能提供共享的，应提供法律、行政法规或党中央、国务院政策依据”。此外，《办法》还提出了“需求导向，无偿使用”“统一标准，统筹建设”“建立机制，保障安全”3 个信息共享原则。

其次，《办法》提出了 3 项具体任务。一是编制政务信息资源目录，明确政务信息资源的分类、责任方、格式、属性、更新时限、共享类型、共享方式、使用要求等内容；二是加快共享平台内外网建设，要求各政务部门业务信息系统原则上通过国家电子政务内网或国家电子政务外网承载，抓紧向政务内网或政务外网迁移，并接入共享平台；三是推动政务信息资源的共享和使用，规定凡属于共享平台可以获取的信息，各政务部门原则上不得要求自然人、法人或其他组织重复提交。

最后，《办法》还划分了各个部门在信息共享工作中的具体职责：规定促进大数据发展部际联席会议统筹负责组织、指导、协调和监督国务院各部门、各地方政府的政务信息资源共享工作，组织编制国家政务信息资源目录，并指导国家数据共享交换平台建设、运行、维护工作；国家发展改革委负责制定《政务信息资源目录编制指南》，并组织推动国家共享平台及全国共享平台体系建设；国家网信办负责组织建立政务信息资源共享网络安全管理制度，指导督促政务信息资源采集、共享、使用全过程的网络安全保障工作。这样有利于减少部门之间的协调障碍，避免权责不清的局面。

3. 信息安全需重视

实现政务信息共享无疑能极大提高行政效率，改善政府公共服务。但在建设政务信息共享机制、享受其带来的红利的同时，信息安全问题必须引起高度重视。我国互联网信息安全形势十分严峻，因个人信息泄露引发的违法犯罪时有发生。如2015年全国硕士研究生入学考试考生报考信息泄露，2016年山东省数万名高考考生信息泄露导致徐玉玉悲剧事件等，尽管以上事件中个人信息的泄露源头未必是政务部门，但仍提醒我们，信息安全关乎每一个公民的切身利益，更何况政务信息包含大量涉及国家秘密的内政外交内容，因而保障政务信息安全也就是保障国家安全。政府在加强政务信息联网共享的同时，必须实现信息安全这个最低目标。信息资源共享的风险评估和安全审查工作应当与信息共享同步配套，以确保信息安全。

（文/周泰勇、吴双）

地方环保体制改革试点拟打破条块分割

2016年9月22日，中共中央办公厅、国务院办公厅印发了《关于省以下环保机构监测监察执法垂直管理制度改革试点工作的指导意见》（以下简称《意见》），对各地开展垂直管理制度改革（以下简称垂改）试点工作做了具体指导。

1. 地方环保管理体制痼疾需变革

在以块为主的地方环保管理体制下，环境监测执法工作面临着许多难题。首先，地方干预问题。各地往往以“保发展”为名，行地方干预之实，阻碍环境执法工作。其次，环境监测数据造假。原有体制下，被考核者就是监测数据提供者，有些地方为了逃避监察往往对上报数据进行“加工”，导致监测数据与群众感受“两张皮”。最后，地方政府的监督缺失、跨区域监管困难、执法队伍建设落后等问题。习近平总书记在党的十八届五中全会上指出，现行以块为主的地方环保管理体制，使一些地方重发展轻环保、干预环保监测监察执法，使环保责任难以落实。①

对此，2015 年 10 月 29 日发布的十八届五中全会公报提出，国家将实行省以下环保机构监测监察执法垂直管理制度，之后环境保护部会同中央组织部、国家发展改革委等部门组成了垂直管理改革领导小组，并就此赴各地进行调研，征求有关部门和各地意见，力求从管理体制上解决制约环境保护事业发展的体制机制障碍。

2. 垂改试点破解条块分割难题

针对环保管理体制存在的突出问题，《意见》从强化地方党委和政府及其相关部门的环境保护责任、调整地方环保管理体制、加强地方环保机构和队伍建设、建立健全高效协调的运行机制等方面进行改革。

第一，强化地方政府的监督责任问题。《意见》提出，进一步强化地方各级党委和政府环境保护主体责任，把生态环境质量状况作为党政领导班子考核评价的重要内容，对领导干部违法违规干预环保工作的行为依法追究。

---

① 中共十八届五中全会在京举行［N］. 人民日报，2015 - 10 - 30.

第二，破解执法地方保护主义。地方保护一直是掣肘环保执法工作的顽疾，对此，《意见》把县市两级环保机构的人财物权上移，实行以省为主的双重领导干部体制，县级环保部门的人财物及领导班子成员均由市级环保局直管。同时，《意见》将市县两级环保部门的环境监察职能上收，由省级环保部门统一行使，通过向市或跨市县区域派驻等形式实施环境监察。

第三，统筹跨区域环保问题。《意见》要求，各地探索按流域设置监管执法机构和跨地区环保机构，加强跨区域流域联合监测、联合执法、交叉执法来实施统筹管理，实施环境监测执法信息共享。

第四，针对环保队伍专业化水平不够、环保机构和人员身份编制等问题，《意见》指出，要对现有的工作人员进行合理调整、优化配置以实现人事相符，实行行政执法人员持证上岗和资格管理制度。在机构设置上，《意见》要求，将还是事业性质、使用事业编制的县环保局逐步转化为行政单位，要求建立乡镇的环境保护专兼职机构，完善各级机构建设。

3. 垂改试点要考虑实际情况，因地制宜

在垂直管理体制下，县级环保部门不再是县政府的组成部分，而是作为上级环保部门的派出机构来行使职权，虽然可以减少地方政府的干预，但是也会使一些具体工作面临无法履行的困境。环保规划、总量控制、环评等工作是具体落实环保责任的体现，这些工作安排到县级，履行却没了“腿”，县级政府可能将所有的环保责任一并推卸给当地环保部门（派出机构）。另外，在进行垂直执法的时候，也有可能面临着执法总队远程监督乏力，缺少地方政府支持的问题。环保管理体制改革不能仅仅关注上下级的权力划分，还要考虑各地环保问题的具体情况。在垂直管理上要留有弹性，因地制宜，不能“一刀切”，在基本原则下，鼓励各地积极探索，寻找出适合当地的模式和路子。

（文/卓增华）

10月　监察体制改革破题

监察体制改革整合监察力量

中国共产党与世界直接对话：聚焦合球经济治理

加强党建工作，助力国企改革

农材土地改革：从“两权分置”到“三权分置”

线上线下组合拳，房地产行业迎来新一轮调控

国务院发布1亿非户籍人口在城市落户方案

“牵牛鼻子”与“对症下药”相结合，带动城乡居民增收

保护信息源头，防控电信网络犯罪

监察体制改革整合监察力量

2016 年 10 月 24 日至 27 日，中国共产党十八届六中全会在北京举行。会议审议通过了《关于新形势下党内政治生活的若干准则》、《中国共产党党内监督条例》和《关于召开党的第十九次全国代表大会的决议》。

1. 监察机关引人注目

此次全会提出，“各级党委应当支持和保证同级人大、政府、监察机关、司法机关等对国家机关及公职人员依法进行监督，人民政协依章程进行民主监督，审计机关依法进行审计监督”。在这一表述中，首次出现与人大、政府、司法机关并列的“监察机关”。按照现行宪法的规定，我国的权力架构是“一统四分”的格局，即在全国人大之下，设立行政机关（国务院）、审判机关（法院）、法律监督机关（检察院）和军事机关（中央军委）。“监察机关”的出现，无疑是对现行体制的突破。

党的十八大以来，执政党加大反贪腐的力度，纪检监察机关的作用由此凸显。但以往，国家的监察权力分散于党委的纪律检查组织、政府的监察机关、检察院 3 个系统，形成了我国反腐败“三驾马车”并行的局面。这也导致机构分散、授权不足、存在监督盲区等问题。在 2016 年 1 月召开的第十八届中央纪委第六次全体会议上，习近平指出要“扩大监察范围，整合监察力量，健全国家监察组织架构，形成全面覆盖国家机关及其公务员的国家监察体系”，这成为监察体制改革的权威信号。2016 年 11 月初，中共中央办公厅印发《关于在北京市、山西省、浙江省开展国家监察体制改革试点方案》（以下简称《试点方案》），部署在 3 省市设立各级监察委员会，先行先试，为在全国推开积累经验。

2. 整合监察力量，推动从严治党

按照国家监察权力机构的架构来看，具有反腐败职能的机关，首先是纪委，其次是检察院内设的反贪局、反渎职侵权和职务犯罪预防部门，此外还包括国务院的一些内设机构，如监察部、审计署、国家预防腐败局等。

纪委系统监管的是党员，而监察部属于政府机构内设部门，只能监督政府系统内部的公职人员，但在中国，“公职人员”的外延不仅限于政府公务人员。依照《中华人民共和国公务员法》，“依法履行公职、纳入国家行政编制、由国家财政负担工资福利的工作人员”都是公务员。换句话说，公务员的范围应当包括中国共产党机关、人大机关、行政机关、政协机关、审判机关、检察机关和民主党派机关这七大机关的工作人员。在这些人员中，有的是党员，有的则不是。因此，党的纪检部门和政府内部的监察部门都有监督盲区。

在《试点方案》中的 3 省市设立的各级监察委员会，目标就是“整合反腐败资源力量，扩大监察范围，丰富监察手段，实现对行使公权力的公职人员监察全面覆盖，建立集中统一、权威高效的监察体系”。根据《试点方案》，新设立的监察委员会将与同级纪委合署办公，也就是通常所说的“一套人马、两块牌子”。这样的“一套人马”，将实现对公职人员的全覆盖，无论党员还是非党员，无论政府部门还是其他部门，都在监察范围内。

“重大改革要于法有据，没有立法的要人大授权，已有立法而有改革需要的要修改法律。”① 如此大规模的体制改革，必然涉及一系列法律的修改、制定，甚至修改宪法也不无可能。

第一，按照现行《中华人民共和国宪法》和其他相关法律的规定，人大只产生“一府两院”，但此次试点明确要求试点省市“由省（市）人民代表大会产生省（市）监察委员会，作为行使国家监察职能的专责机关”。如果在“一府两院”之外，人大还要选举产生监察委员会，就必然要得到全国人大的授权。而试点经验一旦作为定制在全国推开，就不能排除修改宪法的可能性。

第二，中央深化国家监察体制改革试点工作领导小组组长王岐山到北京、山西、浙江就开展国家监察体制改革试点工作调研时指出，要“整合行政监察、预防腐败和检察机关查处贪污贿赂、失职渎职以及预防职务犯罪等工作力量”。② 如果现有的监察部门、检察院的职能被归并、整合到监察委员会，那么《中华人民共和国人民检察院组织法》《中华人民共和国行政监察法》《中华人民共和国刑事诉讼法》的修改也就势在必行了。而且，由于《中华人民共和国行政监察法》无法涵盖监察委员会的全部职能，制定新的《中华人民共和国国家监察法》也具有相当大的可能性。

3. 动了检察机关的“奶酪”

按照上述改革思路，建立国家监察委员会，受影响最大的恐怕是检察机关。作为法律监督机关，检察权的权威并不来自没有强制约束力的检察建议，

① 王梦遥．政解丨中纪委特邀监察员马怀德：监察委不能有侦查、批捕、公诉等权力．来源于新京报网，2016－11－30.

② 姜洁．实现对公职人员监察全覆盖，完善党和国家的自我监督［N］．人民日报，2016－11－26.

也不来自没有实际法律效力的纠正违法通知书，而是来自对职务犯罪的侦查权。由此可以看出，职务犯罪侦查权支撑起了检察权的地位和实际权威。

在山西的试点改革中，山西省检察院已去掉其正门右侧加挂的反贪局、反渎局两块牌子，将全省各级检察院反贪污贿赂、反渎职侵权、职务犯罪预防等3个部门在改革期间人事冻结，相关职能酝酿并入相应的监察委员会。这就意味着，检察机关最核心的职务犯罪侦查权会被归入监察委员会。

相反，审计署的职能不太可能归入监察委员会。党的十八届六中全会公报将监察机关、政协、审计机关的监督方式平行列为3种，即依法监督、民主监督和审计监督，看上去并没有合并的趋势。

（文/吴双、籍婷）

中国共产党与世界直接对话：聚焦全球经济治理

2016年10月13日至15日，来自50个国家72个政党和政治组织的300余名中外代表在重庆参加由中共中央对外联络部主办的以“全球经济治理：政党的主张与作为”为主题的“2016中国共产党与世界对话会”。

1. 中国共产党展示自我与扩大对外交流的平台

对话会是自党的十八大以来为展示真实的中国共产党的形象和最新政策理念，经中共中央批准，由中共中央对外联络部创办的。在中国政党的外交中，对话会具有举足轻重的地位：作为中国共产党与世界最直接的对话平台，对话会肩负着“直接对外传播中国共产党权威声音、讲好中国共产党的故事”的重要使命。在这场会议上所发出的声音，代表着中国共产党向世界释放出的强烈信号。

2014 年的对话会主题为“中国改革：执政党的角色”，对话会主要围绕中国共产党的改革背景、决策过程、实施思路和推进路径等进行研讨。2015 年的对话会主题为“从严治党：执政党的使命”，主要围绕廉洁政治、惩治腐败、依规治党、全球合作四个分议题展开探讨。两届对话会均在北京召开，总体上都是侧重于政党政治方面，向外国政府和学者展示真实的中国共产党形象，增进国际社会对中国共产党和中国的了解。

2016 年对话会是第一次离开北京召开，落地重庆直辖市。议题是“全球经济治理：政党的主张与作为”，重点讨论中国和世界经济发展趋势，以及如何解决不发达经济体的贫穷问题。此外，会议的另一个主题是“全球化的未来”。2016 年对话会更多的是利用这个平台，与世界其他国家政党和智库学者及政商界代表通过平等对话的形式，商讨全球经济问题。

2. 首次突破政党政治，聚焦全球经济合作

会议正式开始前就开展了四场“慧见”小型对话会，内容分别为全球经济治理中的大国合作、“一带一路”中的共赢合作、全球治理中的中欧角色和全球治理的中国方案。正式会议中开展了主题为“加强政治引领，推动澜湄合作”的中国共产党与湄公河国家政党对话会和主题为“中非政党治党治国的理论与实践”的第二届中非政党理论研讨会。

中国共产党与湄公河国家政党对话会由中联部部长助理王亚军主持，柬埔寨、老挝、缅甸、泰国、越南等国 6 个政党的高级代表与会。湄公河流域国家都面临着经济转型，各国政党纷纷表示希望定期召开此类对话会，以更好地发挥政党合作对澜湄次区域发展的引领和推动作用。第二届中非政党理论研讨会来自非洲 15 国执政党的 60 余名代表参加，主题是“中非政党治国理政经验交流”。2016 年是中非开启外交关系 60 周年，这 60 年来中方一直支持非洲国家联合自强，坚持为发展中国家发声，推动全球经济治理体系更加

平衡地反映大多数国家意愿和利益，对话会中提出“中非政党要勇于探索自身发展道路，引领中非发展经验交流，努力推动中非务实合作。中国共产党愿不断创新交往形式，丰富交流内容，通过中非政党理论研讨会的平台，深化中非政党交流”。①

除了与东南亚、非洲国家政党进行对话，中国共产党与欧洲国家政党和学者也就经济发展和国际经济秩序改革问题进行了对话，最后发布的《重庆倡议》第十一条中就提到“政党政治家和智库学者应积极倡导包容共享的经济社会发展理念，推动建设公平、公正、包容、有序的国际经济金融体系，确保各国在国际经济合作中权利平等、机会平等、规则平等”。②

3. 政党应在国际社会中发挥积极作用

当今世界，绝大多数国家都实行政党政治，政党代表着不同群体的利益和诉求，影响着各国的内政外交政策，对人类共同的命运担负重要责任。2016年的对话会经济议题与G20杭州峰会的主题相承接，又重点突出了政党的特色和作用。

《重庆倡议》第五条指出：“政党作为国家政治生活中的基本组织和重要力量，在全球经济治理中，完全可以发挥方向引领者、力量培育者和进程推动者的作用。各国政党和政治家应本着对本国利益和对人类共同利益负责的态度，加强交流、凝聚共识、汇聚力量、增进合作，推动全球经济治理朝着更加公正合理的方向发展。”第八条指出：“当今世界日益形成一荣俱荣、一损俱损的命运共同体。政党政治家和智库学者应推动各国尤其是主要经济体

---

① 新华社：第二届中非政党理论研讨会在重庆举行新华网，2016－11－21.

② 2016中国共产党与世界对话会：2016中国共产党与世界对话会重庆倡议．来源于“2016中国共产党与世界对话会”官方网站，2016－11－21.

加强宏观经济政策协调，采取负责任的宏观经济政策，在追求本国利益时兼顾别国利益，在寻求自身发展时兼顾别国发展，确保相互带来正面外溢效应，努力促成增长联动、相得益彰的合作共赢格局。”①

因此，2016 年对话会实际上强调：面对经济全球化和全球经济治理需求，政党应当发挥更为积极的作用，超越具体领域和区域合作的政治局限，本着对人类共同利益和命运负责的态度，提出全球经济治理的创新理念和主张。2016 年对话会邀请众多智库和政商业精英代表出席，这也表明政党需要与智库、媒体、非政府组织进行广泛对话交流，征集民意、聚合共识，并采取具体有效行动，为促进政府间高效合作、推动建立公正合理高效的全球经济治理体系，做出务实贡献，以真正发挥政党在全球经济治理改革中的引领作用。

在对话会的召开过程中，一个比喻被多次提及：对话会犹如一扇旋转门，把世界请进来，把中国声音和中国形象传出去。会场内外，像是个浓缩的世界，不仅有不同发展阶段、不同政治体制国家间的博弈和交融，也有话语体系的竞争。因此，如何真正落实对话会精神和达成实际有效方案仍需要进一步探索。

（文/王慧）

加强党建工作，助力国企改革

2016 年 10 月 10 日至 11 日，全国国有企业党的建设工作会议在北京召开。习近平在会上强调，要坚持党对国有企业的领导不动摇，以此作为中国特色融

① 2016 中国共产党与世界对话会：2016 中国共产党与世界对话会重庆倡议．来源于“2016 中国共产党与世界对话会”官方网站，2016－11－21．

入国有企业的现代企业制度改革中，并就此提出了一系列细化措施与建议。①

1. 坚持党的领导是国企改革的核心内容

“坚持党的领导”在全面深化国企改革方案中是最基本的要求，早在党的十八届三中全会通过的《中共中央关于全面深化改革若干重大问题的决定》（以下简称《决定》）中即有所体现。2015 年 9 月，中共中央办公厅印发的《关于在深化国有企业改革中坚持党的领导加强党的建设的若干意见》（以下简称《若干意见》）更是明确了“坚持党的领导”是中央全面深化国企改革总体精神的重要组成部分，是国企改革顶层设计的核心内容。

在全国国有企业党的建设工作会议中，习近平从政治、经济两个方面分别阐释了坚持党的领导在国企改革中的必要性。在政治方面，只有坚持党的领导才能保证党和国家方针政策、重大部署在国有企业贯彻执行，使国有企业能继续作为中国特色社会主义的重要政治基础和经济基础，针对实践中出现的“党的领导、党的建设弱化、淡化、虚化、边缘化问题”对症下药进行解决。在经济方面，坚持党的领导可以在推动国企完善现代企业制度的同时，维护公有制经济的主体地位不动摇，在实现国有资产保值、增值的同时，避免国有资产流失。我们应当在国企改革中始终坚持党的领导，并强化其在国企改革中的核心地位，这样才能在改革过程中避免出现方向性错误。

2. 国企党建工作重心：党的路线、基本制度建设与人员管理

此次会议提出的具体建议与措施，主要涵盖党的路线、党的基本制度建设及人员管理这 3 个方面。

---

① 姜洁. 坚持党对国有企业的领导不动摇，开创国有企业党的建设新局面［N］. 人民日报，2016－10－12.

在党的路线方面，国有企业改革中的群众路线更具体地表现为：健全以职工代表大会为基本形式的民主管理制度；促进信息公开与透明，落实职工群众知情权、参与权、表达权、监督权并充分调动他们的主动性；保障职工有序参与公司治理的制度建设。

在党的组织与基本制度设置上，主要包括 3 个要点：一是把加强党的领导和完善公司治理统一起来，使企业党组织恰如其分地嵌入公司法人治理架构中；二是严格落实国有企业党建工作责任制，以“有权必有责”的原则，合理、清楚地界定国有企业党委（党组）的活动范围；三是强化党的基本组织、基本队伍与基本制度建设，各级党委积极发挥作用，把国企党建工作纳入整体工作部署与党建总体规划中。

在党对人员的指导与管理方面，强化国企党建，党选人才、党管干部是基本原则，加强对相关人员的党性教育、宗旨教育、警示教育是主要手段，遴选出一批对党忠诚、能力出色的企业家群体是重要目标，最终打造出国有企业中强大的“生力军”。

3. 新阶段国企党建工作将推动国企改革改向深入、改出实效

国企改革已进入攻坚期，并面临着企业组织经济效率问题向国有企业产权属性与党组织根本属性之关系问题的纵深递进。习近平在会上的讲话，无疑吹响了新阶段国企党建工作的号角。一方面，在意识形态层面继续强化党的领导地位，以此厘清党与国有企业的关系，化解国有企业发展与党建工作“两张皮”的问题，指明国企改革的发展方向。另一方面，此次会议在《决定》《若干意见》等文件的框架脉络中，又提出了若干有助于强化、落实党在国企改革中领导地位的措施与建议，使国企党建工作更加具化与细化，必将有助于国企改革改向深入、改出实效。

（文/宾颖、段相宇）

农村土地改革：从“两权分置”到“三权分置”

2016年10月30日，中共中央办公厅、国务院办公厅印发了《关于完善农村土地所有权承包权经营权分置办法的意见》（以下简称《意见》）。《意见》指出，要完善农村土地所有权、承包权、经营权分置（以下简称“三权分置”），不断探索农村土地集体所有制的有效实现形式，落实集体所有权，稳定农户承包权，放活土地经营权。

1. 从“两权分置”到“三权分置”

改革开放之初，我国实行家庭联产承包责任制，将土地所有权和承包经营权分设，所有权归集体，承包经营权归农户，实现了“两权分置”。此后，中央一直强化农民土地承包经营权。1984年，中央一号文件要求“土地承包期一般应在15年以上”。1993年，党的十四届三中全会又提出“在坚持集体所有制前提下，延长耕地承包期，允许土地使用权依法有偿转让”。2007年10月颁布实施的《中华人民共和国物权法》将土地承包经营权界定为用益物权。“两权分置”实行后的一段时间内，个人付出与收入挂钩，农民生产积极性得到极大调动，农业生产效率随之大幅提高。

进入21世纪，大量农村劳动力外出务工经商，他们具有农村土地承包经营权，却不再种地，而将土地流转出去，于是又发生了承包权与经营权的分离。到2015年年底，土地经营权流转面积达到4.47亿亩，流转面积占家庭承包耕地面积的33.3%。承包土地的农民与土地经营者发生分离，如何让土地实际经营者（耕种者）更加方便且有保障地耕种土地就成为一个现实问题。此次《意见》的政策目标就是要解决人地分离情况下，如何盘活经营权的问题。

2. “三权分置”的格局：落实，稳定，放活

《意见》提出要实行“三权分置”，在原承包关系不变的基础上，经营权从承包经营权中分离出来，形成两种权利：经营权（由新的经营者所有）与承包权（由原承包人所有）。根据《意见》规定，承包农户转让土地承包权仅限于在本集体经济组织内进行，并经农民集体同意，流转土地经营权的，须向农民集体书面备案。这意味着，承包权人必须是本集体组织内部的农户，但经营权可以流转给本集体以外的经营主体。

《意见》阐述了“三权分置”的具体格局，主要表现为：

首先，要始终坚持农村土地集体所有权的根本地位。《意见》指出，农村土地由农民集体所有，是农村基本经营制度的根本，不能虚置。土地集体所有权人，即农民集体，对集体土地依法享有占有、使用、收益和处分的权利。在完善“三权分置”过程中，要充分维护农民集体对承包地发包、调整、监督、收回等各项权能。

其次，要严格保护农户承包权。《意见》延续了以往政策“稳定现有土地承包关系并保持长久不变”的一贯表述以及《中华人民共和国物权法》对土地承包经营权的界定，即土地承包权人对承包土地依法享有占有、使用和收益的权利。《意见》规定“不得违法调整农户承包地，不得以退出土地承包权作为农民进城落户的条件”。

最后，要赋予经营主体更有保障的土地经营权，依法维护新型经营主体从事农业生产所需的各项权利。在坚持集体土地所有权的根本地位、严格保护农户承包权的前提之下，放活经营权就成为实现《意见》的政策目标的核心举措。既然土地不属于自己，那么《意见》规定就要保障经营权人的经营预期。《意见》规定，土地经营权人对流转土地依法享有在一定期限内占有、耕作并取得相应收益的权利。经承包农户或其委托代理人书面同意，并向农

民集体书面备案之后，可以再流转土地经营权或依法依规设定抵押。考虑到全国正准备设立覆盖全部涉农县（市、区、旗）的农村产权交易市场，《意见》旨在明晰产权，进而促进农村土地经营权流转。

简言之，相比于“两权分置”，《意见》并没有对集体所有权和土地承包权政策做出重大调整，而是把经营权从承包经营权中分离出来，“两权”变为“三权”，有利于缩小对土地流转的限制，放活土地经营权。

3. 对农地流转做出一定限制是必要的

人多地少、人均耕地面积小、地块细碎，这是中国的基本国情。因此，对小农的组织、统合，始终是中国农业必须面临的问题。中华人民共和国成立后，国家首先是希望通过走农业合作化道路来解决这个问题。例如，通过成立人民公社将农业生产、农民生活整合在一起，但这并没有调动农民的积极性，真正解决贫困问题。20 世纪七八十年代开始的农村改革促进了农业生产，改善了农民生活，但这种改革将农业生产的功能转移到以家庭为单位的农民自身，相当程度上弱化了村集体进行农业生产的“统”的功能。随着城市化的逐步开展，在统合小农之外，国家又增加了人地分离之后如何适度进行规模经营这一新问题。

现在中央对此的解决思路有两方面。一方面，希望利用市场的力量，把经营权流转到最适合的经营主体手里，实行适度集中的规模经营。现在各地正在开展农村土地确权登记颁证、建设农村产权交易市场等工作，显然就是这一思路的体现。另一方面，《意见》又对这种流转做出相当严格的限制，并且仍然保留了村集体适度的统合作用，比如，村集体有权因自然灾害严重毁损等特殊情形依法调整承包地，有权纠正长期抛荒、毁损土地、非法改变土地用途等行为。

中国农村的土地从来就不是单纯的生产要素，它还是进城务工农民的最后保障，是进城农民万一进城失败的最后退路。城市化当然会伴随农业人口转移到城市，并导致农村的人地分离，但城市的就业机会和户籍改革速度决定了城市不可能在短时间内消化如此多的农业转移人口。换言之，并不是进城务工的农民都能在城市安顿下来。如果保留农村土地承包权，那么进城农民在城市找不到好工作或者经济不景气时，可以随时返回家乡，有房可住，有地可种，不会沦为无业流民。假若进城农民失去土地，就会面临“留不下的城市，回不去的乡村”的困境。因此，农地流转的范围、速度必须与城市化的速度相匹配，现阶段对农村土地流转做出一定的限制是非常必要的，无论对农民个体还是村集体来说，这都是非常必要的保护。

（文/冉红丽、吴双）

线上线下组合拳，房地产行业迎来新一轮调控

1. 各方资金涌入，楼市金融泡沫巨大

近几年来，受实体经济利润率下滑、人民币贬值预期等因素影响，包括开发企业自有资金、银行、债券、理财产品、保险及个人住房贷款、各种消费贷款等各类资金大量涌入房地产市场，房地产领域的金融泡沫不断扩大。[①]

在不断升温的楼市中，部分开发商利用当前供不应求、买方市场的态势，哄抬房价、炒作不实资讯进行误导，造成市场监管缺位。在互联网金融领域，房地产中介机构依托网络借贷和股权众筹平台等，开展各类线上贷款、众筹等金融业务，行业违规乱象情况严重。

① 樊大彧.“补丁”过后，楼市或步入政策真空期［N］. 北京青年报，2016－11－16.

2016 年 9 月，住建部发布了《法治政府建设实施纲要（2015—2020 年）》的实施方案，强调根据房地产市场分化实际，坚持分类调控，因城施策，完善房地产宏观调控。这是自 2016 年 3 月以来，国家首次谈及房地产市场调控问题，也是楼市调控的信号灯。

2. 房地产行业“去泡沫、降杠杆”政策频出

2016 年 10 月 12 日，中国人民银行召集 17 家银行高管及贷款部门经理召开商业银行住房信贷会议，要求各商业银行理性对待楼市，加强信贷结构调整，强化住房信贷管理，控制好相关贷款风险。央行表示，将加强对金融机构住房金融业务的监督检查，对银行自律机制进行指导，加强宏观审慎评估（MPA）约束，以限制商业银行的信贷投放至楼市，从而实现房地产行业的“降杠杆”。

2016 年 10 月 13 日，国务院办公厅印发《互联网金融风险专项整治工作实施方案》（以下简称《方案》），将互联网金融从业机构参与房地产金融业务纳入整治重点。方案围绕四个方面展开：一是对房地产开发企业、房地产中介机构和互联网金融从业机构等未取得相关金融资质，利用网络借贷平台和股权众筹平台从事房地产金融业务行为进行整治；二是对取得相关金融资质的机构违规开展房地产金融相关业务进行整治；三是从事房地产金融业务的企业应遵守宏观调控政策和房地产金融管理相关规定；四是规范互联网“众筹买房”等行为，严禁各类机构开展“首付贷”性质业务。

2016 年 10 月 14 日，住建部下发《关于进一步规范房地产开发企业经营行为维护房地产市场秩序的通知》（以下简称《通知》），对房地产开发企业的 9 种不正当经营行为做出明确界定，以规范房地产行业的经营秩序，保障购房者权益。具体来看，《通知》界定的行为可分为两类。一类是误导、炒作行为，包括发布虚假资讯和广告、捏造或者散布谣言等。另一类是违法违规销售行为，包括未取得预售许可证销售商品房、变相收取定金预订款、捂盘

惜售、暗中加价收费、捆绑搭售、“一房多卖”等。这实际上是以不正当经营发生的时间轨迹为主线，贯穿了从企业宣传到与特定个体缔约、履约的整个经营过程。《通知》认为，要加大执法检查力度，加强部门间的协作配合，始终保持高压严查态势，加快房地产行业的信用体系建设，建立守信联合激励和失信联合惩戒制度，及时公布违法失信企业名单。

3. 分类指导，因城施策

一方面，线上及线下同步开展的房地产金融风险应对政策，加强了对房企融资、金融衍生品及按揭贷款的监管，遏制了滥用杠杆的投机行为。另一方面，住建部严厉打击房地产市场的不正当经营行为，既考虑到房地产宏观发展大局，又关注到商品房交易的微观状况，有利于行业的健康发展。

我国房地产市场分化态势明显：一、二线热点城市房价上涨过快；东北、西北、西南地区多数城市市场表现平稳；三、四线城市特别是区县地区库存压力仍然较大。面对市场分化的现状，房地产调控必须进行分类指导、因城施策。对房价过热的一、二线城市，其调控重点应当是控房价、防风险、防泡沫；对库存压力大的三、四线城市，重点应当是去库存。

截至2016年，楼市调控措施还是来自限购、限贷、价格管理、市场秩序整顿等相对传统的政策“工具箱”。未来，可以考虑从税收财政政策上加强楼市调控与监管。

（文/庄慕平）

国务院发布1亿非户籍人口在城市落户方案

2016年9月30日，国务院办公厅印发《推动1亿非户籍人口在城市落户方案》（以下简称《方案》），推动1亿左右农业转移人口和其他常住人口等非户籍人口在城市落户。《方案》力推以人为核心的新型城镇化，深化户籍制度改革，加快完善财政、土地、社保等配套政策，为促进经济持续健康发展提供持久强劲动力，为维护社会公平正义、和谐稳定奠定坚实基础。

1. 追求公平、力保发展，户籍改革促进新型城镇化

改革开放以来，我国城镇化进程发展速度较快，但2016年尚有2亿以上的城市常住人口为非户籍人口。非户籍人口因受户籍制度的限制，无法享有城镇户籍居民所享有的基本公共服务：一方面，妨碍了社会公平正义，形成潜在的不稳定因素；另一方面，给供给侧和需求侧造成双重困难，产业结构升级难以持续。党的十八届五中全会明确指出，提高户籍人口城镇化率作为事关社会公平正义和经济持续增长的重大战略选择，势在必行。

2. 细化分类、突出重点，双管齐下激励落户

《方案》从作为落户需求方的非户籍人口和作为落户供给方的城市政府两侧发力：一方面，尊重农民的意愿，在消除顾虑的基础上扩大落户需求；另一方面，支持和激励落户城市，拓宽落户通道，改善地方政府的供给能力。根据“十三五”规划，到2020年，全国户籍人口城镇化率将提高到45%。

（1）坚持存量优先、重点人口与重点地区相适应。《方案》一改过去城市户籍制度改革具有的要“人才”不要“人”的倾向，把农村学生升学和参军进入城镇的人口、在城镇就业居住5年以上和举家迁徙的农业转移人口及新生代农民工等存量人口作为重点，在省会及以下城市等落户重点区域与落户重点群体之间建立明确的政策对应关系，构造解决问题的政策

通道。

（2）实行精细化分类管理，设定政策“禁区”。《方案》考虑城市的综合承载能力，实施差别化落户政策，其中超大城市和特大城市还要分区域制定落户政策。① 针对近年来一些城市在改革实践中探索出来的购房落户等落户条件限制，《方案》明确规定：大中城市不得以购房、投资纳税等设置落户条件；城区人口300万以下的城市不得采取积分落户；参加城镇社保的年限在大城市不得超过5年，中等城市不得超过3年的政策“禁区”。

（3）“三挂钩”政策激励流入地城市政府。对于落户责任主体的流入地城市政府，《方案》将农业转移人口与多项激励措施挂钩，包括财政转移支付、财政性建设资金投资及建设用地增加规模，并在此基础上完善城市基础设施项目融资制度，推动PPP模式融资，解决地方政府资金困难。

（4）尊重农民意愿，解除后顾之忧。推进农民进城落户，首先要解决农民意愿。一方面，《方案》提出建立进城落户农民“三权”维护和自愿有偿退出机制，不得强行将其与落户条件挂钩；另一方面，完善住房、养老、医疗、教育等配套措施，尤其是增强中小城市的人口吸引力，实现平衡发展。同时，在未落户城镇常住人口中积极推进居住证制度，保障其享有基本公共服务，缩小与户籍人口享有公共服务的差距。

3. 整合资源、配套跟进，充分调动各方落户积极性

作为一项长期性、系统性改革，《方案》的实施面临较大阻力。首先，落户意愿问题，户籍制度改革的长远效应大于近期效应，容易导致地方政府缺

---

① 《方案》延续了2014年《国务院关于进一步推进户籍制度改革的意见》按照建制镇和小城市、中等城市、大城市和特大城市4个层次分级调控、落户门槛依次抬高的改革思路，并进一步区分出“户籍人口比重低的超大城市和特大城市”，要求其进一步放宽外来人口落户指标控制。

乏驱动力，同时，一部分非户籍人口缺乏对户籍制度的良好预期，落户意愿相对较弱。其次，公共资源不足阻碍户籍制度改革，发达城市主要体现在空间资源的缺乏，而欠发达城市则体现在人力和资金不足，难以与产业结构升级形成良性循环。最后，配套措施的基础改革必须同步推行，这样才能使各项保障落到实处。

（文/戴明明）

“牵牛鼻子”与“对症下药”相结合，带动城乡居民增收

2016年10月21日，国务院印发《关于激发重点群体活力带动城乡居民增收的实施意见》（以下简称《意见》），部署对重点群体实施激励计划，带动城乡居民实现总体增收。

1. 实现2020“小目标”，新常态下要更“给力”

近些年来我国经济高速增长，居民增收显著。但步入新常态后，劳动力成本增加、人力资本供给不足等因素制约经济与居民收入进一步增长。国家统计局数据显示，2016年前三季度城乡居民人均可支配收入实际增长6.3%，低于同期6.7%的GDP增速。为实现到2020年城乡居民人均收入比2010年翻一番的目标，必须进一步深化收入分配制度改革，促进居民增收。

《意见》从收入分配形势、经济发展指导思想、居民增收基本原则及政策实施主要目标4个方面提出居民增收总体要求，“牵牛鼻子”和“对症下药”相结合，选取技能人才、新型职业农民、科研人员、小微创业者、企业经营管理人员、基层干部队伍、有劳动能力的困难群众7个增收潜力大、

带动能力强的群体实施精准激励计划。并通过就业促进、职业技能提升、托底保障、财产性收入开源清障、收入分配秩序规范、收入监测能力提升六大支撑行动，为实现城乡居民增收、缩小收入差距提供服务支撑、能力支撑和技术支撑。

2. 三个“首次”展现智慧与担当

党的十八大和十八届三中、五中全会均强调居民收入分配的重要地位。《意见》在纲领性指导的基础上提出了具体细致的实施方案，首次针对特定群体精准施策，首次提出扩大中等收入群体目标，首次将分配秩序提高到与收入增长、差距、分配同等重要的位置。

首先，首次针对特定群体精准施策。《意见》中提到的七大群体代表了劳动者中的大多数和关键少数。技能人才是推进新型工业化的主体；新型职业农民是推动农业现代化的关键依托；科研人员和小微创业者是创新驱动的重要引擎；企业家是创造就业和社会财富的重要力量；基层干部队伍是推动改革、实现现代化治理的基础支撑；有劳动能力的困难群体是居民增收的短板所在。同时，科研人员是知识分子阶层的缩影，基层干部队伍可以辐射各类公共管理从业者，技能人才可带动广大产业工人，新型职业农民可带动广大农民等。可见，以这七大群体为重点，就牵住了发展增收的“牛鼻子”。

不同群体的人力资本水平、就业方式和收入来源结构各异，导致增收途径也有差别，激励政策则要差别对待。《意见》充分遵循“对症下药”的原则，抓住每个群体的重点，分群施策。比如，技能人才关键要实现技高者多得，新型职业农民关键是推进职业化，小微创业者关键是降低创业成本，科研人员关键是实现工资性收入、项目激励、成果转化奖励等多重激励，企业家关键是解决产权保护法治化，基层干部队伍关键是完善工资制度，困难群体关键是提升人力资本。

其次，首次提出扩大中等收入群体目标。中等收入者既是产业结构优化的重要途径，也是维护社会稳定的中坚力量和消费型经济增长的主力军。扩大中等收入者比重，关系到经济社会转型与改革全局。《意见》明确提出，要加强中等收入者标准研究，不断培育和扩大中等收入群体。这不仅是解决当下居民增收的关键一招，而且对经济社会发展更具长远意义。

最后，首次将分配秩序提高到与收入增长、差距、分配同等重要的位置。激发重点群体收入增长是一种结构性的收入分配政策。既有利于经济和收入稳定增长，又有助于重置与优化分配格局。要避免传统思维，以简单涨工资、添福利了事。《意见》没有仅仅强调薪资报酬、经营报酬、转移收入的提升，还将人力资本提升、激励机制完善及企业成本降低等方面统筹考虑，侧重从收入分配秩序出发，把资源定价中的价格准则、初次分配的市场规则和再分配政策中的调控法则单独列出，将分配秩序提高到与增长、差距、分配同等重要的位置上来。

3. 促增收、出实招，尚有改善空间

总的来看，《意见》围绕2020年全面建成小康社会的目标，紧扣党的十八大和十八届三中、五中全会确定的改革纲领，创造性地瞄准关键群体，实施有针对性的激励计划，以点撬面，展现了政治勇气、战略智慧和坚定决心。未来可以从以下3方面进一步完善措施：（1）新常态下，激发企业活力、保障充分就业，比提升收入更重要，如何实现在降低成本的背景下促活力、提工资；（2）市场化收入是居民增收的关键，增收需要更明确的动力来源；（3）我国的税收制度在调节社会公平、减少贫富差距等方面功能发挥不足，应该进一步完善税收制度，发挥其功能。

（文/李振宇、马毅豪）

保护信息源头，防控电信网络犯罪

2016 年 10 月 10 日至 11 日，全国社会治安综合治理创新工作会议在江西南昌举行。会上，中央政法委要求电信、银行、互联网公司等加大信息源头保护力度，落实从源头防控电信网络诈骗犯罪的责任。这对于防范和打击电信网络诈骗犯罪具有重要意义。

1. 治理目标：针对电信网络诈骗犯罪特点对症下药

一直以来，电信网络诈骗案侦破难度大的原因较为复杂，具体主要有以下几点：首先，犯罪分子所用电话号码未实名登记，导致作案后难以追查；其次，电信网络犯罪意味着作案人和受害人没有实地接触，加上不断更新的作案技术，导致刑侦难度大；最后，电信服务和银行转账业务具有即时性，且两者间缺乏合作，在被害人受骗后无法及时撤销资金转移。而个人信息泄露，则从源头上给了犯罪分子可乘之机。

因此，为对症下药、溯本清源，中央政法委专门强调要从源头上防控网络诈骗，尤其告诫电信公司、银行、网络公司及其他单位注意保护个人信息安全，及时切断资金转移，对通信产品进行安全评估，并预先采取安全防范措施等。这样做有利于最大限度地避免受害人的损失，同时，这也是防范电信网络诈骗案件的首要目标。

2. 源头防控主体：银行、电信公司、互联网公司等多方管控

此次会议，中央政法委对银行、电信公司以及互联网公司都提出了高要求。银行的责任重点在“监控”异常交易，一旦发现就应及时采取紧急停止支付、快速冻结措施；电信公司要落实电话用户真实身份信息登记制

度，确保作案人员“无处遁形”；互联网公司则要事先做好安全评估工作后再投放新产品、开放新业务，以免技术漏洞被不法分子利用。只有各方形成合力，共同保护信息的源头不受污染，才可能从根源上防控信息网络犯罪。

不仅是银行、电信公司及互联网公司，其他合法掌握个人信息的单位及其工作人员也必须遵守保密制度，不得有窃取、泄露、买卖个人信息及企业商业秘密的行为。对于那些监守自盗的内部人员，要予以严惩，并严肃追究因泄漏信息造成严重后果的单位负责人和直接责任人责任。由这些“强硬”的措辞，可以看出此次中央力图严防电信网络犯罪的决心。

此外，针对电信网络诈骗犯罪非接触性、空间跨度大、链条长等特点，在制度的形成方面，最高人民法院、最高人民检察院、公安部门应当尽快出台指导意见、司法解释，解决取证难、追赃难等问题。而鉴于窃取、泄露、买卖个人信息问题突出，关于个人信息保护法律法规的出台也刻不容缓，必须完善公安、教育、医疗、金融等重点行业信息安全保护体系。

3. 源头防控信息安全初步成效及潜在问题

会议部署后，全国各地纷纷响应。例如，山东省已建成反诈骗中心，电信运营商和多家银行共同进驻、合署办公、数据共享，并且已取得一定成果。个人通过ATM（自动取款机）向非本人同行账户转账的，人民银行济南分行允许转账在24小时内申请撤销。北京市公安局则实行创新一体化侦查机制，通过刑侦、网安、通信管理部门合署办公，联合运营企业，实现规模化打击，同时加快警务的科技化、信息化建设，以应对高科技作案手段。

另外，应当注意的是，要求电信公司、银行、互联网公司等落实从源头上防止电信网络诈骗犯罪，这的确对严惩监守自盗的内部人员、防止电信网络诈骗具有积极作用，但是如果分寸把握不当，也会引发一些问题。比如，公安机关通过刑侦手段监听电话可能会侵犯公民隐私权，要求互联网公司、电信公司对新产品进行安全评估，并对所造成的严重后果承担责任，有可能会打击其创新积极性。另外，安全评估标准和程度需要进一步规范，银行在24小时后处理转账，体现出效率让位给安全。

因此，打击电信网络诈骗犯罪、防范侵害公民信息安全并非一夕之功。此次全国社会治安综合治理创新工作会议的要求能否真正实现，还有待立法、执法、司法方面的共同努力，尤其是要尽快建立并完善以《中华人民共和国个人信息保护法》为核心的规范体系，真正将信息保护提升到法律层面。

（文/贾冉、鲁昊源）

11月　明确平等保护公私产权

多措并举管控地方政府性债务风险

中国与马来西亚合建马六甲第一大港

中央新规进一步规范党和国家领导人有关待遇

习近平文艺工作意识形态新论

全面推广医改经验

平等保护公私产权

京津冀打造城际铁路网，助推一体化

多措并举管控地方政府性债务风险

2016年11月14日，国务院办公厅发布《地方政府性债务风险应急处置预案》（以下简称《预案》）的通知，对地方政府性债务风险应急处置做出系统性安排，充分考虑各方合法权益，明确风险防控底线，建立预警和分级响应机制，严格风险事件责任追究，牢牢守住不发生区域性、系统性风险的底线。

1. 积极财政政策背景下地方债问题存隐患

2014年，国务院发布《关于加强地方政府性债务管理的意见》的通知，标志着我国对地方债加强管理的开始。自2014年以来，针对地方债的管理举措主要如下：一是将各类地方债务纳入预算管理，二是实施债务限额/余额管理，三是置换存量债务，四是切割各类融资平台，五是大力推广PPP。

2016年以来，我国继续实施积极的财政政策，其中一项重要举措就是适度扩大财政赤字规模，地方政府负债规模逐步扩大。与此同时，部分地方政府偿债能力弱化、个别地区债务率超出警戒标准、违法违规融资担保和PPP合作项目不规范等现象时有发生，由此可见，地方债问题存在一定的风险隐患。

2.《预案》出台，多项举措划出地方性债务红线和安全线

《预案》提出多项举措对地方政府性债务风险应急处置做出系统性安排，主要包括以下4个方面的内容。

（1）强化地方政府自身偿还债务的责任，首次提出“财政重整计划”

政府首次提出“财政重整计划”：市县政府年度一般债务付息支出超过当年一般公共预算支出10%的，或者专项债务付息支出超过当年政府性基金预算支出10%的，债务管理领导小组或债务应急领导小组必须启动财政重整计划。其内容包括：通过加强税收征管等方式拓宽财政收入来源，通过缩减公用经费、降低企事业单位人员福利、压缩基本建设支出等优化支出结构，通过处置政府经营性资产、国有股权等筹措偿债资金，申请上级救助等方面。

（2）建立分级响应机制，采取不同应对措施

按照风险事件性质、影响范围和危害程度等，政府性债务风险事件分为Ⅳ级（一般）、Ⅲ级（较大）、Ⅱ级（重大）、Ⅰ级（特大）4个等级。对Ⅳ级、Ⅲ级债务风险，主要由市县政府立足自身化解；对Ⅱ级、Ⅰ级债务风险，除上述措施外，省级政府可依据市县政府申请予以适当救助。另外，当地方政府出现极大风险时，中央政府可适当指导。

（3）实施分类应急处置，明确各主体责任

第一，对于地方政府债券，地方政府依法承担全部偿还责任。第二，对于财政部清理甄别认定的2014年12月31日以前形成的非政府债券形式的存量债务，债务人为地方政府及其部门的，必须置换成政府债券，地方政府承担偿还责任，债务人为企事业单位等的，可以在规定的期限内置换为地方政府债券，地方政府承担偿还责任。第三，对存量或有债务，依法

不属于政府债务的，地方政府仅依法承担适当民事赔偿责任或视情况实施一定救助。

（4）债务风险处置纳入政绩考核，严格落实责任追究

《预案》规定，发生Ⅳ级以上地方政府性债务风险事件，应当适时启动债务风险责任追究机制。省级政府应当将地方政府性债务风险处置纳入政绩考核范围。属于在本届任期内举借债务形成风险事件的，在终止应急措施之前，政府主要领导同志不得重用或提拔，属于已经离任的政府领导责任的，应当依纪依法追究其责任。

3. 管控措施严格、单一，切断地方政府多条后路

《预案》的出台，为地方政府债务管理设置了一道防风险的“防火墙”。“开前门”构建规范的地方政府举债融资机制，“堵后门”剥离融资平台公司政府融资职能。在经济下行的形势下，《预案》强化地方政府自担举债还债的严格责任，若负担不起则应当采取减少支出、撤销项目、变卖资产等措施。地方政府肩负保增长的重任，但是财力事权不对等，又无法通过削减公共支出获得资金，给其带来沉重的经济压力。

另外，尽管《预案》的设置主要通过内部调整方案保证到期偿还债权人欠债，但是其管控上标准单一且不够明确。与日本设置实际赤字比率、合并实际赤字比率、实际公债比率和将来负担比率 4 个指标来衡量地方财政状况相比，其事前事中的监管仍不明确。

未来我国地方政府债务风险控制体系的完善：一方面，要做到指标选取的多元化、透明化，综合运用负债率、偿债率、债务率、赤字率等指标对债务风险进行检测和评价；另一方面，要实现多层级预警，如对不同等级债务率分别采取预警、重点关注、暂停发债和财政重整等措施。

（文/黄时烨、庄慕平）

中国与马来西亚合建马六甲第一大港

2016 年 10 月 19 日，中国电建集团国际工程有限公司于马来西亚马六甲兴建的皇京港深水补给码头举行奠基仪式。项目由 3 个人造岛和 1 个自然岛屿组成，占地 1366 英亩，计划总投资 430 亿元人民币。预计整个皇京港开发项目于 2025 年完成，建成后将成为马六甲第一大港。

对于马来西亚来说，建设皇京港有助于利用地缘优势发展港口服务业、金融业、旅游业等一系列相关产业，增加就业，获得更多的财政收入和其他潜在的经济收益。

1. 突破“马六甲困局”，推行“一带一路”

马六甲海峡占了世界海上贸易 1/4 的份额，世界 1/4 的运油船经过马六甲海峡，这一数量是经过苏伊士运河的 3 倍、巴拿马运河的 5 倍。而中国是马六甲海峡第一大使用国，每天经该海峡的船只中有 60% 来往于中国，中国进口石油量的 80% 以及进出口物资的 50% 要经过该海峡。而海峡由沿岸的马来西亚、印度尼西亚和新加坡共管，在过去很长一段时间里，中国对这一区域的影响非常有限。一旦出现沿岸国家政局变动、战争等不可预知的风险，将给中国的能源安全带来极大的隐患，这就是所谓的“马六甲困局”。

2013 年秋天，中国提出“一带一路”国际合作。其中，海上以重点港口为节点，共同建设通畅安全高效的运输大通道。中巴、孟中印缅两个经济走廊与推进“一带一路”建设关联紧密，要进一步推动合作，取得更大进展。而作为“一带一路”的实施步骤，上海洋山深水港、马六甲皇京深水港、巴基斯坦瓜达尔港，是构成海上丝绸之路的重要中转站。

与新加坡相比，马六甲皇京港更接近中国大陆。根据泛亚铁路规划，中国将联合有关国家修建一条连接老挝、泰国和马来西亚的纵贯中南半岛的高速铁路大动脉。这一大动脉与皇京港对接，成为中国西南地区连接印度洋和南洋各国的路海交通枢纽。

因此，对于中国来说，建设皇京港正是“一带一路”的一环，有助于中国突破“马六甲困局”，保证能源战略安全。而且，建设皇京港是中马两国发展的共同需要。

2. 中国海外合作建港需循序渐进

除皇京港以外，中国已经于2015年9月获得巴基斯坦瓜达尔港2000亩土地的43年使用权，同时积极与泰国展开合作，希望能够挖开泰国境内狭窄处克拉地峡，这一切都是中国推进“一带一路”的具体步骤。应当说，中国此举一定程度上构成对既有的世界及地区经济政治格局的冲击，难免会引起地区内一些势力的反弹。因此，掌握好“走出去”的力度和节奏，妥善处理冲突、应对内外障碍，是中国实行“一带一路”国际合作必然要面对的挑战。

（文/王慧、吴双）

中央新规进一步规范党和国家领导人有关待遇

2016年11月30日，中共中央政治局召开会议，审议通过规范党和国家领导人有关待遇等文件（以下简称“新规”）。“新规”按照“保障工作需要、待遇适当从低”的原则对党和国家领导人用房用车等待遇进一步做出规定，延续了自党的十八大以来中共中央以上率下推进作风建设的路子，释放出其继续全面从严治党的决心。

1. 改进作风重立威信，率先垂范一以贯之

早在1979年11月，中共中央、国务院就曾下发《关于高级干部生活待遇的若干规定》，从宿舍、房租、家具等10个方面分30多个小点对高级干部的生活待遇做出具体规定，且其中大部分沿用至今。4年前的“八项规定”与“新规”也坚持了问题导向，具有很强的针对性。

新一届中央领导集体自履新以来就将作风建设作为党建的“牛鼻子”，紧抓不放，延续至今，而“八项规定”就是这项长期性工作的开端，“新规”又是对“八项规定”相关内容的拓展和深化。打铁还需自身硬，党的十八大以来，新一届中央领导集体在践行“八项规定”，整治“四风”，重拳反腐，以及开展群众路线教育实践活动、“三严三实”专题教育活动、“两学一做”学习教育活动中，均先从自身做起。而此次会议明确指出，“新规”将“从十八届中央政治局率先做起”，这是对此前率先垂范、以上率下之法的沿用。

2. 严字当头，延续并扩充“八项规定”相关内容

第一，“八项规定”中的“第八项”此次被大大扩充。“八项规定”的前七项分别对改进调查研究、外出接待、会风、文风、出访、警卫、新闻报道等工作提出要求，第八项则专门针对“工作和生活待遇”。然而，该项仅要求“严格执行住房、车辆配备等有关工作和生活待遇的规定”，未提出任何新的要求。而“新规”与此不同，增加了以下几点新内容：一是要求党和国家领导人退下来要及时腾退办公用房；二是要求按规定配备工作人员并加强教育管理，严格约束亲属和身边工作人员；三是要求压缩赴外地休假休息时间，实行严格报批制度。而在规范交通工具上，“新规”则重申“八项规定”的有关内容，要求不能超标准配备车辆、超规格乘坐交通工具，外出要轻车简从，最大限度减少对群众生产生活的影响。

第二，标准更高，要求更严。其一，在规范党和国家领导人工作和生活待遇方面首提“保障工作需要、待遇适当从低”的原则；其二，严字当头。百余字的通稿在体现“严格”二字上却不惜笔墨，数次使用诸如“及时腾退”“最大限度减少”“严格约束”“严格报批”等字眼，字里行间透露出从严的决心。

3. “新规”还需落地，治党“全面”“从严”

“新规”虽做出了详细规定，但执行起来多有弹性，需防止做表面文章，否则不仅会使制度沦为虚文，也会损害政府的权威。此次会议指出，“有关规定从十八届中央政治局率先做起，并分批实施”，并要求“细化落实方案，制定具体实施办法”，确保各项规定落到实处。曾在2013年两会上提交关于制定公布离任国家领导人礼遇条例和退休官员待遇规定提案的全国政协常委、复旦大学教授葛剑雄评论说，“政治局率先做起并分批实施实事求是，显示了中央最终一定要全部做到的决心。”从“八项规定”到“六不准”①，再到“新规”，领导人待遇终于有了系统性规范，这意味着中共中央治国理政正在朝着“全面”“从严”这两大维度主动发力，规范领导人待遇或将成为以上率下的关键。

（文/张宁远）

习近平文艺工作意识形态新论

2016年11月30日上午，中国文学艺术界联合会第十次全国代表大会、

① “六不准”是指党的十八届三中全会《关于全面深化改革若干重大问题的决定》提出的“规范并严格执行领导干部工作生活保障制度，不准多处占用住房和办公用房，不准超标准配备办公用房和生活用房，不准违规配备公车，不准违规配备秘书，不准超规格警卫，不准超标准进行公务接待，严肃查处违反规定超标准享受待遇等问题”。

中国作家协会第九次全国代表大会在北京人民大会堂开幕，中共中央总书记习近平出席开幕式并发表重要讲话，主要总结、说明了党的十八大以来文艺事业发展的新境况，对文艺工作的新提法、文化工作的走向以及整体的治国理政布局有了更加明晰的阐释。①

1. 把脉：文艺的使命与道路

2014 年 10 月，中央召开文艺工作座谈会，强调实现“两个一百年”奋斗目标和中华民族伟大复兴的中国梦，强调文艺的作用不可替代。2015 年 10 月，《中共中央关于繁荣发展社会主义文艺的意见》出台，进一步明确文艺工作指导思想、方针原则和目标任务。而这次会议再次强调，“文运同国运相牵，文脉同国脉相连。”文艺工作的兴衰好坏，直接关系着国家的气运和命脉。回顾历史，中华文明的延续离不开文化的有力支撑，展望未来，民族的复兴必然伴随文化的崛起。文化对于凝聚人心、促进团结稳定、推动物质文明发展的确起着不可替代的作用。在多元文化深入交融碰撞的当今世界，如何坚持和发展中国文化是一个重要的时代命题。这也是中央一贯高度重视意识形态工作和文化工作的原因所在。

2. 传承：一以贯之的政策路径

此次会议上，中央对文艺工作主要提出了 4 点希望：第一，坚定文化自信，用文艺振奋民族精神。第二，坚持服务人民，用积极的文艺歌颂人民。第三，勇于创新创造，用精湛的艺术推动文化创新发展。第四，坚守艺术理想，用高尚的文艺引领社会风尚。同时，此次会议也明确了今后文化工作的 3

① 徐隽．高擎民族精神火炬吹响时代前进号角，筑就中华民族伟大复兴时代文艺高峰［N］．人民日报，2016－12－01．

个重点：一是加强文化阵地人才建设，重视培养人才、发现人才、珍惜人才、凝聚人才。二是文艺工作向基层倾斜，重点增强文化组织的活力、向心力、吸引力和行业影响力。三是加强和改进党对文艺工作的领导，以党的领导保障文艺事业的繁荣发展和正确方向。

这4点希望和3个重点其实体现了党的十八大以来一以贯之的三大治国理政的政策路径，即走群众路线、扶持创新和加强自身队伍建设。在政治上，党的十八大以来特别强调工作中坚持群众路线，并专门开展了群众路线教育实践活动；经济上强调“大众创业、万众创新”，努力建设创新型国家；党建上强调加强执政党自身队伍建设，深度反腐不留禁区，通过“三严三实”“八项规定”等专题教育和制度设计不断规范权力的运行。

此次4点希望和3个重点的提法是对上述三大政策的凝练和升华，也反映出文化作为政治经济的延伸必然与政治经济相协调的要求。坚持文艺为人民服务和文艺工作向基层倾斜即坚持文化领域的群众路线；勇于文艺的创新创造即“万众创新”从经济领域向文化领域的延伸，而且使用“希望”而不是规制性更强的措辞也体现了高层尊重文艺发展规律，坚持“百家争鸣、百花齐放”的原则立场，努力为文化创新提供宽松活跃的氛围；坚守艺术理想、加强文化阵地人才建设、加强和改进党对文艺工作的领导即加强文艺工作队伍自身的建设。上述3点的前提和依托是坚持文化自信。

3. 开创：文化自信的时代意义

文艺具有“铸造灵魂”的重要作用、文艺创作应当以人民为中心以及坚持党对文艺工作的领导，是习近平在文艺工作座谈会和此次讲话中都谈到的命题。文艺工作者作为意识形态上层建筑的重要建构者，能够通过各种形式的文艺作品，将执政党掌握的“历史—真理”，以生动、形象的方式传播到人民群众中去，进而成为整个社会的主流价值观念。因此，文艺工作者具有建构文化领导权的重要政治功能，而文艺作品则具有塑造人心、“铸造灵魂”的功能。这就是为什么文艺创作要坚持党的领导并贴近人民的原因。而要做到这一切，建立起执政党的文化领导权，首要前提是确立文化自信，这是民族崛起必须秉持的态度。

（文/李振宇、马毅豪）

全面推广医改经验

2016 年 11 月 8 日，中共中央办公厅、国务院办公厅转发了《国务院深化医药卫生体制改革领导小组关于进一步推广深化医药卫生体制改革经验的若干意见》（以下简称《意见》），回顾新一轮医改进展，总结并大力推广各地典型经验，进一步巩固和扩大医改成果，推动本轮医改向纵深发展。

1. 回顾新医改成果，直面各地共性问题

2009 年启动新一轮医改，特别是党的十八大以来，深化医改一直处于党和国家事业全局的重要位置，取得了重大进展和明显成效：全民医保制度基本建立，公立医院综合改革持续拓展深化，基层医疗卫生服务体系不断健全，基本公共卫生服务均等化程度大幅提高，药品供应保障体系进一步健全，分级诊疗制度建设加快推进，个人卫生支出占卫生总费用比重持续下降，基本医疗卫生服务可及性明显提升，人民群众健康水平显著提升。

深化医改已经进入深水区和攻坚区，各地在推进改革过程中面临一些深层次的共性问题：一是领导体制和组织实施机制有待强化，联动机制尚未形成，难以形成推进医改的整体合力；二是改革措施的整体性、综合性不够，“三医”联动改革进展不平衡，关键环节未做到有效衔接；三是体制机制性改

革进展不平衡，群众的获得感和医务人员的认同感不强。对此，《意见》深入总结了各地医改的成熟经验，在医改的关键环节给出具体指导。一方面，进一步明确改革重点和路径，使地方加深对医改设计的理解，从而更准确地把握改革的方向和重点；另一方面，相关部门通过归纳、提炼地方典型经验，让地方了解实现改革目标的突破口、可供选择的具体做法、需要的配套政策和条件，从而指导地方推进改革。

2. 抓住医改关键环节，推广试点成熟经验

《意见》一改过去医改文件“大而全”的特点，在医改的 8 个关键方面总结了 24 条成熟经验，从体制机制着手缓解看病难、看病贵，在手段上更加符合医改规律。

（1）明确党政一把手亲自负责。针对医改过程中部门博弈过多，统筹不足，部门协调机制不顺畅的问题，《意见》明确党政一把手负责制，强化医改领导小组的统筹协调作用，整合相关部门权责，打破部门间的内耗僵局，解决因部门协调不佳甚至固化的部门利益导致改革执行不到位、问责不下去的问题。

（2）“三医”联动，明确公立医院改革路径。《意见》要求各地在“三医”（医疗、医保、医药）领域联动改革，将医保作为配置资源的中心环节，促使公立医院改变收入最大化的运行模式。“三医”联动是突破医改重点难点的关键领域，尤其要进一步探索医保支付方式的改革，使医保在控费及调节资源方面发挥更大作用。

（3）破除以药补医与改革医生收入机制双管齐下。《意见》提出，通过药品分类采购和实行“两票制”，规范诊疗用药行为，理顺医疗服务价格。同时，认识到破除以药补医本质上是破除医生过度医疗的激励，因此，必须同步推进薪酬制度改革，解决好公立医院的资金来源问题，使医疗服务回归价值规律，才有可能从根本上解决看病贵问题。

（4）建立医疗联合体，促进分级转诊。对于大医院人满为患、基层医院门可罗雀的现状，《意见》进一步提出分级诊疗，推动和鼓励家庭医生的发展，意在将急病、慢病分开，鼓励一般常见病在基层解决，形成有序的就医秩序。

此番进一步推广深化医改，标志着医改试点工作已经从摸索经验阶段进入了经验推广阶段，医改实施方案和具体目标进一步明确。要啃下医改的“硬骨头”，就无法回避利益格局的调整，各方必须凝聚共识，才能使改革有动力，创新添活力。一方面，经验推广并不意味着照搬照抄、简单套用，而需要因地制宜；另一方面，需要注意防范各地改革路径差别迥异导致的医疗体系碎片化，避免推广工作过度随意和较大的不确定性。

（文/戴明明、郭丹）

平等保护公私产权

2016 年 11 月 4 日，《中共中央 国务院关于完善产权保护制度依法保护产权的意见》（以下简称《意见》）全文发布，提出秉持平等、全面、依法、政府与公众共同参与及标本兼治五大原则加强产权保护。《意见》是首次以中央名义出台的产权保护顶层设计，彰显了国家保护各类产权的重大决心，是促进社会主义市场经济的重要举措。

1. 循序渐进完善产权保护

我国产权保护制度经历了不断完善的过程。从计划经济时代没有私人产权概念到改革开放后保护私人产权提上日程，到 2004 年“公民的合法的私有财产不受侵犯”被写入《中华人民共和国宪法》，再到 2007 年出台《中华人民共和国物权法》，我国逐步形成“归属清晰、权责明确、保护严格、流转顺畅”的现代产权制度和产权保护法律框架。

然而，现行产权保护制度仍有不足。例如，在我国多种所有制经济产权并存的现状下，非公有产权有时会处于相对弱势的地位。特别是很多民企在发家之初或多或少有一些不规范之处，实践中存在随意性执法或选择性执法现象，一旦企业涉案，容易新账旧账一起算，令这些民企老板感到心里不踏实，头顶上时刻悬着一把利剑，或多或少地影响其投资积极性。同时，知识产权、技术创新成果等无形财产权的保护力度也不够。

这些问题削弱了公民的财产安全感，造成对未来预期的信心不足、投资意愿下降，在一定程度上阻碍了经济和社会发展。有迹象显示，我国资本正通过旅游、虚假贸易、购买境外金融产品等途径外流，但单纯通过管制措施“堵”是堵不住的。只有加强产权保护，给投资者以财产安全感，改变他们对未来的预期，才能留住资本。

2. 平等、全面、法治——三大关键词奠定产权保护方向

《意见》共提出了保护产权的十大任务，着力点是平等保护、全面保护、依法保护。

首先，平等保护意指提高对非公有财产保护力度，使公私财产受到平等保护。长期以来，“不可侵犯”只适用于公有产权，《意见》提出“公有制经济财产权不可侵犯，非公有制经济财产权同样不可侵犯”，要“将平等保护作为规范财产关系的基本原则”，“加大对非公有财产的刑法保护力度”，突出了对非公有产权给予与公有产权同等的保护，无疑给非公有产权的所有者吃了一颗“定心丸”。

其次，全面保护意指保护产权不仅包括保护物权、债权、股权，也包括保护知识产权及其他各种无形财产权。《意见》提出多项措施来加大知识产权保护力度，包括提高知识产权侵权法定赔偿上限，探索建立对专利权、著作权等知识产权侵权惩罚性赔偿制度，将故意侵犯知识产权行为情况纳入企业和个人信

用记录，加大知识产权司法保护力度，完善涉外知识产权执法机制等。

最后，依法保护，亦即产权保护要有法可依、有法必依，一切依法行事。在处理历史形成的产权案件、政府履行与投资主体签订的各类合同、财产征收征用等问题上，《意见》都强调要严格遵循法律原则，依照法定程序。例如，针对实践中地方政府随意违反政策承诺以及与投资主体依法签订的各类合同的情况，《意见》要求“因国家利益、公共利益或者其他法定事由需要改变政府承诺和合同约定的，要严格依照法定权限和程序进行，并对企业和投资人因此而受到的财产损失依法予以补偿”。

《意见》提出要“以发展眼光客观看待和依法妥善处理改革开放以来各类企业特别是民营企业经营过程中存在的不规范问题”。有论者将其解读为中央要大赦民企“原罪”，这种观点值得商榷。所谓民企“原罪”，是指民企在早期发展中，普遍存在违反政策、违法或背德的行为，例如行贿、偷税漏税、非法集资、侵吞国资、假冒伪劣、坑蒙拐骗等各种形式。就《意见》的精神而言，并不是要把这些情况全部一笔勾销，而是要求依据“三项原则”处理，即法不溯及既往、罪刑法定、在新旧法之间从旧兼从轻。这才真正符合法治精神。此外，保护私有财产对于防止资本外流的作用不宜夸大。因为美国、法国等被认为对私有财产保护力度很大的国家，也存在富人因为税率高、他国更有利益可图等原因移民并转移资本的情况。因此，产权保护首先是为了“治理的道义”，而不仅仅是为了留住资本。

（文/贾冉、鲁昊源、吴双）

京津冀打造城际铁路网，助推一体化

2016年11月28日，国家发展改革委批复同意《京津冀城际铁路网规划》

（以下简称《规划》），明确了2015—2030年京津冀城际铁路网的发展目标、路网布局、实施步骤和阶段任务。

1. 如何把空间“大圈”变时间“小圈”

2015年4月30日，中央政治局会议审议通过《京津冀协同发展规划纲要》，谋划京津冀协同发展的国家重大战略布局，明确北京市、天津市、河北省的未来发展定位，以有序疏解北京的非首都功能。京津冀交通一体化是地区协同发展的突破口。此次批复意见确认了中国铁路总公司与三省市的交通一体化发展思路，并强调了规划方案、规划实施的重点与相关原则，为《京津冀协同发展交通一体化规划》的出台奠定基调。批复意见与《规划》作为京津冀协同发展战略的配套文件之一，构建了京津冀空间“大圈”变时间“小圈”，促进城市间互联互通的交通蓝图。

2. 打造“轨道上的京津冀”

《规划》批复意见着眼于区域空间布局、疏解北京非首都功能和产业承接转移需要，以优化完善路网布局为重点，大力发展具有快速通勤功能的轨道交通网络。

其一，《规划》结合近期目标与远期目标，提出分两步走：（1）2020年之前，以“京津、京保石、京唐秦”三大通道为主轴，基本实现京津石中心城区与周边城镇0.5～1小时通勤圈。（2）至2030年，共新建24条城际铁路，基本形成以“四纵四横一环”为骨架的城际铁路网络。

其二，京津冀交通一体化是一项系统性工作，涉及基础设施建设、投资融资、环境保护等多个方面。为此，《规划》批复意见综合性地提炼了发展路径和原则，强调未来建设应与现有设施衔接协调，交通设施应与城市风貌、经济发展互动，同时，应绿色建设，注重环保。

3. 交通一体化带动民生一体化

构建“轨道上的京津冀”意味着在转变发展模式、促进区域均衡的同时，也必然推动京津冀整体的资源再配置、利益再均衡，带来资本、产业、人口在三地的顺畅流动。本次《规划》的批复意见使得京津冀地区一体化发展率先实施，北京的“大城市病”将会得到缓解，津冀也将获得前所未有的发展机遇。交通和城市功能互相促进，会释放出更多的“轨道红利”，对于破解北京周边地区发展的洼地效应，实现区域均衡发展起到巨大的推动作用。但是，应当注意，三省市的联动机制必然带来管理职权与职责的交叉，如何在互动中追求效率还需要进一步思考。《规划》的纲领性特点使之过于宏观，三省市对城际铁路、城际客运等建设资金、运营补贴的分担机制未进行细化，项目验收与监督程序依然欠缺。如何在协同发展中公平、高效地发展，还需要进一步探索。

（文/周泰勇、苏秋纳）

12月　经济会议谋划防风险，促改革

中央经济工作会议释放经济改革新信号

新修订《军队审计条例》，完善军队“不能腐”制度框架

跨省城市群“国家队”又添新成员

再度推进农村集体产权制度改革

“河长制”全面推开

养老服务进一步产业化、市场化

中央经济工作会议释放经济改革新信号

2016 年 12 月14 日至 16 日，中央经济工作会议在北京举行。会议分析了国内国际经济形势，总结了 2016 年经济工作，阐明经济工作指导思想，并部署了 2017 年经济工作。

1. 2016 年经济工作初见成效

在国际金融危机爆发后，我国供求关系发生深刻变化。在需求方面，国外需求受全球经济低迷影响长期不振，国内需求因经济下行压力有所疲软；在供给方面，有效供给不足的情况开始出现。在这一背景下，市场的选择性开始提高，有效供给明显跟不上需求，中国经济发展经历着供求失衡的矛盾。

2015 年 12 月召开的中央经济工作会议提出“稳定经济增长，要更加注重供给侧结构性改革”和“在适度扩大总需求的同时，着力加强供给侧结构性改革”，认为“推进供给侧结构性改革，是适应和引领经济发展新常态的重大创新，是适应国际金融危机发生后综合国力竞争新形势的主动选择，是适应我国经济发展新常态的必然要求”。2016 年作为“十三五”规划的开局之年，以“三去一降一补”（去产能、去库存、去杠杆、降成本、补短板）五大任务为抓手，推动供给侧结构性改革取得初步成效，企业利润增长提速，部分行业的供求关系发生积极变化。同时，应当高度重视的是，产能过剩和需求结构升级矛盾突出，经济增长内生动力不足，金融风险有所积聚，部分地区困难增多。

2. 中央经济工作会议定调改革与稳定

首先，改革成为工作重点。会议明确，2017 年是实施“十三五”规划的重要一年，也是供给侧结构性改革的深化之年，确立了“稳增长、促改革、调结构、惠民生、防风险”的 15 字工作方针，相比 2016 年 12 字方针增加了“促改革”，突出对改革的重视。会议提出“要继续实施积极的财政政策和稳健的货币政策”，促进经济稳中求进。

其次，对供给侧改革做出细化规定。会议肯定了 2016 年“三去一降一补”取得的积极成效，并从 4 个方面进行具体安排：一是深入推进“三去一降一补”。去产能方面，强调化解钢铁、煤炭行业过剩产能，重点解决“僵尸企业”问题。去库存方面，强调要重点解决三、四线城市房地产去库存问题。去杠杆方面，明确通过债转股、加大股权融资、加强债务杠杆约束等措施，降低企业杠杆率。降成本方面，加大减税、降费、降低要素成本力度。补短板方面，从突出问题着手，既补硬短板也补软短板，既补发展短板也补制度短板。二是深入推进农业供给侧改革。会议详细阐述了从农产品供给、农村环境、农产品价格和农村土地 4 个方面深化农业供给侧改革。三是着力振兴实体经济，为实体经济发展指明了 3 个关键词——质量、品牌、创新。四是促进房地产市场平稳发展。要综合运用金融、土地、财税、投资、立法等手段，加快研究建立符合国情、适应市场规律的基础性制度和长效机制，既抑制房地产泡沫，又防止出现大起大落。

最后，会议还部署了国企、财税金融体制、金融监管和养老保险制度等方面的改革。在国企改革方面，重点提出混合所有制改革的全面推进；财税金融体制方面，推动中央及地方财政事权和支出责任的划分改革，健全地方税收体系。会议还强调要把防风险放在更加重要的位置，下决心处置一批风险点，防控资产泡沫，提高和改进监管能力，确保不发生系统性金融风险。

3. 2017 年的主要任务是保稳定、防风险、促改革

总体来看，本次中央经济工作会议以稳定和改革为主要基调，将防风险提到更加重要的位置。对持续深化“三去一降一补”改革，实施积极财政政策和稳健中性的货币政策提出了更加具体明确的要求，并对国企、金融体制、养老保险等方面的改革做出部署。

未来要继续促进经济稳中有进，着力防控风险。要通过收缩货币政策和实施积极的财政政策，加强金融监管，抑制房地产泡沫和投资投机泡沫，实现去杠杆。2017 年经济发展重心依然在供给侧结构性改革上，应当通过预算安排降低企业负税、保障民生，积极去库存、去产能，通过有效的改革建立统一、开放、有序的市场体系，通过动态调整有效供给，逐渐实现供求关系新的动态均衡。

（文/庄慕平）

新修订《军队审计条例》，完善军队“不能腐”制度框架

2016 年 12 月 17 日，中央军委主席习近平签署命令，公布新修订的《军队审计条例》（以下简称《条例》），自 2017 年 1 月 1 日起施行，进一步完善中国军队审计方面的制度构建。

1. 为军委审计署确立职权依据

军队反腐是党的十八大以来反腐风暴的重要组成部分。党的十八大以来，

全军和武警部队贯彻全面从严治党、依法从严治军要求，查处了郭伯雄、徐才厚、谷俊山等严重违纪违法的军级以上“军老虎”至少49人。“军老虎”频现与军队审计制度不够完善有很大关系。以往的军队审计工作由中国人民解放军审计署承担，由中央军委领导，但挂靠解放军总后勤部。解放军审计署的行政、人事、经费等都由总后勤部掌握，造成军队审计署既是后勤机关的组成部分，又是监督机构，这种职能设置就很难审查自家领导的经济问题，谷俊山案就是深刻的教训。而且，解放军审计署在审计中发现经济贪腐问题线索，因为中间隔了一个总后勤部，所以直接与中央军委、纪委沟通也不方便。

因此，要解决军队审计工作“刀刃子砍不了刀把子”的问题，就有必要让军队审计部门更加超脱、集中统一独立行使监督职权。正因为如此，2014年11月，解放军审计署划归中央军委建制，对中央军委负责并报告工作。2016年1月，进一步组建中央军事委员会审计署，履行军队审计监督职能，组织指导全军审计工作，以增强审计的独立性权威性。本次新修订的《军队审计条例》颁布，为新成立的军委审计署提供了行使职权的依据，有助于构建反腐败的制度框架，实现从“不敢腐”到“不能腐”的升级。

2. 与时俱进，筑牢“钢铁长城”之基

军委审计署的职责是对军费管理使用、武器装备采购、企业经营生产、国防基本建设及军队领导干部经济责任等进行审计监督。与2007年的《中国人民解放军审计条例》相比，此次修订幅度较大，由8章58条扩充为11章77条，实质性修订220多处，主要修改体现在以下几个方面。

第一，将对军队、武警部队的审计监督权集中到军委审计署，实行垂直领导，直接对军委主席负责。确立了新的审计工作指导思想，由“党委指导、按级负责”改为“军委主席负责制，区域设置、统管统派”，即由中央军委审

计署统一派出军队审计机构，这些机构在中央军委领导下履行审计监督职能，只需对上级审计机构负责和报告，而无须再对本单位党委、首长负责和报告工作。此外，撤销了武警部队审计机构，对武警部队的审计监督工作由中央军委审计署统一负责，按照对军队单位和领导干部审计的规定执行。

第二，拓宽了审计事项范围，强化了审计职权。新增了政策法规审计、无形资产审计、价格行为审计、军民融合项目联合审计等内容，明确把管钱管物多、列为后备、离任等领导干部作为审计重点。根据新形势下审计机构履行职责的需要，新增了采集数据权，拓展了检查权和查询权的行使范围。相较于2007年的《中国人民解放军审计条例》，本次修订更为具体地规定了军队审计在审查资金方面的权力，有助于军队反腐工作的开展。

第三，新增对审计人员的具体规定。此次修订对审计人员的政治意识、专业知识、业务能力、纪律要求及受监督和回避情形做了明确规定，表明军队要打造一支强有力的审计工作队伍的决心。

第四，细化审计处分措施。《条例》增加填制领导干部经济责任审计报告表，编入领导干部个人档案，明确了直接责任、重要领导责任的界定范围，增加了调整工作岗位、免职等处分形式，使得处分更加清晰、明确，从惩罚上威慑军队中违法乱纪现象。

第五，新增规定，战时审计和驻国（境）外军队单位经批准设立的审计机构，参照该条例的有关规定开展审计工作，并接受中央军委审计署的业务领导和监督。扩大了该审计条例的适用范围，也体现了国家对预防战争和规范境外军队纪律的重视。

3. 加强审计制度构建，让军队“不能腐”

中央提出构建“不敢腐、不能腐、不想腐”的机制，不敢、不能、不想，是层层递进的关系。查处案件、厉行反腐，可以起到“不敢腐”的作用。而要在“不敢腐”的基础上再进一步，让军队“不能腐”，就必须在总结反腐经验、教训的基础上，进一步加强权力运行制约和监督的制度建设。2015年9月的裁军拉开了军改大幕。本轮军改的一个明显特点是，管钱、管权的制度建设更加完善。为了管钱、管权，军队领导指挥体制改革用军委纪委、政法委和审计署编制3个笼子。审计队伍作为中央军委直接掌握的重要经济监督力量，负责看紧“钱袋子”，对经济权力运行实施全方位、全过程、全要素审计监督，成为军委财经管理的“监督哨”和军事经济决策的“大参谋”，有助于扎紧制度的笼子，实现从“不敢腐”到“不能腐”的升级。

（文/吴双、王慧）

跨省城市群“国家队”又添新成员

2016年12月28日，国务院发布批复，原则同意国家发展改革委报送的《中原城市群发展规划》（以下简称《规划》），并要求有关各地认真组织实施。这意味着中原城市群作为国务院批复的第5个跨省级行政区域城市群，已正式晋升为“国家队”。

1. 中原城市群兼具推进区域发展和城镇化建设双重意义

早在“一带一路”建设相关规划中，就提到要“重点布局中原、哈长、长江中游城市群”。在国家“十三五”规划纲要中，明确“在推进新型城镇化中，要发展壮大中原地区、成渝地区、关中平原等城市群”。根据本次《规划》，中原城市群涵盖河南、河北、山西、安徽、山东5省30座城市，明确以河南省郑州、开封、洛阳和山西省晋城、安徽省亳州共计14个城市为核心发展区，联动其他16座城市。

我国经济基本面总体向好，但地区发展仍不平衡，东西部经济分化现象较为突出，中部地区正是缩小区域发展差距的突破之地。而区域发展很大程度上需要由城市带动和辐射，打造城市群是发展新型城镇化的应有之义。中原城市群地处沿海地区与中西部地区接合部，是中部地区主要的人口与产业集聚区，也是我国经济由东向西梯次推进发展的中间地带。中原城市群的建设，有利于优化区域发展空间格局，推动经济增长空间由东向西梯次拓展，以中部崛起带动东中西协调发展。同时，中原城市群的建设有利于发挥中原地区人口和市场规模优势，优化资源要素配置，培育形成我国经济增长新引擎，并以此为依托，优化城镇和人口空间布局，在人口密集的传统农区加快新型城镇化建设，拓展我国城镇发展新空间。

2. 中原城市群建设应注重处理好内外两个关系

第一，在中原城市群内部，要处理好核心城市与其他城市的关系。从已经公布的城市群发展规划看，各个城市群在发展规划中均有明确的“领头羊”城市，并赋予其清晰的发展定位。中原城市群的发展空间布局是“一核四轴四区”，即核心带动、轴带发展、节点提升、对接周边，其核心就是河南省郑州市。一方面，要按照《规划》要求，支持郑州建设国家中心城市，强化郑州物流及商贸中心、综合交通枢纽和中西部地区现代服务业中心、对外开放门户等诸多功能，全面增强国内辐射力、国内外资源整合力。另一方面，绝不能简单地将资源向郑州倾斜来求发展，要推动郑州与周边毗邻城市深度融合和联动发展，深化城际分工合作，推进基础设施和公共服务共建共享，完善区域合作机制和城乡统筹机制，全面提高城镇化发展质量和水平。

第二，在中原城市群外部，要处理好自身定位与其他城市群衔接的关系。鉴于每个城市群的区位、资源、人才等禀赋不同，国家相关发展规划给每个城市群都明确了不同的功能定位，比如，京津冀城市群承担基础科研功能，长三角城市群承担科技孵化功能，珠三角城市群承担制造业现代化功能等。《规划》为中原城市群明确了五大战略定位：一是经济发展新增长极，二是重要的先进制造业和现代服务业基地，三是中西部地区创新创业先行区，四是内陆地区双向开放新高地，五是绿色生态发展示范区。总体来看，中原城市群产业体系完备，装备制造、智能终端、有色金属、食品等产业集群优势明显，物流、旅游等现代服务业具有一定国际影响力，科技创新能力持续增强，创新平台数量众多，人力资源丰富，劳动人口素质持续提升。在未来的建设中，中原城市群要立足于上述特点，加快发展先进制造业、战略性新兴产业、现代服务业和现代农业，建设优势产业集群，与其他城市群遥相呼应，共同推动新一轮发展。

3. 中原城市群规划实现落地需要着力统筹

对于中原城市群而言，尽管其核心城市和大部分区域均属河南，但其毕竟已上升为国家战略，不能再局限于河南一省。事实上，国务院在批复中也明确要求河南、河北、山西、安徽、山东等地政府均要密切协调配合，落实工作责任，完善工作会商推进机制。在今后推动《规划》的落实方面，更是要着力进行统筹。要成立省际统筹协调和管控机构，根据不同地域和城市的功能倚重，进行资源再分配，处理好国家意志与自身需要、协同发展与合理分工、政府引导与市场决定等诸多关系，实现集群内部的产业整合、城市融合、民生撮合，确保《规划》的高效组织与顺利实施。

（文/段相宇）

再度推进农村集体产权制度改革

2016 年 12 月 26 日，中共中央、国务院印发了《关于稳步推进农村集体产权制度改革的意见》（以下简称《意见》）。《意见》对农村集体产权制度改革做了总体部署，并将具体改革任务划分成 3 个环节，逐层推进、环环相扣，力图逐步构建起归属清晰、权能完整、流转顺畅、保护严格的农村集体产权制度。

1. 精准定位，深化农村集体产权制度改革

《意见》将农村集体资产分为三类，即资源性资产、经营性资产和非经营性资产，因此，要分类推进农村集体产权制度改革。针对资源性资产，党中央、国务院已经部署进行确权登记颁证；针对非经营性资产，也已经部署建立健全集体公益设施等非经营性资产统一运行管护机制。尚待推进的自然就是集体经营性资产的改革问题了。

一些农村集体经济组织积累了大量经营性资产，但这些资产的管理仍面临两大问题。一是如何通过深化改革，盘活整合集体资产，把蛋糕做大；二是如何巩固农村集体资产，维护农民合法权益，把蛋糕分好。此次《意见》，就是要解决一些地方集体经营性资产归属不明、经营收益不清、分配不公开、成员的集体收益分配权缺乏保障等突出问题。

2. 清产核资、确权盘活、多形式发展集体经济

《意见》明确了加强农村集体资产管理、推进经营性股份合作制改革及因地制宜探索农村集体经济有效实现形式将作为农村集体产权改革的中心任务，并进一步细化了 3 个环节的具体举措。

首先，加强农村集体资产管理，是推进经营性资产股份合作制改革的前提。落实集体资产管理，分为3个环节，分别是：开展集体资产清产核资、明确集体资产所有权及强化农村集体资产财务管理。其中，开展集体资产清产核资是顺利推进农村集体产权制度改革的基础和前提。进行清产核资的目的在于摸清家底，以便后续进行分类管理。在此基础上，对于不同类型的集体资产，其所有权应当确权至不同层级的农村集体经济组织成员集体上。《意见》还提出，要完善农村集体资产财务管理体系，落实集体成员的民主监督权，以防止和及时纠正经营性资产市场化过程中可能出现的资产流失与权力腐败现象。

其次，推进经营性资产股份合作制改革，是以市场机制盘活农村集体经营性资产的具体措施。《意见》要求：农村集体经营性资产应以股份或者份额的形式，量化到本集体成员；股份或份额的流动，应当体现社区性，不得突破本集体经济组织的范围；股权设置以成员股为主，股权管理实行不随人口增减变动而调整的方式，涉及成员利益的重大事项应当以民主程序进行决策。在确认农村集体经济组织成员身份方面，《意见》强调应统筹考虑户籍关系、农村土地承包关系、对集体积累的贡献等因素，在群众民主协商基础上予以确认，并建立健全成员登记备案机制。在保障农民集体资产股份权利方面，要求以试点形式组织实施赋予农民对集体资产股份占有、收益、有偿退出及抵押、担保、继承权的措施，落实农民的分配收益权。

最后，因地制宜探索农村集体经济的有效实现形式，是集体资产创造经济效益的直接手段。《意见》强调：要办好农村集体经济组织，使其充分发挥组织功能作用；要维护农村集体经济组织合法权利，严防权利虚置；要多种形式发展集体经济，从实际出发，探索发展集体经济的有效途径；要引导农村产权规范流转和交易，健全、完善市场化相关规则机制。

3. 忽视区位因素恐阻碍城市化进程

作为农村集体产权制度改革设计的重要突破，在以构建归属清晰、权能完整、流转顺畅、保护严格的农村集体产权制度为目标的前提下，分类思维成为贯穿《意见》整体内容的线索。然而，《意见》也在一定程度上忽视了区位这一重要的分类维度。随着农村集体产权制度改革逐渐深化，产权明晰、推行股份合作制及建立现代企业法人治理结构等做法，有可能使城中村、城郊村和沿海发达地区农村的农民凭借特定区位与高度组织化而大大增加博弈的筹码，谋取远超土地市值的农地非农使用利益，对城市化进程的推进形成巨大阻力。

（文/宾颖、段相宇）

"河长制"全面推开

2016年12月11日，中共中央办公厅、国务院办公厅印发《关于全面推行河长制的意见》（以下简称《意见》），要求在全国建立省、市、县、乡四级河长体系，由党委或者政府领导担任河长，负责管理和保护相应河湖。

1. "河长制"背景：从无锡治污到全国推行

我国流域面积广的河流达4万多条，常年水面面积大的湖泊近3000个，这些河流湖泊都具有重要的资源、生态、经济功能。然而，在经济发展的同时，出现了部分企业随意排污、河道清理不及时等情况，导致水污染和河道淤积等现象。以往，江河湖泊的污染治理是"九龙治水"，建设污水、企业污水、城市污水、城镇生活污水、城镇餐饮业污水、农田面源污染物、畜禽业排泄物、河道清淤等事务分属住建委、环保、水利等不同的系统。而且，在面对违法违规现象时，水务主管部门却面临着执法权限有限的尴尬。为了克服“九龙治水”、执法权限不足的情况，集中治理权力并明确责任人，“河长制”应运而生。“河长制”首创于苏州市和无锡市，旨在治理太湖蓝藻，后在2008年推广于整个江苏省。现在，全国开始推广这一制度，试图通过各地领导承包分管河流以落实治污工作。浙江省、湖南省、四川省、西安市等多地已发布全面推行“河长制”的相关规范性文件。

2. 党政负责人领衔，治理体系进一步完善

《意见》以保护水资源、防治水污染、加强水治理为目标，明晰了河长的职责，确定了奖惩制度，并强化了考核问责制。

首先，全面建立省、市、县、乡四级河长体系，实行党政领导负责制。《意见》规定，建立健全以党政领导负责制为核心的责任体系，要求：各省（自治区、直辖市）设立总河长，由党委或政府主要负责同志担任；各省（自治区、直辖市）行政区域内主要河湖设立河长，由省级负责同志担任；各河湖所在市、县、乡均分级分段设立河长，由同级负责同志担任。这意味着，河湖治理不是哪一个职能部门的责任，而要由各地党政主要领导亲自抓，由各级党政领导集中统一行使治理权力。

其次，河流治理情况与干部考核绩效挂钩，并实行责任终身追究制。《意见》规定，根据不同河湖存在的主要问题，实行差异化绩效评价考核，将领导干部自然资源资产离任审计结果及整改情况作为考核的重要参考。县级及以上河长负责组织对相应河湖下一级河长进行考核，考核结果作为地方党政领导干部综合考核评价的重要依据。实行生态环境损害责任终身追究制，对造成生态环境损害的，严格按照有关规定追究责任。更大的权力意味着更大的责任，各级党政领导既然集中统一行使治理权力，就要负起河湖治理的责

任，治理不力就要接受问责。这显然是针对“九龙治水”时代责任主体不明问题的解决。

最后，政府与社会联动，公众参与强化治理。《意见》要求通过安插告示牌、建立信息发布平台等方式，向社会公众告知河长的联系方式，并且公开河流治理情况，此外，通过聘请社会监督员来评估并监督河长的治理成绩，增强其责任感和紧迫感。有的地区更进一步实行民间“河长”和政府“河长”制的结合——由群众选出“民间河长”，负责日常监督，向政府报告问题或者提出意见，政府“河长”则及时交办、督促责任单位落实。

3. 河流治理力度需因地制宜

由地方党政主要领导兼任“河长”、实行承包制的“河长制”，显然有助于提高行政效率。但加大河流治理在政绩考核中的权重，难免会让一些地方党政领导面临“双肩挑”的两难境地，即左肩挑着河流治理，右肩挑着经济增长，两手都要抓，两手都要硬，而这两者在很大程度上存在紧张关系。当主政官员面对保环境还是保经济增长时，多数官员可能会倾向于将经济增长看得比河流治理更重要。这个张力在经济欠发达地区恐怕会表现得更为突出。此外，不管谁负责河流治理，都是要花钱的。例如，光是修建、维持污水处理厂，就需要不小的开支。因此，要真正实现绿水长流，必须解决“钱从哪儿来”的问题。经济发达地区显然有更强的财政能力，也有更高的环境需求，而经济欠发达地区财政能力弱，对经济发展与环境保护的需求往往与发达地区不尽相同。河流治理，到底要治理到什么程度，治理成本如何分摊，需要因地制宜，考虑不同地区对经济发展和环境治理的不同需求，而不宜“一刀切”。

（文/吴双、贾冉、鲁昊源）

养老服务进一步产业化、市场化

2016年12月23日，国务院办公厅印发的《关于全面放开养老服务市场提升养老服务质量的若干意见》（以下简称《意见》），试图通过养老服务产业化、市场化，增加养老服务供给，提升服务质量。

1. “未富先老”亟待探索养老服务新出路

21世纪以来，中国人口的再生产迅速从“两高一低”（高出生、低死亡、高增长）模式转变成“三低”（低出生、低死亡、低增长）模式，老龄人口的绝对数量和占总人口的比重都在不断增加。2014年，中国60岁及以上的老年人口占总人口比例为15.5%，65岁及以上人口占比10.1%。根据国际通行标准，当一个国家或地区60岁以上老年人口占人口比重达到10%，或65岁以上老年人口占人口比重达7%，就意味着这个国家或地区进入老龄化社会。按照这个标准，中国已经进入老龄化社会，且处于老龄化逐步加深阶段。而据世界卫生组织预测，到2050年，中国将有35%的人口超过60岁，成为世界上老龄化最严重的国家。而且，中国人口平均年龄的增速高于发达国家同期水平，可谓“未富先老”。

老龄人口的增长需要增加养老服务供给，而这必然面临“钱从哪儿来”的问题。中国目前也面临养老服务供给不足的问题。以养老床位测算，按照国际通行的5%老年人需要进入机构养老标准，我国至少需要800多万张床位，而现在只有约250万张，缺口达550多万张。发达国家的做法是，依靠国家财政建立起一套福利体系供养老龄人口，即“福利国家”，但这也给国家带来沉重的财政压力，导致巨额财政赤字。《意见》计划放开养老服务市场，试图通过将养老服务产业化，引入社会资本和外资增加养老服务供给，减轻政府财政开支压力，避免重蹈先发国家建立标准过高的养老体系进而带来巨额财政赤字的覆辙。

2. 放开养老服务市场，增加养老服务供给

首先，社会资本、外资在养老服务供给中将扮演重要角色。《意见》提出降低准入门槛，积极引导社会资本进入养老服务业，社会资本、外资将可以投资设立营利性养老机构。在服务价格上，《意见》授予民办营利性养老机构自主确定服务收费项目和标准的权利。此外，社会资本、外资也可以举办非营利性养老机构，并合理确定服务收费标准，有关部门则进行必要监管。

其次，政府的职责将从举办养老机构、直接提供养老服务，转变为主要提供政策保障。公办养老机构在养老服务供给中的比重将逐渐下降。《意见》计划加快推进公办养老机构转制成为企业或开展公建民营，到 2020 年政府运营的养老床位数占当地养老床位总数的比例应不超过 50%。与此同时，政府要减少前置审批，做好用地、财政、投融资等配套工作，并提升养老服务人才素质，致力于培养一批专业化的养老服务人才。

最后，依托既有的家庭、社区，向重点群体提供养老服务，将养老资源向居家社区服务倾斜，向农村倾斜，向失能、半失能老年人倾斜。市场化、产业化，意味着提供养老服务成为市场交易行为，提供服务的目的是赚钱。但经济实力弱、服务成本高的农村老人、失能老人恰恰是老年人口的重要群体，而建立集中的养老服务机构无疑意味着较高的土地、设施、人力等经营成本。因此，将老人分散在家庭、社区，依托既有的场地、人才、设施等资源提供养老服务，显然可以大大降低成本。《意见》提出：推进居家社区养老服务全覆盖，依托社区服务中心（站）、社区日间照料中心、卫生服务中心等资源，为老年人提供服务，鼓励建设小型社区养老院，满足老年人就近养老需求；针对农村老人，则依托农村社区综合服务设施，

鼓励各地建设农村幸福院等自助式、互助式养老服务设施，提供便捷可及的养老服务。

3. 伦理让位于市场是正确的方向吗

《意见》将养老视为产业，本质是将养老从家庭中剥离出来，试图通过市场解决养老问题。而市场化、产业化，不可避免会加大养老成本，加重老年人及其子女的负担。完全由国家支付养老成本固然很难持续，但市场化、产业化的思路同样未必可行：提供服务的企业家不是慈善家，他们要赢利。如何避免资本逻辑压倒公益逻辑，慢待甚至忽视那些经济实力弱、服务成本高的老年人？更重要的是，这种思路和社会化模式显然削弱了家庭的养老功能及成年子女“反哺”老年父母的伦理义务。由此，家庭仅仅是实现人口再生产和税收缴纳的经济单位，而不再是兼具生育、婚姻、养老等社会功能的社会单位。对我国这样一个情况复杂、资源紧张的人口大国来说，扩展中国家庭传统的生产、生育和养老功能，走家庭友好型的社会治理道路，或许才能以更少的成本、更低的代价为国民提供更公平、更可持续的服务。

（文/吴双、周泰勇、苏秋纳）

日月当空

武则天与武周社会

王双怀

著

陕西新华出版
陕西人民出版社

图书在版编目（CIP）数据

日月当空：武则天与武周社会 / 王双怀著 .—西安：陕西人民出版社，2019（2025.7重印）

ISBN 978-7-224-13362-2

Ⅰ.①日… Ⅱ.①王… Ⅲ.①武则天（624–705）—人物研究 Ⅳ.① K827=421

中国版本图书馆 CIP 数据核字（2019）第 196005 号

日月当空：武则天与武周社会

作　　者　王双怀
出版发行　陕西人民出版社
（西安北大街 147 号　邮编：710003）
印　　刷　河北虎彩印刷有限公司
开　　本　787 毫米 ×1092 毫米　1/16
印　　张　20.5
插　　页　2
字　　数　312 千字
版　　次　2019 年 12 月第 1 版
印　　次　2025 年 7 月第 3 次印刷
书　　号　ISBN 978-7-224-13362-2
定　　价　50.00 元

目录

第一章 武则天的家庭关系
第一节 武则天与她的父母……………001
第二节 武则天与她的丈夫……………007
第三节 武则天与她的儿女……………024

第二章 武则天的政治生涯
第一节 武则天参政的历程……………048
第二节 武则天当政时期的改革…………052
第三节 武则天的悲剧结局……………074

第三章 武则天与神都洛阳
第一节 武则天与洛阳的政治地位………092
第二节 武则天与洛阳的城市建设………094
第三节 武则天与洛阳的经济文化………103

第四章 武则天和她的大臣们
第一节 武则天对大臣的管理……………110
第二节 武则天与酷吏的关系……………118
第三节 武则天与宰相的关系……………128

第五章 武周时期的经济形势
第一节 武则天“倒行逆施”说质疑……153
第二节 武则天发展经济的措施……157
第三节 武周时期的经济状况……165

第六章 武周时期的军事与边防
第一节 武则天的国家观念……170
第二节 武则天的民族政策……172
第三节 武周时期的边防……175

第七章 武周时期的文化状况
第一节 武则天与儒释道三教……183
第二节 武周时期文化的繁荣……192

第八章 武则天嵩山封禅事略
第一节 武则天嵩山封禅的目的……207
第二节 武则天登封嵩山的缘由……211
第三节 武则天嵩山封禅的仪程……215

第九章 武则天与乾陵

第一节 武则天与乾陵的营建……………220
第二节 武则天归葬乾陵始末……………224
第三节 乾陵的制度和规模………………227
第四节 乾陵的石刻艺术…………………238
第五节 乾陵的盛衰变迁…………………260

第十章 历代对武则天的评价

第一节 古代对武则天的评价……………273
第二节 20 世纪的武则天研究…………279
第三节 武则天研究的新成果……………285
第四节 武则天的是非功过………………293

第十一章 武周政权的历史地位

第一节 武周时期政治是否清明…………304
第二节 武周时期经济有无发展…………307
第三节 武周时期文化是否繁荣…………310
第四节 武周时期国力是否强大…………315

第一章

武则天的家庭关系

武则天在她的生命历程中，曾充当过女儿、妻子、母亲等不同的角色。她的家庭关系对她的一生都有直接的影响。因此，在研究武则天时，应对她的家庭关系有所了解。关于武则天与其父母的关系，学术界认识较为一致。在这里，主要探讨一下武则天与唐太宗父子的关系以及武则天与其子女的关系。

第一节　武则天与她的父母

一、武则天与父亲武士彟

武则天的父亲武士彟起初以经商为业。虽因贩卖木材而致富，但他不满足于做一个商人，还想跻身仕途，光宗耀祖。隋文帝仁寿（601—604）年间，在汉王杨谅的引荐下，他认识了司空杨雄、左仆射杨素和吏部尚书牛弘等，但因不久隋文帝去世而未能入仕。大业七年（611），他开始研究兵法，写成《古今典要》30卷。后又参加过讨伐杨玄感的征战，被任命为晋阳宫留守司铠参军，随从李渊起兵，被任命为中郎将兼司铠参军、光禄大夫、礼部侍郎、黄门侍郎等职。李渊建唐后，武士彟被列为二等功臣，恕一死，拜上柱国金紫光禄大夫、散骑常侍兼检校并钺将军，赐田300顷、奴婢300人，彩物20000段、黄金500斤，别食实封500户[1]。武德三年（620），武士彟又升任工部尚书，由文水的木材商，变成了长安的新贵族。其妻相里氏死后，经李渊介绍，与杨氏结婚，生下武则天姐妹三人。

《百美新咏》中的武则天像

武则天与其父武士彟在一起的日子并不算长，总共只有11年时间。武则天出生时（624），武士彟在京城长安担任工部尚书、判六尚书事等职[2]。杨氏陪伴在丈夫身边，不曾出远门。武德八年（625）以后，由于武士彟奉命到外地任职，武则天曾随武士彟到过扬州、豫州（今河南汝南）、利州（四川广元）等地。武士彟当了四年利州都督，武则天从五岁到八岁也在利州度过了四个春秋。孩提时代的武则天非常喜欢利州这个地方，表现得相当活跃。后来利州一带产生了许多关于武则天的传说，如“则天坝”“天后梳洗楼”等。江潭感孕和袁天纲相面就是两个比较重要的传说。

江潭感孕，是关于武则天诞生于利州的传说。相传有一天，武士彟之妻杨氏在州治附近的黑龙潭荡舟自娱，突然她感到黑龙来到她身边，回家后就有了身孕，生下了武则天。

[1]〔宋〕王钦若等编：《册府元龟》卷133《帝王部·褒功二》，中华书局1960年版，第1602页。

[2] 据《册府元龟》卷671《攀龙台碑》等史料，武德八年以前武士彟未曾离开长安。

广政碑拓片

袁天纲相面，说的是袁天纲给武则天相面的事。武士彟当利州都督时，相面大师袁天纲受召进京，途经利州，见到武士彟夫妇。袁给杨氏看了脉相后说，夫人当生贵子，士彟把儿女叫来，让袁细看。袁天纲先看了他的儿子武元庆和武元爽，说：“官至刺史，但不得善终”。接着看武则天的姐姐，说：“将大富大贵，但不利其夫。”当时武则天还小，尚在襁褓之中，穿着男孩衣服。袁天纲见而大惊，预言：此郎君龙睛凤颈，长相非凡，是贵人中最尊贵的；若是女子，日后将成为天下之主。[1] 这一传说流传甚广，《册府元龟》卷 860《总录·相术》、

[1]《旧唐书》卷 191《方技·袁天纲传》，第 5093—5094 页。（唐）刘肃：《大唐新语》卷 13《记异第二十九》，中华书局 1984 年版，第 193 页。

《新唐书》卷204《方技》、《旧唐书》卷191《方伎》、《太平广记》卷224等均有记载。

武则天八岁那年，也就是贞观五年（631），武士彟改任荆、峡、澧、朗、岳、果、松等七州诸军事、荆州都督。贞观六年（632）春，武士彟全家又来到了荆州（今湖北江陵）。武士彟担任荆州都督期间，武则天母女表现得非常活跃。后来，甚至在靠近北部湾的钦州，都有关于他们的传说，并予以纪念。宋人周去非记载："广右人言，武后母本钦州人。今皆祀武后也。冠帔巍然，众人环坐，所在神祠，无不以武为尊。巫者招神，称曰'武太后娘娘'，俗曰武婆婆也。"[1]

贞观九年（635）五月，太上皇李渊去世。武士彟在荆州哀悼成疾，呕血而死。当时，武则天只有12岁。武士彟的灵柩在长沙大崇福观里放了七个月[2]。唐太宗认为武士彟是忠孝之士，并追赠礼部尚书，令官办丧事。十二月，武则天护送着武士彟的灵车，长途跋涉，回到并州（治所晋阳，在今山西太原市西南）故里，在并州大都督英国公李勣的监护下埋葬了她的父亲，并为其父守孝三年。

昊陵出土石狮

武则天14岁时，被唐太宗召入宫中，立为才人。但文献中没有追封武士彟的记载。直到武则天成为唐高宗的皇

[1]〔宋〕周去非撰、杨武泉校注：《岭外代答·志异门》，中华书局1999年版，第437页。

[2]〔清〕倪文蔚：《（光绪）荆州府志》卷28《祠祀·寺观·大崇福观》，台北成文出版社有限公司1970年版，第302页。

后以后，武士彟才受到追封，先后称太原王、魏忠孝王。永昌元年（690）二月十四日，武则天尊魏忠孝王武士彟为周忠孝太皇。同时，尊文水武士彟墓为章德陵。[1] 天授元年（690），改章德陵为昊陵。[2] 圣历二年（699），又改昊陵为攀龙台，并在陵前树立了著名的“大周无上孝明高皇帝碑”，即所谓“攀龙台碑”。

二、武则天与其母杨氏

武则天的母亲杨氏世居弘农（今河南灵宝北）。其父杨达，是隋雍州牧司空观王杨士雄、道抚二州刺史邢国公杨士贵的弟弟，北周同内史下大夫，封遂宁县男；隋开府仪同三司、黄门侍郎、吏部刑部二侍郎、尚书左右丞、越鄯二州刺史、纳言，死后赠吏部尚书、始安侯[3]。

杨氏自幼聪敏，不学针线女红，轻视纺绩织布，但重明诗习礼，阅史披图。据说写过一句箴言“当使恶无闻于九族，善有布于四方”，并藏之壁中。后来翻修房子，被工匠发现，交给其父杨达。杨达感叹不已，认为杨氏是“隆家之女”[4]。后杨达随炀帝征高丽，死于道中。杨氏从佛尽孝，为其父诵经追福。光阴荏苒，青春易逝。多年以后，已是半老徐娘的杨氏仍然顶礼佛门，不曾出嫁。后经唐高宗李渊介绍，嫁给了丧偶的武士彟，并生下了武则天。

杨氏以咸亨元年（670）八月二日死于九成宫之山第。《大周无上孝明高皇后碑铭并序》略云：杨氏死时，头脑清醒，雅志不昏。她认为合葬非古，礼贵从宜，表示“将追罔极之慈，愿在先茔之侧”。也就是说，她不愿去文水与武士彟合葬，而想把自己的尸骨埋在父亲的坟旁。武则天与母亲感情特深，乃“奉尊遗旨，无忝徽音。割同穴之芳规，就循陔之懿躅。即以其年庚午闰九月辛酉，迁座于雍

[1]《资治通鉴》卷 204，则天后永昌元年二月丁酉，第 6457 页。《新唐书》卷 76《则天皇后武氏传》，第 3480 页。

[2]《全唐文》卷 239《大周无上孝明高皇后碑铭并序》，第 2421 页；卷 249《攀龙台碑》，第 2521 页。

[3]〔宋〕欧阳修、宋祁撰：《新唐书》卷 100《杨恭仁传》，中华书局 1975 年版，第 3926 页。

[4]〔唐〕李延寿：《北史》卷 68《杨绍传》，中华书局 1974 年版，第 2371 页。

顺陵天禄

州咸阳县之洪渎原郑恭王旧茔之左”。[1]郑恭王杨达，系杨氏之父。就是说，杨氏被埋在其父坟墓的左侧。

关于杨氏的葬礼，《新唐书》卷76《高宗则天顺圣皇后武氏传》记载得比较简单：“诏文武九品以上及五等亲与外命妇赴吊，以王礼葬咸阳，给班剑、葆仗、鼓吹。”[2]《册府元龟》卷303《外戚部》所载则较为详细：“赠鲁国大（太）夫人，谥曰忠烈。（遣）司刑太常伯卢承庆摄同文正卿，充使监护；西台侍郎戴至德持节吊祭哀；文武九品以上及亲戚五等以上并外命妇并听赴宅吊哭。葬及坟茔卤簿等一事以上，并依王礼，给班剑四十人，羽葆、鼓吹、仪仗送至墓所往还。其文武九品以上并至渭桥宿次；外妇诸亲妇女并送至墓所。官为立碑，仍令特进许敬宗为其文。”[3]《大周无上孝明高皇后碑铭并序》所载与《册府元龟》言基本相同，只是在“官为立碑”后尚有“乃下制赠太原郡王妃，余并如故，所司备

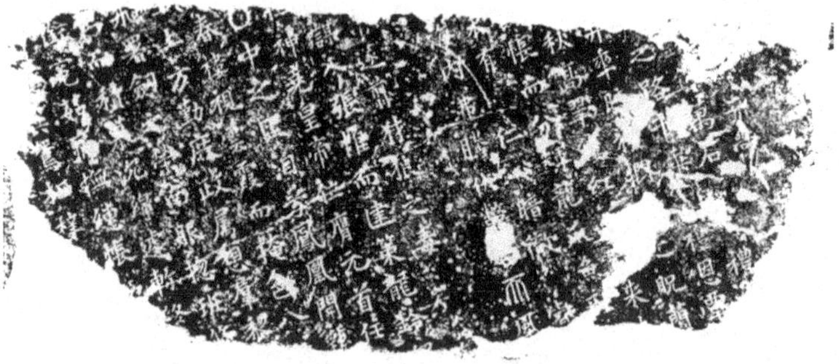

大周无上孝明高皇后碑残片

[1]《全唐文》卷239，武三思《大周无上孝明高皇后碑铭并序》，第2421页。

[2]《新唐书》卷76《则天皇后武氏传》，第3476页。

[3]《册府元龟》卷303《外戚部·褒宠》，第3572页。

礼册命，大帝（高宗）亲御横门，开轩悲哭”等句。由此可见，武则天与其母亲的感情是相当深厚的。

第二节　武则天与她的丈夫

一、武则天与唐太宗

武则天在她的一生中，曾嫁过两个男人。一个是唐太宗，另一个是唐太宗的儿子唐高宗。她所嫁的人是两个皇帝。由于这两个皇帝是父子关系，因此她的婚姻往往成为人们谈论的话题。

关于武则天与唐太宗的婚姻，一些文学作品大肆渲染，说武则天受到唐太宗的宠爱，他们的关系如胶似漆。事实上，武则天只不过是唐太宗的才人而已。

武则天之所以能够成为唐太宗的才人，主要是因为她长得漂亮。武则天美在哪里？史书上没有明确记载。文水则天庙原有她的塑像，今已不存。唐代的许多寺观里也有她的石像“真容”，但开元以后逐渐损坏，到清朝末期，只剩下广元皇泽寺中的一尊，今也面目全非[1]。唐宋时代的画家，曾给她画过几幅图像，但流传到今天的只有唐张萱的《唐后行从图》和明刻本《历代古人像赞》《君臣图鉴》《三才图绘》《历代帝后像》等作品中的画面。多凭想象构图，且都描绘的是武则天中年时期的形象，很难从中了解她年轻时的相貌。

不过，据史书记载，武则天认为太平公主像她。太平公主“方额广颐”[2]，武则天肯定也是如此。方额广颐，说明五官端正丰满。五官端正丰满，一般身段协调健美。这是唐代美人的基本模样。若仅仅如此，武则天也只不过是一个普普

[1] 广元皇泽寺今有则天石像头部。然是否旧物，目前尚难断定。

[2]〔宋〕司马光：《资治通鉴》卷 204，则天后授元年七月条，中华书局 1956 年版，第 6466 页。

通通的美人而已。事实上，武则天有她特殊的地方。唐人崔融说武则天“奇相月偃”[1]，可见她生得眉清目秀。袁天纲相面的故事中也说武则天“日角龙颜”，“龙睛凤颈”，是“伏羲之相”。虽然这个故事是编造的，但当时社会上一些寺庵里还有则天“真容”，恐怕长相问题上不至妄诬。由此看来，武则天还有一双迷人的眼睛。

贞观十一年（637），武则天14岁。唐太宗听说她花枝招展，长得非常漂亮，且能披史阅图，知书达礼，便下了一道诏书，要武则天进宫去给他当才人。“才人”是内官名称之一，属妃嫔中的一个等级。唐沿隋制，除皇后外，宫中还置有众多的妃嫔。其中贵妃、淑妃、德妃、贤妃各1人，正一品；昭仪、昭容、昭媛、修仪、修容、修媛、充仪、充容、充媛各1人，正二品；婕妤9人，正三品；美人9人，正四品；才人9人，正五品；宝林27人，正六品；御女27人，正七品；采女27人，

《步辇图》中的唐太宗

[1]〔宋〕李昉等编：《文苑英华》卷837，《则天大圣皇后哀册文》，中华书局1982年版，第4417页。

正八品。[1]才人的地位在妃嫔中算中等偏下，其职责是记录妃嫔们的饮宴睡寝和蚕桑之事，向皇帝叙述她们一年中的收获情况。[2]相对而言，这种内职是比较重要的。唐太宗直接封武则天为五品才人，是挺看重她的。

据说武则天的母亲杨氏得知武则天要入宫，悲喜交集，哭得很伤心。武则天却泰然自若，对母亲说："见天子庸知非福，何儿女悲乎？"[3]杨氏觉得言之有理，就不再哭泣，亲自将她送出了家门。

武则天入宫后见到了唐太宗。太宗看她如花似玉，妩媚可爱，特意赐给一个称号，叫作"武媚"，人称"武媚娘"。从此，武则天带着"武媚娘"的美誉，开始了她的宫廷生涯。

由于职责的关系，武则天常常可以见到唐太宗。与当时的其他妃嫔一样，武则天很想在皇帝面前表现自己。据说有一次，唐太宗在宫女们的簇拥下去看驯马。那马是西域的贡品，名叫"狮子骢"，性情刚烈，高大肥逸，谁也不能调教驾驭。武则天看到这种情况，便对太宗说道："妾能制之，然须三物：一铁鞭，二铁楇，三匕首。铁鞭击之不服，则以楇楇其首，又不服，则以匕首断其喉。"[4]太宗闻言，对她的气魄表示称赞。

但是武则天却没有得到唐太宗的宠幸。因为十多个春秋过去了，不少妃嫔都有所晋升，而她仍然是一个普普通通的才人。这对她来说，当然是很失意的事。不过，在此时间，她接受了严格的宫廷教育。唐制：妃嫔不仅要跟皇后等学妇礼、四德、祭祀、宾容，而且还要跟宫教博士学书算众艺[5]。由于长孙皇后病故，太宗没有再立皇后，所以，武则天进宫后没有受到皇后的约束，除尽到自己的职责外，就同众妃嫔一起学习礼乐，特别是诗歌和书法。在这一过程中，她进一步熟悉了上流社会，提高了自己的文化素养。另一方面，她自然也受到唐太宗的影响。唐太宗以亡隋为鉴，知人善任，从谏如流，励精图治，是封建帝王的楷模。在他

---

[1]〔后晋〕刘昫：《旧唐书》卷 51《后妃传》，中华书局 1975 年版，第 2161 页。

[2]《旧唐书》卷 44《职官三》，第 1867 页。

[3]〔宋〕欧阳修、宋祁：《新唐书》卷 76《则天顺圣皇后武氏传》，中华书局 1975 年版，第 3474 页。

[4]《资治通鉴》卷 206，则天后久视元年正月条，第 6544 页。

[5]《旧唐书》卷 44《职官三》，第 1867 页。

统治期间，政治清明，经济发展，社会安定，国力强盛，这是尽人皆知的事实。作为唐太宗的才人，武则天虽然没有干预政事的权力，但对此一定是很清楚的。很难想象，一个多年生活在皇帝身边的妃嫔对皇帝一无所知。可以推断，在唐太宗的熏陶下，武则天的阅历逐渐增加。此外，她基本上弄清了宫廷生活的内幕。这里有承欢粉黛的笑颜，也有皓首宫娥的辛酸。妃嫔之间争风邀宠，尔虞我诈。从这里，她得到了许多有益的经验和教训。

史书上记载着这样一件事：贞观二十二年（648）七月，太白星多次白天出现，太史对此进行占卜，得出了“女主昌”的结论。与此同时，民间流传着一种《秘记》，上面也说：“唐三世之后，女主武王代有天下。”唐太宗听到这些消息，心里非常烦恼，但他不相信有哪位女子会成为取代李氏天下的一国之君。不久，太宗在宫中与武将们宴饮。行酒令时，让各自说出自己的小名。左武卫将军武连县公武安县人李君羡，说他的小名叫五娘。太宗不由一愣，佯装笑脸，说道：哪来的女子，这般勇健！罢宴之后，太宗想，李君羡的官称和封邑上都有“武”字，小名又叫五娘，说不定就是那位要夺大唐江山的“女子”。于是，下令把他贬出京城去当华州刺史。几天以后，便把他杀掉了。

李君羡死后，太宗问太史令李淳风：“《秘记》所云，信有之乎？”淳风答道：“臣仰稽天象，俯察历数，其人已在陛下宫中，为亲属，自今不过三十年，当王天下，杀唐子孙殆尽，其兆即成矣。”太宗又问：“疑似者尽杀之，何如？”答曰：“天之所命，人不能违也。王者不死，徒多杀无辜。且自今以往三十年，其人已老，庶几颇有慈心，为祸或浅。今借使得而杀之，天或生壮者肆其怨毒，恐陛下子孙，无遗类矣！”太宗这才罢手。[1] 由此看来，似乎武则天在贞观末年还有过一次没有降临的灭顶之灾。

其实，这只不过是稍后史家捏造的故事，根本不可相信。其一，这一记载本身有许多漏洞。如太白昼见则“女主昌”，这是谶书早已讲过的[2]，此处却说“占云”；又，当时思想统治甚严，民间怎么会流传此类《秘记》？其二，唐太宗如

[1]《资治通鉴》卷 199，太宗贞观二十二年七月条，第 6259—6260 页。

[2]（唐）瞿昙悉达：《开元占经》卷 46《太白占二》，岳麓书社 1994 年版，第 501 页。

果真的知道武氏会夺取他的江山社稷，难道会因李淳风一言而听天由命？他在与李治的交谈和遗诏中怎么不提此事？其三，如果确有其事，后来高宗要立武则天为皇后时，长孙无忌等用尽各种办法加以反对，又为什么不拿出那个《秘记》？显然，这一记载是封建史家无法解释武则天紫宸易主的原因而归之于天命的产物。李君羡的确死了，只是他的死因被当时史家所掩盖，而被巧妙地用在这里罢了。

贞观二十三年（649）五月十六日，唐太宗死于终南山之含风殿。这样，武则天与唐太宗之间的所谓婚姻也就自然结束了。太宗死后，太子李治即位于柩前，是为高宗。唐高宗为了给太宗追福，决定将太宗的妃嫔加以剃度，让她们从佛念经。就这样，武则天随众妃到感业寺当了比丘尼。[1]

唐太宗昭陵

二、武则天与唐高宗

武则天与唐高宗相识是她在给唐太宗当才人的时候。贞观末年，唐太宗身体欠佳，病情日甚一日。[2] 武则天与其他妃嫔轮番入侍。日子久了，同经常前来看

[1] 有人认为武则天绝无削发为尼之事（李树桐《唐史考辨》）。但从大量材料分析，武则天当尼姑是无法否认的事实。

[2]《资治通鉴》卷 198，第 199 页。

望太宗的皇太子李治渐渐混熟。李治，字雉奴，是唐太宗的第九个儿子，在文德皇后长孙氏所生诸子中排行第三，贞观二年（628）六月生于东宫之丽正殿，比武则天小四岁。

武则天与太子治在名义上是母子关系。按照封建伦理道德，他们之间绝对不能有什么越轨的行为。但事实上，唐初皇族的伦理观念比较淡薄，男女之间的禁忌也比较松弛。出于独特的审美观念，李治被武媚娘的美丽吸引住了。而武则天在遭受多年冷落之后，也从李治这位未来的皇帝身上看到了一线希望。于是，他们之间逐渐产生了爱情。后来李治在一个诏书中写道："朕昔在储贰……恒自饬躬，嫔嫱之间，未尝迕目。圣情鉴悉，每垂赏叹，遂以武氏赐朕，事同政君。"[1]意思是说，他在当太子的时候，深得太宗喜爱，常常侍在太宗身边。妃嫔往来，他连看也不看。太宗对此十分赞赏，就把武媚娘赐给了他。这件事就同汉宣帝给皇太子选王政君一样。[2]实际上，"常得侍从"，确系事实；"未尝迕目"，则系文饰之词。至于说唐太宗把武则天赐给了他，恐怕完全是他编造出来的谎话。

永徽元年（650）五月二十六日，也就是唐太宗去世一周年的时候，唐高宗举行隆重的祭祀仪式，并来感业寺行香。礼毕之后，与武则天相见。武则天望着唐高宗，似乎满肚子委屈，一时不知从何说起，便一个劲地抽泣起来。唐高宗见她这副模样，想起贞观末年的往事，也情不自禁地流下泪来。[3]此后，高宗常来感业寺与武则天相会。武则天在名义上是比丘尼，实际上已成了唐高宗的妃嫔。唐高宗十分喜爱武则天，但武则天毕竟已成为尼姑。他一时还找不到一个恰当的借口将她接回宫去，只好让她继续在感业寺里居住。他没有想到的是，武则天在感业寺为他生下了一个小男孩。在这种情况下，武则天非常思念唐高宗。如果唐

[1]《资治通鉴》卷 200，高宗永徽六年十月条，第 6293 页。

[2]《资治通鉴》卷 27 汉宣帝甘露三年条载："皇太子所幸司马良娣病……及死，太子悲恚发病，忽忽不乐。帝乃令皇后择后宫家人子可以娱侍太子者，得元城王政君，送太子宫。政君，故绣衣御史贺之孙女也。见于丙殿，壹幸，有身。"由此可见，王政君之得幸于太子与武则天的情况并不相同。

[3]《资治通鉴》卷199，高宗永徽元年五月条，第6284页。关于唐高宗在感业寺初次见到武则天的时间，《资治通鉴》只说"太宗忌日"，未载年代。他书略同。感业寺是专为太宗追福的，其旁又有太宗别庙，依常理，永徽元年太宗忌日，高宗要来此地行香。

高宗较长时间不到感业寺去，武则天就相思不已。她曾经给唐高宗写下这样的诗句："看朱成碧思纷纷，憔悴支离为忆君。不信比来长下泪，开箱验取石榴裙。"[1]意思是说：我等你、盼你，以至于看朱成碧，形容憔悴。无限的思念使我暗地里不知哭了多少回。如果不相信，请你打开箱子看看我的石榴裙，那上面还有我流下的眼泪。

当时，唐高宗的王皇后与萧淑妃争风吃醋，矛盾达到了尖锐化的程度。王皇后想起了武则天与唐高宗的关系，以为武则天有子，可以夺萧淑妃之宠，若使她二人相争，则自己必能收渔翁之利，就在同年五月建议高宗把武则天从感业寺接回宫中。而这正是高宗求之不得的好事，当然一拍即合。于是，武则天奉唐高宗之诏，告别了生活四年之久的感业寺，再一次踏进了皇宫的大门。第二次入宫以后，她被高宗册封为"昭仪"。昭仪，正二品，是妃嫔中较高的一等。当时，武则天已经 29 岁。

武则天第二次入宫后不久，其子李弘也被册封为代王[2]。这样，她就在妃嫔中有了较高的地位。但她并不自尊自大，相反，总是彬彬有礼，显得和蔼可亲。对王皇后更是"卑辞屈体"[3]，伺候得十分殷勤。王皇后大喜，以为自己选对了人，便在高宗面前不止一次地说武昭仪的好话。唐高宗本来就喜欢武则天，武则天立为昭仪后的表现又十分得体，经王皇后这么一说，越发觉得武则天可爱。这样，萧淑妃就逐渐被冷落了。

王皇后见萧氏终于败下阵来，心中有说不出的高兴。可是，她哪里知道，她的"计划"正潜伏着破灭的危机。萧淑妃是被冷落了，但唐高宗专宠武则天，这是王氏始料所不及的。王皇后看到萧氏失宠之后得宠的不是自己，而是武昭仪时，发疯般地妒恨武则天，决心拔掉这颗眼中钉。在这种情况下，王皇后和萧淑妃之间的矛盾缓和了。他们不再彼此攻击，而都将矛头对准了武昭仪。但他们不能很好地合作，只是各自为战，捏造事实，给武昭仪脸上抹黑。而武昭仪则不然。她

[1]（清）彭定求等编：《全唐诗》卷 5《如意娘》，中华书局 1960 年版，第 59 页。

[2]（清）王昶：《金石萃编》卷 58《孝敬皇帝睿德纪》。

[3]《资治通鉴》卷 199，第 6284 页。

一方面无微不至地体贴唐高宗，另一方面，在后宫中拉拢势力，特别是拉拢被王皇后排斥的那些人，“伺后所不敬者，必倾心与相结，所得赏赐分与之”[1]，通过他们掌握王皇后、萧淑妃的一言一行，“后及淑妃动静，昭仪必知之”，然后调盐加醋，告诉高宗。这样，高宗便不信王皇后和萧淑妃而独信武昭仪。史书说：“帝终不纳后言，而昭仪宠遇日厚。”[2]

永徽六年（655），唐朝最高统治集团围绕着皇后废立问题的争论形成两大派别。争论的一方是贞观老臣，以宰相为主，其代表人物是长孙无忌、褚遂良、于志宁、柳奭、韩瑗和来济。这些人几乎都是士族的后裔，身为宰相，权倾内外，无论是政治上还是经济上，都拥有雄厚的资本。争论的另一方是所谓庶族官僚，寒门士子。其代表是李勣、许敬宗、李义府、崔义玄、王德俭、袁公瑜等人。这些人的出身比较复杂。有的是士族，但更多的是庶族。当时，他们有一个共同的特点，就是政治地位较低，受到宰相集团的排挤。

以长孙无忌为首的一派，反对立武则天为皇后。原因是：其一，如果立武则天，势必要废王皇后。王皇后是唐太宗托付给他们的。若同意废掉，别人会说有负遗旨。其二，武则天曾当过太宗的才人。若拥立武氏，会有损于他们的体面，违背传统观念，给他人留下离经叛道的口实。其三，王皇后与他们有千丝万缕的联系，王皇后的地位与他们的利益密切相关。废王立武，势必损害他们的既得利益。这一点是最重要的。

以李勣为首的一派，支持立武则天为皇后。主要原因是：他们对长孙无忌等人独掌相权、把持仕途的局面深恶痛绝。他们不满现状，要求改变现状，企图通过废立皇后的办法来提高自己的政治地位。因此，这两个派别之间的冲突，从表面上看来好像是士庶之争，因为一派全是士族，一派以庶族为主；但从斗争的具体内容上看，并不是纯粹的士庶之争，而主要是维护或夺取相权的权力之争。

永徽六年（655）初，唐高宗开始谋划皇后废立之事。袁公瑜、许敬宗承风希旨，

[1]《资治通鉴》卷 199，第 6286 页。

[2]《旧唐书》卷 51《高宗废后王氏传》，第 2170 页。

暗中表示支持。[1]唐高宗和武则天认为，要实现皇后废立，长孙无忌是一个重要人物。因为他既是国舅，又是顾命大臣。如果他同意了，就会减少许多阻力。因此，他们双双来到长孙无忌的府第。破格提升长孙无忌的三个儿子为朝散大夫，并赐给金银宝器各一车，绫锦十车，长孙无忌心里明白，但就是不顺从高宗的旨意。王皇后看到武昭仪宠遇日隆，心急如焚，妒火中烧，想出一条奇策，与其母柳氏找来巫师，施“厌胜”之术[2]。但她不曾料到，她身边就有武则天的心腹，把这一情况传送给了武则天。武则天立即向高宗做了汇报，说王皇后诅咒圣上，罪不容诛。高宗闻言大怒，下令把柳氏赶出宫门，不许再进，并免去柳奭的宰相职务，贬为遂州刺史。这件事更坚定了高宗废王立武的决心。

武则天当时的职位是昭仪，在她上面还有贵妃、淑妃、德妃、贤妃等。在这种情况下，要把她直接立为皇后，似乎有些名不正，言不顺。有鉴于此，高宗下诏特封武则天为“宸妃”，以提高她的地位。但宰相韩瑗和来济拼命反对，说后宫内职古有定制，从来没有什么宸妃；以武昭仪为宸妃，会破坏大唐帝国的礼仪。高宗不想因此招来更多的麻烦，就取消了宸妃之号，武则天仍当她的昭仪。反对派又取得了一个小小的胜利。[3]

长孙无忌乘胜进攻，想采用釜底抽薪的办法削弱武则天的支持者，便利用手中的大权，草拟敕书，准备贬李义府为壁州（今四川通江）司马，把他赶往剑南。可是，敕书还没有传到门下省，就走漏了风声。李义府得知后，忙找好友中书舍人王德俭商量对策。王见李处境危险，便出主意说：武昭仪甚承恩宠，皇上早就想把她立为皇后，之所以到现在还不下诏书，是害怕宰相们反对。你如果能挺身而出，公开主张立武昭仪为皇后，就可以转祸为福，坐取富贵。李义府听了频频点头。次日，他代王德俭值班，即叩阁上表，请立武昭仪，废王皇后。高宗大喜，立即召见，赐珠一斗，留居旧职。武则天又派人前去慰劳。不久，李义府被提拔

[1]《资治通鉴》卷 199。

[2]《资治通鉴》卷 199 据《实录》载：此系昭仪诬告。但以情理分析，恐也未必。今从《旧唐书》卷 51《高宗废后王氏传》。

[3]《通鉴·考异》驳《唐历》而从《会要》，云未为宸妃。但《旧唐书·则天纪》云“进号宸妃”，《新唐书·则天纪》略同。故恐有进号之争。至于后来立武氏为皇后诏仍称昭仪者，疑先进号，后去之。

为中书侍郎。崔义玄等见李升迁，也前来“申劝”，与许敬宗、李义府、袁公瑜等互为表里，逐渐成为武昭仪的心腹。

唐高宗见武昭仪有了一些支持者，便重新提起了废立之事。九月某日，高宗退朝，召长孙无忌、李勣、于志宁、褚遂良进入内殿。他们都知道，肯定是为皇后的事，各自盘算着如何表态。李勣担心与长孙无忌发生正面冲突，心生一计，说他病了，不能去。所以来到内殿的只有三人。高宗对长孙无忌说：莫大之罪，无过于绝嗣。王皇后无子，而武昭仪有之。我想废王立武，你认为如何？无忌十分狡猾，首先推出褚遂良，说：先帝以遂良为顾命大臣，请陛下问他。不等高宗开口，褚遂良就说：皇后出自名家，是先帝为陛下娶的媳妇。先帝临终时，曾拉着陛下的手对我说：“朕佳儿佳妇，今以付卿。”言犹在耳，陛下还记得吧。这些年来没听说皇后有什么过错，怎么能轻易废掉！我不敢屈从陛下而违背先帝的遗命。高宗很不高兴，挥手让他们退下，回去再认真考虑一番。

第二天，唐高宗询问考虑结果。于志宁既怕违旨得罪，又不肯赞同，看看高宗，再看看长孙无忌，不作一声。褚遂良只好再次出阵。他的态度很坚决，声色俱厉地说：陛下假如一定要换易皇后，天下名门闺秀哪里没有，何必非要武氏！武氏曾经当过先帝的才人，这是人所共知的。若立她为皇后，世人将谓陛下为何如！愿陛下三思！臣违背陛下旨意，罪该万死。但只要不负先帝，死也甘心。说完，把笏朝殿阶上一放，又说：还陛下此笏。接着解下头巾，叩头流血。用辞职和生命威胁高宗。高宗见褚遂良态度如此顽固，勃然大怒，喝令来人，把他拉出去。坐在帘后的武昭仪喊道：“何不扑杀此獠！”长孙无忌立即站出来为褚遂良辩护：“遂良受先朝顾命，有罪不可加刑。”这样，才算稳住了阵脚。褚遂良被赶下宫殿之后，长孙无忌又推出了韩瑗和来济。韩瑗对高宗说：王皇后是陛下为太子时先帝亲自选定的，直到现在并没有过错，而陛下却要加以废黜。这件事要是让后人知道，谁能不感到困惑不解。愿陛下以社稷为重，不要轻举妄动。说罢呜咽流涕。高宗强按怒火，一言不发。

翌日，韩瑗又谏，内容与昨日略同，但感情更加悲切，几乎控制不住自己。高宗让人把他送回家去。可韩瑗还不甘心，又上了一道奏疏。其中有这样的话语：

匹夫匹妇，犹相选择，何况天子！皇后是用来母仪万国的，天下的善恶都由她来决定。嫫母虽丑，但能辅佐黄帝；妲己虽美，终于倾覆殷商。《诗经》上说："赫赫宗周，褒姒灭之。"可见女在德而不在色。我以前看到古代这类事情，常常废书兴叹，没想到会发生于今日。愿陛下悬崖勒马。不要给后人留下笑柄。过去吴王不听伍子胥的话，结果麋鹿游于姑苏之台。如果陛下不听我的话，恐怕海内失望，宗社为虚的日子就不远了。其中把武昭仪比作妲己、褒姒，而且字里行间充满了对高宗的恫吓。来济也上表谏阻，他说：王者立后，只有选择名家闺秀，才能副四海之望。高宗认为这些都是陈词滥调，皆不予采纳。

但皇后废立之事已牵动这么多宰相，他们的态度如此顽固，高宗感到阻力太大了。他在烦闷之际想到了李勣，就秘密地来到李勣的住宅，用试探性的口气征求他的意见：朕欲立武昭仪为皇后，可是褚遂良等人都表示反对。遂良既是顾命大臣，你看这事是不是就算了？李勣与长孙无忌等有着较深的矛盾。他从心底里是支持高宗此举的。但这位足智多谋的政治家又不愿十分露骨地说出自己的立场，便说："此陛下家事，何必更问外人！"[1]这句话虽然很短，但意思十分清楚：不要理睬褚遂良等人，您想怎么干就怎么干。因此，高宗听后觉得很痛快，精神为之一振，从而更加坚定了废立之志。此时，许敬宗也在朝中大发议论，说什么田舍翁多收十斛麦，尚欲换掉旧妇，何况天子富有四海，立一皇后，有何不可？此事和我们这些人有何相干而竟妄生异议！武则天知后十分得意，让人把这件事又向高宗做了汇报。

于是，高宗决心排除一切干扰，立武则天为皇后。七月，唐高宗开始行动，任命李义府为中书侍郎、参知政事。九月，贬褚遂良为潭州都督。这样，拥立者日益得势，反对者节节败退。永徽六年（655）十月，皇后废立之争到了尾声，谁废谁立，大局已定。因此，唐高宗决定用诏书的形式，将结果公之于众。

十月十三日，是王皇后和萧淑妃最痛苦的日子。这一天，唐高宗下了道诏书："王皇后、萧淑妃谋行鸩毒，废为庶人，母及兄弟，并除名，流岭南。"[2]其实，

[1]《资治通鉴》卷199，高宗永徽六年九月条，第6291页。

[2]《资治通鉴》卷200，高宗永徽六年十月条，第6293页。

王皇后和萧淑妃并无毒害高宗之举。所谓“谋行鸩毒”，完全是欲加之罪。王皇后和萧淑妃接到诏书，相对而泣，随即被置于别院。其亲属原来跟着沾了光，如今也跟着倒了霉。王皇后被废后，文武百官，尤其是皇后废立的支持者，纷纷上表，请立武昭仪为皇后。[1]

十月十九日，唐高宗又下了一道诏书，云：“武氏门著勋庸，地华缨黻。往以才行，选入后庭。誉重椒闱，德光兰掖。朕昔在储贰，特荷先慈，常得侍从，弗离朝夕。宫壶之内，恒自饬躬；嫔嫱之间，未尝迕目。圣情鉴悉，每垂赏叹。遂以武氏赐朕，事同政君。可立为皇后。”[2] 武则天出自新贵家庭，与太子治私下结合已如前述。唐高宗在这里有意抬高武氏门第，并把他们的结合堂而皇之地说成太宗恩赐，显然是为了说明立武则天为皇后的合理性。[3] 武则天接到诏书，忘记了争宠以来的疲惫。她所感受到的，是由衷的欣慰。《立武昭仪为皇后诏》颁布之后，太极宫和武氏宅院张灯结彩。唐高宗按照传统习惯，举行隆重的“纳后”仪式。于是，武则天便成为唐高宗的皇后。

乾陵述圣纪碑

武则天之所以能够成为唐高宗的皇后，固然是因为有失意官僚、寒门仕子的支持。如果没有这部分人，长孙无忌等人一手遮天，那么，即使高宗宠爱她，恐怕她也是很难当上皇后的。但更重要的是，她与唐高宗有深厚情爱。如果高宗不爱她，或者说爱得不是那样深，而宠信王皇后，那么，即使李勣等人有通天的本领，也无异于痴人说梦。当然，这与她的美貌和才智也是分不开的。如果不是相貌出众，富有魅力，高宗怎会被她吸引？如果不是聪明智慧，

[1]《资治通鉴》卷 200，高宗永徽六年十月条，第 6294 页。

[2]〔清〕董诰编：《全唐文》卷 11《立武昭仪为皇后诏》，上海古籍出版社 1990 年版，第 57 页。

[3] 详参黄约瑟《武则天如何登后座——论立武后诏》，见《武则天与洛阳》，三秦出版社 1988 年版。

通文史、晓音律、懂书法，与高宗有共同语言，高宗怎能对她有如此深厚的情爱？

武则天当上皇后之初，皇太子仍然是燕王李忠。燕王忠是在柳奭、褚遂良、韩瑗、长孙无忌等人的提携下当上皇太子的。永徽六年（655）二月，又加了“元服”[1]。他是站在长孙无忌一边的，一旦当了皇帝，必然对武则天不利。另一方面，武则天并不是没有儿子。按照传统习惯，皇后有子，则不以他人为储。武则天已当上皇后，以自己的儿子为太子，不仅顺理成章，而且对保持皇后地位也是至关重要的。

永徽六年（655）十一月三日，礼部尚书、高阳县男许敬宗见武则天已当上皇后，揣测太子问题必将提出，乃谒阙上奏，请高宗换易太子，略曰：“且今之守器，素非皇嫡。永徽爰始，国本未生，权引彗星，越升明两。近者元妃载诞，正胤降神。重光日融，爝晖宜息。”[2] 高宗召见敬宗，问“立嫡若何”[3]，意思是想立武则天长子李弘为太子。许敬宗深表赞同，并进一步强调说：“皇太子，国之本也。本犹未正，万国无所系心。且在东宫者，所出本微，今知国家已有正嫡，必不自安。窃位而怀自疑，恐非宗庙之福。”[4] 在他看来，不换太子已经不行了。而高宗也认为如此，君臣二人一唱一和，易储之事便很快确定下来。对于这一决定，拥立太子忠的柳奭、韩瑗、长孙无忌等人已一蹶不振，也不敢出来反对。于是，显庆元年（656）正月六日，太子忠被降为梁王、梁州刺史；武则天的亲生子，年方四岁的代王弘，当上了皇太子。

换易太子事件发生后，以长孙无忌为首的反对派处于更加不利的窘境。但是，他们并没有退出政治舞台。史载，当时褚遂良被贬为潭州（治所在今湖南长沙市）都督，此外，长孙无忌仍为太尉，韩瑗仍为侍中，来济仍为中书令，职位均未变动。而以许敬宗为首的支持者却没有得到他们所期冀的政治权力和经济利益。他们迫切希望取代长孙无忌等元老重臣的地位。对此，唐高宗和武则天都很清楚。

[1]《旧唐书》卷 3《高宗纪》，第 56 页。

[2]《旧唐书》卷 86《燕王忠传》，第 2824 页。

[3]《新唐书》卷 81《燕王忠传》，第 3586 页。

[4]《资治通鉴》卷 200，高宗永徽六年十一月条，第 6295 页。

显庆元年（656）正月，唐高宗任命于志宁兼太子太傅，特设太子宾客，由韩瑗、来济、许敬宗兼任，让他们共同辅佐。按照常规，武则天这一下应当效法“先贤”，老老实实地去当“理阴道”的皇后。但事实上，她却在“母仪万方”的同时，离经叛道，揭开掖庭宫门上的帷幕，走上了政治舞台。

武则天为什么能够走上政治舞台，长期参与朝政？有人认为，武则天的参与朝政，是由于唐高宗“昏庸”“昏懦”。但这种观点是与事实不相符合的。

首先，“昏庸”说缺乏根据。查“昏庸”之说，本出于《新唐书》。《新唐书》卷 76《则天顺圣皇后武氏传》云：“（武后）已得志，即盗威福，施施无惮避，帝亦懦昏，举能钳勒，使不得专。”同书卷 105《长孙无忌传》云：“帝暗于听受。”同卷《褚遂良传》云：“帝昏懦，牵于武后。”卷末赞语亦云：“（高宗）内牵嬖阴，外劫谗言，以无忌之亲，遂良之忠，皆顾命大臣，一旦诛斥，忍而不省。反天之刚，挠阳之明，卒使牝咮鸣辰，胙移后家。”由此可见，昏庸说的主要论据是：唐高宗为武则天所控制，按其旨意贬杀了褚遂良和长孙无忌。如果真像《新唐书》所说，那唐高宗可以算是有些昏庸了。但事实上，《新唐书》的说法是靠不住的。

如前所述，褚遂良的被贬是在武则天当皇后之前，长孙无忌的被杀，是在武则天当上皇后不久的事情。试想，此时武则天还没有把皇后的位子暖热，怎么就能够“盗威福”？再说，此时她所进行的解除威胁、扶植新贵的斗争正需要唐高宗的帮助，怎么敢去“盗威福”？褚遂良和长孙无忌等人在武则天立为皇后的过程中是最坚决的反对者，而唐高宗则是武则天最得力的支持者。很显然，长孙无忌等人和唐高宗之间在这个问题上存在着尖锐的矛盾。不仅如此，长孙无忌以国舅之亲，专横跋扈；褚遂良以顾托之重，“悖戾犯上”。二人相互勾结，拉帮结派，以元老重臣自居，权大震主，以保护既得利益；而唐高宗血气方刚，不甘心为别人所挟制，对他们的表现早已怀恨在心。这种君臣之间的矛盾，迟早要以权臣的被诛而告结束。武则天当上皇后以后，又面临着长孙无忌等人的威胁。当这种威胁波及保护武氏的唐高宗时，必然引起唐高宗对长孙无忌等人的更加不满。所以当许敬宗等人迎合武则天解除威胁的需要，诬陷褚遂良和长孙无忌时，唐高宗就趁机将长孙无忌等人贬逐，随后又置于死地。

由此可见，褚遂良与长孙无忌之被杀，是武则天的心愿，也是唐高宗的旨意。其间根本不存在唐高宗被武则天控制的问题，当然也就不能由此判定唐高宗“昏庸”。

其次，唐高宗并无昏庸之举。众所周知，他是唐太宗亲自选定的接班人。以太宗之明，岂能将帝位传于昏庸之辈！史载，高宗在即位之前，曾参决朝政，颇得太宗称赞[1]。即位之初，亦勤于国政，每日临朝，孜孜不倦。至显庆二年（657）五月，“宰相奏天下无虞，请隔日视事”，始改为两日赴殿。[2] 在此期间，他不仅能够遵循唐太宗的大政方针，而且也表现得颇为能干。如他十分重视法制建设。永徽初，即令长孙无忌、李勣、于志宁、张行成、高季辅等人，在《武德律》《贞观律》的基础上修成《永徽律》。不久，又令长孙无忌等人逐条对《永徽律》进行注释，写成《唐律疏议》30 卷，颁行天下。

又如，他在即位之初，便鼓励臣下进谏。他说：“朕初即位，事有不便于百姓者悉宜陈，不尽者更封奏。”[3] 乾封二年（667），高宗“屡责侍臣不进贤，众莫敢对”。司列少常伯（即吏部侍郎）李安期回答说：“天下未尝无贤，亦非群臣敢蔽贤也。比来公卿有所荐引，为谗者已指为朋党，滞淹者未获伸而在位者先获罪，是以各务杜口耳！陛下果推至诚以待之，其谁不愿举所知！此在陛下，非在群臣也。”李安期的言辞十分尖刻，若是某些皇帝，早已勃然大怒；而高宗却“深以为然”，并不文过饰非[4]。

再如，他对贪赃违法者，坚决打击，不留情面。永徽初年，唐高祖的小儿子滕王元婴和唐太宗第七子蒋王恽搜刮民财，“皆好聚敛”。唐高宗屡次降书责问。在赏赐诸王时，独不赏滕王和蒋王，并半挖苦半讽刺地说：“滕叔、蒋兄自能经纪，不须赐物；给麻二车，以为钱贯。”羞得二王面红耳赤，无地自容。时褚遂

[1]《旧唐书》卷 4《高宗纪》，第 65 页。

[2]《资治通鉴》卷 200，高宗显庆二年五月条，第 6303 页。

[3]《资治通鉴》卷 199，高宗永徽元年正月条，第 7270 页。

[4]《资治通鉴》卷 201，高宗乾封元年三月条，第 6351—6352 页。

良恃拥立之功，顾托之重，作威作福，欺压百姓，用低价强买中书省翻译人员土地。高宗知道后，立即“左迁遂良为同州刺史”[1]。对政绩卓著者，则不吝赏赐，大力褒奖。

大量事实表明，唐高宗并非昏庸懦弱。[2] 因此，用唐高宗“昏懦”来解释武则天参与朝政的原因，显然是不妥当的。

同“昏庸”说差不多，近来又有人说：武则天之参与朝政，是由于唐高宗“惧内”。这种观点也是值得商榷的。

所谓“惧内”，就是说唐高宗怕老婆。在唐代，惧内者确实不乏其人。《朝野佥载》卷4云：“唐贞观中，桂阳令阮嵩妻阎氏极妒。嵩在厅会客饮，召女奴歌，阎披发跣足袒臂，拔刀至席，诸客惊散，嵩伏床下，女奴狼狈而奔。”《隋唐嘉话》卷中云：“杨弘武为司戎少常伯（即兵部侍郎），高宗谓之：‘某人何因辄受此职？’对曰：‘臣妻韦氏性刚悍，昨以此人见嘱。臣若不从，恐有后患。’帝嘉其不隐，笑而遣之。”因此说高宗因怕老婆而让武则天参与朝政，看起来似乎顺理成章。但是主张高宗“惧内”说的人，并没有拿出唐高宗“惧内”的根据。在武则天立为皇后之前，唐高宗就已经拥有许多妃嫔，其中王皇后和萧淑妃刚悍猜妒，绝非温顺善良的女性。如果说唐高宗怕老婆，怎么还敢把他们废为庶人，送进地狱？当武则天没有涉及朝政、仅为昭仪时，高宗力排众议，将她立为皇后，更谈不上是由于怕她。唐高宗既然无“惧内”事实，那么“惧内”解释武则天参与朝政的原因，当然是不恰当的。

述圣纪碑上残存的文字

事实上，武则天之参与朝政，既有客观条件，也有主观因素。

[1]《资治通鉴》卷199，高宗永徽元年十月条，第6273页。

[2] 赵文润《唐高宗“昏懦”说质疑》，《人文杂志》1986年第1期。

客观上，显庆五年（660）唐高宗得了重病，“风眩头重，目不能视”[1]。“风眩头重，目不能视”是什么病，尚不能确切判定。有人认为是高血压、近视眼、精神衰弱。但看起来似乎有些牵强。因为史书上有许多高宗骑马射箭，围场打猎的记载。若是高血压、近视眼，这些记载便无法解释。据一位老中医分析，这是一种由“阴虚阳亢”引起的慢性疾病，难以根治，易于复发，重在调养。无论如何，风眩头重、目不能视是非常痛苦的事。唐高宗最初染上此疾，旬月不得康复。在这种情况下，需要有人帮他临朝，处理国家事务。由谁出面好呢？当然是皇太子。可是，当时太子李弘年方八岁，且“多疾病”[2]，根本不可能断决庶政。宰相许敬宗等人能够处理朝政，但不能完全依靠他们，否则，便有大权旁落的可能。这样，武则天就显得异常重要起来，成了唯一可以完全信赖的人选。他们既是生活中的情侣，又是政治上的伙伴。此时高宗让她帮助处理朝政，是顺理成章的事。

主观上，武则天也有参与朝政的本领。如前所述，武则天自幼聪明好学，权变多智。不平凡的经历开阔了她的视野，锻炼了她的意志，丰富了她的知识，增长了她的才干。她深知前朝古代的治乱得失，又有同反对派做斗争的实际经验，政治头脑灵活，能够排忧解难，把握风云变幻；她具有较高的文化素质，而且精力充沛，作风顽强，能够吟诗作文，批阅奏章，日理万机。[3]

武则天又与唐高宗情投意合，心心相印。这种密切关系自然而然地促进了主客观因素的结合。关于这一点，史书上说得非常清楚。《资治通鉴》卷 200 载：显庆五年（660）十月，高宗“初苦风眩头重，目不能视，百司奏事，上或使皇后决之”。《唐会要》卷 3 亦载：“显庆五年十月已后，上苦风眩，表奏时令皇后详决，自此参预朝政。”[4]

---

[1]《资治通鉴》卷 200，高宗显庆五年十月条，第 6322 页。

[2]《旧唐书》卷 86《孝敬皇帝弘传》，第 2829 页。

[3]《全唐诗》卷 5、《全唐文》卷 95 皆有武则天诗文。

[4] 武则天最初参与朝政的时间，尚有永徽六年、显庆四年二说。案，武则天自争夺皇后地位起，便卷入政治旋涡，对朝政有一定影响，但皆通过高宗，范围极其有限。故说业已参政，为时尚早。至于说长孙无忌被诛之日，即武则天参政之时，似近情理，其实不通。自古女子不得干政。吕后、贾后、冯太后皆辅昏、幼之主；时高宗稳坐朝堂，武则天何以遂能参政？故弃而不取。

显庆五年十月之参与朝政，对武则天来说本来是临时性的。太子长大成人，她便可以告别政坛，深居后宫。可是，显庆五年以后，唐高宗“头重目眩”的病常常复发，又患上了可怕的疟疾。[1]每次患病，一月左右。由于有病，需要休息，所以当病情缓和时，高宗总是花许多时间去打猎、游幸。因此，从显庆五年（660）到弘道元年（683），武则天一直辅佐唐高宗，处理朝政。史载，“自是上每视事，则后垂帘于后，政无大小，皆与闻之。天下大权，悉归中宫……中外谓之二圣”[2]。

第三节　武则天与她的儿女

武则天与唐太宗未生一儿半女，与唐高宗却生了五个孩子，他们是李弘、李贤、李显、李旦和太平公主。有人说武则天还生过一个小公主，但被她扼杀了。武则天与她的儿女们关系如何？她是否扼杀过一个小公主？这些问题也值得我们认真探讨。

一、武则天与太子李弘

李弘是武则天的长子。[3]永徽三年（652）秋生于感业寺。显庆元年（656）正月六日，四岁的李弘取代李忠被册立为太子。为了培养太子李弘，唐高宗以博学鸿儒、重臣来辅导和教育太子。李弘立为太子时，高宗命许敬宗、戴至德、张文瓘、李敬玄、萧德昭等人辅弼太子，替年幼的太子组成一个阵营强大的辅佐班子。显庆四年（659），高宗身体久佳，始令李弘监国。龙朔三年（663）十月，李弘 11 岁，高宗又下诏：“然为教之方，义资素习。宜令皇太子宏每日于光顺

[1]《旧唐书》卷 5《高宗纪》、《资治通鉴》卷 202。

[2]《资治通鉴》卷 201，高宗麟德元年，第 6343 页。

[3]“弘”字或写作“宏”，系清人为避乾隆讳所致。本书引用原文时不改。

恭陵近景

门内坐，诸司有奏事小者，并启皇太子。”[1]而太子李弘“礼接士大夫，中外属心”[2]。上元二年（675）四月，24岁的李弘在随父皇、母后游幸东都苑内最西端的合璧宫时，突然死于绮云殿。唐高宗和武则天十分悲痛，为他举行隆重的丧礼，百官服丧，并追赠皇太子弘为“孝敬皇帝”[3]，以“制度一准天子之礼”[4]葬于洛阳附近的缑氏县景山，墓号恭陵。唐高宗亲自撰《孝敬皇帝睿德纪》，对其做高度评价，以志其事迹。

关于太子李弘之死，史书记载不一。《旧唐书·高宗纪》云：上元二年（675）四月“己亥（二十五日），皇太子弘薨于合璧宫之绮云殿”。同书卷86《高宗诸子·孝敬皇帝弘传》云：“上元二年，太子从幸合璧宫，寻薨，年二十四。”《新唐书》卷3《高宗纪》云：上元二年四月己亥，“天后杀皇太子”。同书卷76《则天顺圣皇后武氏传》云：“萧妃女义阳、宣城公主幽掖廷，几四十不嫁，太子弘言于帝，后怒，鸩杀弘。”卷81《孝敬皇帝弘传》云：“帝尝语侍臣：‘弘仁孝，宾礼大臣，未尝有过。’而后将骋志，弘奏请数怫旨。上元二年，从幸合璧宫，遇鸩薨，年二十四，天下莫不痛之。”《资治

[1]〔清〕董诰编：《全唐文》卷13《命皇太子领诸司启事诏》，中华书局1983年版，第158页。

[2]〔宋〕司马光：《资治通鉴》卷202，高宗上元二年四月条，中华书局1965年版，第6377页。

[3]《全唐文》卷11《赐谥皇太子弘孝敬皇帝制》，第139—140页。

[4]〔后晋〕刘昫：《旧唐书》卷86《高宗中宗诸子·孝敬皇帝传》，中华书局1975年版，第2830页。

通鉴》卷202高宗上元二年四月条载：“太子弘仁孝谦谨，上甚爱之；礼接士大夫，中外属心。天后方逞其志，太子奏请，数忤旨，由是失爱于天后。义阳、宣城二公主，萧淑妃之女也，坐母得罪，幽于掖庭，年逾三十不嫁。太子见之敬恻，遽奏请出降，上许之。天后怒，即日以公主配当上翊卫权毅、王遂古。己亥，太子薨于合璧宫，时人以为天后鸩之也。”从这些记载来看，“鸩杀”说盖出于《新唐书》。后人言武则天杀太子者即源于此。

对于《新唐书》的记载，《资治通鉴》的作者已表示怀疑。司马光在《考异》中说：“《新书本纪》云：‘己亥，天后杀皇太子。’《新传》云：‘后将骋志，奏请数怫旨，从幸合璧宫，遇鸩薨。’《唐历》云：‘弘仁孝英果，深为上所钟爱。自升为太子，敬礼大臣鸿儒之士，未尝居有过之地。以请嫁二公主，失爱于天后，不以寿终。’《实录》《旧传》皆不言弘遇鸩。按李泌对肃宗云：‘高宗有八子，睿宗最幼。天后所生四子，自为行第，故睿第四。长曰孝敬皇帝，为太子监国，仁明孝悌。天后方图监朝，乃鸩杀孝敬，立雍王贤为太子。’《新书》据此及《唐历》也。按弘之死，其事难明，今但云时人以为天后鸩之，疑以传疑。”司马光的这一怀疑是有道理的，但他在众说纷纭的史料面前，不肯做出明确的判断，只说“时人以为天后鸩之”，做客观的叙述。

司马光修《通鉴》时，《新唐书》刚问世不久。作为当时著名的历史学家，司马光对宋祁、欧阳修撰写《新唐书》的情况是比较清楚的。据《考异》所说，《新唐书》“鸩杀”说的来源是李泌对肃宗讲的话和《唐历》的记载。《唐历》凡40卷，是唐人柳芳写成的一部编年体史书。该书作于肃宗上元（760—761）之后。当时作者被贬黔中，史料缺乏，所载或凭自身及高力士回忆，难免有失误之处。且柳氏言太子弘不以寿终者，并未肯定太子系武后所杀。因为不以寿终也可能是因病死亡。所以，以《唐历》所载“不以寿终”作为武则天鸩杀太子弘的论据，本身是软弱无力的。

至于李泌对肃宗之言，史书记载颇多[1]，似乎确有其事。但问题在于，李泌

[1] 见《唐会要》卷2《杂录》、《旧唐书》卷113《承天皇帝倓传》、《新唐书》卷82《承天皇帝倓传》及《资治通鉴》卷200至德二载九月条。《旧唐书》卷130《李泌传》、《新唐书》卷139《李泌传》不载。

所言，究竟有多大的可靠程度。《新唐书》卷 82《十一宗诸子·承天皇帝倓传》云：肃宗即位，“议以（建宁王）倓为天下兵马元帅，左右固请广平王（即皇太子）。……帝从之，更诏倓典亲军，以李辅国为府司马。时张良娣有宠，与辅国交构，欲以动皇嗣者。倓忠謇，数为帝言之，由是为良娣、辅国所谮，妄曰：‘倓恨不总兵，郁郁有异志。’帝惑偏语，赐倓死，俄悔悟。明年，广平王收二京，使李泌献捷。泌与帝雅素，从容语倓事，帝改容曰：‘倓于艰难时实自有力，为细人间阋，欲害其兄，我计社稷，割爱而为之所。’泌曰：‘尔时臣在河西，知其详。广平于兄弟笃睦，至今言建宁，则呜咽不自已。陛下此言得之谗口耳。’帝泣下曰：‘事已尔，末耐何！’泌曰：‘陛下尝闻《黄台瓜》乎？高宗有八子，天后所生者四人，自为行，而睿宗最幼。长曰弘，为太子，仁明孝友，后方图临朝，鸩杀之，而立次子贤。贤日忧惕，每侍上，不敢有言，乃作乐章，使工歌之，欲以感悟上及后。其言曰：种瓜黄台下，瓜熟子离离。一摘使瓜好，再摘令瓜稀。三摘尚云可，四摘抱蔓归。而贤终为后所斥，死黔中。陛下今一摘矣，慎无再！’帝愕然曰：‘公安得是言？’是时，广平有大功，亦为后所构，故泌因对及之”。[1]由此可见，李泌的这段话是在张良娣（后为皇后）谗杀建宁王并企图陷害广平王的情况下对肃宗讲的，其目的是想让肃宗觉醒，从而保护广平王。为此，他在所举前朝故事中，也可能有编造和附会传说的成分，其《黄台瓜》诗句很类似流传极广的曹植《七步诗》。《通鉴》在“慎无再”之后还记载说：“上愕然曰：‘安有是哉！卿录是辞，朕为书绅。’对曰：‘陛下但识之于心，何必形于外也！’”

显然，在此之前，唐肃宗根本没有听过什么“黄台瓜辞”。如果说李泌所言李贤“黄台瓜”属实，肃宗何以茫然无知？又，李泌言“黄台瓜辞”系李贤所作，当时贤正为太子，聪明过人，岂能以兄弟比供人采摘的“瓜”？退一步说，纵然他自比为瓜，认为杀掉太子弘对自己有利，也不敢在父母面前唱“一摘使瓜好”的诗句而让他们去感悟。如果感悟了，岂不是将他的人品也暴露无遗！所以，我们认为所谓《黄台瓜》可能是李泌借题发挥出来的玩意儿，如此说不谬，则《新

[1]《新唐书》卷 82《承天皇帝传》，第 3618—3619 页。

唐书》“鸩杀”说的两个来源都是靠不住的。从《通鉴考异》中可知，司马光在修《通鉴》时，曾看到过当时的《实录》。《实录》不言太子弘遇鸩。《旧唐书》卷5《高宗纪》，卷86《高宗诸子·孝敬皇帝弘传》，《唐会要》卷2《追谥皇帝·孝敬皇帝弘》，《册府元龟》卷258《令德》等，亦不言遇鸩。这些都说明“鸩杀”说是缺乏可靠记载的。

撇开《新唐书》“鸩杀”说的出处不谈，就其本身而言，也是很难成立的。《新唐书》的作者并未拿出太子弘遇鸩的直接材料，只是从太子弘与武则天的关系方面加以推测：“后将骋志，弘奏请数怫旨”，因而武则天鸩杀了太子弘。这种推测是很难令人信服的。

首先，所谓武则天“方图临朝”而杀太子是毫无根据的。武则天确曾临朝称制，但那是后来的事；要说她在上元（674—676）年间即“图临朝”却非事实。如前所述，武则天是在高宗多病，太子幼弱的情况下参与朝政的。她有参与朝政的愿望，但当时并无当女皇的野心。咸亨元年（670）以久旱请避皇后之位，[1]就是明证。退一步讲，假如武则天要临朝称制，那么，她首先要杀掉的应当是唐高宗，其次才是皇太子，并且，连自己的其他几个儿子也应统统杀掉。不杀掉高宗，怎么临朝称制，不杀掉李贤、李显等人，难道他们不会成为新的皇太子？但事实上，武则天并没有加害于高宗，相反，对高宗还颇为关心。李弘死后，紧接着就是立李贤为太子。李贤获罪，复以李显代之。如果说武则天是为临朝而杀死了李弘，这些事实将如何解释？

其次，所谓“弘奏请数怫旨”也是有问题的。查太子弘奏请之事，大抵有以下几宗：（1）总章元年（668）二月，释奠国学，请赠颜回为太子少师，曾参为太子少保[2]。（2）总章元年十二月，“时有敕，征辽军士逃亡，限内不首及首而更逃者，身斩，妻子籍没”，弘上表认为征辽军士逃亡，可能有各种具体原因，

[1]〔宋〕欧阳修、宋祁：《新唐书》卷3《高宗纪》，中华书局1975年版，第69页。

[2]《新唐书》卷81《孝敬皇帝弘传》，第3589页。

不应罪及妻子，“伏愿逃亡之家，免其配没”[1]。（3）咸亨二年（671），高宗及武后幸东都洛阳，留太子弘于京师“监国”，弘见萧妃所生义阳、宣城二公主仍幽掖庭，请嫁之；又请以同州沙苑地分借贫民[2]。除咸亨二年请嫁二公主事外，史书一致记载诏许之，并没有违旨的地方。所谓“数怫旨”不知从何说起。

关于请嫁二公主之事，《旧唐书》卷86《孝敬皇帝弘传》记载说：“时义阳、宣城二公主以母得罪，幽于掖庭，太子见之惊恻，遽奏请令出降，……（诏）许之。”而《新唐书》卷81《孝敬皇帝弘传》则说：“义阳、宣城二公主以母故幽掖廷，四十不嫁，弘闻眙恻，建请下降。武后怒，即以当上卫士配之，由是失爱。”同书卷76《则天顺圣皇后武氏传》进一步说：“萧妃女义阳、宣城公主幽掖廷，几四十不嫁，太子弘言于帝，后怒，鸩杀弘。”《新唐书》对二公主情况的叙述，至少有两处错误：一是年四十不嫁，一是配当上卫士。义阳、宣城二公是唐高宗的女儿，生年不详。案高宗生于贞观二年（628）六月，至咸亨二年（671）也就是太子弘请嫁公主那年，方43岁。其女岂得遂有40！三岁生子，荒谬绝伦。《新唐书》卷83《诸帝公主传》及《唐会要》卷6“公主”条所载，义阳公主下嫁权毅，宣城公主下嫁王勖。而权毅、王勖并非当上卫士。

义阳、宣城二公主是否在咸亨二年仍幽于掖庭，没有出嫁？这也是值得考虑的。如前所述，萧淑妃有个儿子，封为许王，名叫素节。当萧氏被杀之时，素节并未丧命，只是被赶出京城，让他去申州当刺史。这在史书上是有明文记载的。[3]可见，唐高宗和武则天并无将萧氏子女置于死地的意思。既然如此，他们为什么还要将义阳、宣城二公主长期幽于掖廷而不做主出嫁？看来实在不合情理。《旧唐书》卷86《泽王上金传》载：“义阳、宣城二公主缘母萧氏获谴，从夫外官。”据此，则义阳、宣城二公主早已出降了；太子弘请嫁二公主，只不过是个别史家的杜撰罢了。《册府元龟》不载请嫁公主事，越发使人相信这样的结论。

[1]《资治通鉴》卷201，高宗总章元年，第6357页。《新唐书》卷81《孝敬皇帝弘传》、《旧唐书》卷86《孝敬皇帝弘传》略同。

[2]《新唐书》卷81《孝敬皇帝弘传》，第3589页。

[3]《旧唐书》卷86《高宗中宗诸子》，第2826页。

退一步说，即使太子弘确请嫁二公主，武则天也不可能因此“鸩杀之”。义阳、宣城二公主是萧淑妃之女，而萧淑妃曾经是武则天的情敌。因此，武则天虐待她们是有可能的。但萧淑妃死后，时移事异，武则天对她们必然会有所好转，至少在高宗在世时，她表面上会这样做。最明显的例证就是，后来她曾上表高宗，请“义阳、宣城二公主各增夫秩”[1]。在这种情况下，太子弘请嫁二公主，武则天怎会勃然大怒？再说请嫁公主也不是什么大不了的事，和武则天并没有很大的利害冲突，武则天怎么会因此杀掉自己的亲生儿子？何况太子弘死于三年以后！因此来看，“鸩杀”说实在是一种不近情理的杜撰。

再从太子弘生前死后的情况看，武则天亦不可能“鸩杀”太子。如前所述，太子弘是武则天的长子。永徽三年（652）七八月间生于感业寺，四年封为代王，显庆元年（656）正月六日立为皇太子。在册封为皇太子时，唐高宗曾寄予很大的希望：“惟尔代王宏，猗兰毓祉，乔桂凝华，岐嶷表于天姿，符瑞彰于神授。”“朕虔奉灵图，肃膺丕业，仰惟七庙之重，思隆万叶之庆，畴咨列辟，钦若前修，是用命尔为皇太子。”要他“绝骄奢之心，纳忠良之训”，“无怠无荒，固保我宗基”。[2] 当时太子弘是武则天手中的一张王牌，她对太子的态度与高宗完全一致。由于李弘当时太小，立为太子后并没有立即移居东宫，仍然生活在武则天身边，直到显庆四年（659）十月加元服，始入东宫。[3] 时唐高宗与武则天幸洛阳，留皇太子“监国”，“太子思慕不已，上闻之，遽召赴行在”。可见太子弘对唐高宗和武则天是很有感情的，亦“深为

孝敬皇帝睿德纪

[1]《新唐书》卷 81《泽王上金传》，第 3578 页。

[2]《全唐文》卷 14《册代王宏为皇太子文》，第 166 页。

[3]〔宋〕王钦若等编：《册府元龟》卷 257《储宫部·建立二》，中华书局 1960 年版，第 3059 页。

帝及天后所钟爱”。[1]唐高宗和武则天还注意培养他的政治才能。如龙朔三年(663)十月一日，诏云：“宜令皇太子宏每日于光顺门内坐，诸司有奏事小者，并启皇太子。”咸亨二年（671）前，高宗和武则天亲自为太子弘选择了美丽的妃子；当该妃婚前被贺兰敏之奸污后，武则天大伤脑筋，不惜赐死贺兰敏之。咸亨二年后，他们又为太子弘纳右卫将军裴居道之女为妃。[2]由此可见，太子弘与唐高宗、武则天的关系一直很好。武则天作为母亲，怎么会“鸩杀”他呢？

太子弘死后，被追谥为“孝敬皇帝”，葬于洛阳附近缑氏县景山之恭陵，“制度一准天子之礼”。[3]唐高宗还在大病之余亲制《孝敬皇帝睿德纪》，并刻之于石，树之陵侧。在《孝敬皇帝睿德纪》中，唐高宗对太子弘做了高度的评价，说他具有九德“至孝、至仁、至明、至俭、至正、至博[4]、至直[5]、至睦、至通。这样的评价显然是过于溢美，但它反映出高宗对太子弘的悼念之深。当时武则天也在洛阳，并负责处理朝政，诸如追谥太子为孝敬皇帝、葬礼一准天子等事武则天肯定是赞同的。这说明她与高宗的心情是完全相同的。《孝敬皇帝睿德纪》上说：太子死后，“天后心缠积悼，痛结深慈……昔周（中缺）言朕之至怀，不欲违其心许，故申旧命，爰赠尊名。粤以吉辰，乃谥为孝敬皇帝”。可见，对太子弘之死，武则天十分悲痛，“孝敬皇帝”之谥，还是她首先提出来的。如果说太子弘确系武则天所害，那么唐高宗怎么会这样写？史载：“（裴）居道以女为太子（弘）妃，则天（称制）时，历位纳言、内史、太子少保，封翼国公。”[6]就是说，在太子弘去世十年之后，他的岳父裴居道还受到过武则天的重用，位至宰相。如果说武则天鸩杀了太子弘，这些事又将如何解释？

事实上，太子弘并不是武则天杀害的，而是死于疾病。太子弘头脑聪明，但

---

[1]《册府元龟》卷258《储宫部・令德》，第3070页。

[2]《旧唐书》卷86《孝敬皇帝弘传》，第829页。

[3]《旧唐书》卷86《孝敬皇帝弘传》，第2830页。

[4]《孝敬皇帝睿德纪》碑残泐已久。此字《全唐文》卷15及《金石萃编》卷58不录。无从得知其旧。据所列事实，似应为“博”。

[5]此字《金石萃编》卷58《孝敬皇帝睿德纪》不录。见《全唐文》卷15，第185页。

[6]《旧唐书》卷86《高宗中宗诸子・孝敬皇帝弘传》，第2831页。

身体不好。《旧唐书》卷189《邢文伟传》载李弘自述云：“早尚坟典，每欲研精政术，极意书林。但往在幼年，未闲将卫，竭诚耽诵，因即损心。”意思是说，他小的时候学习刻苦，但不知道保护身体，结果用功过度，伤了身体。到他能参与朝政时，又得了重病。《旧唐书》卷86《高宗中宗诸子·孝敬皇帝弘传》录制文曰：“自琰圭在手，沉瘵婴身。”“瘵”即肺结核，在当时的医学条件下，这种病是很难治愈的。[1]因此，太子身体越来越坏。到咸亨二年（671）“监国”时，竟一度不能过问朝政。《旧唐书》卷86《孝敬皇帝弘传》载：“是时戴至德、张文瓘兼左庶子，与右庶子萧德昭同为辅弼，太子多疾病，庶政皆决于至德等。”咸亨三年，病情有所好转，但仍不能正常行动，而为“风虚”所苦。[2]为了使太子弘恢复健康，唐高宗和武则天曾下旨“不许重劳”，但并未能使李弘病情好转。

上元二年（675），高宗“风疹不能听朝”，[3]太子亦为沉瘵所迫。三月，高宗“苦风眩甚”[4]。见太子身体如此，欲下诏令天后摄知国政，但遭到宰相郝处俊的激烈反对 。于是高宗决定等太子弘病愈，便让他摄知国政。但为时不久，太子弘病情恶化，终于被病魔夺去了年轻的生命。对此，当时的文书上写得十分清楚。《赐谥皇太子宏孝敬皇帝制》云：“皇太子宏，生知诞质，惟几毓性，直城趋驾，肃敬著于三朝；中寝问安，仁孝闻于四海。若使负荷宗庙，宁济家邦，必能永保昌图，克延景历。岂谓遽婴雾露，遂至弥留。顾惟辉掌之珍，特切钟心之念，庶其痊复，以禅鸿名。及腠理微和，将逊于位，而宏天资仁厚，孝心纯确，既承朕命，掩欷不言，因兹感结，旧疾增甚。[5]”《册谥孝敬皇帝文》云：“咨尔故皇太子宏，克岐克嶷，有德有行。……顷炎象戒节，属尔沈痾。实美惟痊，释予重负。粤因瘳降，告以斯怀。尔忠恳特深，孝情天至，闻言哽咽，感绝移时，因此弥留，奄然长逝……[6]”《孝敬皇帝睿德纪》亦云：“属炎篇戒辰，凉宫避暑，□因㒰□，

[1] 见宋代医学著作《三因极一病证方论》。

[2]《新唐书》卷106《邢文伟传》，第4057页。

[3]《旧唐书》卷5《高宗纪》，第100页。

[4]《资治通鉴》卷202，高宗上元二年，第6375页。

[5]《全唐文》卷11，第139—140页。

[6]《全唐文》卷14，第174页。

□沈□。及其□愈，乃申□（中缺）性特隆，一闻斯言，因便感咽，伏枕流欷，哽绝移时，重致绵留，遂感沈痼。西山之药，不救东岱之魂；吹汤之医，莫返逝川之命。”[1]就是说，太子弘随高宗去合璧宫避暑时，又得了重病，一度昏迷不醒。其后病情稍有好转，唐高宗表示将禅位于他。听了这话，太子深感不安，很快导致病情加剧：先是“伏枕流欷”，接着便重新昏迷。病情恶化，抢救无效，于上元二年（675）四月二十五日在合璧宫死去。

总之，太子弘死于疾病，这是确凿无疑的。《新唐书》所谓天后“鸩杀”太子弘者，纯粹是加在武则天头上的不白之冤。后代史家据以为辞，向武则天身上泼几点污水，并不能掩盖武则天辅政时期立下的业绩。

二、武则天与太子李贤

李贤，字仁[2]，是高宗李治和武则天的次子，永徽五年（654）出生。永徽六年（655）正月，高宗谒完昭陵顺利返回京城，给他新生的小皇子取名为贤，并下诏封刚满月的李贤为潞王。由于他“容止端雅”，且聪明好学，因而“深为高宗所嗟赏”。龙朔元年（661），九月二十日，改封为沛王，加扬州都督，同时兼任左武侯将军一职，仍任雍州牧。[3]龙朔二年（662）十二月，高宗又下诏“并扬荆益四都督府并为大都督府，沛王贤为扬州大都督”。[4]麟德二年（665），十二岁的李贤又被加为右卫大将军。咸亨三年（672），李贤被“改名德，徙封雍王。授凉州大都督，雍州牧、右卫大将军如故。食实封一千户”。后在“上元元年（674）又依旧名贤”[5]。从上述李贤连连被加封的官爵职位来看，他一直深受唐高宗和武则天的宠爱。

[1]《全唐文》卷 15，第 185 页，参《金石萃编》卷 58。

[2]《章怀太子李贤墓志铭》的铭文载，李贤“字仁”。《新唐书》卷 81《三宗诸子传》记载李贤的“字明允”，与志文的不同，取志文更可信。

[3]《旧唐书》卷 4《高宗本纪上》，第 82 页。

[4]《旧唐书》卷 4《高宗本纪上》，第 84 页。

[5]《旧唐书》卷 86《高宗中宗诸子》，第 2831 页。

为了培养和锻炼逐渐年长的李贤处理事务的能力，唐高宗曾有意安排他参与一些较为简单的朝中政务。咸亨二年（671），高宗幸东都，留李弘在京师监国。而此时的太子弘身体状况不是很好，“太子多疾病，庶政皆决于至德等”[1]。高宗关爱太子，不想让他过度操劳，于是在五月十三日，命令沛王李贤“敕尚书省与夺事，及须商量拜奏事等文案，并取沛王贤通判；其应补拟官，及废置州县，并兵马刑法等事，不在判限”[2]。通过这段时间参与政务处理的实践，李贤的处事能力得到锻炼，这为他以后被继立为太子，监国听政，具有一定娴熟的政务处理能力打下了基础。上元二年（675）四月，二十四岁的李弘在随父皇、母后游幸东都苑内最西端的合璧宫时，突然死于绮云殿。太子李弘结婚已有两年，但一直没有孩子。按照大唐的《户婚律》第一五八条“立嫡违法”条记载：“无嫡子及有罪疾，立嫡孙；无嫡孙，以次立嫡子同母弟；无母弟，立庶子。”[3]太子是皇帝的继承者，对于国体稳定是十分重要的。既然太子已死，又无子嗣，依《户婚律》的规定，李贤被选，继立为太子是适时的，也是必然的。故在太子李弘死后不久，当年即上元二年（675）六月三日，高宗经过一番思考和权衡，下诏立22岁的李贤为新太子。

高宗为了扶助新立太子贤，为他组织了一批德高望重的重臣来辅弼。李贤原不是太子，他所受的教育、规范和要求肯定有别于太子制度，为了让李贤早日谙熟太子之责以及处理政务的能力，高宗自立他为太子后便一心培植。高宗为太子贤所选的辅佐大臣主要是中央三省六部的主要官员，有的同时兼领东宫官职。这一设计的政治意义正在于保证太子能够以储君身份谙练治道，为准备日后皇权的顺利交接过渡。仪凤二年（677），左庶子张大安同中书门下三品。同年八月二十七日，唐高宗以张文瓘为侍中，郝处俊为中书令，为太子贤确立了新的宰相领导班子。后来高宗身体状况越加恶化后，便数次命他监国听政，让他处理朝中一些政务。史载调露元年（679），高宗犯病，太子贤奉命监国，仪凤四年（679）

[1]《旧唐书》卷86《高宗中宗之子·孝敬皇帝传》，第2829页。

[2]〔宋〕王溥：《唐会要》卷4《储君》，中华书局1955年版，第42页。

[3]〔唐〕长孙无忌等撰，《唐律疏议》卷十二《户婚律》第158立嫡违法条，中华书局1983年版，第238页。

五月，高宗再次命太子贤监国。监国期间，李贤在这些重臣的辅佐下，用心学习政务，兢兢业业，“处事明审，为时论所称”[1]。除学习政务外，还积极著书立说，撰写《春宫要录》十卷，[2]《列藩正论》三十卷，[3]《修身要录》十卷[4]。上元二年（675）又组织一批学者为《后汉书》作注。高宗十分高兴，手敕褒奖，说：“皇太子贤自顷监国，留心政要，……加以听览余暇，专精坟典。往圣遗编，咸窥壶奥；先王策府，备讨菁华。好善载彰，作贞斯在，家国之寄，深副所怀。”[5]并赐物三万段以示嘉奖。

李贤虽有一定的政治才能，用心监国，学习政务，颇有所为。但他毕竟年轻，自身不可避免地存在一些不足。仪凤年间多有灾难，仪凤二年（677）四月，河南、河北发生旱情。特别是仪凤四年（679）二月，“东都饥”[6]，但太子贤仍在“北门之内，造作不常，玩好所营，或有烦费。倡优杂伎，不息于前，鼓吹繁声，亟闻于外”。大臣韦承庆曾多次上书太子贤，对太子的言行处事等方面上疏谏曰：“伏愿博览群书，以广其德，屏退声色，以抑其情，为上嗣之称首称，奉圣人之洪业。”[7]但李贤并不接受。李贤的这些不良行为，是一向课子严厉的武则天不能容忍的。另一方面，自永隆元年（680）起，宫中开始流传谣言，说太子贤不是天后武则天的亲生儿子，而是她的姐姐韩国夫人所生，太子贤对自己的身世产生怀疑。仪凤四年（679），受宠于武则天的明崇俨被杀，这个事件更是加剧了二人之间的矛盾。明崇俨于仪凤（677）二年，累迁正谏大夫，特令入阁供奉。崇俨每谒见高宗和武后，“辄假以神道，颇陈时政得失”。高宗“深加允纳”，对他很是赏识。高宗曾为其五代祖梁处士山宾故宅“特为制碑文，亲书于石”。崇俨还以符劾之术为则天宠信。时太子李贤与母后武则天关系紧张时，他揣摩武

[1]《旧唐书》卷 86《高宗中宗诸子・章怀太子贤传》，第 2831—2832 页。

[2]《新唐书》卷 59《艺文志三》，第 1509 页。

[3]《新唐书》卷 58《艺文志二》，第 1480 页。

[4]《旧唐书》卷 47《经籍志下》，第 2026 页。

[5]《旧唐书》卷 86《高宗中宗诸子・章怀太子贤传》，第 2831 页。

[6]《旧唐书》卷 5《高宗本纪下》，第 104 页。

[7]《唐会要》卷 67《左春坊・司议郎》，第 1170 页。

后心理，密称太子贤的弟弟英王哲长相和性格颇似太宗，相王旦貌相贵重，“私奏章怀太子不堪承继大位”[1]，挑拨武则天对太子贤的不满情绪。如果武则天没有废太子之意，一个仰人鼻息的术士是绝不敢如此大胆在太子的母后面前搬弄是非，非议储君的，如此大逆不道的行为没有人敢轻易去做的。[2] 由上可判断，李贤已经失去了武则天的信任。

调露元年（679），二圣与太子贤俱在东都洛阳，五月三日夜晚，明崇俨在路上被人暗杀。该桩命案发生后，二圣闻讯都很震怒，令大理寺及金吾卫协力严加惩办刺客和主谋者，七日，并令太子贤监国。《资治通鉴》卷202高宗调露元年（679）胡注云：“敕三司亟推鞫，妄承引，连坐者甚众。”一年多过去了，这件案子一直没有线索，此案搁置久了，社会上开始流传是太子贤密知崇俨的私奏，派人暗杀的，这些谣言使太子贤陷入十分被动的处境。“及崇俨死，贼不得，天后疑太子所为。”[3] 在这关键时刻，李贤如果杀死武则天宠信的人无疑给自己带来更大的祸患，资质聪慧的李贤是不会做这种傻事的。但流言四起时，在威严无比的母后面前，李贤开始惶惶不安，深为自己前途担忧，“每日忧惕，知必不保全”[4]。在政治斗争中，从心理上击垮对手往往更具有效果。母子关系的破裂，这时谣言又四起给李贤心理上造成严重的压抑。好声色畋猎是典型的王公贵族活动，况李贤正值年轻，更难以抗拒声色的诱惑。虽熟背“贤贤易色”等语，但实际上并非以其来约束自己，不近女色。李贤好声色，并“与户奴赵道生等狎昵”，且“多赐之金帛”[5]。前太子承乾就因“好声色，慢游无度”[6] 的不良行为而失宠于唐太宗。太子贤的好玩乐和任性行为，引起武则天的不满。她“遣人发太子阴事”[7]。此事被人告到高宗那里，身体状况越来越糟的高宗对太子贤期望很大，

[1]《旧唐书》卷191《方伎·明崇俨传》，第5097页。

[2] 杜文玉：《关于薛元超几个问题的考证》，《渭南师专学报》（社科版）1996年第1期。

[3]《资治通鉴》卷202，高宗永隆元年八月条，第6397页。

[4]《旧唐书》卷116《承天皇帝倓传》，第3385页。

[5]《资治通鉴》卷202，高宗永隆元年八月条，第6397页。

[6]《旧唐书》卷76《恒山王承乾传》，第2648页。

[7]《新唐书》卷81《三宗诸子》，第359页。

知道此事后震怒。命令中书侍郎、检校太子左庶子（同三品）薛元超，黄门侍郎（同三品）裴炎与御史大夫高智周等共同审理此事，韦承庆就曾劝谏太子贤“既喧听览，且黩宫闱，兼之仆隶小人，缘此得亲左右，亦既奉承颜色，能不恃托恩光。作福作威，莫不由此，不加防慎，必有愆非。倘使微累德音，于后悔之何及？”[1]李贤不听劝告，最终给自己招来灾难。

永隆元年（680），薛元超等人在搜查时竟从东宫搜出皂甲数百领。因此，李贤以“谋逆”罪名被废黜。李贤私藏皂甲是事实，但不是为了“谋逆”，而是在害怕的心理下，私藏用来以防不测之需。永隆元年，八月甲子（二十二日），高宗诏敕全国，废李贤为庶人，并遣右监门中郎将令狐智通等人将李贤从东都洛阳押回京师长安，幽禁在宫中别所，并“焚其甲于天津桥南以示士民”[2]。永隆元年八月二十二日，太子李贤被废为庶人。开耀元年（681）十一月八日，高宗下诏将他流放到巴州幽禁。李贤自被迁徙到四川巴州，深居简出，一直过着艰苦的生活。李贤虽废为庶人，但因其才高行薄，又曾是太子，即便远离都城，他仍具有较大的政治影响力和号召力。深知弊利的武后，对此当然不会置若罔闻，她担心李贤在巴州结党营私，勾结反对者，起兵争夺皇位，为防不测，在文明元年（684）二月，武则天派左金吾将军丘神勣前往巴州，检校李贤的宅第，“以备外虞”[3]。这措施明显是加强对李贤的监管和控制。文明元年（684）二月二十七日，李贤死于巴州公馆，死时年仅31岁。

章怀太子墓

关于章怀太子李贤之

[1]《旧唐书》卷88《韦思谦传附子承庆传》，第2864页。

[2]《资治通鉴》卷202，高宗永隆元年八月条，第6397页。

[3]《资治通鉴》卷203，则天后光宅元年二月条，第6419页。

死的原因，史书记载多认为是武则天杀死他的，但究竟死因是自杀还是“被杀”颇有争议。《旧唐书》卷186上《酷吏丘神勣传》载：“弘道元年，高宗崩，则天使于巴州害章怀太子。”同书卷86《高宗中宗诸子传》记载：“文明元年，则天临朝，令左金吾将军丘神勣往巴州检校贤宅，以备外虞。神勣遂闭于别室，逼令自杀。”《新唐书》卷81《三宗诸子传》载“武后得政，诏左金吾将军丘神勣检卫贤第，逼令自杀”。《资治通鉴》记载，“光宅元年二月……辛酉，太后命左金吾将军丘神勣诣巴州，检校故太子贤宅，以备外虞，其实风使杀之”。“丘神勣至巴州，幽故太子贤于别室，逼令自杀。”[1]以上观点都认为章怀太子是在丘神勣逼令下自杀的。《新唐书》卷209《酷吏丘神勣传》记载，“高宗崩，后使害章怀太子于巴州，归罪神勣。”而卷4《则天本纪》则直书“杀庶人贤于巴州”。这种观点认为章怀太子是武则天派人杀死的。李贤被流放到这荒蛮之地，生活艰苦，与当太子时的显赫地位形成了巨大反差。武则天在高宗死后独掌一切大权，但对被远谪的故太子李贤不放心，派丘神勣前往对他实行严格监控。李贤见母后在父皇高宗死后掌握朝政大权，旋废自己两个弟弟太子之位，对自己仍然猜忌不遗，内心充满恐惧。同时被丘神勣严格监控而失去人身自由，更是让李贤心灰意冷。据两唐书《则天本纪》、《李贤传》和《通鉴》所载有关资料分析，

章怀太子墓出土胡服男俑

[1]《资治通鉴》卷203，则天后光宅元年二月条，第6418页。

当是丘神勣看管过严，李贤自感永无出头之日，不胜其愤，遂自杀而亡。李贤的自杀是对自己前途的绝望，也可视为是对武则天的一种抗议。

三、武则天与中宗李显

李显是高宗的第七个儿子，在武则天所生诸子中排行为三，显庆元年（656）十一月五日生于长安。次年二月二日即被封为周王，授洛州牧。仪凤二年（677）十月三日，徙封英王，改名哲，授雍州牧。永隆元年（680）八月受封为皇太子。弘道元年（683）十二月高宗驾崩，两天后即位于柩前，年 28 岁。但刚刚过了两个月，就被武则天拉下了皇帝的宝座。

关于中宗被废之事，史书一致做了这样的记载：中宗居高宗之丧，武则天以母后临朝，中宗册其妃韦氏为皇后，甚加宠爱，欲以岳父韦玄贞为侍中，并授给乳母的儿子五品高官。宰相裴炎面折廷争，以为不可。中宗大怒，说：我难道不能把天下让给韦玄贞？给个侍中有什么可惜的！[1] 裴炎害怕起来，就把这件事向武则天做了汇报。武则天听后很生气，认为中宗不堪为君。裴炎乃与武则天“密谋废立”[2]。光宅元年（684）二月六日，武则天在洛阳宫乾元殿召集文武百官议事。中宗高坐殿上，等候朝拜。这时，裴炎与中书侍郎刘祎之、羽林将军程务挺、张虔勖勒兵入殿，宣读了武则天废黜中宗的诏令。左右侍臣遵奉武太后的旨意，扶中宗下殿。中宗很不服气地问：“我有何罪？”武则天回答说：你想把天下让给韦玄贞，怎么能说无罪！[3] 就这样，唐中宗被废为庐陵王，幽于别所。四月，迁于均州（今湖北均县）濮王李泰故宅。对于这件事，自古迄今，曾有不少人认为，中宗要以天下让韦玄贞，只不过是在气头上说出的气话，未必真要那样去做；武则天以此废黜中宗不过是个借口，其目的是为了独揽大权。这种观点不能说没有道理，但问题在于武则天要独揽大权究竟对不对。唐中宗固然未必以天下让其岳

[1]《旧唐书》卷 87《裴炎传》，第 2843 页。

[2]《资治通鉴》卷 203，则天后光宅元年正月，第 6417 页。

[3]《大唐新语》卷 11《惩戒》，第 171 页。《旧唐书》卷 87《裴炎传》。

父，但这并不等于说唐中宗就是一个好皇帝。种种迹象表明，唐中宗之被废，不仅仅是因为他与裴炎的争执，还有更重要的原因：武则天之所以废中宗，并不完全是出于权势欲望，而主要是为了维护当时的政治局势。

在唐高宗统治时期，唐王朝仍然是朝着强盛的方向发展的。但这是就总体情况而言的。高宗末年，疾病加重，几乎完全不能处理朝政。武则天也不得不抽出大量时间照顾高宗，从而程度不同地影响了对朝政的处理。在这种情况下，周边少数民族反叛、骚扰的事件常常发生。如调露元年（679）十月，单于大都护府突厥阿史德温傅、奉职二部反，立阿史那泥熟匐为可汗，二十四州酋长皆响应，众数十万，入寇定州。永隆元年（680）七月，吐蕃侵剑南，复寇河源。突厥余众围困云州。二年，突厥侵扰原、庆等州，阿史那伏念复自立为可汗，与阿史德温傅连兵侵扰。永淳元年（682）二月，西突厥阿史那车薄帅十姓部落反叛，进围弓月城。五月，吐蕃大将论钦陵侵扰柘、松、翼等州[1]。十月，突厥余党阿史那骨笃禄、阿史德元珍等招集亡散，侵扰并州。[2]弘道元年（683）二月，突厥侵扰定州、妫州。三月，阿史那骨笃禄等围单于都护府，杀都护府司马张行师。四月，绥州步落稽白铁余自称“光明圣皇帝”，置百官，进攻绥德、大斌，杀官吏，焚民舍。[3]五月，阿史那骨笃禄侵扰蔚州。[4]唐高宗和武则天不断调兵遣将，虽然取得了一些胜利，但消耗了大量的人力物力，边患仍未解除。与此同时，自然灾害也特别严重。永隆元年（680）九月，河南、河北诸州大水[5]。二年八月，该地复遭水灾[6]。永淳元年五月，连日大雨，“沃若悬河”[7]。“洛水溢，溺民居千余家。”关中先水后蝗，“继以疾疫”[8]。次年三月，黄河水冲入河阳县，

[1]《资治通鉴》卷 202，第 6407、6409、6411 页。
[2]《唐会要》卷 94《北突厥》，第 1691 页。
[3]《资治通鉴》卷 203，高宗弘道元年四月条，第 6414 页。
[4]《旧唐书》卷 194《突厥传》，第 5186 页。
[5]《旧唐书》卷 5《高宗本纪》，第 107 页。
[6]《新唐书》卷 3《高宗本纪》，第 78 页。
[7]《旧唐书》卷 37《五行志》，第 1352 页。
[8]《资治通鉴》卷 203，高宗永淳元年五月条，第 6410 页。

水面高于城内五六尺，所过桥津，无复完璧。[1] 连年的自然灾害，不仅造成了“菽粟不稔”，严重地摧残了社会经济，使由少数民族贵族入侵引起的财政困难日益加深，而且造成了灾区人民的极端贫困。如永淳元年（682）的水旱灾害，使西京长安和东都洛阳发生饥疫，米斗至四百钱，“两京间死者相枕于路”，以至出现了“人相食”的悲剧。[2] 正当内外交困的时候，高宗皇帝又离开人世，使局势变得更加严峻。

在这种情况下，要继续维护唐王朝的辽阔版图和稳定局面，战胜自然灾害，恢复和发展生产，同时办好唐高宗的丧事，是何等的艰难！这就要求最高统治者有非凡的才能和坚强的毅力。可是，代替高宗而为天子的中宗究竟是一个什么样的人物呢？

唐中宗之成为皇太子，进而南面称孤，并不是因为他有什么杰出的才能，也不是由于高宗和武则天的偏爱，而是因为其兄太子弘死于疾病，太子贤以罪被废，其弟豫王旦年纪尚幼，且无特殊功绩。论“资”排辈，才将他推到了前台。论德行才艺，他都比不上李弘、李贤；就与他的弟弟豫王旦相比，也差之甚远。这一点唐高宗和武则天是很清楚的。正因为如此，当他们把李显立为皇太子以后，便派出德高望重、学识渊博、富有统治经验的人当太子辅佐。如，开耀元年（681）三月，以尚书左仆射、同中书门下三品刘仁轨兼太子少傅，以侍中郝处俊为太子少保。七月，以嵩山道士、海内名流田游岩为太子洗马。永淳元年（682）幸东都，留太子于京师监国，复命侍中裴炎、中书令薛元超辅之。

唐中宗定陵

自太子弘之死，至李显进

[1]《旧唐书》卷 37《五行志》，第 1353 页。

[2]《资治通鉴》卷 203，高宗永淳元年五月，第 6410 页。

入东宫，皇太子之位已三易其人。皇太子即是“储君”，频繁更换对统治是十分不利的。因此，唐高宗和武则天不欲更易其人。在对李显加强教导的同时，立其子重照为皇太孙，希望他放下包袱，勤学政务，有所长进。但是，这一切安排，并没有起到多大作用，李显还是老样子。监国期间，即“颇事游畋”[1]，荒于政事。对此，唐高宗和武则天大伤脑筋。高宗临死时之所以在遗诏中强调“军国大事有不决者，听天后处分”，正是在认真分析了当时政局形势和皇太子状况之后做出的重大决策，表现出对武则天的信任和对李显的担心。事实上，李显即位的所作所为，比高宗担心的还坏。他不是与母后同心同德，想着如何改变当时的困难局势，如何埋葬高宗，而是独断专行，一心想着如何讨好韦皇后，给庸庸碌碌的岳父韦玄贞穿上三品紫衣，如何让自己奶妈的儿子当上五品官，平步青云。为了达到这一目的，甚至不顾“天子口中无戏言”的戒律，说出“我以天下与韦玄贞岂不可”的话语。像这样的人，怎么能够担负起扭转危局、埋葬高宗的重任？

既然中宗不能担负此重任，又与武则天和大臣闹起了矛盾，那么，武则天不废他也不行了。所以，光宅元年（684）二月武则天废黜中宗，表面上看起来是武则天抢班夺权，实际上并非如此。唐高宗早已赋予她处分军国大事的权力，她废黜中宗的目的主要是为了稳定局势，完成高宗的葬礼，发展社会经济。武则天的这一用心，还可以从裴炎等人的态度上看出。裴炎，字子隆，绛州闻喜（今属山西）人。少而好学，为人宽厚，寡言笑，“有奇节”[2]，擢为明经，先后担任兵部侍郎、同中书门下平章事、侍中等职。永淳元年即于京师辅佐太子。二年，高宗病重，又跟太子赴东都侍疾。此年十一月，高宗病危，皇太子监国，复奉诏与黄门侍郎刘齐贤、中书侍郎郭正一于东宫平章事。十二月高宗死，更受遗诏为顾命大臣。与太子显相处较久，对李唐忠心耿耿。但是，中宗李显之被废，竟是他首先发起的。忠于唐室的重臣刘祎之、大将程务挺、张虔勖等皆预其谋，宰相刘齐贤等亦无异词。可见，他们也都认为在当时的历史条件下废黜中宗是必要的。因此，我们认为，废黜中宗，在当时并不是武则天的过错，而是大势所趋。

[1]《资治通鉴》卷 203，高宗永淳元年，第 6411 页。

[2]《新唐书》卷 117《裴炎传》，第 4247 页。

四、武则天与睿宗李旦

嗣圣元年（684）二月六日中宗被废之后，唐高宗第八子，也就是武则天的小儿子豫王李旦继位，是为睿宗。睿宗以龙朔二年（662）六月一日生于蓬莱宫（即长安大明宫）之含凉殿。初名“旭轮”。同年十一月十八日被封为殷王，遥领冀州大都督、单于大都护、右金吾卫大将军。乾封元年（666）七月，徙封为豫王。总章二年（669）十一月，徙为冀王，改名为“轮”。上元三年（676）正月，徙封相王。永隆二年（681）又改封豫王。嗣圣元年二月七日，越过皇太子阶段，直接当上了皇帝。睿宗为人随和，刻苦好学，“工草隶，尤爱文字训诂之书”，比中宗李显要强[1]。他在当上皇帝后，改元文明，废原皇太孙李重照为庶人，流韦玄贞于钦州。立其长子永平郡王李成器为皇太子。但他并未处理朝政，“政事决于太后”[2]。实际上他只不过是个傀儡。

既然睿宗比中宗精明，那么，他为什么会成为傀儡？原因很简单。睿宗即位时遇到的形势和中宗即位时的形势基本上是相同的。与中宗相比，睿宗确有他的长处：一是他有一定的知识，不像中宗那样庸庸碌碌；二是他能与母后武则天保

唐睿宗桥陵

[1]《旧唐书》卷 7《睿宗纪》，第 151 页。

[2]《资治通鉴》卷 203，则天后光宅元年正月己未，第 6418 页。

持一致，不像中宗那样独断专行。但是，他在即位时，也有明显的不足，那就是他没有当过太子，也没有想到自己会当皇帝，缺乏政治头脑和处理朝政的本领。像他这样的人，当个学士会是佼佼者，但做个掌权之君，却很平庸。因此，同样不能立即担负起扭转局势的重任。在这种情况下，朝政势必还要由武则天掌握。睿宗很有自知之明，把政事一股脑儿地推给母后，请她继续临朝；自己则闲散居处，以尽孝道。而武则天呢，对当时的形势了如指掌，知道让睿宗临朝，事情也很难办好。于是，就让他出面去办高宗的丧事，而把军政大权集中在自己手中。这样，就形成了武则天临朝称制，睿宗当傀儡的局面。史书上说，睿宗居于别殿，政事“不得有所预”；太后武则天常御洛阳宫之紫宸殿，“施惨紫帐以视朝”。[1]

五、武则天与太平公主

太平公主是武则天的女儿。据史书记载，太平公主方额广颐，多权略，则天以为类己，每预谋议，宫禁严峻，事不令泄。公主亦畏惧自检，但崇饰邸第。二十余年，天下独有太平一公主，父为帝，母为后，夫为亲王，子为郡王，贵盛无比。永淳（682—683）以前朝制，亲王食实封八百户，有至一千户；公主出降三百户，公主加五十户。太平食汤沐之邑一千二百户，圣历初加至三千户。[2]太平公主与文人关系密切，她身边常有文人造访，《全唐诗》描写公主宅宴饮之诗，共 19 首。可见数量之多。

武则天和唐高宗都很喜爱太平公主。“太平公主者，高宗少女也。以则天所生，特承恩宠。初，永隆年降驸马薛绍。永隆二年（681）七月太平公主出降薛绍时的盛景：“自兴安门设燎相属，道樾为枯。”[3]“燎炬列焰，槐树多死。”[4]唐高宗在所写《太子纳妃太平公主出降》中说：“龙楼光曙景，鲁馆启朝扉。艳

[1]《资治通鉴》卷 203。则天后光宅元年二月条，第 6418-6419 页。

[2]《旧唐书》卷 183《外戚传》，第 4738 页。

[3]《新唐书》卷 83《诸帝公主传》，第 3650 页。

[4]〔宋〕钱易撰，黄寿成点校《南部新书》，中华书局 2002 年版，第 124 页。

日浓妆影，低星降婺辉。玉庭浮瑞色，银榜藻祥徽。云转花萦盖，霞飘叶缀旂。雕轩回翠陌，宝驾归丹殿。鸣珠佩晓衣，镂璧轮开扇。华冠列绮筵，兰醑申芳宴。环阶凤乐陈，玳席珍馐荐。蝶舞袖香新，歌分落素尘。欢凝欢懿戚，庆叶庆初姻。暑阑炎气息，凉早吹疏频。方期六合泰，共赏万年春。”[1] 高宗死后，太平公主的婚姻出了问题。垂拱年间，其夫薛绍被诬告与诸王连谋伏诛，[2]“以主婿不加戮，饿死河南狱。”[3] 在武周时期，太平公主积极追随武则天，过着豪华的生活。太平公主除有多处府第外，还拥有面积广大的庄园，其中的富丽繁华景象在文学作品中都有描绘。韩愈的《游太平公主山庄》更是以回忆的方式写出当时太平公主宅第的盛况：“公主当年欲占春，故将台榭压城闉。欲知前面花多少，直到南山不属人。”[4]

武则天晚年，太平公主参与了张柬之政变，被封为“镇国太平公主”。武则天死后，她与李隆基起兵诛杀韦后，并辅助李旦坐上了帝位。既屡立大功，益尊重，上常与之图议大政，每宰相奏事，上辄问：‘尝与太平议否？……公主所欲，上无不听，自宰相以下，进退系其一言，其余荐士骤历清显者不可胜数，权倾人主，趋附其门者如市。”[5] 宰相七人，五出其门……文武之臣，大半附之。[6] 后来，又在与李隆基的斗争中失败，逃入山寺，“三日乃出，赐死于第”，终以悲剧收场。

六、武则天与“小公主”

相传永徽五年(654)末，武则天生了一个女孩。唐高宗很喜爱，视为掌上明珠；王皇后无儿无女，也很喜欢。永徽六年（655）初春的一天，王皇后来到武则天的住所，看视胖乎乎的小公主。王皇后一走，武则天就偷偷扼杀了自己的女儿，

[1]〔清〕彭定求等编：《全唐诗》卷 2，高宗皇帝《太子纳妃太平公主出降》，中华书局 1960 年版，第 21 页。
[2]《旧唐书》卷 183《外戚传》，第 4738 页。
[3]《新唐书》卷 80，第 3577 页。
[4]〔唐〕韩愈：《游太平公主山庄》，《韩昌黎全集》，中国书店 1991 年版，第 156 页。
[5]《资治通鉴》卷 209，睿宗景云元年，第 6651 页。
[6]《资治通鉴》卷 210，玄宗开元元年，第 6682 页。

并嫁祸于王皇后。

最早记载武则天“小公主”的是《唐会要》：“昭仪所生女暴卒，又奏王皇后杀之，上遂有废立之意。”[1]《旧唐书·则天皇后本纪》载：“武后夺嫡之谋也，振喉绝襁褓之儿，菹醢碎椒涂之骨，其不道也甚矣，亦奸人妒妇之恒态也。”[2]《新唐书》卷七十六《后妃传上》高宗皇后武氏条载：“昭仪生女，后就顾弄，去，昭仪潜毙儿衾下，伺帝至，阳为欢言，发衾视儿，死矣。又惊问左右，皆曰：‘后适来。’昭仪即悲涕，帝不能察，怒曰：‘后杀吾女，往与妃相谗媢，今又尔邪！’由是昭仪得入其訾，后无以自解，而帝愈信爱，始有废后意。”[3]《资治通鉴》对此事的记载更为详细，其文如下：“后宠虽衰，然上未有意废也。会昭仪生女，后怜而弄之，后出，昭仪潜扼杀之，覆之以被。上至，昭仪阳欢笑，发被观之，女已死矣，即惊啼。问左右，左右皆曰：‘皇后适来此。’上大怒曰：‘后杀吾女！’昭仪因泣数其罪。后无以自明，上由是有废立之志。”当代学者或以此作为武则天残忍的根据，认为武则天确曾生过一个小公主，为了当皇后，将其扼杀，用以陷害王皇后。[4]

但事实上，此事未必可靠。[5]因为两《唐书·则天纪》不载。首先，《旧唐书》卷51《高宗废后王氏传》载：王皇后求巫祝厌胜，事发，“上大怒，……将废后，长孙无忌、褚遂良等同谏，乃止。俄又纳李义府之策”，废之。新传略同。据此，似无扼女陷后事。其次，唐朝人刘肃所著的《大唐新语》一书中，虽收入了不少贬责武则天的资料，其中《酷忍》一章中就记载了武则天与王皇后、萧淑妃斗争的全过程及武则天如何残忍杀害王、萧二人，杀害长孙无忌等11条罪状，但并没有关于她扼杀亲女、嫁祸于王皇后的任何记载。可见武则天杀女嫁祸之说，在唐朝是不存在的，如果确有其事，依刘肃的性格是不会对她笔下留情的。其三，

[1]《唐会要》卷3《天后武氏》，第24页。

[2]《旧唐书》卷6《则天皇后本纪》，第133页。

[3]《新唐书》卷76《后妃传上》，第3474—3475页。

[4] 胡戟：《武则天本传》，三秦出版社1987年版，第24页。勾利军：《武则天杀女应属事实》，《史学月刊》1996年第4期。

[5] 梁恒堂：《武则天杀女辨误》，《武则天探秘》，山西古籍出版社1997年版，第27页。

最重要的是，所谓武则天扼杀小公主之事发生在永徽六年（655）初。但这个时段，武则天是不可能生小公主的。因为史书明确记载太子李贤生于永徽五年十二月十七日。而王皇后在永徽六年六月即因与其母“厌胜”受到限制，最终在十月十三日被废。从永徽五年十二月到次年六月仅半年时间，在这半年中，武则天是不可能生出一个小公主的。因此，所谓“小公主”实际上是不存在的，而武则天扼杀小公主之事纯属无稽之谈。

武则天家族简表

(一)

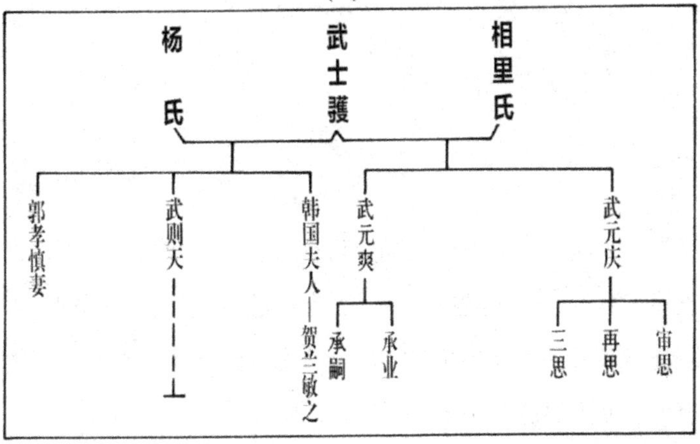

(二)

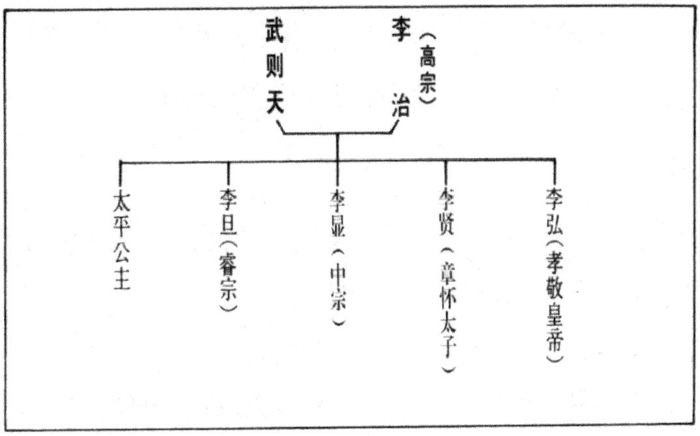

第二章

武则天的政治生涯

在唐高宗统治时期，武则天曾长期参与朝政。作为唐高宗的皇后，武则天是怎样参与朝政的？为什么会长期参与朝政？参政的方式和影响如何？后来为什么会临朝称制，进而破天荒地登上皇帝宝座，成为中国历史上独一无二的女皇帝？诸如这些问题，也是需要进行深入探讨的。

第一节　武则天参政的历程

武则天参政，最早可以追溯到唐高宗统治时期。唐高宗是唐代的第三位皇帝，对武则天十分信任。显庆五年(660)，唐高宗得了重病，“风眩头重”“目不能视”。[1]在这种情况下，需要有人代他临朝决事，统领朝政。当时，太子弘年仅八岁，且“多疾病”，根本不可能胜任这项工作。宰相许敬宗有处理朝政的才能，但品行

[1]〔宋〕司马光：《资治通鉴》卷200，高宗显庆五年十月，中华书局1956年标点本，第6322页。

不好，不大可靠。而皇后武则天“权变多智”，深得唐高宗信赖。因此，唐高宗开始让武则天参与朝政。《资治通鉴》卷 200 载：显庆五年（660）十月，高宗“初苦风眩头重，目不能视，百司奏事，上令皇后决之”。《唐会要》卷二也说：显庆五年十月以后，“上苦风眩，表奏时令皇后详决，自此参预朝政”。

武则天为什么能够走上政治舞台，长期参与朝政？从大量资料来看，武则天之参与朝政，既有客观条件，也有主观因素。

客观上，显庆五年（660）唐高宗得了重病，“风眩头重，目不能视”[1]。“风眩头重，目不能视”是什么病，尚不能确切判定。有人认为是高血压、近视眼、精神衰弱。但看起来似乎有些牵强。因为史书上有许多高宗骑马射箭，围场打猎的记载。若是高血压、近视眼，这些记载无法解释。据一位老中医分析，这是一种由“阴虚阳亢”引起的慢性疾病，难以根治，易于复发，重在调养。无论如何，风眩头重、目不能视是非常痛苦的事。唐高宗最初染上此疾，旬月不得康复。在这种情况下，需要有人帮他临朝，处理国家事务。由谁出面好呢？当然是皇太子。可是，当时太子李弘年方八岁，且“多疾病”[2]，根本不可能决断庶政。

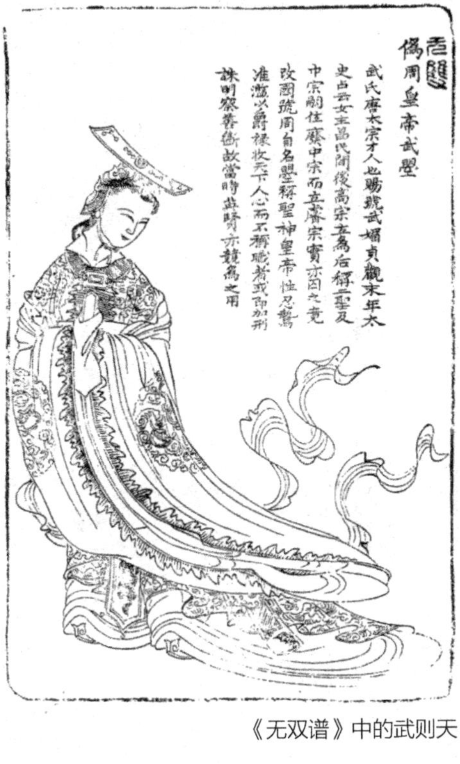

《无双谱》中的武则天

宰相许敬宗等人能够处理朝政，但不能完全依靠他们，否则，便有大权旁落的可能。这样，武则天就显得异常重要起来，成了唯一可以完全信赖的人选。他们既是生活中的情侣，又是政治上的伙伴。此时高宗让她帮助处理朝政，是顺理成章

[1]《资治通鉴》卷 200，高宗显庆五年十月条，第 6322 页。

[2]《旧唐书》卷 86《孝敬皇帝弘传》，第 2829 页。

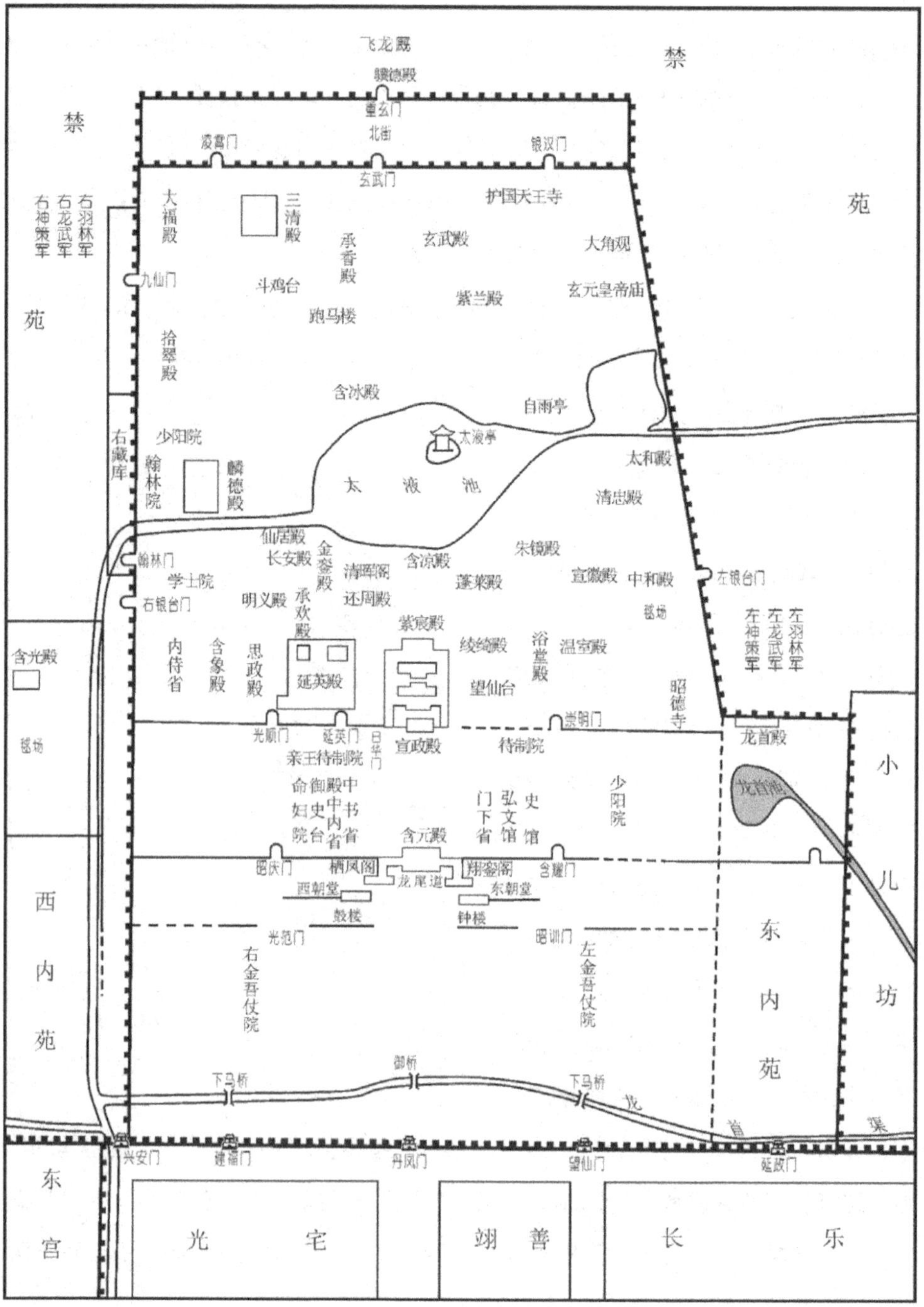
飞龙厩
禁
禁
苑
苑
重玄门
北衙
凌霄门
银汉门
玄武门
护国天王寺
右神策军
右龙武军
右羽林军
大福殿
三清殿
承香殿
玄武殿
大角观
九仙门
斗鸡台
紫兰殿
玄元皇帝庙
跑马楼
拾翠殿
含冰殿
自雨亭
右藏库
少阳院
太液亭
太和殿
翰林院
麟德殿
太
液
池
清忠殿
仙居殿
金銮殿
朱镜殿
翰林门
长安殿
清晖阁
含凉殿
宣徽殿
中和殿
左银台门
学士院
蓬莱殿
右银台门
明义殿
承欢殿
还周殿
毬场
紫宸殿
左神策军
左龙武军
左羽林军
含光殿
内侍省
含象殿
思政殿
绫绮殿
浴堂殿
温室殿
延英殿
望仙台
昭德寺
毬场
光顺门
延英门
日华门
崇明门
宣政殿
待制院
龙首殿
亲王待制院
小
命妇院
御史台
中书省
殿中内省
门下省
弘文馆
史馆
少阳院
龙首池
含元殿
昭庆门
栖凤阁
翔鸾阁
含耀门
西朝堂
龙尾道
东朝堂
儿
西
内
苑
鼓楼
钟楼
光范门
昭训门
东
内
苑
坊
右金吾仗院
左金吾仗院
御桥
下马桥
下马桥
龙
首
渠
兴安门
建福门
丹凤门
望仙门
延政门
东
宫
光
宅
翊
善
长
乐

大明宫平面图

的事。

主观上，武则天有参与朝政的本领。如前所述，武则天自幼聪明好学，权变多智。不平凡的经历开阔了她的视野，锻炼了她的意志，丰富了她的知识，增长了她的才干。她深知前朝古代的治乱得失，又有同反对派做斗争的实际经验，政治头脑灵活，能够排忧解难，把握风云变幻；她具有较高的文化素质，而且精力充沛，作风顽强，能够吟诗作文[1]，批阅奏章，日理万机。

武则天又与唐高宗情投意合，心心相印。这种密切关系自然而然地促进了主客观因素的结合。关于这一点，史书上说得非常清楚。《资治通鉴》卷 200 载：显庆五年十月，高宗“初苦风眩头重，目不能视，百司奏事，上或使皇后决之”。《唐会要》卷 3 亦载：“显庆五年十月已后，上苦风眩，表奏时令皇后详决，自

《武后从行图》

[1]《全唐诗》卷 5、《全唐文》卷 95 皆有武则天诗文。

此参预朝政。”[1]

显庆五年（660）十月之参与朝政，对武则天来说本来是临时性的。太子长大成人，她便可以告别政坛，深居后宫。可是，显庆五年以后，唐高宗“头重目眩”的病常常复发，又患上了可怕的疟疾。[2]每次患病，一月左右。由于有病，需要休息，所以当病情缓和时，高宗总是花许多时间去打猎、游幸。因此，从显庆五年（660）到弘道元年（683），武则天一直辅佐唐高宗，处理朝政。史载：“自是上每视事，则后垂帘于后，政无大小，皆与闻之。天下大权，悉归中宫……中外谓之二圣。”[3]

第二节　武则天当政时期的改革

弘道元年（683）十二月四日，唐高宗病死于洛阳，遗制皇太子柩前即位，“军国大事有不决者，取天后（武则天）处分”[4]，按照唐高宗的遗嘱，皇太子李显继承皇位，是为唐中宗；武则天被尊为皇太后。唐中宗却是一位无德无才的皇帝。他在即位之后，不是想着如何改变当时的困境，如何为唐高宗办丧事，而是迫不及待地要把自己的岳父韦玄贞提拔为宰相，并授乳母之子五品高官。宰相们出来反对，唐中宗甚至说：“我让国与玄贞岂不得，何为惜侍中耶？”[5]裴炎将此事告诉武则天。武则天认为唐中宗不堪为帝，遂于光宅元年（684）二月六日将他

[1] 武则天最初参与朝政的时间，尚有永徽六年、显庆四年二说。案，武则天自争夺皇后地位起，便卷入政治旋涡，对朝政有一定影响，但皆通过高宗，范围极其有限。故说业已参政，为时尚早。至于说长孙无忌被诛之日，即武则天参政之时，似近情理，其实不通。自古女子不得干政。吕后、贾后、冯太后皆辅昏、幼之主；时高宗稳坐朝堂，武则天何以遂能参政？故弃而不取。

[2]《旧唐书》卷 5《高宗纪》、《资治通鉴》卷 202。

[3]《资治通鉴》卷 201，高宗麟德元年，第 6343 页。

[4]《旧唐书》卷 5《高宗本纪》下，第 112 页。

[5]《旧唐书》卷 87《裴炎传》，第 2843 页。《新唐书·裴炎传》：“中宗欲以后父韦玄贞为侍中及授乳媪子五品官。炎固执不从。帝怒曰‘我意让国与玄贞，岂不可？何惜侍中耶？’”（第 4247—4248 页）

龙门大卢舍那像

废为庶人，另立睿宗，“居之别殿”，亲临朝称制，独揽大权。

文明元年（684）八月，武则天葬高宗于乾陵。九月改元光宅，大赦天下。同时下令改变旗帜、服色和文武百官称谓。改“东都”为“神都”，改洛阳宫为“太初宫”。准备用自己的全部才能酬答唐高宗的顾托之重和睿宗的推让之诚。但这一做法引起了部分宗室成员和所谓“皇唐旧臣”的不满，并发生了徐敬业的叛乱。武则天以铁的手腕派兵平定了徐敬业的叛乱，并改元“垂拱”。一年以后，社会趋于安定，武则天下诏“复政于皇帝（睿宗）”。唐睿宗奉表固让，武则天继续临朝称制，掌握权柄，直到载初元年（690）。

武则天以皇太后的身份临朝称制，权势已与皇帝没有什么差别。但皇太后毕竟只是皇太后，还不是皇帝。随着临朝时间的推移和个人名望的提高，武则天的权势欲望逐渐增强。另一方面，出来反对武则天当权的宗室成员和元老重臣也越来越多，继徐敬业叛乱之后，越王贞又发动了叛乱，迫使武则天加强手中的权力。在这种情况下，武则天逐渐产生了改唐为周的想法。天授元年（690）武则天在洛阳称帝，从而成为中国历史上唯一的女皇帝。

武则天为什么能够称帝？原因固然是多方面的，但与她当政时期所进行的改革是密不可分的。武则天是一位政治家，也是一位改革家。她在登上政坛后，以超人的胆略和魄力，在政治、经济、军事、文化和社会生活诸方面进行了一系列的改革。

一、参与朝政时期的改革

武则天的改革，最早可以追溯到唐高宗统治时期。唐高宗对武则天十分信任。《资治通鉴》卷 200 载：显庆五年（660）十月，高宗“初苦风眩头重，目不能视，百司奏事，上令皇后决之”。《唐会要》卷二也说：显庆五年十月以后，“上苦风眩，表奏时令皇后详决，自此参预朝政”。在唐高宗统治时期，武则天参与朝政 20 余年，帮助唐高宗进行了一些改革。这一时期的改革主要是围绕着调整统治阶级内部的关系和提高行政效率而进行的。

1. 改《氏族志》为《姓氏录》

唐初虽然实行科举制，但所依靠的主要统治力量依然是那些靠军功起家的元从功臣。这些人大都出于氏族家庭，有深刻的社会背景。经过唐初几十年的发展，成为地位显赫的权贵，与新兴的官僚士人之间存在着一定的矛盾。高宗立武氏为皇后时，曾遭到以褚遂良、长孙无忌为首的贵族官僚集团的激烈反对。在庶族官僚集团支持下，武则天才当上了皇后。因此唐高宗和武则天痛恨那些自命不凡的旧贵族，在贬杀长孙无忌、褚遂良、韩瑗、来济，提拔李义府、许敬宗等人的基础上进一步推行抑制旧贵族、扶植新权贵的政策。其具体做法就是改《氏族志》为《姓氏录》。

《氏族志》是唐太宗贞观年间修成的一部关于士族等级的书籍。唐太宗修《氏族志》的目的，是为了打击那些不利于自己统治的旧门阀，扶植那些在唐朝建立和统一过程中立有战功，在“玄武门之变”中支持自己的谋臣猛将，以巩固李氏王朝的统治。事实上，《氏族志》问世之后，也确实在一定程度上起到了这样的作用。然而随着时间的推移和社会的发展，《氏族志》成了旧氏族的护身符和社会不安定的因素。一方面，它完全变为维护元老重臣和达官贵人利益的工具。在它的保护下，元老重臣和贞观旧僚不仅控制了朝廷的要职，而且与旧士族势力相结合。[1] 大都形成了比较雄厚的私人势力。另一方面，它也变成了阻碍“寒族”晋升的一大障碍。当时，庶族势力发展很快。不少人在经济上发了迹，要求相应的政治地位，但仕途多为士族控制，有些人虽然通过科举入仕，也常常“挠不得进”，因而反感《氏族志》。这种情况在永徽六年（655）皇后废立事件发生后表现得更为明显。这样，对唐高宗来说，修改《氏族志》已不可避免。武氏家族

[1]《资治通鉴》卷 200 显庆四年十月条载：“初，太宗疾山东士人自矜门地，婚姻多责资财，命修《氏族志》例降一等；而魏征、房玄龄、李勣家皆盛与为婚，常左右之，由是旧望不减。”（第 6318 页）

此时虽已显达，但究其门第，不过是一个地方富商，不在《氏族志》之内。因此，修改此书，更是武则天的愿望。所以，唐高宗下达了修改《氏族志》的命令。

关于修改《氏族志》的情况，史书有比较详细的记载。《资治通鉴》卷200显庆四年（659）六月说：“丁卯（22）日，诏改《氏族志》为《姓氏录》。初，太宗命高士廉等修《氏族志》，升降去取，时称允当。至是，许敬宗等以其书不叙武氏本望，奏请改之。乃命礼部郎中孔志约等比类升降，以后族为第一等，其余悉以仕唐官品高下为准，凡九等。于是士族以军功致位五品，预士流。时人谓之‘勋格’。”《唐会要》卷36说：“上亲制序，仍自裁其类例。凡二百四十五姓，二百八十七家。以皇后四家，酅公、介公、赠台司、太子三师、开府仪同三司、仆射为第一等，文武二品及知政事者三品为第二等。各以品位为等第，凡为九等，并取其身及后裔。若亲兄弟，量计相从，自余枝属一不得同谱。”从这些记载里可以看出：发起此举者为许敬宗、李义府，决策者是唐高宗，修撰者是孔志约等12人。取舍的标准是当时的官职高低。旨在提高皇后武则天和现任官员的门第。书成，不为“士大夫”所喜，被称作“勋格”。全书比《氏族志》多100卷，但所列士族少48姓，1364家，在所录245姓，287家士族中，有不少是《氏族志》中所没有的。

如果把《姓氏录》的修纂情况及其内容与《氏族志》做一比较，就会清楚地看到，二者有许多相似之处，又有明显的差别。从表面上看，改《氏族志》为《姓氏录》只是用不同的标准重新划分了士族的等级，实际上它对统治阶级各个阶层的地位做了一次大调整，其影响是不可低估的。《氏族志》打击了魏晋以来破落的高门第士族，提高了唐初皇室及帝王将相大臣的门第；《姓氏录》则限制唐初以来士族官僚的权势，维护了新兴官僚贵族的利益，为庶族地主势力的进一步发展开辟了广阔的道路。由此可见，由《氏族志》到《姓氏录》，标志着统治者用人方略的改变。如果说唐太宗在贞观时期依靠的统治力量主要是元从功臣、士族官僚，那么，在唐高宗和武则天时期已转变为主要依靠新兴的官僚贵族。这一点是非常清楚的。

2. 对官制进行局部调整

唐初以来，逐渐形成了比较完备的官僚体制，中央有三省六部，地方有州县二级，官有定员，职责明确。唐高宗武则天统治时期根据当时形势的发展，在改《氏族志》为《姓氏录》之后，对官制做了如下调整：（1）增减官职。显庆元年（656），置骠骑大将军。龙朔二年（662）正月，太府寺更置少卿一员，分两京检校。[1]二月七日，废尚书令。总章二年（669）二月十二日，同三品始入衔；置司列、司戎少常伯各两员。永淳元年（682）七月，置州别驾[2]；外司四品以下知政事者始以平章事为名。（2）改易官名。龙朔二年（662）二月，改门下省为东台、中书省为西台、尚书省为中台；侍中为左相，中书令为右相，仆射为匡政，左右丞为肃机，尚书为太常伯，侍郎为少常伯。其余二十四司、御史台、九寺、七监、十六卫，并以义训更名。[3]咸亨元年（670）十二月，高宗又下诏，将龙朔二年所改官名大部分依旧，“其东宫十率府……各宜依旧为率府。其左司议郎除‘左’字。其左右金吾，左右威卫，依新改。[4]（3）官加泛阶。乾封元年（666）正月五日，“文武官三品已上赐爵一等，四品已下加一阶”，打破了以劳考叙进的局面。[5]（4）确定服饰。龙朔二年九月，令八品、九品衣碧。上元元年（674）八月，敕文武官三品以上服紫，金玉带；四品服深绯，金带；五品服浅绯，金带；六品服深绿，七品服浅绿，并银带；八品服深青，九品服浅青，并鍮石带。[6]

在铨选方面，针对“承平既久，选人益多”的状况，制定了新的铨选制度，《旧唐书·裴行俭传》载：总章二年（669），司列少常伯（即吏部侍郎）裴行俭等始设长名姓历榜，引铨注法，定州县升降、官资高下，遂为定制，按照“身”“言”“书”“判”四条标准，录取人才。计资量劳而拟官，始集而试，观其书、判（看是否楷法遒美，文理优长）；已试而铨，察其身、言（是否体貌丰伟，言辞辩正）；已铨而注，询其便利；已注而唱，集众告之。然后类以为甲，

[1]〔后晋〕刘昫：《旧唐书》卷4《高宗本纪》上，中华书局1975年版，第82页。

[2]《旧唐书》卷42《职官志》，第1788页。

[3]《资治通鉴》卷200，龙朔二年二月，第6326页。

[4]《旧唐书》卷42《职官志》，第1788页。

[5]《资治通鉴》卷201乾封元年正月，第6346页。

[6]《资治通鉴》卷202卷，第6373页。《唐会要》卷31《章服品第》所载略同。

先简仆射，乃上门下；既审，然后上闻，主者受旨奉行。各给以符，谓之告身。兵部武选亦然。课试之法，以骑射及翘关、负米。人有格限未至，而能试文三篇，谓之宏词，试判三条，谓之拔萃，入等者得不限而授。其黔中、岭南、闽中州县官，不由吏部，委都督选择土人补授。凡居官以年为考，六品以下，四考为满。[1]仪凤元年（676）八月，高宗又下令："桂、广、交、黔等都督府，比来注拟土人，简择未精，自今每四年遣五品已上清正官充使，仍令御史同往注拟。"时人称之为南选。[2]

为了有效地管辖广大的周边地区，唐高宗和武则天在这些地区广泛地设置州县，并大胆地使用当地部落酋长做官，如龙朔元年（661）在"吐火罗、嚈哒、罽宾、波斯等十六国置都督府八，州七十六、县一百一十，军府一百二十六，并隶安西都护府"[3]，多以其渠帅为刺史、县令。麟德元年（664），"于昆明之弄栋川置姚州都督府"，管三十二州。总章元年（665）分高丽地为九都督府，四十二州、一百县，置安东都护府于平壤以统之，擢其酋渠为都督及刺史县令，与华人参理。[4]

乾陵蕃臣像中的吐火罗王

咸亨三年（672），"昆明蛮十四姓二万三千户内附，置殷、敦、总三州"[5]。总之，在周边少数民族地区，甚至附属国都普遍设立了州县或羁縻州府，与之相适应，任命许多少数民族首领为地方长官。

从当时的实际情况分析，调整官制的主导思想

[1]《资治通鉴》卷 201，高宗总章二年十二月，第 6362 页。

[2]《资治通鉴》卷 202，高宗仪凤元年八月，第 6380 页。

[3]《资治通鉴》卷 200，高宗龙朔元年六月，第 6324—6325 页。

[4]〔宋〕王溥《唐会要》卷 73《安东都护府》，中华书局 1955 年版，第 1318 页。

[5]《资治通鉴》卷 202，高宗咸亨三年正月，第 6368 页。

和改《氏族志》为《姓氏录》的宗旨是基本一致的。当时对官制所做的调整有些是必要的，有进步意义，如对铨选制度的调整更是如此。有些是多余的，没有什么实际价值，如官名的改易等等。

3. 其他方面的改革

以上所列，是唐高宗在位时期比较重大的改革，至于日常政务方面的改革就更多了。如武则天在上元元年（674）十二月上表，“建言十二事：一、劝农桑，薄赋徭；二、给复三辅地；三、息兵，以道德化天下；四、南北中尚禁浮巧；五、省功费力役；六、广言路；七、杜谗口；八、王公以降皆习《老子》；九、父在为母服齐衰三年；十、上元前勋官已给告身者无追核；十一、京官八品以上益禀入；十二、百官任事久，材高位下者得进阶申滞。”[1] 唐高宗下诏贯彻执行。像这样的例子俯拾皆是，不胜枚举。

如果我们把上述事件加以分析，并与贞观时期的情况做一比较，就会发现：显庆五年至弘道元年（669—683），统治者基本顺应了历史潮流，推行并在一定程度上发展了太宗创立的多种制度，维护了国家的辽阔版图。

二、临朝称制时期的改革

唐高宗死后，武则天废中宗，另立睿宗，临朝称制，独揽大权。文明元年（684）八月，武则天葬高宗于乾陵。九月改元光宅，大赦天下。同时下令改变旗帜、服色和文武百官称谓。改“东都”为“神都”，改洛阳宫为“太初宫”。准备用自己的全部才能酬答唐高宗的顾托之重和睿宗的推让之诚。但这一做法引起了部分宗室成员和所谓“皇唐旧臣”的不满，并发生了徐敬业的叛乱。武则天以铁的手腕派兵平定了徐敬业的叛乱，并改元“垂拱”。一年以后，社会趋于安定，武则天下诏“复政于皇帝（睿宗）”。唐睿宗奉表固让，武则天继续临朝称制，掌握权柄，直到载初元年（690）。在此期间，武则天励精图治，为振兴朝纲进行了

[1]《新唐书》卷 76《则天顺圣皇后武氏传》，第 3477 页。

不懈的努力。具体说来，大致有以下几点：

1. 广开言路

唐初依前代旧规，设登闻鼓于西朝堂，设肺石于东朝堂，供告急诉冤之用，但派专人防守，一般人即使有冤，也难击鼓立石。垂拱元年（685）二月，武则天下制："朝堂所置登闻鼓及肺石，不须防守，有挝鼓立石者，令御史受状以闻。"[1]垂拱二年（686）三月，又令巧匠鱼保家作铜匦四枚，共为一室，"四面置门"，分别为青、红、白、黑四色，置于朝堂，以收天下常人表疏：青匦在东，名"延恩"，告"养人及劝农之事者"投之；丹匦在南，名"招谏"，"论时政得失者"投之；白匦在西，名"伸冤"，有"欲自陈屈枉者"投之；黑匦在北，名"通玄"，献"谋智者"投之。令正谏大夫、补缺、拾遗一人充使，于朝堂知事者，"每日所有投书，至暮并进"。武则天通过铜匦了解到不少情况，"由是人间善恶事多所知悉"。

2. 扩大仕途

唐初入仕之途主要是门荫，其次是军功、科举。门荫是汉魏以来传统的入仕途径，带有"世卿世禄"之遗风，只局限于达官贵人。军功授爵古亦有之，然不甚流行。南北朝末期有所抬头，但只局限于战争场合和军人内部。科举制起于隋，兴于唐，虽面向全社会，但也往往限于贵族上层，一般百姓很难问津，所以唐初的仕途虽较前代为宽，但从当时的社会状况来看，仍然是比较窄的。官僚贵族仍然是政治舞台的主体。对此，唐太宗十分不满。他虽准备拓宽仕途，实行自举，但因有人反对而未能如意。[2]武则天自当皇后以来，遭到不少士族官僚的反对，因而对门荫入仕的主导地位极为不满。为了壮大自己的势力，使更多的有识之士为其统治服务，她勇敢地迈出了唐太宗所未能迈出的一步。垂拱元年（685）五月，"制内外九品以上及百姓，咸令自举"。也就是说，不论是现任官吏，还是平民

[1]《资治通鉴》卷203，则天后垂拱元年二月癸未，第6433页。

[2]《唐会要》卷53《举贤》载：贞观十五年，"太宗谓宰臣曰：'致太平之运者，唯在得贤才。卿等既不能知，朕又不可遍识。日复一日，无得人之理。今欲令人自举，于事何如？'魏征曰：'知人者智，自知者明。知人既以为难，自知诚亦不易。且矜能伐善，恐长浇竞之风。'"其事遂寝（第914页）。

百姓，只要有才干，都可毛遂自荐，以求进用。《新唐书·则天顺圣皇后武氏传》云："太后不惜爵位，以笼四方豪杰自为助，虽妄男子，言有所合，辄不次官之，至不称职，寻亦废诛不少纵，务取实才真贤。"

与此同时，武则天还对科举制度进行了改革，借以广泛地搜罗英俊，招揽人才。科举制度创立于隋，在初唐以来有了明显的发展，但还不够完善，未能很好地发挥作用。针对这些情况，武则天在临朝称制时，特别是平定越王后，采取有效措施，对科举制度进行了一番改革：首先，使"常举"制度化，坚持每年开科取士，不以任何借口停止贡举。其次，调整取士科目。重点发展进士科，适当发展诸科，降低明经科的地位。如分神都、京师两处举进士，增加明法科及第人数，垂拱四年（688 年）至三十人。[1] 与此同时，扩大制举。表现在：缩短制举时间。以前数年一次，自此基本每年一次。扩大录取人数。以前每次只一至二人，自此大有突破。增加科举科目。以前每次不过一至二科，自此，增至七到八科。为了进一步搜罗人才，武则天在改革、健全科举制度的基础上又创立了殿试。所谓"殿试"就是皇帝在殿廷上向贡士亲发策问的考试。载初元年（690）"二月，辛酉（14日），太后策贡士于洛城殿。贡士殿试自此始"[2]。

3. 整饬吏治

吏治对社会发展至为重要，因此自古有作为的帝王莫不勤于整饬。武则天"通文史"，并有几十年的统治经验，对此十分清楚。她知道，对于官吏光用法律的形式来约束是不行的，要使他们"称职"，必须加强教育，使其懂为臣之道。为此，她在百忙中抽出时间，亲自撰写《臣轨》一书，其中心思想是要求臣僚成为德才兼备、忠君爱民的人物。[3] 由于此书采用了摆事实、讲道理的方式，要求严而不苛，故而引起了较好的反响。在对官吏进行普遍教育的同时，武则天还对官僚体制的某些环节做了改革。如垂拱二年（686）正月，提高地方官的身份，初令都督、

[1]〔清〕徐松：《登科记考》卷 3，中华书局 1984 年版，第 86 页。

[2]《资治通鉴》卷 204，则天后载初元年二月，第 6463 页。

[3]《臣轨·序》，见《佚存丛书》第 1 帙。又见《全唐文》卷 97，第 439—440 页。

刺史并准京官带鱼。三年十一月，罢监军。[1]

4. 修改律令

武则天辅佐高宗几十年，深知法制的重要。为了进一步维护社会秩序，垂拱元年（685），即派人重新删定律令格式。修改律令的指导思想是约法省刑。武则天说："朕情在爱育，志切哀矜。疏网恢恢，实素怀之所尚；苛政察察，良夙心之所鄙。方冀化致无为，业光刑措。"[2] 由于《永徽律疏》本身"得古今之平"[3]，因而修改时大抵依旧，"唯改二十四条"[4]。对于格式，则根据便于时而堪为当时行用的原则做了较大的变动，编成了《垂拱格》二卷，《垂拱留司格》六卷，《垂拱式》二二卷[5]。删定工作结束后，武则天亲为《垂拱格》作序，与律令等一道颁下。由于武则天的主导思想正确，加上删修官韦方质、王守慎等精通法律，因而垂拱格式，"议者称为详密"[6]，施行之后，颇见成效。

5. 布政维新

垂拱四年（688）十二月二十七日，薛怀义主持修建的明堂宣告竣工。于是，武则天诏曰："时既沿革，或没相遵，自我作古，用适于事，今以上堂为严配之所，下堂为布政之居。光敷礼训，式殿诚敬，来年正月一日，可于明堂宗祀三圣，以配上帝。宣令礼官、博士、学士、内外明礼声，详定仪礼，务从典要，速以奏闻。"永昌元年(689)正月一日，"在享明堂"活动如期举行。《资治通鉴》卷204载，"春，正月，乙卯朔，大享万象神宫，太后（武则天）服衮冕，搢大圭，执镇圭为初献，皇帝（睿宗）为亚献，太子（李成器）为终献。先诣昊天上帝座，次高祖、太宗、高宗，次魏国先王（武士彟）。次五方帝位座。太后御则天门（洛阳宫南面中门），赦天下，改元（由垂拱改为永昌）"。从表面上看来，武则天大享明堂，完全是出于对神祇的崇拜。实质上，这种活动带有极为明显的政治色彩。古来帝王，莫

---

[1]《资治通鉴》卷204，则天后垂拱三年十一月，第6446—6447页。

[2]〔宋〕宋敏求：《唐大诏令集》卷82《颁律令格式制》，学林出版社1992年版，第428页。

[3]〔清〕永瑢等：《四库全书总目提要》卷82，中华书局1965年版，第712页。

[4]《唐会要》卷39《定格令》，第702页。

[5]《旧唐书》卷46《经籍志》上，第2010—2011页。

[6]《旧唐书》卷50《刑法志》，第2143页。

不敬仰神祇祭天祀地，三叩九拜。武则天生当神学未衰之时，当然也不例外。但是只要我们揭去迷信外衣，就可以清楚地看到，这些祭神活动，大都与政治有关。武则天的躬祀先蚕，从驾封禅，拜洛受图便是如此。而明堂乃是替天行事的最理想的地方，由于明堂既是宗祀之所，又是布政之居，加之接受天命理应告祭神灵，因此，大享明堂既是拜洛受图的继续，又是“替天行道”，开始于“明堂布政”的标志。显然，它也是政治活动之一。这一点，还可以由改元的情况看出。武则天祭毕神灵后，当日即改元“永昌”是取永昌帝业之意。可见此次大享明堂确实是具有政治目的。这是武则天登基的前奏曲。

在大享明堂之后，武则天又立即布政明堂，开始了一系列“维新活动”：其一，加强对官僚的控制。史载，永昌元年（689）正月一日，武则天大享明堂，三日，受群臣朝贺，四日，即“布政于明堂，颁九条以训百官”[1]。九条的内容如何？可惜“文多不载”[2]。但从种种迹象来看，当与《臣轨》和《百僚新戒》相似。推其要旨，应是要求群臣顺从天命，忠君爱国，名称其职，共昌帝国。其二，改羽林军百骑为千骑，牢固控制禁军。永昌元年（689）十一月一日，武则天

武周新字表

[1]《资治通鉴》卷 204，则天后永昌元年正月戊午，第 6456 页。

[2]《旧唐书》卷 22《礼仪志》，第 864 页。

下令改元载初，颂《改元载初赦》，进一步“维新”：以永昌元年十一月为载初元年正月，十二月为腊月，来年正月为一月；优待阵亡战士家属；令富商大贾节俭，不得衣服过制，丧葬奢侈，损废生业；州县长官，督天下百姓嫁娶以时，勿使外有旷失，内有寡女；制正礼乐、文书，令有司刊正礼乐，删定律令格式，其不便于时者，内外五品以上官各举所知。九经文字，集学士详正，革其诋舛；自以“曌”为名，改“诏”为制；颁行新字；以周汉之后为二王，封舜禹汤之裔为三恪。

在以上诸项中，第二项旨在保护府兵制，第三项在改善社会风气，第四项在促进政治文化事业的发展，这是至为明显的。但是其余诸项旨在何处？武则天解释说，改天逆上是“三统”发展的必然要求，是高祖、太宗、高宗的遗志；以“曌”为名，是为了与她“怀柔百神，对扬上帝，三灵眷佑，万国来庭”的情况相应对；改革文字，是为了纠正“古今讹舛”，以期返朴还淳。其实，这不过是些冠冕堂皇的掩饰之词，与加强对官吏的控制，提高武氏地位等一样，都是为改朝换代所做的准备。

6. 改唐为周

载初元年（690）九月，神都洛阳出现了两次大规模的请愿活动，以武承嗣和李旦为首的文武百官，远近百姓，四夷酋长，沙门道士数万人请求武则天改朝换代当皇帝。于是，武则天兴奋地说道：“俞哉！此亦天授也。”[1] 即命有司“正皇典”“恢帝纲”，准备改朝换代。九月九日，武则天在洛阳举行了隆重的登基大典，宣布改唐为周，改元天授“在宥天下，咸与维新”。五天以后，群臣上尊号曰“圣神皇帝”。[2] 乃降皇帝（睿宗）为皇嗣，赐姓武氏，“令依旧名轮，徙居东宫，其具仪一比皇太子”[3]。至此，“武周”替代了“李唐”。武则天戴皇冠，穿龙袍，成了中国历史上独一无二的女皇帝。

武则天之所以改唐为“周”，主要有两个原因。其一，是为了显姓氏，崇

[1]《全唐文》卷 209《大周受命颂》，第 2 册，第 932 页。

[2]《资治通鉴》卷 204 载初元年九月乙酉，第 6467 页。

[3]《旧唐书》卷 7《睿宗本纪》，第 152 页。

本根。史云，“武氏出自姬姓。周平王少子生而有文在手曰‘武’，遂以为氏”[1]。武则天亦以周族苗裔自居[2]。显庆初，高宗封其父士彟为周国公，所以以“周”为国号，显然有表明“来历”的意思。其二，是表示要效法古代盛世，创造新的奇迹。中国古代所谓“治世”在唐人看来唯周、汉而已。“唐尊汉法，太宗之制也。”[3]可是，武则天颇不以为然。垂拱四年（688）十二月制举时，她曾出了这样一道问答题：“帝王之道奚是？王霸之理奚非？”张说回答说：“皇人御历，上淳而下信；帝者膺期，君明而臣哲。周用王道，教化一而人从；汉杂霸道，刑政严而俗伪。故亲誉优于畏侮，文、景劣于成、康。”[4]由此受到武则天赏识，后来武则天在《改元载初赦》中，又从“王行终始”学说的角度，论证唐应承周的观点，进而采用了“周正”[5]。毫无疑问，武则天以“大周”为号，亦是为了表明自己的政治抱负。

登基大典结束后，在群臣的一片讴歌声中，武则天首先举行了尊崇武氏的活动：立武氏七庙于神都。追尊周文王曰始祖文皇帝，妣姒氏曰文定皇后；平王少子武曰睿祖康皇帝，妣姒姜氏曰康惠皇后；太原靖王曰严祖成皇帝，妣曰成庄皇后；赵肃恭王曰肃祖章敬皇帝，魏义康王曰烈祖昭安皇帝，周安成王曰显祖文穆皇帝，忠孝太皇曰太祖孝明高皇帝，妣皆如考谥，称皇后，立武承嗣为魏王，三思为梁王，攸宁为建昌王。士彟兄孙攸归、重规、载德、攸暨、懿宗、嗣宗、攸宜、攸绪、攸止皆为郡王，诸姑姊皆为长公主。接着，又提拔奖赏了改朝换代时涌现出来的有功之臣，以司宾卿史务滋为纳言，以凤阁侍郎宗秦客检校内史，给事中傅游艺为鸾台侍郎、同平章事。不久，“改置社稷于神都”，作为“大周”的象征。接着，又改左右羽林军为左右羽林卫，加强神都的军事力量，形成居中御外的形势，以拱卫神都的安全和局势的稳定。

[1]《新唐书》卷74《宰相世系表》上，第3136页。

[2]《全唐文》卷97，高宗武皇后《升仙太子碑》，第1册，第441页。

[3]〔唐〕刘肃《大唐新语》卷7，江苏广陵古籍刻印社《笔记小说大观》本，第1册，第39页。

[4]《文苑英华》卷474，张说《对词标文苑科策》，第2419页。又见《全唐文》卷224，第998页。

[5]《全唐文》卷96，第1册，第436页。

三、治理大周时期的改革

“大周”政权的建立，打破了千百年来男子专政的局面，同时也使人们的思想发生了激烈的动荡。不少士大夫冲破了传统观念的束缚，拥护武周政权，也有许多士大夫抱残守缺，对武周政权怀有敌意。为了巩固武周政权，武则天忧劳天下，励精图治，制定并推行了许多行之有效的政策。

1. 统一思想

儒家思想中，没有女人可以当皇帝的说法，但它提倡“君君、臣臣、父父、子子”，对维护统治极为有利。所以武则天在当上皇帝后，便着手利用儒家学说中有利于自己统治的部分，别贵贱，正名分，调整最高统治阶级内部的关系。

所谓正名就是正名分，各安其所。在太宗、高宗统治时期，乃是李氏一统天下，李氏为宗室。武则天当皇后、皇太后时期，其娘家武氏为外戚，而武则天称帝后，改变了李武二家原来的“名位”。李家原来享有的皇位，拥有的“宗室”“太庙”和“陵寝”，现在都要由武氏予以代替。这就需要用儒家的“正名”学说来改变其地位。

皇位就是至高无上的皇帝地位。天授元年（690）九月九日“革命”以前，睿宗居于皇位，九月十二日，武则天称“神皇帝”，降睿宗为皇嗣，赐姓武氏。降皇太子成器为皇孙。宗室就是皇帝的宗族。也就是所谓“龙种”。“革命”前，宗室是李渊一系。“革命”后，天授元年（690）冬，武则天“封建”亲戚，广树“宗枝”。追封伯父武士让为楚僖王，士逸为蜀节王；异母兄元庆为梁宪王，元爽为魏德王。封元爽子文昌左相同凤阁鸾台三品，武承嗣为魏王，元庆子夏官尚书武三思为梁王。封众父兄子皆为郡王。对于李氏诸王，初未降封。长寿二年（693）腊月初七，“降封皇孙成器为寿春郡王，恒王成义为衡阳郡王，楚王隆基为临淄郡王。卫王隆范为巴陵郡王，赵王隆业为彭城郡王”。不久与章怀太子之子义丰王光顺，嗣雍王守礼，永安王守义等幽闭宫中，不出门庭者十余年。

改唐为周前，李氏有庙和陵寝。改唐为周后，武则天下令在首都洛阳立武氏七庙。长寿二年追尊三世祖先，并对其陵墓的称谓也做了相应的变动，大肆进行推崇。同时，改唐太庙为享德庙，四时仅祀高祖、太宗、高宗三室，宣帝（熙）、元帝（天赐）、光帝（虎）、景帝（ 昞）四室，皆闭而不享。废唐兴宁等陵署官，唯量署守户而已。

武则天在“正名”的同时，认为提倡儒家的礼乐很有必要；因而积极地制礼作乐，借以统一人们的思想。从史书的记载来看，这方面的活动很多，除经常性地享祀明堂外，主要有置七宝、封神岳和铸九鼎等。

“七宝”本来是佛教的七种宝物。这七种宝物本来与帝王没有多大关系。唐制：天子有八玺，即神玺、受命玺、皇帝行玺、皇帝之玺、皇帝信玺、天子行玺、天子之玺、天子信玺、皆以玉为之。“神玺以镇中国，藏而不用。受命玺以封禅礼神，皇帝行玺以报王公书，皇帝之玺以劳王公，皇帝信玺以召王公，天子行玺以报四夷书，天子之玺以劳四夷，天子信玺以召兵四夷，皆泥封。”[1]武则天即位后，“改诸玺皆为宝”。长寿二年九月又称“金轮圣神皇帝”。披上佛教面纱之后，又做了不同于佛教七宝，但与佛相联系的七种宝绶，即金轮宝、白象宝、女宝、马宝、珠宝、主兵臣宝和主藏臣宝。“每朝会，陈之殿庭。”[2]以彰显自己超迈古昔的权力。

封禅历来被认为是帝王的盛典。乾封元年（666）武则天曾与唐高宗封祀泰山，并充当了亚献。其后她又劝高宗封嵩山。高宗三次准备，但因突厥反叛，吐蕃入侵和疾病缠身，终未成行。武则天称帝后，决心登封嵩山，但她并不着急，群臣请她封禅时，她总予以推辞。直到天册万岁元年（695），武周政权业已稳固，王公百僚、四夷酋长再次奏请封禅，才诏定登封日期，任命姚琦撰定仪注，做准备工作。天册万岁二年（696）腊月二日，天寒地冻，北风刺骨，武则天“阐丹掖，开紫微，抚元虬，按黄道”，率文武百官向嵩岳进发，进行斋戒，九日，“柴燎”祀昊天上帝于岳南之万羊冈。以显祖立极文穆皇帝、太祖无上孝明高皇帝侑神作主，则天“戴圆冕，披大裘，登三垓，植四邸”。高炎四施，广乐六变。活动极其庄严。十一日，武则天登上中岳之巅举行祭天大典。接着大赦天下。改元万岁

[1]《新唐书》卷 24《车服志》，第 524 页。

[2]《资治通鉴》卷 205，则天后长寿二年九月，第 6492 页。

登封。十四日，禅祭后土于少室下趾东南。以显祖妣立极文穆皇后、太祖妣无上孝明高皇后侑神作主。“咸秩众灵，遍祀群望。”[1]礼毕。乃御朝觐台，受“万邦”朝贺。宴罢，复追封嵩岳神祇，尊神岳天中王为神岳天中皇帝。灵妃为天中皇后，夏后启为齐圣皇帝，封启母神为玉京太后，少室阿姨神为金阙夫人。王子晋为升仙太子，别为立庙以祀之。自制《升中述志碑》，立于封祀坛为丙地。又令李峤作《大周降禅碑》。崔融作《朝觐台碑》以记封禅之事。

“九鼎”是古代象征国家的传国之宝。相传禹铸九鼎，以象九州。夏德丧，鼎迁商邑。商德衰，复迁洛邑，及周室灭亡，秦欲取之，其一沉于泗水，余八下落不明。一说背设于泗水彭城。因为九鼎是传国之宝，故历代帝王多方求之。如汉文帝时，新垣平上诈言，说：“周鼎亡在泗水中，今河决通于泗，臣望东北汾阴直有金宝气。”文帝便令治庙于汾阴南，“临河，欲祠出周鼎”[2]。武则天知周鼎难求，乃征铜五十六万余斤，以司农卿宗晋卿为九鼎使，重新铸之。神功元年（697）四月，鼎成，其神都鼎名永昌，高一丈八尺，容一千八百石。冀州鼎名武兴，雍州鼎名长安，兖州鼎名日观，青州鼎名少阳，徐州鼎名东原，扬州鼎名江都，荆州鼎名江陵，梁州鼎名成都。皆高一丈四尺，容一千二百石。令书法家贾膺福、薛昌容、李元振、钟绍京分题额鼎，又令画家曹元廓图写各州山川物产之像于鼎上，然后，令宰相，诸王率南北衙宿卫兵十余万人及仗内大牛、白象，自玄武门外作坊曳鼎入宫城。“置于明堂之庭。”

武则天封中岳，铸九鼎，无疑有宣扬天人感应，搞个人崇拜的意思。但这方面最突出的表现要数接受尊号一事。改唐为周后，群臣居上尊号。天授元年（690）九月九日，改唐为周后不久，即批准群臣所请，称“圣神皇帝”。意思就是说，她和以前的封建帝王不同，不是一般的平庸之辈，乃是具有圣明的神威的皇帝。长寿二年（693）九月九日，称“金轮圣神皇帝”。“金轮”本佛教七宝之一，以借佛教“金轮王”之义，说自己就是像金轮王一样圣明的皇帝。三年五月十一日，称“越古金轮圣神皇帝”。证圣元年（695）正月初一，称“慈氏越古金轮

[1]《全唐文》卷 248，李峤《大周降禅碑》，第 2507—2508 页。

[2]《汉书》卷 25 上《郊祀志》上，第 1214 页。

王圣神皇帝”；九月九日，又称“天册金轮大圣皇帝”。从“圣神皇帝”到“天册金轮大圣皇帝”，称号的内涵越来越大，地位越来越崇高。

此外，还有树立天枢的活动。延载元年（694），诸蕃酋长慕义，献钱请立天枢于瑞门（洛阳皇城正角门）之外，以记武则天之功业。则天析洛阳、永昌二县，置来庭县廨于神都从善坊，以领四方蕃客；以姚璹为督作使，征买天下铜五十万斤，铁三百三十万斤，令工人毛婆罗造模，铸八棱铜柱，以为天枢。高一百零五尺，经一丈二尺[1]。下置铁山，绕以铜龙、狮子、麒麟。上施云盖，置四蛟以捧火珠。珠高一丈，围三丈，金彩荧煌，光侔日月。证圣元年（695）四月一日，天枢成，则天自书其榜曰：“大周万国颂德天枢”。武三思制颂文，纪太后功德，以黜唐颂周。“悉镂群臣、蕃酋名氏其上。”当时朝士献诗者不可胜计。李峤所作最为高雅，冠绝一时。其诗曰：“辙迹光西崦，勋名记北燕，何如万国会，讽德九门前。灼灼临黄道，迢迢入紫烟，仙盘正下露，高柱欲承天。山类丛云起，珠疑大火悬。声流尘作劫，业固海成田。圣泽倾尧酒，熏风入舜弦。欣逢下生日，还偶上皇年。”天枢立，“万国”会，群臣赋诗，皇帝临观，可谓盛况空前。这实际上也是统一思想的一种手段。

2. 重用贤才

武则天在改朝换代的过程中曾重用过酷吏，并造成了恐怖的政治气氛。但武则天深知酷吏的危害，她只不过是把酷吏当作是改朝换代的工具。一旦这个目的达到，势必要限制酷吏的势力。改唐为周之初，因政局尚未稳固，武则天仍在使用酷吏，但武则天并没有让酷吏掌握朝廷要职。当时最著名的酷吏有索元礼、周兴和来俊臣等。索元礼官止游击将军（从五品上），周兴止四品尚书右丞（正四品上），来俊臣止司仆少卿（从四品上）。当上宰相的酷吏只有傅游艺和吉顼二人。傅游艺天授元年（690）入相，次年九月下狱自杀，并没有对政治产生大的影响。吉顼严格地说不是酷吏，《新唐书》就没有把他列入《酷吏传》之中。因此，酷吏根本没有左右当时国家的政治。

[1] 关于铜铁之数，《大唐新语》卷 8 及《新唐书・武则天传》云“无虑用铜铁二百万斤”（第 3483 页）。天枢高度，《大唐新语》作九十尺。此据《新唐书・武则天传》及《资治通鉴》卷 205（第 6496 页）。

武周政权巩固后，武则天立即“尊时宪而抑奉臣，听忠言而诛酷吏”。先后杀掉了索元礼、丘神勣、周兴、傅游艺、王弘等人。万岁登封元年（695）十月，又发布了一道诏书，减大理丞、废秋官（刑部）狱，禁止为官残滥，表示“将使三千之罪，永绝于当年；岂惟数百之刑，仅宽于昔代”。[1] 神功元年（697）元月，武则天又将最大的酷吏头目来俊臣送进了坟墓。于此，酷吏便退出了武周的政治舞台。后来，又相继平反了武周时酷吏所造成的冤假错案，给死者及家属恢复了名誉。

另一方面，武则天通过多种渠道，千方百计地搜罗人才，让那些有经邦治世才能的贤能之士居要职，任宰相，掌中枢，协助她治理武周天下。从史书记载来看，这主要表现在两个方面：其一，进一步发展科举制，注意通过常举和制举选拔人才。科举是当时选拔人才的重要途径之一。武则天令贡举人停习《道德经》，改学新撰《臣轨》一书，更新了考试内容。又认为，糊名考判“非委任之方”[2]。罢而不用。“大开举尔之科，广陈训迪之典”“大搜遗逸，四方之士应制者向万人”。[3]天授二年（691）以后，每年通过科举入仕的人数，都有增加的趋势。其二，经常要求臣下自荐并推荐人才。天授二年十月，“制官人者咸令自举”。此外，确有才能，愿意仕进者平时亦可投匭自荐。鉴于许多名士不愿自荐的情况，武则天特别强调推荐，把荐举人才作为官僚的一项任务，“屡回旌帛，频遣搜扬”[4]。如证圣元年（695）诏曰：“其长才广度，沈迹下僚，据德依仁，韬声幽闭，怀辅佐之器，乏知己之容，宜令京官职事五品以下及刺史、上佐、县令量各准状荐举。”[5]有时武则天还特别要求某些大臣荐举人才。如圣历元年（698）令宰相荐尚书郎，其后，令雍州长史薛季昶择僚吏堪为御史者。长安四年（704），令宰相各举堪为员外郎者。当然，武则天是要求推荐真贤的，

[1]〔宋〕宋敏求编：《唐大诏令集》卷 82《减大理丞废秋官狱敕》，学林出版社 1992 年版，第 428 页。

[2]《新唐书》卷 45《选举志》下，第 1175 页。

[3]〔唐〕刘肃《大唐新语》卷 8，上海古籍出版社《唐五代笔记小说大观》本，第 1 册，第 45 页。

[4]《全唐文》卷 96，高宗武皇后《求访贤良诏》，第 1 册，第 433 页。

[5]《全唐文》卷 96，高宗武皇后《明堂灾手诏》，第 1 册，第 433 页。

“务取得贤之实，无贻滥吹之讥”[1]。对于“非举其士”者，予以贬责；对于“荐若不虚”者，则予以褒奖。如范履冰尝举犯逆者，因而被杀。在这种情况下，人以荐贤为忠，有才者多被荐于中央。

由于武则天通过各种渠道鼓励荐举人才，又不限门第高下、富贵贫贱，也不限种落族属，亲疏远近，“求之恒如不及”，因而选司空前忙碌，以至出现了“多士如林”的局面。对于选拔出来的人才，武则天皆“量才授职”，委以重任。为了使各级官员能够充分发挥出他们的才能，武则天向他们提出了较高的要求。不仅如此，还加强左右肃政台的力量，常派使者对官吏进行督促检查。对于无所作为或不称职的官吏，及时予以贬逐；对于政绩卓著的官员，皆大力进行提拔。在这种方针的指导下，许多有才能的人都被提升到重要的职位。

武则天用人还有一个特点，就是没有成见，皆以是否称职为标准。中唐名相陆贽说：武则天“弘委任之意，开汲引之门，进用不疑，求访无倦。非但人得荐士，亦许自举其才。所荐必行，所举辄试，……课责既严，进退皆速，不肖者旋黜，才能者骤升，是以当代谓知人之明，累朝赖多士之用”[2]。北宋史学家司马光也说：“太后虽滥以禄位收天下人心，然不称职者寻亦黜之，或加刑诛。挟刑赏之柄以驾御天下，政由己出，明察善断，故当时英贤亦竞为之用”[3]。这些评论是比较符合实际的。

3. 劝课农桑

武则天亲自执政以后，就在她所主编的《臣轨》中精辟指出：“然俱王天下者，必因富而粟多，粟生于农，故先王贵之……田垦则粟多，粟多则人富。”她懂得“建国之本，必在于农”，“家给人足，则国自安焉”。垂拱二年（686）四月，武则天将所撰农书《兆人本业记》发给诸州来京的朝集使，颁行天下。以后唐朝历代皇帝皆推崇武则天的这部农书，“每年二月一日，以农务方兴，令百僚具则天大圣皇后所删定《兆人本业记》进奉”，成为定制，足见其影响是很大的。武

---

[1]《全唐文》卷96，高宗武皇后《改元光宅敕文》，第1册，第436页。

[2]《旧唐书》卷139《陆贽传》，第3803页。

[3]《资治通鉴》卷205，则天后长寿元年一月丁卯，第6478页。

则天还以境内农田状况作为奖惩官吏的标准，规定州县境内，“田畴垦辟，家有余粮”。官吏则予以升奖；如“如政苛滥，户口流移”，则必加惩处，“轻者年终贬考，甚者非时解替”。

不仅如此，武则天还采取了许多切实可行的措施发展农业生产，在边远地区实行军事性屯田、营田。在这方面，娄师德、郭元振等人的成绩十分显著。娄师德累授左金吾将军，兼检校丰州（治所在今内蒙古五原）都督，仍依旧知营田事。他“率士屯田，积谷数百万，兵以饶给，无转饷让和籴之费”[1]。武则天降书慰劳说：“自卿受委北陲，总司军任，往返灵（灵州，治所在今宁夏灵武）、夏（夏州，治所在今陕西靖边北），检校屯田，收率既多，京坻遽积，不烦和籴之费，无复转输之艰，两军及北镇兵数年咸得支给。”[2]以前靠和籴，即征购粮食供应军需，转运艰苦，劳民伤财，现在靠屯田积粟即可支军粮数年。郭元振为凉州都督，令甘州（治所在今甘肃张掖）刺史李汉通“开置屯田，尽其水陆之利”。旧凉州粟麦每斛贵至数千文，自汉通开垦屯田，连续几年获得丰收之后，粮价下跌，乃至一匹绢能买粟麦十斛，积军粮可供数十年。郭元振在凉州五年，军威大振，生产发展，“牛羊被野，路不拾遗”[3]。因此，史家称誉，“唐兴以来，善为凉州者，郭居其最”[4]。除了在陇右等地区实行屯田，武则天还注意兴修水利。她统治时期，地方水利建设蓬勃发展，仅据《新唐书·地理志》记载，就有19项水利工程。与此同时，均田制继续得到推广。

此外，武则天还比较注意发展手工业和商业。武则天光宅元年（684）改少府监为尚方监，分中尚、左尚、右尚、织染、掌冶等五署；改将作监为营缮监，掌营构宫室房屋，制作砖瓦等。[5]当时采矿业很发达。除国家开采外，亦允许私人经营。规定“凡天下诸州出铜铁之所，听人私采，官收其税”[6]。对商业也采

[1]《新唐书》卷108《娄师德传》，第4092页。

[2]《旧唐书》卷93《娄师德传》，第2975页。

[3]《旧唐书》卷97《郭元振传》，第3044页。

[4]〔宋〕王谠：《唐语林》卷2，上海古籍出版社1978年版，第42页。

[5]〔唐〕杜佑：《通典》卷27，中华书局1988年校点本，第1册，第762页。

[6]〔唐〕张九龄等：《唐六典》卷22《掌冶署》，广池学园事业部，1973，第411页。

取了比较宽松的政策。

4. 巩固边防

武则天对国际关系和民族关系是极为重视的。有关国际关系和民族关系的事，大都亲自予以处理。不仅如此，而且以抚慰和怀柔的原则，对承认武周地位、向往中原文化的国家和少数民族政权，皆予以支持、保护和优待。

对于边疆少数民族政权，武则天的要求比对“蕃国”要严。所谓严，并不是要求他们在经济上能对中央有多少帮助，而是要求他们在政治上绝对服从中央，各安其地，固守边疆。为了达到这一目的，武则天对这些少数民族政权实行了明显的抚慰政策。一是广泛吸收少数民族成员参与武周政治。《朝野佥载》卷载：“周则天朝，蕃人上封事，多加官赏。”这便是武则天汲引蕃人参政的明证之一。由于汲引蕃人做官，因而当时少数民族成员任文职尤其是任武职者很多。如铁勒人契苏明为左鹰扬卫大将军兼贺兰都督，突厥人沙吒忠义为右武卫将军。二是允许少数民族酋长改过，和亲。三是帮助少数民族发展经济。

为了加强边防，武则天在实行民族怀柔政策的基础上采取了一些强有力的措施。如派兵收复安西四镇，驻守边疆，建立第二道边防线，坚决打击侵扰者，等等。

5. 移风易俗

武则天以女主君临天下，“移风易俗”[1]，使社会生活领域发生了很大变化。风俗习惯展现出新的姿态。

在婚姻方面，武周时期与唐初所不同的是严格要求嫁娶以时，禁止“别宅夫人”，力图使“内无寡女，外无旷夫”。至于婚礼，则与唐初并无多大差异。在丧葬方面的变化是，严禁“富族豪家”丧葬逾礼，铺张浪费。故墓形制趋于规整，随葬明器与唐初变化较大，镇墓兽日渐高大凶猛，“唐三彩”大量出现。

当时，百官服饰略同上元，文明之制，稍有改作。即文武三品以上服紫、金玉带。四品服深绯，五品服浅绯，并金带。六品服深绿，七品服浅绿，并银带。八品九品服碧，并鍮石带。文武京官五品以上及七品清官，每入朝，常服裤褶，都督刺

[1]《全唐文》卷 95《禁丧葬逾礼制》，第 430 页。

史及京官五品以上皆佩龟袋。具袋三品以上饰金，四品银，五品铜。天授二年（691）二月，朝集刺史赐绣袍，各于背上绣成八字铭。长寿三年（694）四月，敕赐岳牧金字银字铭袍。延载元年（694）五月，则天内出绯紫单罗铭襟背衫，赐文武三品以上。另外，“则天朝，贵臣内赐高头巾子，呼为武家诸王样”。至于百姓之服饰，除以上百官朝服外，皆随其所欲，唯一度“禁天下锦”。官吏百姓皆不得私存。

武则天为了提高妇女地位，采取了不少措施：首先，她特别强调妇女在社会生活中的作用。在辅佐高宗的日子里，她就为“父在，为母服止一期”的现象打抱不平。她上书说：“窃谓子之于母，慈爱特深。非母不生。非母不育。推燥居湿，咽苦吐甘。生养劳瘁，恩斯极矣。所以禽兽之情，犹知其母。三年在怀，理宜崇报”[1]，要求对父母同样看待，并且争得父在为母服丧三年法规的颁布。其次，组织“北门学士”，为妇女树碑立传，歌功颂德。撰《列女传》一百卷，《古今内范》一百卷，《内范要略》十卷，《保傅乳母传》一卷。[2]这在以往都是罕见的。再者，对于原来限制妇女社交活动的种种清规戒律，也予以放宽。例如，凡大朝会，允许命妇“与百官杂处”等等。[3]在妇女的服饰问题上，也有很大改革。规定妇女出行，戴帷帽即可。[4]不仅如此，还允许妇女参加有益的社会活动。如明堂初成，纵东都妇人入观，“久之乃罢”[5]。当时妇女骑马、射箭、打毬、穿男人服装，也是常见的事。神功元年（697），突厥入侵，古元应妻助夫守城，颇有功绩。则天下制称赞说：“顷属默啜攻城，咸忧陷没。丈夫固守，犹不能竖；妇人怀忠，不惮流失。由兹感激，危城重安，如不褒升，何以奖功！古元应妻可封为徇忠县君。”[6]万岁通天元年（696）以后，使上官婉儿“内掌诏命，……群臣奏议及天下事皆与之”[7]，成为活跃宫中的“女强人”。所有这些，都在一定程度上改

[1]《全唐文》卷97《请父在为母终三年服表》，第437页。

[2]《旧唐书》卷46《经籍志》上，第2006页。

[3]《旧唐书》卷149《于休烈传》，第4008—4009页。

[4]《旧唐书》卷45《舆服志》：“武德、贞观之时，宫人骑马者，依齐、隋旧制，多著羃䍦。虽发自戎夷，而全身障蔽，不欲途路窥之。……则天之后，帷帽大行，羃䍦渐息。”（第1957页）

[5]《旧唐书》卷22《礼仪志》。

[6]《全唐文》卷96，高宗武皇后《封古元应妻为徇忠县君诏》，第433页。

[7]《新唐书》卷76《后妃·上官昭容传》，第3488页。

变了妇女的精神面貌。现在一些学者喜欢谈唐代女子的相对自由解放，唐代婚姻的开放风气等等。而这种风气的形成，是与武则天提高妇女地位的努力分不开的。

总之，武周时期，武则天在政治、经济等方面也实行了一系列新的政策。这些政策大部分对巩固武周政权、发展社会经济、加强国防力量都有一定的积极作用。正因为如此，武周时期政治比较清明，经济有所发展，国力相当强大。

第三节　武则天的悲剧结局

武则天是中国历史上唯一的女皇帝，也可以说是中国历史上排名第一的女强人。她在唐代前期的历史舞台上叱咤风云，活跃了将近半个世纪，但她最后却落了个悲剧性的结局。为什么会是这样的结局？这个问题值得我们进行深入研究。

一、武则天晚年的困惑

“大周”建立之初，武则天就认识到皇位继承问题的严重。不过，当时她的身体还健康，所以没有在这个问题上下功夫。她在“正名”的过程中，封诸侄为王，享有特权，而以第四子睿宗李旦为“皇嗣”，令徙居东宫，“其具仪一比皇太子”。[1]一方面，提高武氏“宗室”的政治地位，另一方面给李姓儿子以“接班候选人”的空名。从表面上来看，皇位继承人已经确定。实际上，问题仍然悬在空中。武则天这种临时性的安排，显然是为了稳定政局，集中精力巩固政权，开创局面。同时，也是为了控制子侄，以便将来比较权衡，正式安排。

但是，由于李氏在改朝换代的过程中遭受重大损失，元气大伤，一蹶不振；由于武氏诸侄在武则天称帝后取得了“宗室”的地位，势力急剧增长，因而，刚

[1]〔后晋〕刘昫：《旧唐书》卷7《睿宗纪》，中华书局1975年版，第152页。

刚放下的皇位继承问题又被提了出来。天授二年（691），魏王武承嗣自以为“大周革命”，自己有很大功绩，又在“宗室”中年龄最大，曾袭封周国公，与天子最为亲近，应当代皇嗣李旦而为皇太子，故“密谕后党凤阁舍人张嘉福，使洛州人上书请立己为皇太子，以观后意”[1]。《大唐新语》卷 9 记载说：“洛阳人王庆之，希旨率浮伪千余人诣阙，请废皇嗣，而立武承嗣为太子。召见，两泪交下，则天曰：‘皇嗣我子，奈何废之？’庆之曰：‘神不享非类，今日谁国，而李氏为嗣也？’则天固谕之令去，庆之终不去，面覆地以死请。则天务遣之，乃以内印印纸，谓之曰：‘持去矣，须见我以示门者，当闻也。’庆之持纸，去来自若，此后屡见，则天亦烦而怒之，命李昭德赐杖。”从这段记载来看，武则天尚无立武承嗣为皇太子之意。

长寿二年（693）一月，发生了前尚方监裴匪躬及内常侍范云仙等人“私谒皇嗣”的事件。这一事件对武则天震动极大，使她对皇嗣的信任有所削弱，甚至对皇嗣是否忠诚产生了怀疑。她杀死裴匪躬、范云仙，禁止公卿大臣与皇嗣相见，降低皇孙以下李氏诸王爵位。有人诬告皇嗣阴有异谋，即令酷吏来俊臣审讯他身边的人，直到太常工人安金藏剖胸明志，才命来俊臣停止推鞫。[2] 虽然打消了皇嗣谋反的疑虑，但对他仍不放心，使他处于被软禁的地位。这时武承嗣、武三思之徒营求皇太子的活动又频繁起来。武则天深知武承嗣亦无统御之才，对他也不大放心。从此，她在皇位继承问题上陷于举棋不定的状态。

在这种情况下，武则天的大臣们也都在考虑储君问题，他们的政治倾向是举足轻重的。武则天手下的将相大臣，绝大多数是她的支持者。但是，他们支持武则天，只是支持由太宗开创，由她继承并且发展的事业。他们认为，武氏诸王，非天下属意，并不希望形成武氏子侄继位的政治格局。所以，当武则天在传子还是传侄的问题上举棋不定的时候，他们相继上书，反对传位武氏，要求以李氏为皇太子。

最先出来劝说武则天的是宰相李昭德。天授二年（691）十月，王庆之再次

[1]〔宋〕欧阳修、宋祁：《新唐书》卷 206《武承嗣传》，中华书局 1975 年版，第 5838 页。

[2]〔宋〕司马光：《资治通鉴》卷 205，则天后长寿二年一月甲寅，中华书局 1956 年版，第 6490 页。

固请立武承嗣为太子，武则天大怒。李昭德杖杀了王庆之，并对武则天说："天皇，陛下之夫；皇嗣，陛下之子。陛下身有天下，当传之子孙，为万代业，岂得以侄为嗣乎！ 自古未闻侄为天子而为姑立庙者也！且陛下受天皇顾托，若以天下与承嗣，则天皇不血食矣！"[1] 听完李昭德这段话，武则天也感到讲得有道理，认识到了立侄为皇太子的不利因素。长寿元年（692）六月，李昭德又向武则天密奏："魏王承嗣权太重。"武则天亦有所警觉，罢免了武承嗣、武攸宁和杨执柔的相权。[2] 立子，不妥；立侄，亦不妥！怎么办才好呢？武则天苦思冥想，找不到妥善的办法。于是，又将这一棘手的问题搁置起来。

圣历元年（698）春，武承嗣、武三思又有营求皇太子之举，多次派人对武则天说"自古天子未有以异姓为嗣者"，请求由武氏接班。但宰相狄仁杰等表示反对。《通鉴》卷 206 载："狄仁杰每从容言于太后曰：'文皇帝栉风沐雨，亲冒锋镝，以定天下，传之子孙。大帝以二子托陛下。陛下今乃欲移之他族，无乃非天意乎！且姑侄之与母子孰亲？陛下立子，则千秋万岁后，配食太庙，承继无穷；立侄，则未闻侄为天子而祔姑于庙者也。'太后曰：'此朕家事，卿勿预知。'仁杰曰：'王者以四海为家，四海之内，孰非臣妾，何者不为陛下家事！君为元首，臣为股肱，义同一体，况臣备位宰相，岂得不预知乎！'又劝太后召还庐陵王。王方庆、王及善亦劝之。太后意稍寤。他日，又谓仁杰曰：'朕梦大鹦鹉两翼皆折，何也？'对曰：'武者，陛下之姓，两翼，二子也。陛下起二子，则两翼振矣。'太后由是无立承嗣、三思之意。"[3]

此后，宰相吉顼及张易之、张昌宗兄弟亦请以李氏为储。上书同卷载："吉顼与张易之、昌宗皆为控鹤监供奉，易之兄弟亲狎之。顼从容说二人曰：'公兄弟贵宠如此，非以德业取之也，天下侧目切齿多矣。不有大功于天下，何以自全？窃为公忧之！'二人惧，流涕问计。顼曰：'天下士庶未忘唐德，咸复思庐陵王。

[1]《资治通鉴》卷 204，则天后天授二年十月，第 6475—6476 页。《旧唐书》卷 87《李昭德传》载，昭德这段话讲于延载（694）初，杖杀庆之以后，而杖杀庆之据《资治通鉴》载当在天授二年十月，今从《资治通鉴》。

[2]《资治通鉴》卷 205，则天后长寿元年六月，第 6483 页。

[3]《资治通鉴》卷 206，则天后圣历元年二月条，第 6526 页。

主上春秋高，大业须有所付；武氏诸王非所属意。公何不从容劝主上立庐陵王以系苍生之望！如此，非徒免祸，亦可以长保富贵矣。’二人以为然，承间屡为太后言之。太后知谋出于顼，乃召问之。顼复太后具陈利害，太后意乃定。”[1]

李昭德、狄仁杰、王方庆、王及善、吉顼都是武则天的亲信大臣，二张也是武则天的心腹。他们从封建宗法、伦理观念出发，详细分析了立子立侄的利与弊，反对立侄，主张立子。武则天由此进一步认识到武氏诸王不得人心，立侄弊多利少，不仅身后有陵庙无享祭、子孙被陵夷的可能，而且眼下就会造成与臣僚的隔阂，有丧失人心的危险。因此，她打消了立侄的念头，决意立子。

圣历元年（698）三月九日，武则天借口庐陵王李显有病，遣职方员外郎徐彦伯赴房州召李显回都治病。

皇嗣李旦在都，本来即可立为太子，何以又要召回李显？对此，史书没有明文记载。从当时的情况分析，武则天召还庐陵王，绝非一时头脑发热，而有其深刻的政治用心。一方面，要传位于子，就必须逐渐扩大李氏的势力。而要扩大李氏的势力，召还庐陵王便是首要的问题。因此，当大臣要求召回庐陵王时，她毫不犹豫地做出决策，这样有利于形势的发展。另一方面，要以李氏为太子，必须在皇嗣李旦和庐陵王李显之间做出选择。李旦本来可以依靠“皇嗣”地位充当皇太子，但由于接受大臣私谒，降低了武则天对他的信任，武则天禁止臣僚谒见李旦，并以“厌呪”为由，杀掉了他的妃子刘氏和窦氏，[2] 母子二人在感情上壁障较多，因而对李旦不大放心。李显的情况虽与李旦有相似之处，但毕竟是不相同的。他不是无辜被幽，而是以罪被废的。被废之后，先居均州，后徙房州，多少年来，一直在生活上享受亲王待遇，并没有受到多少冲击。虽然对武则天的改朝换代十分不满，但与李旦相比，母子之间的隔阂还不是那么深刻。按照封建时代的惯例，皇太子被废，不是被诛杀，就是永远被贬为庶人，很少有人能够东山再起。李显被废后，虽然仍旧保有“庐陵王”之号，但已失去了太子地位，按照常规，不可能再恢复帝位，因而对重新进东宫登皇位连想都是不敢多想的。在这种情况下，

[1]《资治通鉴》卷 206，则天后圣历元年二月条，第 6526—6527 页。

[2]《资治通鉴》卷 205，则天后长寿二年正月，第 6488 页。

若将他召回神都，使其摆脱困境，重继大统，他必然会感恩戴德，释前嫌而尽孝理。再说，“立嫡以长”，李显长于李旦，召回李显而立为太子，从宗法观念上来说，也不是讲不通的。若召回李显，而以李旦为太子，则将来皇位之争，也可能重演。若以李显为太子，这种可能性就会大大缩减。因此，可以推断，武则天召回庐陵王的目的，是为了顺应大臣的请求、百姓的愿望，扩大李氏势力，付以太子之位。

庐陵王李显还都以后，武则天并没有马上册封他为皇太子，只是让他尽情地欣赏神都的繁华景象，适应一下武周王朝的崭新环境。半年以后，皇嗣李旦揣摩到了武则天的意思，几天不吃饭，“数称疾不朝”[1]，用绝食的办法坚决请求“逊位于庐陵王”[2]。武则天见时机已到，便顺水推舟答应了李旦的请求，降皇嗣为相王，而以李显为皇太子。[3] 至此，棘手的皇位继承问题才算初步解决。

皇位继承问题初步解决，并没有消除李氏子孙与武氏诸王之间的矛盾。由于武则天先是举棋不定，后来倾向于李氏，遂使李氏势力大增；武氏诸王很不得志，魏王武承嗣眼巴巴地得不到皇太子地位，气得一病身亡，“以不得立为皇太子，怏怏而卒”[4]。武承嗣虽死，其他诸王尚在。为了使李氏继位得以顺利实现，也使武氏免除灭顶之灾，武则天煞费苦心，采取了一系列措施，企图消弭太子兄弟与武氏诸王之间的矛盾。其中一条，就是令子、侄立誓明堂，永言和好。史载圣历二年（699）四月，壬寅（18日），武则天“命太子、相王、太平公主与武攸暨等为誓文，告天地于明堂，铭之铁券，藏于史馆”[5]。可知参加发誓的有太子李显、相王李旦、太平公主、梁王武三思、千乘王武攸暨等。宣誓地点在明堂，也就是“通天宫”。誓文曾铸于铁券，藏于史馆，可惜未流传下来，但其中心意思肯定是向天神地灵保证他们永远和好，决不争斗。此举可谓用心良苦，对于矛盾双方来说，无疑是一种约束。

[1]《旧唐书》卷7《睿宗本纪》，第152页。

[2]《资治通鉴》卷206，则天后圣历元年九月戊辰，第6534页。

[3]《旧唐书》卷7《睿宗本纪》，第152页。

[4]《旧唐书》卷183《武承嗣传》，第4729页。

[5]《资治通鉴》卷206，则天后圣历二年四月壬寅，第6540页。

婚姻关系是两性的结合，本来不具有政治目的。但在阶级社会里，特别是在统治阶级的上层中，婚姻关系却常常带有明显的政治色彩。西汉以来与少数民族政权之间的所谓“和亲”，绝大多数都是出于政治的需要，即通过婚姻关系融洽感情，达到缓和矛盾的目的。而且，这种方法在历史上有时也确实收到了良好的效果。唐初，高祖给武士彟做媒，后来太宗又纳士彟的女儿为“才人”，都具有君主关照功臣的政治因素。武则天对此当然非常熟悉。为了从感情上改善李武关系，武则天亲自出面，促使李氏与武氏通婚。除先前以武攸暨尚太平公主以外，又以皇太子之女新都郡主嫁武承业之子陈王武延晖，永泰郡主嫁武承嗣之子南阳王武延基，安乐郡主嫁武三思之子高阳王武崇训。[1] 这种姑表婚姻，不仅对调节缓和李武矛盾起了一定的作用，而且由此结合、繁衍出一个李武婚姻政治集团。

立誓和通婚对李武两氏虽有约束，但并不能保证不发生摩擦。魏王武延基与邵王李重润及永泰郡主之间发生的严重争执，便是证明。对于这场严重的争执，今人往往不明真相，多有误解。原因是史书记载不一。主要有两个问题：一是死因。《通鉴》卷 207 载：李重润等窃议太后委政张易之兄弟，易之诉于太后。《新唐书》卷 81《三宗诸子传》只言窃议，不言易之上诉之事。卷 83《诸帝公主传》说：忤张易之。卷 104 张行成传仅言窃议。卷 206《外戚传》说私语张易之兄弟事，后愤争，语闻。《旧唐书》卷 6《则天本纪》说为张易之谗构。卷 86《中宗诸子传》说为人所构。卷 78《张行成传》说窃言二张专政，易之诉于则天。卷 183《外戚传》说“话及张易之兄弟出入宫中，恐有不利，后愤争不协，泄之”。1960 年出土的《大唐故永泰公主墓志铭》则说永泰系怀妊得病。当以《旧唐书·外戚传》所言为是。二是死法。据上述各书，计有则天杖杀之、令自杀、皇太子令自缢等四五种说法。如果把这些材料加以剖析，去伪存真，我们可以看出，事情始末大致是这样的：大足元年（701）秋季某日，皇太子的长子邵王李重润到妹妹永泰郡主家做客。妹夫武延基正好在家。当他们谈到武则天的男宠张易之兄弟时，意见分歧，发生争执。三人皆血气方刚，不能克制自己，旧怨重提，愤争不已，惊动四邻。武则

[1]《唐会要》卷 6《公主》，第 64 页。

永泰公主墓石椁

天闻而大怒，认为他们违背了明堂誓约，有伤于李武和气，简直不成体统，令皇太子予以处罚。皇太子怕动摇自己的地位，遂“大义灭亲”，皆令自缢，将事情了结。武延基等不是武则天下令杀死的，但他们的死却与武则天有直接的关系。这件事说明武则天是严禁李武摩擦的，不然，皇太子是绝不会轻易令子女自杀的。

采取强硬手段，禁止李武摩擦，固然能起到一些作用，但不能从根本上解决问题。要从根本上解决问题，还必须从思想上进行教化。为此，武则天晚年，特别提倡忠孝谦让和友爱。圣历二年六月，也就是令子侄立誓明堂以后的两个月，武则天亲自撰写并书写了《升仙太子庙碑》。对此，后人多有非议，以为是吹捧张昌宗之作。然此碑犹存，细读碑文，可知事实并非如此。“升仙太子”字子乔，本是周灵王的太子，传说才高德隆，但不贪于宝位，主动让贤，漫游于伊洛之间。喜欢吹笙，作凤鸣之声，被道士浮丘公接上嵩山，又尝遇桓良于缑山。某年七月七日，乘白鹤立于山巅，举手谢时人而升仙[1]。武则天在令子、侄立誓后为升仙太子修庙立碑，显然是教育子侄不

皇泽寺武则天真容

[1]《全唐文》98，高宗武皇后《升仙太子碑并序》，第441—442页。

要争权夺利。大足元年（701）五月，武则天又撰写了《许由庙碑》。传说许由是陶唐时期的隐士，字武仲。为人正直，“邪席不坐，邪膳不食”。尧让天下于他，他拒不接受，偷偷逃走，耕于颍水之阳，箕山之下，终身无矜天下之色。可见武则天撰写《许由庙碑》与撰书《升仙太子庙碑》具有相同的政治目的。大约与此同时，武则天还颁发了《停杨素子孙京官侍卫制》。制文说隋尚书令杨素，“惑乱君上，离间骨肉”，“生为不忠之人，死为不义之鬼，身虽幸免，子竟族诛”，“其杨素及兄弟子孙已下，并不得令任京官及侍卫”。[1] 名为贬黜杨素子孙，实为提倡忠义，敬告王公百僚，不许在李武之间煽风点火，挑拨离间。

二、出人意料的宫廷政变

随着上述措施的实行，李武之间的关系逐渐有了好转，武则天本人与子孙之间的感情壁障也越来越小了。与此同时，武则天年事日高，加之积劳过度，身体越来越差。虽说如意元年（692）齿落更生，圣历二年（699）生八字重眉，但时光不饶人，积劳必成疾。八字重眉出现不久，武则天便染沉疴，“太后老且病”[2]。在这种情况下，有人建议武则天传位太子。其中有代表性的人物，是武邑（今河北武邑）人苏安恒。大足元年（701）八月，苏安恒投匦上书说：“陛下钦圣皇之顾托，受嗣子之推让，应天顺人，二十年矣……今太子孝敬是崇，春秋既壮，若使统临宸极，何异陛下之身！陛下年德既尊，宝位将倦，机务殷重，浩荡心神，何不禅位东宫，自怡圣体？”[3] 武则天召见了苏安恒，但并没有接受他的意见，只是“赐食慰谕而遣之”[4]。长安二年（702）五月，苏安恒再次上疏，言辞十分激烈，说：“陛下若以臣为忠，则从谏如流，择是而用；若以臣为不忠，则斩取臣头，以令天下。”[5] 武则天仍未采纳，不过亦不怪罪。武则天之所以在年老

[1]《全唐文》卷 95，高宗武皇后《停杨素子孙京官侍卫制》，第 431 页。

[2]《新唐书》卷 4《中宗纪》，第 106 页。

[3]《旧唐书》卷 187 上《忠义传上・苏安恒》，第 4879 页。

[4]《资治通鉴》卷 207，则天后长安元年八月丙寅，第 6556 页。

[5]《旧唐书》卷 187 上《忠义传上・苏安恒》，第 4881 页。

多病的情况下仍不交出政权，并不是因为她贪于宝位。此时她对处理政务已经产生了厌烦情绪。从有关迹象分析，原因主要是，她感到李武之间根深蒂固的矛盾还没有真正消除，她担心交出政权后以李显为首的李氏集团能不能维护“革命”的成果，能不能真正与武氏诸王相容，因而常有后顾之忧。

为了确保身后子侄和睦，江山永固，武则天以张昌宗等人为助手，在晚年托着病体，继续处理朝政。她努力克制自己，一方面，抬高子孙的声望和地位。另一方面，不许有贬欺侄辈的行为。圣历二年，天官侍郎同平章事吉顼曾在朝堂上与武懿宗争功，声气凌厉。则天很不高兴，说：“顼在朕前，犹卑我诸武，况异时讵可倚邪！”有一次，吉顼奏事，援古引今，则天恼怒地说：“卿所言，朕饫闻之，无多言！”然后用她当才人时，在太宗跟前夸口能驯服西域烈马“狮子骢”的故事，训斥吉顼：“今日卿岂足污朕匕首邪！”吓得吉顼连忙叩头请罪。后来吉顼因其弟冒官被贬。临行时，武则天召见吉顼，他流泪说：“臣今远离阙廷，永无再见之期，愿陈一言。”太后命之坐，问之，顼曰：合水土为泥，有争乎？”太后曰：“无之。”又曰：“分半为佛，半为天尊，有争乎？”曰：“有争矣。”顼顿首曰：“宗室、外戚各当其分，则天下安。今太子已立而外戚犹为王，此陛下驱之使他日必争，两不得安也。”太后曰：“朕亦知之，然业已如是，不可何如。”[1] 此后武则天一直自掌大权，企图在李武之间搞平衡，欲在有生之年，进一步协调子侄之间的关系。她认为，目前四海无事，天下升平，公卿用命，百姓乐业，只要自己再进一步改善子侄关系，将来子为天子，侄为贵臣，各安其分，社稷还是可以永固的。因此，即使在重病缠身的时候，仍然致力于此，念念不忘。可是，她哪里知道，就在这时，一些朝臣正在酝酿着一场可怕的宫廷政变。

长安四年（704）秋冬，天气阴晦，雨雪相仍，一百余日，不见羲月。[2] 武则天病卧长生院，不让子侄、宰相供奉，只让张易之、张昌宗兄弟侍侧。因此“屡有人为飞书及榜其书通衢，云‘易之兄弟谋反’”。神龙元年（705）正月，“太后疾甚，麟台监张易之、春官侍郎张昌宗居中用事，张柬之，崔玄晖，与中台右

[1]《资治通鉴》卷 206，则天后久视元年正月戊寅，第 6544—6545 页。

[2]《旧唐书》卷 37《五行志》，第 1353 页。

丞敬晖、司弄少卿桓彦范、相王府司马袁恕己谋诛之。柬之谓右羽林卫大将军李多祚曰：'将军今日富贵，谁所致也？'多祚泣曰：'大帝也。'柬之曰：'今大帝之子为二竖所危，将军不思报大帝之德乎！'多祚……因指天地以自誓。遂与定谋。……（又）引（杨）元琰为右羽林将军，……又用彦范、晖及右散骑侍郎李湛皆为左、右羽林将军，委以禁兵。……俄而姚元之自灵武至，柬之、彦范相谓曰：'事济矣！'遂以其谋告之。……时太子于北门起居，彦范、晖谒见，密陈其策，太子许之。"[1] 显然，张柬之等人迅速掌握了神都禁军的指挥权，并得到太子李显的同意。此外，他们还争得了相王李旦、太平公主及洛州长史薛季昶的支持。政变者日夜谋划，而武则天卧病长生院，二张不出宫苑，加之缺乏警惕，对此竟一无所知。

神龙元年正月二十二日，神都洛阳依然笼罩在阴寒之中。张柬之等人认为时机已到，便调兵遣将，以二张谋反为借口，发动了政变。从史书记载来看，政变是按照计划进行的：一方面，由张柬之、崔玄暐率检校左羽林卫将军桓彦范、左羽林卫将军李湛、李多祚、薛思行、赵承恩、右羽林卫将军敬晖、杨元琰、左威卫将军薛思行、职方郎中崔泰之、司刑评事冀仲甫、检校司农少卿兼知总监翟世言、内直郎王同皎及左右羽林兵500余人拥太子李显直逼禁苑；另一方面，由相王李旦、司刑少卿袁恕己统南牙兵、薛季昶统洛州兵马“以备非常”[2]。

袁恕己派兵包围政事堂（宰相集体议事的地方），逮捕值日宰相韦承庆、房融和司礼卿崔神庆，切断了皇城与宫城的联系。张柬之等勒兵向玄武门（洛阳城北门）进发，遣李多祚、李湛和王同皎前往东宫迎接太子。时殿中监田归道为玄武门镇守使，敬晖派人要他交出“千骑”皇帝卫队，归道“拒而不与”。张柬之等至玄武门，为归道所阻；及太子至，归道不敢抵抗。张柬之命所部斩关而入，直扑武则天所居之迎仙宫。时二张正在宫中，毫无准备，仓促之间，未及躲避，即被斩于殿庑之下。

二张被杀后，张柬之等立即包围了武则天养病的住所。这时，武则天才得到

[1]《资治通鉴》卷207，中宗神龙元年正月，第6578—6579页。

[2]《新唐书》卷120《袁恕己传》，第2942页。

了兵变的消息。由于出乎意料，她感到十分吃惊，从床上爬起来问道："乱者谁邪？"张柬之、李湛、崔玄晖等戎装而入，回答说："张易之、昌宗谋反，臣等奉太子令诛之，恐有漏泄，故不敢以闻。称兵宫禁，罪当万死。"武则天看到李湛，对他说："汝亦为诛易之将军邪？我于汝父子不薄，乃有今日！"李湛是李义府的儿子，听到这话"惭不能对"。武则天问崔玄晖："他人皆因人以进，惟卿朕所自擢，亦在此邪？"崔玄晖回答说："此乃所以报陛下之大德。"这时太子李显进见，武则天十分伤心，强忍悲痛说道："乃汝邪？小子既诛，可还东宫！"话音未落，桓彦范喊道："太子安得更归！昔天皇以爱子托陛下，今年齿已长，久居东宫，天意人心，久思李氏。群臣不忘太宗之德，故奉太子诛贼臣，愿陛下传位太子，以顺天人之望！"[1]口气十分强硬。听了这话，武则天又返回病榻，卧而不语。[2]

于是，张柬之留部分人马监视则天，派人分途缉拿二张的亲信，斩张昌期、张同休、张昌仪等，与二张一起枭首于天津桥南。薛季昶建议乘胜扩大战果，"因兵势诛武三思之属"[3]。由于天色已晚，特别是由于武氏诸王握有一定的兵权，具有较大的势力，而自身力量有限，张柬之、敬晖、桓彦范等未予采纳。但实行戒严，禁止政变者以外的任何人与武则天相见。

二十三日上午，张柬之等人再次逼武则天传位。武则天思前想后，无可奈何。她深知在这种情况下，要反悔初衷，另立侄辈，显然是不可能的，而且，稍有这方面的表示，情况都会变得更加糟糕。因此，她做出了同意李显监国的决定。于是，张柬之以她的口气，颁发了《命皇太子监国制》：

鸾台：多难兴王，殷忧启圣，萧墙之祸，自古有之。朕以虚寡，宿承先顾，社稷宗庙，寄在朕躬，亲理万机，年逾二纪，幸得九玄垂祐，四海乂安。何尝不日昃忘食，夜分辍寝，战战而临宝位，虔虔而握圣图，忧百姓之不宁，惧一物之失所。但以久亲庶政，勤倦成劳，顷日以来，微加风疾。逆竖张易之、昌宗兄弟，

[1]《资治通鉴》卷 207，中宗神龙元年正月，第 6580—6581 页。

[2]〔唐〕刘肃：《大唐新语》卷 1《匡赞第一》，上海古籍出版社 2000 年唐五代笔记小说大观本，第 214 页。

[3]《旧唐书》卷 91《敬晖传》，第 2933 页。

上阳宫景区一角

比缘薄解调炼，久在园苑驱驰，锡以殊恩，加其显秩，不谓豺狼之性，潜起枭獍之心，积日包藏，一朝发露。皇太子显，元良守器，纯孝奉亲，如此衅萌，奔卫宸极，与北军诸将，勠力齐心，剿扑凶渠，咸就枭斩。斯乃天地之大德，幽明之所赞叶者乎？岂惟朕躬之幸，抑亦兆庶之福。朕方资药饵，冀保痊和，机务既繁，有妨摄理，监临之寄，属在元良。宜令皇太子显监国，百官总已以听。朕当养闲高枕，庶获延龄。可大赦天下。[1]

就这样，武则天交出了行政大权。

但是，张柬之等人并不以太子监国为满足，而是要求武则天传位。二十四日，武则天最终传位于皇太子。二十五日，太子李显复位于通天宫。至此，政变才告结束。

三、张柬之发动政变的原因

从上述情况来看，政变的发起人是张柬之。故《旧唐书·张柬之传》说："及

[1]《唐大诏令集》卷 30《则天太后命皇太子监国制》，第 100 页。

诛张易之兄弟，柬之首谋其事。”除了张柬之以外，政变的主谋还有桓彦范、敬晖、崔玄暐和袁恕己四人。[1] 参与谋议的还有杨元琰、李多祚、相王李旦及太平公主等人。张柬之字孟将，襄州襄阳（今湖北襄阳市）人，“少补太学生，涉猎经史”，永昌元年（698），制举第一，历任监察御史、封阁舍人、荆州大都督府长史、秋官侍郎等职。长安年间，则天向宰相求贤，狄仁杰、姚元之推荐了他。那时张柬之年已八十，则天“登时召见，以为同凤阁鸾台平章事”[2]。不久，“迁凤阁侍郎，仍知政事”[3]。敬晖，绛州太平人（山西侯马市西北）。“弱冠举明经”，历任卫、泰等州刺史。大足元年（701），迁洛州长史。武则天西返长安时，任命他为神都副留守。“在职以清干著闻，玺书劳勉，赐物百段”。长安三年（703），复拜中台右丞，加银青光禄大夫。[4] 崔玄暐“少以学行称”[5]，举明经，历任库部员外郎、天官郎中、凤阁舍人等职。“长安元年（701），超拜天官侍郎，每介然自守，杜绝请谒，颇为执政者所忌，转文昌左丞。”经月余，则天对他说：“自卿改职以来，选司大有罪过。或闻令史乃设斋自庆，此欲盛为贪恶耳。今要卿复旧任。”又除天官侍郎，赐杂采70段。长安三年，拜鸾台侍郎、同凤阁鸾台平章事，兼太子左庶子。四年，迁凤阁侍郎，加银青光禄大夫，仍依旧知政事。[6] 李多祚，本靺鞨后裔，“骁勇善射”，以功累迁右鹰扬卫大将军，参与讨伐孙万荣之叛，“以劳改右羽林大将军，遂领北门卫兵”[7]。太平公主，系则天少女，“方额广颐，多权略”[8]，“则天爱其类己”[9]，每预谋议。从上述情况来看，这些人都是武则天擢拔起来的，都在不同程度上受到武则天的器重，有的还是武则天的亲信、亲骨肉。既然如此，他们为什么要乘武则天病重之机，发动政变，兵临

[1] 有人称这次政变为“五王政变”。这种说法不妥，因为张柬之等五人发动政变在前，封王在后。

[2]《大唐新语》卷6《举贤》，第269页。

[3]《旧唐书》卷91《张柬之传》，第2941页。

[4]《旧唐书》卷91《敬晖传》，第2932页。

[5]《新唐书》卷120《崔玄暐传》，第4316页。

[6]《旧唐书》卷91《崔玄暐传》，第2934—2935页。

[7]《新唐书》卷110《李多祚传》，第4125页。

[8]《旧唐书》卷183《太平公主传》，第4738页。

[9]《大唐新语》卷9《谀佞》，第301页。

禁苑，血染寝殿？

《旧唐书》卷 6《则天纪》说：“麟台监张易之与弟司仆卿昌宗谋反，皇太子率左右羽林将军桓彦范、敬晖等，以羽林兵入禁中诛之。”同书卷 91《桓彦范传》说：“则天不豫（有病），张易之与弟昌宗入阁侍疾，潜图逆乱。凤阁侍郎张柬之与桓彦范及中台右丞敬晖等密谋诛之。柬之遽引彦范及晖并为左右羽林将军，委以禁兵，共图其事。”《资治通鉴》卷 207 也有“太后寝疾，居长生院，宰相不得见者累月，唯张易之、昌宗侍侧”，“易之、昌宗见太后疾笃（病重），恐祸及己，引用党援，阴为之备，屡有人为飞书及榜其书于通衢，云‘易之兄弟谋反’”的记载。古往今来，不少史学家即据此论事，认为张柬之等人之所以发动政变，是因为张易之兄弟谋反。但是，如果我们认真分析一下有关史料，就会发现里面存在着一些问题。

其一，武则天卧病，“宰相不得见者累月，唯张易之、昌宗侍侧”的说法并不完全可靠。这一点我们可以从两方面的材料中看出。史载，长安四年（704）八月，则天卧疾。[1] 九月，大雨雪，则天令开仓赈恤；以宰相姚元之为灵武道安抚大使。十月二十二日，以秋官侍郎张柬之同凤阁鸾台平章事。二十三日，以宰相韦嗣立检校魏州刺史。三十日，以怀州长史房融为正谏大夫、同平章事。又命宰相荐举能够担任员外郎的人。十一月五日，以天官侍郎韦承庆为凤阁侍郎、同平章事。二十五日，命宰相崔玄暐检校太子右庶子。十二月三日，敕大足（701）以来新置官并停。五日，罢韦嗣立为成均祭酒。二十日，许州人杨元嗣告张昌宗召术士占相，武则天命韦承庆等审问。[2] 这说明即使在卧病期间，武则天仍在坚持处理朝政，并非与宰相累月不见。另外，《新唐书》卷 120《崔玄暐传》载：及则天疾病稍有好转，宰相崔玄暐奏言：“皇太子、相王皆仁明孝友，宜侍医药，不宜引异姓出入禁闼。”则天慰而纳之。《旧唐书》卷 91《桓彦范传》载，政变前，“皇太子每于北门起居”。这说明，武则天虽一度专以二张侍疾，但后来接受了崔玄暐的建议，准许皇太子时常进谒。

[1]《唐会要》卷 51《识量上》，第 890 页。

[2]《资治通鉴》卷 207，则天后长安四年十二月，第 6574—6576 页。

其二，“张易之与弟昌宗入阁侍疾，潜图逆乱”的观点也不完全可信。二张入宫以后，作为武则天的男宠、侍卫和牵制外戚、大臣的工具，的确成了红极一时的显贵，以至长安二年（702）八月，太子、相王、太平公主有上表请封昌宗为王之举。但是，乐极往往生悲，他们也曾受到过几次较大的冲击。长安四年（704）七月，其兄张昌仪、张同休等坐赃下狱，御史台弹劾他们作威作福，亦被同鞫。十二月，有人写飞书贴于大街，说他们谋反，杨元嗣告昌宗召术士占相，二张再次被鞫。在每次冲击中，二张都受到了武则天的保护。第一次被鞫时，御史大夫李承嘉等奏请免除张昌宗之官。昌宗不服，说他“有功于国，所犯不至免官”。则天问宰相昌宗是否有功，杨再思回答道：“昌宗合神丹，圣躬服之有验，此莫大之功。”则天乃舍其罪复其官。后来当有人飞书言二张谋反时，武则天“皆不问”，这在《资治通鉴》卷207中可以找到依据。二张第二次被鞫时，宋璟、崔玄暐等请求逮捕，处以死刑。武则天又为其辩护，赦其无罪。说二张在这种情况下要潜图谋逆，从情理上是讲不通的。再者要说二张潜图谋逆，须有可靠的证据。而史书所载的证据只有一个，那就是长安四年（704）十二月中旬，张昌宗曾召术士李弘泰为自己占相；李弘泰说昌宗有天子相。在封建时代，私自召人看相虽有时为法律所限，但乃是极普遍的事。不过，术士妄言天命，被相者信以为真，想入非非，轻举妄动，都会被看作“谋反”而予以诛夷。张昌宗听了术士的话，可能也有一阵惊喜。但他很快便害怕起来，把李弘泰的话告诉了武则天。仅凭这一点，很难说他们是“潜图谋反”。

其三，二张一直为武则天所宠信。而且，当武则天卧病之时，皆常入宫侍疾，假若他们真有不臣之心，要谋逆造反，暗害武则天还不简单？但事实上，从长安四年八月则天卧病，到神龙元年正月政变以前，武则天并没有受到二张的威胁。二张果真潜图叛逆，当会留下种种蛛丝马迹，至少自身应当有所准备。但事实上，除了前述占相以外，史书上没有二张叛乱的任何材料，相反，史书上明确记载他们是在毫无准备的情况下被杀于长生院的。因此，对于二张谋反之说，我们是不敢苟同的。

那么，张柬之等人发动政变的原因和目的究竟是什么呢？我们认为，要弄清这个问题，还得从当时最高统治集团内部的矛盾开始分析。如前所述，武则天晚年最高统治集团内部的矛盾，主要是由皇位继承问题引起的子、侄之间的冲突。武则天曾采取了一系列有效的措施使子侄之间的隔阂逐渐减少，李武二家趋于融合。但由于李武之间的矛盾根深蒂固，直接牵涉到各自的命运和前途，是难以完全调和的。为了确保身后李武之间不发生流血冲突，形成子为天子，侄做贵亲的政治格局，武则天在年迈多病的情况下重用二张，助理朝政，企图进一步调和子侄矛盾。这样就形成了李氏诸子、武氏诸王和宠臣二张之间的三角关系。而朝臣见武则天年老，也根据自己的恩怨排列组合，相互比附，以为身后之谋，从而形成拥武派、拥李派和附张派。拥武派（这里指拥护武氏诸王者），尤其是武氏诸王与拥李派之间存在着一定的矛盾。对武则天不以武氏为太子而以李氏为继承人的做法也很不满意。而李显之被立皇太子，二张实有大功，故武氏诸王对二张的态度也发生了变化，由鼓吹变为不满。拥李派即拥护皇太子李显兄弟者，这部分人可分为两种。一种是曾受武则天打击，反对女人专政，谋复李氏社稷者；另一种是曾经受到武则天的提拔和重用，但与武氏诸王和二张有矛盾者。附张派亦可分为两种。一种是势利小人，见二张贵盛，趋而附之，冀图升官发财；另一种是朝廷重臣，深受武则天信任，与二张关系密切。在以上三派中，二张派势力最盛。一则他们这时常在武则天身边，多为武则天所宠爱；二则他们有劝立太子、解决皇位继承问题之大功，将来一旦武则天去世，他们必然会像吉顼所说的那样，受“茅土之封”。这就引起了“拥武派”和“拥李派”的仇视和眼红。其中“拥李派”与二张矛盾较深，他们担心将来二张派得到拥立之功，害怕二张派得势以后，自身利益受到严重的损失。因此，他们必然要铤而走险，与二张进行殊死搏斗，抢夺拥立之功，以改变自己受排挤的不利处境，获得更多的富贵功名。张柬之等人，正是“拥李派”的代表。

史载，张柬之“沈厚有谋，能断大事”[1]，颇有政治头脑和手腕。然而久在下位，制举及第时，年已七十，可以说是不得志的。到 80 岁时，才当上宰相，必然要

[1]《新唐书》卷 120《张柬之传》，第 4323 页。

设法尽快施展其政治才能。当时则天年老多病，二张得宠，他虽为宰相，总觉得没有用武之地。因此，他必然不满现实，而要另寻出路。由于他“涉猎经史，尤好三礼”[1]，喜欢抱残守缺，不满女人参政，久以李唐为意。因此，当他看到不少士人亦思唐德，即以发动宫廷政变为己任，任相不久，便开始了密谋活动。这时宰相桓彦范、崔玄暐、姚元之等人皆与二张不合。桓彦范、崔玄暐还多次上疏，要求罢免二张之官，将他们统统处斩。[2]若二张得势，他们的结局将不堪设想。另外，二张得宠，则天立太子而无禅位之意，也引起了皇太子兄弟的疑虑。在这种场合下，张柬之正好可以利用崔玄暐、姚元之及其他大臣与二张之间的矛盾，组织力量，联络太子，以诛二张为名而发动政变。于是，政变便一步步变成事实。

应当强调的是，张柬之政变的目的不只是为了诛二张，更重要的是要废黜武则天，抢夺拥立之功。这一点从张柬之等人的言论和行动中都表现得十分明显。史载，“张柬之将诛二张，以（李）多祚素感概，可动以义，乃从容谓曰：……‘将军击钟鼎食，贵重当世，非大帝恩乎？’多祚泣数行下，曰：‘死且不忘！’柬之曰：‘……今在东宫乃大帝子，而嬖竖擅朝，危逼宗社。国家废兴在将军，将军诚有意乎？舍今日尚何在？’”[3]在张柬之任相以前，“柬之与荆长史阌乡杨元琰相代，同泛江，至中流，语及太后革命事，元琰慨然有匡复之志”。及柬之为相，引元琰为右羽林将军，谓曰：“君颇记江中之言乎？今日非轻授也。”政变开始时，张柬之遣李多祚、王同皎等赴东宫迎太子，“太子疑，不出。同皎曰：‘先帝以神器付殿下，横遭幽废，人神同愤，二十三年矣，今天诱其衰，北门、南牙，同心协力，以诛凶竖，复李氏社稷，愿殿下暂至玄武门以副众望。’”[4]及二张被杀，则天令太子返回东宫，桓彦范等又逼武则天“传位太子，以顺天人之望”[5]。可见，张柬之政变的目的，是要武则天立即退位，以夺拥立之功。这与姚元之（即姚崇）等人是不同的，姚与二张有矛盾，只欲杀二张，并不想对武

[1]《旧唐书》卷91《张柬之传》，第2936页。

[2]《资治通鉴》卷207，则天后长安四年七至十二月，第6572—6577页。

[3]《新唐书》卷110《李多祚传》，第4125页。

[4]《资治通鉴》卷207，中宗神龙元年正月癸卯条，第6580页。

[5]《新唐书》卷120《桓彦范传》，第4310页。

则天实行“兵谏”。

由于张柬之等人巧妙地利用了最高统治集团内部的各种矛盾，掌握了禁军，进行了严密的组织；由于武则天及二张派缺乏警惕，毫无准备；由于太子李显、相王李旦及太平公主皆参与了政变；加之武氏诸王与二张有一定矛盾，按兵不动，政变得以顺利进行。政变的直接后果是：二张被杀，则天被废，中宗复位，张柬之等人成为显赫一时的权贵。它宣告了“大周”政权的覆亡，同时也宣告了武则天政治生涯的终结，其影响是极为深远的。

第三章

武则天与神都洛阳

武则天是中国历史上唯一的女皇帝，也是将洛阳改为“神都”的统治者。她在当政期间，曾长期居住在洛阳，并动用大量人力、物力，对洛阳城进行了维修和改造，营建了举世闻名的天枢、明堂和天津桥，铸造了举世闻名的九鼎，还向洛阳一带迁徙了许多人口，极大地促进了洛阳的城市建设，改变了古都洛阳的面貌，使洛阳进入它的黄金时代，成为全国政治、经济、文化中心和名副其实的国际化大都市。本章拟从三个方面具体探讨武则天与洛阳的关系，希望有助于大家对这个问题的认识。

第一节　武则天与洛阳的政治地位

洛阳地处中原，左据成皋，右阻渑池，前临嵩山，后界黄河，是所谓“天心地胆之中，阴阳风气之会，四通八达之所，声名文物之区”。东周、东汉、西晋、北魏等王朝先后在此建都。正如隋炀帝在诏书中所说：“洛邑自古之都，王畿之内，天地之所合，阴阳之所和，控以三河，固以四塞，水陆通，贡赋等。”[1] 是建都的好地方。隋唐王朝均以长安为都，但对洛阳的重要性都有充分的认识。在隋代，隋炀帝以洛阳为东都。唐初废隋东都之名。唐太宗贞观六年（632）称之为洛阳宫。唐高宗认为长安和洛阳是他的“东西二宅”，显庆二年（657），改洛阳宫为东都。而武则天也与洛阳结下了不解之缘。

武则天在辅佐唐高宗期间，曾八次前往洛阳；唐高宗死后，她继续居住在洛阳。据统计，武则天一生中居住在洛阳的时间长达 11017 天，合计 30 年零 210 天。在这 30 多年间，她先是辅佐高宗处理国政，继而独揽朝纲，改唐为周，在唐代的政治舞台上扮演了十分重要的角色。武则天不仅长期居住在洛阳，而且以洛阳为“神都”，大大提高了洛阳的政治地位。《旧唐书·地理志》载，“光宅元年（684），改东都为神都。垂拱四年，置永昌县。载初元年，置武临县。天授元年，置武泰县，寻废。仍改郑州之荥阳、武泰来属。三年，置来廷县。”[2] 从表面上看，武则天改洛阳为“神都”只是对洛阳的名称有所改变，事实上，它蕴含着十分重要的政治意义。使洛阳的政治地位超过了以往任何时期。

武则天为什么要改洛阳为“神都”呢？她在改元赦中曾对此进行过解释。她说：“镇星之在太微，已历年载，著土精之美应，表坤祚之元符，宜同感帝，以时荐享。又东都改为神都，宫名太初宫。”[3] 据此可知，在唐高宗死后，发生了“镇星在太微”的变化。在当时人看来，洛阳在分野上是与天上的太微垣相对应的；洛水贯都，则与天上的银河相对应。而镇星（即木星）停在太微，是女子当政的征兆。武则天认为，洛阳是天设地造的都会，具有上天所赋予的神力；她自己也是上天选定的统治者，同样具有上天所赋予的神力。“夫所谓神者，非人也。其动无声，其形无迹，若形而无象，若气而无色，拔山剖泽而不见其作，鼓风奔水而不见其力，视不可察，名不能及，故推而谓之神。”[4] 所以她下令改洛阳为神都。

[1]（唐）魏徵等：《隋书》卷 3《炀帝纪》上，中华书局 1975 年版，第 61 页。

[2]（后晋）刘昫：《旧唐书》卷 38《地理志》二，中华书局 1975 年版，第 1422 页。

[3]（清）董诰等编：《全唐文》卷 96《改元光宅赦文》，上海古籍出版社 1990 年版，第 435 页。

[4]《全唐文》卷 448，王涯《太华山仙掌辩》，第 2029 页。

不久，又接受了“圣母神皇”的尊号。[1]这样做的目的，不仅是要说明“君权神授”的道理，而且说明她是神圣之人，具有统治天下的能力。

第二节　武则天与洛阳的城市建设

隋唐时期的洛阳在汉魏洛阳西边九公里的地方，是隋炀帝时期兴建的一座新型城市。《唐六典》载：“东都城左成皋，右函谷，前伊阙，后邙山。……隋炀帝大业元年诏左仆射杨素、右庶子宇文恺移故都创造也。……大业末丧乱，为王充所据。武德四年平充，乃诏焚乾阳殿及建国门，废东都，以为洛州总管府。寻以宫城、仓库犹在，乃置陕东道大行台。武德九年复为洛州都督府。贞观六年改为洛阳宫。十一年，车驾始幸洛阳。明庆二年，复置为东都。龙朔中，诏司农少卿田仁住随事修葺，后又命司农少卿韦机更加营造。光宅中，遂改为神都，渐加营构，宫室、百司、市里、郛郭，于是备矣。东面十五里二百一十步；南面十五里七十步；西面连苑，距上阳宫七里；北面距徽安门七里。郛郭南广北狭，凡一百三坊，三市居其中焉。”[2]据此可知，洛阳城虽然是一座崭新的城市，但隋末毁于战火，唐初又对它进行了人为的破坏，仅存宫城和仓城，高宗时曾派人对它进行过修复，但效果并不显著。到武则天当政时期“渐加营构”，宫室、百司、市里、郛郭才呈现出全新的面貌。也就是说，武则天当政时期，加大了洛阳城市建设的力度，洛阳城进入了它的黄金时代。

武则天时期对洛阳的城市建设，首先是完善洛阳的宫室、百司、市里和郛郭。《新唐书·地理志》载：“皇城长千八百一十七步，广千三百七十八步，周四千九百三十步，其崇三丈七尺，曲折以象南宫垣，名曰太微城。宫城在皇城北，长千六百二十步，广八百有五步，周四千九百二十一步，其崇四丈八尺，以象北

[1]〔唐〕封演《封氏闻见记》卷4，丛书集成初编本，第35页。

[2]〔唐〕张九龄等：《唐六典》卷7《尚书工部》，[日]广池千九郎训点本，第161—162页。

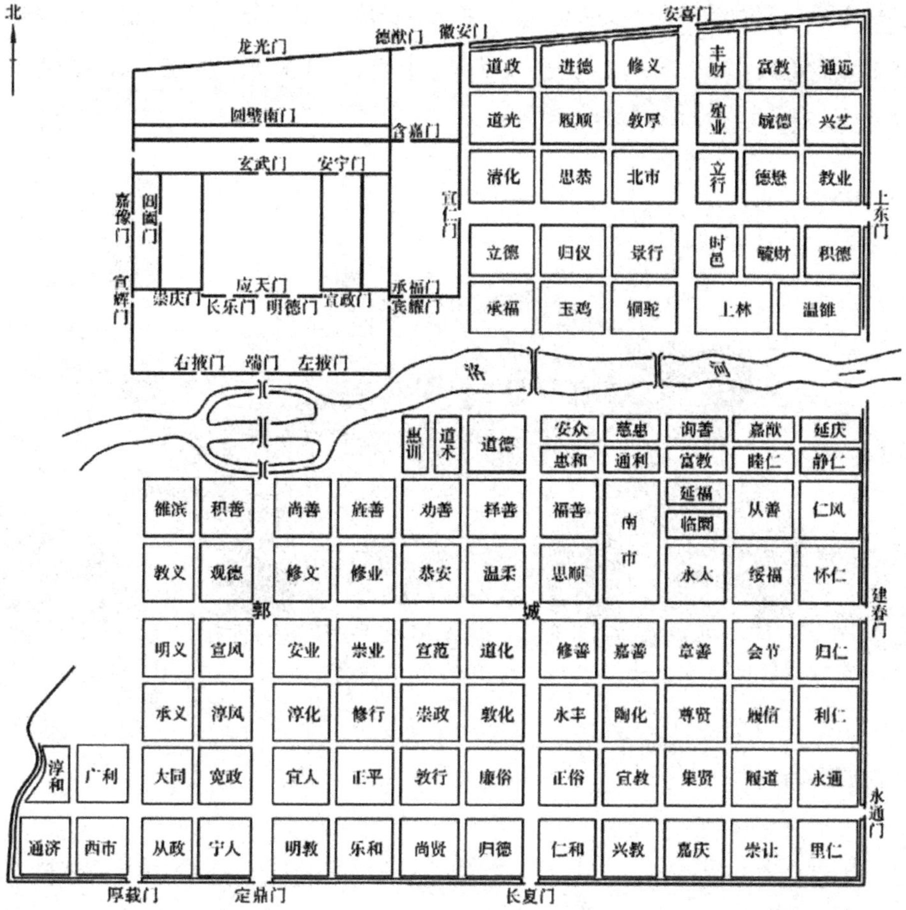

神都洛阳平面图

辰藩卫，曰紫微城，武后号太初宫。上阳宫在禁苑之东，东接皇城之西南隅，上元中置，高宗之季常居以听政。都城前直伊阙，后据邙山，左瀍右涧，洛水贯其中，以象河汉。东西五千六百一十步，南北五千四百七十步，西连苑，北自东城而东二千五百四十步，周二万五千五十步，其崇丈有八尺，武后号曰金城。”[1]实测该城以洛河为界，分为南北两个部分。洛河以南有南北向街道 12 条，东西街 6 条。洛河以北，有南北向街 4 条，东西向街 3 条。呈现出南宽北窄的特征。[2]

[1]〔宋〕欧阳修、宋祁：《新唐书》卷 38《地理志》二，中华书局 1975 年版，第 982 页。
[2] 中国科学院考古研究所洛阳发掘队《隋唐东都城址的勘查和发掘》，《考古》1961 年第 3 期。

宫城位于外郭城的西北部，以宫城应天门，皇城端门和郭城定鼎门为南北轴线。[1]外郭城东墙长 7312 米，南墙长 7290 米，北墙长 6138 米，西墙长 6776 米。周长 27.52 公里，面积 47 平方公里。

定鼎门复原图

为了使洛阳城能够符合天象，武则天在她当政时期在洛阳兴建了一系列大型土木工程。如垂拱二年（686）铸大仪，立于洛阳北阙。垂拱四年（688），毁乾元殿，于其地作明堂。其后又铸九鼎，立天枢，修天津桥等，从而在很大程度上改变了洛阳的城市面貌。

一、修明堂

明堂是古人心目中的政治中心。“夫明堂者，天子宗祀之堂，朝诸侯之位也。

[1] 朱世伟：《隋唐洛阳城布局与地理环境》，《洛阳大学学报》2003 年第 3 期；王维坤、张小丽：《论隋唐洛阳城的设计思想与影响》，《西北大学学报》2004 年第 4 期。

开乾坤之奥策，法气象之运行，故能使灾害不生，祸乱不作。”[1]自古帝王，皆以布政明堂为美事，然而真正能在明堂布政的人却很少。所谓“明堂布政，无三数君”[2]。究其原因，主要是因为明堂制度不明，无从下手，或国家贫穷，财力不济。就连大名鼎鼎的唐太宗也未能实现布政明堂的理想。武则天认为修建明堂具有重要的意义，故在临朝称制之后，积极致力于修建明堂的工作。《唐会要》载：“垂拱三年，毁乾元殿，就其地创造明堂。四年正月五日毕功。凡高二百九十四尺，东西南北，各广三百尺。凡有三层：下层象四时，各随方色。中层法十二辰，圆盖，盖上盘九龙捧之。上层法二十四气，亦圆盖。亭中有巨木十围，上下通贯，栭栌樽槐，藉以为本，亘之以铁索。盖为鸑鷟，黄金饰之，势若飞翥。刻木为瓦，夹纻漆之。明堂之下，施铁渠，以为辟雍之象。号万象神宫。”[3]

据《资治通鉴》、两《唐书》及《唐会要》等书记载，武则天修建的明堂是

明堂复原图

[1]《旧唐书》卷 22《礼仪志》二，第 863 页。

[2]《全唐文》卷 209《为程处弼庆拜洛表》，第 933 页。

[3]〔宋〕王溥：《唐会要》卷 11《明堂制度》，中华书局 1955 年版，第 277 页。

洛阳城中最宏大的建筑。这座建筑“高二百九十四尺，方三百尺”。“饰以珠玉，涂以丹青，铁鹙人云，金龙隐雾。”[1]唐尺有大尺小尺之分，土木工程用大尺，每尺合今31厘米。由此可知明堂周长93米，高91.14米，相当于23层楼房的高度。明堂由下中上三部分组成，造型十分奇特。下部四门八窗，“法”春夏秋冬四时。中部九龙捧盘，“法十二辰”。上部金凤欲飞，“法二十四气”。时人刘允济在《明堂赋》中对此有精确的描述。他说：明堂“顺春秋之左右，法天地之圆方。成八风而统刑德，观四序而候炎凉。跨东西而作甸，掩二七以疏疆。下临星雨，傍控烟霜。翔鹤坠于层极，宛虹拖于游梁。昆山之玉楼偃蹇，何曾仿佛；沧海之银宫焕烂，安足翺翔！”[2]证圣元年（695）正月十六日夜，明堂失火，被全部焚毁。武则天以姚铸为督作使，重新建造明堂。天册万岁二年（696）三月，新明堂竣工，高294尺，周300尺，上施以宝凤，下环以铁渠。其后又用火珠代替宝凤，并改名为“通天宫”。90多米高的建筑，现在看来并不算什么，但在当时，却是最高大的标志性建筑。在当时的历史条件下，能建成这样宏伟的建筑，不能不说是一个奇迹。

天堂遗址出土文物

有学者认为，武则天明堂“是一座独出心裁、造型乖戾的建筑”[3]。武则天

[1]〔宋〕司马光：《资治通鉴》卷二〇四，则天后垂拱四年十二月辛亥，中华书局1956年版，第6455页。
[2]《全唐文》卷164，刘允济《明堂赋》，第739页。
[3]王贵祥：《明堂、宫殿及建筑历史研究方法论问题》，《北京建筑工程学院学报》2000年第1期。

修建的明堂担负着禅代的特殊历史使命。它建成后就成为武则天的政治活动中心和心理支撑点，对当时的政治社会产生了重大而又微妙的影响。[1]

二、立天枢

《新唐书》载："延载二年，武三思率蕃夷诸酋及耆老请作天枢，纪太后功德，以黜唐兴周，制可。使纳言姚琦护作。乃大裒铜铁合冶之，署曰'大周万国颂德天枢'，置端门外。其制若柱，度高一百五尺，八面，面别五尺，冶铁象山为之趾，负以铜龙，石镵怪兽环之。柱颠为云盖，出大珠，高丈，围三之。作四蛟，度丈二尺，以承珠。其趾山周百七十尺，度二丈。无虑用铜铁二百万斤。乃悉镂群臣、蕃酋名氏其上。"[2]《大唐新语》亦载："长寿三年，则天征天下铜五十万余斤，铁三百三十余万，钱两万七千贯，于定鼎门内铸八棱铜柱，高九十尺，径一丈二尺，题曰'大周万国述德天枢'，纪革命之功，贬皇家之德。天枢下置铁山，铜龙负载，狮子、麒麟围绕，上有云盖，盖上施盘龙以托火珠，珠高一丈，围三丈，金彩荧煌，光侔日月。"[3]通过这些记载，可知武则天铸天枢是由周边少数民族首领提议并捐资的。延载元年（694），周边少数民族首领纷纷献钱，请立天枢于端门之外，以记载武则天的功业。武则天析洛阳、永昌二县，置来廷县廨于从善坊，以领四方蕃客。又以姚琦为督作使，征买天下铜 50 万斤，铁 330 万斤，令工人毛婆罗造模，铸八棱铜柱，以为天枢。证圣元年（695）四月一日建成天枢。天枢高 105 尺，径一丈二尺。[4]下置铁山，绕以铜龙、狮子、麒麟。上施云盖，置四蛟以捧火珠。珠高一丈，围三丈，金彩荧煌，光侔日月。武则天自书其榜曰"大周万国颂德天枢"[5]。

[1] 邵治国：《武则天明堂政治和明堂大火考》，《唐都学刊》2005 年第 2 期。

[2]《新唐书》卷 76《则天顺圣皇后武氏传》，第 3483 页。

[3]〔唐〕刘肃：《大唐新语》卷 8《文章》，上海古籍出版社唐五代笔记小说大观本，第 289 页。

[4]《新唐书》卷 76《则天皇后传》，第 3483 页。《资治通鉴》卷 205 略同。《大唐新语》谓天枢高九十尺。据郭绍林考证，其实际高度至少应为唐尺 147 尺。

[5]《资治通鉴》卷 205，则天后天册万岁元年四月，第 6502—6503 页。

天枢复原图

据《大唐故波斯大酋长右屯卫将军上柱国金城郡开国公波斯君丘之铭》记载，波斯人阿罗憾曾“为则天大圣皇后召诸蕃王，建造天枢”。故有学者认为天枢的建立，极有可能是受到阿育王石柱或图拉真圆柱等西域纪念性建筑文化因素的影响。[1] 大周万国颂德天枢是中外合资设计建造的政治性金属建筑艺术品。其命名的寓意在于吹捧武则天以道德感化天下，周边民族和中原民众对她忠诚不贰。[2]

除天枢外，武则天时代还铸造过“九鼎”及“十二神”。九鼎是夏商周时的重要礼器，是古代象征统治权力的象征。[3] 相传禹铸九鼎，作为九州的象征。夏德衰，鼎迁商邑。商德衰，九鼎又迁于洛邑。及周室灭亡，秦取九鼎，结果沉于泗水。因九鼎是传国之宝，故秦汉以来，许多帝王都想得到它，但都无法找到。武则天有鉴于此，决定重新铸造九鼎。《旧唐书》载：“铸铜为九州鼎，既成，置于明堂之庭，各依方位列焉。神都鼎高一丈八尺，受一千八百石。冀州鼎名武兴，

[1] 张乃翥：《武周万国天枢与西域文明》，《洛阳大学学报》1995 年第 1 期。

[2] 郭绍林：《大周万国颂德天枢考释》，《洛阳师范学院学报》2001 年第 6 期。

[3] 赵忠文：《九鼎考略》，《人文杂志》1990 年第 2 期。

雍州鼎名长安，兖州名日观，青州名少阳，徐州名东原，扬州名江都，荆州名江陵，梁州名成都。其八州鼎高一丈四尺，各受一千二百石。司农卿宗晋卿为九鼎使，都用铜五十六万七百一十二斤。鼎上图写本州山川物产之像，仍令工书人著作郎贾膺福、殿中丞薛昌容、凤阁主事李元振、司农录事钟绍京等分题之，左尚方署令曹元廓图画之。鼎成，自玄武门外曳入，令宰相、诸王率南北衙宿卫兵十余万人，并仗内大牛、白象共曳之。则天自为《曳鼎歌》，令相唱和。”[1] 据此，武则天是以宗晋卿为九鼎使，征铜 56 万余斤，作为铸鼎原料的。神功元年（697）四月，九鼎铸成。其中神都鼎名叫永昌，高一丈八尺，可容纳 1800 石。冀州鼎武兴，雍州鼎长安，兖州鼎日观，青州鼎少阳，徐州鼎东原，扬州鼎江都，荆州鼎江陵，梁州鼎成都，皆高一丈四尺，容 1200 石。武则天令当时的著名书法家贾膺福、薛昌容、李元振、钟绍京分别题写鼎额，又令画家曹元廓图写各州山川物产之像于鼎上。然后令宰相、诸王率南北衙宿卫兵 10 余万人及仗内大牛、白象自玄武门外作坊曳入宫城，“置于明堂之庭，各依方位列焉”[2]。在铸鼎的同时，又铸十二生肖，作为十二神，皆高一丈，各置其方。

三、修天津桥

天津桥是洛阳城中最重要的大桥。它地处交通要冲，周围视野开阔，风景优美，车水马龙，许多政治活动和政治事件都发生在这里[3]。《寰宇通志》卷八五《河南府上》：“天津桥，在府城外西南，架洛水，隋炀帝建。用大船连以铁锁，南北夹起四楼，唐贞观中始甃石为岸。《尔雅》：箕斗之间为天汉之津梁，故名。”《元和郡县图志》卷五《河南府》：“天津桥，在县北四里。隋炀帝大业元年（605）初造此桥，以架洛水，用大缆维舟，皆以铁锁钩连之。南北夹路，对起四楼，其楼为日月表胜之象。……《尔雅》：‘箕、斗之间有天汉之津’，故取名焉。”

[1]《旧唐书》卷 22《礼仪志》二，第 867—868 页。

[2]《旧唐书》卷 22《礼仪志》二，第 867 页。《资治通鉴》卷 206 所载略同（第 6517 页）。

[3] 郭绍林：《洛阳天津桥、中桥与唐代社会生活》，《洛阳师专学报》1996 年第 6 期。

天津桥的修建，李昭德贡献颇多。《旧唐书》载："长寿中，神都改作文昌台及定鼎、上东诸门，又城外郭，皆昭德创其制度，时人以为能。初，都城洛水天津之东，立德坊西南隅，有中桥及利涉桥，以通行李。上元中，司农卿韦机始移中桥置于安众坊之左街，当长夏门，都人甚以为便，因废利涉桥，所省万计，然岁为洛水冲注，常劳治葺。昭德创意积石为脚，锐其前以分水势，自是竟无漂损。"[1]《新唐书》载："武后营神都，昭德规创文昌台及定鼎、上东诸门，标置华壮。洛有二桥，司农卿韦机徙其一直长夏门，民利之，其一桥废，省巨万计。然洛水岁淙啮之，缮者告劳。昭德始累石代柱，锐其前，厮杀暴涛，水不能怒，自是无患。"[2]《唐会要》亦载："长寿元年九月。神都改造文昌台。及造定鼎上东等城门。修筑外郭。并凤阁侍郎李昭德所制。时人以为能。"[3]

天津桥示意图

从这些宏伟的建筑和特殊设置，在洛阳建都的历史上是前所未有的。它表明，"武则天时期的神都，在洛阳的历史上的确达到了高峰。"[4]武则天时代在洛阳进行的城市建设具有重要意义：一方面，它体

[1]《旧唐书》卷 87《李昭德传》，第 2854 页。

[2]《新唐书》卷 117《李昭德传》，第 4255—4256 页。

[3]《唐会要》卷 86《城郭》，第 1584 页。

[4] 陈桥驿主编：《中国七大古都》，中国青年出版社 1991 年版，第 184 页。

现了武周时期富强的国力和高超的建筑技术。另一方面，也促进了中原地区经济文化的发展，并对后世产生了重大的影响。遗憾的是，武则天时期修建的这些无与伦比的伟大工程，在唐玄宗时代先后都被毁坏了。

第三节　武则天与洛阳的经济文化

随着洛阳政治地位的提高和城市建设的发展，其经济文化也呈现出前所未有的繁荣景象。作为中国古代的重要都城，洛阳经济地位重要，文化积淀也相当丰厚。在武则天当政时期，又采取了一些发展经济文化的措施，从而使洛阳一带的经济文化达到了一个新的高度。

一、武则天与洛阳经济

武则天以洛阳为都，使洛阳成为财富聚积之地。唐代以前，历代王朝多以长安为都。长安虽然位于被称为“天府之国”的关中，但由于地域狭小，加之开发过度，导致粮食供应困难。“隋朝和唐初关中所需要的粮食，主要供给地是在北方黄河流域，但却也常转漕东南之粟，以备水旱。”[1] 洛阳“南有宛、叶之饶，东压江、淮，食湖海之利，西驰崤、渑，据关河之宝”。“太原蓄钜万之仓，洛口积天下之粟”[2]。长安四年（704）正月，武则天准备西返长安。洛阳县尉杨齐哲上书谏曰：“陛下今幸长安也，乃是背逸就劳，破益为损。何者？神都帑藏储粟，积年充实；淮海漕运，日夕流衍。地当六合之中，人悦四方之会。陛下居之，国无横费。长安府库及仓，庶事空缺，皆藉洛京。转输价直，非率户征科。其物尽官库酬给。公私縻耗，盖亦滋多。陛下居之，是国有横费，人疲重徭。由

[1] 史念海：《河山集》，生活·读书·新知三联书店，1963 年版，第 222 页。

[2]《旧唐书》卷 190 中《陈子昂传》，第 5020—5021 页。

此言之。陛下之居长安也，山东之财力日匮。在洛邑也，关西百姓，赋役靡加，背逸就劳，破益为损。殷鉴不远，伏惟念之。文王敬授民时。所重唯谷。今陛下銮辂以明年正月即途，岁首是就耕之初，驾行非务农之意，无乃不可乎。”[1]牛致功先生认为，武则天建都洛阳，“从经济上说，是顺应了经济重心由西而东再向南移的趋势，是符合古都由西而东的历史进程的。如果说武则天对历史的发展有过积极的作用，首先应该肯定她建都洛阳。至少说，建都洛阳期间，大大减少了劳动人民生命财产的损失。裴耀卿改进了运粮方式，三年即省 30 万缗，她住洛阳 20 年不运粮又该节省多少呢？免于死亡的劳动人民又该有多少呢？反之，使运输线上的许多劳动者直接参加生产，又该增加多少社会财富呢？”[2]这种说法是有一定道理的。

其实，除了建都洛阳，节省漕运费用，有利于经济发展之外，武则天在洛阳还采取了许多发展经济的措施。为此，她曾向洛阳一带大量迁移人口。如天授二年（691）七月，武则天“徙关内户数十万以实洛阳”[3]。

武则天对于农桑特别重视。早在当皇后之际，就曾亲祀先蚕，主张劝农。上元五年（678）上书十二条，第一条就是“劝农桑，薄赋徭”。[4]临朝称制之初，即规定州县官吏，若能使田畴垦辟，家有余粮，则加其考第，“功状尤异者，别加升擢”；若为政苛滥，导致农桑并废，户口流移，“轻者年终贬考，甚者非时解替”[5]。改朝换代之后，继续要求刺史县令“敦劝农桑，均平赋役”[6]，把农桑发展情况作为御史巡察的主要内容之一。武则天在辅佐高宗的日子里组织撰写并亲自删定了《兆人本业记》一书。登基后又将这本农书散发各地，使之成为流传最广的农业教科书之一。史载，长寿二年（693）正月初一普降大雪，武则天对侍臣说：“朕御万方，心存百姓。如得年登岁稔，此即为瑞。虽获麟凤，亦何

[1]《唐会要》卷 27《行幸》，第 518 页。
[2] 牛致功：《武则天与洛阳》，《人文杂志》1986 年第 2 期。
[3]《资治通鉴》卷 204，则天后天授二年七月，第 6473 页。
[4]《新唐书》卷 76《则天顺圣皇后武氏传》，第 3477 页。
[5]〔宋〕宋敏求：《唐大诏令集》卷 110《诫励风俗敕》，学林出版社 1992 年版，第 522 页。
[6]《全唐文》卷 96，高宗武皇后《明堂灾手诏》，第 433 页。

用焉？”[1]当时的洛阳是全国的仓储中心。四方租米源源不断运到这里。据陈子昂所讲，仅江南淮南诸州租船就有数千艘，载粮百余万斛[2]。为了安置诸州租船，专门在洛阳立德坊穿凿了新潭。[3]时人右补阙张说“太仓武库，并在都邑。红粟利器，蕴若山邱”。[4]1971年发掘洛阳隋唐含嘉仓时，曾发现许多刻有“天授”“长寿”“万岁通天”“圣历”等年号的刻铭砖，并在160号粮窖中发现了已经炭化了的五十万斤谷子。这一考古成果，也证明了当时政府储有大量的粮食。

含嘉仓遗址

从立天枢，即征得铜五十万斤（当时一斤合今1.1936斤，故约当今五十九万六千余斤），铁三百三十余万斤（约当今三百九十三万八千余斤）的情况看，武周时期的采矿业已具有相当规模。当然，当时最突出的手工业部门还要数铸造业。如前所述，武周时期曾置九鼎、立天枢。而“九鼎”“天枢”都是铸成的。九鼎用铜五十六万余斤（约合今六十六万八千余斤），鼎上图铸九州山川物产之像，“光有五彩，辉焕错杂其间”[5]。天枢用铜铁三四百万斤，金彩荧煌。在当时的历史条件下，能完成这样的工程，可谓之奇迹，说明当时的铜铁铸造技术，已达到了很高的水平。此外，武则天时曾修建规模宏大的明堂和天津桥，说明武周时期的建筑业也有所发展。

[1]《唐会要》卷28《祥瑞》上，第533页。
[2]《全唐文》卷211，陈子昂《上军国机要事》，第942页。
[3]〔宋〕王钦若等编：《册府元龟》卷497《邦计部·河渠二》，中华书局1960年版，第5947页。
[4]《全唐文》卷223，张说《谏避暑三阳宫疏》，第996页。
[5]《旧唐书》卷22《礼仪志》二，第868页。

二、武则天与洛阳文化

武则天以洛阳为神都，使洛阳成为政治经济文化交流的中心，因而在洛阳及其周围地区集聚了大量人才。从有关资料来看，在武则天当政时期，注重学术创新，洛阳一带的文化事业有了很大发展。

在武则天统治时期，经学、史学与文学得到长足的发展。就经学而言，当时出现了一些修正儒家经典的著作。如四门博士王元感撰写了《尚书纠谬》10卷、《春秋振滞》20卷、《礼记绳愆》30卷，“掎前达之失，究先圣之旨”，受到魏知古、徐坚、刘知几等学者和武则天的高度评价。就史学而言，武则天不仅组织学者撰写了《高宗实录》100卷，《三教珠英》1300卷，而且敕令李峤、朱敬则、徐彦伯、魏知古、徐坚等编修《唐史》，令姚璹等人撰写记载军国机要大事的《时政记》。著名的史学理论专著《史通》也是这个时期修撰的。在文学方面，武则天当政时期成就更为突出。武则天本人是中国历史上少见的女文学家，“以文学、书法、著述而论，才调之高，古今更罕有其匹”[1]。在她的提倡下，诗歌、散文有很大

龙门石窟远眺

[1] 陆继辂：《崇百药斋文集》卷8。

的发展。

史载，“高宗、天后，尤重详延，天子赋横汾之诗，臣下继柏梁之奏，巍巍济济，辉烁古今。”特别是，武则天“君临天下二十余年，当时公卿百辟无不以文章达，因循遐久，寖以成风。”[1]在武周时代，经常开展文学沙龙。如天授二年（691）武则天发十道存抚使抚慰天下，临行时，令百官赋诗送行，这些诗后来被编辑成《存抚集》10卷，足见当时赋诗之众。[2]又如，“则天幸洛阳龙门，令从官赋诗，左史东方虬诗先成，则天以锦袍赐之。及（宋）之问诗成，则天称其词愈高，夺虬锦袍以赏之。”[3]久视元年（700）五月，武则天游石淙，赋《石淙》诗一首，令侍游诸臣奉和。皇太子李显、梁王武三思，内史狄仁杰，鸾台侍郎李峤，凤阁侍郎苏味道，夏官侍郎姚元崇，凤阁舍人崔融，奉宸大夫薛曜等16人各赋七言一首。[4]这些诗至今仍然保留在石淙的岩石上。

石淙遗址

值得注意的是，武则天时代是唐代文学的一个重要的转折时期，这一时期出现了像李峤、苏味道、崔融、杜审言、沈佺期、宋之问、王勃、杨炯、卢照邻、骆宾王、陈子昂等著名的诗人和散文作家。杜审言、李峤、崔融、苏味道号称“文章四友”，王勃、杨炯、卢照邻和骆宾王号称“初唐四杰”，在唐代文学史上都

[1]〔唐〕杜佑：《通典》卷15《选举三·历代制下》，中华书局1988年版，第358页。

[2]《唐会要》卷77《巡察按察巡抚等使》，第1414页。

[3]《旧唐书》卷190中《文苑传》中，第5025页。

[4]〔清〕王昶：《金石萃编》卷64《夏日游石淙诗并序》，民国十年石刻本。

武则天石淙诗

上广泛的影响。其中，沈佺期“善属文，尤长七言之作”。宋之问“弱冠知名，尤善五言诗”。[1] 杨炯“文思如悬河注水，酌之不竭”。[2] 而陈子昂“经史百家，罔不该览，尤善属文，雅有相如子云之风骨”。[3] 他们致力于诗文创新，在诗文革新方面有很大的突破，在唐代文学史上树立起了一通巨大的里程碑。

在书法、绘画、音乐、舞蹈等方面，这一时期也取得了很大的成就。武则天本人精通书法，善于写飞白书和行草。《宣和书谱》称其书法“有丈夫胜气”[4]。她所写的飞白书堪称一绝，受到高度评价。她的行草书作品很多，仅梁王武三思收藏的作品就达 90 卷之多。[5] 所书《升仙太子庙碑》至今仍屹立在河南偃师缑山之巅，被视为唐代书法艺术的珍品。武则天还特别重视对图书字画的收集、整理和管理。如文明元年（684）十一月，她下敕说：“两京四库书，每年正月，据旧书闻奏。每三年，比部勾覆具官典，及摄官替代之日，据数交领。如有欠少，即征后人。”[6] 又如，神功元年（697）武则天询问王方庆对其祖先王羲之等人作品的收藏情况。王方庆进其十一代祖王导以下 28 人书法作品十卷。“则天御武成殿示群臣，仍令中书舍人崔融为《宝章集》以叙其事，复赐方庆。”[7] 此外，还召集天下书画家整理内库书画，“锐

[1]《旧唐书》卷 190 中《文苑传》中，第 5025 页。

[2]《旧唐书》卷 190 上《文苑传》上，第 5003 页。

[3]《全唐文》卷 238，卢藏用《陈子昂别传》，第 1065 页。

[4]《全唐文》卷 246，李峤《为纳言姚璹等谢敕赐飞白书表》，第 1100 页。

[5]《全唐文》卷 243，李峤《为何舍人贺御书杂文表》，第 1086 页。

[6]《唐会要》卷 35《经籍》，第 643—644 页。

[7]《旧唐书》卷 89《王方庆传》，第 2899 页。

意模写，仍旧装背，一毫不差。”[1] 当时的书法家有陆柬之、贺知章、孙过庭、李邕、薛曜、钟绍京等。画家则有薛稷、殷仲容、李思训、吴道子等。这些书画家不仅留下了许多精美的作品，而且在书画理论方面亦有所建树。使书法绘画摆脱了魏晋南北朝书画风气的影响，形成了唐代书画的风格。音乐舞蹈方面的情况也与此相似。说明当时在文化方面确实有所创新。

[1]〔唐〕张彦远：《历代名画记》卷 1《叙画之兴废》，人民美术出版社 1964 年版，第 7 页。

第四章

武则天和她的大臣们

作为中国历史上唯一的女皇帝，武则天在用人方面有其独到之处。古往今来，曾有不少人论及武则天的用人问题，但看法很不一致。有人认为武则天实行“酷吏政治”，所用皆“昧死要利之徒”。事实并非如此。

第一节 武则天对大臣的管理

在中国封建社会里，曾经有过不少论述为臣之道的书籍，但轰动一时，流传甚广的只有一部，那就是《臣轨》。《臣轨》凡二卷，十章，由序、正文和论三部分组成[1]，内容是相当丰富的。

《臣轨》的作者是谁？历来说法不一。《旧唐书·经籍志》说是武则天。《新

[1]《佚存丛书》本及《粤雅堂丛书》本将“论” 纳入“利人章”，误。

唐书·艺文志》说是元万顷、范履冰、苗神客、周思茂、胡楚宾、卫业等。[1]日人野间三竹说是唐太宗。[2]清人周中孚说是唐睿宗。[3]查周氏之说，系间接推论：“（书）前有序文，但称天皇，玩其词气，当出于睿宗所撰也。”野间三竹也是如此：“《帝范》二卷，《臣轨》二卷也者，共成于唐帝。唐帝受隋氏弊，聪明神武，庶几成康，功德兼备，自汉以来未之有。自吁咨都嗟之后，而元首股肱互为治道。故所以《帝范》《臣轨》之有作者也。”此二者皆缺乏根据。新志所言，则颇多旁证。《资治通鉴》卷202载：“天后多引文学之士著作郎元万顷、左史刘祎之等，使之撰《列女传》《臣轨》。”《新唐书》卷201《文艺·元万顷传》《旧唐书》卷87《刘祎之传》、卷190《文苑·元万顷传》略同。《旧唐书》卷6《则天皇后本纪》亦云。“太后尝召文学之士周思茂、范履冰、卫敬业令撰《玄览》及《古今内范》各百卷……《臣轨》两卷。”由此看来，《臣轨》的作者似乎是刘祎之、周思茂、范履冰等人。但事实上并非如此。的确，在署名为武氏撰的二十多部书籍中，有“北门学士”的手笔。但这并不意味着这些书都是他们撰写的。史载，武则天聪明智慧，兼通文史。早在当皇后之前，就曾著《内训》一篇。当上皇后不久，还曾“制《外戚诫》献诸朝”。[4]此时元万顷等人还没见过武则天，更谈不上代笔了。武则天既然能写出《内训》和《外戚诫》，当然不是不会写书的人。《臣轨》是作为“臣下之绳准”而撰写的[5]，必然要完全体现“君上”武则天的旨意。这样的书，也许只有涉文史，且有几十年统治经验的武则天才能写出来。《通鉴》载：《臣轨》，太后（则天）所造。[6]《唐会要》云：“则天自制《臣范》二卷”。[7]《通典》云：“太后自制《臣轨》

---

[1]〔宋〕欧阳修、宋祁《新唐书·艺文志》将《臣轨》列在武则天的名下，但云：“凡武后所著书，皆元万顷，范履冰、苗神客、周思茂、胡楚宾、卫业等撰。”（中华书局标点本，第1450页）

[2]《粤雅堂丛书》第二十六集所载柳谷散人埜子苞父《〈帝范〉〈臣轨〉二书跋》。“埜”为古“野”字。埜子苞父，即日本学者野间三竹。

[3]〔清〕周中孚：《郑堂读书记》卷28。

[4]〔后晋〕刘昫：《旧唐书》卷4《高宗本纪》，中华书局1975年，第76页。《新唐书》卷76《则天顺圣皇后武氏传》，第3475页。

[5]〔清〕董诰等编：《全唐文》卷97，高宗武皇后《臣轨序》，中华书局1983年版，第1004—1005页。

[6]〔宋〕司马光：《资治通鉴》卷205，则天后长寿二年一月条，中华书局1956年版，第6490页。

[7]〔宋〕王溥：《唐会要》卷75《贡举上·明经》，中华书局1955年版，下册，第1373页。

两篇”。[1]《臣轨序》也说：“朕以庸昧。忝位坤元，……近以暇辰，游心文府，聊因炜管，用写虚襟。故缀叙所闻，以为《臣轨》一部。”看来，还是《旧唐书·经籍志》说得对，《臣轨》是武则天的作品。

《臣轨》成书于何时？学术界也存在着很大的分歧。两《唐书·刘祎之传》概言上元（674—675）中。《通鉴》系于上元二年。《唐会要》载在长寿二年（693）。日本宽文八年柳谷山人校刊本有“垂拱二年撰”字样。[2]佚存丛书本则题“垂拱元年撰”五字。[3]按纪传之体，重事件而轻年月，往往使人不知详序；编年体以日月见称，然亦有概述之弊。两《唐书·刘祎之传》及《通鉴》言则天著述，即属此类，故尚须具体分析。《臣轨序》言：“比者太子及王，已撰写修身之训；群公列辟，未敷忠告之规。”案，武后所撰书中有关太子及王者，有《少阳正范》《维城典训》等等。《少阳正范》最初是赐给太子李贤的。《唐会要》卷4《储君·章怀太子贤》载：“上元二年六月三日……册为皇太子……令监国，处分明审，为时所称。仪凤（676—679）中，手敕褒美。……时正议大夫，明崇俨以符劾之术为则天任使，密称英王状类太宗。又宫人潜议云，贤是后姊韩国夫人所生，贤亦自疑惧。则天又常（尝）撰《少阳政范》及《孝子传》以赐之，仍数作书以责让。及崇俨为盗所杀（679），则天疑贤所为，又使人发其阴事……乃废为庶人（680）”。《通鉴》等所载略同。从行文来看，《少阳正范》当作于仪凤末（678或679）。《维城典训》理宜后之。如此，则《臣轨》之作不会早于

武则天画像

[1]〔唐〕杜佑：《通典》卷15《选举三·历代制下》，中华书局1988年版，第1册，第354页。

[2]杨守敬言，宽文八年本卷末题“垂拱元年撰”（见《日本访书志》）。然罗振玉云末题“垂拱二年撰”（《辽居稿》；但他在《松翁近稿》中又说尾有“垂拱五年撰”五字）。阮元也是这样说（《四库未收书目提要》），不过他认为这是日本人妄增之词。笔者未见日本原本。《粤雅堂丛书》所收，是“垂拱元年”，恐阮、罗二氏有误，然亦未必。待考。

[3]《佚存丛书》第一佚。

永隆元年（680）。又，《序》言：“朕以愚昧，忝位坤元”。则《臣轨》之作，必在弘道元年（683）十二月则天临朝之后。[1]《唐会要》卷36《修撰》载：“垂拱二年四月七日，太后撰《百寮新诫》及《兆人本业记》，颁朝集使。”所谓“新诫”者，必是相对“旧诫”而言。“旧诫”为何？查武氏所撰，除《臣轨》外，无有关于百僚者。据此，则《臣轨》之作，又当在垂拱二年（686）之前。[2]弘道元年之后，垂拱二年之前，中间只有两年，即光宅元年（684），垂拱元年（685）。光宅元年，属高宗晏驾不久，则天临朝之初，千头万绪，日理万机，恐无“暇辰”著书。清末民初历史地理学家杨守敬在《日本访书志》中写道：“余案日本枫山官藏本及向山黄村所藏天正年间（1573—1591）钞本。皆有垂拱元年撰五字，笔迹亦相同，绝非此邦人（日本人）所臆增。”观此言，

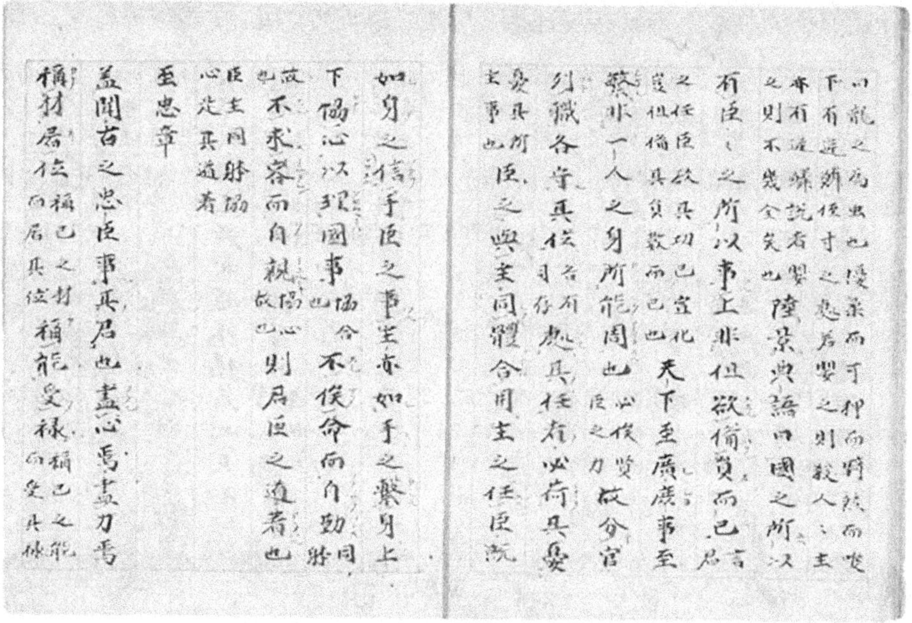
有臣臣之所以事上非但欲備員而已
天下至廣庶事至繁非一人之身所能周也
列職各守其位處其任者必荷其憂
臣之與主同體合用主之任臣
如身之信手臣之事主亦如手之繫身上下協心以理國事不俟命而自勤不求容而自親則居臣之道者也
至忠章
蓋聞古之忠臣事其君也盡心焉盡力焉
稱材居位稱能受祿

《臣轨》书影

[1] 罗振玉认为，“忝位坤元与太子及王之称，不但在天授革命加号皇帝时为不合，即临朝称制以后亦不复有太子之称矣。”因而断定《臣轨》成于高宗咸亨五年以后，称制之前。细读唐史，不敢苟同。

[2] 垂拱二年之有《新诫》者，恐与徐敬业事件有关。故疑该书是“临时性”的。

益信《臣轨》必成于垂拱元年。[1]

《臣轨》从十个方面提出了臣下的准则：（一）同体。同心同德，做君主的手足耳目；爱国恤人，尽职尽责。[2]（二）至忠。以慈惠为本，多其功而不言；推善于君，引过在己[3]。（三）守道。以“道”清心正身，佐时匡主；名不动心，利不动志。[4]（四）公正，理官事则不营私家，当公法则不阿亲党，举贤才则不避仇雠；处“六正”之道，不行“六邪”之术。[5]（五）匡谏。除君之过，矫君之失；以谏为忠；不避斧锧。[6]（六）诚信。以信忠君，以信怀下；上下通诚，信而不疑。[7]（七）慎密。保守朝廷机密，不漏禁中之语；非所言勿言，非所为勿为。[8]（八）廉洁。奉法以利人，不枉法以侵人；以廉平为德，不求非其所有。[9]（九）良将。有五材四艺懂御众之术，攻守之法，有先见之明。[10]（十）利人。禁末作，兴农功，省徭轻赋，不夺人时，务使家给人足。[11]其中心思想，是要求每个臣僚都成为德才兼备，忠君爱民的人物，从而建立强有力的统治机构。

《臣轨》有什么价值？学术界迄今尚无评论。我认为，《臣轨》虽非鸿篇巨制，但史学价值却是很高的。

首先，它是关于武则天思想状况尤其是用人思想的第一手资料。武则天的思想属于“法家”？“儒家”？还是“杂家？武则天的用人是唯贤？唯亲？还是典型的实用主义？武则天的思想与唐太宗究竟有多大差距？是对唐太宗思想的背

[1] 或问：《臣轨》中有则天制字。则天制字始于载初（686），此作何解释？答云：载初后改之耳。《文馆词林》作于显庆二年（657），传达室本亦多则天制字（林衡《书〈文馆词林〉后》，见《佚存丛书》第一帙）。

[2]《臣轨》卷上《同体章》。

[3]《臣轨》卷上《至忠章》。

[4]《臣轨》卷上《守道章》。

[5]《臣轨》卷上《公正章》。六正：谓圣臣、大臣、忠臣、智臣、贞臣、直臣。六邪：具臣、谀臣、奸臣、谗臣、贼臣、亡国之臣。

[6]《臣轨》卷上《匡谏章》。

[7]《臣轨》卷下《诚信章》。

[8]《臣轨》卷下《慎密章》。

[9]《臣轨》卷下《廉洁章》。

[10]《臣轨》卷下《良将章》。五材：谓智不可乱，明不可蔽，信不可欺，廉不可贷，直不可曲。四义：谓受命之日，忘家；出门之日，忘亲；张军鼓宿，忘主；授枪合战，忘身。

[11]《臣轨》卷上《利人章》。

叛？还是发展？这些都是史学界长期以来争论不休的问题。这些问题之所以至今仍然没有得出令人满意的答案，一个十分重要的原因，就是人们忽视了像《臣轨》这样直接反映武则天思想的书籍。《臣轨》引书多达数十种。其中有《诗经》《论语》，也有《老子》《文子》《孙子兵法》等等。如果我们把这些材料和武氏发挥的情况加以研究，就不难看出武则天的思想是哪一家。假若我们把这些准则认真考察一下，就可以在很大程度上看出武则天用人的主导思想。此外，如果我们把《臣轨》一书所反映的武则天的思想与《帝范》所反映的唐太宗的思想加以比较，也会发现其中的异同。武氏撰述散失殆尽，《臣轨》显得尤为珍贵。

其次，它是了解武周吏治和社会风貌的一个门户。垂拱元年《臣轨》成书之后，武则天把它作为臣下的“绳准”“普锡具僚”。[1] 长寿二年，又把它作为教科书（可能一度改名《臣范》）下发给贡举人[2]。于是乎朝野官吏、白衣仕子几人手一册。江都人孙祥尝记《臣轨》后云：“《臣轨》既是御撰，妙极！稽古垂范，作镜百僚，既为臣之令模，乃事君之要道。宜诵登于口，诚藏于心。束发盍簪，庶多宏益。”[3] 由此可见，当时人对它是何等的重视。这样，它必然会作用于武周吏治，乃至武周社会。

再者，它在武周以后仍起过一定作用。神龙元年（705）中宗复位，下令“贡举人停习《臣轨》，依旧习《老子》”[4]，因此《臣轨》的影响小了下来，但它还散布于社会。中宗一度行“武后之政”。可以想见，《臣轨》依旧在社会上流传。安史之乱，使唐代典籍遭受了一场浩劫。[5] 唐末战乱，为祸更惨，“曩时遗籍，尺简无存”[6]。然而《臣轨》并没有在兵燹中“断种”。《旧唐书·经籍志》《新唐书·艺文志》、王尧臣《崇文总目》、郑樵《通志·艺文略》、尤袤《遂初堂书目》

[1]《全唐文》卷 97，高宗武皇后《臣轨序》，第 1004 页。

[2]《唐会要》卷 75；《资治通鉴》卷 205。

[3] 杨守敬《日本访书志》，见湖北教育出版社《杨守敬文集》第 8 册，第 134 页。

[4]《旧唐书》卷 7《中宗本纪》，第 137 页。

[5]《旧唐书》卷 46《经籍志》，第 1962 页。参《北梦琐言·自序》（中华书局 2002 年，第 15 页）、《麟台故事》卷 4《沿革》（中华书局 2000 年点校本，第 19 页）。

[6]《旧唐书》卷 46《经籍志》，第 1962 页。

都曾著录，说明它在南宋初期仍有一定的数量。不过，到了南宋末期，传本已不多见。陈振孙《直斋书录解题》不载。赵希弁《昭德先生郡斋读附志》云："本十篇，今阙其下五篇"。其后《宋史·艺文志》不载。《永乐大典》似乎未曾涉及。[1]叶盛《菉竹堂书目》、晁瑮《晁氏宝文堂书目》、徐𤊹《徐氏红雨楼书目》、高儒《百川书志》、毛扆《汲古阁珍藏秘本书目》、焦竑《国史经籍志》亦不著录。看样子好像是从元代就失传了。但明末音韵学家陈第在他的《世善堂藏书目录》中写道："《臣轨》二卷"。可见，直到明朝末期，《臣轨》还有足本流传。不过，清初钱谦益《绛云楼书目》、钱曾《述古堂书目》、季振宜《季沧苇藏书目》中没有它。乾隆初的《各省呈进书目》中没有它。《四库全书》中也没有它。大概是明清之际，它最终匿迹了。清朝中叶以后，一些学者致力于佚书的搜集工作，从国外找到了它，使之复传于我国。[2]《臣轨》的冷落、失传与战乱、天灾有关，恐怕与宋明理学也不无关系。无论如何，它曾经在相当长的一段时间里，流传在社会上，对历代政治思想或多或少发生过作用；而它的遭遇，同样有助于我们对武周以后历代政治思想的研究。

第四，它对日本封建社会的历史有一定影响。日本人服部宇之吉在《佚存书目》中、池田四郎在《诸子要目》中均载有《臣轨》，说明《臣轨》漂洋过海，传到了日本。《臣轨》何时传入日本？史书上没有明确记载。埜子苞父云："镰仓将军家皆读之。"[3]此所谓镰仓者，系指日本早期幕府。其统治时间是公元1192年至1334年。罗振玉在日本尝得弘安十一年古写卷子本。[4]弘安是日本后宇多天皇年号。十一年，适我国至元二十五年，即公元1288年。如此，则《臣轨》之东传，当在元朝以前。查《日本国见在书目》，其中有《臣轨》二卷。《见在

[1] 全祖望云，《永乐大典》所引书，皆出文渊阁储藏本（《鲒埼亭集外编》卷17）。而正统六年（1441）杨士奇编的《文渊阁书目》无之。

[2] 阮元（1764—1849）始得日本活字本《臣轨》，光绪六年（1880）杨守敬作为驻日公使何如璋的随员赴日，得《臣轨》宽文八年（1668）刊本。其后罗振玉又在日本得弘安十一年古写卷子本。

[3] 见《粤雅堂丛书》第二十六集所载柳谷散人埜子苞父《〈帝范〉〈臣轨〉二书跋》。

[4]《松翁近稿·〈臣轨〉跋》。

书目》是藤原佐世奉宇多天皇之命于宽平年间（889–897）写成的。[1] 看来，《臣轨》在唐末已传到了日本。又，传本中往往杂有则天所制文字，如“埊”等等，则其东传当在武周时期。武周时期日本使者曾经来华。《旧唐书》卷199《日本传》载：“长安三年（703），其大臣朝臣真人来贡方物。……真人好读经史，解属文，容止温雅。则天宴之于麟德殿，授司膳卿，放还本国。”《续日本纪》卷3《天之真宗丰祖父天皇》载：庆云元年（704），“秋七月，四申朔，正四位下粟田朝臣真人自唐国至。初至唐时，有人来问曰：‘何处使人？’答曰：‘日本国使。’我使反问曰：‘此是何州界？’答曰：‘是大周楚州盐城县界也。’更问‘先是大唐，今称在周，国号缘何改称？’答曰：‘永淳二年，天皇太帝崩，皇太后登位，称号圣神皇帝，国号大周。’”由此来看，长安三年（703）以前，日本人对高宗去世，则天临朝，乃至改朝换代还不知道，自然没有见到《臣轨》。粟田真人此次来华，名为朝贡，实则求书。[2] 当时正是《臣轨》流行的时候，肯定为日本人所得。开元初，日本使者复入唐朝，“所得锡赉，尽市文籍”[3]。说不定其中还有《臣轨》。[4]《臣轨》传入日本后，人们辗转抄录，颇为重视。上自幕府将军，朝廷博士，下至官吏、学者，皆有研读者[5]。后来，有人把它付梓刊印，流传得更广泛了。市川鹤鸣（1740—1795）还著有《〈臣轨〉国字解》一卷。细川润次郎（1844—1923）著有《〈臣轨〉校》四卷。[6] 可见，《臣轨》在日本也发挥过一定作用。

因此，无论是研究中日文化交流史，还是研究中国封建社会政治史，都应当看一看《臣轨》。至于研究武周吏治，不读《臣轨》是不行的。研究武则天的用

[1]《日本现在书目证注稿·解题》。

[2]《宋史》卷491《日本传》载：“雍熙元年（984），日本国僧奝然与其徒五六人浮海而至，献铜器十余事，并本国《职员今（令）》《王年代记》各一卷……其《年代记》所记云：……大宝三年，当长安元年（误，应为三年），遣粟田真人入唐求书籍，律师道慈求经。”

[3]《旧唐书》卷199上《日本传》，第5341页。

[4] 传入日本的本子中有无则天制字者。

[5] 参《日本访书志》、《松翁近稿》、《佚存丛书》第一帙《题〈臣轨〉后》、《粤雅堂丛书》第二十六集《〈帝范〉〈臣轨〉二书跋》等。

[6] 参小川贯道《汉学者传记及其著述集览》。

人思想，《臣轨》是必读的书籍。

《臣轨》在我国尚无单行本，见于《佚存丛书》（影印日本本、光绪八年重刊本）第一帙、《宛委别藏》《粤雅堂丛书》三编第二十六集、《丛书集成初编》社会科学类、《东方学会丛书初集》和《传望楼金帚编》。在日本，则主要有镰仓时代钞本、宽文八年柳谷山人校刊本（与《帝范》合刊）、《佚存丛书》本、《成篑堂丛书》本、细川润次郎校大正四年十一月宫内省刊本等等。书中有唐人注。[1] 可以参考。

第二节　武则天与酷吏的关系

武则天统治时期曾出现过一些著名的酷吏，因而人们在评价武则天时往往把武则天与酷吏联系起来：有人说武则天实行“酷吏政治”；有人则把酷吏作为武则天“残暴”的根据。事实上，武则天与酷吏的关系是复杂的。虽然武则天统治时期的酷吏较多，但并不能说明武则天实行了“酷吏政治”。至于把酷吏作为武则天“残暴”的根据，也缺乏应有的说服力。

一、武则天并非始终器重酷吏

大家知道，武则天在政治舞台上活动的时间是很长的。若从显庆五年（660）十月参与朝政算起，到神龙元年（705）正月退位，前后将近半个世纪。若从文明元年（684）临朝称制算起，独自控制最高权力的时间长达 21 年。即使从天授元年（690）改唐为周算起，当皇帝的时间也有 15 年。如果我们把武则天的统治划分为辅政、临朝、称帝三个阶段，具体考察一下各个阶段的历史，就可以

[1] 注者或疑贾行，一般认为是王德。待考。

清楚地看出，武则天只是在改朝换代前后的特殊情况下才重用酷吏的，酷吏存在的时间是相对较短的。

武则天辅政阶段历时 23 年。这一阶段，唐高宗是天下的最高统治者，武则天只是以皇后的身份参与朝政。但是由于唐高宗“头重目眩”的病经常复发，又患上了可怕的疟疾[1]，所以军国大事常由武则天处理。这种情况在宰相上官仪被杀后表现得更为突出。史载“上每视事，则后垂帘于后，政无大小，皆与闻之。天下大权，悉归中宫，黜陟、杀生，决于其口，天子拱手而已，中外谓之二圣”[2]。这说明，武则天在很大程度上控制着国家的实际权力。在辅佐高宗的日子里，武则天“内辅时政”，“忧劳天下”[3]，是很有作为的。她不仅恪尽妇职，亲祀先蚕，从驾封禅，重用学士，著书立说，而且上书言事，出谋划策，协助高宗在政治、经济等方面进行了一系列卓有成效的改革。当时武则天是主张“以道德化天下”的[4]。她曾建议“王公以降皆习《老子》”，反对酷刑和苛政，希望通过约法省刑、无为而治的办法实现天下大治。所以当时她虽广开仕途，扶植新贵，但并没有使用过一个酷吏。当时社会上也没有出现哪一个著名的酷吏。很显然，武则天在辅政期间并无器重酷吏之事。

武则天临朝称制时间较短，只有六年，但这六年是武则天政治生涯发生转变的关键性阶段。这一阶段，武则天废中宗，立睿宗，以皇太后的身份独揽大权，成为实际上的最高统治者。武则天在临朝之初是很想大有作为的。她在《改元光宅赦文》中表示要“励精为政，克己化人。使宗社固北辰之安，区寓致南风之泰。……冀上不负于尊灵，下微申于至恳”[5]。也就是说，她要用自己的全部才能治理国家，以报答唐高宗的顾托和天下人的推戴。为此，她决定旗帜尚“金”，同时改

[1]《旧唐书》卷 5《高宗纪》、《资治通鉴》卷 202—203。

[2]《资治通鉴》卷 201，高宗麟德元年十二月条，第 6343 页。《新唐书》卷 76《则天顺圣皇后武氏传》所载略同（第 3475–3476 页）。

[3]《唐会要》卷 63《修国史》，第 1095—1096 页。《资治通鉴》卷 203《考异》引《唐统纪》，第 6432 页。

[4]《新唐书》卷 76《则天顺圣皇后武氏传》，第 3477 页。

[5]《全唐文》卷 96，高宗武皇后《改元光宅赦文》，第 994 页。

变百官服色和称谓，准备通过网罗人才、放宽刑法的办法“大收人望”。[1] 但是，对于她的所作所为，“天下颇多流言异议”[2]。光宅元年（684）九月，发生了徐敬业的叛乱，对武则天形成很大的威胁。叛乱平息后，武则天改元“垂拱”，仍表示要一如既往，无为而治。她在《颁行律令格式制》中说“朕情在爱育，志切哀矜。疏网恢恢，实素怀之所尚；苛政察察，良夙心之所鄙。方冀化致无为，业光刑措”[3]。然而，严酷的社会现实使她的理想无法实现。由于“将相阴谋”[4]，“人多逆节”[5]，武则天不得不用酷吏来打击政敌。也就是说，到这个时候，武则天才开始重用酷吏。垂拱初年，酷吏兴起，索元礼、周兴、万国俊等纷纷出笼，造成了恐怖气氛。但垂拱四年以后，随着政治形势的转变，酷吏的活动就大大减少了。

当皇帝的十五年是武则天一生中最重要的阶段。天授元年（690）九月，武则天改唐为周，破天荒地登上皇帝宝座，成为中国历史上独一无二的女皇帝。这一事件在朝野上下都引起了很大的震动。虽然支持武则天的人很多，但在暗地里反对武则天的人也不在少数。为了清除政敌，巩固新生的武周政

武则天的吉祥物——凤凰

[1]《旧唐书》卷 50《刑法志》，第 2142 页。
[2]《旧唐书》卷 90《朱敬则传》，第 2913 页。
[3]〔宋〕宋敏求：《唐大诏令集》卷 82《颁行律令格式制》，商务印书馆 1959 年版，第 472 页。
[4]《通典》卷 169《刑七 · 守正》，第 4382 页。
[5]《旧唐书》卷 91《桓彦范传》，第 2928 页。

权，武则天在天授年间仍不得不重用一些酷吏。所以在武周初年，酷吏仍然较多，大酷吏来俊臣就是这个时期出现的。不过，这种局面维持的时间并不太长，政局稳定后，武则天即不再器重酷吏。万岁登封元年（695）十月，武则天颁发了《减大理丞废秋官狱敕》，重新提出了约法省刑、无为而治的主张。她说："崇德简刑，列辟之彝范；并官省事，有国之良图。"今"远近无缧绁之冤，老幼有歌谣之乐。人皆迁善，政在维新。丹笔刑官，已绝埋梧之听；黄沙狱户，将为鞠草之场"。"幸悉心而慎罚，同底绩以胜残，伫弘勿辟之规，用阐无为之化。将使三千之罪，永绝当年；岂唯数百之刑，仅宽于昔代！布告天下，识朕意焉。"[1] 显然，到这个时候，武则天就已不再重用酷吏了。神功元年（697）六月来俊臣被杀后，酷吏死鼠殆尽。从这时起，到武则天退位，再也没有出现过酷吏。

二、酷吏不过是武则天打击政敌的工具

武则天之所以在改朝换代前后重用酷吏，完全是为了打击政敌，巩固政权。从大量资料来看，武则天本来是反对滥刑，反对酷吏的；当她的统治受到政敌严重威胁的时候，她要用酷吏诛杀异己，摆脱危机；当她的统治稳固后，她又要以循吏治天下，而把酷吏无情地予以抛弃。种种迹象表明，酷吏不过是武则天诛锄异己、打击政敌的工具。

首先，酷吏是在武则天的扶持下兴起的。武则天扶持酷吏是徐敬业起兵以后的事。文明元年（684）秋，武则天临朝不久，徐敬业据扬州起兵，自称上将，以匡复为辞，旬日之间，"得胜兵十余万"[2]。这次叛乱虽很快平定，但隐藏下来的反对派仍有很大势力。这些人"密有匡复之志"[3]，时刻准备颠覆武则天的统治。由于这些人尚未起兵造反，不能用大军征讨，只能用残暴酷烈、滥用刑法

[1]《唐大诏令集》卷 82《减大理丞废秋官狱敕》，第 473 页。

[2]《资治通鉴》卷 203，则天后光宅元年九月，第 6423 页。《旧唐书》卷 67《李勣传附李敬业传》，第 2490 页。

[3]《旧唐书》卷 76《太宗诸子传》，第 2661 页。

的官吏加以惩治。所以当有人建议武则天“尽诛皇室诸王及公卿中不附己者”[1]的时候，武则天便改变了以往对酷吏的态度，开始扶持酷吏。史载：垂拱元年（685），武则天“疑天下人多图己，……欲大诛杀以威之。乃盛开告密之门，有告密者，臣下不得问，皆给驿马，供五品食，使诣行在。……所言或称旨，则不次除官，无实者不问”。于是“四方告密者蜂起”。[2]大凡善于罗织者皆得到武则天的扶持。如来俊臣告密不久，“则天重其爵赏以酬之”[3]，使“朝官侧目”[4]。傅游艺滥刑之后，“期年之中历衣青、绿、朱、紫”[5]。如果没有武则天的支持，垂拱、天授之际绝不会出现那么多的酷吏。

其次，酷吏基本上是按照武则天的旨意行事的。武则天“大开诏狱，重设严刑”[6]，扶持酷吏的目的，是要让酷吏用法律的武器去诛锄异己，铲除政敌。而酷吏大体上也都有揣时希旨的本领，“构似是之言，成不赦之罪”[7]，“执法不挠”[8]，“务在诛夷”[9]。不仅惩治武则天的政敌，就连“逆党亲属及其交游有涉嫌疑”者，也“莫不穷捕考校”。[10]为了慑服罪犯，他们往往“竞为讯囚酷法”：“或以椽关手足而转之，谓之‘凤皇晒翅’；或以物绊其腰，引枷向前，谓之‘驴驹拔橛’；或使跪棒枷，累甓其上，谓之‘仙人献果’；或使立高木之上，引枷尾向后，谓之‘玉女登梯’；或倒悬石缒其首；或以醋灌其鼻；或以铁圈毂其首而加楔，至有脑裂髓出者。”[11]据说周兴、索元礼所杀各数千人，来俊臣所破千余家，[12]丘神勣亦破千余家[13]，吉顼等破三十六家，“亲故连

[1]《旧唐书》卷183《外戚传》，第4729页。
[2]《资治通鉴》卷203，则天后垂拱二年三月，第6438—6439页。
[3]〔宋〕李昉等编：《太平广记》卷267《来俊臣》，中华书局1961年版，第2098页。
[4]〔唐〕张鷟《朝野佥载》卷3，中华书局1979年，第57页。
[5]《资治通鉴》卷204，则天后天授元年八月，第6468页。
[6]《旧唐书》卷50《刑法志》，第2144页。
[7]《唐会要》卷41《酷吏》，第742页。
[8]〔宋〕李昉等编：《文苑英华》卷674《申宗人冤狱书》，中华书局1966年版，第3469页。
[9]《旧唐书》卷85《徐有功传》，第2820页。
[10]《旧唐书》卷50《刑法志》，第2145页。
[11]《资治通鉴》卷203，则天后垂拱二年，第6439—6440页。
[12]《资治通鉴》卷204，则天后天授二年，第6472页。
[13]《旧唐书》卷186上《酷吏传》，第4843页。

累窜逐者千余人”[1]。酷吏的这些做法，沉重地打击了武则天的反对派，从根本上削弱了他们的势力，为武则天改朝换代、巩固政权扫除了障碍。武则天的大臣朱敬则说，武则天开告端，用酷吏，“故能计不下席，听不出闱，苍生晏然，紫宸易主”[2]。《新唐书》的作者说，武则天因酷吏以自肆，“不出帏闼，而天命已迁”[3]。《旧唐书》的作者也说武则天因酷吏坐移唐鼎，“天网一举而卒笼八荒”[4]。这说明，酷吏在武则天称帝前后曾发挥过重要作用，他们的主要活动是帮助武则天诛杀政敌。

再者，酷吏的衰亡也与武则天有很大的关系。武则天两度重用酷吏，只是为了消灭政敌，维护自己的统治。所以，她不允许酷吏有其他“越轨”行为。尤其是政敌被杀、政局稳定之后，武则天立即改变了对酷吏的态度，由重用变为抑制。随着武则天态度的转变，酷吏很快走上了衰亡的道路。史载天授二年（691），武周政权刚刚稳定，武则天即贬杀了酷吏丘神勣、周兴、索元礼和傅游艺。丘神勣是以“谋反”的罪名被杀的。[5]周兴被告“谋反”，“诏宥岭南，在道为仇人所杀”。[6]索元礼“坐赃贿”[7]，死于狱中。傅游艺“梦登湛露殿，旦而陈于所亲，为其所发，伏诛”[8]。长寿（692—693）以后，主要的反对派大体上已被消灭，“众心已定”[9]，武则天再次决定“尊时宪而抑幸臣，听忠言而诛酷吏”[10]。酷吏侯思止、来子珣、王弘义、郭霸[11]、万国俊等相继死亡。万岁登封元年（695）十月，武则天下令减大理丞，废秋官狱。次年，将用法宽平的徐有功擢拜为“左

---

[1]《旧唐书》卷 186 上《酷吏传》，第 4849 页。
[2]《旧唐书》卷 90《朱敬则传》，第 2914 页。
[3]《新唐书》卷 209《酷吏传》，第 5904 页。
[4]《旧唐书》卷 186 上《酷吏传》，第 4836 页。
[5]《新唐书》卷 209《酷吏传》，第 5908 页。
[6]《旧唐书》卷 186 上《酷吏传》，第 4842 页。
[7]《朝野佥载》卷 2，第 30 页，《资治通鉴》卷 204，则天后天授二年，第 6472 页。
[8]《旧唐书》卷 186 上《酷吏传》，第 4842 页。
[9]《资治通鉴》卷 205，则天后长寿元年，第 6485 页。
[10]《旧唐书》卷 6《则天皇后本纪》，第 133 页。
[11]《新唐书》卷 209《酷吏传》作“郭弘霸”。《旧唐书》《资治通鉴》作“郭霸”。二者实即一人。

台殿中侍御史”[1]。神功元年（697）六月，下《暴来俊臣罪状制》，把来俊臣送上了断头台。就这样，酷吏被武则天无情地抛弃了。

《朝野佥载》的作者在评论来俊臣等酷吏时说：“昔有师（狮）子王，于深山获一豺，将食之，豺曰：‘请为王送二鹿以自赎。’师子王喜。周年之后，无可送，王曰：‘汝杀众生亦已多，今次到汝，汝其图之。’豺默然无应，遂龉杀之。俊臣之辈，何异豺也！”这个比喻虽不太恰当，但在一定程度上说明酷吏在本质上与“鹰犬”是很相似的。

三、武则天没有把行政大权交给酷吏

由于酷吏只是武则天打击政敌的工具，所以武则天并没有把行政大权交给酷吏。这一点只要我们看一下当时各个酷吏的履历就会明白。据两唐书《酷吏传》记载，武则天统治时期共出现过11位著名的酷吏，他们是丘神勣、索元礼、侯思止、万国俊、王弘义、周兴、来俊臣、傅游艺、来子珣、郭霸和吉顼。这些酷吏的经历一般都是比较简单的。

丘神勣是左卫大将军丘行恭的儿子。唐高宗永淳元年（682）始任左金吾卫将军。翌年赴巴州监视章怀太子，因章怀太子自杀，左迁为叠州刺史。垂拱年间官复旧职，与周兴等人推鞫制狱，以酷暴著称。垂拱四年（688）率军镇压越王贞的叛乱，以功加左金吾卫大将军。天授二年（691）下狱伏诛。

索元礼出身于少数民族家庭。故史书上说他是“胡人”。武则天在平息徐敬业叛乱之后，“恐人心动摇，欲以威制天下”。索元礼向武则天告密，受到武则天的接见，被“擢为游击将军”，并成为最早在洛州牧院推案制狱的酷吏。据说索元礼“性残忍”，武则天曾多次召见索元礼，“张其权势”。[2]但直到天授二年被杀时，索元礼仍然是一名小小的“推事使”[3]，在政治上并没有什

[1]《资治通鉴》卷205，则天后万岁通天元年，第6510页。

[2]《旧唐书》卷186上《酷吏传》，第4843页。

[3]《朝野佥载》卷2，第30页。

么地位。

侯思止本为高元礼家奴，以密告舒王元名与恒州刺史裴贞“谋反”起家。初任“游击将军”。天授三年升为朝散大夫、左台侍御史。与来俊臣等推案制狱，“苛酷日甚”。后因奏请娶赵郡李自挹女，被宰相李昭德处死。

万国俊系洛阳人氏，少年时以险诈闻名。垂拱以后，任司刑评事，与来俊臣制造《罗织经》，受到来俊臣的赏识，被引为判官。天授二年摄右台监察御史，常与来氏同按制狱。长寿二年赴岭南杀流人，授朝散大夫、肃政台侍御史。不久病死。

王弘义，冀州衡水人。以告密入仕，授游击将军。天授年间任右台殿中侍御史。长寿年间，升为左台侍御史。常与来俊臣“罗告衣冠”，推鞠狱讼。延载元年（694）被流放至琼州。后矫诏北返，事泄被杀。

周兴少以明习法律入仕。初任尚书省都事，后迁司刑少卿、秋官侍郎。垂拱年间屡受制狱。天授元年九月晋升尚书左丞。次年十一月与丘神勣同时下狱，论罪当死，武则天“特免之”[1]，流放岭外，死于道中。

来俊臣垂拱年间以上书告密受到武则天接见。天授元年迁侍御史，加朝散大夫，开始推按制狱。天授二年任左台御史中丞，与其党徒造《罗织经》，以残暴酷烈著名，成为影响最大的酷吏。如意元年（692），诬告大臣狄仁杰等六人“谋反”，又推鞠大将军张虔勖等人于洛阳牧院。长寿二年升为殿中丞。坐赃，被贬为同州参军。万岁通天元年（696）召为合宫尉。不久升任洛阳令、司农少卿。其后欲诬告皇嗣、太平公主及武氏诸王，结果落了个被“弃市”的下场。

傅游艺载初元年（689）为合宫主簿。累迁左肃政台御史、左补阙。因“上书称武氏符瑞”，受到武则天的重视，擢拜给事中。数月后入相。不久又加朝散大夫、守鸾台侍郎。武则天改唐为周后，赐姓武氏，加银青光禄大夫。一年之中连升数级，“时人号为四时仕宦”[2]。但不久即被告“谋反”，命丧黄泉。

---

[1]《旧唐书》卷 186 上《酷吏传》，第 4842 页。

[2]《旧唐书》卷 186 上《酷吏传》：“言一年自青而绿，及于朱紫也。”第 4842 页。

来子珣永昌元年（689）上书言事称旨，被任命为左台监察御史，按照武则天的旨意推鞫诏狱。天授年间告雅州刺史刘行实兄弟谋反，迁游击将军。长寿元年被流配爱州。

天授二年郭霸以宋州宁陵县丞应“革命”举，至神都洛阳担任左台监察御史。如意元年（692）迁左台殿中侍御史。长寿二年官至右台侍御史。后疑惧自杀。

吉顼应进士举，累迁明堂尉。万岁通天二年告刘思礼等人谋反，拜右肃政台中丞，“日见恩遇”[1]。圣历二年以天官侍郎的身份入相。后与武懿宗争功，被贬为琰川尉，再转安固尉，死于任所。

从上述情况来看，武则天统治时期的酷吏大部分都是御史台官。他们或“掌持邦国刑宪典章，以肃正朝廷”，或“纠举百僚，推鞫狱讼”，职责基本上都和司法有关。在武则天统治时期出现的这 11 位酷吏中，影响最大的酷吏是索元礼、周兴、来俊臣。索元礼官止游击将军（从五品上）。周兴官止尚书左丞（正四品上）。来俊臣官止司仆少卿（从四品上）。此三人皆未至宰辅。在当时的酷吏中，官至宰相的只有傅游艺和吉顼两个人。傅游艺从天授元年（690）九月十三日同凤阁鸾台平章事，到天授二年九月二十五日下狱自杀，当宰相只有一年多时间。在当宰相的一年间只有两个建树：一是“诬族皇枝”，说李氏宗室谋反，要求武则天“大义灭亲”，诛杀皇室成员；一是陷害流人，说被流放的犯人“怨望”，请发六道使以杀之。[2] 从严格的意义上讲吉顼并不能算作酷吏，《新唐书》就没有把他列入《酷吏传》中。他在圣历二年（699）腊月二日升为天官侍郎、同凤阁鸾台平章事，久视元年（700）正月二十八日即被贬出朝廷，为相时间还不足一年，在政治上也没有发挥什么作用[3]。至于其他的酷吏，就更不能参与朝政了。由此可见，酷吏虽然有时“作威作福”，但根本不能左右国家政治。

事实上，武则天一直把行政大权牢牢地掌握在自己手中。特别是在临朝和称

[1]《旧唐书》卷 186 上《酷吏传》，第 4849 页。

[2]《旧唐书》卷 186 上《酷吏传》，第 4842 页。

[3]《新唐书》卷 117《吉顼传》，第 4258 页。

帝的21年间，她总是躬亲庶政，日理万机，“宵衣伫旦，望调东户之风；旰食忘眠，希缉南薰之化”[1]。协助她处理朝政的主要人物不是酷吏，不是外戚，也不是男宠，而是一大批具有真才实学的贤才。大史学家司马光在《资治通鉴》卷205中说：“太后虽滥以禄位收天下人心，然不称职者，寻亦黜之，或加刑诛。挟刑赏之柄以驾御天下，政由己出，明察善断，故当时英贤亦竞为之用。”这段话就是对当时政治状况的真实写照。

上面我们分析了武则天与酷吏的关系。通过上述分析，可以说武则天与酷吏的关系是复杂的，也是微妙的，绝不像某些学者所说的那样简单。武则天确实重用过一些酷吏，但她并非始终器重酷吏，只是在特殊的年代、特殊的历史条件下才重用酷吏而已。在酷吏问题上，武则天的心理是矛盾的。从总体上看，她是反对滥刑，鄙视酷吏的，她要约法省刑，以“道德”化天下。但当她的统治受到反对派的严重威胁时，又不得不纵容和重用酷吏，滥用刑法，打击政敌。所以武则天只是把酷吏当作消灭政敌的工具；而酷吏也只是充当了“鹰犬”的角色。武则天并没有把行政大权交给酷吏。此外，武则天在重用酷吏的时候也重用过许多“循吏”。因此，说武则天实行“酷吏政治”是很不恰当的。值得注意的是，酷吏并不是武则天的发明。早在西汉时期就曾出现过不少酷吏。自从司马迁在《史记》中为酷吏立传以来，《汉书》《后汉书》《魏书》《北齐书》《隋书》等正史中都列有《酷吏传》。这说明酷吏的存在是中国古代的普遍现象。毋庸讳言，酷吏的某些做法是残暴的，影响是恶劣的。但是对各个时代酷吏的作用应当进行具体的分析。武则天曾两度重用酷吏，完全是当时政治斗争的需要。政治斗争本来就是残酷的，似乎没有过分强调的必要。汉武帝也曾重用过12个著名的酷吏，并没有人把汉武帝说成暴君。为什么一定非要把使用酷吏作为武则天残暴的主要根据呢？

[1]《全唐文》卷96，高宗武皇后《搜访贤良诏》，第989页。

第三节　武则天与宰相的关系

史书云：“宰相之职，佐天子总百官，治要事，其任重矣。”[1]在封建社会里，皇帝与宰相构成统治集团的最高层。宰相的状况及皇帝与宰相的关系，往往能在很大程度上反映出当时的政治是否清明。本节试图用确凿的史实和数据，论述武则天的用相和武周时期宰相的特点及作用，从一个重要侧面揭示武则天其人和武周政治。

一、武周时期的宰相群体

武周时期有多少宰相？五代人王溥说有78[2]；北宋人吕夏卿说有68[3]；今人或说73[4]，或说67[5]。众说纷纭，未有定论。我们认为这是一个应当澄清的问题，而要弄清这个问题，就必须首先明确武周时期的时间概念和当时宰相的称谓。

大家知道，所谓“武周时期”，是指武则天完全执政的时期。但武则天之完全执政，并不始于载初元年（689）九月九日“改唐为周”。史载，弘道元年（683）十二月四日，唐高宗死于洛阳，遗诏太子柩前即位，“军国大事有不决者，兼取天后进止”。七日，宰相裴炎奏：“太子未即位，未应宣敕，有要速处分，望宣天后令于中书、门下施行。”十一日，“中宗即位，尊天后为皇太后，政事咸取决焉”。光宅元年（684）二月六日，武则天废中宗为庐陵王。七日，立豫王旦为皇帝，是为睿宗。时“政事决于太

[1]《新唐书》卷46《百官志一》，第1182页。
[2]《唐会要》卷3《皇后》，第25页。
[3]《唐书直笔》卷4。
[4] 乌廷玉《唐代多数官员不是进士出身》，刊《社会科学战线》1978年第4期。
[5] 刘希为《唐朝宰相制度初探》，刊《中国史研究》1984年第3期。

后，居睿宗于别殿，不得有所预”[1]。很显然，早在当女皇之前，武则天就已完全掌握了朝廷大权，并且以皇太后的身份临朝称制了。至于武周时期的结束，一般以神龙元年（705）正月二十五日中宗复位为标志。事实上，正月二十二日张柬之等人发动政变，二十三日“皇太子（李显）监国，总统万机”[2]，武则天就已经失去了皇帝地位。因此，如果给武周时期划一个上下限，那就是上起弘道元年十二月四日，下迄神龙元年正月二十二日，凡二十一年零一个月。

据《唐六典》《唐会要》和两《唐书》记载，武周初期，沿用高宗旧制以中书省之中书令、门下省之侍中、尚书省之左右仆射及他职加同中书门下三吕、同中书门下平章事者为宰相。光宅元年九月，改左右仆射为左右相，侍中为纳言，中书令为内史，同中书门下三品为同凤阁鸾台三品，同中书门下平章事为同凤阁鸾台平章事，仍以为宰辅。当时宰相的称谓即是如此。

弄清了“武周”的时间概念和宰相称谓，我们可以定出这样一条原则：凡是在弘道元年十二月四日之后，神龙元年正月二十二日之前担任过左右仆射、侍中、中书令、同中书门下三品、同中书门下平章事或左右相、纳言、内史、同凤阁鸾台三品、同凤阁鸾台平章事者，便是武周宰相；此外，则不应计入。以此考察上述观点，谁是谁非，自然明白。

在上述诸说之中，唯五代王氏列有宰相姓名，我们不妨从分析这一观点入手。按照宰相称谓，细读《新唐书》之《宰相表》《宰相世系表》《册府元龟》及稗官野史、金石文字，反复勘验，知王氏所说 78 人皆为宰相。为节省篇幅，兹省略详细考证，表列各人姓名及做相时间于后：[3]

姓名	做相时间
薛元超	仪凤元年（676）三月五日至弘道元年（683）七月十九日

[1]《资治通鉴》卷 203，则天后光宅元年正月己未，第 6418 页。

[2]《旧唐书》卷 6《则天皇后本纪》，第 132 页。

[3] 与本题无直接关系者（如刘仁轨麟德二年十月至咸亨元年正月相高宗）不列。

续表

姓名	做相时间
刘仁轨	咸亨三年（672）十二月至垂拱元年（685）正月二十二日
刘齐贤[1]	永淳元年（682）十月七日至光宅元年（684）十月十九日
岑长倩	永淳元年四月二十四日至天授二年（691）十月十二日
郭正一	永淳元年四月二十四日至弘道元年十二月三十日
郭待举	永淳元年四月二十四日至光宅元年十一月二十日
裴　炎	永隆元年（680）四月二十四日至光宅元年十月十八日
魏玄同	永淳元年四月二十四日至永昌元年（689）闰九月十五日
韦弘敏	嗣圣元年（684）正月初十至光宅元年十月十九日
王德真	文明元年（684）二月二十五日至垂拱元年五月初二
刘祎之	文明元年（684）二月二十五日至垂拱三年五月初七
武承嗣	A. 光宅元年闰五月十三日至八月二十七日 B. 垂拱元年二月二十九日至三月十六日 C. 永昌元年三月二十日至长寿元年（692）八月十六日 D. 神功元年（697）六月二十四日至七月初三
李景谌	光宅元年十月初九至十九日
骞味道	A. 光宅元年十月初九至垂拱元年四月初一 B. 垂拱四年九月十二日至十二月十五日[2]
沈君谅	光宅元年十月十九日至垂拱元年二月二十九日
崔　詧	光宅元年十月十九日至垂拱元年三月十六日
韦方质	光宅元年十一月二十日至天授元年一月十六日
韦思谦	垂拱元年二月二十九日至三年三月初一[3]
裴居道	垂拱元年二月二十九日至天授元年八月

[1]《新唐书》卷61《宰相表》作“刘景先”（第1649页），《资治通鉴》卷203同。案，《旧唐书》卷81《刘祥道传》云：“齐贤后避章怀太子名，改名景先。”（第2754页）由此可知，“齐贤”“景先”并非二人。

[2] 骞味道第二次罢相的时间，《资治通鉴》卷204作垂拱四年十二月“乙亥”（第6454页）。《新唐书·则天本纪》及《宰相表》作“己亥”（第88、1653页）。案此月无“乙亥”，当以新书为是。

[3]《旧唐书·则天本纪》云：“二月，韦思谦请致仕，许之。”（第118页）《新唐书·则天本纪》《新唐书·宰相表》和《资治通鉴》卷204作三月乙丑罢。“乙丑”，一日。当是二月请致仕，三月初放归。

续表

姓名	做相时间
苏良嗣	垂拱元年五月初四至天授元年三月初十
韦待价	垂拱元年六月至永昌元年七月二十六日
张光辅	垂拱三年五月初三至永昌元年八月初四
王本立	垂拱四年九月十二日至天授元年一月初十
邢文伟	永昌元年十月十八日至天授元年十月二十二日
范履冰	永昌元年十月十八日至天授元年四月十一日
武攸宁	A. 天授元年一月初十至二年八月十日 B. 天授二年九月二十六日至长寿元年八月十六日 C. 圣历元年（689）九月初七至二年一月初四[1]
史务滋	天授元年九月十三日至二年一月二十八日
宗秦客	天授元年九月十三日至十月二十一日
傅游艺	天授元年九月十三日至二年九月二十五日
乐思晦	天授二年六月十一日至十月二十五日
任知古	天授二年六月十一日至长寿元年一月初四
格辅元	天授二年六月十一日至十月十二日
欧阳通	天授二年八月初十至十月十二日
狄仁杰	A. 天授二年九月二十六日至长寿元年一月初四 B. 神功元年闰十月二十一日至久视元年（700）九月二十六日
裴行本	天授二年九月二十六日至长寿元年一月初四
杨执柔	长寿元年一月初二至八月十六日
李游道	长寿元年一月十四日至九月二十二日
袁智弘	长寿元年二月二十二日至九月二十二日
李元素	A. 长寿元年八月十六日至九月二十二日 B. 延载元年（694）十月二十二日至神功元年正月二十四日[2]

[1] 关于武攸宁第三次罢相的时间，《新唐书 · 宰相表》作二月庚申（第 1662 页），《新唐书 · 则天本纪》作一月庚申（第 99 页）。二月无庚申，一月有之。表误。

[2] 永昌元年十一月至久视元年十月用子正。此处正月即寅正万岁通天元年十一月。

续表

姓名	做相时间
李昭德	长寿元年八月十六日至延载元年九月二十一日
姚　璹	A. 长寿元年八月十六日至二年九月十五日 [1]
崔元综	长寿元年八月十六日至延载元年八月二十七日
崔神基	长寿元年八月十六日至九月二十二日
王　璿	长寿元年八月十九日至九月二十二日
娄师德	A. 长寿二年一月初十至万岁通天元年（696）三月初一 B. 神功元年正月二十六日至圣历二年八月二十六日
韦巨源	A. 长寿二年九月十五日至证圣元年（695）正月初八 B. 久视元年腊月二十日 [2] 至十月十三日
豆卢钦望	A. 长寿二年九月十五日至证圣元年正月初八 B. 神功元年八月二十三日至圣历元年二月初四 C. 圣历二年八月十九日至久视元年二月十五日
陆元方	A. 长寿二年九月十五日至证圣元年正月初八 B. 圣历二年八月二十六日至久视元年腊月初十
苏味道	A. 延载元年三月初一至证圣元年正月初八 B. 圣历元年四月初九至万岁通天元年三月初一
王孝杰	延载元年四月初九至万岁通天元年三月初一
武什方	延载元年七月至八月十七日
杜景佺 [3]	A. 延载元年八月十八日至证圣元年正月初八 B. 神功元年闰十月二十日至圣历元年七月十三日
杨再思	A. 延载元年八月十八日至圣历二年八月十九日 B. 长安四年七月至景龙三年六月
周允元	延载元年十月二十二日至证圣元年三月初九 [4]

[1] 新表作长寿元年。案元年九月无辛丑。今从《资治通鉴》及《新唐书·则天本纪》。

[2]《新唐书》卷61《宰相表上》作“正月庚子”（第1663页）。《旧唐书》卷6《则天皇后本纪》作“冬十月甲寅”（129）。《新唐书》卷4《则天本纪》则作“腊月庚子”（第100页）。

[3]《通鉴考异》谓当以“景俭”为是。案，《通典》卷25，《文苑英华》卷398、《全唐文》卷242等原始资料皆作“佺”，《朝野佥载》卷6亦然。恐《考异》有误。

[4]《新唐书·宰相表》作二月丙辰（第1659页），误。今从《资治通鉴》卷205，第502页。

续表

姓名	做相时间
孙元亨	万岁通天元年四月二日至神功元年正月二十四
王方庆[1]	万岁通天元年九月二十至圣历元年八月七日
李道广	万岁通天元年九月二十一日至圣历元年正月二十四日
王及善	神功元年四月初八至圣历二年九月二十九日[2]
宗楚客	A. 神功元年六月十五日至圣历元年正月初三 B. 长安四年三月二十四日至七月十一日[3]
武三思	A. 神功元年六月二十四日至七月初三 B. 圣历元年八月十三日至久视元年正月二十八日
李　峤	A. 圣历元年十月十七日至久视元年闰七月十三日 B. 长安三年闰四月初十至四年十一月二十一日
姚元崇[4]	圣历元年十月十七日至神龙元年二月初四
吉　顼	圣历二年腊月初二至久视元年正月二十八日
张　锡	久视元年闰七月十三日至长安元年三月二十三日
韦安石	久视元年十月十三日至神龙元年二月二十四日
李怀远	长安元年二月初六至七月十三日
顾　琮	长安元年五月二十四日至二年十月初十
李迥秀	长安元年六月十九日至四年二月初八
朱敬则	长安三年七月十四日至四年二月十七日
唐休璟	长安三年七月二十一至神龙二年三月
韦嗣立	长安四年正月二十六日至十二月初五
崔玄暐	长安四年六月十一日至神龙元年五月十六日
张柬之	长安四年十月二十二日至神龙元年五月十六日

[1] 王方庆本名王綝，字方庆，以字显。

[2]《资治通鉴》卷 206 作九月庚子（第 6542 页）。案九月无庚子。今从《新唐书》卷 4《则天皇后本纪》（第 100 页）。

[3]《资治通鉴》卷 207 作二十三日（第 6573 页）。今从《新唐书》卷 4《则天皇后本纪》（第 104 页）。

[4] 姚元崇曾改名姚元之、姚崇。

续表

姓名	做相时间
房　融	长安四年十月三十日至神龙元年二月初四
韦承庆	长安四年十一月初五至神龙元年二月初四
袁恕己	神龙元年正月二十九日至五月十六日
敬　晖	神龙元年正月二十九日至五月十六日
桓彦范	神龙元年正月二十九日至五月十六日

毫无疑问，王氏所列78人，皆曾担任过宰相职务。但是，若以武周时期的时间界限衡量，我们就可以清楚地看出：薛元超、袁恕己、敬晖、桓彦范并非武周宰相。因为薛氏罢相于武则天完全执政之前，袁、敬、桓入相于武则天下台之后。由此看来，王氏所谓武周宰相78人者是不大准确的。当然，宋人的68人说及今人的73人或76人说同样也是不够准确的。原因很简单。从上表中我们已经证实王氏所列78人中有74人属武周宰相；而68、73、67等数小于74。也就是说，它们少于武周宰相的实际数量。所以，非唯78人说不可相信，68、73、67人说也是不可相信的。

那么，武周时期的宰相是不是74人呢？我们的回答依然是否定的。因为，从有关资料来看，五代王氏的统计不但不够准确，而且也不够全面。换句话说，还有遗漏之处。《通鉴》卷206圣历二年腊月条载："戊子，以左台中丞吉顼为天官侍郎，右台中丞魏元忠为凤阁侍郎，并同平章事。"《新唐书》卷122《魏元忠传》载："圣历二年，为凤阁侍郎，同凤阁鸾台平章事。"同书卷61《宰相表》圣历二年条载："腊月戊子，检校左肃政台御史中丞吉顼为天官侍郎、右台魏元忠为凤阁侍郎，并同凤阁鸾台平章事。"卷4《则天皇后本纪》圣历二年腊月条载："戊子，左肃政台御史中丞吉顼为天官侍郎，检校右肃政台御史中丞魏元忠为凤阁侍郎、同凤阁鸾台平章事。"《旧唐书》卷92《魏元忠传》载："圣历二年，擢拜凤阁侍郎、同凤阁鸾台平章事，检校并州刺史。"同书卷6《则天皇后本纪》亦载："左肃政御史中丞魏元忠为凤阁侍郎，……同凤阁鸾台平章事。”可见，魏元忠也是武周宰相之一。除魏元忠以外，更无他人。因此，我们说，武周时期的宰相总数，应当是75人。

二、武周宰相的特点

武则天的统治，从弘道元年（683）十二月高宗病死开始，到神龙元年（705）正月中宗复位结束，历时21年。[1]在此期间，他先后任用了75位宰相。[2]

从家庭出身来说，这些宰相中有士族、庶族，也有士庶。[3]如：陆元方，苏州吴县人，“世为著姓”。王方庆，其先人“为江左冠族”，后徙咸阳。娄师德，郑州原武人，家世寒微。邢文伟，世居滁州全椒，其先世无官宦。李怀远，祖上本是赵郡士族，但至父辈时，家道完全衰落，只能看作士庶。

从入仕途径来说，有科举的，也有其他的。李昭德，以明经显达。魏玄同，以进士入仕。姚元崇，“应下笔成章举”[4]。王孝杰则“以军功进”[5]，后贵至总管、宰辅，出将入相。

从在职时间来说，有长期留用的，也有昙花一现的。岑长倩连任七年零十一个月。李景谌执政不过十一日。

从入相次数来说，有反复就任的，也有一任而终的。武承嗣入相多达四次。韦方质等人仅仅一次。

从结局来说，有生荣死哀的，也有身首异处的。刘仁轨薨，则天令群臣祭吊。周允元薨，则天新撰七言诗以悼念。魏玄同被赐死于家。孙元亨分尸法场。[6]

---

[1] 武则天参与朝政由来已久。但作为一国之君，当从高宗驾崩算起。为行文方便，文中将这二十一年就统称为“则天朝”或“武周时期”。

[2] 关于则天朝宰相的数目，说法不一。或67，或73，或78，或79。今按则天实际统治时间严格计算，当为此数。

[3] 士族与庶族的形成和发展，经历了一个历史的过程。其升沉变化，势所必然。魏晋以降，“士庶天隔”；洎乎隋唐，“选无清浊”。有的士族在衰落，有的庶族在上升。这样，有社会上便逐渐出现了一些介于士、庶之间，难定成分的家庭，姑谓之“士庶”。

[4]《旧唐书》卷96《姚元崇传》，第2854页。

[5]《新唐书》卷111《王孝杰传》，第4148页。

[6]《资治通鉴》卷206，则天后神功元年，第6513页。

据笔者统计，则天朝宰相中出身士族的有 29 人，占当时宰相总数的 38.7%；出身于庶族的有 35 人，占 46.7%；通过科举入仕者 27 人，占 36%；通过门荫者 3 人，[1] 占 4%。任职在二年以下的有 46 人，占 61.3%；两年以上的 27 人，占 36%。一次拜相者 59 人，占 78.7%；二次者 13 人，占 17.3%。

这与唐初有很大不同。高祖朝宰相凡 12 人。其中士族占 100%，没有庶族和士庶。太宗朝 29 人，士族 19 人，占宰相总数的 65.5%；庶族 6 人，占 20.7%；士庶 4 人，占 13.8%。高宗朝 47 人，士族 26 人，占 55.3%；庶族 10 人，占 21.3%；士庶 11 人，占 23.4%。高祖朝自不待言，就是高宗朝庶族宰相所占的比例，也不到则天朝的一半。高祖朝宰相中通过科举入仕的只有 1 人，占当时宰相总数的 8%。太宗朝 3 人，占 10%。高宗朝 11 人，占 23%。而则天朝则占 36%。比例之大，远超前代。唐初三朝中，宰相任期短者固然有之，但不太短，多数人在职时间较长。则天朝则与之相反，在职不到一年者多达 33 人，占当时宰相总数的 44%。则天朝宰相中一任者虽然居多，但其所占比例却无前代之大。复相比例较前增加。

由此可见，庶族多于士族、科举多于门荫、任期短者多于长者、复相人数增加，是则天朝宰相的四个特点。

这些特点的产生，是与则天推行的政策及措施密切相关的。

第一，庶族多于士族，是由于武则天采取了打击、抑制士族，奖拔、重用庶族人士的方针。史载，早在武则天临朝称制之前，他就利用各种手段，通过高宗贬杀了士族宰相长孙无忌、褚遂良、韩瑗、来济、上官仪，同时，把庶族出身的李义府等人拉进了中枢机构。临朝称制不久，即杀逐了士族宰相裴炎、刘齐贤等人，宰相几乎成了清一色的庶族。[2]

第二，科举多于门荫，乃是武则天抑制士族，奖拔庶族的产物。确切些说，是武则天重视科举的结果。武则天在她当政时期，特别是称帝后，不仅实行常举、

[1] 此系有明文记载者。估计还有，但绝不会多于“科举”之数。

[2]“革命”之际共有宰相七人。即邢文伟、岑长倩、武攸宁、史务滋、宗秦客、傅游艺、武承嗣。除岑长倩系“士庶”外，皆属庶族。

制举，而且还扩大到南方各地选才，创立了殿试和武举。这种情况反映在中枢机关，便是宰相中科举出身者增加。称帝前每年平均有科举出身的宰相二人，以后则达五人之多，即其明证。

第三，任期短者多于长者，则与武后执政初期政局动荡密切相关。武则天为了建立和巩固武周政权，实行了雷厉风行的黜陟政策。据《资治通鉴》卷 205 载："太后虽滥以禄位收天下人心，然不称职者，寻亦黜之，或加刑诛。"其结果必然使一些宰相被杀或匆匆离去。为了推行这政策，武则天利用酷吏索元礼、周兴、来俊臣等人，怂恿他们去牵制宰相，贬杀政敌。还利用"北门学士"刘祎之等人参决朝政，"以分宰相之权"[1]。

第四，复相人数的增加，一是由于武则天"要欲我家及外氏常一人为宰相"[2]，但武、杨二家诸人多不成器，故任了罢，罢了又任。史载，武三思二次入相，武攸宁三次，武承嗣更多达四次。二是延载元年，特别是神功元年（697）以后，随着武周政权的巩固，武则天杀逐酷吏，重新起用了一些为酷吏所逐的宰相（如狄仁杰）和因李昭德一案被贬的宰相（如杜景佺等）。

从大量史料来看，武则天重视科举的一个重要原因，就是为了奖拔、搜罗庶族人才。唐代士族入仕之途甚多。庶族则不然，通常只有科举。武则天要奖拔庶族，就不能不发展科举。武则天重用酷吏、贵戚、幸臣，主要是为了监视宰相，打击政敌，而政敌又多系士族。因此，可以说，重视科举、利用酷吏等等，都是武则天抑制、打击士族，奖拔、重用庶族的重要组成部分。而武则天能够平步青云，摘凤冠，当女皇，正是顺应了唐初科举制度发展、庶族地主势力增长的历史趋势。

三、武则天任贬宰相的标准

上述事实表明，武则天确曾抑制、打击士族，奖拔、重用庶族。但这并不是

[1]《旧唐书》卷 87《刘祎之传》，第 2846 页。

[2]《新唐书》卷 100《杨恭仁传》，第 3928 页。

由衷之举，而是历史造成的。武则天并非有意重庶族，轻士族。庶族与士族不是武则天任贬宰相的标准。

武则天奖拔、重用庶族，是因为能够得到他们的支持。永徽六年（655），高宗欲废王皇后，立武氏，恐大臣有异议，犹豫未决。[1]庶族官吏李义府知道后，密申协赞，[2]促使高宗把废立之事提上重臣会议。在遭到顾命大臣长孙无忌、褚遂良等人的激烈反对之后，高宗束手无策，问计于庶族出身的大臣司空李勣。李勣说“此陛下家事，何必更问外人”[3]，遂坚定了高宗的废立之志。在李勣的帮助下，武则天终于得到了皇后地位。天授元年（690），在武则天即将登基之时，侍御史傅游艺“帅关中百姓九百余人诣阙上表，请改国号曰周”[4]，为之鸣锣开道。正是由于这些庶族人士有汗马之劳，所以才得到了武则天的青睐。

武则天打击、抑制士族宰相，亦非有意与士族为难，而是因为她在夺取权柄的道路上遭到了一些士族宰相的反对。当高宗要立武则天为皇后的时候，长孙无忌、褚遂良、韩瑗、来济等人激烈反对。其理由是：武则天出非令族，王皇后乃名门闺秀，又是太宗亲自选择的好儿媳；[5]武则天曾为太宗才人，若立为皇后，将有损于皇帝声名[6]。说穿了，是要维护他们的既得权益。所以，他们的态度相当顽固。褚遂良甚至以辞职相要挟。当武则天被立为皇后，权势有所增长的时候，士族宰相上官仪为了保持自己“独持国政”的局面，[7]又劝高宗说“皇后专恣，海内所不与，请废之”，并受命草诏。[8]当高宗病重，欲逊位于武则天时，士族宰相郝处俊搬出“天子理阳道，后理阴德”的古董，竭力阻止：“诚不可持国与人，有私后族。”[9]当武则天临朝称制之后，宰相裴炎还企图胁迫她返政。光宅

[1]〔唐〕刘肃：《大唐新语》卷12《酷忍》，中华书局1984年版，第180页。

[2]《旧唐书》卷82《李义府传》，第2766页。

[3]《资治通鉴》卷199，高宗永徽六年，第6291页。

[4]《资治通鉴》卷204，则天后天授元年九月丙子，第6467页。

[5]《旧唐书》卷80《褚遂良传》，第2739页。

[6]《资治通鉴》卷199，高宗永徽六年九月，第6290—6291页。

[7]〔唐〕刘悚《隋唐嘉话》中，中华书局1979年版，第32页。

[8]《资治通鉴》卷201，高宗麟德元年，第6342页。

[9]《旧唐书》卷84《郝处俊传》，第2799—2800页。

元年（684），徐敬业起兵反对武则天。则天问计于裴炎。裴炎说：“皇帝（睿宗）年长，不亲政事，故竖子得以为辞。若太后返政，则不讨自平矣。”[1]当武则天要“改唐为周”的时候，“皇唐旧臣”和宗室子弟更加不满，大有将她诛灭之势。他们无不是从他们的既得权益出发，从他们的名教纲常出发反对武则天的。武则天如果不对他们进行打击、抑制，就不可能当稳皇后，更不能君临天下，成为一代女主。所以，武则天对他们采取严厉措施，加以杀戮、贬逐是形势逼出来的。这种严酷的斗争，也就造就了武则天强悍的性格和“以法制群下”的本领。她杀掉裴炎、程务挺，以警告诸文武大臣说：“彼皆人豪，不利于朕，朕能戮之。公等才能过彼，蚤为之，不然，谨以事朕，无诒天下笑。”[2]又借讲述昔日驯服狮子骢的故事，以显示今日的威风。[3]其目的都是为了威慑群臣，紧握权柄。

值得注意的是武则天奖拔、重用的庶族，只是支持她自己、效忠武周政权的庶族。如果谁反其道而行，照样会受到无情打击。例如，宗秦客是武则天的从姊子，劝武则天改唐为周，被擢为内史。后因贪赃之故，被流于岭外而死。[4]范履冰是“北门学士”之一，颇受则天器重。永昌元年（689）入相，兼修国史。但曾举犯逆者，因而被杀。[5]

同样，武则天打击、抑制的士族，也只是反对她的士族。对于那些支持武氏、确有才干的士族，仍予以奖掖。在她所任用的宰相中，就有不少士族人士。有些人，如韦思谦、李昭德、陆元方等还很受重用。韦思谦，本出京兆大族，祖上徙居襄阳，更徙郑州阳武，遂为阳武人氏。高宗时，任监察御史、尚书左丞等职。则天临朝，被升为宰相，甚见亲委。其子承庆、嗣立俱以学行齐名，颇有政绩，先后入知政事。“父子三人，皆至宰相。有唐已来，莫与为比。”[6]李昭德，出自陇西大族李氏。精明强干，少举明经。长寿元年（692）拜相，深得信重。武则天

[1]《资治通鉴》卷 203，则天后光宅元年九月，第 6425 页。

[2]《新唐书》卷 76《则天顺圣皇后武氏传》，第 3479 页。

[3]《资治通鉴》卷 206，则天后久视元年，第 6544 页。

[4]《新唐书》卷 109《宗楚客传》，第 4101—4102 页。

[5]《旧唐书》卷 190 中《元万顷传》，第 5011 页。

[6]《旧唐书》卷 88《韦思谦传附韦嗣立传》，第 2874 页。

曾说："吾任昭德，始得安眠。"[1] 陆元方勤奋好学，举明经，又应科举试，累转监察御史，则天"革命"，使之安辑岭外，以功擢凤阁舍人，仍判侍郎事。不久，遭来俊臣陷害，"则天手敕特赦之"，更加信任。"在官清谨，再为宰相，则天将有迁除，每先以访之"。[2] 这些都说明，武则天并不轻视士族。事实上，武则天还有跻身士族的意图。武则天出身于庶族家庭。因而备受士族歧视。褚遂良说她不是令族，骆宾王骂她"地实寒微"。这就迫使她去重视门阀，觊觎士族地位。例如显庆四年（659）改《氏族志》为《姓氏录》，升后族为第一等。开耀元年（681）嫁太平公主，妯娌必须士族。后来甚至还让出身微贱的男宠冯小宝加入士族薛绍族籍，以抬高身价。

武则天主要不是从个人的享乐、好恶去黜陟升降，而是从她和整个地主阶级的根本利益出发任贬宰相的。因此，宰相们的言行只要是维护她和整个地主阶级的根本利益，有益于武周政权，即使有所忤旨，也不加罪罚。如武则天崇佛，欲造大像，使天下僧尼日出一钱以助其功。狄仁杰上疏谏阻，武则天回答说"公教朕为善，何得相违？"遂罢其役。[3]

总之，武则天虽然有门阀观念，但并不按门阀用相。宰相不论是士族还是庶族，是科举出身还是他途入仕，凡对其统治有利者，就奖励、擢用；不利者，即贬罚、黜退。由此不难看出，武则天任贬宰相的标准在于是否有利于建立和巩固武周政权。

四、武周宰相的作用

以往，人们常常忽视则天朝宰相的作用，以为则天朝是酷吏、外戚、男宠的天下。其实，这仅仅是一种偏见。酷吏、外戚、男宠在武周政权中的作用是极其有限的。

[1]《资治通鉴》卷 205，则天后长寿元年，第 6484 页。

[2]《旧唐书》卷 88《陆元方传》，第 2875 页。

[3]《资治通鉴》卷 207，则天后久视元年闰月庚申，第 6550 页。

则天朝的酷吏确实是有名的。其人数之多，用刑之惨，都是前所少有的。但是，主要的酷吏如索元礼、周兴、来俊臣等人，皆未至宰辅。当过宰相者唯有二人。一是傅游艺，一是吉顼。傅游艺天授元年（690）九月同凤阁鸾台平章事，二年九月下狱自杀，前后一年多时间，无所建树。似乎只干了两件事："诬族皇枝"、请发六道使杀流人。严格地说吉顼不能算作酷吏，《新唐书》的作者就没有把他列入《酷吏传》。他在相位不足一年，因为与武懿宗争功失宠。总的看来，酷吏根本不能左右国家政治。他们只不过是武则天手中的工具。社会动荡时，武则天用他们制乱、防乱；政权确立后，他们就被很快地送进了坟墓。

则天"革命"之际，外戚势力得到大发展，封王者达 12 人之多。然而，与东汉的外戚相比，他们不免大为逊色。不但经济上如此，政治上也是如此。终则天之世，外戚至宰辅者三人，即武承嗣、武攸宁、武三思。武承嗣是外戚中的骨干分子，先后四度为相，历时四年有余。在这段时间，其主要活动有二：一是劝武则天"尽诛皇室诸王及公卿中不附己者"，一是固求皇储之位。前者则天依计施行，后者"则天竟不许"。[1] 武攸宁三度为相，历时三年；武三思二次执政，前后不过两载。二人对政治皆未产生重大影响。外戚主要是用来监视大臣的。但在很多情况下，武则天相信宰相胜于相信外戚。如《旧唐书》卷 89《狄仁杰传》载，则天知狄仁杰之狱有冤，特免其死。武承嗣屡请诛之，则天说："朕好生恶杀，志在恤刑。涣汗已行，不可更返。"又，同书卷 87《李昭德传》载："时则天以武承嗣为文昌左相，昭德密奏曰：'承嗣陛下之侄，又是亲王，不宜更在机权，以惑众庶。且自古帝王，父子之间，犹相篡夺，况在姑侄，岂得委权与之？脱若乘便，宝位宁可安乎？'则天矍然曰：'我未之思也。'承嗣亦尝返谮昭德，则天曰：'自我任昭德，每获高卧，是代我劳苦，非汝所及也。'承嗣俄转太子少保，罢知政事。"

武则天的男宠，前有薛怀义、沈南璆，后有张易之、张昌宗。其地位尊崇，一点不假。不过，他们仅仅是武则天的面首、卫士和监视贵戚、宰相的工具。武

[1]《旧唐书》卷 183《武承嗣传》，第 4729 页。

则天根本不让他们参与朝政，也不许他们冒犯宰相。《通鉴》卷203载："苏良嗣遇僧怀义于朝堂，怀义偃蹇不为礼；良嗣大怒，命左右捽曳，批其颊数十。怀义诉于太后，太后曰：'阿师当于北门出入，南牙宰相所往来，勿犯也。'"此即明示：武则天是不许男宠染指相权的。

应该说，辅佐武则天，"总百官，治百事"的还是宰相。那么，则天朝宰相究竟如何？到底发挥了哪些作用？

唐人认为武则天有知人之明。[1]事实也如此。她所任用的宰相，绝大部分都有相当的才能。如李怀远两朝拜相，"年高行直，名重当时"[2]。狄仁杰在高宗时任大理丞，一年之内断滞狱一万七千人，咸得公允。任侍御史，"朝廷肃然"。则天临朝初，曾做地方官，"甚有善政"[3]。唐休璟熟习边事，"自碣石以西逾四镇，绵亘万里，山川要害，皆能记之"[4]。韦承庆善于写作，"虽军国大事，下笔辄成，未尝起草"[5]。

武则天还善于用人。在任相方面，主要表现是：其一，破格用相。如王及善先为益州大都督府长史，以老病退休。武则天闻其有才，准备授以滑州刺史。待当面交谈后，武则天认为让王及善任刺史是大材小用，遂留在朝中，任为宰相。[6]又如，契丹攻陷河北数州之时，朝廷兵机要务甚多，姚崇剖析如流，皆有条理，"则天甚奇之，超迁夏官侍郎，又寻同凤阁鸾台平章事。"[7]其二，用相不疑。苏良嗣为地方官，号称神明。则天用为宰相，使其留守西京长安，赋诗饯送，赏赐甚厚。韦方质坐事当诛，诬引良嗣，则天仍然信之如故。[8]狄仁杰为相，武则天十分器重，"常谓之国老而不名"。有人诬谮仁杰，则天不为所惑，对仁杰更加相任。

在这种情况下，当时宰相绝少尸位素餐者，大都能勤于职守，在较大程度上

[1]《旧唐书》卷139《陆贽传》，第3803页。

[2]〔宋〕王钦若等：《册府元龟》卷310《宰辅部·闻望》，中华书局1960年版，第3657页。

[3]《旧唐书》卷89《狄仁杰传》，第2886—2888页。

[4]《资治通鉴》卷207，则天后长安二年九月癸未，第6560页。

[5]《旧唐书》卷88《韦思谦传附韦承庆传》，第2865页。

[6]《旧唐书》卷90《王及善传》，第2910页。

[7]《旧唐书》卷96《姚崇传》，第3021页。

[8]《旧唐书》卷75《苏世长传》，第2630页。

发挥作用。除主持三省六部的工作外，主要表现在以下几个方面：

狄仁杰像

1. 荐举人才，黜陟官吏

武则天要求臣下荐举人才。宰相们也大都以荐才为己任，有些人甚至以此著名。如朱敬则。“敬则知政事时，每以用人为先。桂州蛮叛，荐裴怀古；凤阁舍人缺，荐魏知古；右史缺，荐张思敬。则天以为知人。”[1]再如狄仁杰。“仁杰常以举贤为意，其所引拔桓彦范、敬晖、窦怀贞、姚崇等，至公卿者数十人。”[2]有些宰相也是荐举的。如狄仁杰之入相，就是由娄师德推荐的。宰相们不仅可以荐举人才，而且还在很大程度上掌握着黜陟官吏的大权。一般是宰相考核官吏，奏请升降；武则天要迁除官吏，也往往谋于宰相。

2. 兼掌营田

武则天重视经济，宰相自不例外，亲掌营田即其一端。据《册府元龟》卷329载：“娄师德为夏官侍郎，同凤阁鸾台平章事。长寿二年，则天谓师德曰：‘王师外镇，必藉边境营田。卿须不惮劬劳，更充使检校。’乃以为河源、积石、怀远等军及河、兰、鄯、廓等州检校营田大使。神功元年，拜纳言，又充陇右诸军大使。仍检校河西营田事。”

3. 提兵

武则天重视国防，多以宰相领兵。长寿元年（692）王孝杰为武威军总管，率军打败吐蕃，收复了安西四镇。拜相以后，复任瀚海道、朔方道、清边道总管，统兵御敌。[3]圣历元年（698）秋，突厥侵陷定州，围攻赵州。武则天以纳言狄

[1]《旧唐书》卷90《朱敬则传》，第2917页。
[2]《旧唐书》卷89《狄仁杰传》，第2894页。
[3]《旧唐书》卷93《王孝杰传》，第2977页。

仁杰为河北道行军副元帅，知元帅事，“许以便宜从事”。[1] 魏元忠为凤阁侍郎、同凤阁鸾台平章事，圣历二年（699）检校并州长史，充于平军大总管以务突厥。诸如此类，其例甚多。[2]

4. 匡谏

武则天深知匡谏的重要，鼓励大臣进谏，因而不少宰相如朱敬则、魏元忠、狄仁杰、杜景佺等，皆能面折廷争，不趋炎附势。除施政方针上的谏诤已为人们所熟知外，这里仅举两个小例子。有一年秋季，武则天拿出一枝梨花给宰相们看，宰相皆面谀，以为祥瑞。唯独杜景佺说：“今草木黄落，而此更发荣，阴阳不时，咎在臣等。”[3] 则天听后十分赞赏，说道：“卿真宰相也！”[4] 还有一次，宫中设宴，张易之引蜀商宋霸子等数人于前博戏。宰相韦安石令左右将蜀商等驱逐出去，在座者皆大惊失色，“则天以安石辞直，深慰勉之”。宴后凤阁侍郎陆元方对人说：“此真宰相，非吾等所及也。”[5] 可见，在当时只有敢于直言谏诤，敢于顶碰男宠幸臣，才算真正的宰相。在这种风气之下，朝廷的决定往往能够反映君臣的集体智慧。

武则天独掌大权，诸宰相处理朝政，大体上君臣相得，配合默契，加上其他原因，遂使武周时期虽经历了以周代唐的剧变，而社会始终比较安定，经济在发展，国力未尝衰减。这也充分说明，武则天无疑是一位有远见的政治家。

作为中国封建社会唯一的女皇帝，武则天在她统治的后期遇到了不少非常棘手的问题。皇位继承便是其中之一。武则天在登基称帝时，把睿宗降为皇嗣。此后，她的侄子们不断谋求皇太子。[6] 在传位于子或侄的问题上，武则天举棋不定。于是，宰相们的政治倾向发挥了重要作用。当时的宰相，大都是忠于李唐王朝的。

---

[1]《册府元龟》卷 323《宰辅部·总兵》，第 3817 页。

[2] 这一点岑仲勉先生早已提出。见所撰《隋唐史》卷下，第 114 页。

[3]《资治通鉴》作“杜景俭”，从《旧唐书》《统纪》。案，除《新唐书》外，《通典》卷25、《文苑英华》卷398及《册府元龟》卷317亦作“佺”。又，罗振玉《唐书宰相世系表补正》卷上云：“考南充郡司马高曰琛夫人杜氏墓志：……皇刑部尚书、同中书门下平章事曰景佺其考显，也。则《新唐书》作景佺者是”。今从《新唐书》。

[4]《资治通鉴》卷 205，则天后载初元年九月，第 6497 页。

[5]《旧唐书》卷 92《韦安石传》，第 2956 页。

[6]《旧唐书》卷 82《武承嗣传》，第 4729 页。

他们支持武则天，仅仅是支持她的政策，支持太宗开拓由她继承的事业，并不是希望由此形成女人掌权的政治格局，更不愿由武氏家族继位。所以，当皇位继承问题提到议事日程上以后，他们便纷纷劝说武则天传位于子。《旧唐书》卷87《李昭德传》载，延载初，王庆之固请立武承嗣为皇太子，昭德杖杀之。因奏曰："臣闻文武之道，布在方策，岂有侄为天子而为姑立庙乎！以亲亲言之，则天皇是陛下夫也，皇嗣是陛下子也，陛下正合传之子孙，为万代计。况陛下承天皇顾托而有天下，若立承嗣，臣恐天皇不血食矣。"《资治通鉴》卷206圣历元年二月条亦载："狄仁杰每从容言于太后曰：'文皇帝栉风沐雨，亲冒锋镝，以定天下，传之子孙。大帝以二子托陛下。陛下今乃欲移之他族，无乃非天意乎！且姑侄之与母子孰亲？陛下立子，则千秋万岁后，配食太庙，承继无穷；立侄，则未闻侄为天子而祔姑于庙者也。"武则天终于听取了他们的意见，召回中宗。神龙元年（705），正当武则天年老多病的时候，宰相张柬之等人以诛张易之、张昌宗为名，联络羽林军，发动政变，拥立中宗，将她幽禁起来。同年十二月，武则天死于幽所。张柬之的入相，是由于狄仁杰、姚崇的推荐。"柬之果能兴复中宗，盖仁杰之推荐也。"[1]他们都受到武则天的重用，但都不赞成移唐国祚。女皇与宰相的这种矛盾，导致了武则天的悲剧结局。

五、武周宰相的个案分析

武周宰相人数众多，每个人与武则天的关系颇不相同。兹以姚崇为例略加分析。

姚崇是初唐到盛唐过渡时期的重要人物。他历经高宗、则天、中宗、睿宗、玄宗五朝，三次担任宰相，对唐代前期的历史产生过较大影响。古人认为，狄仁杰是武则天时代的"上公"，而姚崇则是唐玄宗开元年间的"贤相"。今人也往往只注意到他在开元年间与宋璟的合作，认为他是开元之治的功臣。事实上，姚崇在34岁之前，生活在唐高宗时期。35至56岁是生活在武则天当政时期，57

[1]《旧唐书》卷《狄仁杰传》。

岁至62岁生活在中宗、睿宗时期，63岁至72岁生活在玄宗时期。他第一次担任宰相是在武则天当政时期，从圣历元年（698）十月十七日至神龙元年（705）二月四日，历时2292天，约当六年零三个月。第二次担任宰相是在睿宗景云元年（710）六月二十八日至次年二月初九，历时217天，约七个多月。第三次担任宰相是在玄宗开元元年（713）十月十四日至开元四年闰十二月二十七日，历时1197天，约三年零三个月。前后累计，姚崇共当过十多年宰相，其中大部分时间是在武则天当政的时期。显然，在武则天时代，姚崇已经在政治舞台上扮演了重要角色。[1]在此拟探讨姚崇在武周时期的活动，进一步阐明姚崇与武则天的关系。

1. 姚崇是武则天选拔的人才

关于姚崇的早期经历，文献中有所涉及。说他在12岁时丧父，成为孤儿。少年时代为人豪爽，不爱读书，喜欢舞枪弄棒，打猎游戏。长大后在一个偶然的机会，才认识到学习的重要性，开始发愤读书。《大唐新语》卷六载：“姚崇初不悦学。年逾弱冠，常过所亲，见《修文殿御览》，阅之，喜，遂耽玩坟史，以文华著名。”[2]

姚崇像

唐高宗上元二年（675），太子弘去世，姚崇以“孝敬挽郎”的身份步入仕途。当时他26岁。仪凤二年（677），应“下笔成章”举，[3]改授濮州司仓参军，[4]不久调任郑州司仓，在政治上渐露头角。其后“历牧常、扬，吏并建碑纪德。再秉衡轴，天下钦其公直”。由于他精通司法，为人正派，在地方上颇有政绩，因而不断得到提拔。

[1] 姚学谋：《姚崇研究辑存》，银河出版社2011年版，第57—68页。

[2]〔唐〕刘肃：《大唐新语》卷6《举贤第十三》，上海古籍出版社2000年《唐五代笔记小说大观》本，上册，第266页。

[3]〔清〕徐松著，赵守俨点校：《唐登科记考》卷2，唐高宗仪凤二年，中华书局1984年版，第66页。

[4]〔后晋〕刘昫：《旧唐书》卷96《姚崇传》载：“元崇为孝敬挽郎，应下笔成章举，授濮州司仓。”（第3021页）

在武则天临朝称制时期，姚崇被从地方调入中央，担任司刑丞，参与审理刑狱。当时武则天为了改朝换代，任用酷吏打击政敌。酷吏揣时希旨，罗织罪名，用刑深刻。而姚崇据理抗争，持法宽平，保全了不少人的性命。[1] 不久升任"夏官郎中参与兵部事务。在此期间，他的才能被武则天发现，因而又得到破格提拔。《资治通鉴》卷 205 载：姚元崇为夏官郎中时，"契丹入寇，军书填委，夏官郎中硖石姚元崇剖析如流，皆有条理，太后奇之，擢为夏官侍郎。"[2]

姚崇为人耿直，刚正不阿。《太平广记》卷259载："唐成敬奇有俊才，天策中，诣阙自陈，请日试文章三十道。则天乃命王勃试之，授校书郎，累拜监察大理正，与紫微令姚崇连亲。崇尝有疾，敬奇造宅省焉，对崇涕泪。怀中置生雀数头，乃一一持出，请崇手执之而后释，祝云：'愿令公速愈也。'崇勉从之。既出，崇鄙其谀媚，谓子弟曰：'此泪从何而来？'自兹不复礼也。"更重要的是，姚崇所到之处，注意兴利除弊，"夙夜孜孜，致君于道"，因而在同僚中有很好的口碑。后来经过狄仁杰的推荐，姚崇进一步受到武则天的重用，成为武周王朝中枢中的重要成员。圣历二年（698）十月，姚崇被任命为夏官侍郎、同凤阁鸾台平章事，从此在武周时期担任宰相长达六年之久，直到长安四年（704）与二张发生尖锐冲突始罢相位。《册府元龟》卷317载："姚元崇，为宰相。长安四年，张易之先请移京城大德僧十人配定州私置寺，僧等告诉，元崇断停。易之屡以为言，崇不纳。由是改授司仆卿，知政事如故，便充灵武道大总管。"[3]尽管如此，还让他继续为国家推荐人才。这说明武则天对姚崇仍很信任。

2. 姚崇曾多次受到武则天的表彰

姚崇的政治作风是求真务实，谠言正议，孝悌仁爱，有大家风范。因此，他多次受到女皇武则天的表彰。

[1]〔宋〕李昉等：《文苑英华》卷884《梁国公姚崇神道碑》："天授之际，狱吏峻密。公持法无颇，全活者众。"（中华书局1966年版，第4657页）

[2]《资治通鉴》卷 205，武则天万岁通天元年十月，中华书局标点本，第 6510 页。《册府元龟》卷 458、《旧唐书》卷 96 所载略同。《新唐书》卷 124《姚崇传》亦云："武后贤之，即拜侍郎。"

[3]〔宋〕王钦若等编纂：《册府元龟》卷 317《宰辅部·正直》，中华书局 1960 年版，第 3741 页。

其一，因忠诚正直受到表彰。神功元年（697）九月，酷吏相继被杀，从而退出了历史舞台。武则天让大臣们复议武周“革命”前后发生的所谓“谋反”案件，姚崇第一个站出来说谋反案实际上都是冤假错案，希望武则天为其平反昭雪，并以自家百口性命保大臣不反。武则天当即赏银千两，表彰姚崇的忠贞。《大唐新语》卷3载：武周政权稳固后，酷吏受到应有的惩罚，武则天悔于枉滥，对侍臣讲：“近者朝臣多被周兴、来俊臣推勘，递相牵引，咸自承伏。国家有法，朕岂能违。中间疑有枉滥者，更使近臣就狱推问，得报皆自承引，朕不以为疑，即可其奏。自周兴、俊臣死，更不闻有反逆者。然已前就戮者，岂不有冤滥耶？”夏官侍郎姚崇回答说：“自垂拱已后，被告身死破家者，皆枉酷自诬而死，告事者特以为功。天下号为罗织，甚于汉之党锢。陛下令近臣就狱推问者，近臣亦不自保，何敢辄有动摇？赖上天降灵，圣情发寤，诛灭凶竖，朝廷宴安。今日已后，微躯及一门百口，保见在内外官吏无反逆者。”则天大悦曰：“已前宰相皆顺成其事，陷朕为淫刑之主。闻卿所说，甚合朕心。”乃赐银一千两。[1]《册府元龟·台省部·正直》亦载：“姚元崇为夏官侍郎，万岁通天二年，则天谓侍臣曰：‘近者朝臣多被周兴、来俊臣等推勘相牵，咸自承服。国家有法，朕岂能违。中间疑有枉滥，更使近臣就狱根问，皆得手状，承引不虚，朕不以为疑，即可其奏。自周兴、来俊臣死后，更无闻有反逆者。然则已前就戮者不有冤滥邪？’元崇对曰：‘自垂拱已后，被告身死破家者，皆是枉酷自诬而死。告者特以为功，天下号为罗织，甚于汉之党锢。陛下令近臣就狱问者，近臣自亦不保，何敢辄有动摇！被问者若翻，又惧遭其毒手。将军张虔勖、李安静等是也。赖上天降灵，圣情发寤，锄诛凶竖，朝廷乂安。今日已后，臣以微躯及一门百口保见在内外官更无反逆者。乞陛下得告状，但收掌不须推问。若后有征验，反逆有实，臣请受知而不告之罪。’则天大悦曰：‘前宰相皆顺成其事，陷朕为淫刑之主。闻卿所说，甚合朕心。’其日使高品官，送银千两赐之。”[2]《旧唐书》

[1]〔唐〕刘肃：《大唐新语》卷3《公正第五》，上海古籍出版社2000年《唐五代笔记小说大观》本，第236页。《太平御览》卷636略同。

[2]《册府元龟》卷460《台省部·正直》，第5473页。

卷96《姚崇传》《资治通鉴》卷第二百六神功元年九月条也有类似的记载。这些史料充分说明，姚崇忠君爱国，有很高的政治素质。

其二，因孝受到表彰。姚崇不仅是一名忠臣，而且是一名孝子。他的孝行符合唐王朝“以孝治天下”的理念，表现十分突出，因而也曾受到过武则天的表彰。《册府元龟》卷319载：“姚元之长安中为凤阁侍郎，以母老表请解职归侍，言甚哀切。则天难违之，下制曰：“忠为令德，孝乃天经，义著君亲，道存爱敬，其或兼者，可不美欤！银青光禄大夫行凤阁侍郎兼检校相王府长史同凤阁鸾台三品姚元之，自掖垣趋侍廊庙谋猷，竭节尽诚，谠言正议，始终无替，弘益已多。近以母氏衰老，情兼喜惧，在休沫之期，阙晨昏之礼。乞解所职以就闲养，外奏内请，志到词勤。宜遂恳情，用敦孝道。眷彼藩邸，高选纲佐，俾从梁苑之游，以致潘园之乐。可行相王府长史。”[1]又令兼尚书事同三品。《旧唐书·姚崇传》亦载：“长安四年，元之以母老表请解职侍养，言甚哀切，则天难违其意，拜相王府长史，罢知政事，俾获其养。”[2]显然，作为资深的政治家，姚崇在孝的方面为时人树立了典范。

3. 姚崇荐举张柬之导致武则天下台

武则天对姚崇很信任，也很赏识，故让他长期担任宰相之职，并要求他为国家荐举人才。姚崇也能兢兢业业，尽心事君。但他没有想到，他所推荐的张柬之等人，竟成了武则天的下台的推动者和武周政权的掘墓人。关于姚崇推荐张柬之事，文献中多有记载。按照其史料来源，大抵可分为三种情况：

其一，《大唐新语》卷 6 载：“张柬之进士擢第，为清源丞，年且七十余。永昌初，勉复应制策。试毕，有传柬之考入下课者，柬之叹曰：‘余之命也！’乃委归襄阳。时中书舍人刘允济重考，自下第升甲科，为天下第一，擢第，拜监察，累迁荆州长史。长安中，则天问狄仁杰曰：‘朕要一好汉使，有乎？’仁杰对曰：‘臣料陛下若求文章资历，则今之宰臣李峤、苏味道，亦足为之使矣。岂非文士龌龊，思大才用之，以成天下之务者乎？’则天悦曰：‘此朕心也。’仁

[1]《册府元龟》卷 319《宰辅部·褒宠》，第 3773 页。

[2]《旧唐书》卷 96《姚崇传》，第 3023 页。

杰曰：‘荆州长史张柬之，其人虽老，真宰相材也。且久不遇，若用之，必尽于国家。’则天乃召以为洛州司马。他日又求贤，仁杰曰：‘臣前言张柬之，犹未用也。’则天曰：‘已迁之矣。’仁杰曰：‘臣荐之，请为相也。今为洛州司马，非用之也。’乃迁秋官侍郎。及姚崇将赴灵武，则天令举外司堪为宰相者，姚崇曰：‘张柬之沉厚有谋，能断大事，且其人年老，陛下急用之。’登时召见，以为同凤阁鸾台平章事，年已八十矣。与桓彦范、敬晖、袁恕己、崔玄暐等诛讨二张，兴复社稷，忠冠千古，功格皇天云。”[1]《太平御览》卷632所载与此相同。

其二，《旧唐书》卷89载：“仁杰常以举贤为意，其所引拔桓彦范、敬晖、窦怀贞、姚崇等，至公卿者数十人。初则天尝问仁杰曰：‘朕要一好汉任使，有乎？’仁杰曰：‘陛下作何任使？’则天曰：‘朕欲待以将相。’对曰：‘臣料陛下若求文章资历，则今之宰臣李峤、苏味道亦足为文吏矣。岂非文士龌龊，思得奇才用之，以成天下之务者乎？’则天悦曰：‘此朕心也。’仁杰曰：‘荆州长史张柬之，其人虽老，真宰相才也。且久不遇，若用之，必尽节于国家矣。’则天乃召拜洛州司马。他日，又求贤，仁杰曰：‘臣前言张柬之，犹未用也。’则天曰：‘已迁之矣。’对曰：‘臣荐之为相，今为洛州司马，非用之也。’又迁为秋官侍郎，后竟召为相。柬之果能兴复中宗，盖仁杰之推荐也。”[2]《册府元龟》卷324所载与此相同。《资治通鉴》卷第270所载略同。

其三，《唐会要》卷53载：“长安二年。则天令狄仁杰举贤。仁杰举荆州长史张柬之。其人虽老。真宰相才也。且久不遇。若用之。必尽节于国家矣。乃召为洛州司马。他日，又求贤。仁杰曰：‘臣前言张柬之，犹未用也。’则天曰：‘已迁之矣。’对曰：‘臣荐之请为相也，今为洛州司马，非用之也。又迁秋官侍郎。四年，夏官尚书灵武大总管姚元之将赴镇，则天命举外内堪为宰相者，元之对曰：‘秋官侍郎张柬之，沉厚有谋，能断大事，且其人年老。惟陛下急用之。”[3]《旧唐书》卷91所载略同。

[1]《大唐新语》卷6《举贤第十三》，第268—269页。

[2]《旧唐书》卷89《姚崇传》，第2894—2895页。

[3]〔北宋〕王溥《唐会要》，中华书局1955年版，中册，第920页。

虽然因史料来源不同，各书所载情节有所差异，但内容基本是一致的。即在武则天长安年间，武则天多次求贤，让狄仁杰、姚崇向她推荐可以担负重任的人才。狄仁杰向她推荐张柬之，未被重用，姚崇又推荐他，张柬之遂被武则天任命为宰相。而张柬之在当上宰相之后，发动了政变，成为改周为唐的功臣，同时，也成了武周政权的葬送者。

从大量资料来看，武则天是非常重视人才的。在求贤方面不遗余力，表现出知人之明。在用人方面也能做到明察善断，用人唯贤。[1] 但她过分相信姚崇，用了张柬之，不能不说是她在用人方面的一大败笔。其严重后果是完全超出了她的想象，对她和她所缔造的武周政权形成了致命的打击。

4. 姚崇因同情武则天被贬官

从史料记载来看，张柬之当宰相是由姚崇推荐的，张柬之发动政变时，姚崇也参与了他们的行动。按理说，姚崇是张柬之的恩人，是中宗复辟的功臣。然而，在张柬之政变之后，姚崇没有得到奖赏，反而被贬。究其原因，主要是由于姚崇同情武则天所致。

关于这件事，《资治通鉴》卷第 280 载："太后之迁上阳宫也，太仆卿、同中书门下三品姚元之独呜咽流涕。桓彦范、张柬之谓曰：'今日岂公涕泣时邪！恐公祸由此始。'元之曰：'元之事则天皇帝久，乍此辞违，悲不能忍。且元之前日从公诛奸逆，人臣之义也；今日别旧君，亦人臣之义也，虽获罪，实所甘心。'是日，出为亳州刺史。"[2]《册府元龟》卷 315 载："后则天移居上阳宫，中宗率百官就宫起居，王公已下皆欣跃称庆，元之独呜咽流涕。彦范柬之谓元之曰：'今日岂是啼泣时邪？恐公祸从此始。'元之曰：'事则天年久，乍此辞违，情发于中，非忍所得为。昨从公诛凶逆者，是臣之常道，岂敢出言！今辞违旧主悲泣者，亦臣子忠节，缘此获罪实所甘心'。无几出为亳州刺史。"[3] 同书卷 622 亦云："姚元之为司仆卿，则天传位于中宗，王公以下皆欣跃称庆，唯元之呜咽流涕。

[1] 详见拙著《武则天评传》，三秦出版社 1993 年版，第 207—230 页。

[2]〔北宋〕司马光《资治通鉴》卷 208，神龙元年二月条，第 6584 页。

[3]《册府元龟》卷 315《宰辅部·公忠》，第 3722—3723 页。

既而侍中桓彦范、中书令张柬之谓曰：‘今日岂是啼泣时，恐公祸从此始！’元之曰：‘事则天年久，乍此辞违，情发于衷，忍所不得。昨公诛凶逆者，是臣子之常道，岂敢言功；今辞违旧主悲泣者，亦臣子之终节。缘此获罪，实所甘心。’未几出元之为亳州刺史。”《新唐书·姚崇传》也有类似的记载。

上述史料表明，姚崇与武则天是有感情的，他当初推荐张柬之，并没有料到张柬之会发动政变。他后来参与张柬之政变，主要是对二张不满，想收拾张易之、张昌宗兄弟，似乎并没有想到政变对武则天造成如此巨大的伤害。正因为如此，他才会在武则天下台时悔恨交加，呜咽流涕，才会被张柬之等人逐出朝廷。这也说明，姚崇与张柬之等人的政治立场是有很大差异的。姚崇被他推荐的张柬之等人逐出朝廷，从一个重要的侧面说明张柬之等人发动政变另有目的。事实证明，张柬之并不是什么人杰，而姚崇才是真正的栋梁。后来张柬之等很快退出了历史舞台，姚崇则在开元年间的政治舞台上扮演了重要的角色。

第五章

武周时期的经济形势

《新唐书·食货志》载：永淳（682）以后，国用不足，“加以武后之乱，纪纲大坏，民不胜其毒”。今人或借以发挥，认为武则天当政后“无丝毫政绩可纪”[1]，没有采取有利于经济发展的措施，反而倒行逆施[2]，影响了经济的发展[3]，造成了社会经济的崩溃。有人甚至说：唐朝全盛时期的到来比西汉、明清都要推迟三五十年，正是武则天统治的恶果[4]。从大量资料来看，是不符合历史事实的。

第一节　武则天“倒行逆施”说质疑

否定武则天的学者，一般都认为武则天在经济方面倒行逆施，造成了社会经

[1] 岑仲勉：《隋唐史》上册，高等教育部教材编审处 1954 版。

[2] 熊德基：《武则天的真面目》，《社会科学战线》1978 年创刊号。

[3] 吴泽：《关于武则天在历史中的作用》，《文汇报》，1959 年 12 月 6 日。

[4] 魏良弢：《论武则天》，《新疆大学学报》1979 年第 1、2 期。

济的衰退。其论据主要有以下几点：（1）武则天大肆佞佛，广建寺塔，多度僧尼；（2）建明堂，立天枢，奢侈腐化；（3）封建亲戚，滥用官爵，鱼肉人民。[1] 这些“论据”初看起来似乎不无道理，但分析一下，或多或少都存在着一些疏漏。

从大量资料来看，武则天的确曾提高佛教地位，修建过佛寺，剃度过僧尼。但是，这是有限的。武则天在改唐为周之初，曾令诸州各建大云寺一所，规模较大，范围较广，后来新修者甚少，但补旧而已。度僧的情况大抵与修寺相当。与唐初相比，武周时期的寺院、僧尼是大大增加了，但比中宗、睿宗时期要少得多。玄宗即位之初，佛教势力膨胀，主要是由于中宗以后“崇饰寺观”造成的。景龙三年（709）宰相韦嗣立上书说：“比者营造寺观，其数极多，皆务取宏博，竞崇瑰丽。大则费耗百十万，小则尚用三五万余，略计都用资财，动至千万已上。”[2] 仅此一点，即为明证。因此，我们不能夸大事实，把武周时期的寺院和僧尼估计得太多。

建明堂，立天枢，无疑是武周时期的两项巨大工程。这两项工程需要动用许多人力物力，也是自不待言的。但是，“明堂”不是游乐之宫，而是敬“神”之地，布政之所。从当时的情况来看，武则天修明堂并非随心所欲，而有明显的政治目的；把明堂修得壮观一些，宏伟一些也是必要的。至于“天枢”，那不是武则天要立的，而是许多少数民族酋长请立的。资金大部分是酋长们捐献的。至于人力，根本不可能太多。因为建筑主要是铸造的问题，人多了也用不上。要说武则天奢侈腐化，我们找不到多少根据。我们的材料倒有相反的。如她在辅佐高宗时，“常著七破间裙”；登基之后，也很注意返朴还淳。当然，这并不是说武则天没有奢侈之事。三阳宫、兴泰宫的修建就在一定程度上造成浪费。但总的说来，武则天对人力物力还是比较爱惜的。奢侈是历代帝王的通病，就连唐太宗到后期也不能避免，贞观十三年（639），魏征上疏说：“陛下在贞观初，护民之劳，煦之如子，不轻营为。顷既奢肆，思用人力，乃曰：‘百姓无事则易骄，劳役则易使。’……虽忧人之言不绝于口，而乐身之事实切诸心。”[3] 武则天也有奢侈的一面，但还

[1] 见岑仲勉、吕思勉、熊德基、魏良弢、高光晶等人的有关论著。

[2]〔后晋〕刘昫：《旧唐书》卷 88《韦思谦传》，中华书局 1975 年版，第 2870 页。

[3]〔宋〕欧阳修、宋祁：《新唐书》卷 97《魏征传》，中华书局标点本，第 3877 页。

没有发展到唐太宗这种地步。

至于封亲戚，滥用官爵所造成的恶果也不可估计过高。武则天登基后大封子侄为王这是事实。但如前所述，武则天的子侄实属“宗室”，厚待宗室，乃是惯例。尽管武周时期诸王封户较前增多，但计算一下，封户总数并不算多。唐制，“亲王食封八百户，有至一千户。公主三百户，长公主加三百户，有至六百户”[1]。实际上亲王封八百户者甚少，大部分都高于此数。贞观二十三年，诸王食封皆至一千户。[2] 贞观中，高祖十五子、[3] 太宗十四子并为亲王，高祖十八女，太宗十九女，并为公主。[4] 即以亲王八百户，公主三百户的最低数字计，需封户三万四千三百。此外，当时功臣较多，食封甚众。据《旧唐书·太宗本纪》记载，裴寂以下四十三人，需封户二万九千。合计封户为六万三千三百。武周时，太平公主食封和皇嗣食封增至三千户。[5] 但当时天下唯有太平一公主，亲王武氏三人，李氏一人，每人以一千户计，凡四千户。郡主武氏十五人、李氏十人，[6] 每人以三百户计，凡七千五百户。把这些数字加起来，不过一万七千五百户。还不到贞观时期的三分之一。不仅如此，而且，武则天还限制封家，不令自征租赋，这在前边已经讲到了。至于中宗以后封家逾百，“国家租赋，太半私门”，“凡是封户，不胜侵扰”，那正是中宗复位滥树私恩，违背武则天方针所造成的恶果，而不是武则天的过错。

武则天为求“真才实贤”，曾经采取了各种手段，招徕各方面的人才，令其参与国家政治。这往往给人一个印象：武周时期官多。但是，只要我们认真考察一下，就会发现这个印象不完全正确。武周时期在中央新置了奉宸府等机构，增加了某些机构的人员数量，如天授二年（691），左右补阙，拾遗各加置三员，[7] 在地方

[1]〔宋〕王溥《唐会要》卷5《诸王》，中华书局1955版，第51页。

[2]《唐会要》卷90《缘封杂记》，第1642页。

[3] 高祖共二十二子。长子建成、三子玄霸、四子元吉、五子智云、贞观元年以前已死。次子世民即太宗，八子元亨、九子元方分别死于贞观六年。

[4] 高祖十九女。平阳公主死于武德六年，不计。太宗二十一女。汝南、金山二公主早夭，不计。

[5]《唐会要》卷5《诸王》，中华书局1955年版，第51页。

[6] 故太子李贤、中宗、睿宗子。其中中宗子受封较迟。

[7]《唐会要》卷56《左右补阙拾遗》，第965页。

分置了一些州县，如天授二年在关中分置鸿、宜、鼎、稷四州[1]，这样势必使官员总数有所增加。不过，当时在中央新设的机构极少，地方新设州县也不太多。虽然每年入仕者较多，但是由于武则天实行了雷厉风行的黜陟政策，不称职者，“寻亦黜之，或加刑诛”，因而同时任职的官员总数并没有大幅度增长。基本上做到了“吏有常员”。要采取试官等办法，广泛吸收各级各类人才入仕，又要控制官员数量，这本身就是一对很难解决的矛盾。武则天用加强考绩，迅速升降的办法来解决这一矛盾，显然是有成效的，但也存在一些问题。“牧伯迁代太速”，有时不利于尽职。后来迁代速度有所放慢，吏部选人便有拥滞。神功元年（697）十月，凤阁舍人李峤知天官选事时，置员外官数千人，才使官员数量“滥”有增加。即使如此，当时的官员也没有我们想象的那样多。开元时，中央官吏定员 2621 人[2]，而武则天长安年间（701–704）中央官吏文武九品已上凡 2750 人[3]，比开元时仅多 129 员。中宗时期，政出多门，卖官鬻爵，造成“十羊九牧”的状况，那是另当别论的。如果把它强加于武则天，恐怕不大合适。

武则天统治时期确实出现过一些浮逃户。天授二年冬，武则天在《置鸿宜鼎稷等州制》中就曾指出：有“或先缘饥岁，流宕忘归，或父兄去官，因循寄住”[4]的情况。这里的“流宕忘归”“因循寄住”者，实质上就是所谓“浮逃户”。长安年间，纳言李峤、夏官尚书唐休璟等奏言：“臣等谬膺大任，不能使兵革止息，仓府殷盈，户口尚有逋逃，官人未免贪浊，使陛下临朝轸叹，屡以为言，夙夜惭惶，不知启处。”[5]可见当时确实存在着浮逃户口。关于浮逃户出现的原因，如上所言，是由于灾荒和兵革。但与当时人口分布不均和租佃制的发展也有很大的关系。20 世纪在敦煌发现的《周长安三年三月括逃使牒并敦煌县牒》云：

甘凉瓜肃所居停沙州逃户牒：奉处分，上件等州，以田水稍宽，百姓多悉居城，庄野少（人）执作。沙州力田为务，小大咸解农功，逃逋投诣他州，例被招携安

[1]（宋）宋敏求编：《唐大诏令集》卷 99《置鸿宜鼎稷等州制》，商务印书馆 1959 年版，第 498—499 页。

[2]（唐）杜佑：《通典》卷 19《历代官制要略·官数》，中华书局 1988 年版，第 481 页。

[3]（清）董诰等编：《全唐文》卷 243《为百僚贺恩制表》，中华书局 1983 年版，第 2462 页。

[4]《唐大诏令集》卷 99《置鸿宜鼎稷等州制》，第 499 页。

[5]《旧唐书》卷 88《韦思谦传》，第 2869 页。

置。常遣守庄农作，抚恤类若家僮。好即薄酬其庸，恶乃横生构架。为客脚危，岂能论当，荏苒季序，逡巡不归。[1]

读牒文可知，逃户是从“小大咸解农功”、人口稠密的沙州，逃往“水稍宽，百姓多悉居城”的甘、凉、瓜、肃等州，在那里“守庄农作”，即为人佣耕或租佃他人土地，从事农业生产。自唐初以来，限制百姓迁徙。随着岁月的推移，人口日益滋长，形成了许多狭乡，地少人多，营种辛苦，因此，向宽乡迁移是不可避免的。自唐初以来，全国许多狭乡的居民逐渐向宽乡迁移，有些人甚至迁入山林。据陈子昂讲，四川诸州百姓迁入蓬、渠、果、合、遂等州山林者达三万户。[2]这些移民均未得到政府批准，就成了所谓“浮逃户”。浮逃户逐渐改变了不合理的人口布局，但他们没有自己的田地，往往租佃他人田地，而不向国家缴纳赋税。这对国家来说，也有不利之处。所以证圣元年（695）李峤建议，“令御史督察检校，设禁令以防之，垂恩德以抚之，施权衡以御之，为制限以一之”。即严格限制“逃亡”，对于已逃者，不问其罪，帮助还乡；若不愿返回，“听于所在隶名，即编为户”。[3]后来长安年间武则天遣御史括户，正是这样做的。虽然其目的是为了检括户口，保证赋税，但由于同意逃亡者于所在隶名，改为编户，实际上就等于承认了人口移动所造成的既定事实，这无论对国家还是对逃户都有一定的好处。

第二节　武则天发展经济的措施

事实上，在经济方面武则天并非故意倒行逆施，恰恰相反，采取了有利于社会经济发展的措施。

---

[1]〔日〕池田温：《中国古代籍帐研究》录文，中华书局 1987 年版，第 342 页。

[2]《全唐文》卷 210《上蜀川安危事》：“诸州逃走户有三万余，在蓬、渠、果、合、遂等州山林之中，不属州县。”（第 2133 页）

[3]《唐会要》卷 85《逃户》，第 1561 页。

一、继续推行均田制

均田制是唐初实行的土地制度，对社会经济的发展是颇为有利的。武则天对这一制度极为重视，早在辅佐高宗的日子里，就曾予以保护，登基之后，继续推行。她在《以郑汴等州为王畿制》中说："朕以鼎业惟初，宝祚伊始，斟酌今古，申画封疆。征赋科徭，实资宽简；沃壤劳逸，宜有平分。"[1]鉴于"隆平日久，户口滋多"，有些州县，"土狭人稠，营种辛苦"，甚至出现百姓没有田业的情况，她放宽了对百姓迁徙的禁令，移京兆三十余万户于田地较宽的都畿附近，缓和了雍州人多地少的矛盾，又准逃户于所在地附籍，使人口布局逐渐趋于合理。这些都便利了均田制的实行。

虽然史书上没有当时推行均田制的具体记载，但敦煌石窟和吐鲁番古墓中却保存有当时推行均田制的原始材料，有些还保存得相当完整。《大足元年（701）沙州敦煌县效谷乡籍》便是其中之一。现录部分内容如下：

户主邯寿寿　（年）伍拾陆岁　白丁　课户见输
女娘子　（年）拾叁岁　小女
亡弟妻孙　（年）叁拾陆岁　寡
肆拾肆亩已受　廿亩永业
合应受田　壹顷叁拾壹亩廿三亩口分
八十七亩未受　一亩居住园宅
八十七亩未受
一段陆亩永业　城东卅里两支渠　东宋孝行　西邯婆　南张善贵　北荒
一段伍亩永业　城东卅里两支渠　东刘相　西曹石生　南自田　北索仲谦
一段伍亩永业　城东卅里两支渠　东荒　西自田　南索仲谦　北刘海相

[1]《全唐文》卷95《以郑汴等州为王畿制》，第982页。

一段伍亩（四亩永业，一亩口分） 城东卅里两支渠 东树生 西屯屯 南索仲谦 北索仲谦

一段贰亩口分 城东卅里两支渠 东自田 西场 南渠 北渠

一段壹亩口分 城东卅里两支渠 东自田 西自田 南渠 北自田

一段贰亩口分 城东卅里两支渠 东索善住 西道 南自田 北道

一段贰亩口分 城东卅里两支渠 东自田 西邯文相 南道 北菌

一段拾伍亩口分 城东卅里两支渠 东康才 西宋君才 南渠 北渠

一段壹亩 居住园宅

……………………………………………………………………

户主索 才 （年）伍拾岁 卫士 课户见不输

母白 （年）伍拾陆岁 寡

拾捌亩已受 十七亩 永业田 一亩居住园宅

合应受田壹倾叁拾壹亩

一顷一十三亩未受

☐段柒亩永业 城东卅里两支渠 东文强 西薛惠 南自田 北自田

☐段贰亩永业 城东卅里两支渠 东自田 西孙保义 南宋贵粲 北孙万寿

☐段伍亩永业 城东卅里两支渠 东粲子 西荒 南张高 北坑

☐段叁亩永业 城北廿里无穷渠 东杨寄生 西泽 南贺洪达 北自田

☐段壹亩 居住园宅

[以下略]

[此籍缝背注记为]

……[沙州]……[敦煌县]……[效穀乡]……[大足元 籍]……

[凡四印，第一为沙州之印，后三者为敦煌县之印][1]

唐制："凡民始生为黄，四岁为小，十六为中，二十一为丁，六十为老。授

[1]《中国古代籍帐研究》录文，第 167—168 页。

田之制，丁及男年十八以上者，人一顷，其八十亩为口分，二十亩为永业；老及笃疾、废疾者，人四十亩，寡妻妾三十亩，当户者增二十亩，皆以二十亩为永业，其余为口分。”[1] 从上录户籍来看，所谓“合应受田”，正是均田制规定的受田之数。邯寿寿一家三口为一白、一小女、一寡妻。丁应受一百亩，小女不受，寡妻应受三十亩，合应受一百三十亩，加宅地，应受一百三十一亩，与籍正合。索家的情况也是如此。这说明当时敦煌授田是以均田制为依据的。换言之，是按均田制办事的。从录文中我们还可以看出，当时的授田工作是相当细致的。户主家的姓名、年龄、身份、应受田数、已受田数、未受田数及已受田性质和方位都写得清清楚楚，应受田和已受田数均用大写。显然，武周时期是在认真地推行均田制度。

从录文来看，当时敦煌一带的永业田基本上业已全受，口分田则不然，存在着受田不足的情况。这是由于敦煌人口多而垦田面积少的矛盾造成的。唐初定均田之制，不仅规定丁男百亩，老废疾四十亩，寡妻妾三十亩，而且规定皇亲勋贵可广占永业田，多者一百顷，少者六十亩；内外官有职分田，多者十二顷，少者八十亩；内外官司又有公廨田，多者四十顷，少者一百亩。这本来就是一个庞大的数字。尽管当时户不满三百万，还有受田不足的情况。吐鲁番籍帐中有《贞观十四年（640）九月安苦知延手实》，手实中就有“合受田八十亩，六亩半已受，七十三亩半未受”的记载。[2] 从这一记载来看，实受田才是应受田的 8%。

耕牛陶俑

唐太宗本人在实际访问时，也曾得知受田不足的事实。这说明均田制所规定的数字只是“应”受数字，与实际的垦地面积本身有一定差距。后来经过几十年的发展，人口迅速增加，而垦田面积有限，窄乡受田不足的情况自然会更加严重。大约在唐高宗时后期，雍州“少地

[1]《新唐书》卷 51《食货志》，第 1342 页。《通典》卷 2《食货 · 田制》下所载略同。

[2]《中国古代籍帐研究》录文，第 234 页。

者三万三千户，全无地者五千五百人。每经申请，无地可给”[1]。这种情况当然不只存在于雍州，大抵窄乡皆是如此。武周时期敦煌县百姓口分田虽不足，但总还是按均田制得到了一些。从贞观初到武周中期，全国的人口几乎翻了一番，而敦煌一带的实际受田仍能达到应受田的 26% 以上，说明当时的垦田面积较前有了明显的扩大。这对社会经济的发展应当是有利的。

二、减轻剥削

在帝制时代，不可能没有剥削。问题在剥削到什么样的程度。如果统治者只会箕敛，竭泽而渔，就会搞得民不聊生，经济崩溃；如果轻徭薄赋，与民休息，就会促进社会经济的发展。武则天对此十分清楚。她认为“征赋科徭，实资宽简”[2]，因而采取了轻徭薄赋的政策。

其一，严格实行租庸调制。租庸调法是以人丁为本的。因此要实行租庸调法，必须首先掌握人的情况。《唐会要》卷八十五《团貌》条载：“延载元年八月敕：诸户口计年将入丁老疾应免课役及给侍者，皆县亲貌形状，以为定簿，一定以后，不得更貌。疑有奸欺者，听随事貌定，以付手实。”租庸调制规定：“赋役之法：每丁岁入租粟二石。调则随乡土所产，绫绢絁各二丈，布加五分之一。输绫绢絁者，兼调绵三两；输布者，麻三斤。凡丁，岁役二旬。若不役，则收其庸，每日三尺。有事而加役者，旬有五日免其调，三旬则租调俱免。”[3]从敦煌吐鲁番出土的原始文书来看，武周时期正是按照这一规定执行的。如在前引《大足元年沙州敦煌县效谷乡籍》邯寿寿名下，就有“计布二丈五尺，计麻三斤，计租二石”的记载。邯寿寿家仅一丁，按租庸调法，应纳租二石，布二丈五尺，麻三斤。可见，租庸调制在武周时期仍然是征收赋税的依据。除租庸调外，武周时期是严禁杂税的。后代的盐、酒、茶等杂税在当时都是不存在的。

[1]《中国古代籍帐研究》录文，第 114 页。

[2]《全唐文》卷 95《以郑汴等州为王畿制》，第 982 页。

[3]《旧唐书》卷 48《食货志》上，第 2088 页。

其二，尽量减轻百姓的赋役负担。唐初定都长安，关中人口陡增，供不应求，每年需要大量人力转运关东汾晋、江淮之用粟。武则天定都洛阳，该地“是霜露之所均，当水陆之交会”[1]，节约了许多转运劳费。鉴于当时边境驻军较多，运给艰难的情况，武则天大力提倡屯田。改唐为周之初，左金吾将军兼检校丰州都督娄师德知营田事，干得十分出色。则天下制褒美：“卿素积忠勤，兼怀武略，朕所以寄之襟要，授以甲兵。自卿受委北陲，总司军任，往还灵、夏，检校屯田，收率既多，京坻遽积。不烦和籴之费，无复转输之艰，两军及北镇兵数年咸得支给。勤劳之诚，久而弥著，览以嘉尚，欣悦良深。”长寿二年，娄师德入相。则天对他说：“王师外镇，必藉边境营田，卿须不惮劬劳，更充使检校。”又以师德为河源、积石、怀远等军及河、兰、鄯、廓等州检校营田大使。[2] 由于武则天的提倡，一些边将也主动屯田。如大足元年，郭元振任凉州都督、陇右诸军州大使，令甘州刺史李汉通开置屯田，尽水陆之利。史载，“旧凉州粟麦斛至数千，及汉通收率之后，数年丰稔，乃至一匹绢籴数十斛，积军粮支数十年”[3]。屯田基本上解决了边境军粮，节省了不少人力和物力。此外，武则天还不止一次地下令要求官吏清廉，反对贪残。证圣元年（695）三月二十一日敕：“州县军司府官等，不得辄取和籴物，亦不得遣人替。”[4] 久视元年（700）九月二十二日敕：“都省诸司，既有主事，更不须著人帖直。”[5] 长安元年（701）十一月十三日敕：“负债出举，不得回利作本，并法外生利。”[6] 所有这些，都在一定程度上减轻了百姓的负担。

其三，多次减免赋税，赈济灾荒。据史书记载，武则天登基之后，曾多次改元。天授三年四月一日改元如意，如意元年九月九日改元长寿，长寿三年五月十一日改元延载，延载二年正月初一改元证圣，证圣元年九月九日改元天册万岁，天册万岁二年腊月十一日改元万岁登封，万岁登封元年四月一日改元万岁通天，万岁

---

[1]《全唐文》卷 95《置鸿宜鼎稷等州制》，第 981 页。

[2]《旧唐书》卷 93《娄师德传》，第 2976 页。

[3]《旧唐书》卷 97《郭元振传》，第 3044 页。

[4]〔宋〕王钦若等编：《册府元龟》卷 502《邦计部 · 平籴》，第 6012 页。

[5]《唐会要》卷 57《尚书省》，第 985 页。

[6]《唐会要》卷 88《仓及常平仓 · 杂录》，第 1618 页。

通天二年九月九日改元神功，神功二年正月初一改元圣历，圣历三年五月五日改元久视，久视二年正月初三改元大足，大足元年十月改元长安，长安五年正月初一改元神龙。计达 13 次之多。每次改元都要“大赦天下”。大赦的内容，除赦免囚犯罪人以外，就是给老人赐粟，减免受灾地区乃至全国百姓的租庸调。如改元万岁登封时，令“天下百姓无出今年租税”[1]，并派遣使者，“存抚”天下，命刺史县令“矜恤鳏寡”。[2] 有时还往往“给复”某些人或某一地区。如万岁登封元年正月，给复洛州二年，登封、告成三年。神功元年十月，给复徇忠、立节二县一年[3]。为了防止灾荒，武则天还特别注意建设义仓。史载“高宗、武太后数十年间，义仓不许杂用”[4]，严格执行取之于民，用之于民的原则。义仓是由社仓发展而来的，本为预备凶年。唐太宗采纳尚书左丞戴胄和户部尚书韩仲良的建议，于贞观二年令天下州县并置义仓。王公以下垦田亩纳二升。唐高宗以为，义仓据地取税，“实是劳烦”，改令按户等出粟，上上户五石，其余依次递减。[5] 武则天一遵高宗旧制，要求按户缴纳，并且规定：“所析之户，等第并须与本户同，不得降下。”[6] 以防止富家大户，以析户为名，递相影护，逃而不纳。每当战争或灾荒之后，都要出义仓粟米以赈饥乏。如意元年七月，洛水泛溢，漂流居民五千余家，“遣使巡问赈贷”[7]。就是其中的一例。毫无疑问，这些活动都在一定程度上减轻了百姓的赋徭负担，有利于社会生产。

三、劝课农桑

农桑在中国古代经济生活中一直居于主导地位。因此自古“明君”无不以劝

[1]《资治通鉴》卷 205，则天后万岁通天元年腊月甲申，第 6503 页。

[2]《全唐文》卷 96《明堂灾手诏》，第 989 页。

[3]《新唐书》卷 4《则天皇后本纪》，第 98 页。

[4]《通典》卷 12《食货·轻重》，第 1 册，第 291 页。

[5]《册府元龟》卷 502《邦计部·常平》，第 6020 页。

[6]《唐会要》卷 85《定户等第》，第 1557 页。

[7]《旧唐书》卷 6《则天本纪》，第 122 页。

农为务，多有“祈谷”“籍田”之举。武则天对于农桑特别重视。早在当皇后之际，就曾亲祀先蚕，主张劝农。上元元年（674）上书十二条，第一条就是“劝农桑，薄赋徭”[1]。临朝称制之初，即规定州县官吏，若能使田畴垦辟，家有余粮，则加其考第，“功状尤异者，别加升擢”；若为政苛滥，导致农桑并废，户口流移，“轻者年终贬考，甚者非时解替”。[2]改朝换代之后，继续要求刺史县令“敦劝农桑，均平赋役”[3]，把农桑发展情况作为御史巡察的主要内容之一。

鉴于以往帝王“祈谷于圜丘，可以致诚，未足为劝；籍田于千亩，可以示劝，未足以教人”的情况，武则天在辅佐高宗的日子里组织撰写并亲自删定了《兆人本业记》一书。登基后又将这本农书散发各地，使之成为流传最广的农业教科书之一。直到中唐以后，唐朝的皇帝还有令百官进献农书的“故事”：“每年二月一日，以农务方兴，令百僚具则天大圣皇后所删定《兆人本业记》奉进。”[4]进而颁发天下，令官吏百姓学习。如文宗大和二年（828）二月，“敕李绛所进则天太后删定《兆人本业》三卷，宜令所在州县写本散配乡村。”[5]史载，长寿二年正月初一普降大雪，武则天对侍臣说：“朕御万方，心存百姓。如得年登岁稔，此即为瑞。虽获麟凤，亦何用焉？”[6]久视年间，“有诏白司马坂营大像”。左肃政台御史大夫苏珦以为妨农，“上书切谏，则天纳焉”。[7]

这些事实，都说明武则天重视农业，不仅能够严格要求臣下劝课农桑，而且能够克制自己，避免妨农。此外，对于工商业者，虽反对他们奢侈腐化，但也能够保护他们的利益。史载：“广州地际南海，每岁有昆仑乘舶以珍物与中国交市。旧都督路元睿冒求其货，昆仑怀刃杀之。（王）方庆在任数载，秋毫不犯。”武

[1]《新唐书》卷 76《则天顺圣皇后武氏传》，第 3477 页。
[2]《唐大诏令集》卷 110《诫励风俗敕》，第 570 页。
[3]《全唐文》卷 96《明堂灾手诏》，第 989 页。
[4]《全唐文》卷 626《代百僚进农书表》，第 6334 页。
[5]《旧唐书》卷 17 上《文宗本纪》上，第 528 页。
[6]《唐会要》卷 28《祥瑞》上，第 533 页。
[7]《旧唐书》卷 100《苏珦传》，第 3116 页。

则天下制表彰了王方庆。[1]

第三节　武周时期的经济状况

由于武则天采取的这些有利于社会经济发展的措施，调动了广大百姓的生产积极性，因而当时的社会经济也在较大程度上得到了发展。这在农业、手工业、商业诸方面都有充分的表现。

一、农业

武周时期农业的发展，主要表现在田畴的垦辟、水利的修复和粮食产量的提高。当时的垦田面积究竟有多少？由于史书上没有记载，不得而知。但是，由于以田畴垦辟情况作为考核官吏的标准之一，由于大力实行屯田，由于继续推行均田制，特别是由于人丁的增加和窄乡居民向宽乡的迁徙，垦田面积的增加是可想而知的。因为以垦田情况作为考绩的标准之一，官吏就要考虑拓垦的问题；在人丁增加的情况下推行均田制，客观上需要更多的土地，徙民于宽乡，就是鼓励开垦；屯田绝大部分也是新垦土地。如前所

武周百门陂碑拓片

[1]《旧唐书》卷 89《王方庆传》载："朕以卿历职著称，故授此官。既美化远闻，实副朝寄。今赐卿杂采六十段并瑞锦等物，以彰善政也。"（第 2897 页）

含嘉仓遗址

述，武周时期的受田率达到26% 以上，这个数字与贞观年间差不多相似，但武周时期的人口比贞观年间要多得多。这从一个重要的侧面印证了武周时期耕地增加的事实。

要发展农业，光凭垦田是不行的，还必须兴修水利。唐初以来，对隋代原有的水利工程大都予以修复，创修了一些新的水利工程。武德八年，陇州开五节堰；永徽元年，薛大鼎于沧州开无棣河等等。[1] 武则天时期，全部修复利用了这些水利工程，并且注意完善灌溉系统。当时在中原和江南的某些地区已经形成了一些溉田网。西陲敦煌、吐鲁番地区的水利事业也相当发达。前引《大足元年沙州敦煌县效谷乡籍》中的土地四至中，就有“两支渠”“无穷渠”“乡东渠”字样，说明这一带当时也形成了灌溉网。

水利事业的发展，必然会促进粮食产量的提高。当时的洛阳是全国的仓储中心。四方租米源源不断运到这里。据陈子昂所讲，仅江南淮南诸州租船就有数千艘，载粮百余万斛。[2] 为了安置诸州租船，专门在洛阳立德坊穿凿了新潭。[3] 时人右补阙张说和洛阳县尉杨齐哲也说，“神都帑藏储粟，积年充实”[4]。1971 年发掘洛阳隋唐含嘉仓时，曾发现许多刻有“天授”“长寿”“万岁通天”“圣历”等年号的刻铭砖，并在 160 号粮窖中发现了已经炭化了的 50 万斤谷子。这一考古成果，也说明了当时政府储有大量的粮食。如前所述，武周时的剥削是不重的。

[1]《册府元龟》卷 497《邦计部・河渠》二，第 5950 页。
[2]《全唐文》卷 211《上军国机要事》，第 2136 页。
[3]《册府元龟》卷 497《邦计部・河渠》二，第 5950 页。
[4]《全唐文》卷 223《谏避暑三阳宫疏》，第 2256 页；卷 260《谏幸西京疏》，第 2636 页。

假若粮食亩产很低，垦田又少，那么这种情况是不可思议的。

二、手工业

武周时期的手工业有很大进步。当时已有以织绫为业的机户，有的机户甚至拥有绫机五百张[1]。与丝织相关的刺绣业也有相当高的水平，武则天曾将许多“刺字袍”赐给大臣。从立天枢，即征得铜五十万斤（当时一斤合今 1.1936 斤，故约当今五十九万六千余斤），铁三百三十余万斤（约当今三百九十三万八千余斤）的情况看，武周时期的采矿业也有所发展。当然，当时最突出的手工业部门还要数铸造业。如前所述，武周时期曾置九鼎、立天枢。而“九鼎”“天枢”都是铸成的。九鼎用铜五十六万余斤（约合今六十六万八千余斤），鼎上图铸九州山川物产之像，“光有五彩，辉焕错杂其间”[2]。天枢用铜铁三四百万斤，“高

法门寺出土武则天绣裙

[1]〔唐〕张鷟《朝野佥载》卷 3，中华书局标点本，第 75 页。

[2]《旧唐书》卷 22《礼仪志》二，第 868 页。

一百五尺，径十二尺，八面，各径五尺。下为铁山，周百七十尺，以铜为龙麒麟环绕之；上为腾云承露盘，径三丈，四龙人立捧火珠，高一丈”[1]，周三丈，金彩荧煌。在当时的历史条件下，能完成这样的工程，可谓之奇迹，说明当时的铜铁铸造技术，已达到了很高的水平。此外，武则天时曾修建规模宏大的明堂和天津桥，说明武周时期的建筑业也有所发展。

三、城市和商业

武周时期，城市有了明显的发展。京师长安自高宗、武则天修筑含元殿，外郭城后基本定型。至武周时宫室宏伟、坊街整齐，市场繁荣，人口滋增。洛阳是当时全国的政治、经济、军事、文化中心，其繁荣情况，可与长安媲美，已跨入名城之列。太原的发展也很显著。太原旧有东西二城，西城，是原来的旧城，东城为贞观十一年李勣所修。[2] 东西二城为汾水所隔，武则天以太原为北都，派精明强干的崔神庆为并州长史，神庆架桥筑“中城”，把东西二城连为一个统一的整体，[3] 使并州成了名副其实的北方重镇。此外，扬州、益州等城也有了较大发展，后来的“扬一益二”正是在这个基础上发展起来的。城市的发展对商业有一定的带动作用。主要

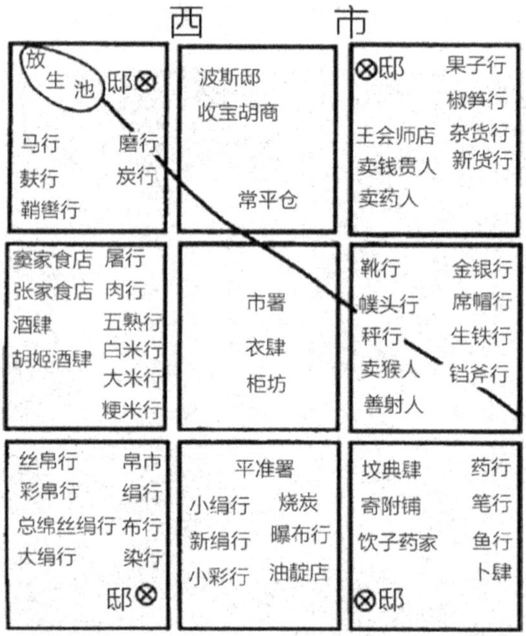

长安西市示意图

[1]《资治通鉴》卷 205，则天后天册万岁元年四月，第 6503 页。
[2]《新唐书》卷 39《地理志》三，第 1003 页。
[3]《旧唐书》卷 77《崔义玄传附崔神庆传》，第 2690 页。

表现在“市”的增加。唐初京师长安有东西二市，东都有东、南、北三市，都督府以至于县多亦各有之。武周时，人口增长，物品繁多，旧市或不能满足需要，即扩大规模或另增新市[1]，就说明了这些问题。此外，“国际”贸易也比较发达。当时在洛阳、长安、扬州、广州等地都有不少胡商。[2]

综上所述，笔者认为武周时期的经济形势是比较好的，绝不像有些学者所说的那样是“低谷”“出现全面倒退”或已经崩溃。恰恰相反，武周时期的经济总的说来是持续发展的，而且发展的速度比较快。正因为如此，唐玄宗当政后不久，很快就出现了唐代经济的高峰。如果说武则天统治时期的经济形势很差，已经跌入低谷，这种情况是无法解释的。应当说，武周时期的社会经济在贞观时期的基础上有了较大的发展，从而为开元、天宝时期的经济腾飞奠定了坚实的基础。

[1]《册府元龟》卷504《邦计部·关市》，第6048页。

[2] 详参拙著《武则天评传》中的有关章节。

第六章

武周时期的军事与边防

武则天对有关国际关系和民族关系的事务，大都亲自处理。她以怀柔和抚慰为准则，对向往中原文化的国家和民族政权表示支持，并进行保护和优待，在军事和边防方面也取得了一定的成就。

第一节　武则天的国家观念

史载，武则天规定："东至高丽，南至真腊国，西至波斯、吐蕃及坚昆都督府，北至契丹、突厥、靺鞨，并为入番，以外为绝域。"[1] 所谓"入番"，就是离中原较近的，就该来入贡的"蕃国"；所谓"绝域"，就是不受中原王朝管辖的、遥远的国度，可以统称之为异邦邻国。对于异邦邻国，武则天采取睦邻友好政策，以平等态度对待。如果这些国家派遣使者来，武则天皆令予以厚待。对于

[1]〔宋〕王溥：《唐会要》卷100《杂录》，中华书局1955年版，第1798页。

“蕃国”，武则天也没有什么特别的要求，只要他们各守其土，按期朝贡，武则天便心满意足。如果这些国家的国王死了，武则天都对其继承人予以册封。如垂拱年间（685-688），武则天以高丽已故国王高藏之孙宝元为朝鲜郡王。圣历初（698），进左鹰扬卫大将军，更封忠诚国王，使统安东旧部。次年，以其子德武为安东都督。[1] 长寿二年（693）二月，新罗王金政明卒，武则天遣使立其子理洪为王，令袭为辅国大将军、左豹韬大将军、鸡林州都督，后来，理洪卒，复册其弟崇基为王，袭兄爵如故。[2] 万岁通天元年（696），封康国大首领笃婆钵提为王，钵提卒，又册立其子泥涅师师。[3] 对于这些国家的使节，武则天皆令予以热情招待，有的甚至亲自接见。如新罗王法敏死，子政明袭王，遣使来朝，请要唐礼及其他文辞。“武后赐《吉凶礼》并文词五十篇。”[4] 天授三年（692），东天竺王摩罗枝摩、西天竺王尸罗逸多、南天竺王遮逻婆、北天竺王娄其那那、中天竺王地婆西那并遣使朝贡。则天甚喜，慰而遣之。长安三年（703）日本遣其大臣粟田朝臣真人来华贡献方物。《旧唐书》卷 199《东夷 · 日本传》载：“朝

乾陵蕃臣像

[1]〔宋〕欧阳修、宋祁：《新唐书》卷 220《高丽传》，中华书局 1975 年版，第 6198 页。

[2]《唐会要》卷 95《新罗》，第 1712 页。

[3]《唐会要》卷 99《康国》，第 1774 页。

[4]《新唐书》卷 220《新罗传》，第 6204 页。

臣真人者，犹中国户部尚书，冠进德冠，其顶为花，分而四散，身服紫袍，以帛为腰带。真人好读经史，解属文，容止温雅。则天宴之于麟德殿，授司膳卿，放还本国。”由此可见，武则天对蕃国使者颇为礼重。使者返回时，除赏赐大量珍品作为回礼以外，还按路程的远近，拨给粮料。南天竺、北天竺、波斯、大食等国使者，给六个月粮；尸利佛誓、真腊、河陵等国使者，给五个月粮；林邑国使，给三个月粮。[1]

第二节　武则天的民族政策

武则天在她统治的21年（684—705）中，不仅要处理纷繁复杂的朝中政务，打击敌视武周的李唐宗室和“皇唐旧臣”，而且要处理武周王朝同边陲少数民族的关系，保障辽阔边疆的安全。历史表明，武则天是一位善于处理民族关系的女政治家和军事战略家。本文试图通过具体事实，评价武则天在处理民族关系方面的历史功绩。

贴金铠甲骑马俑

当光宅元年（684）武则天正式接管唐王朝的统治权时，唐太宗已死去35年。但是他的民族怀柔政策，以及“降则抚之，叛则讨之”[2]的策略，却由高宗李治和武则天继承了下来。从大量材料来看，武则天对边疆各民族继续推行怀柔抚慰的政策。

第一，广泛吸收少数民族成员参与武周政权。《朝野佥载》卷四记载：“周则天朝，蕃人上封事，多加官赏。”这是蕃人做官，因而当时少数民族成员在中央政府任职

[1]《唐会要》卷100《杂录》，第1978页。

[2]〔宋〕司马光：《资治通鉴》卷198，太宗贞观二十年六月，中华书局1956年版，第6237页。

者甚多，尤其是任武职者很多。如铁勒人契 明为镇军大将军、行左鹰扬卫大将军兼贺兰都督，突厥人沙忠义为右武威卫将军，阿史那忠节为左武卫大将军靺鞨人李多祚为右羽林大将军。又如，西突厥阿史那元庆为镇国大将军，袭父兴昔亡可汗之号。子阿史那献长安中累授左武卫大将军、安抚招慰十姓大使、北庭大都护。继往绝可汗之子斛瑟罗为右玉钤卫将军，后又因率六七万人入居内地。拜右卫大将军、改号竭忠事主可汗，久视元年（700）又委任为平西军大总管，镇守边陲重镇碎叶（今苏联托克马克城，当时属安西都护府管辖）。[1]

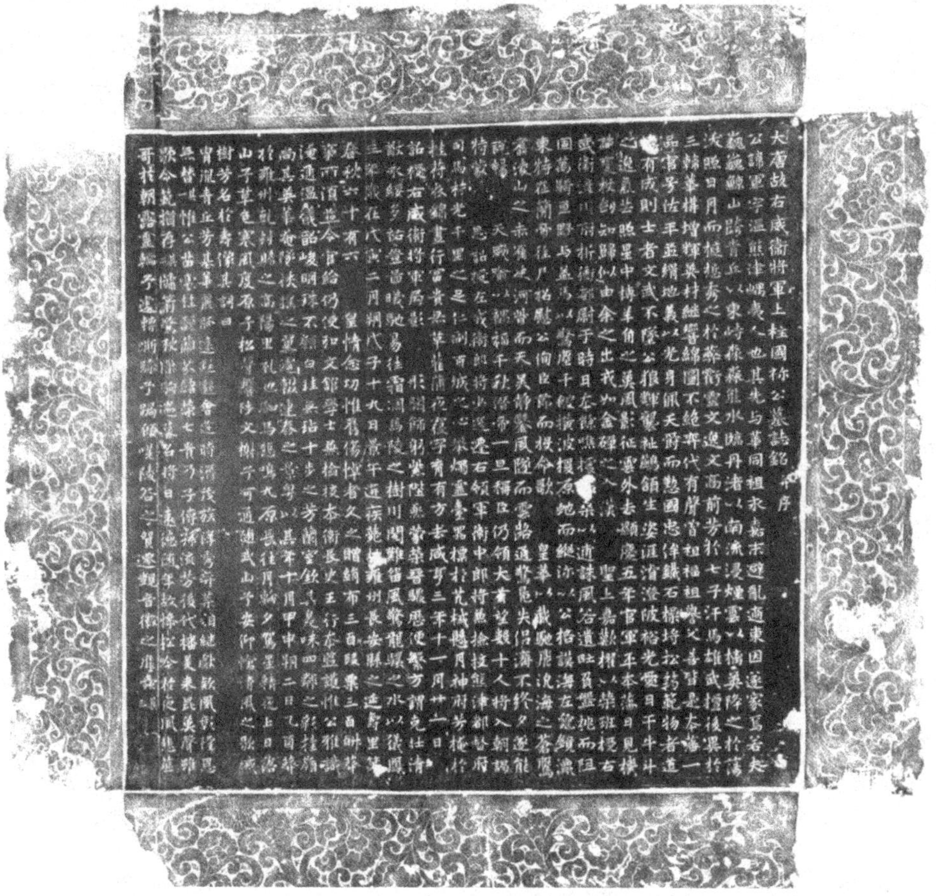

祢公墓志拓片

[1]《资治通鉴》卷 204，则天后天授元年十月壬申，第 6469 页；卷 206，则天后久视元年腊月，第 6545 页。

第二，重用少数民族降将。这方面的事例也很多。如吐蕃大将论赞婆曾侵扰陇右，后率所部千余人入降，武则天授以辅国大将军之职，封为归德郡王。契丹族将领李楷固、骆务整，原随孙万荣等叛变，屡败武周官军。孙万荣败死后，二人投降，有人奏请杀头。狄仁杰说："楷固等并骁勇绝伦，能尽力于所事，必能尽力于我，若抚之以德，皆为我用矣。"奏请赦免。武则天批准了狄仁杰的建议，不仅既往不咎，而且任命楷固为左钤卫将军，务整为右武威卫将军。[1]

第三，允许少数民族酋长改过、和亲。延载元年（694）突厥默啜自立为可汗，侵扰灵州（治所在今宁夏灵武之南），杀掠居民。武则天遣薛怀义为代北道行军大总管，率十八将军前去讨伐，不遇而至。天册万岁元年（695），默啜遣入朝，"则天大悦，册授左卫大将军，封归国公，赐物五千段"。翌年又加封"迁善可汗"。[2]后默啜请以女和亲，凤阁舍人张柬之以为不可，上书说"自古未有中国亲娶夷狄女者"，武则天却偏要打破这个旧传统，"命淮阳王武延秀入突厥，纳默啜女为妃"。[3]

第四，帮助少数民族政权发展经济。最明显的例子是对突厥的帮助。史载，神功元年（697），武则天答应突厥默啜的请求，给谷种四万斛，杂彩五万段，农器三千件，铁四万斤。从而促进了突厥地区社会经济的发展，"默啜由是益强"[4]。

第五，妥善安置内附降户。史载，长寿元年（692）二月，吐蕃党项部落万余人内附，武则天将其"分置十州"。五月，吐蕃酋长曷苏率部落请内附，武则天以右玉钤卫将军张玄遇为安抚使，率精兵二万人前去迎接。六月，军至大渡水西，曷苏事泄，为国人所擒。别部酋长昝捶率羌蛮八千余人内附，玄遇以其部落设置莱川州而还。延载元年（694）六月，姚州（治今云南姚安）境内的永昌蛮在酋长薰期率领下内附，达二十余万户，[5]神功元年（607）七月，昆明（西南少数民族之一）内附，为其设置窦州。圣历二年（699）七月，吐谷浑部落一千四百帐内附。[6]

[1]《资治通鉴》卷206，则天后久视元年六月，第6547页。
[2]〔后晋〕刘昫：《旧唐书》卷194《突厥传》，中华书局1975年版，第5168页。
[3]《资治通鉴》卷206，则天后圣历元年六月，第6530页。
[4]《资治通鉴》卷206，则天后神功元年三月，第6516页。
[5]《资治通鉴》卷205，则天后延载元年五月，第6494页。
[6]《资治通鉴》卷206，则天后圣历二年七月丙辰，第6540页。

武则天对这些内附归顺的少数民族，皆指定区域居住，设置州县，予以安抚。

武则天同唐太宗一样，在相当大的程度上改变了以往帝王那种“贵中华、贱夷狄”的民族偏见，因而她的民族怀柔政策，也取得了一定的成效，赢得了许多少数民族酋长的拥戴。天授元年（690）九月，在洛阳的“百官及帝室宗戚、远近百姓、四夷酋长、沙门道士合六万余人”，上表请求武则天登基称帝，改唐为周。可见武则天当皇帝是受到“四夷酋长”拥护的。她即位后，十年之内有那么多少数民族内附，进一步证明她是甚得“四夷”之心的。延载元年（694）八月，“四夷酋长”又请筹铜铁造“天枢”，“诸朝聚钱百万亿”，立“天枢”于洛阳皇城端门之外，以颂扬武周功德，上刻百官及“四夷酋长”姓名，武则天自书“大周万国颂德天枢”。[1] 这进一步说明武则天的政策得到了不少“四夷酋长”的支持。

第三节　武周时期的边防

应当指出，武则天对边疆少数民族的怀柔抚慰政策，不是在什么情况下都奏效的。唐太宗时期也是如此。中央王朝与地方政权之间，汉族与少数民族之间，既有彼此和亲的喜剧，也有相互摩擦干戈相向的悲剧。武周时期，由于有时在推行怀柔政策时存在一些问题，也由于少数民族贵胄不以安居为意，常欲纵兵掳掠，扩大地盘。因而武周与他们之间的战争时有发生。武则天为了保障边疆的安定和国家的统一，在实行怀柔抚慰政策的同时，还采取了包括严加防范或武力镇压在内的许多措施。

一、收复安西四镇

安西四镇是唐王朝设在西域的四个军事重镇。初为龟兹（今新疆库车）、于

[1]《资治通鉴》卷 205，则天后天册万岁元年四月，第 6503 页。

阗（今新疆和田）、焉耆（今新疆焉耆）、疏勒（今新疆喀什），后以碎叶代替焉耆。安西四镇主要统辖天山以南的广大地区，对“丝绸之路”畅通和巩固西北边防具有重要意义。高宗以后，由于吐蕃的强大，安西四镇几度沦陷[1]。武则天临朝之初，安西四镇为吐蕃所据。永昌元年（689），武则天即命文昌右相韦待价为安西道大总管、安西大都督阎温古为副总管讨伐吐蕃，韦待价等至寅识迦水（今伊宁西南），逗留不进，败于吐蕃，加之遇上大雪，“士卒冻馁，死亡甚众”[2]。武则天闻知大怒，“待价坐流绣州，温古处斩”[3]。安西副都护唐休璟收其余众，安抚西域，武则天即任唐休璟为西州都督。天授元年（690）武则天称帝以后，西州都督唐休璟“上表请复取四镇”[4]。武则天鉴于前几次军事上的失利，在统帅人选上特别慎重。任命王孝杰为武威军总管、唐休璟和左武卫大将军阿史那忠节为副总管，率军挺进西域。长寿元年（692）十月，经过激烈的战斗，终于驱逐了吐蕃入侵者，收复龟兹、于阗、疏勒、碎叶四镇，取得了辉煌战绩。捷报传到洛阳，武则天极为高兴，对侍臣说：“昔贞观中具绫得此蕃城，其后西陲不守，并陷吐蕃。今既尽复于旧，边境自然无事。孝杰建斯功效，竭此款诚，遂能裹足徒行，身与士卒齐力。如此忠恳，深是可嘉。”[5]遂拜孝杰为左卫大将军，明年，迁夏官尚书、同凤阁鸾台三品，荣任宰相。武则天收复安西四镇，对于巩固中原王朝在西域的统治，畅通丝绸之路，维护国家的统一，都有着十分重要的意义。

二、派兵驻守边疆

对包括西域在内的边疆地区，要不要派兵驻守，自唐初以来一直存在着争论。贞观时名相魏征曾以边疆是无补于国的不毛之地为理由，反对唐在高昌设置州县、派兵驻守。一向以纳谏著称的唐太宗，不顾魏征等人的谏诤，于平定高昌之后，

[1] 关于安西四镇的弃置情况，史学界有三置二弃、四置四弃、五置五弃等三种说法。

[2]《资治通鉴》卷 204，则天后永昌元年七月，第 6459 页。

[3]《旧唐书》卷 196 上《吐蕃传上》，第 5225 页。

[4]《旧唐书》卷 93《唐休璟传》，第 2978 页。

[5]《旧唐书》卷 93《王孝杰传》，第 2977 页。

设置西州，留兵镇守。王孝杰收复安西四镇以后，鸾台侍郎狄仁杰上书以为“近者，国家频岁出师，所费滋广”，若图“荒外”领土，“竭资财以骋欲，非但不爱人力，亦所以失天心”，请罢四镇而不守。[1] 当时右史崔融立刻上书表示反对，认为“今若拔之，是弃已成之功，忘久安之策”[2]。武则天与唐太宗一样，毅然决然采纳了崔融的正确主张，保留安西四镇，移安西都护府于龟兹，“发兵以镇守之”[3]。

除了派兵镇守西域以外，武则天在即位后，还派遣监察御史裴怀古安抚西南各民族。董期率领二十余万户内附后，武则天便在姚州设七镇，派兵驻守。神功元年（698），蜀州刺史张柬之上书，要求罢掉姚州都督府和在云南的一切军事设施。“于泸北（金沙江以北）置关，百姓自非奉使入蕃，不许交通往来。”[4] 武则天断然拒绝了这种错误意见，从而维持了武周政权时“南中”的统治。

武则天为了选拔良将，镇守边疆，在所撰《臣轨》一书中专列“良将”一章。对那些英谋冠代、雄略过人、武艺超群的将领，予以破格提拔。所拔娄师德、唐休璟、张仁愿、郭元振等人，都成为镇守边关、驰骋疆场的一代名将。此外，为了选拔能征善战之士，武则天还在长安创设了武举。考试内容有射长朵、骑射、马枪、步射、射草人、材貌、言语、举重等七项。[5] 长安三年，武则天又令天下诸州教人武艺，每年准明经进士申奏，[6] 使武举成为科举制度的一个重要组成部分。

派兵长期驻守边疆，便需要大批军粮。为了减轻百姓千里运粮之苦和当地民族的负担，武则天极力提倡在边陲推行屯田、营田，军队自己解决供给。娄师德曾兼河源军（在今青海西宁）司马，并知营田事。天授初，兼检校丰州（治所在今内蒙古五原）都督，仍依旧知营田事，成绩卓著。武则天表彰他说：“自卿受委北陲，总司军任，往还灵、夏、检校屯田，收率既多，京坻遽积。不烦和籴之

[1]《唐会要》卷 73《安西都护府》，第 1326 页。

[2]〔清〕董诰等：《全唐文》卷 220《拔四镇仪》，上海古籍出版社 1990 年版，第 978 页。

[3]《旧唐书》卷 196 上《吐蕃传上》，第 5225 页。

[4]《旧唐书》卷 91《张柬之传》，第 2941 页。

[5]〔唐〕李林府等：《唐六典》卷 5《尚书兵法》，［日］广池学园事业部 1973 年，第 123—124 页。

[6]《旧唐书》卷 24《礼仪志四》，第 935 页。

费，无复转输之艰。两军及北镇兵数年咸得支给。”[1] 郭元振于大足元年（701）任凉州（治今甘肃武威）都督、陇右诸军州大使，一面筑城设军防御突厥、吐蕃侵扰，一面又令甘州（治今甘肃张掖）刺史李汉通开设屯田，“尽其水陆之利”，收效很大，“旧凉州粟麦斛至数千（文），及汉通收率之后，数年丰稔，乃至一匹绢籴数十斛，积军粮支数十年”。因此郭元振“在凉州五年，夷夏畏慕，令行禁止，牛羊被野，路不拾遗”。[2]

三、设置北庭都护府

武则天掌权后，继续发挥各都护府的作用。各都护府的都护、副都护，大都由名将任职，抚慰当地少数民族，镇守边疆。在她登基之初，安东、单于、安北、安西等都护府依然存在，只是安东治所由平壤迁至辽东，各府辖境略有变化而已。及收复安西四镇，西域大震。武则天乘机对都护府加以整顿。圣历元年（698）五月，合并安北、单于二都护府为安北都护府。长安二年（702）十二月，分安西都护北境，置北庭都护府于庭州（今新疆吉木萨尔北破城子）。史载，唐代北庭都护府掌管天山北路西至楚河流域的特伽、鸡洛二州，濛池、昆陵二都护府和 23 个都督府；[3] 而安西都护府则掌管安西四镇及天山南路西至波斯（今伊朗）的 20 个都督府（葱岭以东 4 个，以西 16 个），其中“波斯国王居疾凌城，置波斯都督府”[4]。

武士俑

[1]《旧唐书》卷 93《娄师德传》，第 2975 页。

[2]《旧唐书》卷 97《郭元振传》，第 3044 页。

[3]《新唐书》卷 43 下《地理志七下》，第 1130—1131 页。

[4]《唐会要》卷 73《安西都护府》，第 1325 页。

北庭都护府遗址

北庭、安西两个都护府管辖包括巴尔喀什湖、楚河流域和帕米尔高原在内的西域广大地区，使唐王朝的疆域在西部一直达到波斯湾。

武则天的怀柔政策和制边措施，对于维护国家的统一和边疆的安定，曾起了重要的作用。但并不能完全使各民族和睦相处，同心归顺武周。某些少数民族贵族出于谋取自身利益的目的，或者侵扰武周疆域，或者发动军事叛乱。对此，武则天果断地予以还击。其中对吐蕃、契丹、突厥的战争最为重要。

长寿元年（692）王孝杰率兵收复安西四镇以后，吐蕃在西域的势力大为削弱。延载元年（694）二月，吐蕃首领勃论赞与突厥可汗阿史那俀子入侵冷泉、大岭谷，被武威道总管王孝杰打败，死伤六万余人，仓皇而退。碎叶镇守使韩思忠趁机攻破泥熟没斯城。证圣元年（695）七月，吐蕃论钦陵、论赞婆兄弟率大军侵扰临洮（今属甘肃），武则天即刻任命王孝杰为肃边道行军大总管率军讨伐。次年一月，复遣娄师德为副总管助讨。三月，双方激战于洮州素罗汗山（在今甘肃），官军惨败。孝杰被免为庶人，师德被贬为原州员外司马。随后吐蕃论钦陵遣使请和，条件是武周撤去安西四镇守兵，归还西域“十姓之地”。武则天闻言大怒，坚决拒绝。史载，“钦陵兄弟皆有才略”[1]，“钦陵居中秉政，诸弟握兵分据方面，赞婆常居东边，为中国患者三十余年”[2]。圣历二年（699），吐蕃赞普器弩悉弄密图钦陵、

[1]〔唐〕杜佑：《通典》卷 190《边防・吐蕃》，中华书局 1988 年版，第 5173 页。

[2]《资治通鉴》卷 206，则天后圣历二年二月，第 6539 页。

赞婆等，杀其亲党二千余人，钦陵自尽，赞婆率部千余人来降。武则天遣羽林飞骑迎接，并“授赞婆辅国大将军，行右卫大将军，封归德郡王，优赐甚厚，仍令领其部兵于洪源谷讨击。寻卒，赠特进，安西大都护”。[1] 赞婆投唐后，钦陵的儿子论弓仁亦率吐谷浑七千帐来降，武则天甚为高兴，“朝嘉大勋，授左玉钤卫将军，封酒泉郡开国公，食邑二千户”[2]。

久视元年（700），吐蕃将曲莽布支攻凉州，围昌松，陇右诸军大使唐休璟与曲莽布支战于洪源谷，六战皆捷，吐蕃军队大败。长安二年（702）九月，吐蕃遣使臣论弥萨等入朝求和。

契丹是东北少数民族之一。居于辽河上游，“东与高丽邻，西与奚国接，南至营州（今辽宁朝阳），北至室韦”[3]。唐初以来，时叛时降。武周时期，其酋长李尽忠任松漠都督，其内兄孙万荣任归诚州刺史。李尽忠颇有政治野心，孙万荣曾“以侍子入朝，知中国险易”[4]。万岁登封元年（695）李、孙以受营州都督赵文翙侮辱为口实，举兵攻陷营州，杀赵文翙，公然发动叛乱。李尽忠自称无上可汗，以万荣为将，纵兵南下，进逼澶州（治今北京密云区）。武则天闻奏大怒，下诏改尽忠为尽灭，万荣为万斩，遣曹仁师、张弦遇、李多祚、麻仁节等二十八将率军讨伐。接着，又以春官尚书武三思为榆关道安抚大使，姚琦为副使，以防契丹西进。八月，唐军诸将贪功冒进，中途遇到契丹伏兵截击，伤亡惨重。败讯传来，武则天任武攸宜为清边道大总管，招募天下士庶家奴等随军以击契丹；同时，又令山东近边诸州设置武骑团兵，以防契丹南下。九月下旬，突厥默啜请为则天之子，归还河西降户，然后率部讨契丹叛军。武则天对突厥立即采取由讨伐转变为招抚的策略，令阎知微、田归道册授默啜为左卫大将军、迁善可汗。十月，李尽忠死，孙万荣代领其众，默啜乘官军主力吸引契丹主力之机，袭破松漠都督府，俘李尽忠、孙万荣妻子而去。孙万荣收拾余众，军势复振，遣别将骆备整等攻陷

[1]《旧唐书》卷 196 上《吐蕃传上》，第 5226 页。

[2]《全唐文》卷 227，张说《拨川郡王神道碑》，第 1014 页。

[3]《旧唐书》卷 199 下《北狄传·契丹》，第 5349 页。

[4]《新唐书》卷 219《北狄传·契丹》，第 6166 页。

冀州，进逼瀛州，河北震动。[1] 于是，武则天急忙起用了王孝杰为清边道总管，与羽林卫将军苏宏晖率兵十八万前往讨伐，因遭伏兵败。武则天又命武懿宗为神兵道大总管，娄师德为清边道大总管，沙吒忠义为清边道前军总管，率军二十万讨伐孙万荣，并遣“羽林飞骑”助战。在河北军民的配合和声援下，经过九次激战，打败契丹叛军，俘获其将李楷固、骆务整，孙万荣败逃途中，被家奴斩首。此后，契丹重新归服。

突厥在武则天掌权之后，仍分东西两部。西突厥衰败后，愿意归顺唐朝，武则天采取了抚慰政策。而此时的东突厥，亦称北突厥或后突厥，自恃强大，时叛时降。武则天对其采取“降则抚之，叛则讨之”的策略，坚决捍卫北部疆域的完整。延载元年（694），东突厥可汗骨笃禄死，诸子年幼，其弟默啜自立为可汗。此人有勇略，反复无常。“负胜轻中国，有骄志，大抵兵与颉利时略等。地纵广万里，诸蕃悉往听命。”[2] 默啜率军入侵灵州，“杀掠人吏”[3]。武则天以薛怀义为朔方道行军大总管，宰相李昭德为行军长史，苏味道为司马，率军前去讨伐，不遇敌而归。默啜慑于官兵势大，暂收敛其野心，天册万岁元年（695）十月遣使请降。武则天不咎既往，册授默啜为左卫大将军、归国公。但默啜的归顺，并无诚意。圣方元年（698）三月，默啜遣使为其女求婚。六月，武则天命淮阳王武延秀入突厥，纳默啜女为妃，遣豹韬卫大将军阎知微等送行。八月，武延秀一行刚到突厥黑沙南庭，默啜便拘留延秀，立阎知微为南面可汗，以“武氏小姓，门户不敌”为借口，拒绝和亲，并自率十万骑兵南下侵扰。武则天以司属卿武重规为天兵西道总管，幽州都督张仁愿为天兵东道总管，率兵三十万迎击。这时默啜已攻破飞弧、定州，进围赵州。九月，武则天又命太子李显为河北道元帅以讨突厥。百姓“闻太子为元帅，应募者云集，未几，数盈五万”。武则天又以宰相狄仁杰为河北道行军副元帅，知元帅事，并亲自为之送行。看来，武则天是下决心要击败东突厥的。但默啜探知狄仁杰大军将至，“尽杀所掠赵、定等州男女万余人，自五

[1]《资治通鉴》卷 205，则天后万岁通天元年十月，第 6510 页。

[2]《新唐书》卷 215 上《突厥传上》，第 6046 页。

[3]《旧唐书》卷 194 上《突厥传上》，第 5168 页。

回道去，所过杀掠不可胜纪。”狄仁杰统十万大军追击不及。默啜还漠北，“拥兵四十万，据地万里，西北诸夷皆附之，甚有轻中国之心”[1]，伺机再次南下。武则天知默啜势众，不可能一举消灭，“仍高选魏元忠检校并州长史，为天兵军大总管，娄师德副之，按屯以待”。默啜见东部壁垒森严，便西向剽掠陇右牧马万匹而去。武则天诏魏元忠为灵武道大总管以防备默啜。次年，默啜复侵盐、夏诸州，掠夺羊马十万。武则天再次调兵遣将，“以雍州长史薛季昶为持节山东防御大使，节度沧、瀛、幽、易、恒、定、妫、檀、平等九州之军，以瀛州都督张仁檀统诸州及清夷、障塞军之兵，与季昶犄角，又以相王（李旦）为安北道行军元帅，监诸将”。[2]默啜见武则天严阵以待，大军云集，无隙可乘，被迫撤退。长安三年（703）六月，武则天在长安，默啜遣使复请和亲，终则天之世，不再侵扰。就这样，武则天经过多年的斗争，才使北部疆域得以安定。

上述情况表明，武则天确实是一位善于处理民族关系的女政治家和军事战略家。正因为武则天与唐太宗一样，对少数民族采取了怀柔、抚慰政策，因而赢得了“蕃夷酋长”的支持和爱戴。天授元年九月，来到洛阳的“蕃夷酋长”与文武百官一起，上书赞成“革命”，请求武则天登基称帝，改唐为周。延载元年，又捐资修成“天枢”，以歌颂武则天的功德。唐贞观后期疆域，“东极海，西至焉耆，南尽林州南境，北接薛延陀界”。唐高宗和武则天统治时期的疆域东起辽东，西至咸海，北越贝加尔湖，南迄北部湾。而“开元、天宝之际，东至安东，西至安西，南至日南，北至单于府”[3]。可见在武则天统治时期，确实较好地处理了各民族之间的关系，不仅保持了唐王朝的强盛局面，而且使帝国的疆域达到了历史上最辽阔的程度。这是中华民族历史上辉煌的一页，这是女皇武则天最值得肯定的功绩之一。

---

[1]《资治通鉴》卷 206，则天后圣历元年九月，第 6535 页。

[2]《新唐书》卷 215 上《突厥传上》，第 6047 页。

[3]《新唐书》卷 37《地理志一》，第 960 页。

第七章

武周时期的文化状况

武则天在当政期间，不仅注意改良政治、发展经济、巩固国防，而且十分重视文化事业的发展。为此，她采取了一系列措施。这些措施在一定程度上促进了学术文化的繁荣。

第一节　武则天与儒释道三教

宗教是自然力量和社会力量在人们头脑中歪曲的、虚幻的反映。在阶级社会里，宗教是麻痹人民的精神鸦片，因而往往为统治者所利用。武则天不仅仅是一位精通“法理”的佛教徒，而且是一位目光敏锐的政治家。她深知当时教徒之多，更懂得宗教的社会作用。所以，她即位之后，在利用儒家礼仪和传统神学迷信的同时，也极力利用宗教的社会影响力，巩固其政权。

一、武则天与儒学

儒学在唐代依然是显学，在社会上具有重要影响。虽然儒学男尊女卑，但武则天从小所受到的教育就是儒家教育。无论是在父母身边，还是在唐太宗身边，儒家经典就是她学习的主要内容。史书记载说她“通文史”，这说明她不仅学习儒家经典，而且还精通儒家学说。

《新唐书》卷 201《文艺上·元万顷传》载：“武后讽帝召诸儒论撰禁中，万顷与周王府户曹参军范履冰、苗神客、太子舍人周思茂、右史胡楚宾与选，凡撰《列女传》《臣轨》《百僚新戒》《乐书》九（当为凡）千余篇。至朝廷疑议表疏密使参处，以分宰相权，故时谓‘北门学士’。”[1] 这条史料说明，在辅佐唐高宗的日子里，武则天就与“诸儒”有密切的关系。

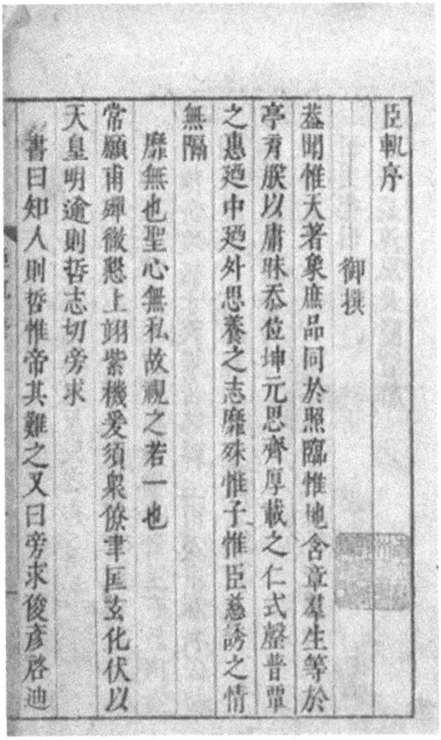
臣軌序
御撰
蓋聞惟天著象庶品同於照臨惟地含章羣生等於亭育朕以庸昧忝位坤元思齊厚載之仁式罄普覃之惠迺中迺外思養之志靡殊惟子惟臣慈誘之情無隔
靡無也聖心無私故視之若一也
常願甫殫微懇上翊紫機爰須衆僚聿匡玄化伏以天皇明逾則哲志切旁求
書曰知人則哲惟帝其難之又曰旁求俊彥啓迪

佚存丛书《臣轨》书影

从传世的武则天诗文来看，她对儒学是相当重视的。这在《臣轨》一书中有充分的表现。《臣轨》从十个方面提出了臣下的准则：（1）同体。同心同德，做君主的手足耳目；爱国恤人，尽职尽责。（2）至忠。以慈惠为本，多其功而不言；推善于君，引过在己。（3）守道。以“道”清心正身，佐时匡主；名不动心，利不动志。（4）公正，理官事则不营私家，当公法则不阿亲党，举贤才则不避仇雠；处“六正”之道，不行“六邪”之术。（5）匡谏。除君之过，矫君之失；以谏为忠；不避斧钺。（6）诚信。以信忠君，以信

[1]《新唐书》卷 117《刘祎之传》、《旧唐书》卷 6《则天纪》、卷 87《刘祎之传》、卷 190《元万顷传》、《资治通鉴》卷 202 高宗上元二年三月条所载略同。胡注曰：“不经南衙，于北门出入，故云然。”

怀下；上下通诚，信而不疑。（7）慎密。保守朝廷机密，不漏禁中之语；非所言勿言，非所为勿为。（8）廉洁。奉法以利人，不枉法以侵人；以廉平为德，不求非其所有。（9）良将。有五材四艺，懂攻守之法，有先见之明。（10）利人。禁末作，兴农功，省徭轻赋，不夺人时，务使家给人足。其中心思想，是要求每个臣僚都成为德才兼备、忠君爱民的人物，从而建立强有力的统治秩序。

尽管武则天在改朝换代的过程中，无法从儒家经典中找到理论根据，甚至受到一些儒者的敌视，但她认为治国平天下是不能离开儒学的。故在她当政时期，大力提倡儒学，极力推崇儒学思想，特别是西周时期形成的礼乐制度。她所举行的一些重要活动，如修明堂、铸九鼎及封禅等等均与儒学有关。对此，我们要有清醒的认识。

二、武则天与佛教

武则天与佛教有不解之缘。从大量资料来看，其母杨氏是一个虔诚的佛教徒。《大周无上孝明高皇后碑》云，乃“思欲托三乘之妙果，凭五演之元宗。永奉严亲，长栖雅志”。也就是说，杨氏幼时，即归身佛门。及武士彟病死荆襄，杨氏仍对佛教深信不疑。武则天当上皇后以后，杨氏亦有发挥释教之举。如汉代所建之太平寺，毁于北周武帝，杨氏复立之，又曾建塔于嵩山少林寺。因而一度成了佛教的代表人物。在龙朔二年讨论僧尼是否应该孝敬父母的问题时，不少名僧曾上书杨氏，请求她维护佛教利益。可见，杨氏是一贯信佛的。在杨氏的影响下，武则天从小就受到了佛教思想的熏陶，她本人曾经多次说过这一点，如，“朕爰自幼龄，归心彼岸”[1]“朕幼崇释教，夙慕归依”。[2]不仅如此，武则天还在感业寺里当过几年尼姑。虽然她厌倦了感业寺的青灯黄卷生活，但对佛教的学说依然是比较相信的。这可以从她的生活中找到根据。如显庆元年，太子弘病危，武则天和唐高宗祈求如来大慈大悲。予以保佑；太子病愈后，即令于延康坊西

[1]《全唐文》卷 97，高宗武皇后《方广大庄严经序》，第 438 页。

[2]《全唐文》卷 97，高宗武皇后《三藏圣教序》，第 439 页。

大雁塔

南隅建寺。同年十一月，第三子李显将生，难产，武则天和唐高宗向玄奘许愿，说如能保平安，所生是男，即令随玄奘出家；李显出生后，便成了玄奘的弟子。玄奘给他起名叫“佛光王”，而李显“受三归，服袈裟”[1]。龙朔二年六月一日，四子李旦生于蓬莱宫之含凉殿，“则天乃于殿内造佛事，有玉像焉”[2]。咸亨元年，母卒，乃请以休祥坊旧宅为僧寺，度以追冥福。二年九月，复立太原寺于林祥坊杨恭仁旧宅。[3] 辅政期间所雕大卢舍那佛像至今仍是龙门石窟中的上品。又如永淳二年正月，从驾少林寺，其母薰修之所，犹未毕功，“一见悲惊，万感兼集”[4]；乃遣武三思带金绢等物，前行督建。垂拱元年，又亲为大德及地婆诃罗等所译《方广大庄严经》作序。垂拱四年，明堂始成，“又于明堂北起天堂五级以贮大像”[5]。所有这些都说明，武则天与佛教的关系，不能全看成是虚伪的利用，武则天也算得上半个佛教徒。因而她对佛经中关于女子为王的说法，尤其是当时佛教信徒众多的情况当是十分清楚的。所以，在没有先例可援，又从儒家、道家经典中找不到改朝换代的理由时，势必会利用佛教来制造舆论。

《大云经》中有女子可以为王的说法，所以武则天在众多的佛教经典中，最重视宣扬《大云经》。

[1]《全唐文》卷 742，刘轲《大唐三藏大遍觉法师塔铭并序》，第 3405 页。

[2]〔宋〕王钦若等：《册府元龟》卷 21《帝王部・征应》，中华书局 1960 年版，第 227 页。

[3]《唐会要》卷 48《寺》，第 846 页。

[4]《全唐文》卷 97《赐少林寺僧书》，第 438 页。

[5]《资治通鉴》卷 204，则天后垂拱四年十二月辛亥，第 6455 页。

史载，“怀义与法明等造《大云经》，陈符命，言则天是弥勒下生，作阎浮提主，唐氏合微”[1]。又说“东魏国寺僧法明等撰《大云经》四卷，表上之，言太后乃弥勒佛下生，当代唐为阎浮提主”[2]。薛怀义本姓冯，名小保，是酷吏索元礼的干儿子。“伟形神，有膂力”，经千金公主推荐，得到武则天的赏识。据说“则天欲隐其迹，便于出入禁中，乃度为僧。”令随洛阳大德僧法明等于内道场念诵经文。又以怀义出身寒微，乃令与太平公主之婿薛绍合族，“人间呼为薛师”[3]。垂拱元年，武则天修故白马寺，以怀义为寺主。垂拱四年，充使督作明堂、天堂，表现出非凡的组织才能。以功拜左威卫大将军，封梁国公。永昌元年，突厥犯边，为清平道大总管，至单于台，刻石纪功而还，他深得武则天信任，加辅国大将军，进右卫大将军，改封鄂国公。法明亦是当时内道场有名的高僧。因此，当改朝换代的准备工作基本就绪后，武则天授意薛怀义等注疏佛教有关经典，巧为附会，是不难理解的。但上列史书都说《大云经》是薛怀义和法明等伪造的，这却与事实不符。

早在宋代，《高僧传》的作者赞宁就曾指出：“此经晋朝已译，旧本便云女王，于是岂有天后耶？盖因重译，故有厚诬。加以薛怀义在其间，致招讥诮也。”赞宁认为《大云经》早有译本，这是毫无问题的。唐高宗时，名僧道宣编《大唐内典录》，其中著录了两个本子。一为后秦沙门竺佛念所译，有5卷、4卷两种。一为北凉沙门昙无谶所译，凡6卷。但是，赞宁又认为法明等所上为“重译”本，又显得缺乏根据。

近代敦煌石室发现了《大云经疏》残卷。王国维对该残卷进行了认真研究。在所作跋尾中略云：“卷中所引经曰及经记云云，均见后凉昙无谶所译《大方等无想经》。此经又有竺法念译本。名《大云想经》。……案《旧唐书·则天皇后本纪》……皆以此经为武后时伪造。然后凉译本之末，固详说黑阇女主之事，故赞宁《僧史略》……颇以唐书之说为非。志磐《佛祖纪》从之，故于武后载初元

[1]《旧唐书》卷 183《薛怀义传》，第 4742 页。

[2]《资治通鉴》卷 204，则天后天授元年四月，第 6466 页。

[3]《旧唐书》卷 183《薛怀义传》，第 4741 页。

年书‘敕沙门法朗九人重译《大云经》，不云伪造’。今观此卷所引经文，皆与后凉译本无甚差池。岂符命之说皆在疏中，经文但稍加缘饰，不尽伪托欤？又此疏之成。盖与伪经同颁天下，故敦煌寺中，尚藏此残卷。”[1]

陈寅恪先生在王氏研究的基础上进一步探讨，他说：“观昙无谶译《大方等大云经》之原文，则知不独史籍如《旧唐书》等之伪造说为诬枉，即僧徒如志磐辈之重译说亦非事实，今取敦煌残本，即当时颁行天下以为受命符谶之原本，与今佛藏传本参校，几全部符合，间有一二字句差池之处，而意义亦无不同。此古来书册传写所习见者，殊不能据此以为有歧异之二译本也。又因此可知薛怀义等当时即取旧译之本。附以新疏，巧为附会，其于昙本原文，则全部袭用，绝无改易。既不伪造，亦非重译。然则王跋以为‘经文但稍加缘饰不尽伪托’。又云：‘此疏之成。盖与伪经同颁天下。’则尚有未谛也。盖武后政治上特殊之地位，既不能与儒家经典中得到一合理证明，自不得不转求于佛教经典。而此佛教经典若为新译或伪造，则必假托译主，或别撰经文。其事既不易作，其书更难取信于人，仍不如即取前代旧译之原本，曲为比附，较之伪造或重译者，犹为事半而功倍。”[2]

陈氏的研究中仍有不足之处，如认为薛怀义等所上即昙无谶译本。固然昙无谶所译与敦煌藏本经疏所引经文无甚差池，但《通鉴》云，薛怀义等所上《大云经》是4卷，而昙无谶所译为6卷。[3]如果说怀义所上为昙无谶译本，这种情况是不好解释的。后秦沙门竺佛念所译有4卷者。又，武则天在《三藏圣教序》中说：“自夜掩周星，霄通汉梦。玉毫流彩，式彰东渐之风；金口传芳，遂睹后秦之译。”[4]如此，则薛怀义等所上，当是竺佛念所译旧本。

虽然陈氏所论，有些微瑕，然瑕不掩瑜，观其要旨，率皆精辟宏瞻，如谓薛怀义“取旧译之本，附以新疏，巧为附会”，“既不伪造，亦非重译”，即是如此。

---

[1]《沙州文录补》。

[2] 陈寅恪《武曌与佛教》，刊《金明馆丛稿二编》。

[3] 参阅《历代三宝记》及《高僧传》。

[4]《全唐文》卷97，高宗武皇后《三藏圣教序》，第439页。

这一点还可以从史书中得到进一步印证。如《通鉴》卷204载“僧法明等撰《大云经》四卷”。同年十月，武则天“敕两京诸州各置大云寺一区，藏《大云经》，使僧升高座讲解，其撰疏僧云宣等九人皆赐爵县公，仍赐紫袈裟，银龟袋”[1]。细细比较，可知当时所上有经有疏。经为旧本，疏为新撰写。不然，若经疏均系撰，则“其撰疏僧”云云，是无法解释的，岂有不赏撰经人而独赏撰疏人之理！再说当时佛教流行，凡诸内典，佛徒学士，谁人不知，哪个不晓？临时杜撰，欲瞒天过海怎么会成功！

总之，两《唐书》及《通鉴》所说《大云经》系伪造品，是与事实不相符合的。《大云经》早已有之。薛怀义等沙门所上，当为竺佛念所译旧本及自撰新疏。

至于新疏的内容，则诚如《旧唐书·则天本纪》所言，是“盛言神皇受命之事”的。敦煌所藏《大云经疏》残卷中有这样的话语：“经曰：‘即汉女身，当王国土’……者，今神皇王南阎浮提一天下也。”“经曰：‘女既承正，威伏天下，所有国土，悉来承奉，无违拒者。’此明当今大臣及百姓等，尽忠赤者，即得子孙昌炽，……皆悉安乐。……如有背叛作逆者，纵使国家不诛，上天降罚并自灭。”也就是说，至高无上的“佛”已经授命于圣母神皇，让她来改朝换代，统治东方世界，“佛”意如此，万不能违；“佛”法无边，违必丧灭。由此可见，薛怀义所作经疏，完全是取旧经文而附以新说，目的无疑是为武则天代唐制造舆论的。

武则天最重视佛教。这首先表现为对佛教地位的提高。唐高祖、唐太宗尊崇道教，因而对佛教有所压抑。武则天即位以后，则大力提倡佛教。天授二年四月，诏“释教宜在道法之上，缁服处黄冠之前”[2]，把佛道二教的位置打了个颠倒。其次，表现为对寺院的整修和保护。除天授元年敕两京、诸州各置大云寺一区外，长寿元年置长寿寺，证圣元年又置崇先寺[3]。慈恩寺、敬爱寺、福先寺等也得到修缮。久视、大足年间（700—701），李峤上书说：“殿堂佛

[1]《资治通鉴》卷204，则天后天授元年十月壬申，第6469页。

[2]〔清〕董诰等：《全唐文》卷95，高宗武后《释教在道教之上制》，上海古籍出版社1990年版，第429页。

[3]〔宋〕王溥：《唐会要》卷48《寺》，中华书局1955年版，第848页。

宇、处处皆有。”狄仁杰上书说：“今之伽蓝，制逾宫阙。”[1] 说明经她的允许州县寺院广为创建和修饰。此外，延载元年（694）还曾下令“盗佛殿内物，同乘御物”，[2] 对寺院严加保护。第三，表现为对经典的翻译和对塔像的营造。长寿二年，武则天以白马寺大德沙门薛怀义为监译，令南印度达摩流支宣释梵文《宝雨经》[3]。证圣元年（695），武则天派人自于阗“迎”回《大方广佛华严经》，并“于大遍空寺亲授笔削，敬译斯经”。经高僧实叉难陀、菩提流志、义净等人的努力，圣历二年抄写完工，武则天亲自作序以广其义。久视元年（700），令三藏法师义净等重译《大云经》，自作《三藏圣教序》。同年又令三藏沙门于阗国僧实叉难陀、大德及大福先寺僧复礼等译《大乘入楞伽经》。长安四年译毕，仍不顾年迈，为之作序。在译经的同时，武则天“欲令像教兼行，睹相生善”，又提倡建塔造像，以“壮其塔庙、广其尊容”。登基之初，即令僧怀义作夹贮大像，“其小指中犹容数十人”，且构“天堂”以贮之。证圣元年（695），令扩建敦煌莫高窟，在今96窟主壁之西塑成一尊高达33米的趺坐弥勒佛。久视元年以后，又欲于白司马坂造像。影响所及，造像者有增无已。第四，表现为对僧侣的重视。在为新译佛经所写的序言中，武则天对一些高僧做过很高的评价，如在《三藏圣教序》中，说义净等人“并缁俗之纲维，绀坊之龙像，德包初地，道辚弥天”。在《新译〈大乘入楞伽经〉序》中，说实叉难陀、复礼等人“并名追安远，德契腾兰”。对华严宗的创始人法藏和禅宗首领神秀、慧能还进行过特殊的表彰。法藏曾参加过《华严经》的翻译，知识颇为渊博。据说他宣讲《华严是世界品》十分得体，武则天下敕褒美，令载入史册。神秀和慧能分别是禅宗北南二派的代表。当时，神秀年逾九十，威望极高。“则天闻其名，追赴都，肩舆上殿，亲加跪礼，敕当阳山置度门寺以旌其德”，尊崇为“国师”。武则天对慧能的佛学修养，也很欣赏，派人请他入京。慧能固辞，则天索取木棉袈裟，赐“摩纳袈裟一领及绢五百匹”予以奖赏。第五，还表现

[1]《唐会要》卷49《像》，第857页。伽蓝为僧加蓝摩之略。

[2]《唐会要》卷41《杂记》，第746页。

[3] 事载《大周刊定众经目录》卷13、《开元释教录》卷九。均见《大藏经》第55册。

为对佛教节日活动的支持。佛教一年中的重大节日有二。一是四月初八佛诞日，一是七月十五自恣日。按照传统习惯，佛诞日要举行“浴佛法会”，以为佛诞纪念；自恣日要举行“盂兰盆会”，以超度历代祖先。武则天对这两个节日，尤其是后者大力支持。如意元年（692）七月五日，宫中出盂兰盆，分送佛寺，且于洛城南门外设盂兰盆会。武则天“冠通天，佩玉玺，冕旒垂目，沈纩塞耳”，“穆穆然南面以观”[1]。此外，还常在神都举行“无遮大会”。所谓“无遮大会”就是佛教布施僧俗的斋会，不论僧俗、贵贱，也不论男女，都可以参加。据《通鉴》记载，则天“每作无遮会，用钱万缗；士女云集，又散钱十车，使之争拾”。这些都说明武则天对佛教是很器重的。

法门寺佛指舍利宝函之一

三、武则天与道教

在器重佛教的同时，武则天对道教也加以利用。由于武则天在提倡佛教方面十分卖力，又下诏令僧尼处道士之上，因而人们往往以为武则天是压制道教的。事实上，她对道教的压制是极其有限的。道教因李氏的推崇而升级，它有自己的一套理论体系，对于维护统治本身有一定的作用。鉴于当时的道教徒较多，道教比较流行，武则天采取了一些措施，引导道教发展，使与佛教相制约，为武周政权服务。这主要表现在：（1）调和佛道矛盾。圣历元年（689）正月，颁《禁僧道毁谤制》：“佛道二教，同归于善，无为究竟，皆是一宗。比有浅

[1]《全唐文》卷190，杨炯《盂兰盆赋》，第846页。

武则天金简

识之徒，竞生物我，或因怼怒，各出丑言，僧既排斥老君，道士乃诽谤佛法，更相訾毁，各在加诸。人而无良，一至于此。且出家之人，须崇业行，非圣犯义，岂是法门！自今僧及道士敢毁谤佛道者，先行决杖，即令还俗。”[1] 其后，又颁《僧道并重敕》：“道能方便设教，佛本因道而生。老释既自玄同，道佛亦合齐重。自今后，僧入观不礼拜天尊，道士入寺不瞻仰佛像，各勒还俗，仍科违敕之罪。”[2]

（2）让道士作“功德”。天授二年（691）二月十日敕以大周革命，令金台观主中岳先生马元贞率弟子往五岳四渎投龙作功德，造元始天尊像。万岁通天一年（697）四月，敕东明观三洞道士孙文携将侍者诣岱岳观祈请行道，造天尊像。圣历元年（689）腊月二日，敕大历道观主桓道彦弟子晁自揣于东岳观设金箓宝斋、河图大醮，造等身老君像。大足元年（701）正月二日，令神都青元观主麻慈力内赍龙御词、缯帛及香等物，诣岱岳观中斋醮。十一月七日，又敕道士赵敬同等于泰山岱岳观灵坛修金箓宝斋。此外，武则天对道士也是比较尊崇的，还组织搜集、整理过一些道家经典。

第二节　武周时期文化的繁荣

由于武则天重视文化，武周时期的文化呈现出一派绚丽多姿、繁荣兴旺的景象。

[1]《全唐文》卷 95，高宗武后《禁僧道毁谤制》，第 430 页。

[2]《全唐文》卷 96，高宗武后《僧道并重敕》，第 433 页。

一、经学、史学与文学

武则天时代，经学较前有了发展，出现了一些修正儒家经典的著作。《旧唐书·儒学传》载：王元感以儒学见称，武则天祭南郊、享明堂、封嵩岳，元感皆受诏同诸儒撰定仪注。凡所立仪，诸儒皆赞成，转任四门博士。长安三年，上其所撰《尚书纠谬》10 卷、《春秋振滞》20 卷、《礼记绳愆》30 卷。武则天令弘文、崇贤两馆学士及成均博士详议可否。学士祝钦明、郭山恽、李宪等“皆专守先儒章句，深讥元感”。而凤阁舍人魏知古、司封郎中徐坚、左史刘知几、右史张思敬等都联合上表推荐。于是武则天下诏称赞王元感，“是为儒宗，不可多得”，命为太子司议郎，兼崇贤馆学士。魏知古曾称其所撰书是“五经之指南”。《尚书纠谬》《春秋振滞》《礼记绳愆》等书，对经书采取了分析的态度，不是墨守前人章句，而是“掎前达之失，究先圣之旨”。这种敢于创新的精神，受到学者魏知古、徐坚、刘知几和武则天的高度评价，同时也标志着经学发展到了一个新的水平。

武则天通文史，对史学的重要性也有足够的认识。早在辅佐高宗的日子里，就特别注意历史研究。在她所主持修纂的千余卷书籍中，《列女传》《孝女传》《古今内范》等等，都属于史书。临朝称制后，她加强了图书管理。文明元年十月敕：“两京四库书，每年正月，据旧书闻奏。每三年，比部勾覆具官典，及摄官替代之日，据数交领，如有欠少，即征后人。”[1] 登基称帝之后，武则天依然重视修史。当时史馆体制与贞观时期基本相同。由于前代史大都完成，所以武则天首先组织文人学士，修成多达 100 卷的《高宗实录》。此后，又着手撰修《唐史》。长安三年正月敕令特进武三思，纳言李峤，正谏大夫朱敬则，司农少卿徐彦伯，凤阁舍人魏知古、崔融，司封郎中徐坚，左史刘知几，直史馆吴兢等人修唐史，“采四方之志，成一家之言，长悬楷则，以贻劝诫”[2]。可惜事未竟而则天崩。但《长

---

[1]《唐会要》卷 35《经籍》，第 644 页。

[2]《册府元龟》卷 554《国史部·选任》，第 6651 页。

安四年十道图》已经完工。

当时的私家撰述十分丰富。特别是已经开始撰写第一部专记军国机密大事的《时政记》和第一部史学理论专著《史通》。史载，长寿二年(693)，姚琦迁文昌左丞、同凤阁鸾台平章事。"自永徽以后，左、右史虽得对仗承旨，仗下后谋议，皆不预闻。琦以为帝王谟训，不可暂无纪述，若不宣自宰相，史官无从得书。乃表请仗下所言军国政要，宰相一人专知撰录，号为时政记，每月封送史馆。宰相之撰时政记，自琦始也。"[1]《时政记》的编修，对于保存第一手资料和历史研究，无疑具有重要意义。《史通》完成于唐中宗景龙四年(710)，但此书的准备则在武周时期。作者刘知几，"长安中累迁左史、兼修国史。擢拜凤阁舍人，修史如故"[2]。在此期间，他阅读了史馆丰富的历史典籍，并对这些典籍进行了深入细致的研究，开始着手撰写《史通》。《史通》凡20卷，分为内篇、外篇。内篇论述史家的治史态度、经验教训和史书的源流、体制、编撰方法等等；外篇论述史官的建置沿革和史书的得失优劣等等。此书具有很高的价值，被誉为我国第

大唐天后御制诗书碑

[1]《旧唐书》卷89《姚琦传》，第2902页。

[2]《旧唐书》卷102《刘子玄传》，第3168页。

一部系统的史学评论专著。

在武则天时代，还出现了一部巨大的类书——《三教珠英》。武则天参政时令北门学士所辑《玄览》便是一部类书。圣历（698—700）中，武则天认为《御览》及《文思博要》等书“聚事多未周备”[1]，遂令麟台监张昌宗召集李峤、阎朝隐、徐彦伯等 26 人修撰《三教珠英》，而以徐彦伯、李峤为主编。史载“武后撰《三教珠英》，取文辞士，皆天下选，而彦伯、李峤居最”[2]。“三教”，指儒、佛、道。实际内容类似于今天的百科全书。大足元年（701）十一月二日，书成，凡 1300 卷。此书鸿篇巨制，资料丰富，对唐代文化的发展曾发挥过重要作用，[3] 可惜没有留传下来。

武则天是中国历史上少有的才女，“以文学、书法、著述而论，才调之高，古今更罕有其匹”[4]。她提倡诗赋，科举以文才取士，遂使武周时期的文学界面貌焕然一新，呈现出空前的繁荣景象。

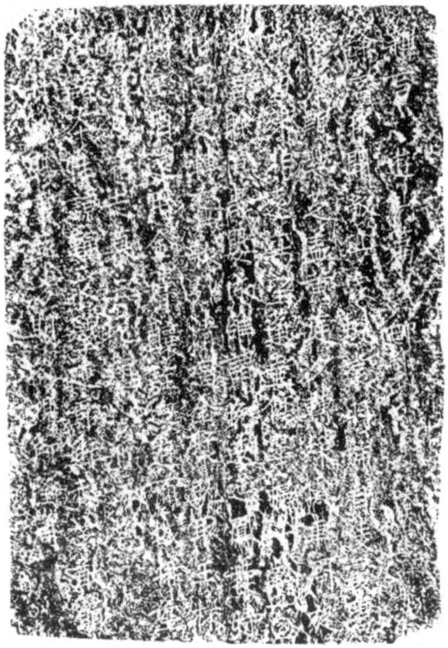
武则天仙游诗碑拓片

诗歌在当时的发展最为迅速。这首先表现为，朝野上下，许多人都会作诗。史载，武则天本人颇善吟咏，其诗有《大享天乐章》12 首，《享明堂乐》12 首，《大享拜洛乐章》15 首等等，流传至今者尚有 46 首[5]，其中一些诗篇具有较高的水平。《如意娘》，《游九龙潭》都算得上佳作。武则天不仅自己吟诗作赋，而且常常要求臣僚奉和。久视元年（700）五月十九日，则天游石淙，自制《石淙》

[1]《唐会要》卷 36《修撰》，第 657 页。

[2]《新唐书》卷 114《徐彦伯传》，第 4202 页。

[3] 开成二年冬十月辛卯朔，诏改《三教珠英》为《海内珠英》。《旧唐书》卷 36 作开元二年改，误。

[4]〔清〕陆继辂《崇百药斋文集》卷 8。

[5]〔清〕曹寅等：《全唐诗》卷 5，中华书局 1965 年版，第 51—59 页。

诗一篇，令侍游诸臣奉和。皇太子李显、相王李旦、梁王武三思、内史狄仁杰等16人各赋七言一首。[1]有时还开展一些诗歌竞赛。“龙门夺袍”就是著名的一次。史载：“则天幸洛阳龙门，令从官赋诗，左史东方虬诗先成，则天以锦袍赐之。及（宋）之问诗成，则天称其词愈高，夺虬锦袍以赏之”[2]。

由于武则天规定进士科以诗赋取士，本人又带头吟诗，因此诗歌进一步普及，上自朝廷大吏，下至五尺孩童，都有会作诗的。史称武则天“君临天下二十余年，当时公卿百辟，无不以文章达，因循日久，寖以成风”[3]。如天授二年（691），武则天发十道存抚使，以抚慰天下，临行，令百官赋诗送行。这些诗后来被辑为《存抚集》而行于世，达10卷之多，足见赋诗者之众。[4]百官如此，仕子也多以习诗为务，甚至八九岁的少女也会作诗。《唐诗纪事》卷78载，如意（692）年间，有一个九岁少女，善作诗，则天诏而试之，皆应声而就。

当时，一些著名的诗人发展了诗歌理论，为唐诗的鼎盛开辟了广阔的道路。唐初诗歌虽为数不少，但大都没有摆脱宫体诗的窠臼。武周时期，涌现出了李峤、苏味道、崔融、杜审言、沈佺期、宋之问、杨炯、卢照邻、陈子昂等著名诗人。其中沈、宋、杨、陈在文学界有较高的地位。沈佺期“善属文，尤长七言之作”。宋之问“弱冠知名，尤善五言诗”[5]。二人写了不少优秀的诗篇，使诗歌的格律渐趋完备。因此“学者宗之，号为沈宋”[6]。由于沈、宋在诗律声韵方面做出了较大贡献，因而为历代文艺批评家所推崇。[7]杨炯与王勃、卢照邻、骆宾王俱以文辞齐名。他们开始突破宫体诗的范围，扩大诗歌的题材，充实诗歌的内容，写出了一些声律与风骨兼备的佳作。大诗人杜甫称赞说：“王杨卢骆当时体”，“不

[1]（清）王昶：《金石萃编》卷64《唐二十四》，中国书店1985年版。

[2]《旧唐书》卷190中《文苑传中·宋之问》，第5025页。

[3]《全唐文》卷476，沈既济《词科论》，第2156页。

[4]《唐会要》卷77《巡察按察巡抚等使》，第1414页。

[5]《旧唐书》卷190中《文苑传中·宋之问》，第5025页。

[6]《新唐书》卷202《文艺中·宋之问》，第5751页。

[7]胡震亨《唐音癸签》云：“音韵之学，至齐梁寖备，沈约撰切韵之书，名四声谱。后隋仁寿中，陆法言尝加纂次。唐仪凤后，郭知玄又附益之，号《切韵》。”沈宋注重声律，当与《切韵》影响有关。

废江河万古流”。[1]陈子昂学识渊博，“经史百家，罔不该览。尤善属文，雅有相如子云之风骨”[2]。他提倡诗歌革新，主张诗歌要有“兴寄”和“风骨”，批评“齐、梁间诗，彩丽竞繁，而兴寄都绝”，竭力推崇“汉魏风骨”。[3]在诗歌创新的理论和实践上都做出了重要贡献。杜甫称赞他：“有才继骚雅”，“名与日月悬”。[4]由于武周时期形成了吟诗风气，沈宋杨陈等人又开创了一代诗风，因此，可以说，武周时期是诗歌发展史上的重要里程碑。《旧唐书》作者说：“高宗、天后，尤重详延，天子赋横汾之诗，臣下继柏梁之奏，巍巍济济，辉烁古今。”这并非虚美之词。

文章在当时也有了新的起色。一方面，文章的各种体裁趋于完备：赋颂杂咏、公私文牍、碑铭墓表，应有尽有。另一方面，出现了许多著名的作家。杜审言、李峤、崔融、苏味道为“文章四友”，世称“崔李苏杜”。杜审言虽文不如诗，但清越可爱。李峤文思泉涌，久掌诏制。崔融为文典雅，冠绝一时。苏味道九岁能属文，被称为一代文宗。王勃、杨炯、卢照邻、骆宾王以诗见称，亦长于作文。杨炯与王勃、卢照邻、骆宾王以文词齐名，海内称“王杨卢骆”，亦号为“四杰”。杨炯听说后对人说：“吾愧在卢前，耻居王后。”其后崔融、李峤、张说俱重四杰之文。崔融说：“王勃文章宏逸，有绝尘之迹，固非常流所及。炯与照邻可以企之，盈川之言信矣。”张说评价说：“杨盈川文思如悬河注水，酌之不竭，既优于卢，亦不减王。耻居王后，信矣；愧在卢前，谦也。”[5]此外、韦承庆、王勮、刘允济、陈子昂、卢藏用、富嘉漠、员半千、张鷟等也以文章著称。韦承庆“辞藻之美，擅于一时”，“属文迅捷，虽军国大事，下笔辄成，未尝起草”。[6]王勮构思无滞，词情英迈。长寿中为凤阁舍人，“时寿春王成器、衡阳王成义等五王初出阁，同日授册。有司撰仪注，忘载册文。及百僚在列，方知阙礼……勮立

[1]《全唐诗》卷 227，杜甫《戏为六绝句》，第 2452 页。

[2]《全唐文》卷 238，卢藏用《陈子昂别传》，第 1065 页。

[3]《全唐诗》卷 83，陈子昂《与东方左史虬修竹篇并序》，第 895 页。

[4]《全唐诗》卷 220，杜甫《陈拾遗故宅》，第 2316 页。

[5]《旧唐书》卷 190《文苑传中·杨炯》，第 5003—5004 页。

[6]《旧唐书》卷 88《韦思谦传》，第 2864—2865 页。

召书吏五人，各令执笔，口占分写，一时俱毕，词理典赡，人皆叹服”[1]。张鷟的文章，亦较杰出。员半千对人说：“张子之文，如青铜钱，万选万中，未闻退时。”由此张鷟被称为“青钱学士”，天下知名，“无贤不肖，皆记诵其文”，“新罗、日本东夷诸蕃尤重其文，每遣使入朝，必重出金贝以购其文。其才名远播如此”。[2]至于陈子昂，力扫六朝陈旧文风，“卓立千古，横制颓波，天下翕然，质文一变”[3]，尤为后代学者所重。上官婉儿“天性韶警，善文章。年十四，武后召见，有所制作，若素构”[4]。由于武则天的重用，她得以施展才华，内掌草制多年，临宴赋诗，代中宗、韦后操笔，词采艳丽。后来虽为玄宗所诛，但玄宗却命朝臣搜集她的诗文，编成文集 20 卷，并命张说作序。张说序文称她“开卷海纳，宛若前闻；摇笔云飞，咸同宿构”[5]，对其文才极为推崇。这些作者大都有自己的文集。如《刘允济集》20 卷，《乔知之集》20 卷，《崔融集》60 卷，《李峤集》50 卷，《韦承庆集》60 卷……。武则天的文章后来也被编为《垂拱集》100 卷，《金轮集》20 卷。这两个文集曾经流传于社会，后来还传到了日本，可惜今已失传。

此外，小说也开始成熟，除盛行于佛教寺院的“经变”小说外，还出现了一部结构完整、构思奇特、情节细腻的传奇小说——《游仙窟》。《游仙窟》是“青钱学士”张鷟的作品，描写作者夜游“仙窟”，与仙女赋诗猜谜、嬉戏狎乐的故事。这篇小说对中唐传奇文学的兴起，具有开创之功，只是目前尚未受到应有的重视。

二、数学、医学、天文学

武周时期，数学得到了很好的传播。高宗时，太史令李淳风与算学博士梁永及太学助教王真儒等给算经十书作了注。[6]武周时国子监坚持设置算学馆，科举

[1]《旧唐书》卷 190《文苑传中・王勮》，第 5005 页。

[2]《册府元龟》卷 840《总录部・文章》，第 9969—9970 页。

[3]《全唐文》卷 238，卢藏用《右拾遗陈子昂文集序》，第 1061 页。

[4]《新唐书》卷 76《后妃上传・上官昭容》，第 3488 页。

[5]《全唐文》卷 225，张说《唐昭容上官氏文集序》，第 1004 页。

[6]《册府元龟》卷 869《总录部・明算》，第 10310 页。

之科有明算，以李淳风等所注算经十书为教材，从而扩大了数学的传播。此外，数学也被广泛地应用于社会生活之中。前述筑明堂、铸九鼎、立天枢等工程都要求有很高的精度，在这种情况下，设计者若无精深的数学知识，是根本无法完成的。而明堂、九鼎、天枢等工程毕竟是竣工了，这就充分说明，当时建筑家已掌握了丰富的数学知识。

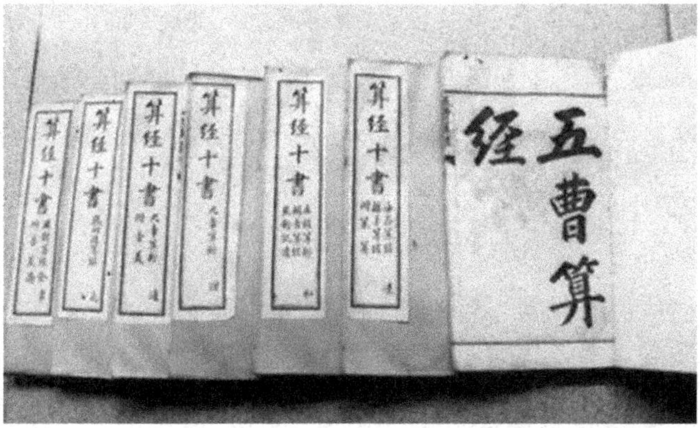

李淳风注算经十书

唐代医学在高宗时有了较大发展。鉴于前代陶弘景所撰本草"事多舛误"，显庆四年（659），高宗组织人力，撰写国家药典。[1] 书成，凡 54 卷，文图并茂，"大行于代"。[2] 武周时期，最有名的医学家是张文仲。文仲初为侍御医，后任尚药奉御，"论风与气尤精"。"尤善疗风疾"。据他研究，"风状一百二十四种，气状八十种，治不以时，则死及之"。[3] 武则天召王方庆集诸医与文仲著书，撰成《新本草》40 卷、《药性要诀》5 卷、《袖中备急要方》3 卷、《岭南急要方》2 卷、《针灸服药禁忌》5 卷、《随身备急方》3 卷及《四时轻重术》等，凡 18 种。[4]

武则天颇重视天文学家。尚献甫，精于天文历算，初出家为道士，则天召见，拜太史令，尚说"臣山野之人，性灵散率，不能屈事领长"，则天乃改太史局为浑仪监，"自为职局"，不隶秘书省，以献甫领浑仪监。可见武则天对他的器重。则天"数顾问灾异，事皆符验[5]。严善思，"尤善天文历数及卜相之术"，则天

[1]《新唐书》卷 59《艺文志三》，第 1570 页。
[2]《旧唐书》卷 79《吕才传》，第 2726—2727 页。
[3]《新唐书》卷 204《方伎传 · 张文仲》，第 5800 页。
[4]《新唐书》卷 49《艺文志》，第 1571 页；卷 204《方伎传》，第 5800 页。
[5]《旧唐书》卷 191《方伎传 · 尚献甫》，第 5100 页。

时为监察御史，兼右拾遗、内供奉。“数上表陈时政得失，多见纳用”。[1] 另外，从一些资料中亦可看出武则天对天文学的重视。武周时期日食凡 13 次，月食 19 次[2]，这些系统的资料，至少说明当时对天象的观测活动一直没有停止，对天文学的研究没有放松。还有，“则天如意中，海州进一匠，造十二辰车。回辕正南则午门开，马头人出。四方回转，不爽毫厘”[3]。可见，当时的一些工匠，对机械技术也有深入的研究。

三、雕塑、书画与音乐舞蹈

武周时期的雕塑艺术有很大起色。当时雕石塑像，寖成风气。敦煌、龙门等地石窟及佛教寺院，成为雕塑中心。据考古工作者统计，敦煌地区武周时期开凿的佛窟多于武德、贞观、上元各时期的总和[4]，各窟几乎都有雕塑的佛像。其中延载二年（695）彩塑的善跏座“北大佛”，高达 33 米，被视为彩塑艺术中的珍品。在龙门，开凿的洞窟也不在少数，计有摩崖三佛龛、极南洞、八作司洞、擂鼓台中洞等等。其中万佛洞最负盛名。该洞西壁中央，塑有阿弥陀佛趺坐像，高 4 米，波浪高髻，脸庞丰润，静穆安详。两边四力士，刚健雄武。南北壁 1.5 万尊小坐佛，各呈其趣。飞天、菩萨、乐伎也都栩栩如生，十分动人。[5] 闻名世界的乾陵，

敦煌北大佛

[1]《旧唐书》卷 191《方伎传·严善思》，第 5102 页。

[2]《唐会要》卷 42《日蚀》《月蚀》，第 795、763 页。

[3]〔唐〕张鷟《朝野佥载》卷 6，中华书局 2000 年唐五代笔记小说大观本，第 80 页。

[4] 敦煌文物研究所整理：《敦煌莫高窟内容总录》，文物出版社 1982 年版，第 180 页。

[5] 宫大中：《龙门石窟艺术》，上海人民出版社 1981 年版，第 311 页。

主要是在武周时期修建的。矗立在南司马道两旁的雕群像，共 113 件，长达 1 公里，堪称一座古代的石雕艺术长廊，充分显示出当时雕刻技术的精湛。

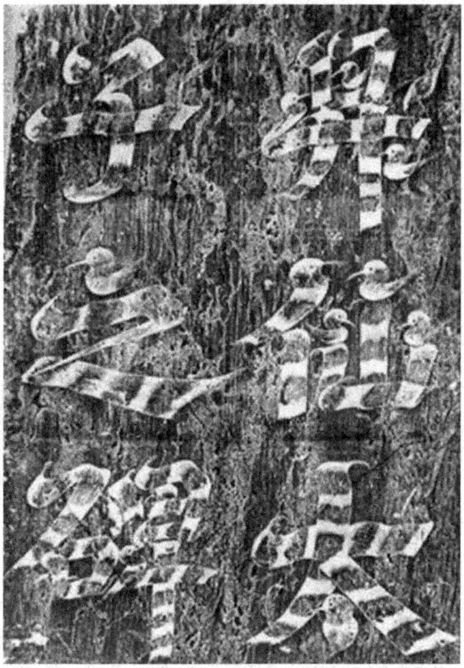
武则天飞白书升仙太子碑额

武则天本人擅长书法，尤精于飞白和行书。所谓“飞白”，是指一种笔画中丝丝露白的具有特殊风格的书法，写作难度极大，但看上去十分高雅。据现存资料，武则天曾为荐福寺、崇福寺飞白书额，[1] 还曾飞白书写大臣姓名以赐之。对于武则天的书法成就，当时人有口皆碑。有的大臣上表说：“蒙恩作飞白书，题臣等名字垂赐。跪承宝贶，仰戴琼文，如披七曜之图，似发五神之检。……冠六文而首出，掩八体而孤骞。眇乎若游雾之拂春林，霭乎似轻云之上秋汉。……固已工逾悬帐，妙尽刻符。钟繇竭力而难比，伯英绝筋而不逮。则知乃神乃圣，包众智而同归；多艺多才，总群方而兼善。”[2] 此表虽属颂歌，但多少反映出武则天在飞白书方面具有较深的造诣。

“行书”是介于草书和正楷之间的一种字体，遒劲潇洒。武则天摹二王行书，又有自己的特点。这一点亦可从当时人的言谈中得到证实。有大臣上表说：“臣于梁王三思处，见御书杂文尺牍，凡九十卷，跪发珍藏，肃承瑶检。天文景铄，璧合而珠连；圣理云回，鸾惊而凤集。究黄轩鸟迹之巧，殚紫府结空之势。偃波垂露，会宝意而咸新；半魄全曦，象天形而得妙。固已奇踪绝俗，美态入神，掩八体而擅规模，冠千龄而垂楷法。……实可谓天下之妙迹，域中之奇观者焉。”[3]

[1]〔唐〕张彦远：《历代名画记》卷 《记两京外州寺观画壁》，《四库全书》第 812 册。
[2]《全唐文》卷 246，李峤《为纳言姚璹等谢赐飞白书表》，第 1100 页。
[3]《全唐文》卷 243，李峤《为何舍人贺御书杂文表》，第 1086 页。

此表亦有溢美之处，但确也道出了武则天行书的功力和特点。《宣和书谱》的作者对武则天横加指责，但也不得不承认，“其行书骎骎稍能，有丈夫胜气”。武则天的书法赖碑刻保存了下来。武则天的碑刻在嵩山附近较多。其中《升仙太子庙碑》，题“大周天册金轮圣神皇帝御制御书”，至今尚在河南偃师县缑山，武则天所书碑文被公认为书法艺术中的珍品。

武则天还注意对古代书画的整理和保存。神功元年，则天询问王方庆对其祖先王羲之等人墨迹的保存情况，方庆进其十一代祖王导以下28人书法作品10卷。“则天御武成殿示群臣，仍令中书舍人崔融为《宝章集》，以叙其事，复赐方庆。当时甚以为荣。”[1] 此后，武则天还批准张易之的请示，召天下书画家整理内库书画，“锐意模写，仍旧装背，一毫不差”[2]。

“上有所好，下必甚焉。”由于武则天爱好书法，善书又被列为入仕的重要

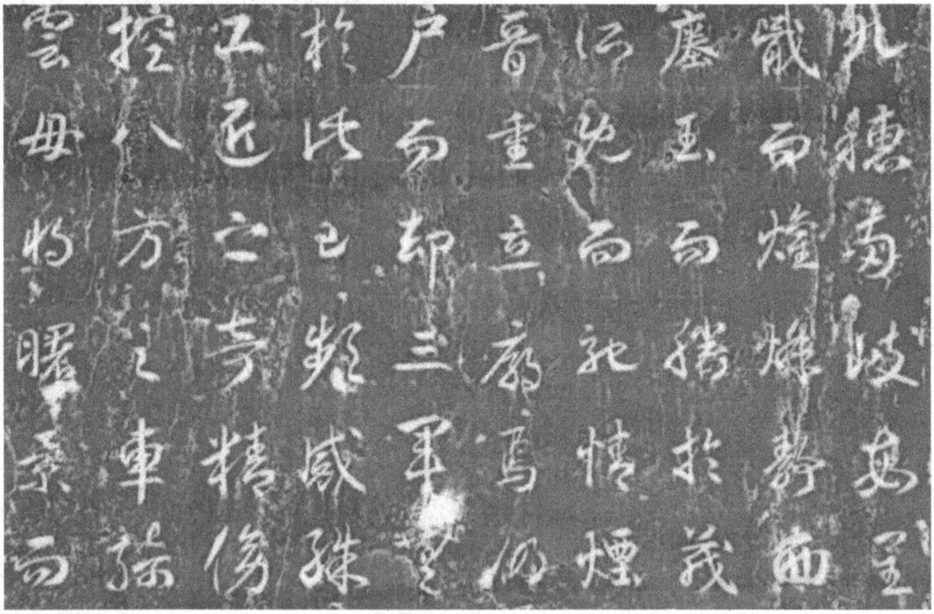

升仙太子碑局部

[1]《旧唐书》卷89《王方庆传》，第2899页。

[2]《历代名画记》卷1《叙画之兴废》。《四库全书》第812册。

条件，当时出现了不少书法家。如陆柬之、贺知章、孙过庭、李邕、王知敬、薛曜、贾膺福、韩景阳、徐峤之、王绍宗、钟绍京等。相王李旦亦颇善书。陆柬之是书法家虞世南的外甥，初学虞体，后“擅出蓝之誉”[1]。贺知章善草书，“当世称重”，人争求其墨迹，常于燕闲游息之所，“具笔砚佳纸候之”。[2] 李邕“精于翰墨，行草之名尤著”，“初学变右军（王羲之）行法，顿挫起伏，既得其妙，复乃摆脱旧习，笔力一新”。[3] 孙过庭作草书，“咄咄逼羲、献，尤妙于用笔”[4]，往往能以假乱真。与此同时，一些关于书法的专著也应运而生。王方庆著《王氏八体书范》4 卷、《王氏工书状》15 卷，孙过庭著《书谱》1 卷。其中《书谱》论正草诸体书法，是一部见解精辟的书法理论作品，历来为书法家所重视。

武周时期在绘画方面也有许多成就。武则天喜爱并提倡绘画。张易之、张昌宗曾命画工图写武三思及纳言李峤等 18 人形象，号为“高士图”[5]。当时的大画家薛稷、殷仲容、曹元廊、李思训、吴道子、李嗣真等人，都有一些绝妙的作品。薛稷“善花鸟人物杂画，而犹长于鹤”[6]。所画《啄苔鹤图》和《顾步鹤图》天顶项之浅深、氅之黳淡，喙之长短，胫之细大，膝之高下，皆极其妙，故有“鹤必称稷”之说。殷仲容“善书画，工写貌及花鸟，妙得其真。或用黑色，如兼五彩”，曹元廓“工骑猎人马山水，善于布置”。所画九鼎山川物产，“时称绝妙”。[7]《后周北齐梁陈隋武德贞观永徽等朝臣图》《高祖太宗诸子图》《秦府学士图》《凌烟图》亦名噪一时。李思训“画皆超绝，工山石林泉，笔格遒劲，得湍濑潺湲烟霞缥渺难写之状”。吴道子后来居上，更是大名鼎鼎，时人誉为“画圣”。“其变态纵横，与造物相上下，则僧繇疑不能及也。”[8] 在唐代古墓和敦煌石窟之中，至今仍残留着一些武周时期的壁画。这些壁画，多非名家手笔，但观者莫不啧啧

[1]〔宋〕佚名：《宣和书谱》卷 8《行书二》，《四库全书》第 813 册，第 250 页。

[2]《宣和书谱》卷 18《草书六》，第 296 页。

[3]《宣和书谱》卷 8《行书二》，第 251 页。

[4]《宣和书谱》卷 18《草书六》，第 198 页。

[5]《旧唐书》卷 90《朱敬则传》，第 2915 页。

[6]〔宋〕佚名：《宣和画谱》卷 15《花鸟一》，湖南美术出版社 1999 年版，第 315 页。

[7]《历代名画记》卷 9《唐朝上》，《四库全书》第 347 页。

[8]《宣和画谱》卷 2《道释二》，第 40 页。

称美。

武周时期绘画艺术的发展，固然与绘画艺术自身的承继和作家的勤奋努力有关，但与武则天的提倡也不无关系。她令书画家整理内库书画，就是一个很好的证明。正因为唐初以来绘画艺术有较大发展，加以社会的安定及武则天的提倡和画家的用功，武周时期的绘画艺术同书法艺术一样，继承了前代的成果，发展到了一个较高的水平。

贞观永徽之后，朝廷乐舞渐备。武则天喜爱音乐，擅长文艺，登基之后，音乐舞蹈又有所发展。一方面，朝廷乐舞有所调整，燕乐大大增加。改《十二和》内容，废《七德》《九功》之舞，而代之以《大享明堂乐章》及《祀昊天上帝乐章》。作《圣寿乐》等舞，属立部伎；作《长寿乐》《天授乐》《鸟歌万岁乐》等，属座部伎。此外，长寿二年（693）正月初一，武则天还在明堂导演了《神宫乐》，舞蹈演员多达900人。[1]至于“散乐”，也有一些绝技，已达到了很高的水平。此外，当时还有所谓“四夷乐”，如高丽乐25曲。[2]宰相杨再思即善跳高丽舞。前朝古代的许多古典名乐多已失传，当时亦曾尽力发掘，所得计有《白雪》《巴渝》《明君》《子夜》《团扇》《春江花月夜》等63曲。[3]

骆驼载乐俑

另一方面，加强了对音乐理论的研究，久视元年前后，武则天组

[1]《资治通鉴》卷205，则天后长寿二年正月壬辰，第6488页。

[2]《唐会要》卷33《东夷二国乐》，第619页。

[3]《旧唐书》卷29《音乐志》二，第1062页。

织人力，写成《乐书要录》10卷。这是一部系统的音乐理论专著。惜国内久已失传，日本仅存第5、第6、第7三卷。第5卷论述乐律，第6卷论述律吕，第7卷论述宫调。从这三卷的情况来看，比较注重实践。如在第5、第7章中，批驳“变徵、变宫出自周武”的陈旧观点，指出七声“出于自然”。认为“变声之赞五音，亦犹晕色之挥五彩”；乐律度数可以口授文载，“然不如耳决之明”等。[1] 这说明，当时对音乐理论的研究，较前有所深入。

四、社会生活

武则天以女主君临天下，使社会生活领域发生很大变化。当时在婚姻方面与唐初所不同的是，严格要求按时嫁娶，禁止“别宅夫人”，力图使“内无寡女，外无旷夫”。至于婚礼，则与唐初并无多大差异。在丧葬方面的变化是，严禁“富族豪家”丧葬逾礼，铺张浪费。[2] 坟墓形制趋于规整，随葬明器与唐初变化较大，镇墓兽日渐高大凶猛，“唐三彩”大量出现。

骑马吹箫俑

武周时期百官服饰略同上元、文明之制，稍有改作。即文武三品以上服紫，金玉带；四品服深绯，五品服浅绯，并金带；六品服深绿，七品服浅绿，并银带；八品九品服碧，并鍮石带。文武京官五品以上及七品清官，每入朝，常服裤褶。都督刺史及京官五品以上皆佩龟袋。其袋三品以上饰金，四品银，五品铜。“天授二年二月，

[1]《乐书要录》，见《佚存丛书》。

[2]《全唐文》卷95，高宗武皇后《禁丧葬逾礼制》，第430页。

朝集使刺史赐绣袍，各于背上绣成八字铭。长寿三年四月，敕赐岳牧金字铭袍。延载元年五月，则天内出绯紫单罗铭襟背衫，赐文武三品以上。”另外，“则天朝，贵臣内赐高头巾子，呼为武家诸王样”[1]。至于百姓之服饰，除以上百官朝服外，皆随其所欲。唯一度“禁天下锦”，官吏百姓皆不得私存。

当时的节日活动颇为丰富。“元日”（正月初一），祭祀迎神，鸣放鞭炮，丰食痛饮。“人日”（正月初七），作七菜羹，剪采为人，贴于屏风或其他醒目之处。“十五”（正月十五）祭门神。“月晦”（正月三十），临水会饮。“寒食”，禁火，斗鸡，打毬，踏青，荡秋千。“上巳”（三月三），郊游，作流觞之饮。“端午”（五月五），做粽，悬艾，竞渡，踏青。“伏日”，进汤饼。“七月七”，妇人穿针乞巧。“七月十五”（浴佛节），进盂兰盆，浴佛行善。“九月九日”（重阳）食饵糕，佩茱萸，饮酒。“岁除”，击鼓驱鬼，守岁迎新。

[1]《旧唐书》卷45《舆服志》，第1953—1954页。

第八章

武则天嵩山封禅事略

封禅是中国古代最隆重的祭祀活动。历代帝王对这一活动都很重视，但实际上真正进行过封禅的人并不很多。武则天是中国历史上唯一的女皇帝，也是唯一进行过封禅的女性。中国古代帝王的封禅活动都是在泰山举行，而武则天的封禅活动则是在嵩山举行。因此，常常有人会问：武则天为什么要封禅？武则天登封嵩山的原因何在？武则天是怎样在嵩山封禅的？本文拟对武则天封禅中岳的活动加以探讨，希望有助于大家对这些问题的认识。

第一节　武则天嵩山封禅的目的

武则天对封禅表现出很高的热情。早在当皇后时，她就“密赞”高宗封禅之事，并在乾封元年唐高宗泰山封禅时争取到“亚献”的角色。[1]参加泰山封禅之后，

[1]〔后晋〕刘昫：《旧唐书》卷23《礼仪志》三，中华书局1975年版，第888页。

嵩山

她又多次劝唐高宗封中岳嵩山。[1] 高宗死后，她不顾年高体迈，又亲自主持了在嵩山上举行的封禅大典。

为什么武则天这样重视封禅活动？她的目的究竟是什么呢？要弄清这个问题，还得从封禅的本意说起。司马迁在《史记》中讲："自古受命帝王，曷尝不封禅？"[2] 可见封禅之典古已有之。封禅的本意是在泰山顶上筑坛祭天，在泰山脚下设场祀地，向天地宣告成功，并推功于天地，从而赢得天地的恩典。古人认为皇帝是"天子"，是代表上天来地下统治人民的；作为上天的使者，天子如果统治得好，就应当举行封禅大典，实现人神之间的感情交流，从而得到天地神祇的保佑。这种观念深入人心，直到唐代也是如此。《旧唐书》的作者说："封禅，所以告成功，祀事无重于此者。"[3] 唐人李峤在《大周降禅碑》中也说："上下同德，幽明合契。灵祇有命，既锡造于雍熙；人主推功，必申虔乎报谒。奉符而

[1]《旧唐书》卷 5《高宗本纪》，第 111 页。

[2]〔西汉〕司马迁：《史记》卷 28《封禅书》，中华书局 1973 年版，第 1355 页。

[3]〔宋〕欧阳修、宋祁：《新唐书》卷 34《五行志》一，中华书局 1975 年版，第 889 页。

勒成展宇，修祀而益厚增高，有道存焉，其来尚矣。”[1]武则天之所以重视封禅，就是受到这种观念的影响。其目的主要是出于政治方面的考虑，是为了显示政绩，宣扬天命，从而进一步扩大政治影响，巩固自己的江山社稷。这一点在本质上与秦皇、汉武及唐高宗的封禅活动是没有多少区别的。

封禅不是一般的祭祀活动，必须具备一定的条件；只有政绩最佳、天下大治时才能进行封禅：“封禅者，所以告示成功也。夫成功者，德无不被，人无不安，万国无不怀。”[2]因此，武则天改唐为周后，群臣曾多次请她封禅，她都没有答应。直到天册万岁二年，酷吏相继被杀，政治日益清明，经济迅速发展，社会相对稳定，少数民族倾心内附，武周政权完全稳固下来，并且出现了大治局面，才把封禅之事提上了议事日程。

当时文武百官中不断有人上表请求武则天封禅：“王公庶尹，牧伯群僚，粤耆艾惇庞之儒，洎蛮夷戎狄之长，咸进而称曰：‘陛下钦承元命，对越上元，廓天地之宏图，张祖宗之丕业，臣妾四极，驱驭百灵。鼓舞发育，经纬弥纶之绩宣；渗漉沈潜，怀柔容保之恩备。是以人祇顺德，遐迩宅心，元符毕臻，黄瑞尽出。幽赞乎祖考之茂烈，发明乎施尊之盛仪。意者三涂灭氛，二室储贶，以望属车之尘久矣。帝者虽倦，焉得距而已乎！伏愿坦至公之怀，捐独善之意，钦若大典，畴咨故实，上以光七庙之休德，下以纳群生之福祐。长为称首，岂不美欤！’”[3]并且为她的封禅活动找到了充分的理由：“我大周之有天下也，鼓道德之林薮，恢圣神之事业。……皇天眷命，积大宝而为家；圣道会昌，拥洪炉而作极。”天册金轮皇帝凭“神力”登上皇位，得到上天的福祐，在各个方面都取得了前所未有的成就：

其一，建国立制，锐意改革。“左规右制，俯察仰观，揆朱鸟于南宫，契元龟于东洛。天威四临而有截，王道一家而无外。均霜调露，正六合之枢机；叶轨同文，立三川之朝市。”

[1]〔清〕董诰等：《全唐文》卷 248《大周降禅碑》，上海古籍出版社 1990 年影印本，第 1106 页。

[2]《新唐书》卷 108《裴行俭传附裴光庭传》，第 4089 页。

[3]《全唐文》卷 248《大周降禅碑》，第 1107 页。

其二。励精图治，政治清明。“临户牖之法座，垂星辰之采章，响明而居，端默以听。号令存于宽大，规画出于易简。循名责实，而苟且之弊销；极深研几，而变通之理得。”

其三，制礼作乐，教化通行。“焰烟灰之坠典，写溪谷之遗音。无体无容，与天地同节；有法有象，共阴阳通气。引之而被乎百代，横之而充乎四海。”

其四，约法省刑，社会安定。“雷电皆至，先王以折狱致刑；岁月履端，君子以悬书立法。殊井疆而知禁，画衣冠而不犯。疏械破杻，掩方载而胜残；解网取罘，闭圆扉而静谳。”

其五，振兴教育，文化昌盛。“操盾秉翳，立于宾主之阶；缝掖抠衣，聚之东西之学。辨尊卑之章服，观礼容于俎豆；委裘多暇，合九德之成歌；垂拱无为，援五弦而度曲。”

其六，军功显赫，国力强大。“因农隙而讲事，顺天时而鞠旅。定功在于归马，保大由乎止戈。然后干苞虎皮，箭射狸首。鞞鼓不作，庙堂悬百胜之威；尉侯无虞，征戍罢三边之役。”

其七，劝课农桑，敬天礼神。“藉乎千亩，所以备粢盛；齐于九疑，所以严禋享。苞茅洁乎楚人，樽俎隆乎殷奠。于穆显相而公侯骏奔，肃雍和鸣而祖考来格。”

其八，勤俭朴素，谦恭谨慎。“金玉是贱，委于崭岩之山；舆马不珍，捐其骙褭之服。御高辛之黄黼，垂孝友之皂绨。桮桂茅茨，未能埒其卑损；藜羹糗饭，无以俦其菲薄。”

其九，用人纳谏，天下艾安。“任皋夔衡旦之辅，酌虞夏商周之书。网罗并包，商榷拟议，众目张而彝伦叙，群才用而庶绩康。野无遗贤，朝无阙典。犹且昧旦勤恳，方宵厉惕，虚心解颜，博爱兼听。防六事，察五声，检身有常。视准绳而为度，祗德罔倦；刻盘盂而自警，遗身主于徇物。劳己存乎逸人，是以恩泽流通，教化洽著。龙荒鼠徼，覃寓外之雍熙；凤穴麟州，奉寰中之度律。远安迩肃，地平天成，玉律调年，珠囊叶纪。栖京坻于陇亩，逸马牛于衢路。……闾阎无犬吠之惊，风俗有鹑居之暇。原隰驱轺之使，采诗听歌；菑畬植杖之翁，击壤鼓腹。和气旁薄，祯符肸蠁，招一角五蹄之仁兽，仪九苞六象之仙禽。”[1]

武则天是通过长期斗争才当上皇帝的。作为一位有远见的女政治家，武则天知道封禅对巩固自己的统治具有重要意义。她要通过封禅向世人宣告：她不仅可以当皇帝，而且治国有方，已经获得了极大的成功。所以，当群臣一再请她封禅时，她最终做出了登封嵩山的决定。

第二节　武则天登封嵩山的缘由

以往帝王封禅，都是在泰山举行大典，而武则天却选择了嵩山，这是十分耐人寻味的。武则天为什么要登封嵩山呢？李峤在《大周降禅碑》中对此进行过解释。他说：“自旦昏交谢，文质递迁。朴略洪荒，上行于万八千岁；陵夷因革，下传于七十二家。披图而考其树风，按轨而详其陈迹，莫不祗肃其事，神明其道。龙驾帝服，疆埸于邹鲁之垌；牺樽象彝，藁秸于云亭之上。咸就发生之宇，以为礼神之宅；未有回舆按驿，觐中土之神灵；刻石泥金，崇外方之禋祀。名臣于是乎断其去就，良史于是乎题其失得。然则置表测日，阳城当六气之交；祭林奠山，太室为九封之长。神翰降生于廊庑，王畿仰嘱于峰岫。风雷所蓄，俯镇于三河；辰纬所躔，旁临于四岳。立崇乾事坤之兆，疏就下因高之位。此地也，畴其尚焉！”[2]根据李峤的说法，结合其他史料，可知武则天登封中岳的原因主要有以下几点：

其一，嵩山居天下之中，地理位置十分优越。此山在五岳中被称为中岳。据《逸周书·度邑篇》载，周武王在克商之后，即有建东都之意，他说：“呜呼！旦，我图夷兹殷，其维依天。其有宪命，求兹无远。天有求绎，相我不难。”这里所说的天即“天室”，也就是嵩山。在周武王看来，嵩附近居天下之中，便于进行统治；依“天室”建都，可以得到天神的保佑，有利于治理刚刚归附的殷民。司

[1]《全唐文》卷 248《大周降禅碑》，第 1106—1107 页。

[2]《全唐文》卷 248《大周降禅碑》，第 1106 页。

马迁在《史记》中说：“昔三代之居，皆在河洛之间。嵩高为中岳，而四岳各如其方，四渎咸在山东。至秦称帝，都咸阳，则五岳四渎皆并在东方。自五帝以至秦，迭兴迭衰，名山大川或在诸侯，或在天子，其礼损益世殊，不可胜记。”[1]河洛之间在古代被称作“中土”“中原”“中州”。被认为是“天心地胆之中，阴阳风气之会，四通八达之所，声名文物之区”。隋炀帝在《建都诏》中曾说：“洛邑自古之都，王畿之内，天地之所会，阴阳之所合，……水陆通，贡赋等。”唐高宗在《改洛阳为东都诏》中说：“（洛阳）心兹宇宙，通赋贡于四方；交乎风雨，均朝宗于万国。”在《幸东都诏》中亦说：东都是“交风奥壤，测景神州，职贡所均，水陆辐辏”。武则天在《以郑汴等州为王畿制》中也说：洛阳“五方入贡，兼水陆之骏奔；六气运行，均霜露而调序”。可见，在隋唐时代，人们普遍认为洛阳一带是天下的中心。因为嵩山地近洛阳，所以被视为天下的中心点。所谓“嵩维中岳，洛阳下都，三台崛起，五衡相映，风雨交会，实惟天下之中”。是祭天祀地、沟通人神的理想之地，故自三代以来，有不少帝王曾在嵩山举行过祭祀活动。如《史记》卷一一七《司马相如传》载：“五岁，天子始祭后土。八年而先礼中岳。”《汉书》卷二五上《礼仪志》载：“三月，乃东幸缑氏，礼登中岳太室。”《三国志》卷三《魏书三》：“八月，辛巳，行东巡，遣使者以特牛祠中岳。”

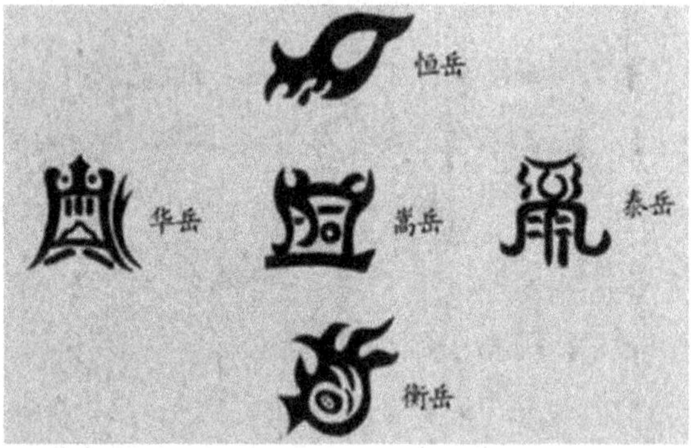

五岳真形图碑

其二，嵩山是“九封之长”。武则天推崇西周的政治理念，而嵩山是周人崇拜的对象。史载：“武氏出自姬姓。周平王少子生而有文在手曰‘武’，遂以为氏。”[2]武则天的父亲武士彟在显庆年间曾被唐高宗追封为周国公。武则天也认为

[1]《史记》卷28《封禅书》，第1371页。

[2]《新唐书》卷74上《宰相世系表》，第3136页。

她是周人的后裔。[1] 她之所以改唐为周，主要就是因为这方面的原因。在武则天看来，中国古代的治世只有西周和西汉。史书记载，“唐尊汉法，太宗之制也”[2]。也就是说，在唐太宗的影响下，唐代前期是推崇汉法的。但武则天对汉法并不是十分欣赏。垂拱四年十二月制举时，她曾问考生：“帝王之道奚是？王霸之理奚非？”张说回答说：“皇人御历，上淳而下信；帝者膺期，君明而臣哲。周用王道，教化一而人从；汉杂霸道，刑政严而俗伪。故亲誉优于畏侮，文、景劣于成、康。”[3]由此受到武则天的赏识。可见武则天是推崇西周“王道”的。由于武则天把周代所实行的“王道”作为古代政治的典范，所以不仅采用周正，而且努力使自己的政策、措施，符合周人的治国理念。周人在武王克商之前，曾将岐山作为崇拜的对象；武王克商之后，即开始崇拜嵩山。[4] 周人把嵩山称作崇、岳、太室或天室，或径称为“天”，认为是天神居住的地方。周武王曾祭祀过嵩山。天亡簋铭文：“王祀于天室。”周成王曾祭祀过嵩山。何尊铭文：“唯王初迁宅于成周，复禀武王礼，福自天。”这里所说的“天室”或“天”均系指嵩山而言[5]。显示出嵩山在周人心目中的崇高地位。既然周人崇拜的对象是嵩山而不是泰山，那么，武则天从法周的原则出发，自然要把嵩山尊为五岳之首。

其三，嵩山在分野上“得土行之正位”。武则天认为她所统治的王朝是土德。她在《改元光宅诏》中说：“朕闻上皇建极，体元气以育群生；大圣承天，法开阳以陶庶类。与时舒卷，叶三正而推移；随道污隆，应五钤以通变。……夫五运递用，列代相承，欲崇其德，先遵所尚。故夏以金运，乘骊而尚玄；周以火行，贵骍而尚赤。将隆母德，必欲子扶。近者地不藏珍，山无秘宝，皇家土德，胜气弥彰，宜崇白贲之象，以辅黄中之运。自今以后，旗帜皆用金色，仍饰以紫，画

[1]《全唐文》卷 98《升仙太子碑》，第 441 页。

[2]〔唐〕刘肃：《大唐新语》卷 7《识量》，上海古籍出版社《唐五代笔记小说大观》本，第 275 页。

[3]《全唐文》卷 224《对词摽文苑科策》，上海古籍出版社 1990 年影印本，第 998 页。

[4] 王晖：《商周文化比较研究》，北京：人民出版社 2000 年版，第 72 页。

[5] 林澐：《天亡簋“王祀于天室”新解》，《史学集刊》1993 年第 3 期；唐兰：《西周青铜器铭文分代史证》，中华书局 1986 年版，第 73—75 页。

以杂文。”[1] 在《改元载初赦》中说：“元皇纂历，则天地以裁规；大圣握图，法阴阳以施化。故能牢笼品类，陶铸生灵，敷景运于休期，阐宏基于光宅。……夫以玄穹列象，三辰所以丽天；厚载含章，五行于焉纪地。《易》曰‘三五以变，错综其数’。通其变遂成天下之文，极其数遂定天下之象。水火相变，其卦为革。《彖》曰天地革而四时成，言五德更相生，变革万物。故帝者改政施教，明受之于天，不定之于人者也。仲尼曰：‘其或续周者，虽百代可知。’盖以文质相因，法度相改故矣。是以伏羲、高阳、有周，皆以建子之月为正；神农、少昊、陶唐、有殷，皆以建丑之月为正；轩辕、高辛、夏后、汉氏，皆以建寅之月为正。后虽百代，皆可知者以此，虽遭遇不同，步骤殊致，未有不表明轨物，以章灵命之符者也。我国家创业，有意乎改正朔矣。所未改者，盖有由焉。高祖草创百度，因循隋氏；太宗纬地经天，日不暇给；高宗嗣历，将弘丕训。改作之事，屡发圣谟，言犹在耳，永怀无及。自五帝缵统，三王驭历，或父子相承，同体异德，或金木迭改，应天顺人。故纳麓登庸，粤受终于文祖；干戈革命，必理历于明时。然则天元配永，肇自阳来之旦；统历履端，基于朔易之首。……是知夏之人统，不逮殷之地正；殷之地正，有殊周之天统。元命所苞，实在兹矣。周文稽古，制礼于成王之日；汉高握德，改元于武皇之代。则知文物大备，未遑于上叶；损益之道，谅属于中平。朕所以式尊礼经，奉成先志，今推三统之次，国家得天统，当以建子月为正。……朕逖听皇纲，幽求帝典，定王伯之真伪，洗生人之耳目，庶叶三推之美，光宣五帝之次。况合宫布政，景化维新，太初开历，上元伊始，宜以发挥大宝，申明历数，恢皇家贞土之符，续炎汉真火之序。”[2] 唐人认为嵩山在分野上象征着“土行之正位”。《旧唐书·天文志》载：“柳、星、张，鹑火之次。午初起柳七度，中七星七度，终张十四度。其分野：北自荥泽、荥阳，并京、索，暨山南，得新郑、密县，至于方阳。又自洛邑负河之南，西及函谷南纪，达武当汉水之阴，尽弘农郡。古成周、虢、郑、管、郐、东虢、密、滑、焦、唐、申、邓，皆鹑火分也，及祝融氏之都。柳、星、舆、鬼之东，又接汉源，故殷商、洛

[1]〔宋〕宋敏求：《唐大诏令集》卷 3《改元光宅诏》，学林出版社 1992 年标点本，第 14 页。

[2]《唐大诏令集》卷 4《改元载初赦》，第 16 页。

之阳，接南河之上流。七星上系轩辕，得土行之正位，中岳象也，故为河南之分。张星直河南汉东，与鹑尾同占。”[1] 嵩山象征着土行之正位，从这个角度来看，武则天也会重视嵩山。

其四，武则天对嵩山有特殊的感情。据文献记载，她曾多次游历嵩山，并对嵩山留下了美好的印象。她在《石淙诗》中写道：“三山十洞光玄箓，玉峤金弈镇紫微。均露均霜标胜壤，交风交雨列皇畿。万仞高岩藏日色，千寻幽涧浴云衣。且驻欢筵赏仁智，琱鞍薄晚杂尘飞。”凡此种种，都说明武则天是喜爱嵩山的，说明嵩山在她的心目中占有重要的地位。她对泰山就没有这样深厚的感情。当年她曾经以皇后的身份参加过泰山封禅。如果再以皇帝的身份去泰山封禅，可能会造成负面的影响。再说嵩山离神都洛阳很近，而泰山则相对较远。当时武则天已经73岁高龄，自然不会舍近而求远。这也应当是武则天要在嵩山封禅的一个原因。

嵩山峻极峰

第三节　武则天嵩山封禅的仪程

武则天久有登封嵩山之志，并为此做了长期的准备。早在永淳二年，她就与

[1]《旧唐书》卷36《天文志》下，第1313—1314页。

唐高宗令国子司业李行伟、考工员外郎贾大隐及太常博士韦叔夏、裴守贞等详定议注。[1] 改唐为周后，她又命姚琦总知封禅仪注，并充当封禅副使[2]。则天证圣元年（695），将在嵩山举行封禅大典，先遣使者致祭以祈福助；下制改嵩山为神岳，尊嵩山神为天中王，尊其夫人为灵妃。天册万岁二年（696）腊月甲申（十一日），亲行登封之礼，在太室之巅祭天。礼毕，改元万岁登封，改嵩阳县为登封县，阳城县为告成县。腊月丁亥（十四日），禅于少室山，在少室山下祀地。两天以后，御朝觐坛朝群臣，礼仪与乾封年间封泰山时相同。武则天以为封禅时为嵩岳神祇所佑，遂尊神岳天中王为神岳天中皇帝，灵妃为天中皇后，夏后启为齐圣皇帝；封启母为玉京太后，少室阿姨为金阙夫人；王子晋号为升仙太子，别为立庙。登封坛南有槲树，大赦日于其杪置金鸡树。此外，还自制《升中述志碑》，“树于坛之丙地”[3]。

封祀坛碑

关于武则天登封嵩山的仪程，史书记载较为简略。但时人李峤所撰《大周降禅碑》的内容却完整地保存下来，使我们对这次封禅活动的过程能够有较多的了解。据《大周降禅碑》记载，武则天登封中岳的活动是在文武百官的一再请求下

[1] 据《新唐书》卷 58《艺文志》，裴守真曾著《神岳封禅仪注》十卷。

[2]《新唐书》卷 102《姚思廉传附姚琦传》，第 3980 页。

[3]《旧唐书》卷 23《礼仪志三》，第 891 页。《新唐书》作“置鸣其杪，赐号‘金鸡树’”。

进行的。武则天接受群臣的请求之后，“乃包含艺文，考练风俗，采儒术，征礼官，窥五岁之典章，核四朝之制度。叔孙掌事，容成诹日。以天册万岁二年腊月乙亥，辟丹掖，开紫微，抚元虬，按黄道。叶纪先路，灵威并轂。五戎促节，旗常画垂象之文；六甲分营，壁垒暖太阴之气。雷动海运，天回星转，逾鼎观而南下，望圭台而左薄。陆离方攘，焕炳聿皇，以届夫嵩阳。”到达嵩山脚下，举行封禅大典。

封禅的仪程主要有以下几项：

首先是进行斋戒仪式。参加封禅的人员到位后，立即布置好祭祀场所。武则天则入斋宫沐浴斋戒，表示对天地神祇的虔诚：“万乘停镳，百司就列。文物隐地，遗光满于竹宫；舆徒沸川，轻壒埋于石柱。天子乃幸斋寝，披仙幄，靡薜荔之席，陟蟺蜎之台，惟夫蠲意澄心，所以至诚尽敬。于是乎山祇护野，风伯清尘，玉醴潜滋，金沙闇涌。神钟惊曙，峰岩传九乳之音；寒律移暄，草树动三阳之色。征祥之报，影响不违。”[1]

其次是在嵩山之南举行柴燎仪式，祭祀昊天上帝。“壬午（初九），柴燎祀昊天上帝于岳南，显祖立极文穆皇帝、太祖无上孝明高皇帝侑神作主。天子戴圆冕，披大裘，登三垓，植四邸，藉陈菹秸，器用陶匏。高炎四施，耀流沙而烛沧海；广乐六变，来象物而降天神。感霏烟瑞露之征，延薰风景星之祉。”

第三项是举行最隆重的祭天仪式。柴燎“大礼既毕，嘉应既臻，思欲契精爽于高明，剖灵符于峻极。甲申（十一日），御金跸，登玉舆，环拱百神，导从群后，遂陵桂葶，攀松磴，跨峥嵘而出烟道，排列缺而趾天门，羽节高挥，上干鸟星之次；龟坛下映，俯瞰鹏云之色。琼文秘检，络之以银绳；宝算休期，探之于金策。交大灵于咫尺，受洪釐于亿万。然后徜徉烟霄，怊怅古昔，凝神于九天之上，游目于八纮之表。眷触石之雷雨，爰覃作解之恩；仰斗杓之运行，仍布维新之令。是日大赦，改元为万岁登封元年。欢浃幽明，庆霑动植。千龄之统，由圣代而连九皇；万岁之音，自神山而周四海。休气低而翔辇，神光起而属天。抃舞

[1]《全唐文》卷 248《大周降禅碑》，第 1107 页。

相趋，以降于行殿”。

接着举行祀地仪式，祭后土于少室山南。“丁亥（十四日），禅祭后土于少室下趾东南。显祖妣立极文穆皇后、太祖妣无上孝明高皇后侑神作主。戈矛山立，玉帛星陈，登涧沼之毛，辑江淮之物。禹会之殊方异俗，俱执豆笾；汉祠之伟兽珍禽，悉加坛墠。抚空桑之琴瑟，斟郁鬯之樽罍，咸秩众灵，遍祀群望。席以黄琮为镇，书以青石为缄。元封之谒款方邱，仪因东峙；建武之推功太折，祀视北郊。阳乌珥而仙鹤飞，紫云腾而黄雾起。灵之来兮如雨，瑞之委兮如山。”

最后是朝觐仪式。武则天登朝觐台接受百官及周边少数民族首领的朝贺。“事毕功宏，礼周庆洽。方欲辑圭璧，陈韎任，铺六代之礼文，受万邦之朝贺。宏规大业，其盛矣哉！……登封降禅，拉宇宙之枢衡；立显崇功，定皇王之轨式。鸿勋上格于穹昊，厚福旁浸于黎元。炜炜煌煌，亘寰区而宣壮丽；巍巍荡荡，横山邱而殷声名。……天下之大功成矣，域中之能事毕矣。”[1]

封祀坛碑拓片局部

上述仪程，与唐高宗封泰山的礼仪是基本相同的，都有斋戒、柴燎、封天、祀地、受朝贺等方面的内容。但与高宗封禅礼所不同的是：此次封禅的地点是嵩山而不是泰山；封禅的人不是男皇帝而是女皇帝；祭天祀地时“侑神作主”的人不是李代帝后，而是武氏的先人……

武则天是中国历史上唯一主持过封禅大典的女性，也是唯一在嵩山上举行过封禅大典的皇帝。用唯物主义的观点来看，武

[1]《全唐文》卷248《大周降禅碑》，第1108页。

中岳庙大门

则天的封禅无疑是一种迷信活动。但在当时的历史条件下，封禅却具有重大的政治意义和文化价值。首先，它在一定程度上体现了武周王朝的安定、繁荣和强大。其次，它进一步提高了武则天的威望，加强了各民族之间的联系。总之，它有利于武则天的统治，也有利于武周社会的发展。武则天不是中国历史上第一个封禅的皇帝，但却是唯一一个进行过封禅的女皇帝。她所举行的封禅活动，在嵩山历史上写下了重要的一页，成为嵩山文化的重要组成部分。

第九章

武则天与乾陵

乾陵是唐高宗与武则天的合葬墓，位于东经 108° 13′，北纬 34° 34′的梁山。梁山在陕西乾县西北，海拔 1069 米。乾陵因梁山主峰而建，封域范围 80 里，规模宏大，气势雄伟，文物丰富，被称为“关中唐陵之冠”，在关中唐十八陵中具有代表性。21 世纪以来，考古工作者曾对乾陵进行过多次考察，但目前还没有人对它进行全面的研究。本文拟根据文献记载、考古资料和自己的考察结果，对乾陵进行系统的探讨。

第一节　武则天与乾陵的营建

据文献记载，乾陵的营建工作是从唐高宗去世后开始的。弘道元年（683）十二月四日，唐高宗死于洛阳宫之贞观殿。遗诏太子柩前即位，“军国大事有不决者，取天后处分”[1]。十二月六日，太子李显即位，是为中宗；武则天以皇太

[1]〔后晋〕刘昫：《旧唐书》卷 5《高宗本纪下》，中华书局 1975 年版，第 112 页。

后的身份临朝称制，即着手为唐高宗修建陵寝。其后虽然发生了中宗被废、睿宗即位的事，但朝政仍由武则天处理，修建陵寝的工作并没有受到影响。

唐高祖和唐太宗的陵寝都在关中。高宗临死时，曾对侍臣讲：“天地神祇若延吾一两月之命，得还长安，死亦无恨！”宛然有西归之志。[1] 因此，武则天决定遵照唐高宗的遗愿，把他葬在关中。但是，这一决定遭到一些士人的反对。陈子昂谒阙上表，认为关中地狭，又遭荒馑，“流人未返，田野尚芜”，不能供给千乘万骑的食宿，也不堪凿山采石的劳役；而东都富庶，地灵人杰，“景山崇丽，秀冠群峰，北对嵩邙，西望汝海”，是设置陵寝的最佳之地[2]。武则天召见了陈子昂，授以“麟台正字”之职，但没有接受他的建议[3]。她认为关中的形势并不

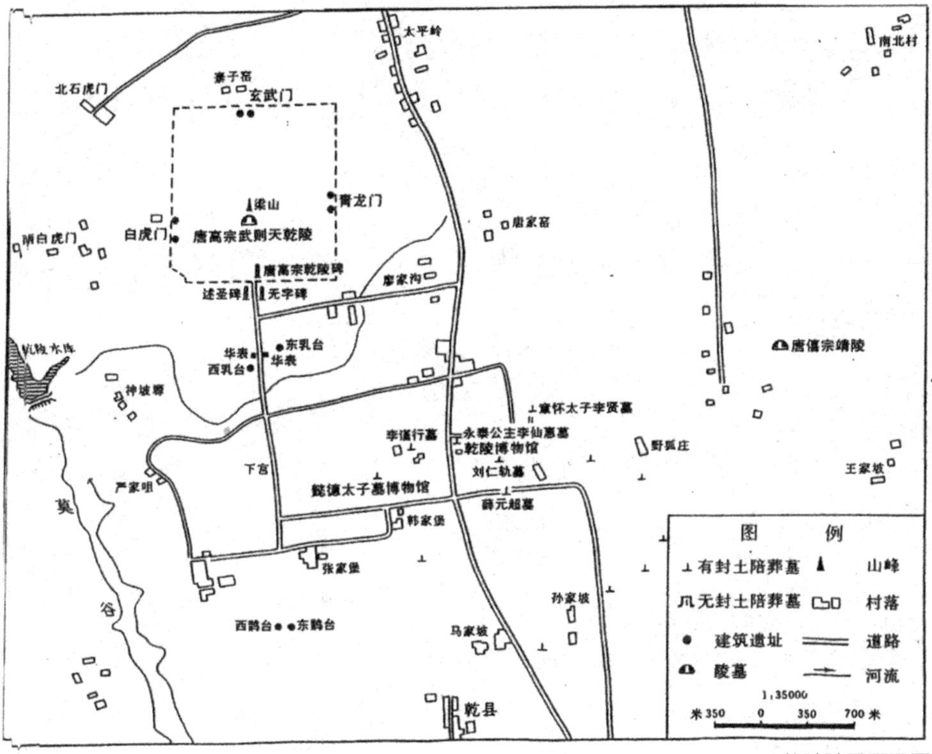

乾陵陵园平面图

[1]《旧唐书》卷 5《高宗本纪下》，第 112 页。

[2]〔清〕董诰等：《全唐文》卷 212《谏灵驾入京书》，中华书局 1983 年影印本，第 2147—2148 页。

[3]《旧唐书》卷 190 中《文苑传中 · 陈子昂传》，第 5021 页。

像子昂说的那么坏，坚持遵奉高宗遗愿，将他埋在关中地区。

按照唐朝的礼制，帝王陵墓的具体位置要通过堪舆的办法来选择。唐高祖的献陵和太宗的昭陵都是经过堪舆选定的。武则天在确定高宗灵柩去向之后，照例派出卜陵使前往关中堪舆。由于高祖、太宗的陵寝皆在渭北，因而卜陵使自然而然地把注意力集中到了渭北山系。经过认真比勘，最后选中了梁山。梁山东距长安 80 公里，位于长安西北的“乾”地，九嵕处其东，武水环其西，北连丘陵，南接平壤，孤峰特起，挺拔俊秀，是修建陵墓的好地方。武则天决定在梁山为唐高宗修建陵寝，并将陵墓的名称确定为“乾陵”。

乾陵地形图

准备工作就绪之后，武则天任命吏部尚书韦待价摄司空，为山陵使，发兵民十余万破土动工，营建乾陵。[1] 乾陵的主体工程由地下宫殿和地面建筑组成。地下宫殿以墓室为主，结构复杂，操作难度很大；地南建筑包括城阙、献殿、寝殿、游殿等设施，修建起来也有较大的难度。但由于当时物力雄厚，人员充足，加之设计合理，组织得法，兵民昼夜辛劳，经过半年时间，就基本上完成了巨大的陵园工程。

文明元年（684）八月，武则天命侍中刘齐贤和霍王元轨知山陵葬事，为唐高宗举行隆重的葬礼。八月十一日，葬高宗于乾陵。[2] 为了确保地宫的安全，在埏道口外塞满石条，“其石缝铸铁，以固其中”[3]。葬礼结束后，武则天打破帝王陵前不立石碑的惯例，在乾陵朱雀门外为唐高宗树立“述圣纪碑”，把永徽以来唐王朝所取得的成就，全部推到唐高宗身上。[4] 据说此碑刻成后，复嵌金屑，碑文在阳光照射下闪闪发光，使宏伟的陵园显得十分壮观。

本来，乾陵的修建到此就算结束，但后来又发生了在乾陵合葬武则天的事。武则天在天授元年（690）改唐为周，当了皇帝。神龙元年（705）正月，中宗复辟，徙武则天于上阳宫。十一月二十六日，武则天死于上阳宫之仙居殿。武则天临终时，招来中宗、相王、太平公主及武三思等叮咛后事，要求与唐高宗合葬。[5] 武则天死后，有人反对把武则天与唐高宗合葬。给事中严善思上书认为“则天太后卑于天皇大帝，今欲开乾陵合葬，即是以卑动尊”。建议于乾陵之傍，另择吉地，“别起一陵”。唐中宗看了奏折，心里有所动摇，诏令群臣详议。[6] 由于武三思等人通过上官婉儿及韦后反对严善思的意见，唐中宗决定停止讨论，令“准遗制以葬之”[7]。

---

[1]《旧唐书》卷 77《韦挺传附韦待价传》，第 2677 页。

[2]《旧唐书》卷 5《高宗纪下》，第 112 页。

[3]〔宋〕王溥：《唐会要》卷 20《陵议》，中华书局 1955 年版，第 396 页。

[4]《全唐文》卷 97《乾陵述圣纪》，第 1005—1006 页。

[5]《旧唐书》卷 6《则天皇后本纪》，第 132 页。

[6]《旧唐书》卷 191《严善思传》，第 5102—5103 页。

[7]《唐会要》卷 20《陵议》，第 397 页。

神龙二年（706）正月二十一日，唐中宗“护则天灵驾还京”[1]。此时国家政治比较混乱。武三思为了借助武则天亡灵庇护自己，劝韦后、中宗对武则天实行厚葬。韦后欲仿效武则天，也赞成武三思的意见。中宗为了表示孝道，亦主张一切从优。虽然他们各自的目的不同。但都打算为武则天举行一个隆重的葬礼。神龙二年五月十八日，武则天的灵柩沿着唐高宗灵柩经过的地方徐徐进入乾陵地宫。[2] 武则天的葬礼结束以后，乾陵的营建工程才宣告完成。

乾陵古建复原图

第二节　武则天归葬乾陵始末

张柬之政变之后，武则天还活了300天。这300天是武则天生命的最后时期，也是她有生以来最痛苦的时期。

神龙元年正月二十五日，中宗复位。二十六日，武则天即被押送上阳宫。上阳宫在洛阳皇城之西，南临洛水，西距瀫水，北连禁苑，有观凤、仙居、甘露、麟趾、丽春等殿，又有浴日楼、七宝阁及双曜、神和、芙蓉等亭，本来是一个景

[1]《旧唐书》卷7《中宗本纪》，第141页。

[2]《旧唐书》卷6《则天本纪》，第132页；《新唐书》卷76《则天顺圣皇后武氏传》，第3484页。

色宜人的好地方。但现在却变成了幽禁武则天的“文明监狱”。武则天被安置在观凤殿，[1] 由左羽林将军李湛看管。

武则天晚年积劳成疾，加上病重之际，又遇宫廷政变，身遭软禁，健康状况急剧恶化。史载“太后善自粉饰，虽子孙在侧，不觉其衰老。及在上阳宫，不复栉颒，形容羸悴”[2]。“不复栉颒”，即不再梳头洗面，说明她的心情是很坏的。“形容羸悴”，当然不只是不再梳洗的结果，还说明政变对她在精神上的打击是何等之深。虽然正月二十七日中宗曾率百官到上阳宫，尊武则天为“则天大圣皇帝”，但是，对武则天来说，这是没有任何实际意义的。她历尽沧桑，争强好胜，每当想起正月二十二日那屈辱的时刻，心里总不是滋味。而最使她伤心和担忧的，还是中宗复位以后动荡的政局。

武则天在上阳宫中凄苦难忍，度日如年，她的子女们却享受着因政变成功而带来的欢乐。中宗接受群臣的请求，尊曰应天皇帝，韦后曰顺天皇后，又给相王李旦、太平公主加实封，达到万户。当隆冬到来的时候，中宗御洛城南楼，观看“裸身挥水、鼓舞衢路”的“泼寒胡戏”，[3] 早把他的老娘忘得一干二净！就这样，武则天在孤独、寂寞、忧愤中打发着日子，发白齿落，病入膏肓，直到她生命的最后一刻。神龙元年（705）十一月二十六日，寒风凛冽，天昏地暗，武则天死于上阳宫之仙居殿，终年 82 岁。

武则天临终时，头脑很清醒。她招来中宗、相王、太平公主及武三思等，叮咛后事，留下了一份完整的“遗制”。遗憾的是这个遗制的原文没有流传下来，我们只能从有关史籍中看出个大概。《资治通鉴》卷 208 载：“遗制：去帝号，称则天大圣皇后。王、萧二族及褚遂良、韩瑗、柳奭亲属皆赦之。”《新唐书·则天顺圣皇后武氏传》载：“遗制称则天大圣皇太后，去帝号。”《旧唐书·则天皇后本纪》载：“遗制祔庙、归陵，令去帝号，称则天大圣皇后；其王、萧二家及褚遂良、韩瑗等子孙亲属当时缘累者，咸令复业。”同书《袁恕己传》载：“则

[1]〔清〕徐松：《唐两京城坊考》卷 5《东京·上阳宫》，中华书局 1985 年版，第 142 页。

[2]《资治通鉴》卷 208 引《统纪》，第 6591 页。

[3]《资治通鉴》卷 208，中宗神龙元年十一月己丑，第 6596 页。

天崩，遗制令复其所减实封。”《武三思传》载：“则天遗制令复其减实封。”从这些记载来看，《遗制》的主要内容有以下几点：（1）去帝号，称则天大圣皇后；（2）祔庙、归葬乾陵；（3）让王皇后、萧淑妃等人的子孙复业；（4）恢复武三思的实封之数，为袁恕己增加实封。

很显然，《遗制》的用意是十分深刻的，由此不难看出什么是武则天临死时最关心的问题。中宗复位以后，恢复了李氏的宗庙、社稷；武氏的宗庙、社稷事实上已被废弃，“大周”已经宣告结束。在这种情况下，继续保留帝号是有害而无益的。去帝号，称皇后，显得与李氏亲近；留帝号，则易使李氏子孙联想“武周”那段不愉快的经历，而增加对武氏的敌意。因此，取消帝号，显然是明智之举。“祔庙、归陵”是武则天最关心的事。武则天从房州召回李显，立为太子，一个重要目的就是为了身后能够祔庙、归陵。武则天之所以一定要归陵、祔庙，大抵主要是出于两方面的考虑：一方面，她与唐高宗曾经是恩爱夫妻，希望“来世”能够继续生活在一起，并在李家的宗庙里占有一席之位，以便得到子孙的享祭；另一方面，她深知李武之间的矛盾还没有完全解除，武氏有树倒猢狲散的危险，如果自己归陵、祔庙，李氏子孙或许对武氏能够采取比较宽容的态度，这样将有利于江山社稷。毫无疑问，要求归陵、祔庙也是很有远见的。至于对王、萧二家缘累子孙职业及武三思、袁恕己等人实封问题的处理，也都是为了缓和身后可能加剧的矛盾。

但是，对于武则天的《遗制》，尤其是其中归葬乾陵一条，有人坚持表示反对，建议不要贯彻执行。其代表人物就是党附于张柬之等人的给事中严善思。他上书认为“则天太后卑于天皇大帝，今欲开乾陵合葬，即是以卑动尊”。建议于乾陵之傍，另择吉地，“别起一陵”。唐中宗看了奏折，心里有所动摇，诏令群臣详议。[1] 由于武三思等人通过上官婉儿及韦后反对严善思的意见，唐中宗才决定停止讨论，下诏“准遗制以葬之”[2]。

[1]《旧唐书》卷 191《严善思传》，第 5102—5103 页。

[2]《唐会要》卷 20《陵议》，第 397 页。

神龙元年（706）正月二十一日，唐中宗“护则天灵驾还京”[1]，着手准备埋葬事宜。在此期间，国家政治依然比较混乱。朝廷“大置员外官，自京司及诸州凡二千余人，宦官超迁七品以上员外官者又将千人”[2]。又允许太平、长宁、安乐、宜城、新都、定安、金城诸公主开府置官属。最高统治集团内部各派之间的实力也发生了一些消长变化：一方面以张柬之为首的“政变”派进一步失势。三月，光禄卿、驸马都尉王同皎被杀，敬晖被贬为郎州刺史，崔玄暐左迁为均州刺史，桓彦范左迁为亳州刺史，袁恕己左迁为郢州刺史。另一方面，韦后、武三思等人进一步掌握大权。中宗宠畏韦皇后，改赠其父韦玄贞为酆王，弟洵、浩、洞、泚皆为郡王；武三思与韦后私通，关系十分密切。这样，张柬之等“五王”被贬逐以后，实权便逐渐落入韦后和武三思之手。唐中宗对武三思也极为信任，有人告三思“必为逆乱”，中宗却大怒，“命斩之”。[3]武三思为了借助武则天亡灵庇护自己，劝韦后、中宗对武则天实行厚葬。韦后欲仿效武则天，也赞成武三思之计。中宗为了掩盖自己抢班夺权的真相，已修了圣善、报恩等寺，亦主张一切从优。虽然他们各自的目的不同，但都打算为武则天举行一个隆重的葬礼。

神龙二年五月十八日，庄严肃穆的梁山哀乐悠悠、哭声阵阵。武则天的灵柩沿着唐高宗灵柩经过的地方徐徐进入乾陵地宫。国子司业崔融撰写的《则天大圣皇后哀册文》也被放入。

第三节　乾陵的制度和规模

乾陵是唐王朝在关中地区修建的第三座帝王陵墓。关中地区的唐陵可以分为“堆土为陵”和“因山为陵”两种类型。堆土为陵即在平地上开挖墓室，修筑地宫，

[1]《旧唐书》卷 7《中宗本纪》，第 141 页。

[2]《资治通鉴》卷 208，中宗神龙二年二月，第 6601 页。

[3]《资治通鉴》卷 208，中宗神龙二年四月，第 6602 页。

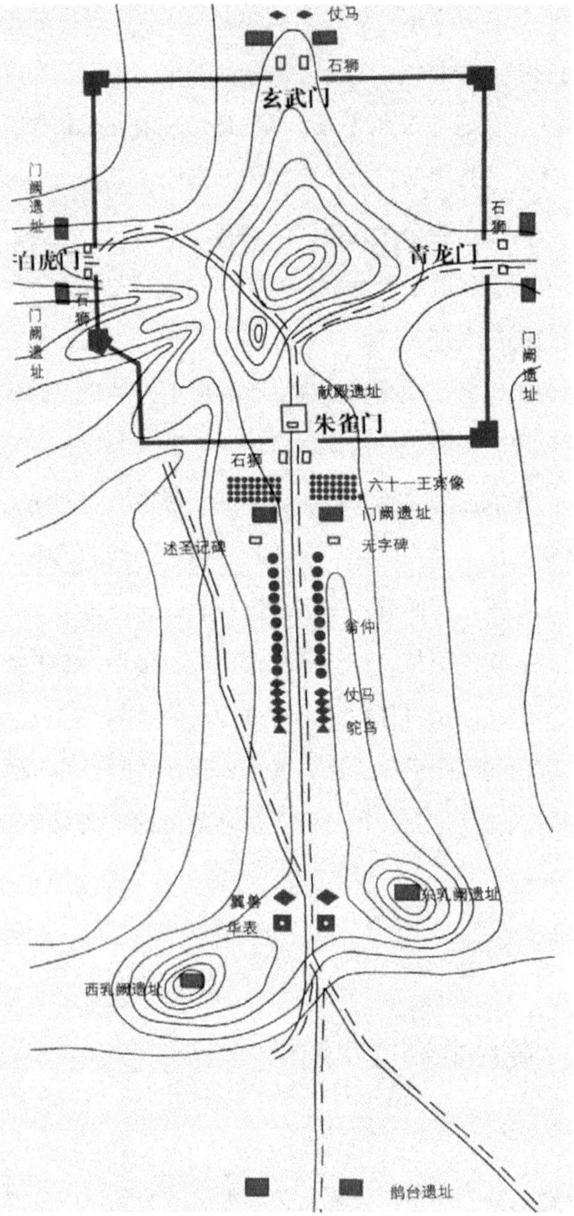

乾陵平面图

上面堆土，建成覆斗形的陵台。这种陵墓在唐代以前十分流行。秦汉以来的帝王陵墓多是如此。因山为陵就是把自然的山峰作为陵丘，在南面山腰开凿地宫，修建陵园。这种陵墓利用了自然山岳，看上去高大、雄伟，很能体现帝王的宏大气派，而且还可在一定的程度上防止盗掘。唐初葬高祖，诏依汉长陵故事，“堆土成陵”。秘书监虞世南以为不如仿汉文霸陵，“因山为墓”。太宗不纳其言，但颇以为是。后来在为自己修建陵寝时，就采用了“因山为陵”的形式，在九嵕山为他营建了昭陵[1]。武则天认为“因山为陵”比“堆土成陵”具有很大的优越性：高大雄伟，坚固牢靠。所以，乾陵采用了因山为陵的形式。

从考古资料来看，乾陵陵园基本呈方形，东、南、西、北四面神墙的长度分别为 1582 米、1438 米、

[1]《唐会要》卷 20《陵议》，第 395 页。

1450 米和 1450 米。经过千百年的风风雨雨，乾陵的地面建筑已不存在，但相对而言，乾陵是关中十八陵中保护最好的一座，其规模之大、文物之多、景色之美，都是罕见的。

一、众多的地面设施

乾陵大体上是模仿唐高宗生前的生活环境设计的，所以在封域之内有两重城郭。第一重城郭是地宫和寝殿的所在地，相当于皇帝居住的宫城。第二重城郭是朝仪的所在，相当于国家机关所在的皇城。皇城之外，封域之内的大片地方为陪葬墓区，相当于外郭城或百姓居住的地方。陵墓坐北而朝南，看上去十分壮观。由于年代久远，加之自然的破坏和人为的破坏，乾陵的地面建筑已不存在，但建筑遗迹仍依稀可辨。从文献记载和考古资料来看，乾陵的建筑布局是以神道为南北中轴线来安排的，地面建筑主要有城阙、封丘、寝宫、游殿、下宫和陵署等。

1. 城阙

乾陵四周均有围墙。当时在陵园中修筑围墙，主要是为了保障陵寝的安全。乾陵的墙垣原来都比较高大，墙基宽约 3 米，往上层层收分，至顶部宽度约为 2 米，墙高则在 5 米以上，8 米以下。但由于这些墙垣都是用夯土筑成的，经过一千多年的风吹雨打和人为的破坏，到现在绝大部分都已夷平，只有少数墙垣若断若续，尚能体现昔日的盛况。20 世纪以来，考古工作者曾对乾陵的外垣进行过探测，得到了一些比较可靠的数据。南墙东起沈家池村之北，向西经石马道村、黄巢沟至上坡岭，全长 1450 米，东偏北 3 度。北墙由东华门村北 842 米处起，向西经后宰门村，到村西 708 米处止，全长 1450 米，东偏北 3 度。东墙南起沈家池，向北经东华门村西，到村北 842 米处止，全长 1582 米，北偏西 2 度。西墙由西华门村北 842 米处起，向南经西华门村、下沟上坡而止，全长 1438 米，北偏西 2 度。南墙经过黄巢沟，西墙经过何家沟底时，均有用石条修成的排水洞。东南城角高 7.5 米，东北城角高 5.1 米，西北城角高 5.5 米，西南城角高 10 米，均为夯土筑成，周围残存唐代瓦当、瓦片、砖块、石渣，特别是西北城角和东北城角，均有石条砌筑的地基存在[1]。从现存城垣遗迹来看，乾陵墙垣的建筑主要有两种方式：一是用石条砌筑墙基，上面再以土夯筑墙。墙顶铺有坂瓦，做成双坡，以利排水。墙身则涂为白色或淡红色。二是下挖土槽，打造墙基，直接在墙基上夯筑城垣，仅在四角及四门有阙处用石条作基。

乾陵城垣四面中部各开一门。门的名称以“四像”而定，即南朱雀、北玄武、东青龙、西白虎。人们在习惯上又将青龙门和白虎门分别称作“西华门”和“东华门”。由于是因山为陵，因而四门只是大体对称。四门外各有土阙一对[2]。土阙上建有土木结构的楼阁。此外，城墙四角均筑有角阙，上建楼阁，有如城墙四角的角楼。鹊台和乳台上也有阙。无论是门阙、角阙还是台阙，都是十分醒目的建筑，造型独特，雄壮美观。阙的大量存在，不仅烘托了乾陵的气氛，而且增加了乾陵的气势。唐初献、昭二陵门址破坏严重，详细情况已不易弄清。乾陵内城四门则清晰可辨。朱雀门在司马道北端的二峰之间，门外25米处有残高约10米的土阙两个，阙间距为41.5米。玄武门在梁山北麓，门前

乾陵西门外城阙遗址

[1] 陕西省文物管理委员会《唐乾陵勘查记》，《文物》1960 年第 4 期。

[2] 乾陵南神门外的土阙保存较好，目前正在发掘之中。

28米处有高约5米的遗阙两个，阙间距为40米。青龙门在梁山东麓，门外38米处有土阙二，北边的高6.5米，南边的高5米。白虎门在梁山西麓，门外31米处也有遗阙两个。鹊台位于乾陵乡张家堡村，有东西二阙，二阙址东西间距100米，阙址基部置石条。乳台在梁山主峰以南的东西对峙二山峰之上，东阙址高19.3米，底部东西18、南北8.5米；西阙址高8米，底部东西9.5米、南北3米。[1]唐陵城门可能有阙楼式、过殿式、过洞式和混合式四种。[2]乾陵“门楼均为三出阙（一个母阙、两个子阙）……门楼为土木结构，楼基和墩台均系夯筑，外用砖包砌，墩台上建楼”[3]。

2. 封丘

封丘即通常所说的墓冢，也就是建在地宫上边的封土堆。考古学家习惯称之为“陵台”。称“陵台”比较形象，但却易与文献中所说的“陵台”相混。文献中所说的陵台实际上往往是指“陵署”而言。为了避免混乱，这里姑且称之为“封丘”。乾陵借助梁山的自然山峰为冢，不存在修建封丘的问题。但为使乾陵更有气势，当时也曾对梁山的顶端进行过若干修饰。乾陵“封丘”在陵园中的位置，大体是东西居中而偏北。这与在封丘前修建寝殿的制度有关，与唐代帝王的统治思想也有一定的关系。文献记载乾陵内城中有献殿、寝殿等建筑。这一点也已为考古工作者所证实。献殿等建筑群落既位于封丘之南，则封丘所处的位置自然要偏北一些。否则，陵园布局就显得不够合理。此外，封丘东西居中而偏北，也符合当时“坐北

梁山主峰

[1] 陕西省文物管理委员会：《唐乾陵勘查记》，《文物》1960年第4期；刘庆柱、李毓芳《陕西唐陵调查报告》，《考古学集刊》第5集。

[2] 周明：《陕西关中唐十八陵陵寝建筑形制初探》，《文博》1994年第1期。

[3] 贺梓城、王仁波：《乾陵》，《文物》1982年第3期。

朝南”的“尊君”思想。

3. 寝宫

寝宫又称上宫，位于朱雀门内正对山陵之处。唐人权德舆曾说：“寝宫便殿，虔奉衣冠。”[1] 结合其他文献，可知“寝宫”具有“寝”和“庙”的双重功能。史书在记载唐代皇帝“亲谒陵”时，都提到“寝宫”。从这些记载来看，寝宫在陵园中所处的地位是相当重要的。但是长期以来，学术界对寝宫的认识很不一致。有些人认为唐陵中只有献殿，没有寝殿；有些人认为有献殿和寝殿而无寝宫；有些人则认为献殿就是寝宫。事实上，寝宫是一个较为庞大的建筑群，包括献殿、寝殿等建筑在内，规模宏大，门外列戟数十杆，显得十分庄严。

献殿又称“享殿”，是寝宫的主体建筑。文献中在涉及乾陵时，曾提到过献殿。元李好文《长安志图》所载《唐乾陵图》中就在南门内绘有“献殿”。另一方面，考古工作者也在乾陵发现了献殿的遗址。乾陵献殿位于朱雀门内，为长方形建筑。献殿与南神门之间的东西两边还有东西阁遗址。献殿是依照朝堂建筑的，象征皇帝生前处理朝政之地，规模宏大，蔚为壮观。从《宣室志》卷三所载张诜的经历来看，献殿内的陈设一如朝堂之制。因为大臣的拜陵和祭祀活动均在此殿举行，故有“献殿”之名。又因此殿类似帝王生前处理朝政的大殿，所以也有人称之为“衙殿”。

寝殿在献殿之北，是寝宫中最重要的建筑。象征帝王生前居住的大殿，里边彩塑死者的真容或树立死者神主，安放死者的各种遗物，供养如平生之仪。凡帝王拜陵，在献殿行礼之后，都要到寝殿来献食，并瞻仰遗物。《大唐开元礼》卷四五《吉礼・皇帝拜五陵》详细记载了当时皇帝拜陵的仪程。其中有不少地方涉及寝殿及其他建筑。为说明寝殿的位置及陈设，兹录原文如下：“将拜陵，所司承制，内外宣摄，随职供办。前发二日，太尉告太庙如常仪。将作预修理拜谒之所及寝宫，务极洁敬，不得喧杂。……拜谒前一日，皇帝至行宫，诣斋室，仗卫如式。陵令以玉册进御，署讫，近臣奉出。陵令受讫，奉礼设御位于陵东南隅，

[1]《全唐文》卷484《中书门下贺八陵修复毕表》，第4949页。

乾陵近景

西向；又设位于寝宫之内寝殿东阶之东南，西向……。拜谒日，未明五刻，诸卫量设黄麾大仗于陵寝陈布。……皇帝至寝宫南门，仗卫停于门外。博士引太常卿，太常卿前导皇帝入内门，取东廊进至寝殿东阶之东南，西向立定。太常卿前奏再拜讫，引皇帝升东阶，当神座前，北面再拜讫。又当皇后神座前，再拜讫。入进省服玩拂拭床帐；敕所司进太牢之馔，加备珍馐陈设。太常卿引皇帝出诣酒樽所，酌酒进。皇帝入，奠酒三爵讫，当神座前北面立。太祝二人对持玉册于室户外之右，东向。一太祝东向跪读祝文讫，皇帝再拜又再拜。若更荐奠服玩，即躬自执陈，讫，太常卿引皇帝出户，当神座前北面立。太常卿奏请辞，皇帝再拜又再拜讫，太常卿引皇帝出中门。太常卿奏请权停。其守宫使、内侍官引内官率寝宫内人谒见皇帝。出，侍卫如常仪，还大次。”《新唐书·礼乐志》所载略同。这些记载至少可说明：寝殿有东西二廊；殿中有神位，陈设一如帝王生前所居，床帐、冠冕、衣服，应有尽有。

4. 下宫

下宫即后宫，为守陵宫人所居，以供奉帝王日常饮食起居。“下宫”在陵园中的位置并不确定。唐人杨于陵说：“陵园宫寝，非三代之制，自秦汉以来有之，但相沿于陵旁制寝，未闻去陵有远近步数之节。”韦彤也说：“陵旁置寝，是秦汉之法，择其高爽，务取清严，去陵远近，本无著定。是以今之制置，里数不同，各于柏城随其便地，又非皆在山下也。”据此，则唐陵下宫只是在柏城之内择便地修筑，具体方位并没有什么严格的规定。从宋敏求《长安志》等书的记载来看，唐陵下宫多在陵园的西南部。乾陵下宫在乳台西南，北距梁山 2500 米。今严家嘴村东，陵前村南，邀架宫村北有大面积建筑遗址，唐代砖瓦甚多，疑为乾陵下宫遗址。从现存遗址来看，乾陵下宫是一组规模庞大的建筑群。由于文献资料缺乏，加之又未进行考古发掘，乾陵下宫的布局和陈设目前尚不清楚。

5. 其他

除上述建筑外，乾陵中还有一些设置。比如神游殿、陵署等等。乾陵神游殿在梁山之巅，仿神宫建筑，供死者魂游。陵署是管理陵园的机构，在关中十八陵中普遍存在。唐玄宗天宝十三载二月下令：“献、昭、乾、定、桥五署，改为台令，各升一阶。自后诸陵，例皆称台。”[1]据文献记载和考古资料，乾陵陵署在陵南六里，过去当地人称之为“看墓司”。

二、神秘的地下宫殿

说到乾陵，人们最关心的地方是它的“地宫”。不知有多少人梦寐以求，想弄清其中的奥秘。但是由于缺乏文字记载和考古资料，时至今日，人们对它的具体情况仍然知之甚少。毫无疑问，在进行科学发掘之前，要完全揭开乾陵地宫的秘密是不可能的。不过，我们可以根据文献和考古资料所披露的蛛丝马迹，进行一些有益的探索。

1. 墓门与羡道

羡道也叫“埏道”，就是通常所说的墓道。唐代盛行斜坡墓道，帝王陵墓也不例外。在“堆土成陵”的场合，一般是从土冢之南百余米处下斜凿隧，至于墓室。“因山为陵”的场合，则是从山峰南腰斜凿而下，直入山腹。乾陵即属于后一种情况。

---

[1]《唐会要》卷 20《陵议》，第 397 页。

20 世纪 60 年代，考古工作者曾对乾陵墓道进行过探测。乾陵墓道开凿在南部山腰的青石山脊上，有隧道通往墓门。墓门在隧道的北端，“隧道呈斜坡形，正南北向，全长约 65 米，东西宽 3.87 米，墓门外隧道北端宽 2.75 米，深度只勘查出 2.75 米，由于道内全为铁细腰拴板石条所堵塞，无法继续勘查。墓门及隧道内全用石条迭砌，并用铁细腰嵌住，再用铁浆灌注在石条与铁细腰之间。其上部全为夯土，也相当坚硬。隧道砌石上的夯土厚 2.8 米，夯土层厚 16—23 厘米，石条最长 1.25 米，铁细腰宽长 18—27 厘米、厚 5—8 厘米，重 18—21 斤。隧道内石条上凿有嵌铁细腰的凹槽，有的槽内填满石灰代替细腰，有的凹槽内既不填石灰也不嵌细腰，有的石条上有数个凹槽。石条由南而北顺坡一层一层筑上，夯土亦顺山坡一层层打上去。有的石条上刻‘莱常口’三字。隧道的中腰南部两边石墙上残存石灰及壁画痕迹，道内夯土中夹杂着小砖瓦块、石灰块、小石片，部分地方是一层土一层小石渣。隧道由南到北至墓道口，石条的迭砌可以看出约二十四层。……全部的砌筑是够坚固的。”[1]

乾陵羡道迄今尚未发掘，所以没有确切的数据。从有关资料分析，乾陵羡道的长度应与昭陵羡道相近。《唐会要》卷二十记载，昭陵羡道长七十五丈，合今 232.5 米。因梁山较九嵕山为小，乾陵的羡道可能要短一些。至于羡道的宽度，据考古工作者实测，为 3.9 米。[2] 史载，上元二年（675），皇太子李弘死于合璧宫，唐高宗和武则天十分悲痛，将他追谥为孝敬皇帝，诏“其葬事威仪及山陵制度，皆准天子之礼”[3]，即按天子的规格操办丧事，同时派蒲州刺史李仲寂修造陵墓。李仲寂所修地宫较小，不能容纳送终之具。又派司农卿韦机续成其功。“机始于隧道左右，开便房四所，以贮明器。”[4] 由此看来，唐初献、昭二陵，似无“便房”，乾陵则或许有之。

在已发掘的唐代皇室、贵臣墓道中，如在“号墓为陵”的懿德太子墓和永泰

[1] 陕西省文物管理委员会：《唐乾陵勘查记》，《文物》1960 年第 4 期。

[2] 贺梓城、王仁波：《乾陵》，《文物》1982 年第 3 期。

[3]《全唐文》卷 15《孝敬皇帝睿德记》，第 186 页。

[4]《唐会要》卷 21《诸陵杂录》，第 417 页。

公主墓的墓道中，我们能看到不少壁画。[1] 可以推测，壁画在帝王陵墓的羡道中也是存在的。事实上，考古工作者在乾陵羡道口外的石墙上已发现了石灰和壁画的痕迹。这说明，乾陵羡道经过粉刷，且绘有精美的壁画。此外，羡道内口与墓室之间，很可能有较长的过洞，过洞中有石门。五代时期的军阀温韬在盗掘昭陵时发现，昭陵的石门达五重之多。至于羡道的外口，则以石条封之。可以说，羡道是乾陵地宫的一个重要组成部分。

2. 地下宫殿

经过羡道，即可进入墓室。墓室是地宫的主体。唐代常常以墓室多寡区分墓主人地位的高下，一般官吏为单室墓，重要的文武大臣和宗室密戚为二室墓，因而，皇帝陵墓当为三室，因为皇帝的规格不可能与臣下相等。这一点，我们可以从五代十国时的帝王陵墓中找到旁证：目前已发掘的前蜀王建永陵和南唐二陵都是三室墓 [2]。但是，乾陵是否三室，现在还不能肯定。从《五代史》所载温韬进入昭陵地宫时所见到的情况及《大唐元陵仪注》所反映的情况分析，乾陵也可能是巨大的单室墓。不过，即使是大型单室墓，也可能象征性地分为前中后三个部分。关于乾陵墓室的形状，从唐人的宇宙观念和已发掘的王公大臣、皇亲国戚及六朝五代帝王陵墓分析，当是上圆下方，顶部为穹隆式，底部呈四方形的。至于墓室的大小，虽然目前尚无具体材料可资说明，但肯定不是“足容一棺”而已，相反，比我们看到的永泰公主墓、懿德太子墓及南唐二陵的墓室都要大得多。《长安志》载，乾陵封域为 80 里。地面气派如此宏大，地下规模绝不可能低矮窄小，这是可想而知的。《新五代史・温韬传》载，温韬入昭陵地宫，见“宫室制度宏丽，不异人间”。昭陵如此，乾陵至少也是如此。

3. 地宫中的陈设

乾陵地宫里有什么东西？《大唐元陵仪注》等资料给我们提供了一些唐陵地宫的信息：在地宫的中室或中部，有所谓“棺床”。棺床上分别停放着唐高宗和武则天的“梓宫”，也就是棺椁。棺材的底部有防潮材料及珍宝之类，上加“七

[1] 王仁波：《唐懿德太子墓壁画题材分析》，《考古》1973 年第 6 期。

[2] 李志嘉：《王建墓》，《文物》1980 年第 6 期；南京博物馆：《南唐二陵发掘报告》，文物出版社 1957 年版。

星板”。板上有席、褥，旁置衣物及珪、璋、璧、琮、琥、璜“六玉”。唐高宗、武则天穿一百二十套大敛之衣，口含贝玉，仰卧于褥上，面对棺盖。棺盖内侧镶有黄帛，帛上画着日月星辰及龙鱼等物。地宫的后室或后部设有石床，石床及其周围放置着衣冠、剑佩、千味食及死者生前的玩好之物。前室或前部则设有“宝帐”。账内设有神座。神座之西，放着玉制的“宝绶”“谥册”和“哀册”。神座之东，放着一些“玉币”。周围置有“白佩”“素幡”“明器”等等[1]。此外，乾陵地宫中还藏有许多书画古籍[2]。在众多的殉葬品中，数量最大的要数明器。从《大汉原陵秘葬经》[3]《宋会要辑稿》《宋朝事实》及有关考古发掘报告所提供的材料推测，乾陵地宫中有数以千计的陶质、瓷质、木质明器。这些明器大都经过锦绣金银装饰，极为精美。此外，金银珠宝也是重要的殉葬品。尽管唐代帝

乾陵远景

[1]〔唐〕杜佑：《通典》卷 86《礼典四十六 · 凶礼八》，中华书局 1988 年校点本，第 2348–2349 页。

[2] 武则天在《述圣纪》中说：乾陵不藏金宝，唯藏所习之书。见《全唐文》卷 95，《唐文续拾》卷 1，《金石萃编》卷 60。

[3] 见《永乐大典》卷 8199。

王临终时都对他们的子孙说“园陵制度，务从节俭”[1]，“不得以金银锦彩为饰”[2]，但他们的子孙的所作所为正好与此相反。如唐高祖去世后，太宗令依长陵故事，务存崇厚。大臣虞世南认为不可以这样铺张浪费，太宗还是固执己见：“朕既为子，卿等为臣，爱敬罔极，义犹一体，无容固陈节俭，陷朕于不义也。”[3]德宗在安葬代宗时，甚至下诏说：“应缘山陵监护卤簿等事，……不得节减。尽库藏之所有，成迁厝之大仪。”[4]后来唐僖宗曾自供说：“累朝遗制，毕及山陵，以汉文薄葬之词，为烈圣循常之命。约锦绣金银之饰，禁奢华雕丽之工，皆例作空文，而并违先旨。”[5]因此，乾陵地宫中也可能存放着金玉宝器。

第四节　乾陵的石刻艺术

乾陵不仅以规模宏大著称，而且以石刻众多闻名。在乾陵陵园中，有数以百计的石刻。这些石刻或高大雄伟、气势磅礴，或鬼斧神工、玄妙莫测，或造型逼真、栩栩如生，都是珍贵的艺术品。无论从数量还是质量上来看，都远远地超过了前代陵墓石刻，并对后世产生了重要影响。可以说乾陵石刻在中国古代帝王陵墓石刻中具有划时代的历史意义，集中反映了唐代石刻艺术的最高成就，同时也从一个重要的侧面反映了唐朝的历史状况和唐代文化的特点。

乾陵石刻是按照唐代帝王生前的仪卫制作的，主要有华表、瑞兽、祥鸟、仗马、侍臣、狮子、蕃像和石碑等十余种。从有关资料来看，这些石刻以现实生活中的侍臣和仗马为主，又增加了体现符瑞思想的祥鸟瑞兽。根据这些石刻所反映的内容，大体上可将这些石刻划分为四类，即：陵墓标志、祥瑞鸟兽、仪卫人马

[1]〔宋〕宋敏求：《唐大诏令集》卷 11《遗诏上·大帝遗诏》，商务印书馆 1959 年版，第 68 页。

[2]《唐大诏令集》卷 11《遗诏上·代宗遗诏》，第 68 页。

[3]《通典》卷 79《礼三十九·凶礼一》，第 2147 页。

[4]《唐大诏令集》卷 76《陵寝上·充奉·厚奉建陵诏》，第 431 页。

[5]《唐大诏令集》卷 12《遗诏下·僖宗遗诏》，第 72 页。

和纪念性石刻。有唐一代，这些石刻曾发生过一系列变化。通过这些变化，可以清楚地看出唐代雕刻艺术发展的轨迹。

一、标志性石刻

乾陵中的标志性石刻只有一种，那就是华表。华表又叫“石柱”“石望柱”，在唐陵中位于神道的最南端，大气磅礴，十分醒目，是唐陵神道的标志。人们来到唐陵，最先看到的石刻一般都是华表。

据文献记载，华表起源很早，起初只是用作“谤木”或路标，与陵墓没有什么关系。相传尧、舜的时候为听取批评意见而设置了华表，让人“书其过以表木”，故时人称之为“诽谤之木”。[1] 后来人们逐渐发现华表可以作为交通标志，便在城门、桥梁、邮亭等处立华表“以表识路衢”[2]。大约到春秋时期，才将华表用于陵墓。战国时代的燕昭王墓前即树有华表。两汉时一些诸侯王和一些官僚贵族的墓前也置有华表。当时的华表多为木质，不可能长期保存，所以现在已很难看到。我们所能看到的只有用石头雕成的“刘君墓表”和“秦君神道前石柱”。[3] 魏晋南北朝时期，华表的使用亦较普遍，特别是在南朝，陵墓上列置华表已成定制。这一时期的华表多为石质，造型较为古朴，一般由底座、柱身和顶盖三个部分组成。底座下方而上圆，雕有首尾相交的蟠螭。柱身为圆形，有棱纹装饰。顶盖为覆莲形，上有小辟邪一只，与汉代华表造型相似。[4] 由于华表历史悠久，且在六朝时期已用于帝王陵墓，故唐代帝王陵墓中出现华表就不足为奇了。

乾陵华表通体约 7.5 米，比献陵华表略高。础石四周线雕云纹，石座置于础石之上，四周线雕祥兽纹。石座为覆莲式环座。环座中部有卯。柱身底部有榫，榫插入覆莲环座中的卯内。柱身为八棱，向上收杀，每面最宽为 49 厘米。各棱

---

[1]〔战国〕吕不韦：《吕氏春秋》卷 24《自知篇》。

[2]〔五代〕马缟：《中华古今注》卷上《尧诽谤木》，中华书局 1912 年版，第 3 页。

[3] 苏天均：《北京西郊发现汉代石阙清理简报》，《文物》1964 年第 11 期。

[4] 姚迁、古兵：《六朝艺术 · 前言》，文物出版社 1981 年版，第 2—3 页。

乾陵华表

面线雕缠枝海石榴花纹，为抱合式二方连续图案。顶部由宝珠、八棱面盘和仰莲盆组成，宝珠由八棱面盘托承，盘置于仰莲盆中，盆则置于柱身之上。这种造型与献陵华表不尽相同，显然是受佛教的影响。武则天自幼相信佛教，与佛教的关系较为密切，在改唐为周的过程中又曾得到佛教的支持，所以当皇帝时大力提倡佛教，在全国范围内掀起了崇佛高潮。武则天死后，唐中宗和唐睿宗也推崇佛教，因而佛教影响到社会生活的许多领域。艺术领域也是如此。武则天和唐高宗在给太子弘修建恭陵时，就曾以莲花为饰。恭陵华表的顶端就是一个含苞待放的莲花。乾陵华表顶端的宝珠，与洛阳天枢上的火珠相似，实际上就是佛教中的摩尼珠。莲花座和花莲盘也与佛教有关。莲花是佛教中的圣草，佛经中有步步生莲花之说，故与佛教有关的艺术品常以莲花作为装饰。乾陵华表雕刻精美，气势非凡，是唐陵华表中具有代表性的作品。乾陵以后诸陵的华表，均受到乾陵华表的影响。

二、祥瑞鸟兽

乾陵中的祥瑞鸟兽计有凤凰、鸾鸟、天马、麒麟等。

1. 凤凰、鸾鸟

乾陵石刻中有石鸟的形象。石鸟在石刻组合中位于瑞兽和仗马之间。现在学术界对这些鸟的看法不一致。有人说是“朱雀”，有人说是“鸾鸟”，有人则说是“鸵鸟”。事实上，这些鸟是一种表示吉祥的鸟。为了便于说明，这里姑且径称之为“祥鸟”。

乾陵祥鸟的设置可能与朱雀、鸾鸟有关。朱雀本来是二十八宿中南方七宿的总称。《三辅黄图》卷三《汉宫》条载：“苍龙、白虎、朱雀、玄武，天之四灵，以正四方，王者制宫阙殿阁取法焉。”南方七宿即井、鬼、柳、星、张、翼、轸七个星座。这七个星座联合起来构成了一个鸟的形状，很像丹鹑：井、鬼二宿为鹑首，柳、星、张三宿为鹑身，翼、轸二宿为鹑尾。又因南方属火，朱为赤色，象火，所以古人便把南方七宿组成的这个鸟称为朱雀或朱鸟。《史记・天官书》即有“南宫朱鸟”的说法。自秦汉以来，人们一直把朱雀当作南方的标志，同时也把它当作南方的神灵来看待。在古人看来，天上有朱雀，人间也应当有这种鸟，所以就图写其形，以示吉祥。汉代瓦当和画像石上有许多朱雀图案，说明朱雀的观念在当时已经深入人心。汉人所画的朱雀和传说中的鸾鸟颇为相似。鸾鸟是凤凰的一种。文献记载：“凤，瑞应之鸟也。其雌曰凰，鸡头蛇颈燕颔，龟背鱼尾，五色具采，其高六尺。”[1]传说凤凰有五种，毛色多青者为鸾。《说文解字》卷四《鸟部》说：“鸾，亦神灵之精也。赤色，五彩，鸡形。鸣中五音。”《太平御览》卷九一六《羽族部》说：鸾“高五尺，鸡首燕颔，蛇颈鱼尾，五色备举而多青”。鸾鸟既与凤凰有关，所以也是一种祥鸟。《山海经》卷二《西山经》说：女床之山有鸟焉，“其状如翟而五采纹，名曰鸾鸟，见则天下安宁”。唐人认为，朱雀是“四像”之一，存在于天上，而凤凰是祥鸟，存在于人间；凤凰来朝则天下太平。故对凤凰非常迷信。史载：唐高宗“上元三年十一月一日，陈州上言：‘宛丘县凤凰集，众鸟数万，前后翔从，行列齐整，色别为群。’三日，遂改元仪凤。”[2]因凤凰出现而将皇帝的年号改为“仪凤”，可见时人对凤凰的重视程度。由此说来，乾陵神道上设置的祥鸟很可能就是凤凰的形象。乾陵有了这种鸟，定、桥等陵也就模仿设置，以示太平、吉祥。

乾陵现存祥鸟看上去很像鸵鸟，所以不少人都认为它是鸵鸟而不把它和凤凰

[1]《中华古今注》卷下《玄晏先生问凤》，第 40 页。

[2]《唐会要》卷 28《祥瑞上》，第 533 页。

联系起来。凤凰是意念中的祥鸟，而鸵鸟则是现实存在的珍禽。在上新世及更新世，我国北方黄土高原地区就曾有鸵鸟分布。但后来由于自然环境的变迁，鸵鸟在我国境内消失了，仅存在于非洲等地。所以我国早期的历史文献中没有对鸵鸟的记载。自汉武帝开通丝绸之路以后，西域有些国家把鸵鸟蛋和鸵鸟作为贡品送到中国，中国人才对它有了初步的认识。鸵鸟是世界上体形最大的鸟，“举头高七八尺，张翅丈余”，“雁身驼蹄，驰走如疾，日行七百里”，还能“食铜铁，啖火炭”，具有超乎常鸟的特性。中国人很少见到这种鸟，所以对它很感兴趣。据说汉武帝时，安息国进贡鸵鸟蛋，武帝看后大悦。东汉时班超从西域献鸵鸟，汉明帝当即下诏让曹大家为之作颂。到了唐代，中国和西域北非诸国交往更加频繁，故对鸵鸟的认识进一步加深。高宗永徽年间，吐火罗遣使献大鸟（鸵鸟），高宗将其献于昭陵。有人说：“唐高宗可以把吐火罗贡献的鸵鸟作为珍禽和纪念物献于昭陵，而武则天把鸵鸟作为‘圣君世’‘祥瑞出’的珍异和大唐皇帝怀远之德的象征，雕成石鸵鸟置于乾陵就是不难理解的事情了。”[1] 的确，唐高宗曾于永徽元年五月把吐火罗国所献大鸟献于昭陵，并“刻像于陵之内”[2]，但要说武则天把鸵鸟作为珍异和大唐皇帝的怀远之德的象征而置于乾陵则缺乏根据。昭陵鸵鸟完全是按吐火罗所进大鸟雕刻的，采用的是写实的手法，当时太宗山陵已经建好，不可能置于神道，只能置于北阙。而乾陵祥鸟则与瑞兽一起置于神道两侧，其形象也与鸵鸟有显著的差别。这说明乾陵大鸟与昭陵鸵鸟是不完全相同的，不是现实生活中的鸵鸟，而是一种祥鸟。武则天很重视符瑞，但她并不把鸵鸟当祥鸟看待。在唐代的“大瑞”中并没有鸵鸟。[3] 唐人所迷信的祥鸟不是鸵鸟而是凤凰。由于唐人没有真正见过凤凰，只见过鸵鸟，而鸵鸟的形象与文献中所说的凤凰或鸾鸟颇有相似之处，故在雕刻凤凰时，也可能参考过鸵鸟的样子。如果我们把唐陵中的祥鸟集中起来加以考察，就会发现这些祥鸟与现实生活中的鸵鸟还是有差别的，鸡头，蛇颈，燕颔，鱼尾，似乎更接近于传说中的鸾鸟或凤凰。

---

[1] 李毓芳：《唐陵石刻简论》，《文博》1994 年第 3 期。

[2]《册府元龟》卷 30《帝王部·奉先三》，第 323 页。

[3]〔唐〕李林甫等：《唐六典》卷 4《尚书礼部》，中华书局 1992 年版，第 114 页。

乾陵祥鸟浮雕在瑞兽北 23.6 米处的石屏上。身高 1.8 米，长 1.4 米，做侍立状，昂首挺颈，腿长颈直。石屏与石座相连，石座下为础石。这种雕刻方法与其他石刻的雕法是很不相同的，在乾陵中可谓独树一帜。此外，祥鸟的造型也与其他陵寝中的鸟儿不同。其他祥鸟的颈部都是弯曲的，唯独乾陵祥鸟做昂首远视之状。有人说这是武则天性格的反映。是否如此，还有待于进一步考证。

2. 天马、麒麟

乾陵神道上有头上长角、身上长翅的瑞兽。瑞兽位于石鸟和华表之间，看上去形状古怪，似马非马，似鹿非鹿，很难给它下一个确切的定义。有人把它叫作“天马”，有人把它叫作“翼马”，有人把它叫作“天禄”“麒麟”，还有人把它叫作“獬豸”“独角兽”。虽然称谓不同，说法有异，但都认为它是一种表示吉祥的动物。为便于说明，这里姑且称之为“瑞兽”。从实物来看，乾陵瑞兽大体上可以划分为两种：一种头上无角，似马；一种头上有角，如麟。故需具体分析，不可一概而论。

头上无角的瑞兽，看上去是“天马”的形象。这种瑞兽身上有翼，又很像马，所以把它称为“翼马”也是比较恰当的。文献记载：“马成之山，其上多文石，其阴多金玉，有兽焉，其状如白犬而黑头，见人则飞，其名曰天马。”[1] 天马又称龙马，“有角为奇”，“骼上有翼”，“腾虚逐日，两足倚行，或藏形于空中，唯闻声耳”[2]。龙马（即天马）“鸣声九音，有明王则见”[3]。所以自古以来，人们即将天马当作瑞兽看待。据说天马归于有德，出现于明王之世，可以降万国，服四夷，是“天下太平”的标志。但这样的天马大概谁也没有见过。到了汉代，便将从乌孙和大宛得到的好马称之为“天马”。司马迁在《史记》中记载了这件事，他说：“天子发书《易》云：‘神马当从西北来’。得乌孙好马，名曰‘天马’。及得大宛汗血马，益壮，更名乌孙马曰‘西极’，名大宛马曰‘天马’云。”[4]

[1]《山海经》卷 3《北山经・马成山》。见袁珂《山海经校注》卷 3，上海古籍出版社 1980 年版，第 86 页。

[2]〔唐〕欧阳询：《艺文类聚》卷 99《祥瑞部・马》，中华书局 1965 年版，第 1914 页。

[3]《艺文类聚》卷 99 引《瑞应图》，第 1714 页。

[4]〔西汉〕司马迁：《史记》卷 123《大宛列传》，中华书局 1959 年版，第 3170 页。

班固在《汉书》中也说："（武帝太初）四年春，贰师将军广利斩大宛王首，获汗血马来，作《西极天马》之歌。"元鼎四年六月"得宝鼎后土祠旁。秋，马生渥洼水中。作《宝鼎》、《天马之歌》。"[1]唐人对"祥瑞"十分重视，大抵前代所形成的祥瑞观念都被继承下来，认为庆云、嘉禾、白狼、麒麟、凤凰、神龟、龙马的出现都是吉祥嘉瑞的表现。唐代版图空前辽阔，势力远达葱岭之西，汉代的乌孙、大宛，皆在封疆之内，自然会得到中亚名马，自然会把这些名马与天马联系起来，自然会像汉代人一样，把天马当作瑞兽看待。盛唐时期，李邕曾向玄宗进献了一匹"肉鬃鳞臆"的"龙马"，并上奏说："圣主将得龙马，以应太平。"[2]这说明唐人确实也是将天马当作瑞兽看待的。武则天在给唐高宗修乾陵时，立《述圣纪》碑，高度赞扬唐高宗的历史功绩，至于将天马置于陵所，显然也是以此嘉瑞来表示明君盛世。

头上有角的瑞兽，有如传说的"麒麟"。这种瑞兽从头上看像鹿，从脸上看像兽，从身上看像马，从脚上和尾上看又像是牛，所以人们看到这种瑞兽，都会感到奇怪，往往说不出这是什么动物。就连从事考古的专家也有不同的看法，有的说这是"天禄"，有的说是"独角兽"，有的说是"獬豸"，有的则说是"麒麟"。这些说法似乎都有一定的道理。"独角兽"是现在人通俗的说法，古人一般称之为"獬豸"。汉代人杨孚在《异物志》中说："北荒之中有兽，名獬豸，一角，性别曲直。见人斗，触不直者。闻人争，咋不正者。楚王尝获此兽，因象其形，以制衣冠。""天禄"与"麒麟"相似，都是传说中的瑞兽，其区别主要是天禄无角而麒麟有角。古人对天禄的解释比较混乱，有的说天禄一角，有的说天禄二角。但从较早的文献来看，一角者为麒麟，二角者为辟邪，无角者才是天禄。南朝陵墓石刻中长尾鳞甲，昂首吐舌，毛发卷曲的猛兽中有天禄，有麒麟，也有避邪。文献记载，"麒麟兽有翼能飞"[3]。又说"麟，麇身，马足，牛尾，黄色，圆蹄，一角，角端有肉"[4]，

[1]〔东汉〕班固：《汉书》卷 6《武帝本纪》，中华书局 1962 年版，第 202、184 页。

[2]《册府元龟》卷 24《帝王部・符瑞》，第 262 页。《新唐书》卷 36《五行・马祸》，第 953 页。

[3]〔唐〕徐坚：《初学记》卷 29《兽部・麟》，中华书局 1962 年版，第 700 页。

[4]《艺文类聚》卷 98《祥瑞部上・麟》引《毛诗义疏》，第 1706 页。

乾陵翼马

“麇身而牛尾，狼项而一角，黄色而马足”[1]。这些记载大体上勾画出了麒麟的形象，桥陵的独角瑞兽与这种形象基本相同，故应视为麒麟。麒麟历来被视作“仁兽”。《太平御览》卷八八九兽部麒麟条引《春秋感应符》曰：“王者德化旁流四表则麒麟出其国。”故唐代帝王也很重视这种“仁兽”，在颁发有关祥瑞的诏令中，往往把“麒”作为“大瑞”提出：“依制令，诸祥瑞若麟凤龟龙之类，依图书大瑞者，即随表奏。”[2]史载，唐高宗龙朔三年十二月十六日，绛州出现了麒麟。二十六日，含元殿前又发现了麒麟的脚印。“至来年正月一日，改元麟德。”[3]由此看来，把麒麟作为瑞兽置于陵墓的寓意当与天马相同。

唐初献昭二陵中尚无瑞兽，唐陵置瑞兽是从乾陵开始的。乾陵瑞兽在华表以北 30 米处，两者形制略有差别。东边的瑞兽体形较小，身长 2.97 米，胸宽 1.17 米，身高 2.3 米，披鬃，瞋目，闭口，躯体圆丰、四腿直立，足为马蹄，腹下透雕，两肋雕饰五层卷云纹翼翅，翼翅犹如前锐后阔的扇面。西列瑞兽较大，额上有角，其余造型与东边的略同。两个瑞兽的四足和尾部均与石座相连。石座置于础石之上，四周线刻花纹图案。花纹图案相当精美，有飘浮的祥云，纤丽的花草，还有奇特的动物。神龙在云气间翻腾怒吼，獬豸张牙舞爪，狮象奔驰追逐。整个图案布局巧妙，浑然一体，具有很好的装饰效果。

3. 狮子

[1]〔萧梁〕沈约：《宋书》卷 28《符瑞志中》，中华书局 1974 年版，第 791 页。

[2]《唐会要》卷 28《祥瑞上》，第 531 页。

[3]《唐会要》卷 28《祥瑞上》，第 533 页。

据文献记载，乾陵共有八蹲狮子。经过一千多年的风雨沧桑，有些狮子被毁坏了，但有些仍完整地保存下来。狮子不在神道上，而在陵园四门之外，也是乾陵中十分醒目的石刻。

狮子作为陵墓石刻始于东汉，魏晋南北朝时期，陵墓置石狮更为常见。帝陵置石狮当以北魏静陵最早。南朝人臣墓置石狮，帝陵则置天禄、辟邪。唐初李虎、李昞被追封为帝，永康陵和兴宁陵均置石狮，昭陵以南的礼泉县后寨村有石狮一对。自乾陵始，以后诸唐陵之陵园四门外各置石狮一对。

狮子原产于非洲和亚洲西部，大约在西汉时期传入我国。《汉书·西域传》载：汉武帝时，“巨象、狮子、猛犬、大雀之群食于外囿，殊方异物，四面而至”。大概自张骞开通丝绸之路以后不久，我国就有了狮子。从东汉开始，西域诸国常把狮子作为贡品献给中国。《后汉书·章帝纪》载：章和元年“西域长史班超击莎车，大破之。月氏国遣使献扶拔狮子”。章和二年，“安息国遣使献狮子扶拔”。西域诸国之所以向中国贡献狮子，主要是因为他们把狮子奉为神兽的缘故[1]。但当时中国人见到狮子只是觉得高大、凶猛、稀奇，并没有把它当神兽来看待。后来随着佛教的传入，才对它重视起来。狮子在佛教中被神化。佛教比喻佛祖讲经“演法无畏，犹狮子吼。其所讲说，乃如雷震”，又说“佛为人中狮子”。故人们开始敬畏狮子。狮子被描绘成“铜头、铁额、钩爪锯牙、弥耳宛足、目光如电、声吼如雷”的“绝域之神兽”，说它有“拉虎吞貔，裂犀分象”的本领。人们在敬畏狮子的同时，又把狮子雕成石像，置于门外，让它代替辟邪，成为大门的卫士。魏晋南北朝时期，西域向中国贡狮子的记载屡见于史书。社会上所雕凿的石狮也进一步增多。不仅宫殿门外有了狮子，而且石狮也被置于陵园门外，成为陵墓石刻中的新成员。唐代中外关系进一步发展，中亚和西亚地区的国家亦多次遣使献狮。在唐人看来，“狮子为兽中之王”，“虎见之而伏，豹见之而睨，罴见之而跃”，以狮护门可固若金汤。故唐陵石狮均置于陵园四门之外。

从有关资料来看，唐陵四门外置狮当始于献陵。献陵石狮为母狮，有人称之

[1] 李毓芳：《唐陵石刻简论》，《文博》1994 年第 3 期。

为“石虎”。昭陵石狮在造型上为行狮，四蹄拉开，昂首挺胸，凝视远方，牙齿外露，鬃毛后披，也是一种母狮的形象。这种造型在武则天生母杨氏顺陵中达到高峰。顺陵的行狮是雄狮，体形很大，头高 3.05 米，身长 3.61 米，胸阔 1.4 米，可谓之“巨狮”。狮头高抬，张口如吼，鬃毛卷曲后披，四肢强劲有力。体形饱满，肌肉发达，威武雄壮，令人惊叹。唐高宗和武则天在给太子弘修恭陵时，始在陵前设置蹲狮，至乾陵遂为定制。乾陵门狮左右分列，5 个保存较好，3 个已经残缺。狮高 3.35 米，宽 1.3 米，做工精致，看上去高大凶猛，威慑力很强。初唐献陵、昭陵的狮子在造型上为行走式，在雕刻方法上尚有魏晋遗风。乾陵门狮由走式变为蹲踞式，体形高大，造型夸张，雕工精良，气宇轩昂，既保持了狮凶猛强劲的特性，又使狮的造型理想化，增强了狮子的装饰效果。以后诸唐陵石狮，均为蹲踞式。

乾陵石狮

三、仪卫人马

乾陵中的仪卫人马计有两种：一种是文武侍臣，一种是立仗马。

1. 文武侍臣

侍臣即通常所说的翁仲。据说翁仲本是秦朝的一位将军，后来才演变为对陵墓石人的称呼。《山堂肆考》载：“翁仲姓阮，身长一丈二尺。秦始皇并天下，使翁仲将兵守临洮，声振匈奴，秦人以为瑞。翁仲死，遂铸铜像，置咸阳司马门外。”《广舆记·陕西临洮府名宦》载：“阮翁仲，身长二丈三尺，……始皇时拜临洮守，威震匈奴。及卒，始皇铸为像，置咸阳宫司马门外，匈奴至者皆下拜。”《古今图书集成·坤舆典》载：“始皇并天下，使翁仲将兵守临洮，声振匈奴。秦人以为瑞。翁仲死，遂铸铜为像，置之咸阳宫司马门外，匈奴见之者犹以为生。故古墓之间皆用之。”从文献记载来看，墓上设置翁仲始于汉代。而帝王陵前置石人要以北魏孝庄帝静陵和西魏文帝永陵的石人为早。唐代恭陵“号墓为陵”，神道两侧即有翁仲三对。乾陵、定陵和桥陵各有十对石人，均双手拄剑；泰陵以下十三座唐陵也各有十对石人，但东西二列有别，左文右武，文者握笏、武者拄剑。唐人封演说：“石人、石柱之属，皆所以表饰坟垄，如生前之像仪卫耳。”这话是很有道理的。《隋书·礼仪志》记载：“梁武帝受禅于齐，侍卫多循其制，正殿、便阁及诸门上下各以直阁将军等直领，……行则仪卫。”唐初用隋礼。乾陵、定陵和桥陵石人当属皇宫仪卫，身份可能为直阁将军、殿中将军或侍郎。泰陵及以后诸唐陵石人、左文右武，这与当时唐陵石刻追求进一步的对称布局有关，另外也反映了那时朝仪制度的变化。《唐会要》卷二十五记载：“文武官行立班序：通乾观象门外序班，武次于文，至宣政门，文由东门而入，武由西门而入，至阁门亦如之。”

乾陵石人

唐代诸陵翁仲布局大体相同，但造型颇有差异。乾陵翁仲位于仗马之北，共十对，每对南北间距 18.5 米，东西列石人形制相同。身高一般为 3.87 米，头戴帻冠，长袖阔带，脚着长靴，双手拄剑，神态各异。乾陵翁仲数量较多，在雕刻方面很有特点。这些翁仲都是用整块巨石雕成的艺术品。大者将近四米。从近处看身长腿短，似乎比例失调。但从远处看，却凝重自然，协调大方，有很好的视觉效果。无论是文臣还是武将，都显得庄严肃穆，富有情感。他们冠服不同，神态各异：有的老成持重，满腹经纶；有的魁伟雄健，威武刚强；有的持笏在手，若有所思；有的双手拄剑，默不作声……。从这些翁仲身上，我们可以看出唐代雕刻艺术的阳刚之美。

2. 立仗马

乾陵祥鸟之北有五对醒目的高头大马，人们在习惯上称之为“石马”。这些石马不是战马，也不是普通的马匹，而是充当仪卫角色的“仗马”。古人认为“在天莫如龙，在地莫如马”。马是“甲兵之本，国之大用。安宁则以别尊卑之序，有变则以济远近之难”[1]，因而对马特别重视。秦始皇陵有兵马俑，汉景帝阳陵也有兵马俑，从庞大的战马群体可以想见当时对马的重视程度。自霍去病墓前列置石马之后，人臣墓石马者渐多，帝王陵前也开始设置石马。唐人封演在《封氏闻见记》中说：“秦汉以来，帝王陵前有石麒麟、石辟邪、石象、石马之属；人臣墓前有石羊、石虎、石人、石柱之属；皆所以表饰坟垅，如生前之仪卫耳。”[2]这就是说，石马等石刻的设置，是模仿帝王生前和仪卫，唐陵石马的设置也是如此。

秦汉以来帝王陵墓上的石马目前尚未发现，可能已不复存在，文献中也没有留下具体的记载，其形制和布局已不得而知。但唐陵神道上的石马现在仍可以看到不少实物。从这些实物来看，绝大多数陵墓都是十匹马，分为五对，排列在神道的两侧。这些石马象征帝王生前立于宫殿之外的仗马，仗马是天子仪仗的一个组成部分。《新唐书》卷 47《百官志》载：“飞龙厩日以八马列宫门之外，号南衙立仗马，仗下，乃退。”《唐会要》卷 65 载：“天宝八载七月二十五日敕，自今南衙立仗马，宜停，其进马官亦省，十二载正月，杨国忠奏置立仗马及进马官。”又载：“大历十四年七月十日，闲厩使奏置马随仗，当使准例，每日于月华门立马八匹，仗下归厩去。”从这些记载来看，唐代南衙外的仗马为八匹，而唐陵神道上的仗马为十匹。对此有人感到不解，说取数为十，当与太宗时期的“十

[1]《后汉书》卷 24《马援列传》，第 840 页。

[2]〔唐〕封演：《封氏闻见记》卷 6《羊虎》，中华书局 2005 年版，第 58 页。

骥”有关。事实并非如此。《旧唐书》卷44《职官志三》载：“进马旧仪：每日尚乘以厩马八匹，分为左右厢，立于正殿侧宫门外，候仗下即散。若大陈设，即马在乐悬之北，与大象相次。进马二人，戎服执鞭，侍立于马之左，随马进退。”显然，宫外常设仗马是八匹，而大陈设时还有两匹，加起来正好十匹。唐以后历代的仗马大体上都是十匹。至于北门外设六匹仗马，大概是用来代表“六闲”的。仗马要经过严格的挑选和训练。《新唐书》卷223上《李林甫传》载：李林甫居相位凡十九年，固宠市权，欺下瞒上。谏官皆待禄养资，没有人敢出来诤谏。有一个姓杜的补阙上书言事，被贬为县令。为防止其他人言事，李林甫说：“明主在上，群臣皆顺不暇，亦何所论？君等独不见立仗马乎，终日无声，而饫三品刍豆，一鸣，则黜之矣！后虽欲不鸣，得乎？”由此可见，所谓“仗马”实际上就是仪仗之马，每日要在“进马官”的控制下立仗充当仪卫，不能鸣叫，也不能随便走动。朝堂外立仗马是为了显示朝廷的礼仪。陵墓神道上仗马自然也是要显示帝王生前的威仪。唐陵除在陵前神道设十匹仗马外，还在陵的北门置仗马六匹，其用意与南门外神道仗马相同。

唐陵置仗马可能开始于太宗昭陵。唐人封演说：“国朝因山为陵，太宗葬九嵕山，门前亦立石马。陵后司马门内，又有蕃酋曾侍轩禁者一十四人石像。”[1]但昭陵石马已不存在，究竟是否有仗马，很难做出判断。乾陵以下，仗马和“进马”（即控马者）犹存，很可玩味。乾陵神道仗马五对，每匹长约2.8米，高约1.9米，头有衔镳，背置鞍鞯，披障泥，备马镫，身着鞅鞦。各马的细部不大相同。马鬃多为披鬃，也有栽鬃和三花。马尾有垂尾，也有缚尾。马饰有的鞅、鞦系挂杏叶；有的鞅、鞦系挂珂饰；有的鞅系杏叶，鞦系条饰物；还有的鞅、鞦系珂饰，少数仗马于鞍后置火珠。原先各马左侧可能都有一位控马者，现在东列南数第一至第三和西列南数第一至第四仗马的旁边各有控马者一人，略如《唐六典》所载之制。乾陵北门外阙址北90米有一对仗马，东西列间距29.9米，东列仗马北15.5米，又有仗马和控马者石座，其大小和形制与神道者相同。从这些情况我们可以看出

[1]《封氏闻见记》卷6《羊虎》，第58页。

唐陵的仗马制度，即南门外神道置仗马五对，北门外三对，每匹仗马旁均有控马者，且大小、形制相同或者相似。

仗马是唐代从“六闲”中挑选出来的体形、毛色、个性最好的马，也是最聪明的骏马。唐人挑选骏马的标准依然是：头要方，目要明，眉骨要高，耳朵要竖，鼻孔要大，脊背要强，腿膝要长，等等。[1]这些特点在乾陵仗马身上都得到了体现。仗马照例都要进行装饰。唐代文献中没有留下如何装饰仗马的资料，我们可以从后代的情况加以推测。《清会典图》载清代仗马身上装饰得珠光宝气，看上去十分华丽。《三才图会》上所会明代仗马也很华贵。唐代的仗马要享受三品官的待遇，想必也装饰得十分豪华。从乾陵实物来看，仗马头上的络头，额上的叶形当颅，身上的攀胸、鞅鞦、火珠等装饰都十分考究。仗马在雕刻方面趋于写实。马头一般不大，而马肌均较发达。腿部因要支撑庞大躯体显得较为粗壮，其余部分比例匀称，看上去很有精神。

四、纪念性石刻

关中唐陵中的纪念性石刻也不少，主要有蕃臣和石碑等。

1. 蕃臣

乾陵陵园中的石人，除司马道两侧的文武侍臣和仗马旁边的“进马”以外，还有一些少数民族石像。人们在习惯上称之为“蕃像”“诸蕃君长像”或“宾王像”。唐朝以前，坟墓上很少设置蕃像，除西汉霍去病墓石刻中有“马踏匈奴”和“野人”像以外，其他坟墓尚无设置蕃像的记载，帝王陵墓中更无设置蕃像者。但到了唐朝，情况发生了很大的变化。乾陵中蕃像大量出现，这是乾陵石刻的一个显著特点。

唐陵设置蕃臣像始于太宗昭陵。唐太宗在位期间，比较注意处理中央政权与周边少数民族之间的关系，实行了开明的民族政策。当时少数民族纷纷表示归附，

[1]《初学记》卷 29《马第四 · 相马经》，第 703 页。

出现了前所未有的盛况。故唐高宗在为太宗皇帝举行葬礼时，率先在昭陵设置了蕃像。《唐会要》卷二十载："上欲阐扬先帝徽烈，乃令匠人琢石，写诸蕃君长贞观中擒伏归化者形状，而刻其官名。"当时雕刻的蕃像共有十四个，人称"十四国君长像"。

乾陵中蕃臣像大量增加，并分为两组，每组南北四行，东西八排，分别待立于南门阙内的东西两侧。其总数达到 60 余人。从有关资料来看，乾陵蕃臣像的增加与唐高宗和武则天时期的民族状况有密切的关系。在唐高宗和武则天统治时期，唐朝的国力空前强大，统治势力北逾大漠，西越葱岭，达到中亚的两河流域。周边少数民族与唐的往来十分频繁，"四夷酋长"多被任命为唐朝的地方官，同时在朝廷担任十二卫大将军等职。根据这种情况，神龙元年（705）唐中宗在埋葬武则天时，就仿照唐高宗埋葬太宗时的做法，把当年曾"侍轩禁者"，即曾在朝廷中任职的蕃酋 60 余人雕刻成像，置于乾陵，以反映唐高宗和武则天的统治权力及各民族对唐王朝的臣属关系。宋人赵楷在为游师雄《乾陵图》所写的"记"中说："乾陵之葬，诸蕃之来助者何其众也。武后曾不知太宗之余威遗烈，乃欲张大夸示来世，于是录其酋长六十一人，各肖其形，镌之琬琰，庶使后人皆可得而知之。"[1] 后人多据此发挥，认为这些蕃臣是营建乾陵时前来助役的人或者是前来祭奠唐高宗的人。事实并非如此。因为乾陵有些蕃臣像的衔名中有"故"字，也就是说，在唐高宗和武则天死亡之前，他们就已经死了，是不可能来助役或参加祭奠活动的。核实而论，这些人都是唐高宗和武则天统治时期归附唐朝，并在唐朝担任过高级职务的少数民族首领。

乾陵蕃臣像最初可能是 64 个，每个石像的背部都刻有像主人的官衔和姓名。到北宋时，蕃臣像只存 61 尊，且"姓名漫灭"。陕西转运使游师雄"访奉天县旧家所藏拓本完好者摹刻四碑"。[2] 可惜的是这四通石碑到元代仅余其三，且有残损。李好文在《长安志图》中只录出 39 人的官衔和姓名。清初叶奕苞在《金石录补》中录出 38 人。到现在，乾陵蕃臣像上留有名衔者仅 6 人，其官衔姓名

[1]（元）李好文：《长安志图》卷中。

[2]（清）叶奕苞：《金石录补》卷 22《唐乾陵石人姓名》。

可考的也只有 36 人。这 36 人中，有吐谷浑、吐蕃、突厥首领各二人，其余都是来自安北、北庭、安西等都护府和少数民族首领。其中安北都护府属下回纥诸部酋长有："故左威卫大将军兼金微都督仆固乞突""故左卫大将军兼燕然大都督葛塞匐""左威卫大将军兼坚昆都督结簧蚕匐肤莫贺咄"。北庭都护府属下西突厥诸部酋长有："故大可汗骠骑大将军行左卫大将军昆陵都护阿史那弥射""十姓可汗阿史那元庆""左威卫将军鹰娑都督鼠尼施处半毒勤德""故右威卫将军兼洁山都督突骑施傍靳""故左武卫将军兼双河都督摄舍提暾护斯""故左威卫大将军兼匐延都督处木昆屈律啜阿史那盎路""吐火罗叶护咄伽十姓大首领盐泊都督阿史那忠节""右金吾卫大将军兼大漠都督三姓咽麺叶护昆职""十姓可汗阿史那斛瑟罗""右领军将军兼千泉都督泥孰俟斤阿悉吉度悉波""故右金吾卫将军兼俱兰都督阙俟斤阿悉吉那靳""故右卫将军兼颉利都督拔塞干蓝羡""碎叶州刺史安车鼻施""故左武卫大将军突厥十姓衙官大首领吐屯社利"。安西都护府所属诸族酋长有："故右骁卫大将军兼龟兹都督龟兹王白素稽""故右武卫将军兼龟兹都督龟兹王白回地罗徽""龟兹大首领那利自阿力""疏勒王裴夷健密施""于阗王尉迟璥""朱俱半国王斯陁勒""播仙城主何伏帝延""康国王泥涅师师""石国王子石忽那""吐火罗王子特勤羯达健""右骁卫大将军兼波斯都督波斯王卑路斯""波斯大首领南昧""大首领可汗颉利发（残）"。吐谷浑、吐蕃、突厥首领及使臣有："吐浑青海王驸马都尉慕容诺曷钵""吐浑乐王徒耶钵""吐蕃大酋长赞婆""吐蕃使大论悉曩热""默啜使移力贪汗达干""默啜使葛暹嗔达干"[1]。这 36 位蕃臣只是乾陵蕃臣的一部分，其数量已远远地超过昭陵的蕃臣像。这些蕃臣的官阶也很高，大都是三品以上的大官。这说明，在唐高宗和武则天统治时期，周边少数民族首领在朝中任职的情况更为普遍。

乾陵蕃臣像在明代中后期遭到很大的破坏，"仆竖相半"，多已无头[2]。到 20 世纪初，所有石像"均已失去头部"[3]。关于这些石像无头的原因，现在还不

[1] 陈国灿：《唐乾陵石人像及其衔名的研究》，刊《文物集刊》1980 年第 2 期。

[2]〔明〕宋廷佐：《游乾陵记》；都穆《使西日记》。

[3]［日］足立喜六著，王双怀等译：《长安史迹研究》，三秦出版社 2003 年版，第 278 页。

新罗王石像

明确。相传石人成妖，践踏庄稼，被当地百姓打掉了头。这种说法显然是不能成立的。所以又有人说，蕃像头可能是在近代被外国文物贩子掠走。这种说法也没有可靠的证据。从有关资料分析，这些蕃臣像的破坏有自然的因素，也有人为的因素。在明代以来关中地区所发生的大地震中，可能有一些蕃像仆倒，甚至摔坏。但大部分蕃像的头可能是被人故意打掉弄走的。由于这些石像的头部均失其所在，我们已无法弄清这些蕃臣的具体相貌。从现存石刻状况来看，这些蕃臣的服饰和发型是不尽相同的，大多穿窄袖阔裾服装，也有个别的袖胡较长，有圆领、大翻领或斜叉领，腰束带，脚穿靴，双足并立，两手前拱，头发有卷发，也有披发。雕刻工艺都是相当高超的。站在这些蕃臣像前，我们还可能想见当年朝堂中蕃臣侍立的场面。

2. 石碑

碑的起源很早，最初是用于引棺下柩。后来，人们为“追述君父之功美，以书其上，后人因焉，故建于道陌之头显见之处，名其文而谓之碑”[1]。到秦汉时就形成了立碑的传统，“死有功业，生有德政者”都要立碑。[2] 唐代非常重视立碑，《太平御览·文部五·碑》载：“贞观中议封禅，又立碑，“勒石纪号，垂裕后

[1]〔东汉〕刘熙：《释名》卷六《释典艺第二十》，中华书局 1985 年丛书集成本，第 102 页。

[2]〔宋〕高承：《事物纪原》卷 9《吉凶典制部·神道碑》，中华书局 1989 年版，第 483 页。

昆，美盛德之形容，阐后王之休烈，其义远矣。”《唐语林》卷一碑志条载：“长安中争为碑志，若市贾然。大官薨，其门如市，至有喧竞构致，不由丧家者。裴均之子求铭于韦相，许缣万匹。贯之曰：‘宁饿不苟’。”由此可见，唐代立碑之风甚盛。但唐代帝王陵墓上却很少立碑。唐陵立碑者只有乾陵和定陵。这主要是由于自古帝陵“礼无神道碑”的缘故。

在帝王陵前立碑是女皇帝武则天的创举。唐高宗死后，武则天非常悲痛。为了纪念唐高宗，她破例在乾陵南门外司马道右侧立了一通巨大的石碑。这通石碑不叫神道碑，而称作《述圣纪》。开元二年，中书侍郎苏颋曾上书说：“帝王及后礼无神道碑，近则天皇后崇尚家代，犹不敢称碑，刻为述圣纪。”[1] 事实上，武则天之所以把这通石碑称作《述圣纪》而不称作“神道碑”，并不是不敢称碑，而有两个方面的原因：一是当时臣下的墓碑均有神道碑，作为帝王，宜与臣下有所区别；二是武则天立此碑的目的主要是为了颂扬唐高宗的功德，称作《述圣纪》非常恰当。

据说碑石来自于阗。[2] 碑通高 7.5 米，边宽 1.86 米。碑身分为五段，上有盖，下有座，榫眼扣接，凡七节，又称“七节碑”，但文献中一般都写作《述圣纪》。《述圣纪》碑文是武则天亲自撰文，由唐中宗书写的，洋洋 8000 言（一说 5500 字）。由于年代久远，风吹雨蚀，加之人工拓损，已漫漶残泐。但从留下的文字来看，仍充满了对高宗的赞美，她把永徽以来唐王朝所取得的成就，全部推到高宗身上。[3]

武则天死后，与唐高宗合葬，乾陵南门外司马道的左侧，又出现了一块巨大的石碑。这块石碑与《述圣纪》相去 61.6 米，隔司马道与《述圣纪》相对。由于这块石碑当初未刻一字，故人们在习惯上称之为“无字碑”或“没字碑”。无字碑由一块巨石雕成，通高 7.46 米、宽 1.20 米。碑座长 3.37 米、宽 2.61 米，重约 100 吨。碑头螭首下垂，碑身两侧与碑座四侧线雕云龙和祥兽纹饰。碑侧有“升

[1]《唐会要》卷 21《诸陵杂录》，第 418 页。

[2]〔清〕武树善：《陕西金石志》卷 9，艺文印书馆 1976 年版。

[3]《全唐文》卷 97《乾陵述圣记》，第 1005—1006 页。

龙图”，座上有“狮马图”。

我国古代碑刻众多，不胜枚举，或简记职官姓名，或详述生平事迹，大抵皆有文字，为什么乾陵会出现这种没有文字的石碑？这是一个古老的问题，到现在仍然是众说纷纭。有人说，武则天以女子称帝，创前代未有之奇局，自以为可与秦皇相匹。秦始皇尝作无字碑以颂其德，武则天仿而效之，故有此碑。[1] 有人说，武则天喜欢自吹自擂，临终前树贞石，以歌功颂德，但撰写碑文时，感到自己所作所为极不光彩，十分惭愧，因而留下了“无字碑”。[2] 有人说，武则天临死时，自认为功高德大，非文字所能表达，故仅立白碑，不刻文字，取《论语》“民无德而称焉”之意。有人说，武则天很有政治家的风度，临终遗言：己之功过，留后人评价，只立贞石，不刻文字，所以“无字碑”无字。有人说，“无字碑”不是武则天自立的，而是唐中宗李显给武则天立的。白碑立好后，在武则天称谓（称皇帝还是称母后）问题上意见分歧。唐中宗举棋不定，从而形成了“无字碑”。[3] 还有人说，“无字碑”不是碑，而是“祖”，代表宗庙，当然不写文字。[4]

究竟哪一种答案正确呢？“仿效说”初看起来，似乎不无根据。今泰山云海之间，确有一通被认为是秦代的“无字碑”。可是，这块碑是否秦碑及在秦代是否无字还很难讲。因为《史记·秦始皇本纪》和封禅书载秦皇刻石之事甚详，但没有提到“无字碑”。退一步讲，即使“无字碑”果系秦始皇所创，说武则天仿效也有些牵强。假如武则天仿效秦始皇，那她应将“无字碑”立于泰山，而不当树之墓边。“自惭说”同样忽视了一个基本的事实，那就是武则天死后，唐中宗才决定葬她于乾陵。史书中有关武则天晚期的材料较多，但并没有临终“自惭”的记录。武则天死前，曾为其父武士彟立了“大周无上孝明高皇帝碑”，为其母杨氏立了“大周无上孝明高皇后碑”，为自己立了“大周万国颂德天枢”。这说

[1] 乾陵“无字碑”题词有云：“祖龙作无字碑今乾陵亦□陵□□光谓高宗非武后□□□性□后□□□堪与秦皇配也”。因字迹漫漶残缺，很难句读。祖龙即始皇，大家理解一致，但对“今乾陵”以下理解不同。或以为则天自谓可与始皇配，或以为他人认为则天可与始皇配。持前一种见解者较多。故且录之。

[2] 范文光：《首夏上乾陵》诗，见《乾州志稿别录》。

[3] 张崇发：《中华名胜古迹趣闻录》下册，内蒙古人民出版社 1984 年版，第 200 页。

[4] 何汉南：《唐代乾陵石刻取象初探》，见《咸阳文物考古论丛》第二辑。

明她在晚年仍在炫耀自己，怎么会一下子“惭愧”到这步田地？“德大说”也有明显不足。此说最早见于明人胡侍《真珠船》。胡氏不言取意《论语》，只是赞同“重难制述之意”而已。《论语》所谓“民无德而称焉”是孔子针对泰伯三让天下而言的。意思是说，泰伯品德极高，老百姓简直找不到恰当的词来称赞他。泰伯不是“帝王”，故“民无德而称焉”绝无“帝王德高功大”之意。这样看来，《论语》所言，与无字碑并无关系。与前二说相比，“遗言说”似近情理。此说是郭沫若在《我怎样写武则天》一文中首先提出来的。郭沫若说：“无字碑，是纪念武则天的碑，原无文字。据说是根据武后的遗言：自己功过让后人评说，不刻文字。”[1]后来又有人发展了郭老的说法，去掉了“据说”二字[2]，使语气变得十分肯定。从目前的情况看，这种观点比较流行。武则天自显庆五年（660）参与朝政到神龙元年（705）归位中宗，内辅外临数十年，用人纳谏，“忧劳天下”，维护唐王朝的强盛局面，确实算得上风云人物，巾帼英雄。因此，遗言“已之功过，留后人评价”不是没有可能的。如果武则天果真留下了这样的遗言，那么无字碑的真相自然就大白于天下了。但问题在于，有关武则天的最主要的史籍如两《唐书》《通鉴》《唐会要》等所载武则天遗制中并没有这样的词句。因此，“遗言书”依然难以成立。“称谓说”表面上有些道理，实际上幼稚得很。武则天临死前，曾宣布去帝号，死后亦被谥为“大圣则天皇后”，且终中宗之世，通称“大圣则天皇后”。因此，唐中宗果真要给武则天立碑，称谓是不存在什么问题的。纵有些纠纷，称帝称后，在乎中宗一念之间，何至于举棋不定，以致不刻文字！至于“非碑说”，完全是为了标新立异。说者见“无字碑”在左，“述圣纪”在右，便不分青红皂白，硬与古代的“左祖右社”相类比，说“无字碑”是“祖”，代表宗庙。然说者实不知“左祖右社”为何物。按先秦时代，天子诸侯立“祖”于宫殿之左，以祀先祖，置“社”于宫殿之右，以奉土神，而谓之“左祖右社”。故“祖”者，宗庙也。宗庙岂等于石碑！宗庙岂置于陵墓！

由此看来，上述答案都带有猜测性质，不能令人满意。《新唐书·武三思传》

[1] 郭沫若：《我怎样写武则天》，刊《光明日报》1962 年 7 月 8 日。

[2] 罗哲文、罗扬：《中国历代帝王陵寝》，上海文化出版社 1984 年版，第 102 页。

上有一条重要的信息：景龙元年（707）春，“大旱，帝（中宗）遣（武）三思、（武）攸暨祷乾陵而雨。帝悦。三思因主请复崇恩庙，昊、顺二陵皆置令丞。其党郑愔上《圣感颂》，帝为刻石”。对于这条信息，过去学者均未注意。其实，这条信息对于解开“无字碑”之谜是很有帮助的。关于景龙元年武三思等人在乾陵祷雨之事，许多文献中都有记载。如《旧唐书·中宗本纪》载：正月“己巳（三十日），遣武攸暨、武三思往乾陵祈雨于则天皇后，既而雨降，上大感悦。二月辛未，制武氏崇恩庙依旧享祭，仍置五品令、七品丞，其昊、顺陵置令、丞如庙。”《资治通鉴》卷208载：“上遣武攸暨、武三思诣乾陵祈雨。既而雨降，上喜，制复武氏崇恩庙及昊、顺陵。……庚寅，敕改诸州中兴寺、观为龙兴，自今奏事不得言中兴。”由此可见，乾陵祈雨之后，唐中宗的确感触很深，不仅恢复了武氏宗庙，而且令天下奏事不得言“中兴”之事，表示不改武氏之政。在这种情况下，郑愔撰述《圣感颂》，中宗为之刻石，都是顺理成章的事。换言之，《新唐书·武三思传》有关刻石的记载是完全可以相信的。中宗既因武三思等在乾陵祈雨而“感悦”，令刻郑氏所撰《圣感颂》于石，则此石理当立于乾陵。但从后来的情况来看，乾陵并没有一块刻有《圣感颂》的石碑，而只有一通高大雄伟的“无字碑”。因此，这块“无字碑”很可能就是唐中宗下令刊刻《圣感颂》的碑石。

但令人费解的是，中宗让刻《圣感颂》，而这块石碑上却没有字。为什么会造成这种现象？目前尚未发现文献中有明确的记载。从当时的社会状况推测，可能有两种情况：一是当时树了碑而未能刻字；二是刻了字被人磨掉。郑愔献《圣感颂》当在景龙元年二三月间，中宗下令刻石也当在这个时候。凡立碑先要树石。由于对碑石的规格要求很高，加之凿碑的任务由于阗工匠承担，因而工程进度较慢，到了六月份，才树起了一块高六七米，重达一百吨的贞石。正当准备刻字时，唐廷内部发生了一场惊心动魄的宫廷政变。皇太子李重俊与左羽林大将军李多祚等率羽林兵三百人杀了武三思、武崇训等人，并且斩关而入，企图夺取皇位[1]。

[1]《资治通鉴》卷209，中宗景龙元上秋七月辛丑，第6611页；《旧唐书》卷7《中宗本纪》，第144页；《新唐书》卷4《中宗本纪》，第110页。

虽然李重俊后来兵败被杀，但唐中宗受到很大的震惊，从此一蹶不振，加上武三思被杀，“政出多门”，再也没有人热心于推崇武氏的活动。这样，镌刻《圣感颂》的事便被搁置起来，从而形成了这块巨大的“无字碑”。这种可能性最大。还有一种可能，就是碑石树起后刻了字。但不久郑愔被贬为江州司马，睿宗时又以谋反罪被杀[1]。因而他所撰写的《圣感颂》可能被磨掉。此外，《圣感颂》是赞美武则天的，玄宗即位不久，下令毁坏歌颂武则天的“天枢”和“拜洛受图碑”，在这种情况下，也可能下令磨掉乾陵碑上的《圣感颂》。当然，这些都是推测，还缺少更为有力的佐证。所以说，“无字碑”还是一个谜。要真正揭开“无字碑”的秘密，恐怕还要实事求是，更加努力。

上面对唐陵石刻进行了分类探讨。事实上，唐陵石刻不是孤立的，而是以组合的形成存在的。唐陵石刻的组合在有唐一代曾发生过若干变化。献陵是关中地区修建最早的唐代帝王陵墓，其石刻组合在唐代诸陵中尚处于草创阶段。陵园四门外两侧 4.5 米处各有石虎一对。南门外近 400 米处的神道两侧有华表一对。华表北 70 米处又有犀牛各一对。神道宽 39 米，华表、犀牛相对而立。这样的组合是前所未有的。从现有资料来看，秦汉时期的帝王陵墓上没有石刻。[2] 魏晋南北朝时期的帝王陵墓中虽然出现了辟邪、狮子、墓表等石刻，但其形制与组合也与献陵石刻不同。所以献陵石刻及其组合方式有一定的创造性。献陵石刻比前代帝陵墓的石刻丰富，但总的说来数量较少，尤其是数百米长的神道两侧只有一对华表和一对犀牛，显得比较空旷。所以十多年后，唐太宗和唐高宗在营建昭陵的时候，对陵墓石刻及其布局进行了若干调整。唐人封演在《封氏闻见记》中说：“太宗葬九嵕山，门前亦立石马。陵后司马门内，又有蕃酋曾侍轩禁者一十四人石像，皆刻其官名。”[3] 也就是说昭陵南神道有石马，北门外有 14 个蕃酋石像。封演在这里所提到的石刻只是昭陵石刻的一部分，并不是它的全部。《唐会要》

[1]《新唐书》卷 5《中宗本纪》《睿宗本纪》，第 111、117 页。

[2] 霍去病墓有石刻 14 件，但不属于帝陵石刻，其形制也与后代的神道石刻有所不同。

[3]《封氏闻见记》卷 6《羊虎》，第 58 页。

在记述雕刻 14 蕃酋像之后载：“乃又刻石为常所乘破敌马六匹于阙下也。”[1] 此即著名的“昭陵六骏”石刻。考古工作者又在昭陵后寨发现了石狮。这说明，昭陵的石刻及其组合情况与献陵很不相同。虽说昭陵的石刻较献陵丰富，但从整个唐陵的情况来看，还没有形成定制。

唐陵石刻及其组合的基本模式是从乾陵确定的。乾陵四门外各有石狮一对。南面神道宽 25 米，长约 1 公里，由南向北有华表、翼兽、鸵鸟各一对，仗马和控马者五对，石人十对，石碑两通，蕃酋像六十一尊。石刻分东西排列，对称布置。翼兽在华表北 30 米处。鸵鸟距翼兽约 24 米。仗马与鸵鸟相距 18.5 米，仗马与仗马之间，仗马与翁仲之间，翁仲与翁仲之间的南北距离也在 18 米左右。石碑南距翁仲 17.4 米，北距南门 21.6 米，两碑间距 61.6 米。蕃酋像位于南门阙北 18 米处，分东西两组排列。北门外又有仗马三对。与献陵石刻和昭陵石刻相比，乾陵石刻种类更多，数量更大，组合更加完美。尤其是神道两侧大型石刻的增加，在唐陵中形成了一条蔚为壮观的风景线，不仅具有独特的装饰效果，而且使唐陵显得更有气势。很显然，乾陵石刻的这种组合与布局，是在献陵石刻和昭陵石刻组合的基础上进一步调整、完善的结果。由于乾陵的石刻组合已趋于完善，因而受到后人的重视，高宗以下唐代诸陵石刻，大体上都是仿照乾陵设置的。比如，诸陵四门外都有石狮一对，神道自南而北，都有华表、翼兽、仗马、翁仲等石刻。其数量和排列顺序也与乾陵相似。说明乾陵石刻已经形成了一种制度，并且得到后世的沿袭。

第五节　乾陵的盛衰变迁

乾陵是嗣圣元年（684）开始修建的，距今已有 1300 多年。在 1000 多年的

[1]《唐会要》卷 20《陵议》，第 396 页。

历史岁月中，乾陵经历了由盛到衰的转变。大体说来，唐代是乾陵最辉煌的时期，唐亡以后乾陵与其他唐陵一样，遭到很大的破坏，宋元明清诸代虽有所保护，但仍在继续被破坏之中，直到 20 世纪 50 年代以后情况才有所好转。

一、唐代乾陵的盛况

唐代帝王对本朝陵寝十分重视。一方面，每当“先帝”升遐，嗣君都要尽力于山陵之事，以表达孝心。不仅为其修建宏丽的地下宫殿，营造雄伟的地面建筑，而且为其树立精美的石刻，大张旗鼓地实行厚葬。另一方面，也非常注意对其祖先陵寝的保护和管理，使唐陵呈现出一派繁荣的景象。

唐代帝王对关中诸陵的管理主要是通过诸陵署来实现的。唐初诸陵署各设陵令一人，正五品上；丞一人，从七品下；录事一人；又设陵户若干。陵署令“掌先帝山陵率户守卫之事，丞为之贰，凡朔望、元正、冬至、寒食皆修享于诸陵”[1]。天宝十三载（754），改陵署为陵台，改陵署令为陵台令，各升一阶。为了确保陵寝的安全，唐朝的统治者还特令在陵前驻扎军队：“凡诸陵皆置留守，领甲士与陵令日知巡警。”[2] 从《宣室志》卷三的有关记载来看，内城常有数百名甲士持戈戟，列旗帜，环卫甚严。惊夜之兵也有数百人之多。为了供奉诸陵，有唐一代曾多次对乾县的地位和辖区进行过调整。文明元年（684）八月十五日，以乾陵置奉天县，隶京兆府[3]。兴元元年（784）升奉天县为赤县，以奉陵寝。为了表示对乾陵的重视，唐玄宗和唐懿宗都曾亲自拜谒过乾陵。除了皇帝亲自拜陵，还规定了公卿巡陵的制度：“春则扫除枯朽，秋则芟剃繁芜。扫除者，当发生之时，欲使茂盛也；芟剃者，当秋杀之时，除去拥蔽，且虑火灾也。”[4] 武则天统治时期，每年四季之月及忌日降诞日遣使往诸陵起居。玄宗开元年间，每年春秋二时，差

---

[1]〔唐〕李林甫等：《大唐六典》卷 14《太常寺》。[日]广池学园事业部 1973 年，第 289 页。

[2]〔元〕马端临：《文献通考》卷 125《王礼考二十・山陵》。

[3]《唐会要》卷 70《州县改置上》，第 1244 页。

[4]《唐会要》卷 20《公卿巡陵》，第 404 页。

公卿各一人，奉礼郎一人，右校署令一人，巡谒诸陵。天宝时停奉礼郎、右校署令，公卿至陵所，以县官和陵官摄其事。穆宗长庆元年六月二十七日，准吏部奏，公卿拜陵，通取尚书省及四品以上清望官、中书省及诸司五品以上清望官及京兆少尹充。为了真正做到“事死如生”，当时还制定了向陵寝进献礼物的制度。马端临在《文献通考》卷一二五中说：“唐凡园陵之制，皇祖以上至太祖陵皆朔望上食，元日、冬至、寒食、伏腊礼各一祭，皇考陵朔望及节祭而日进食，又荐新于诸陵，其物五十有六品。”唐初仪注：品物时新，将堪供进之时，所司先进太常，令尚食相知简择。永徽二年规定献、昭二陵，每朔望上食，冬夏至、伏腊、清明社节等日，亦准朔望上食。武则天时，诸陵每日奠祭。开元二十三年四月规定献、昭、乾、定、桥、恭六陵朔望上食，岁冬至寒食日，各设一祭；桥陵除此日外，仍每日进半口羊食。元和十五年五月，殿中省奏：“尚食局供景陵千味食数，内鱼肉委食，味皆肥鲜，掩埋之后，熏蒸颇极。今请移鱼肉食于下宫，以时进饷，仍令尚药局据数以香药代之。敕脯醢猪犊肉等，皆宜以香药代。其酒依旧供。”[1] 此外，唐朝的统治者还十分注意唐陵的绿化，不仅不许在陵园内樵采，而且规定每年都要在陵园中栽植松柏。为此，有些皇帝还专门颁发过敕文。如会昌二年（842）四月二十三日敕：“诸陵柏栽，今后每至岁首，委有司于正月、二月、七月、八月四个月内，择动土便利之日，先下奉陵诸县，分明榜示百姓，至时与设法栽植，毕日，县司与守茔使同检点，据数牒报，典折本户税钱。”[2] 当年乾陵中松柏极多，看上去郁郁苍苍，故而时人又把乾陵称作“柏城”。

由于唐代帝王非常重视陵寝的修建和保护，所以唐代诸陵大都显得很壮观。《宣室志》卷三载：“清河张诜，贞元中以前王屋令调于有司。忽梦一中使来，诜即具簪笏迎之。谓诜曰：‘有诏召君，可偕去。’诜惊喜，且以为上将用我。既命驾，与中使俱出，见门外有吏卒十余为驱殿者。诜益喜，遂出开远门西望而去。其道左有吏甚多，咸再拜于前。过二百里至一城，舆马人物喧喧然阗咽于路，槐影四矗，烟幕迤逦。城之西北数里又有一城。城外有被甲者数百，罗立门之左

[1]《唐会要》卷 21《缘陵礼物》，第 408 页。

[2]《唐会要》卷 21《诸陵杂录》，第 419—420 页。

右，执戈戟，列幡帜，环卫甚严，若王者居。既至门，中使命诜下马，诜即整巾笏。既而中使引入门。其城内檐宇栉比，兵士甚多；又见宫阙台阁，既峻且丽。又至一门，中使引入门内，百余人具笏组列于庭，仪甚谨肃。又有一殿岿然，琼玉华耀，真天子正殿。殿左右有武士数十，具甲倚剑，立殿上，有朱紫中使甚多。见一人峨冠被衮龙衣，凭玉几而坐其殿之东宇。又有一冠裳者，貌若妇人，亦据玉几，在殿之西宇。有宫嫔数十列于前。中使谓诜曰：'上在东宇，可前谒。'即趋至东宇前再拜。有朱衣中使立于殿之前轩。宣曰：'卿今宜促治吾宫廷事，无使有不如法者。'诜又再拜舞蹈。既而中使又引至西宇下，其仪度如东宇。既拜，中使遂引出门。诜悸且甚，因谓之曰：'某久处外藩，未得见天子。向者朝对，无乃不合于礼乎？'使笑曰：'吾君宽，固无惧尔。'言结毕东望，有兵士数百驰来。中使谓诜曰：'此警夜之兵也。子疾去，无犯严禁。'即呼吏命驾。惶惑之际而寤，窃疑其梦，不敢语于人。后数日，诜拜乾陵令。及至，凡所经历尽符所梦。又，太后祔葬，诜所梦东宇殿下峨冠被衮龙衣者，乃高宗也。其殿西宇下冠衣貌如妇人者，乃天后也。后数月，因至长安，与其友数辈会宿，具话其事。有以历代圣图示诜者，高宗及天后，果梦中所见也。"这里讲张诜前往乾陵的所见所闻是梦中的经历，但既然张诜拜乾陵令后"凡所经历尽符所梦"，则当时乾陵的实际情况确实如此。张诜出任乾陵令是在唐德宗贞元年间，距武则天葬入乾陵已过了 100 多年。100 多年以后的乾陵尚且如此，新建的陵寝就可想而知了。陵寝若有损坏，也能予以修理。唐德宗即下令对献、昭、乾、定、桥、泰、建、元等八陵进行了扩建和修葺。史载："（贞元）十四年正月诏曰：八陵宫寝，久要修葺，此缘非便，未及兴工，宜令宗正寺与所司即计料依所择日速修理。"[1]不久，"遣右谏议大夫平章事崔损充修八陵使，及所司计料，献、昭、乾、定、泰五陵，各造屋三百七十八间，桥陵一百四十间，元陵三十间，惟建陵不复创造，但修葺而已。所缘寝陵中帷幄床褥一事以上，并令制置，上亲阅焉"[2]。八陵的修建工程完成后，朝廷上下一片欢腾。权德舆作《代中书门下贺八陵修复毕表》

[1]《册府元龟》卷 30《帝王部・奉先三》。

[2]《唐会要》卷 20《陵议》，第 400 页。

说："臣闻宗庙之享，以致吉蠲；山园之制，以极严敬。国朝祀典，尽用汉法，寝宫便殿，永奉衣冠。日往月来，久未修复。伏惟皇帝陛下继明恭己，大孝因心，丕承祖宗，对越天地，荐馨香于九庙，崇经构于八陵。庶工子来，百堵皆作，人神协吉，龟筮告犹。用成奕奕之新，实自蒸蒸之孝。行宫尽复，神御以安。"[1] 太和五年（831）五月，宗正官请修献陵、乾陵、定陵、桥陵、泰陵、建陵、元陵、崇陵、丰陵、景陵、光陵、庄陵、惠陵、昭陵。唐文宗下诏："所修陵寝事至严重，简计崇饰，须得精实，宜令度支郎中卢商、将作少匠韦长同往诸陵仔细简计，具合修处与不合修处闻奏。"[2] 后来到底修葺与否，史无明文记载，不得而知，很可能只是一纸空文而已。黄巢起义之后，关中多次沦为战场。唐昭宗天祐元年（904），朱温毁坏长安城，胁迫唐昭宗迁都洛阳，关中地区到处是一片残破的景象。哀帝天祐二年（905）正月十八日，又发生了"盗焚乾陵下宫"的事件[3]。此时唐王朝已完全控制在朱温手中，危在旦夕，自然不能修复陵寝了。

二、五代以后乾陵的破坏

唐朝灭亡以后，乾陵的地位一落千丈。陵署解散了，守军逃亡了，原来的陵户也不复存在。在五代、宋元、明清时期，虽然有些帝王采取过保护乾陵的措施，但在更多的时间里，乾陵都处在无人管理的状态，不断遭受着自然和人为的破坏。

五代时期，长安失去了全国首都的地位，下降为一般的地方都会。在后梁、后唐、后晋、后汉、后周诸王朝更替的过程中，关中一带又发生了一系列的战争。这些战争使关中千疮百孔，满目疮痍，也给关中唐陵带来了悲惨的厄运。在五代战乱的过程中，关中唐陵遭受了一场空前的浩劫，大部分陵墓都被华原（今陕西省铜川市耀州区）贼帅温韬盗掘。《资治通鉴》卷267载：后梁太祖开平二年（908），冬十月，"华原贼帅温韬聚众嵯峨山，暴掠雍州诸县，唐帝诸陵发之殆遍。"《旧

[1]《全唐文》卷484《中书门下贺八陵修复毕表》，第2192页。

[2]《册府元龟》卷30《帝王部·奉先三》。

[3]《新唐书》卷10《哀帝本纪》，第303页。

五代史》卷 73《温韬传》载：温韬为耀州节度，“唐陵在境者悉发之，取所藏金宝”。《新五代史》卷 40《温韬传》载：“韬在镇七年，唐陵在其境内者悉发掘之，取其所藏金宝，而昭陵最固。韬从埏道下，见宫室制度宏丽不异人间，中为正寝，东西厢列石床，床上石函中为铁匣，悉藏前世图书，钟王笔迹，纸墨如新。韬悉取之，遂传人间，唯乾陵风雨不可发。”后唐庄宗同光二年（924）三月以工部郎中李途为“长安按视诸陵使”[1]。前往关中进行考察。同光三年（925）六月，后唐庄宗下敕说：“关内诸陵，顷因丧乱，类遭穿发，多未掩修。其下宫殿宇法物等，各令奉陵州府据所管陵园修制，仍四时各依例荐享，逐陵各差近陵百姓二十户，放杂差役，以备洒扫。其寿陵等一十陵亦一例修掩，量差陵户，仍授尚书工部郎中李途京兆少尹、完修奉诸陵使。”[2] 后唐明宗时，诛杀了唐陵大盗温韬。明宗在《诛温韬等诏》中说：“德州流人温韬，生为黔首，起自绿林，依凭中夏干戈，劫盗本朝陵寝。”[3] 后唐末帝李从珂《修奉列圣陵寝诏》也说：“列圣陵寝，多在关西，中兴已来，未暇修奉，宜令京兆河南凤翔等府，耀州乾州奉陵诸县，其陵有所阙漏，本处量差人工修奉，仍人给日食，祭告下太常宗正寺能参详奏闻。”这些事实都说明：温韬在光天化日之下，公然干起了盗掘唐陵的勾当，用了短短的七年时间，便将大部分唐陵盗掘。其贪欲之大，手段之高，行为之猖獗，在古今中外的盗墓贼中是罕见的。后唐的统治者虽然对唐陵比较关注，诛杀了温韬，并颁发了《修奉列圣陵寝诏》，但由于后唐的势力有限，实际上并没有能够真正实施，因而没有起到多少保护唐陵的作用。不过唐陵被盗的事件对当时的统治者有很大的震动。后周太祖郭威曾多次对晋王柴荣说：“昔吾西征，见唐十八陵无不发掘者。此无他，唯多藏金玉故也。我死当衣以纸衣，敛以瓦棺，速营葬，勿久留宫中、圹中无用石，以甓代之。工人徒役皆和雇，……勿修下宫，勿置守陵宫人，勿作石羊虎人马，唯刻石至陵前云：‘周天子平生好俭约，遗令

[1]《资治通鉴》卷 273，同光二年三月条，第 8918 页。

[2]《文献通考》卷 125《王礼考二十 · 山陵》。

[3]《全唐文》卷 107《诛温韬等诏》，第 480 页。

用纸衣瓦棺，嗣天子不敢违也。汝或违吾，吾不福汝。’”[1]郭威之所以不厌其烦地对柴荣讲这件事，主要是怕自己的坟墓将来也被人盗掘。他分析唐陵被盗的原因是“多藏金宝”的缘故，所以要求柴荣对他进行薄葬。

宋元时期，关中地区恢复的速度很慢，极目四望，依然是一片残破的景象。《宋史》卷277《张鉴传》、卷320《余靖传》载，宋时西北用兵，关中之民“畜产荡尽”，“十室九空”。方回《长安》诗云：“客从函谷过南州，略说长安旧日愁。仙隐有峰存紫阁，僧居无寺问红楼。兰亭古瘗藏狐貉，椒壁遗基牧马牛。万古不随人事改，独余清渭向东流。”[2]可见宋时关中尚未复苏。及金人占据关中，长安一带再遭兵燹。时人李献甫在《长安行》中写道：“长安大道无行人，黄尘不起生荆榛。高山有峰不复险，大河有浪亦已平。向来百二秦之形，祇今百二秦之名。……河东游子泪如雨，眼花落日迷秦城。长安道，无人行，长安城中若为情。”[3]不过，宋初的统治者对前代帝王陵墓还是比较重视的。在保护历代帝王陵墓的过程中，也对乾陵进行了保护。

宋太祖建隆二年（961），诏先代帝王陵寝，令所属州县遣近户守视，其陵墓有堕毁者亦加修葺。乾德四年（966），宋太祖赵匡胤下诏：给唐高祖献陵、太宗昭陵各置守陵五户，蠲免他役，长吏春秋奉祀；唐玄宗、肃宗、宪宗、宣宗各给守陵二户，三年一祭。唐高宗、中宗、睿宗、德宗、顺宗、穆宗、文宗、武宗、懿宗、僖宗诸陵，常禁樵采，著于甲令[4]。北宋中期，对历代帝陵也曾采取过一些保护措施，如宋真宗大中祥符六年（1013）六月十四日诏：京东、京西、河东、陕西、淮南、江南、两浙、荆湖、南北中路有历代帝王陵寝之处，依景德元年（1004）敕禁止樵采，不得侵耕发掘，违者收捕严断。[5]但为时不久，情况发生了变化。洪迈《容斋四笔》载：“有议前代帝王陵寝许民请射耕垦，司农可之。

[1]《文献通考》卷125《王礼考二十·山陵》。《旧五代史》卷113《周太祖纪》、《资治通鉴》卷291所载略同。

[2] 雍正《陕西通志》卷97。

[3] 雍正《陕西通志》卷95。

[4]《宋会要辑稿》卷8198《守陵》，中华书局1957年影印本，第1361页。

[5]《宋会要辑稿》卷8198《修陵》，第1360页。

唐之诸陵因此悉见芟刈。昭陵乔木，剪伐无遗。御史中丞邓润甫言：‘熙宁著令，本禁樵采，遇郊祀则敕吏致祭，德意可谓远矣。小人掊克，不顾大体，使其所得不赀，犹为不可，况至为浅鲜哉！愿绌创意之人，而一切如故。’于是未耕之地仅得免。”[1] 到北宋末年，关中多故，战乱频繁，唐陵殿宇凋残，石刻也遭到严重破坏。元祐年间，游师雄担任陕西转运使时，看到关中唐陵石刻惨遭破坏，十分痛心，曾采取过一些保护措施。曾重绘了乾陵狄仁杰等六十人画像。《长安志图》也有记载：乾陵“狄仁杰以下六十人画像姓名今皆不存，其见于奉天县丞赵楷绘像记者才二十九人焉。楷之记文多不尽载，撮其大指，略曰：唐之诸帝功烈如太宗、明皇者可谓盛矣，宜其立垅完固及于无穷。今兵火之余，荒墟坏皿，瓦砾仅存，理亦宜也。独高宗武后之陵，崇丘磅礴，上诣青冥，双阙耸峙，丹青犹在。是岂造物者有以扶护而致然耶？抑亦穷匮国力，深规厚图，使人未易窥也？转运游公一日按部过乾陵，慨然兴叹，乃录高宗天后时朝臣六十人重图于陵所”[2]。宋辽夏金时期，来乾陵凭吊者不乏其人，或在乾陵无字碑上撰刻题记。据无字碑上的题记，金太宗时，“大金皇弟”也曾对乾陵进行过整修。

明朝统一全国后，对历代帝王陵墓比较重视。一方面定期派人前往各地，祭祀在历史上有所作为的帝王，另一方面，指派专人看守陵墓。《续文献通考》载：明初朱元璋阅读《宋史》，见宋太祖诏修历代帝王陵寝，叹曰：“此美事也。”遂遣翰林编修蔡元、侍仪舍人李震亨、陈敏、虞谦等四方求之，仍命各行省之臣同诣所在审视，若有庙祀，并具图以闻。《历代山陵考》卷上载：“洪武三年遣官访历代帝王陵庙，令具图以进。四年，遣使祭历代帝王陵寝，始罢天下府州县祀三皇。又令历代帝王但在中原安养人民者俱春秋祭祀；虽贤而在偏方与中原而昏愚者俱不祭，亦不禁樵采。九年，遣官行祀历代帝王，凡三十六陵，令百步内禁樵采，设陵户二人看守，有司督近陵之民以时封培，每三年以降旨致祭。”“天顺八年令各处帝王陵寝被人毁发者所在有司即时修理如旧，仍令

[1]《古今图书集成·方舆汇编·坤舆典》卷 132。

[2]〔元〕李好文：《长安志图》卷中。

附近人民一丁看护，免其差役。”[1]明代中期以后，关中唐陵进一步遭到自然的和人为的破坏。如乾陵在宋代保存尚好，金代又经过修葺，但到明武宗统治时期，就已经相当残破了。正德四年（1509）重阳节，宋廷佐等数人游乾陵，深有感触。在《游乾陵记》中记述了他的所见所闻。他说：“陵正南两峰对峙，上表双阙，曰‘朱雀门’。内列石器：首华表二，次飞龙马二，朱雀二，马十匹，仗剑者二十人。次二碑：东碑无文，间刻前人题名；西碑文曰《述圣纪》，后自制也。碑制四方如局，俗曰七节碑，今仆矣。次双阙，陵之内城门也。大狮二，南向。左右列诸番酋长像，左之数二十有八，右之数三十，今仆竖相半；背有刻，皆剥落，不可读。论者谓太宗之葬，诸番酋长来助者甚众。武后不知太宗之余威遗烈，乃欲张大其事，刻之以夸耀后世，是也。复北行，抵后山下，并麓而西，曰‘白虎门’，北曰‘元武’，东曰‘青龙’，皆表双阙，树石器。于时复抵朱雀门，将寻临川上仙之迹而吊之，遂憩阙下，削苔读碑。喟然曰：‘……吾想武后之营斯陵也，以为不穷奢极侈，无以耀当时而夸后世，且无以尽身后之富贵。肆兹土木器物之制，皆壮丽坚固，盖欲传之百千万世而无蔽也。抑岂知今日如此哉？’”[2]显然，到明代中期，乾陵的地面建筑已不复存在，石刻也多有损坏。《述圣纪》已仆倒，宾王像仅有58个，也已“仆竖相半”。世宗嘉靖三十五年（1556），关中地区发生了大地震。这场大地震对乾陵也有一定的破坏。明神宗万历年间（1573–1620），出现了两本记述古代陵墓的专著：一部是王在晋的《历代山陵考》，另一本是祁光宗的《关中陵墓志》。《历代山陵考》记述明代以前历代山陵，涉及范围很广。诚如《四库全书总目提要》说：“是书仅从《一统志》抄撮而成，无所考证。况既名山陵，而赵宣子、孟尝君辈遗冢亦列其间，尤非礼也。”对关中乾陵的记载十分简略，没有多少参考价值。《关中陵墓志》是万历三十五年（1607）余懋衡令督学祁光宗撰写的。全书一卷，又有附录一卷。“网罗旧闻，互相参考。有图有说，附录各陵墓道里远近，

[1]〔明〕王在晋：《历代山陵考》卷上。
[2] 吴廷锡：《陕西通志》卷71《陵墓二》；《乾县新志》卷14《文征志》。

俱以各州县城定其相若里许，载于说。”[1]《四库全书总目提要》称：“是编乃光宗督学陕西时，于历代陵墓详加考证，各为之图而系之以说，其距诸州县城方隅道里皆备志之。亦《皇览》《圣贤冢墓记》之流也。”事实上，此书对关中陵墓的记载也很简略，尤其是对乾陵的记载，既未说明陵墓的修建情况，也未详细记载陵墓的变化。所绘诸图只是简单地标明陵墓所在的方位，并没有能够反映陵墓本身的情况。对诸陵的文字描述也较空泛，如写到乾陵时只是说：“高宗荒淫，感于武后，致牝鸡晨鸣，几移李祚，犹与武氏合葬。乾陵在乾州北十里，古梁山之巅。按唐书，后崩，议合葬，严善思争之不能得。俗呼为武后陵。岂后盗魁柄，千载下遂无高宗乎。陵上刻诸蕃酋长，各肖其形，并刻名姓，今犹有存者。又有于阗国进无字碑。”从这段话中我们所能得到的信息只有两处：一是在明代，乾陵“俗呼为武后陵”；二是诸蕃酋长像“犹有存者”。其他情况不得而知，这是令人十分遗憾的。从这两部专书记载的情况来看，明代后期，政府似乎没有采取什么保护唐陵的措施。

到了清代，情况稍微有了好转。清代的地方官比较注意对唐陵的保护。在

晚清乾陵状况

[1]〔明〕祁光宗：《关中陵墓志》，上海图书馆藏清代抄本。

这方面做出贡献的人当首推陕西巡抚毕沅。毕沅在乾隆年间出任陕西巡抚，撰写《关中胜迹图志》和《关中金石志》等书，对陕西境内的名胜古迹都划出保护范围，建立标志，并派专人进行管理，尤其注意保护关中地区的唐代帝王陵墓。《乾县新志》卷 9《古迹·陵墓》载："清代祭告之陵，凡三十九处，乾陵不在其中。然向有陵租地九顷九十八亩六分，分与陵户耕种。不知何年拨二十亩为狄梁公墓地租。余地九顷七十八亩七分。陵户其二十五家，计每年征银十九两五钱七分二厘，不在正项钱粮内，另文解布政局。"由于清代前期最高统治者和地方官吏都对乾陵比较重视，因之乾陵一度得到了较好的保护。但鸦片战争以后，乾陵又处于无人问津的境地，遭受着自然的和人为的破坏。时人吴玉在《晚过乾陵》诗中也说："二圣长眠处，萧条余野草。万古悲荒凉，当年徒改造。"乾陵之衰败，于此可见一斑。

三、当代对乾陵的保护

20 世纪前期，关中地区兵荒马乱，乾陵继续处于被破坏的状态。30 年代，日本学者足立喜六在撰写《长安史迹考》时，曾对关中六座唐陵进行过实地考察。他在《长安史迹考》第十二章《唐代之陵墓》中说：乾陵狄仁杰等六十朝臣画像祠堂已成瓦砾堆积之处。陵前石刻自南向北排列。最前方有石柱一对，倒折左右。其次有飞龙马一对，右者已埋入土中，仅露出头部，左侧者亦转倒一旁。其北有半裸刻朱雀一对，状若鸵鸟或食火鸟。次有石马五对，右边者幸皆完整，左边者缺损较多。再往北

民国时期的乾陵（1928）

乾陵博物馆鸟瞰

有石人十对，右侧倒地者二，左侧倒竖相半。次为《述圣纪》和无字碑。内城门中蕃酋石像右侧立者二十一，倒者三，共二十四；左侧立者十六，倒者十三，总二十九，惜其头部均已失去。蕃像北有石狮一对，又有毕沅所立“唐高宗乾陵碑”。

新中国成立以后，政府重视文化遗产，乾陵得到了较好的保护。1953 年以来，考古工作者对乾陵进行了重点考察，发表了《乾陵勘查情况》。[1]1961 年，国务院将乾陵确定为第一批全国重点文物保护单位。为了加强乾陵的保护和研究，1961 年成立乾陵文物保护管理所。1978 年，又成立了乾陵博物馆。乾陵博物馆收藏乾陵文物 4598 件，其中一级品 27 件。[2] 通过这些措施，大大加强了乾陵保护的力度。因此，除“文革”时期外，乾陵很少受到人为的破坏。通过五六十年代的重点勘查，已经对乾陵的情况有了比较深入的了解。1957 年，对乾陵石刻进行了修复，1987 年修整了乾陵神道。近年又加固了石刻基座。此外，还对乾陵的章怀太子墓、懿德太子墓、永泰公主墓、薛元超墓和李谨行墓，

[1] 刊《文物》1959 年第 7 期。

[2]《中国大百科全书 · 文物博物馆卷》，中国大百科出版社 1993 年版，第 412 页。

桥陵的金仙公主墓进行了科学发掘。[1]

80年代后，考古工作者对唐陵表现出较大的热情。1980年贺梓城发表了《“关中唐十八陵”调查记》，对1953年以来的调查成果进行了报道。[2]1982年，贺梓城、王仁波在《文物》杂志上发表了《乾陵》，再次对乾陵进行了介绍。1987年，刘庆柱、李毓芳又发表了篇幅很长的《陕西唐陵调查报告》[3]，详细报道了他们1973年至1978年对关中唐陵特别是乾陵的调查情况。此外，罗哲文、罗扬在《中国历代帝王陵寝》，孙中家、林黎明在《中国帝王陵寝》中也对乾陵进行了若干介绍。通过这些报道和介绍，加之乾陵旅游业的展开，人们对乾陵的了解逐渐增多，保护乾陵的意识也有所增强。

[1] 黄展岳：《中国西安洛阳汉唐陵墓的调查与发掘》，《考古》1981年第6期。

[2] 刊《文物资料丛刊》1980年第3期。

[3] 刊《考古学集刊》第5集，中国社会科学出版社1987年版。

第十章

历代对武则天的评价

由于武则天在历史上产生过重大影响，因而受到人们的普遍关注。早在古代，就有不少人谈论过她的是非功过。时至今日，有关她的论述越来越多。

第一节　古代对武则天的评价

古人对武则天的评价，最早可以追溯到武则天在世的时候。据文献记载，武则天临朝称制时，骆宾王代表徐敬业撰檄文攻击武则天，骂她是“秽乱春宫”的淫徒妖女，“掩袖工谗”的奸佞小人，“包藏祸心”的杀人恶魔，“窥窃神器”的江洋大盗。[1] 武则天改唐为周后，王公百官、四夷酋长、远近百姓则把武则天

[1]（清）董诰等编：《全唐文》卷199，骆宾王《代李敬业讨武氏檄》，中华书局1983年版，第2009—2010页。李敬业即徐敬业。

视为顺天应人的明君，甚至在洛阳树立巨大的“天枢”，歌颂武则天的功德。

一、唐人的评价

武则天死后，唐人对武则天的评价曾发生过一些变化。神龙二年（706）五月，唐中宗给武则天举行隆重的葬礼。国子司业崔融在所撰《则天大圣皇后哀册文》中全面总结了武则天的一生，说她“沈潜刚克”“惠心泉塞”“仗义当责”“忘躯济厄”“制礼作乐”“返朴还淳”，使“四海慕化”“九夷禀朔”，为国家和民族立下了“鸿业大勋”，认为武则天具有超乎常人的“英才远略”，高度评价了她的历史功绩。但唐睿宗即位后，却采取了贬低武则天的措施：“复则天大圣皇后号曰天后”。虽然不久又“追号天后曰大圣天后”“天后圣帝”，但对武则天的评价明显降低。唐玄宗以其母昭成皇后窦氏为武则天所杀，一开始也对武则天采取了否定的态度。先天二年（713）“令毁天枢”。开元四年（716）降武则天“圣后”之称，改为“则天皇后”。同时，改题高宗庙内“天后圣帝”神主为“则天皇后武氏”。在这种情况下，一些朝臣揣时希旨，甚至公开上书，说武则天篡国夺权，应予以贬斥。后来唐玄宗认为武则天的施政纲领不错，加之武惠妃得宠，在一定程度上缓解了旧怨，唐玄宗基本上还是肯定了武则天。盛唐以后的统治者对武则天是相当尊重的，不仅把武则天绘进了《历代圣贤图》，而且每当春耕时节，都要让有关人士进献武则天所撰写的《兆人本业记》，效法武则天进行劝农。此外，在乾陵献殿中所塑造的武则天依然是天子形象，皇帝和百官朝谒乾陵时，都要向她行天子之礼。这些情况说明，最高统治者是肯定武则天的。但文献中没有他们对武则天进行总体评价的记载。从史书的记载来看，中晚唐人谈到武则天的问题主要有两个：一是改朝换代，一是纳谏用人。对于前者，曾有人表示异议。肃宗时，宰相李泌在劝说肃宗的过程中，编造了“天后方图临朝，乃鸩杀孝敬（即太子弘）”的故事。德宗时，左拾遗沈既济上书反对在国史中给武则天立“本纪”，说武则天“牝司燕啄之踪，难以备述”。其后左拾遗元稹、宰相令狐楚、御史大夫李景让等人对武则天改唐为周亦有所指责。对于后者，则多持称赞态度。德宗贞元八年（792），名相陆贽上书论时政得失，在谈到求才问题时说："往者则天太后践祚临朝，欲收人心，尤务拔擢。弘委任之意，开汲引之门，进用不疑，求访无倦，非但人得荐士，亦许自荐其才。所荐必行，所举辄试，其于选士之道，岂不伤于容易哉！而课责既严，进退皆速，不肖者旋黜，才能者骤升。是以当代谓知人之明，累朝赖多士之用。"宪宗元和年间，名相李绛也说："武氏命官猥多，而开元中有名者皆出其选。"同样对武则天的用人做了充分的肯定。

乾陵无字碑

五代后唐开运二年（945），专叙唐朝史事的《旧唐书》问世。《旧唐书》的作者在"褒贬以言，孔道是模"的方针指导下，对武则天使用酷吏、改朝换代的事和武周政治进行了严厉的抨击，说"李氏自武后移国三十余年，朝廷罕有正人，附丽无非险辈。持苞苴而请谒，奔走权门；效鹰犬以飞驰，中伤端士。以致斫丧王室，屠害宗枝。骨鲠大臣，屡遭诬陷；舞文酷吏，坐致显荣。礼仪无复兴行，刑政坏于犬马，端揆出阿党之语，冕旒有和事之名，朋比成风，廉耻都尽"。甚至把武则天与荒淫无耻的韦后相提并论，说"韦、武丧邦，毒侔蛇虺。阴教斯僻，嫔风寖毁"。"龙漦易貌，丙殿昌储。胡为穹昊，生此夔魖？夺攘神器，秽亵皇居。穷妖白首，降鉴何如。"偶尔在抨击武则天时，也为她说几句好话。如"观夫武氏称制之年，英才接轸，靡不痛心于家索，扼腕于朝危，竟不能报先帝之恩，卫吾君之子。俄至无辜被陷，引颈就诛，天地为笼，去将安所？悲夫！昔掩鼻之谗，古称其毒；人彘之酷，世以为冤。武后夺嫡之谋也，振喉绝襁褓之儿，

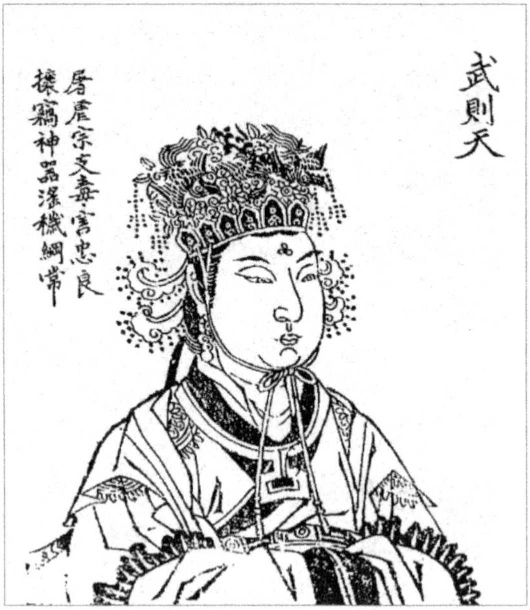

《历代古人像赞》中的武则天像

菹醢碎椒涂之骨，其不道也甚矣，亦奸人妒妇之恒态也。然犹泛延说议，时礼正人，初虽牝鸡司晨，终能复子明辟，飞语辩元忠之罪，善言慰仁杰之心，尊时宪而抑幸臣，听忠言而诛酷吏”。但总的说来，是否定武则天的。

二、宋人的评价

北宋初年，赵匡胤曾对历代君主的治乱得失进行过研究。他在谈到武则天时说：“则天，一女主耳，虽刑罚枉滥，而终不杀狄仁杰，所以能享国者，良由此也。”从说话的语气上看，对武则天的用人颇有几分肯定。仁宗嘉祐五年（1060），《新唐书》修成。在《新唐书》中，欧阳修和宋祁等人模仿“春秋笔法”，极力攻击武则天，说：“武氏之乱，唐之宗室戕杀殆尽，其贤士大夫不免者十八九。以太宗之治，其遗德余烈在人者未远，而几于遂绝，其为恶岂一褒姒之比邪？”“武氏之恶，不及于大戮，所谓幸免者也。”但是，欧阳修等人只是反对武则天参与朝政、任用酷吏、杀戮宗室大臣以及改朝换代，并不否认她的业绩。他们说：“武后自高宗时挟天子威福，胁制四海，虽逐嗣帝，改国号，然赏罚己出，不假借群臣，僭于上而治于下。”这种评价显然带有部分肯定的意思。《新唐书》修成后不久，著名历史学家司马光完成了《资治通鉴》的写作。《通鉴》的隋唐纪是司马光在范祖禹草稿的基础上修改而成的。范祖禹反对女人参政，对武则天颇有微词。司马光也推崇儒家思想。他在《通鉴》中采用了旧史中有关武则天过恶的一些记载，但他对武则天贬责较少，在某些地方还表现出赞赏的态度。如他在写到武则天用人时说：“太后虽滥以禄位收天下之心，然不称职者，寻亦黜之，或加刑诛。挟刑赏之柄以驾御天下，政由己出，明察善断，故当时英贤亦竞为之用。”

及至南宋，随着理学的兴起，人们对武则天的评价越来越低，但并不是都持全盘否定的态度。南宋大理学家朱熹对武则天极为痛恨，他在《通鉴纲目》中多次贬责武则天，说武则天“乘唐中衰，攘窃神器，任用酷吏，屠害宗支，毒流缙绅，其祸惨矣！”胡致堂对武则天也很仇视，认为武则天有九大罪状，即“以才人蛊惑嗣帝”“戕杀主母”“黜中宗而夺之位”“杀君子之三人”“自立为帝”“废高宗庙”“诛锄宗室”“秽德彰闻”“尊用酷吏”。在他看来，“武氏之祸，古所未有也”。不过，他并没有全面否定武则天，对武则天的任贤和才干仍做了肯定。他说：“武氏虽肆行诛杀，而当时号为贤士则未有死者，唯所宠信邪恶之人，反多不免。如狄仁杰、徐有功、朱敬则、宋璟之徒，则保护尤力，其与庸君远矣。”又说：“太后不以内嬖之私屈外庭之议，肯自抑断以伸正直之气，其与汉文听申屠嘉困邓通何以异哉！使其生为男子而临天下，其雄才大略殆与孝武等矣。”洪迈更认为，武则天无须生为男子即可与汉武帝比美。他说：“汉之武帝，唐之武后，不可谓不明。”世人之所以憎恨他们，主要是因为他们都使用过酷吏，“巫蛊之祸，罗织之狱，天下涂炭，后妃公卿，交臂就戮。后世闻二武之名，则憎恶之”。

广元皇泽寺

三、明人和清人的评价

明代文学家胡应麟出于对骆宾王的崇拜，极力贬低武则天，竭尽谩骂攻击之能事。他说："恶之穷天地亘古今者谁乎？武曌是已。吾求其庶几万一者，于数千年史册之间，而弗睹也。意者亘数千劫之前有之乎？吾知其唯一曌独也。合蚩尤、商辛、王莽、董卓、曹操、萧鸾、赵高、林甫、秦桧而为一，足以当曌乎？恶未也。"在胡氏看来，武则天是天地之间最坏的人。罪大恶极，无人能与之相比，即使把历史上的那些暴君佞臣的罪过加起来，也没有武则天的罪过大。但与胡应麟同时的思想家李贽却针锋相对地说："试观近古之王，有知人如武氏者乎？亦有专以爱养人才为心、安民为念如武氏者乎？此固不能逃万世之公鉴矣。夫所贵乎明王者，不过以知人为难，爱养人才为急耳。今观娄、郝、姚、宋诸贤，并列于武则天朝，追及开元，犹用之不尽。如梁公者，殊眷异礼，固没身不替也。宋璟刚正嫉邪，屡与二张为仇，武氏亦不过也。何者？贤人君子，固武氏之所深心爱惜而敬礼者也。"由此可见，他对武则天的评价是很高的。

皇泽寺中的武则天像

到了清代，王夫之因对异族统治不满，又无能为力，遂借古讽今，鞭挞历史上的"篡夺之君"。在这种情况下，他称武周政权是"伪周"，骂武则天是"嗜杀之淫妪"，认为"武氏之恶，浮于韦代多矣！鬼神之所不容，臣民之所共怨，万世闻其腥，而无不思按剑以起"。钱大昕在《廿二史考异》、王鸣盛在《十七史商榷》中也对武则天持否定态度。史学家赵翼则认为，武则天残忍好杀，"真千古未有之忍人也"，但她知人纳谏，于"用人行政大端，则独握其纲，至老不可挠撼"，故"不可谓非女中英主也"。此外，清人在诗文中对武则天也有所评论。如王庆澜《乾陵》诗云："坤德乃乘乾，月魄辄掩日。其才虽是雄，毋乃太突兀。昔称则天后，遽谓天可则。宇宙创奇局，今古竟无匹。来自魔道中，帝亦莫之咈。六珈忽冕旒，廿年不巾帼。能用狄梁公，岂曰非圣哲。更喜独怜才，弗怒宾王檄。"程应权《乾陵》诗亦云："听政日垂帘，奇局秦创始。继者一辈辈，效颦而已矣。武曌奇外奇，毅然称天子。作用亦卓卓，英主不过尔。宇宙五千年，一官一家耳。牝朝忽崛起，鼎足遂同峙。黄巢入长安，唐陵应劫毁。风雨声萧萧，此人独不死。"从这些诗歌中，也可以看出他们肯定武则天的地方。

第二节　20 世纪的武则天研究

武则天是中国历史上唯一的女皇帝，也是中国历史上影响最大、争议最大的人物之一。早在封建时代，人们就曾对武则天进行过种种评论。20 世纪以来，武则天越来越受到人们的重视。介绍武则天的通俗读物应运而生，研究武则天的学术论著也纷至沓来，呈现出前所未有的局面。

大体说来，20 世纪 20 年代至 60 年代是武则天研究的初级阶段。1919 年五四运动以后，一些进步的知识分子从争取女权的立场出发，开始对武则天进行新的评价。他们先后发表了《我国女权运动者——武曌》[1]《伟大的革命政治家武则天》[2]《武则天新论》[3] 等十余篇呼吁妇女解放的文章，在不同程度上肯定了武则天的历史功绩。当时的历史学家对武则天态度不一。陈寅恪、范文澜、吕振羽等人倾向于肯定武则天；另一些史学家则在其著作中撰述"武后之乱""武韦之祸"等章节，对武则天进行全盘的否定。双方虽然没有展开深入的讨论，但都表现出对武则天的关注。当时的文学家也对武则天表现出极大的热情。1935 年，

[1] 刊《妇女杂志》15 卷 12 期（1929.12）。

[2] 刊《妇女月刊》3 卷 1 期（1943.7）。

[3] 刊《妇女月刊》6 卷 5 期（1947.11）。

剧作家宋之的写成多幕剧《武则天》，并于1937年公演。该剧着重描绘了武则天在以男性为中心的社会中反抗挣扎的情况，“引起了社会上的广泛注意”[1]。1943年，著名剧作家田汉又写成京剧《武则天》。该剧“没有矫情的歌颂，没有过甚的贬词，没有为她的功绩而体谅她的残酷，也没有为她的凶狠而泯没她的雄才大略”[2]，同样产生过一定的影响。但总的看来，这一时期的武则天研究只是刚刚起步，尚未取得令人满意的成果。

1949年中华人民共和国成立以后，武则天成为史学界最瞩目的历史人物之一，许多史学家开始探讨武则天的是非功过及其相关问题。

1954年，岑仲勉在所著《隋唐史》上卷中说：武则天居心疑忌，秉性残酷，“即使撇去私德不论，总观其在位二十一年，实无丝毫政绩可纪。”[3]1955年，杨志玖在所著《隋唐五代史纲要》中提出不同的看法，认为武则天对历史是有贡献的，其主要贡献是打破了关陇贵族集团对政治的垄断，女性称帝，对封建夫权统治制度也是一个巨大的革命。[4]1958年，吴枫在《隋唐五代史》中进一步指出：武则天当政时期促进了中央集权政治的发展，给唐玄宗统治时代选拔了较有作为的官僚，其主要政策就当时社会来讲是有一定积极意义的[5]。1959年，吕思勉《隋唐五代史》出版。该书反对肯定武则天，认为武则天是暴君，不仅滥刑杀人，残酷异常，大兴土木，奢侈腐化，御边无方，而且不能用人，所用“皆昧死要利之徒”，“擢受之滥，后世斜封墨敕之原实开焉”。[6]同年10月，翦伯赞、吴晗、吕振羽、田汉、尚钺等人在看了越剧《则天皇帝》之后发表谈话，一致认为武则天是一位杰出的政治家：武则天执政50年，办了许多好事，巩固了唐太宗“贞观之治”所开创的局面，并进而为唐代的繁荣昌盛打下了物质基础。[7]12月6日，

[1]《宋之的传略》，刊《新文学史料》1984年第1期。

[2]《田汉同志京剧〈武则天〉上集读后》，刊《剧本》1984年第2期。

[3] 岑仲勉：《隋唐史》上，高等教育出版社1957年版。

[4] 杨志玖：《隋唐五代史纲要》，新知识出版社1955年版。

[5] 吴枫：《隋唐五代史》，人民出版社1958年版。第93页。

[6] 吕思勉：《隋唐五代史》，中华书局1959年版。

[7]《武则天应该是正面人物》，刊《文汇报》1959年10月3日理论版。

吴泽在《文汇报》上发表《关于武则天在历史中的作用》一文，认为“武则天立为皇后以来四十多年反世族斗争的胜利和成就，是应该肯定的；武周后期，就政权本身来说，基本上也是肯定的；而其晚年豪奢专断，引起危害人民、影响社会经济发展的错误和弊政，是应当揭露和批判的”。同月 13 日，张家驹在《文汇报》发表《也谈武则天》一文，在分析了武则天的“荒淫”“好杀”对外政策和政绩之后说：“武则天之为人，受唐太宗的影响颇深，有许多方面效法而继承了太宗的事业，并且替历史上所谓‘开元之治’打下基础。武则天说得上是我国封建时代一个伟大的政治家。”

1960 年 5 月，郭沫若在《人民文学》上发表了四幕历史剧《武则天》的剧本，以戏曲艺术的手法，对武则天的一生做了总的评价，高度肯定了武则天的历史功绩。这个剧本很快在社会上引起强烈反响。1961 年初，关于武则天的评价出现了空前热烈的场面。3 月 19 日，《人民日报》发表中华书局通讯组撰写的《武则天在历史上究竟起了什么作用》，摘要介绍了 1954 年以来学术界对武则天的评价情况。5 月 15 日， 缪钺在《光明日报》发表《关于武则天的评价问题》，认为武则天统治时期，基本上继承了贞观以来经济发展的趋势，增殖户口，奖拔人才，为后来所谓“开元之治”打下基础。这些都是应该肯定的。但她重用酷吏，滥杀无辜，自坏长城，御边无方，赋役繁重，百姓凋敝，崇信佛教，助长兼并，缺点也是相当严重的。6 月 21 日，《光明日报》又发表了署名为“若思”的文章，题目是《关于评价武则天的几个问题》，该文认为，武则天所实行的

文水则天庙

政治路线，并没有缓和统治者与人民之间的矛盾；武则天破格用人，广开汲引之门，有进步意义，但这仅是问题的一方面，在用人问题上还有种种弊端；酷吏政治，造成了刑法冤滥，导致了武则天晚年众叛亲离的局面。8 月 12 日，赵吕甫在《四川日报》上发表文章，对缪钺的文章进行商榷，提出了相反的意见。[1]9 月 10 日，《文汇报》综述了该报编辑部收到的关于武则天评价的大量稿件。[2] 韩国磐的《隋唐五代史纲》亦于此年出版。在这本书中，作者也对武则天进行了专门论述，认为武则天所推行的一些改革，顺应了当时社会发展的客观形势。所以在武则天统治时期，社会经济是继续发展的。1962 年，汪篯给中央党校学员讲《武则天》，指出武则天的政策在客观上符合历史发展的趋势。理由主要有两点：“一、她帮助了普通地主的兴起，进一步打击了大地主、豪强地主；二、基本上消灭了关中地区的军事贵族的部曲、佃客制，为封建社会的进一步发展开辟了道路。”他认为“凭这两点，就可以充分肯定武则天。后来的唐玄宗顺着武则天的路子走，才在历史上出现了‘开元之治’”[3]。此后，大陆上关于武则天的讨论仍在继续，不过逐渐侧重于生年生地等具体问题。

这一时期，港台地区及国外对武则天的研究也很热烈。1956 年，英国出版了 C.P. 弗兹格拉德编写的《女皇武则天》。1958 年，香港中华书局出版了徐素编写的《女皇武则天》。1963 年，香港宏文书局又出版了李唐编写的《武则天》。这些作品虽系通俗读物，但都是作者研究武则天的结果，都体现了作者对武则天的态度。

1966 年至 1984 年是武则天研究遭受挫折被迫反思的阶段。由于受政治气候的严重影响，这一时期的武则天研究一度走上了歧途。

1966 年“文化大革命”开始后，武则天研究宣告中断。经过八年时间的沉寂，到 1974 年，韩国磐在《厦门大学学报》上发表《评武则天》一文，重新展开了对武则天的讨论。但是，这一讨论很快被“四人帮”歪曲利用。在极左路线和影

[1]《对〈关于武则天评价的问题〉一文的两点意见》，刊 1961 年 8 月 12 日《四川日报》。

[2]《关于武则天评价的若干问题》，刊 1961 年 9 月 10 日《文汇报》。

[3]《汪篯隋唐史论稿》，中国社会科学出版社 1981 年版。

射史学的指导下，发表了一系列文章，出现了评价武则天的“热潮”。在这次热潮中，武则天被打扮成了“尊法反儒”的女政治家。[1]“四人帮”的御用文人“梁效”趁机抛出《有作为的女政治家武则天》一文[2]，打着武则天的幌子为江青歌功颂德，在学术界产生了很坏的影响。

“四人帮”垮台后，学术界出现了许多“拨乱反正”的文章。1976至1979年，有关报刊相继发表了《江青吹捧武则天的险恶用心》[3]《宣扬武则天是为了篡党夺权——评梁效所谓的“一次儒法大斗争”》[4]《评梁效笔下的武则天》[5]等数十篇有关武则天的文章。这些文章大都是为批判“四人帮”而写的。出于对“四人帮”的义愤，基本上都简单地对武则天采取了否定的态度。只有何汝泉、熊德基、魏良弢等人的文章有一些学术价值。1978年，何汝泉发表《关于武则天的几个问题》，认为“武则天统治时期社会经济发展速度不及以前的贞观，也不如稍后的开元。作为当时封建地主阶级的总代表的武则天，还可以表现出一些适应历史发展的东西，但同时必然存在着落后的反动的东西。两种相反的因素存在于武则天身上，似乎很矛盾，其实是合乎规律的。由此可见，对武则天采取形而上学的态度，肯定一切，或否定一切，都是错误的”[6]。同年，熊德基发表《武则天的真面目——梁效〈有作为的女政治家武则天〉一文批判》，对梁效进行了无情的抨击，同时对武则天也做了全盘的否定，说她的所作所为，完全是“倒行逆施”。[7]次年，熊德基又发表《武则天评价问题答客难》，[8]并在此基础上，整理成《论武则天》一书，进一步指出：在武则天统治的五十年中，政治、经济、军事以及社会风气，都呈现了全面的倒退。这不能不说是历史发展中的一次逆转。武则天与江青一样，是野心家、阴谋家。魏良弢在《论武则天》一文中的观点与此基本

[1] 见《山西师院学报》1974年第3期、《郑州大学学报》1974年第3期、《中山大学学报》1974年第4期。

[2] 见《北京大学学报》1974年第4期。

[3]《广西师院学报》1976年第4期。

[4] 刊1976年12月23日《光明日报》。

[5] 刊1977年2月8日《人民日报》。

[6]《历史研究》1978年第8期。

[7]《社会科学战线》1978年创刊号。

[8]《历史教学》1979年第1期。

相同。认为唐朝的全盛时期的到来比西汉、明清都要推迟三五十年，正是武则天统治的恶果。[1]

80年代初期，学术界逐渐冷静下来，对以往的武则天研究进行反思。1980年，黄永年发表《评郭沫若同志的武则天研究》，对郭沫若的武则天研究提出异议。文章指出："要全面评价一个历史人物，尤其是武则天这样掌握过国家最高权力的历史人物很不容易，必须把当时的经济、政治以至文化各方面的情况一一如实弄清楚，同时如实弄清楚她本人在这方面起过哪些推动促进或阻挠破坏作用，或是听任自流没有起过多少作用。""不研究清楚就急于下结论，恐怕不是马克思主义者应有的态度。"[2]1982年，李必忠、陈贤华发表《有关武则天评价的几个问题》，认为武则天在掌权的岁月里，基本上顺应了历史的发展，继承了贞观时期的基本国策，政治上坚持中央集权，经济上继续推行均田制，军事上依然实行府兵制。通观全局，当时社会是继续向前发展的，是从贞观之治到开元之盛的一个重要阶段，"武则天应得到基本肯定"[3]。1983年，高光晶、戴承杭发表《武则天不是肯定的历史人物》，又提出了不同的看法。文章认为，武则天打击士族不具有调整生产关系的关键意义，因此不能看作她的功绩；她破格的都是帮她铲除异己的酷吏和拥护她称帝的小人；她并没有采取有效措施将重农的诏令付诸实现；"她的倒行逆施激化了社会矛盾，阻碍或延缓了社会经济的发展"，"她是一个应该基本否定的历史人物"。[4]此外，范传贤、郑宝琦等人也就武则天的评价发表了自己的见解。[5]虽然观点很不一致，但显示出武则天研究已步出泥潭，走上了正轨。

这一时期港台国外有关武则天的研究有了较大进展。1968年，日本中央公论社出版了外山军治编写的《则天武后》。1978年，美国华盛顿出版了格伊瑟

[1]《新疆大学学报》1979年第1、2期。

[2]《陕西师大学报》1980年第3期。

[3]《四川大学学报》1982年第2期。

[4]《求索》1983年第1期。

[5]范传贤：《关于武则天的若干分析》，刊《宁德师专学报》1982年第1期；郑宝琦：《关于武则天的评价问题》，刊《上海师院学报》1983年第1期。

编写的《武则天》。日本私家刻本局出版了原百代编写的《武则天》。1981 年，台北联鸣文化有限公司出版了雷家骥编写的《狐媚偏能惑主——武则天的精神与心理分析》。在这些著作中，原百代和雷家骥的作品相当流行。原百代的《武则天》是一部长篇传记性文学作品。在这本书中，作者以贞观至开元时期的历史为背景，描写了武则天一生的政治得失和个人生活；对史籍中的某些记载提出质疑，批评了世人对武则天的一些偏见，认为武则天是中国历史上空前绝后，有所作为，对唐代历史发展起过承前启后作用的伟大政治家。雷家骥的《狐媚偏能惑主——武则天的精神与心理分析》则是一部用心理分析方法研究武则天的著作。作者认为，武则天长寿、有活力、体魄健康，清楚自己的所作所为，不是精神病患者；但她的自我观念、自信心、占有欲极强，有强烈的反社会、反传统心理，自我神化、夺权篡国，恐怖整肃，是一个人格失调者。这就决定了她不会成为中国历史上第一流的君主，相反，更可能是暴君。只是由于她的学识、才干与能力并不低劣，才使国家未至全面崩败的地步。总的说来，武则天是个野心家、篡夺者、破坏国家体制的独裁者。显然，海外对武则天的评价也不一致。

文水则天庙中的武则天塑像

第三节　武则天研究的新成果

1985 年至今是武则天研究走向深入的新阶段，也是研究成果最多的阶段。

鉴于武则天在中国历史上所处的重要地位和长期以来人们在评价武则天问题上所存在的重大分歧，1985 年，中国唐史学会成立了武则天研究会，组织了五次全国性的武则天讨论会，大大推动了武则天的研究工作。史学工作者撰写了大量的论著，文艺工作者也把武则天搬上了荧屏，加之几部有关武则天的小说，社会上出现了一股新的“武则天热”，其影响远远超过了以往几个阶段。

这一阶段开始的标志是首届全国武则天学术讨论会的召开。1985 年 10 月 22 日至 27 日，首届全国武则天学术讨论会在陕西咸阳召开。来自全国十个省区高等院校、科研机构和文博系统的 50 多名代表参加了会议。会议收到论文 28 篇。与会代表回顾并总结了武则天研究的成果和经验，围绕对武则天是非功过的评价，着重讨论了武则天作为一个女性能够称帝的社会历史条件以及武则天执政时期的政治、经济、军事、文化等问题。关于武则天称帝的社会历史条件，吴枫、牛致功认为必须充分注意唐代“开放”的特点，从这方面进行考察。牛志平、高世瑜认为唐代女子社会地位较高，束缚较少，武则天是唐代“开放”社会的产物。关于武则天的是非功过，何荣昌、刘曼春、赵文润、王双怀、王赛时、梁安和、李文澜、罗元贞、杨剑虹等人分别从不同的角度进行了探讨和评价。会后由三秦出版社编辑出版了《武则天与乾陵》一书。书中收录了张文彬《武则天的生平事业》，王炎平《武则天政治生涯评论》等 13 篇比较重要的文章。这次会议还成立了“武则天研究会”，对推动武则天研究产生了十分积极的影响。

1986 年 10 月 22 日至 28 日，中国唐史学会第三届年会暨第二次武则天学术讨论会在四川广元召开。会议收到有关武则天的论文 25 篇。刘希为在《武则天研究中几个值得注意的问题》一文中指出，应当用比较的方法研究武则天：与世界中世纪所有的女皇对比，武则天是 28 位女皇中的佼佼者；与吕后、冯太后、慈禧太后对比，武则天谋略、胆识、权术最高明，对后世的影响最深远；与高宗、中宗、睿宗相比，她最有才能，是成功的皇帝。赵宝俊在《中国唯一女皇的出现》中论述了武则天称帝的原因，认为在中国具体历史情况下出现女皇是偶然性的。唐朝前期庶族政治势力的抬头和中央集权的强化都为女皇的出现提供了可能。武则天本人具有杰出的政治才能和强烈的统治欲望，因而把可能变成了现实。宁志新的《武则天与唐高宗》和王炎平的《论唐高宗的历史地位及其与武则天的关系》认为，武则天与唐高宗的关系是很好的，二人在一些关键的原则问题上观点完全一致。孙炳元的《论武则天的诛杀政策》指出：诛杀政策是武则天谋权、夺国、驭臣、固位最主要的手段；这种政策延续时间长、牵连广、消极影响很大。此外，刘曼春的《论唐律与武则天法制》、何荣昌的《武则天的“劝农桑”政策及其措施》、李斌城的《武则天与道教》、翁俊雄的《武则天时期狭乡民户徙就宽乡问题》也都提出了一些新的看法。

同年，三秦出版社出版了胡戟的《武则天本传》，辽宁人民出版社出版了吴枫和常万生的《女皇武则天》。《武则天本传》采用通俗简洁的笔法，生动地叙述了武则天的一生，字里行间对武则天做了总体上的肯定。在这本书中，作者力图“摹写复原历史本来面目”。因此，这本书一出版就受到了读者的欢迎。《女皇武则天》试图以生动的文笔叙述武则天的经历、业绩及性格特征。虽然有些虚构的情节，但作者的观点是很明确的。作者在该书的结尾写道：“我们不想为女皇做结论，只是想再次重复一下这个事实：女皇执政的五十年是中国历史上一个较为兴旺发达的时期，社会比较安定，人口显著增长，经济较为发展，文化得到发扬。同时，这个时期的民族关系总体上是正常的，国家是统一的，边疆形势基本稳定。它上承‘贞观之治’，下启‘开元盛世’，国力未坠，人心稳定。特别是，她，一个在男尊女卑的社会中生活的女人，居然端坐在最高的位置上，雄视八方，号令天下，不管是战功赫赫的战将，还是满腹经纶的文臣，都俯首于她的裙裾之下，口呼万岁，洗耳听命，而拥有 600 多万户的国家也以强大的身姿傲立于当时的世界上。这能说明什么呢？这又意味着什么呢？”显然，作者肯定了武则天的功绩，对武则天做了较高的评论。

1987 年 10 月 21 日至 27 日，全国第三次武则天学术讨论会在洛阳召开。会议收到论文 20 余篇，涉及武则天时期的政治、经济、文化、社会生活和武则天的评价等方面的内容。杨剑虹在《武则天的家庭和她所受的教育》一文中指出，武则天之所以有渊博的学识和杰出的才能，原因之一是她曾受过良好的家庭教育。宁志新在《武则天发迹前经历初探》中认为，武则天发迹前的经历和遭遇，及其在后宫争宠斗争中的实践，造就了她坚毅的性格和杰出的政治才干，为后来登上皇后、皇帝宝座奠定了基础。潘孝伟在《与韦后相比看武则天夺国成功的原因》中认为，武则天之所以能够成为中国历史上唯一的女皇帝，一是因为她经历了长期经营权力的过程，并由此逐步形成深厚牢固的政治根基；二是因为她重视铲除近在肘腋且最具威胁性的政治反对派势力；三是因为她在辅政期间政绩卓著，赢得了地主阶级及其官僚集团中绝大多数人的承认和支持。白献章在《武则天用人得失论》中认为，武则天用人有成功的地方，也有失误之处。在用人方面的得与失，正是导致她上台与退位的主观原因。李荷仙在《武则天与文化艺术》中认为，武则天是一位文化素质较高的政治家。她不仅自己在文学、书法、著述方面有较深的造诣，而且十分重视文化艺术的发展。其他文章也都从不同侧面研究了有关武则天的问题。与会代表就参会论文和共同感兴趣的问题进行了认真的讨论。会后总结了这次讨论会的成果，由三秦出版社出版了《武则天与洛阳》一书。同年，上海人民出版社出版了郁贤皓、方义兵的《女皇帝武则天》。

1988 年 7 月 24 日至 31 日，第四次全国武则天学术讨论会在山西太原举行，这次会议收到 38 篇论文，选题较前更为广泛，涉及一些过去很少或没有接触的问题。吴宗国《论武则天建言十二事》认为，武则天的建言十二事反映了七世纪六七十年代客观形势的变化和一般地主的要求，表现了武则天对现实情况的深刻理解和卓越的政治才能。付玫在《高宗武后时期唐代物质文化的发展》中介绍了武则天参政期间的物质文化状况，认为无论是农业、手工业还是建筑方面都有杰出的成就。阎守诚在《武则天时代社会经济迅速发展的原因》中指出，武则天时期社会经济能够迅速发展的原因，一是武则天在政治上打击门阀士族地主，大力扶植普通庶族地主，导致了生产关系和经营方式的变化；二是武则天在经济上采取了无为而治的方针，听任唐初建立的重要制度（均田制、府兵制等）败坏而不加以挽救；三是武则天制定了农商并重的方针。赵文润、王双怀的《武则天是怎样处理民族关系、维护辽阔疆域的》一文，探索了武则天时期的民族关系和边疆问题，认为武则天较好地处理了各民族之间的关系，不仅保持了唐王朝的强盛，而且使疆域达到了唐朝历史上最辽阔的程度。这是武则天的重要贡献之一，可以说武则天是一位善于处理民族关系的女政治家和军事战略家。李斌城在《武则天与佛教》一文中用翔实的史料，介绍了武则天大兴佛教的情况。牛志平在《武则天与宗教》一文中则说，武则天对各种宗教均持积极扶持和利用的态度，并无固定之宗教信仰。武则天的宗教态度同唐代对各种宗教兼容并包的政策完全吻合。会议期间，学术交流的气氛相当浓郁，大多数学者都从不同的角度肯定了武则天的贡献，但张裔、宋大川仍对武则天持全面否定的态度。他们在《论武周暴政》一文中说："武则天统治时期的政治、经济、军事以及社会风气都显示了全面的倒退。武则天是一个不折不扣的暴君，她的残忍酷虐、好杀成性以及倒行逆施的统治方针，使她的统治成为唐代历史上的一段黑暗的时期，给当时的社会和广大劳动人民带来莫大的灾难。"这次会议的成果后来选编为《武则天与文水》一书，由山西人民出版社出版。

此后，仍有许多史学工作者继续研究武则天。1990 年发表了宁志新的《武则天削发为尼一事考辨》[1]、符庆如的《武则天行"铜匦制"考略》[2]、王灵善的《武则天心态研究》[3]、陆庆夫的《说武则天时期的冗官政治》[4]等文章。1991 年发表了叶哲明的《女皇武则天施政特色及其政绩评析》[5]、马晓丽的《关于武则天重用酷吏的几点看法》[6]、苏聪的《简论武则天其人其文》[7]、尚定的《论武则天时代的"诗赋取士"》[8]等文章。1992 年发表了李鸿宾的《唐高宗武后东巡及其政治的转化》[9]、沈星棣的《"武后之忍"说的斟酌》[10]、赵克尧的《武则天立周、继周成败论》[11]。次年又发表了胡如雷的《关于武则天研究中的几个问

[1]《华中师范大学学报》1990 年第 1 期。
[2]《史学月刊》1990 年第 2 期。
[3]《山西大学学报》1990 年第 3 期。
[4]《兰州大学学报》1990 年第 3 期。
[5]《台州师专学报》1991 年第 1 期。
[6]《烟台大学学报》1991 年第 3 期。
[7]《武汉大学学报》1991 年第 5 期。
[8]《中国社会科学》1991 年第 6 期。
[9]《理论学刊》1992 年第 2 期。
[10]《江西大学学报》1992 年第 3 期。
[11]《学术月刊》1992 年第 4 期。

题》[1]和秦川的《论高宗与武则天的矛盾和斗争》[2]。何磊的《武则天传》也于1992年由云南大学出版社出版。这些文章和著作或论述对有关武则天的具体问题，或对武则天进行总体评价，或对武则天研究提出自己的看法，都有一些新的见解。

1993年，杨剑虹的《武则天新传》和赵文润、王双怀的《武则天评传》相继出版。[3]《武则天新传》是在“符合历史真实”的原则下撰写的一部比较系统和严谨的武则天传记。作者在书的开头写道：“武则天是一位震烁古今的女皇帝。女人当皇帝，在中国封建社会里仅此一人，因此，她是空前绝后的。她不顾男尊女卑的传统观念，在一片叫骂声中竞逐最高权力。她的政治生涯历时45年，整整当了19年皇帝。在执政和在位期间，她操纵全局，多谋善断，巩固了唐朝的封建统治；她慧眼识英雄，能用人之所长；她重视生产发展，使生产力水平有了提高。但是，她也实行酷吏政治，血腥镇压皇位的竞争者；她也穷奢极欲，一掷千金，从而又增加了人民的负担。总之，她在唐初休养生息的基础上，继承了唐太宗的文治武功，保卫了国家安全，促进了民族交往，稳定了封建秩序，为以后开元盛世的到来奠定了基础。”《武则天评传》则是为还原武则天的本来面目而撰写的一部学术专著。在这本书中，作者收集了大量的历史资料，吸收了前人的研究成果，把武则天放在当时特定的历史条件下进行了深入、系统的研究，推翻了一些有关武则天的不实之词，提出了一些新的见解。在此基础之上，突出“评”的特点，认为武则天不仅具有乐观向上的气概，勇于革新的精神，坚韧不拔的意志，日理万机的才干，而且具有良好的政绩。在她统治期间，政治比较清明，经济有所发展，文化得到振兴，国力也很强盛。“武则天是一位应该肯定的历史人物，是当之无愧的杰出的女政治家”，她的魅力是永存的。这两部著作问世后，都引起了一定的反响。其中《武则天评传》一书后来又在台湾用繁体字出版，受

[1]《社会科学战线》1993年第1期。

[2]《甘肃社会科学》1993年第2期。

[3]《武则天新传》由武汉大学出版社出版，《武则天评传》由三秦出版社出版。

到学术界的好评。[1]

1994 年 10 月中旬，中国唐史学会又在陕西乾陵博物馆举行了第五届武则天国际学术研讨会。与会代表提交了 34 篇论文。会议总结了以往的武则天研究，并就有关武则天的问题继续展开讨论。很显然，有关武则天的评价学术界还没有形成一致的结论。

在这一时期，海外也有研究学者从事武则天研究。荷兰人乔纳森·克莱门斯（Jonathan Clements）在 1971 年的时候推出了《阴谋，诱惑，诛杀：武则天的神皇之路》（Wu：The Chinese Empress who schemed，Seduced and Murdered，Her War to Become a Living God）。加拿大学者桂时雨（Richard Guisso）在 1978 年出版了《武则天及其在唐朝统治的合法化》（Wu Tse-t'ien and the Politics of Legitimation in Tang China）。1985 年，香港博益出版集团有限公司出版了捧书生编写的《武则天外传》。1986 年，日本集英社出版了泽田瑞穗编写的《则天武后》。意大利历史学家富安敦（Antonino Forte）在 1988 年发表了《从天文钟史看明堂和佛教净土：武则天建造的塔，雕像和浑天仪》（Mingtang and Buddhist Utopias in the History of the Astronomical Clock： the Tower， Statue and Armillary Sphere Constructed by Empress Wu）。在 1993 年，美国学者埃莉诺·库内（Eleanor Cooney）和另外一名美国学者丹尼尔·阿尔提瑞合作出版了《欺诈：一部唐代谋杀和疯狂的传奇》（Deception： A Novel of Murder and Madness in Tang China）。除此之外，在由英国费正清等主编的《剑桥中国史·第三卷·隋唐（589-906）》（Cambridge History of China，Vol.3， Sui and Tang China， 589-906）中，《武则天，中宗和睿宗的统治（684-712）》（the Reigns of the Empress Wu， Chung-tsung， and Jui-tsung， 684-712）这部分就是由桂时雨所撰写。虽然不是武则天的专著，但是对于武则天的主要方面都有所涉及，代表着西方主流的观点。

[1] 见《三秦论坛》1994 年第 5 期、《历史教学》1995 年第 7 期及台湾 1995 年《唐史学会会刊》等。

进入21世纪以来，我国的武则天研究呈现出较为繁荣的局面。从2001年到2016年9月底，共出版与武则天相关的著作325部，发表期刊论文1398篇，学位论文42篇，会议论文15篇，报纸短文3935篇，此外，还出现了12种与武则天有关的专利产品。这一时期海外学者对武则天研究也表现出较大的热情，出版学术专著十余部，发表论文数十篇。

21世纪以来，中国武则天研究会举行了几次影响较大的国际武则天学术研讨会，收到了丰硕的成果。

2007年7月7日，“2007年·中国洛阳·国际武则天学术研讨会暨中国武则天研究会第十届年会”在河南省洛阳师范学院隆重召开。来自美国、日本、韩国、新加坡等国的教授、学者和国内各大学、社科院、文博、出版系统及新闻媒体的专家教授等学者共80余位代表出席了会议。本次会议的主要议题之一，是深入讨论以神都洛阳为中心的武则天时代的政治、经济、军事、文化、人物、民族关系、中外文化交流以及武周文化在盛唐历史文化中的地位。主要议题之二，是探讨武则天在洛阳和周边县市的文化胜迹及对武周时期的墓志进行研究。主要议题之三，是总结武则天研究会成立22年来的研究成果。会后出版了《武则天与神都洛阳》论文集，共收入论文44篇。其中王双怀《武则天与神都洛阳》、黄正建《武则天的名字是“武约”吗？——与雷家骥先生商榷》、罗汉《启母神话与武曌政权》、李志贤《武则天与“女性主义”》、王永平《从泰山道教石刻看武则天的宗教信仰》等论文观点新颖，受到较多的关注。

2013年，第十二届国际武则天学术研讨会在四川广元举行。来自海内外的100多位专家学者针对武则天与武周社会的相关问题展开讨论。孟宪实《论公主之死：妖魔化武则天的历史叙述》、黄正建《从墓志看与武则天相关的几位法官》、金子修一《玄宗的祭祀与武则天之关系》、谭继和《武则天与中国文化》、王双怀《论武周政权的历史地位》等论文引起与会学者的共鸣。会后王双怀和梁咏涛编辑的《武则天与广元》一书，由文物出版社出版。此书收入论文56篇，集中展现了当年武则天研究的成果。

2016年，中国武则天研究会又在洛阳召开了第十三届国际武则天学术研讨会。来自国内高等院校、科研机构、文博单位和日、韩等国的 100 多位学者就武则天其人、武则天与神都洛阳、武周时期的社会状况等问题进行了深入探讨，并且考察了洛阳地区的历史文化遗存。会后出版论文集《一代明君武则天》，收入重要论文 42 篇。

这一时期出版了不少有关武则天的学术著作。其中影响较大的有雷家骥的《武则天传》（人民出版社，2001）、赵文润的《武则天之魅力》（三秦出版社，2003）、王洪军《武则天评传》（山东大学出版社，2010）等。海外武则天研究方兴未艾。代表性成果是美国人哈利·罗斯柴尔德（N. Harry Rothschild）2008 年出版的《武曌：中国唯一的女皇》（Wu Zhao：China's Only Woman Emperor）。此书已被冯立君、葛玉梅译为中文，由社会科学文献出版社出版。至于有关武则天的文章，数量更多，其中也不乏有重要参考价值的上乘之作。

第四节 武则天的是非功过

总观近一百年来的武则天研究，我们可以清楚地看出学术界研究武则天的轨迹。应当说，一百年来的武则天研究经历了由宏观到微观再到宏观的过程，研究工作逐渐深入，到现在已经取得了可喜的成绩。如果把这些成绩归纳一下，大体上可以概括为以下几点：

首先，20 世纪以来，在武则天研究方面出现了一大批高质量的研究成果。近一百年来，我国学者撰写的有关武则天的论著已达7000余种，其中图书434种，期刊论文 2113 篇，学位论文 43 篇。除去再版、复印的论著，数量已相当可观。其数量之多，范围之广，影响之大，在中国古代历史人物研究中都是罕见的。

其次，对有关武则天的许多问题进行了认真的探讨。已经问世的 400 余种论著，涉及武则天的方方面面。除了总体评介武则天的论文和著作以外，还有不少论著从不同的侧面研究了关于武则天的一些具体问题。比如武则天的出身问题、生年生地问题，参与朝政、临朝称制、改唐为周问题，用人纳谏、“荒淫好杀”问题，以及武则天如何治国的问题，等等。这些具体研究，对于还原武则天的本来面目，对于正确评价武则天，都有积极的意义。通过这些研究，逐步加深了人们对武则天的认识。使武则天研究的整体水平有了明显的提高。

再者，使武则天研究走上了良性发展的道路。经过近百年的探索，几代史学工作者含辛茹苦，在武则天研究方面付出了艰巨的劳动，不仅取得了可喜的成果，积累了丰富的经验，而且成立了研究机构，培养了研究人才，壮大了研究队伍。所有这些，都为武则天研究的深入发展奠定了坚实的基础。

但是，必须承认，20世纪以来的武则天研究也存在着不少问题。比如以论代史，或以史代论。有些文章只注重教条的理论而不注意事实的考证，甚至因要为“政治”服务而任意歪曲历史；有些文章只在一些细小的问题上纠缠，没有对武则天进行全面的研究就急于给武则天下结论。又如，选题雷同，简单重复。评价武则天的文章极多，但多为重复劳动，有新意有突破的论文并不多见。有关武则天用人纳谏、“荒淫好杀”的某些文章也存在着人云亦云的现象。这些问题都在一定程度上影响了人们对武则天的了解。现在，学术界对武则天还没有形成统一的认识。因此，继续研究武则天，进一步提高研究水平，仍是摆在史学工作者面前的任务。

武则天是一个带有传奇色彩的历史人物。她从一个木材商的女儿成为唐太宗的才人，又从唐太宗的才人成为唐高宗的皇后，继而辅佐高宗，参与朝政，临朝称制，独揽大权，最后破天荒地登上皇帝宝座，成为中国历史上独一无二的女皇帝，并对中国历史产生了重要的影响。千百年来，有许多学者曾对武则天进行过评价，但评价的结果却存在着很大的差异。有人说她荒淫残暴，无所作为，把她贬得很低；有人说她用人纳谏，明察善断，把她抬得很高。虽然海内外学者对武则天进行了长期研究，并在研究方面取得了一定的成绩，但至今仍未形成统一的结论。因此，对武则天进行正确评价，仍然是摆在我们面前的一个课题。在这里，我想谈一下关于武则天评价的几个问题，希望能够引起大家继续研究武则天的兴趣。

一、武则天是不是荒淫残暴

古往今来，人们在评价武则天的时候，常常围绕着武则天是否“荒淫”“残暴”的问题争论不休。否定武则天的人说武则天生活腐化，荒淫无度，滥用刑法，极为残暴，是“千古未有之忍人”[1]。肯定武则天的人则说武则天生活简朴，并不荒淫，也谈不上残暴。我比较赞同后者的观点，认为“荒淫”“残暴”的说法是不能成立的。

从历史的角度来看，武则天“荒淫”的说法最早来自骆宾王所写的《代李敬业传檄天下文》。骆宾王在这篇檄文中写道：“伪临朝武氏者，人非温顺，地实寒微。昔充太宗下陈，尝以更衣入侍，洎乎晚节，秽乱春宫。”他认为武则天从太宗的才人成为高宗的皇后，违背了人伦道德，是荒淫的表现。其后，欧阳修等人在他们的著作中也说武则天宠幸过薛怀义和张易之兄弟，在生活上不够检点。于是，这两条便成了武则天“荒淫”的证据。后来一些小说、戏曲和电视剧又借题发挥，大肆渲染，武则天“荒淫”的论调便流传开来，大有盖棺定论之势。事实上，武则天“荒淫”的说法是不能令人信服的。武则天的确给唐太宗当过才人，但我们不能因此就说武则天“荒淫”。因为李唐宗室具有胡人的血统，武则天与唐高宗的结合是在唐太宗死后的事，而且当时武则天是处于被动的地位，并没有完全违背当时的道德规范。至于薛怀义等人虽是武则天的面首，也不能因此就得出武则天“荒淫”的结论。武则天见到薛怀义时，已是将近 70 岁的老人。张易之兄弟得宠时，武则天已经 70 多岁。武则天主要是把他们当作驾驭外戚和大臣的工具看待。史书中根本没有武则天 60 岁以前“荒淫”的记载。要说一个 70 多岁的老太太多么“荒淫”在情理上也是很难讲通的。

武则天“残暴”的说法，最初也是由骆宾王提出来的。骆宾王在《代李敬业传檄天下文》中列举武则天的罪状，说武则天“包藏祸心”，“豺狼成性”，“杀

[1]〔清〕赵翼：《廿二史札记》卷 19《武后之忍》，中华书局 1964 年版，第 414 页。

姊屠兄，弑君鸩母”。后来武则天的反对者又编造出了一些武则天“残暴”的证据，诸如武则天为了当皇后，亲手捏死自己的小女儿，嫁祸于王皇后；为了防止王皇后和萧淑妃复出，将他们活活打死，并砍掉他们的手足；为了实现当皇帝的野心，下毒害死太子李弘；等等。其实，这些所谓“罪证”绝大部分都是诬蔑不实之辞，是完全不足为信的。[1]“残暴”说的另一个根据是武则天使用酷吏，诛杀异己。有人甚至说武则天实行“酷吏政治”，并由此得出武则天“生性好杀”或“秉性残酷”的结论。武则天统治时期确实出现过一些酷吏，这是毋庸讳言的，但这并不能说明武则天实行了“酷吏政治”，也不能成为武则天“残暴”的主要根据。因为武则天从辅政、临朝到称帝，先后在政治舞台上活跃了 45 年。在将近半个世纪的政治生涯中，武则天基本上是反对酷吏的，只是在改朝换代前后的特殊情况下，才使用酷吏的。这就是说，武则天并非始终器重酷吏。酷吏在武则天统治时期存在的时间是相对较短的，武则天之所以在改朝换代前后重用酷吏，完全是政治斗争的需要。当她的统治受到政敌严重威胁的时候，她要用酷吏来诛杀异己，摆脱危机；当她的统治稳固之后，她便以循吏治天下，而将酷吏无情地抛弃。显然，酷吏只不过是她用来打击政敌的工具。武则天并没有把行政大权交给酷吏。所以，说武则天实行“酷吏政治”是很不恰当的[2]，要以此来否定武则天，也是不能令人信服的。

二、武则天能不能用人纳谏

人们在评价武则天时争论的另外一个重要问题，是武则天能不能用人纳谏。“用人”和“纳谏”是中国古代社会政治生活中的大事。所谓“用人”是指使用有才能的人，提高行政效率，不断改良政治。所谓“纳谏”则是采纳正确意见，集中统治阶级的集体智慧，在行政决策中不犯错误或少犯错误。否定武则天的人

[1] 详细情况请参阅拙作《武则天评传》中的有关章节。

[2] 王双怀《武则天与酷吏的关系》，《唐都学刊》1999 年第 1 期。

认为武则天用人唯亲，“所用皆昧死要利之徒”[1]，也不能听取不同意见，往往拒谏饰非。肯定武则天的人则认为用人纳谏是武则天的特长。笔者曾对这个问题进行过探讨，认为武则天是能够用人纳谏的，而且表现得相当突出。

以用人而论，武则天非常重视人才的培养、选拔和使用。早在辅佐唐高宗的日子里，她就认识到人才的重要性，通过发展学校教育和完善科举制度的办法，积极培养和选拔人才。临朝称制以后，更表现出求贤若渴的精神，多次颁发《求贤才制》，采取科举、制举和自举等多种方法，不遗余力，广泛招揽人才。在武则天的提倡下，当时的大臣也多以荐举人才为己任。朱敬则和狄仁杰就是如此。“敬则知政事时，每以用人为先。桂州蛮叛，荐裴怀古；凤阁舍人缺，荐魏知古；右史缺，荐张思敬。则天以为知人。”[2]“仁杰常以举贤为意，其所引拔桓彦范、敬晖、窦怀贞、姚崇等，至公卿者数十人。”[3]史载武则天有知人之明，在她统治时期选拔出不少具有真才实学的贤才。像狄仁杰、娄师德、姚崇、宋璟、张说等人都是由武则天选拔出来的。这一点已得到许多史学家的认可。武则天用人有一个特点，就是把是否称职作为用人的标准，用实践来检验他们的才能。对于有才能的人，总是破格提拔，委以重任；对于不称职的人则迅速清理，决不姑息。中唐大臣陆贽说：“往者，则天太后践祚临朝，欲收人心，尤务拔擢。弘委任之意，开汲引之门，进用不疑，求访无倦，非但人得荐士，亦许自荐其才。所荐必行，所举辄试，其与选士之道岂不伤于容易哉！然课责既严，进退皆速，不肖者旋黜，才能者骤升，是以当代谓知人之明，累朝赖多士之用。”[4]宰相李绛说：“天后朝命官猥多，当时有车载斗量之语。及开元中，致朝廷赫赫有名望事迹者，多是天后所进之人。”[5]大史学家司马光在《资治通鉴》中说：“太后虽滥以禄位收天下人心，然不称职者寻亦黜之，或加刑诛。挟刑赏之柄以驾御天下，政由己

[1] 吕思勉：《隋唐五代史》，中华书局 1959 年版。

[2]〔后晋〕刘昫：《旧唐书》卷 90《朱敬则传》，中华书局 1975 年版，第 2917 页。

[3]《旧唐书》卷 89《狄仁杰传》，第 2894 页。

[4]〔唐〕陆贽：《陆宣公集》卷 17。

[5]〔唐〕李绛：《李相国论事集》卷 6《上言须惜官》，商务印书馆 1939 年版，第 49—50 页。

出，明察善断，故当时英贤亦竞为之用。”[1]明代大思想家李贽在《藏书》中也说："试观近古之王，有知人如武氏者乎？亦有专以爱养人才为心、安民为念如武氏者乎？此固不能逃万世之公鉴矣。”[2]

就纳谏而言，武则天深知匡谏的重要性，经常鼓励臣下进谏，因而在武则天统治时期出现了不少敢于面折廷争，直言进谏的大臣，如朱敬则、魏元忠、狄仁杰、杜景佺等。为了广泛听取不同的意见，武则天甚至下令在朝堂上设置了“肺石”和“铜匭”。对于臣下提出的批评、意见和建议，都能虚心对待，择善而从。比如，武则天为了推崇佛教，想造一个很大的佛像，狄仁杰认为有伤民力，直言进谏，武则天便下令停止工程，并且说：“公教朕为善，何得相违？”像这样的例子，我们还可以从两《唐书》中找出很多。对于不正确的意见，武则天也能摆事实，讲道理，说明不予采纳的理由。比如，吐蕃人在高宗晚年攻陷了“安西四镇”，对西域交通造成很大的威胁。武则天即位后，为加强西北边防，让宰相讨论收复安西四镇的问题，狄仁杰上书认为不如放弃安西四镇，武则天即讲明了安西四镇的重要性和必须收复安西四镇的道理。中国历史上一些有作为的帝王在当政前期尚能纳谏，但在取得了某些成绩之后，便骄傲自满，拒谏饰非。武则天则不同，她越到后来越能纳谏。这也是她超过常人的地方。

三、武则天有没有政绩

武则天不是一个普通的女子，而是一个叱咤风云的政治人物。因此，评价武则天的关键是要看她有没有政绩。在这个问题上，学术界也存在着很大的争议。否定武则天的人认为武则天当政时期，唐王朝出现了全面的倒退，他们把唐朝前期历史的发展比作是马蹄形，说武则天统治时期处于“贞观之治”与“开元盛世”

[1]〔宋〕司马光：《资治通鉴》卷205，长寿元年一月条，第6478页。

[2]〔明〕李贽：《藏书》卷56。

之间的低谷。[1] 肯定武则天的人则认为武则天当政时期是唐王朝发展的重要阶段。笔者认为武则天是很有政绩的，这一点只要看一看武则天统治时期的社会状况就很清楚了。

武则天统治时期，政治比较清明。这在制定政策、任免官吏和处理阶级矛盾等方面都有充分的表现。武则天继承和完善了唐太宗制定的各项重要制度，在此基础上又进行了若干改革，使国家的政策更适合于社会的发展。特别是，武则天十分注意对官吏的任免。她不仅非常注重官吏的培养和选拔，而且非常注重官吏的考核和升降。她曾经撰写过一本专门讲述为臣之道的书，叫作《臣轨》，赐给各级官吏，让他们认真学习。[2] 对于能够称职，且政绩卓著的官吏，她都能够予以奖励或破格提拔。如娄师德在河西屯田，甚有善政，武则天亲自下制褒美。[3] 王及善任益州都督府长史，武则天听说他有才学，准备改授滑州刺史。当面交谈后，认为让他当刺史是大材小用，遂留在朝中，升为宰相。姚崇思维敏锐，“则天甚奇之，超迁夏官侍郎，寻又同凤阁鸾台平章事”[4]。对于不称职的官吏，特别是贪污腐化的官吏，也都能及时予以贬黜或打击。如索元礼“坐赃贿”，被武则天处死。[5] 由于武则天非常注意对官吏的任免，善于用人，所以武则天统治时期的吏治较好，从中央到地方，掌实权的以贤才为多，办事认真，行政效率很高。虽然当时也出现过一些酷吏、外戚和男宠，但这三类人在武周政权中的作用是极其有限的，他们根本不能左右国家政治。又由于武则天善于纳谏，当时的言论也是比较自由的。比如在武则天临朝称制时，有人对武则天的用人政策不满，在公共场合说：“补阙连车载，拾遗平斗量。耙推侍御史，眯目圣神皇。”御史官认为这是诬蔑武则天，遂将此人捉来，请求武则天治罪。武则天说：“但使卿等不

[1] 参熊德基：《武则天的真面目》，刊《社会科学战线》1978 年创刊号。魏良：《论武则天》，刊《新疆大学学报》1979 年第 1、2 期。

[2]〔清〕董诰等：《全唐文》卷 95《臣轨序》，中华书局 1983 年版，第 1004—1005 页。

[3]〔宋〕王钦若等：《册府元龟》卷 503《邦计部 · 屯田》，中华书局 1960 年影印本，第 6036 页。

[4]《旧唐书》卷 96《姚崇传》，第 3021 页。

[5]〔唐〕张鷟：《朝野佥载》卷 2，中华书局 1979 年，第 30 页；《资治通鉴》卷 204，则天后天授二年，第 6472 页。

滥，何畏人言乎？不须无罪，即宜放却。”此外，武则天还比较善于处理阶级矛盾和民族关系。在武则天当政的数十年间，除发生过徐敬业等人的叛乱和少数民族贵族的几次侵扰外，社会是相当安定的。

武则天统治时期，经济有了明显的发展。唐朝初期，曾出现过著名的“贞观之治”，不过，那时刚从隋末的战乱中解脱出来，全国的人口只有300多万户[1]，经济刚刚走上正轨。经过唐高宗和武则天的统治，人口翻了一番，到神龙元年（705）达到615万户。[2]农业、手工业和商业也都有了很大的改观。在农业方面，武则天主张“劝农桑，薄赋徭”。[3]她继续推行均田制[4]，并把劝课农桑、开垦土地和安抚百姓作为考核地方官吏的重要指标。这些措施，在一定程度上调动了农民的生产积极性。这一时期在全国范围内修筑了许多较大的水利工程，耕地面积进一步扩大，粮食产量也有了明显的提高。在手工业方面，铸造业、制瓷业和纺织业都有了长足的进步。以铸造业为例，武则天即位后，曾下令铸“九鼎”，造“大周万国颂德天枢”。这些工程所用铜铁达数百万斤，规模宏大，技术相当先进。当时金银器和铜镜的制造水平，也达到了炉火纯青的地步。在商业方面，随着城市的发展和人口的增加，商人阶层趋于活跃，商品贸易相当频繁，甚至出现了“交贸往还，昧旦永日”的场面。

武则天统治时期，文化得到振兴。史载，武则天能诗善文，精通书法，著述甚丰。她深知文化的重要性，所以十分重视学术文化的发展。当时哲学、宗教、史学、文学、艺术和科技领域都出现了一些新的现象，其中宗教、文学和艺术方面的表现更为突出。在宗教方面，佛教成为地位最高的宗教，禅宗成为影响最大的佛教宗派。在文学方面，诗歌和散文有了突飞猛进的发展，出现了像“初唐四杰”和陈子昂这样的诗歌革新者，还出现了像苏颋、张说这样的“大手笔”。朝中官吏基本上都有一定的文学修养。唐人沈既济说：“太后君临天下二十余年，当时

[1]〔宋〕欧阳修、宋祁：《新唐书》卷51《食货志》，中华书局1975年版，第1344页。

[2]〔宋〕王溥：《唐会要》卷84《户口数》，中华书局1955年版，第1551页。

[3]《新唐书》卷76《则天顺圣皇后武氏传》，第3477页。

[4]参《中国古代籍帐研究录文》《敦煌文书》《吐鲁番出土文书》等。

公卿百辟无不以文章达，因循遐久，浸以成风。”[1] 在艺术方面，出现了一大批书法家、绘画家和雕刻艺术家。龙门的“大卢舍那像”、敦煌的“北大佛”就是武则天时代雕塑的。恭陵、顺陵和乾陵的精美石刻，也是武则天时代的作品。此外，武则天当政时期还编修过卷帙浩繁的《三教珠英》《文馆词林》和《字海》。[2] 这些著作虽然没有留传下来，但对当时文化的发展无疑也有一定的贡献。

武则天统治时期，国力也很强盛。从辅佐唐高宗时起，武则天就认识到加强国防的重要意义。临朝称制以后，更加注意与周边少数民族和邻国的关系。对于朝鲜、日本、印度、波斯、大食诸国，武则天不仅遣使通好，而且亲自接见外国使者，甚至连他们返程的路费都想得很周到。对于契丹、突厥和吐蕃等国内少数民族，武则天也采取了扶持的政策，积极帮助少数民族地区的发展：派汉族官吏到边疆去，帮助少数民族酋长进行管理；把中原地区的种子、农具和其他产品运到少数民族地区，帮助他们发展那里的经济。[3] 但是，对于少数民族贵族所发动的侵扰和叛乱，武则天则予以坚决打击。如高宗末年，吐蕃一度侵占西域，并威胁河西。长寿元年（692）武则天命大将王孝杰出击，收复了被吐蕃侵扰的地区。[4] 又如圣历元年（698）秋，突厥陷定州，围困赵州，武则天让宰相提兵，“许以便宜从事”，打败了突厥贵族的进攻[5]。为了促进边疆地区的开发和边疆地区的安全，武则天特意在科举制度中增加了“武举”，专门发现和培养军事人才，在军队中提倡忠君爱民、保家卫国的思想。此外，还在边疆地区广泛实行屯田。[6] 通过这些措施，加强了国际关系和民族关系，巩固了边防，维护了国家的辽阔疆域。在武则天当政时期，唐朝的疆域最大。树立在乾陵的六十一蕃臣像，就是当时国力强盛、万邦来朝的历史见证。

---

[1]〔唐〕杜佑：《通典》卷 15《选举三》注，中华书局 1988 年标点本，第 357—358 页。

[2]《唐会要》卷 36《修撰》，第 657 页；《新唐书》卷 57《艺文志》，第 1450 页。

[3]《旧唐书》卷 194 上《突厥传上》，第 5169 页。

[4]《旧唐书》卷 93《王孝杰传》，第 2977 页。

[5]《册府元龟》卷 323《宰辅部・总兵》，第 3817 页。

[6]《册府元龟》卷 3503《邦计部・屯田》，第 6036 页。

以上论述了有关武则天的几个重要问题。通过上面的分析，我们可以清楚地看出，武则天并不是荒淫残暴的人，所谓“残忍”“残酷”“残暴”“荒淫腐朽”“生性好杀”大部分都是后人强加给她的污蔑不实之词。作为一个政治人物，武则天有知人之明和纳谏之明，她重视知识，善于用人，能够集中统治阶级的集体智慧。因此，她在决策上很少失误，在行政上卓有成效，她的所作所为基本上都是有利于社会发展的。所以，就连一些反对武则天的人，也不得不承认她是封建时代的“明君”。武则天在唐代特定的历史舞台上扮演了重要角色。在她参政和当政的40多年间，政治比较清明，经济有所发展，文化得到振兴，国力也很强盛。而这一切都为“开元盛世”的出现奠定了坚实的基础，都在中国历史上写下了光辉的一页。总观武则天的一生，我们也可以看出，武则天不仅有勇于革新的精神，坚韧不拔的意志，日理万机的才干，而且具有良好的政绩。应当说，武则天是中国古代杰出的政治家，是中国古代女性中的佼佼者，是中华民族的杰出人物。

第十一章

武周政权的历史地位

武周政权是指武则天建立的大周政权。这个政权建立于载初元年九月九日（690.10.16），结束于神龙元年二月四日（705.3.2），在历史上存在了 5252 天，即 14 年两个月零 25 天，约 15 年时间。由于武周政权是在唐朝的基础上建立起来的，后来又被唐朝所取代，故人们一般不把它作为一代独立的朝代看待，而是作为唐朝的组成部分来看待的。从某种意义上讲，武周政权是唐朝历史上的一个插曲。但因武则天的关系，学术界对这个政权还是相当关注的。自 20 世纪以来，曾有不少学者对它进行过研究，但至今尚未形成统一的认识。否定武则天的人往往把武周政权贬得很低，认为武周时期是唐朝历史上的低谷。说唐朝前期的历史就像一个 U 字形，唐太宗的贞观之治是一个高峰，唐玄宗的开元盛世是另一个高峰，武则天当政的武周政权是处在两个高峰之间的一个低谷。本文拟将武周政权放在唐代的历史长河中进行系统考察，在此基础上系统分析武周政权的历史地位。

第一节　武周时期政治是否清明

过去学术界有一种流行的说法，认为武周时期实行“酷吏政治”[1]。还有学者认为武则天用人唯亲，“所用皆昧死要利之徒”[2]，也不能听取不同意见，往往拒谏饰非，“无丝毫政绩可纪”[3]。大家知道，“用人”和“纳谏”是中国古代社会政治生活中的大事。所谓“用人”是指使用有才能的人，提高行政效率，不断改良政治。所谓“纳谏”则是采纳正确意见，集中统治阶级的集体智慧，在行政决策中不犯错误或少犯错误。如果武周时期酷吏横行，用人不当，又拒谏饰非，那可真够黑暗了，还有什么“清明”可言？但事实并非如此！

据笔者研究，在武周时期确实有酷吏存在，但这些酷吏多是在改朝换代的过程中出现的，是武则天清除政敌的产物。天授元年（690）九月，武则天改唐为周。为了巩固新生的武周政权，不得不继续重用酷吏。所以在武周初年，酷吏仍然较多。不过，这种局面维持的时间并不太长，政局稳定后，武则天即不再器重酷吏。万岁登封元年（695）十月，武则天颁发了《减大理丞废秋官狱敕》，重新提出了约法省刑、无为而治的主张。她认为：“崇德简刑，列辟之彝范；并官省事，有国之良图。”要求法官“幸悉心而慎罚，同底绩以胜残，伫弘勿辟之规，用阐无为之化。

明人所绘武则天像

[1] 时重实：《武则天与酷吏》，《北京政法学院学报》1981 年第 1 期。胡戟：《酷吏政治与五王政变》，《西北大学学报》1983 年第 3 期；《武则天与酷吏政治》，《炎黄春秋》1994 年第 7 期。汤蓉岚：《武则天的酷吏政治评析》，《台州师专学报》1999 年第 4 期。

[2] 吕思勉：《隋唐五代史》上册，高等教育出版社 1957 年版，第 141—147 页。

[3] 岑仲勉：《隋唐史》，商务印书馆 1954 年版，第 160 页。

武周疆域图

将使三千之罪，永绝于当年；岂惟数百之刑，仅宽于昔代！布告天下，识朕意焉”[1]。神功元年（697）六月来俊臣被杀后，酷吏死鼠殆尽。从这时起，到武

[1]〔北宋〕宋敏求：《唐大诏令集》卷 82《减大理丞废秋官狱敕》，商务印书馆 1959 年版，第 473 页。

则天退位，再也没有出现过酷吏。神功元年（697）六月，下《暴来俊臣罪状制》，把来俊臣送上了断头台。就这样，酷吏被武则天无情地抛弃了。总的看来，酷吏只是武则天打击政敌的工具，所以武则天并没有把行政大权交给酷吏。武周时期的酷吏大部分都是御史台官，或“掌持邦国刑宪典章，以肃正朝廷”，或“纠举百僚，推鞫狱讼”，职责基本上都和司法有关而不参与国家政治。因此，酷吏虽然有时“作威作福”，但根本不能左右国家政治。所以，将武周时期的政治一概斥之为“酷吏政治”是很不恰当的。[1]

事实上，武则天非常重视人才的选拔、培养和使用。在武则天的提倡下，武周时期的大臣多以荐举人才为己任。史载：“（朱）敬则知政事时，每以用人为先。桂州蛮叛，荐裴怀古；凤阁舍人缺，荐魏知古；右史缺，荐张思敬。则天以为知人。”[2]“（狄）仁杰常以举贤为意，其所引拔桓彦范、敬晖、窦怀贞、姚崇等，至公卿者数十人。”[3]中唐大臣陆贽说：“往者，则天太后践祚临朝，欲收人心，尤务拔擢。弘委任之意，开汲引之门，进用不疑，求访无倦，非但人得荐士，亦许自荐其才。所荐必行，所举辄试，其与选士之道岂不伤于容易哉！然课责既严，进退皆速，不肖者旋黜，才能者骤升，是以当代谓知人之明，累朝赖多士之用。”[4]宰相李绛说：“天后朝命官猥多，当时有车载斗量之语。及开元中，致朝廷赫赫有名望事迹者，多是天后所进之人。”[5]司马光在《资治通鉴》中说：“太后虽滥以禄位收天下人心，然不称职者寻亦黜之，或加刑诛。挟刑赏之柄以驾御天下，政由己出，明察善断，故当时英贤亦竞为之用。”[6]明代大思想家李贽在《藏书》中也说：“试观近古之王，有知人如武氏者乎？亦有专以爱养人才为心、安民为念如武氏者乎？此固不能逃于万世之公鉴矣。”[7]

---

[1] 王双怀：《武则天与酷吏的关系》，《唐都学刊》1999 年第 1 期。

[2]（后晋）刘昫：《旧唐书》卷 90《朱敬则传》，中华书局 1975 年版，第 2917 页。

[3]《旧唐书》卷 89《狄仁杰传》，第 2894 页。

[4]（唐）陆贽：《陆贽集》卷 17《请许台省长官举荐属吏状》，中华书局 2006 年版，第 546—547 页。

[5]（唐）李绛：《李相国论事集》卷 6《上言须惜官》，商务印书馆 1939 年版，第 49—50 页。

[6]（宋）司马光：《资治通鉴》卷 205，长寿元年一月条，中华书局 1956 年版，第 6478 页。

[7]（明）李贽：《藏书》卷 56《武臣》，中华书局影印本。

武则天深知匡谏的重要性，经常鼓励臣下进谏，因而在武周时期出现了不少敢于面折廷争、直言进谏的大臣，如朱敬则、魏元忠、狄仁杰、杜景佺等。为了广泛听取不同的意见，武则天甚至下令在朝堂上设置了“肺石”和“铜匦”。对于臣下提出的批评、意见和建议，都能虚心对待，择善而从。在这种情况下，吏治总体上是清明的。可以说，武周政治是唐代政治的继续和发展。

第二节　武周时期经济有无发展

《新唐书·食货志》载：永淳（682）以后，国用不足，“加以武后之乱，纪纲大坏，民不胜其毒”。近代以来，有学者据此认为武则天没有采取有利于经济发展的措施，反而倒行逆施[1]，影响了经济的发展[2]，造成了社会经济的崩溃。

楼阙图（懿德太子墓壁画）

[1] 熊德基：《武则天的真面目》，《社会科学战线》1978 年创刊号。

[2] 吴泽：《关于武则天在历史中的作用》，《文汇报》1959 年 12 月 6 日。

有人甚至说：唐朝全盛时期的到来比西汉、明清都要推迟三五十年，正是武则天统治的恶果。[1]

从大量资料来看，武周时期曾施行过一些有利于社会经济发展的措施。例如，继续推行均田制。她在《以郑汴等州为王畿制》中说："朕以鼎业惟初，宝祚伊始，斟酌今古，申画封疆。征赋科徭，实资宽简；沃瘠劳逸，宜有平分。"[2] 鉴于"隆平日久，户口滋多"，有些州县，"土狭人稠，营种辛苦"，甚至出现百姓没有田业的情况，她放宽了对百姓迁徙的禁令，移京兆三十余万户于田地较宽的都畿附近，缓和了雍州人多地少的矛盾，又准逃户于所在地附籍，使人口布局逐渐趋于合理。这些都便利了均田制的实行。又如，减轻剥削。武则天认为："征赋科徭，实资宽简"[3]，因而采取了轻徭薄赋的政策。为此，严格实行租庸调制，严禁征收杂税，多次减免赋税，赈济灾荒。这些活动都在一定程度上减轻了百姓的赋徭负担，有利于社会生产。再如，劝课农桑。要求刺史县令"敦劝农桑，均平赋役"[4]，把农桑发展情况作为御史巡察的主要内容之一。这些措施不是"倒行逆施"，而是有利于社经济发展的。

舞伎八棱金杯

由于武则天采取的这些有利于社会经济发展的措施，调动了广大百姓的生产积极性，因而当时的社会经济也在较大程度上得到了发展。这在农业、手工业、商业诸方面都有充分的表现。就农业而言，武周时期注意完善灌溉系统，粮食产量有所提高。当时的洛阳是全国的仓储中

[1] 魏良弢：《论武则天》，《新疆大学学报》1979 年第 1、2 期。

[2]〔清〕董诰等编：《全唐文》卷 95《以郑汴等州为王畿制》，上海古籍出版社缩印本第 1 册，第 430 页。

[3]《全唐文》卷 95《置鸿宜鼎稷等州制》，第 429 页。

[4]《全唐文》卷 96《明堂灾手诏》，第 433 页。

心,四方租米源源不断运到这里。据陈子昂所讲,仅江南淮南诸州租船就有数千艘,载粮百余万斛[1]。为了安置诸州租船,专门在洛阳立德坊穿凿了新潭[2]。时人右补阙张说和洛阳县尉杨齐哲也说,"神都帑藏储粟,积年充实"[3]。1971 年发掘洛阳隋唐含嘉仓时,曾发现许多刻有"天授""长寿""万岁通天""圣历"等年号的刻铭砖,并在 160 号粮窖中发现了已经炭化了的 50 万斤谷子。这一考古成果,也说明了当时政府储有大量的粮食。如前所述,武周时的剥削是不重的。假若粮食亩产很低,垦田又少,那么这种情况是不可思议的。在手工业方面,纺织、冶铁等部门都有很大进步。当时已有以织绫为业的机户,有的机户甚至拥有绫机五百张。[4] 当时最突出的手工业部门还要数铸造业。武周时期铸九鼎用铜 56 万余斤(约合今 66.8 万余斤),[5] 铸天枢用铜铁三四百万斤。[6] 在当时的历史条件下,能完成这样的工程,可谓之奇迹,说明当时的铜铁铸造技术,已达到了很高的水平。此外,武则天时曾修建规模宏大的明堂和天津桥,说明武周时期的建筑业也有所发展[7]。此外,扬州、益州等城也有了较大发展,后来的"扬一益二"正是在这个基础上发展起来的。城市的发展对商业有一定的带动作用。主要表现

秘色瓷碗(法门寺地宫出土)

[1]《全唐文》卷 211《上军国机要事》,第 942 页。

[2]〔宋〕王钦若等编:《册府元龟》卷 497《邦计部·河渠》二。

[3]《全唐文》卷 223《谏避暑三阳宫疏》;卷 260《谏幸西京疏》。

[4]〔唐〕张鷟:《朝野佥载》卷 3。《唐五代笔记小说大观》,上海古籍出版社 2000 年版,上册,第 44 页。

[5]《旧唐书》卷 22《礼仪志》二,第 868 页。

[6]《资治通鉴》卷 205,则天后天册万岁元年四月,第 6503 页。

[7] 王双怀:《武则天与神都洛阳》,刊《武则天与神都洛阳》,中国文史出版社 2008 年版。

在“市”的增加。唐初京师长安有东西二市，东都有东、南、北三市，都督府以至于县多亦有之。武周时，人口增长，物品繁多，旧市或不能满足需要，即扩大规模或另增新市[1]，就说明了这些问题。此外，“国际”间的贸易也比较发达。当时在洛阳、长安、扬州、广州等地都有不少胡商。

上述情况表明，武周时期的经济形势是比较好的，绝不像有些学者所说的那样“出现全面倒退”或已经崩溃。恰恰相反，武周时期的经济总的说来是持续发展的，而且发展的速度比较快。正因为如此，唐玄宗当政后不久，很快就出现了唐代经济的高峰。如果说武则天统治时期的经济形势很差，已经跌入低谷，这种情况是无法解释的。应当说，武周时期的社会经济在贞观时期的基础上有了较大的发展，从而为开元、天宝时期的经济腾飞奠定了坚实的基础。

第三节　武周时期文化是否繁荣

唐初文化在许多方面还带有魏晋南北朝文化的特征，经过武周时期的改造，到盛唐时期最终形成了全新的唐代风格。作为变革时期，武周时期的文化究竟有无发展？发展到什么程度？对此，过去的学者关注不多。一般只强调武则天“以文取士”的影响。事实上，武周时期是文化革新和发展的重要阶段。

武周时期文化的发展，首先表现为儒、释、道“三教”的融合。过去，学术界只强调武则天与佛教的关系，似乎武则天只重视佛教。实际上，武则天对“三教”都是重视的，因而武周时期三教都在不同程度上有了发展。在武周时期，经学较前有了发展，出现了一些修正儒家经典的著作。《旧唐书·儒学传》载：王元感以儒学见称，武则天祭南郊、享明堂、封嵩岳，元感皆受诏同诸儒撰定仪注。凡所立仪，诸儒皆赞成，转任四门博士。长安三年，上其所撰《尚书纠谬》10卷、

[1]《册府元龟》卷504《邦计部·关市》。

《春秋振滞》20 卷、《礼记绳愆》30 卷。这些著作对经书采取了分析的态度，不是墨守前人章句，而是“掎前达之失，究先圣之旨”。这种敢于创新的精神，受到学者魏知古、徐坚、刘知几和武则天的高度评价，同时也标志着经学发展到了一个新的水平。当然，在武周时期，佛教也有很大的发展。史载武则天即位以后，则大力提倡佛教。天授二年四月，诏“释教宜在道法之上，缁服处黄冠之前”[1]。不久，又下令对寺院的整修和保护，加大佛经翻译的力度，对义净、实叉难陀、复礼、法藏、神秀、慧能还进行过特殊的表彰。由于武则天在提倡佛教方面十分卖力，又下诏令僧尼处道士之上，因而人们往往以为武则天是压制道教的。事实上，正如武则天在废唐太庙之后仍享祭高祖等人一样，她对道教的压制是极其有限的。鉴于当时的道教徒较多，道教比较流行，武则天采取了调和佛道矛盾的措施。圣历元年（689）正月，颁《禁僧道毁谤制》：“佛道二教，同归于善，无为究竟，皆是一宗。比有浅识之徒，竞生物我，或因怼怒，各出丑言，僧既排斥老君，道士乃诽谤佛法，更相訾毁，务在加诸。人而无良，一至于此。且出家之人，须崇业行，非圣犯义，岂是法门！自今僧及道士敢毁谤佛道者，先行决杖，即令还俗。”[2]他还让道士作“功德”，对道士也是比较尊崇的，还组织搜集、整理过一些道家经典。为了促进“三教”的触合，武则天还令人编纂了一部很大的类书——《三教珠英》。圣历（698—700）中，武则天认为《御览》及《文思博要》等书“聚事多

铜浮图（法门寺地宫出土）

[1]《全唐文》卷 95，高宗武后《释教在道教之上制》，第 429 页。

[2]《全唐文》卷 95，高宗武后《禁僧道毁谤制》，第 430 页。

未周备”[1]，遂令麟台监张昌宗召集李峤、阎朝隐、徐彦伯等26人修撰《三教珠英》，而以徐彦伯、李峤为主编。史载“武后撰《三教珠英》，取文辞士，皆天下选，而彦伯、李峤居最”[2]。“三教”，指儒、佛、道。实际内容类似于今天的百科全书。大足元年（701）十一月二日，书成，凡1300卷。此书鸿篇巨制，资料丰富，对唐代文化的发展曾发挥过重要作用[3]，可惜没有留传下来。

除哲学宗教之外，武周时期在史学也有突出的成就。当时史馆体制与贞观时期基本相同。由于前代史大都完成，所以武则天首先组织文人学士，修成多达100卷的《高宗实录》。此后，又着手撰修《唐史》。长安三年正月敕令特进武三思，纳言李峤，正谏大夫朱敬则，司农少卿徐彦伯，凤阁舍人魏知古、崔融，司封郎中徐坚，左史刘知几，直史馆吴兢等人修唐史，“采四方之志，成一家之言，长悬楷则，以贻劝诫”[4]。当时的私家撰述十分丰富。特别是已经开始撰写第一部专记军国机密大事的《时政记》和第一部史学理论专著《史通》。史载，长寿二年（693），姚琦迁文昌左丞、同凤阁鸾台平章事。“自永徽以后，左、右史虽得对仗承旨，仗下后谋议，皆不预闻。琦以为帝王谟训，不可暂无纪述，若不宣自宰相，史官无从得书。乃表请仗下所言军国政要，宰相一人专知撰录，号为时政记，每月封送史馆。宰相之撰时政记，自琦始也。”[5]《时政记》的编修，对于保存第一手资料和历史研究，无疑具有重要意义。《史通》完成于唐中宗景龙四年（710），但此书的准备则在武周时期。作者刘知几，“长安中累迁左史、兼修国史。擢拜凤阁舍人，修史如故”[6]。在此期间，他阅读了史馆丰富的历史典籍，并对这些典籍进行了深入细致的研究，开始着手撰写《史通》。《史通》凡20卷，分为内篇、外篇。内篇论述史家的治史态度、经验教训和史书的源流、体制、编撰方法等等；外篇论述史官的建置沿革和史书的得失优劣等等。此书具

[1]〔北宋〕王溥：《唐会要》卷36《修撰》，第657页。

[2]〔北宋〕欧阳修、宋祁：《新唐书》卷114《徐彦伯传》，中华书局1975年版，第4202页。

[3]开成二年冬十月辛卯朔，诏改《三教珠英》为《海内珠英》。《旧唐书》卷36作开元二年改，误。

[4]《册府元龟》卷554《国史部・选任》。第6651页。

[5]《旧唐书》卷89《姚琦传》，第2902页。

[6]《旧唐书》卷102《刘子玄传》，第3168页。

有很高的价值，被誉为我国第一部系统的史学评论专著。

在文学方面，诗歌在当时的发展最为迅速。这首先表现在，朝野上下，许多人都会作诗。史载，武则天本人颇善吟咏，其诗有《大享天乐章》12 首，《享明堂乐》12 首，《大享拜洛乐章》15 首等等，流传至今者尚有 46 首[1]，其中一些诗篇具有较高的水平。久视元年（700）五月十九日，则天游石淙，自制《石淙》诗一篇，令侍游诸臣奉和。皇太子李显、相王李旦、梁王武三思、内史狄仁杰等 16 人各赋七言一首[2]。有时还开展一些诗歌竞赛。“龙门夺袍”就是著名的一次。[3] 由于武则天规定进士科以诗赋取士，本人又带头吟诗，因此诗歌进一步普及，上自朝廷大吏，下至五尺孩童，都有会作诗的。史称武则天“君临天下二十余年，当时公卿百辟，无不以文章达，因循日久，寖以成风”[4]。如天授二年（691），武则天发十道存抚使，以抚慰天下，临行，令百官赋诗送行。这些诗后来被辑为《存抚集》而行于世，达 10 卷之多，足见赋诗者之众。[5] 武周时期，涌现出了李峤、苏味道、崔融、杜审言、沈佺期、宋之问、杨炯、卢照邻、陈子昂等著名诗人。在诗歌创新的理论和实践上都做出了重要贡献。杜甫称赞他“有才继骚雅”，“名与日月悬”。[6]

武则天过栖岩寺诗石刻拓片

[1]（清）曹寅等：《全唐诗》卷 5，中华书局 1965 年版，第 51—59 页。

[2]（清）王昶：《金石萃编》卷 64《唐二十四》，中国书店 1985 年版。

[3]《旧唐书》卷 190 中《文苑传中・宋之问》，第 5025 页。

[4]《全唐文》卷 476，沈既济《词科论》，第 2156 页。

[5]《唐会要》卷 77《巡察按察巡抚等使》，第 1414 页。

[6]《全唐诗》卷 220，杜甫《陈拾遗故宅》，第 2316 页。

由于武周时期形成了吟诗风气，沈宋杨陈等人又开创了一代诗风，因此，可以说，武周时期是诗歌发展史上的重要里程碑。《旧唐书》的作者说：“高宗、天后，尤重详延，天子赋横汾之诗，臣下继柏梁之奏，巍巍济济，辉烁古今。”这并非虚美之辞。

文章在当时也有了新的起色。一方面，文章的各种体裁趋于完备：赋颂杂咏、公私文牍、碑铭墓表，应有尽有。另一方面，出现了许多著名的作家。杜审言、李峤、崔融、苏味道为“文章四友”，世称“崔李苏杜”。王勃、杨炯、卢照邻、骆宾王以诗见称，亦长于作文。崔融、李峤、张说俱重四杰之文。此外、韦承庆、王勮、刘允济、陈子昂、卢藏用、富嘉漠、员半千、张鷟等也以文章著称。上官婉儿“天性韶警，善文章。年十四，武后召见，有所制作，若素构”[1]。这些作者大都有自己的文集。如《刘允济集》20卷，《乔知之集》20卷，《崔融集》60卷，《李峤集》50卷，《韦承庆集》60卷……。武则天的文章后来也被编为《垂拱集》100卷，《金轮集》20卷。这两个文集曾经流传于社会，后来还传到了日本，可惜今已失传。

在艺术方面，武周时期的雕塑、书法、绘画、音乐、舞蹈艺术均有很大起色。当时雕石塑像，寖成风气。敦煌、龙门等地石窟及佛教寺院，成为雕塑中心。据考古工作者统计，敦煌地区武周时期开凿的佛窟多于武德、贞观、上元各时期的总和[2]，各窟几乎都有雕塑的佛像。其中延载二年（695）彩塑的善跏座“北大佛”，高达33米，被视为彩塑艺术中的珍品。在龙门，开凿的洞窟也不在少数，计有摩崖三佛龛、极南洞、八作司洞、擂鼓台中洞等等。闻名世界的乾陵，主要是在武周时期修建的。矗立在南司马道两旁的群雕像，共113件，长达1公里，堪称一座古代的石雕艺术长廊，充分显示出当时雕刻技术的精湛。武则天本人擅长书法，尤精于飞白和行书。当时出现了不少书法家。如陆柬之、贺知章、孙过庭、李邕、王知敬、薛曜、贾膺福、韩景阳、徐峤之、王绍宗、钟绍京等。一些关于书法的专著也应运而生。王方庆著《王氏八体书范》4卷、《王氏工书状》15卷，

[1]《新唐书》卷76《后妃上传・上官昭容》，第3488页。

[2] 敦煌文物研究所整理：《敦煌莫高窟内容总录》，文物出版社1982年版，第180页。

孙过庭著《书谱》1卷。当时的大画家薛稷、殷仲容、曹元廊、李思训、吴道子、李嗣真等人，都有一些绝妙的作品。在唐代古墓和敦煌石窟之中，至今仍残留着一些武周时期的壁画，说明当时的绘画已经达到了很高的水平。当时的音乐舞蹈颇有创新。燕乐改《十二和》内容，废《七德》《九功》之舞，而代之以《大享明堂乐章》及《祀昊天上帝乐章》。作《圣寿乐》等舞，属立部伎；作《长寿乐》《天授乐》《鸟歌万岁乐》等，属座部伎。当时还有“四夷乐”，如高丽乐25曲[1]。此外，武周时期还加强了对音乐理论的研究。久视元年前后，武则天组织人力，写成《乐书要录》10卷。这是一部系统的音乐理论专著。

至于在科学技术方面，武周时期也是很有成就的。如当时国子监坚持设置算学馆，科举之科有明算，以李淳风等所注算经十书为教材，从而扩大了数学的传播。武则天召王方庆集诸医与张文仲著书，撰成《新本草》40卷、《药性要诀》5卷、《袖中备急要方》3卷、《岭南急要方》2卷、《针灸服药禁忌》5卷、《随身备急方》3卷及《四时轻重术》等，凡18种[2]。诸如此类，其例尚多，这里就不赘述了。

第四节　武周时期国力是否强大

武周政权是在唐王朝的基础上建立起来的。在武周的外围和周边地区，分布着新罗、日本、印度、波斯、吐蕃、突厥、回纥、契丹等许多国家和少数民族政权。这些国家和民族，曾经与唐王朝发生过密切的联系，必然也要与武周政权发生各种关系。武周时期的国际关系和民族关系如何，也是评价武周政权的重要指标。

武周王朝对国际关系和民族关系是极为重视的。对承认武周地位、向往中原

[1]《唐会要》卷33《东夷二国乐》，第619页。

[2]《新唐书》卷49《艺文志》，第1571页；卷204《方伎传》，第5800页。

文化的国家和少数民族政权，皆予以支持、保护和优待。当时规定：东至高丽国，南至真腊国，西至波斯、吐蕃及坚昆都督府，北至契丹、突厥、靺鞨并为入番，以外为绝域[1]。所谓“入番”，就是离武周神都较近的，应该来入贡的“蕃国”；所谓“绝域”，就是不受武周管辖的、遥远的国度，可以统称之为异邦别国。对异邦别国，武则天采取睦邻友好政策。对于边疆少数民族政权，武则天要求他们在政治上绝对服从中央，各安其地，固守边疆。为了达到这一目的，武则天对这些少数民族政权实行了明显的抚慰政策。一是广泛吸收少数民族成员参与武周政治。二是允许少数民族酋长改过、和亲。三是帮助少数民族发展经济。为了加强边防，武则天在实行民族怀柔政策的基础上采取了一些强有力的措施。

措施之一是收复“安西四镇”。“安西四镇”是唐王朝设在西域的四个军事重镇。初为龟兹（今新疆库车）、于阗（今新疆和田）、焉耆（今新疆焉耆）、疏勒（今新疆喀什），后以碎叶代替焉耆。安西四镇主要统辖天山以南的广大地区，对丝绸之路畅通和巩固西北边防具有重要意义。高宗以后，由于吐蕃的强大，安西四镇几度沦陷。[2] 武则天临朝之初，安西四镇为吐蕃所据。武则天任命王孝杰为武威军总管，唐休璟和左武卫大将军阿史那忠节为副总管，率军挺进西域。长寿元年（692）十月，经过激烈的战斗，终于驱逐了吐蕃入侵者，收复龟兹、于阗、疏勒、碎叶四镇，取得了辉煌战绩。[3] 收复安西四镇，对于巩固中原王朝在西域的统治，畅通丝绸之路，维护国家的统一，都有着十分重要的意义。

措施之二是继续发挥各都护府的作用。各都护府的都护、副都护，大都由名将任职，抚慰当地少数民族，镇守边疆。在她登基之初，安东、单于、安北、安西等都护府依然存在，只是安东治所由平壤迁至辽东，各府辖境略有变化而已。及收复安西四镇，西域大震。武则天乘机对都护府加以整顿。圣历元年（698）五月，合并安北，单于二都护府为安北都护府。长安二年（702）十二月，分安西都护北境，置北庭都护府于庭州（今新疆吉木萨尔北破城子）。史载，唐代北庭都护府掌管

[1]《唐会要》卷 100《杂录》，第 1798 页。

[2] 关于安西四镇的弃置情况，史学界有三置二弃、四置四弃、五置五弃等三种说法。

[3]《旧唐书》卷 93《王孝杰传》，第 2977 页。

天山北路西至楚河流域的特伽、鸡洛二州，濛池、昆陵二都护府和23个都督府；[1]而安西都护府则掌管安西四镇及天山南路西至波斯（今伊朗）的20个都督府（葱岭以东4个，以西16个），其中“波斯国王居疾凌城，置波斯都督府”[2]。北庭、安西两个都护府管辖包括巴尔喀什湖、楚河流域和帕米尔高原在内的西域广大地区，使唐王朝的疆域在西部一直达到波斯湾。

措施之三是选拔良将，镇守边疆。所拔娄师德、唐休璟、张仁愿、郭元振等人，都成为镇守边关、驰骋疆场的一代名将。为了选拔能征善战之士，武周时期还创设了武举。长安三年，武则天又令天下诸州教人武艺，每年准明经进士申奏，[3]使武举成为科举制度的一个重要组成部分。派兵长期驻守边疆，便需要大批军粮。为了减轻百姓千里运粮之苦和当地民族的负担，武则天极力提倡在边陲推行屯田、营田，军队自己解决供给。

措施之四是打击少数民族贵族的侵扰。吐蕃在武周时期曾经侵扰内地。延载元年（694）二月，吐蕃首领勃论赞与突厥可汗阿史那俀子入侵冷泉、大岭谷，被武威道总管王孝杰打败，死伤六万余人，仓皇而退。碎叶镇守使韩思忠趁机攻破泥熟没斯城。证圣元年（695）七月，吐蕃论钦陵、论赞婆兄弟率大军侵扰临洮（今属甘肃），武则天即刻任命王孝杰为肃边道行军大总管率军讨伐。圣历二年（699），吐蕃赞普器弩悉弄密图钦陵、赞婆等，杀其亲党两千余人，钦陵自尽，赞婆率部千余人来降。武则天闻奏，下诏改尽忠为尽灭，万荣为万斩，遣曹仁师、张玄遇、李多祚、麻仁节等二十八将率军讨伐。经过挫折和反击，最终打败契丹叛军，使契丹重新归服。突厥在武周时期也曾经作乱。武则天对其采取“降则抚之，叛则讨之”的策略，坚决捍卫北部疆域的完整。

显然，武则天确实是一位善于处理民族关系的女政治家和军事战略家。正因为武则天与唐太宗一样，对少数民族采取了怀柔、抚慰政策，因而赢得了蕃夷酋长的支持和爱戴。天授元年九月，来到洛阳的蕃夷酋长与文武百官一起，上书赞

[1]《新唐书》卷43下《地理志七下》，第1130—1131页。

[2]《唐会要》卷73《安西都护府》，第1325页。

[3]《旧唐书》卷24《礼仪志四》，第935页。

成“革命”，请求武则天登基称帝，改唐为周。延载元年，又捐资修成“天枢”，以歌颂武则天的功德。可见在武则天统治时期，确实较好地处理了民族关系和国际关系，不仅保持了唐王朝的强盛局面，而且使帝国的疆域达到了历史上最辽阔的程度。

综上所述，我们认为武周时期具有重要的历史地位。我们不妨从政治、经济、文化、军事四个方面把唐太宗的贞观时期、唐玄宗的开元时期与武则天的武周时期放在同一个天平上加以比较。通过比较，我们可以清楚地看出，这三个时期在体制上是一致的，从中央到地方的行政体制基本上是一脉相承的。如果说有变化，也只是局部的改革，而不是全面的革命。大量事实表明，武周时期的政治是比较开明的，为开元之治在人才等方面做好了储备。从这个角度来看，郭沫若先生说武则天“政启开元，治宏贞观”是很有道理的。从经济方面来看，武周时期比贞观时期有了较大的发展，无论是农业、手工业还是商业，都有了长足的进步，从而为开元盛世奠定了坚实的物质基础。在文化方面，武周时期大胆创新，全面发展，为盛唐文化的繁荣创造了有利条件。从军事方面来看，武周时期维护了辽阔的疆域，扩大了唐王朝在国际上的影响。总之，武周时期

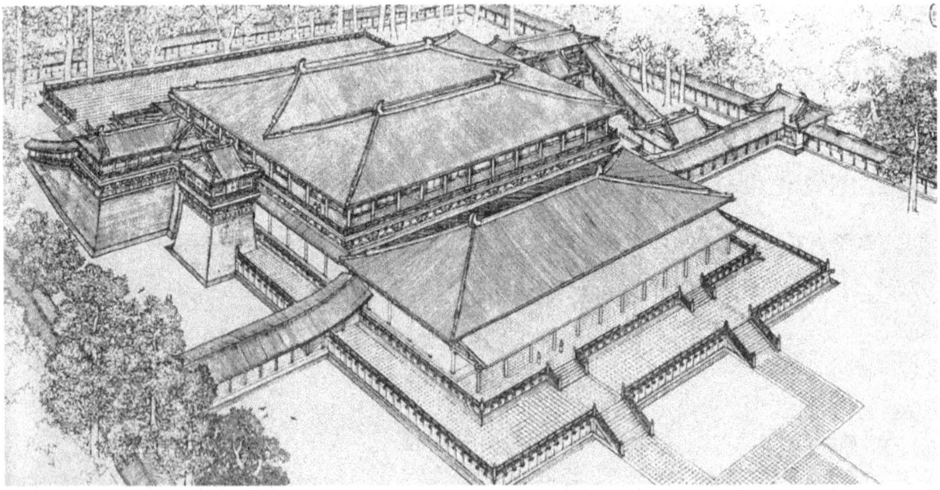

麟德殿复原图

虽然很短，只有不到十五年时间，但它却是十分重要的。它处于唐朝重要的发展阶段，绝不是贞观之治与开元之治之间的低谷。尽管由于它与唐王朝具有千丝万缕的联系，以至于人们不愿把它作为一个独立的王朝来看待，但对于它的历史地位，我们应当予以充分的肯定。